Wien

Wien

Kunst und Architektur

Herausgegeben von Rolf Toman
Fotografien von Gerald Zugmann und Achim Bednorz

KÖNEMANN

FRONTISPIZ:
Theophil Hansen
Parlament, 1774–83, Eingangshalle
Foto: Gerald Zugmann, Wien

Bonner Straße 126, D-50968 Köln

Konzept und Gestaltung: Rolf Toman, Espéraza
Lektorat, Redaktion und Satz: Barbara Borngässer, Paris; Birgit Beyer, Köln
Fotografien: Gerald Zugmann, Wien; Achim Bednorz, Köln
Bildbeschaffung: Monika Bergmann, Fenja Wittneven, Köln
Erstellung der Register: Ulrike Weber-Karge,Dresden
Umschlaggestaltung: Peter Feierabend, Köln
Herstellungsleitung: Detlev Schaper, Köln
Herstellung: Mark Voges, Köln
Reproduktionen: C.D.N. Pressing, Verona
Druck und Bindung: Neue Stalling, Oldenburg
Printed in Germany
ISBN 3-8290-0006-5

10 9 8 7 6 5 4 3 2 1

Inhalt

Gustav Peichl	Ansichten zur Wiener Architektur	6
Ehrenfried Kluckert	Kunst und Architektur von der Antike bis zur Renaissance	12
Ehrenfried Kluckert	Kunst und Architektur im 17. und 18. Jahrhundert Barock und Rokoko	44
Peter Plaßmeyer	Architektur im 19. Jahrhundert Vom Klassizismus bis zur Ringstraßenära 1790–1890	144
Sabine Grabner	Malerei und Skulptur des 19 Jahrhunderts 1790–1890	216
Barbara Borngässer	Architektur von der Jahrhundertwende bis zur Gegenwart	272
Gabriele Bösch, Silvie Steiner	Malerei und Skulptur von der Jahrhundertwende bis in die Gegenwart (Gabriele Bösch: Essays S. 358–63, 402–09 Silvie Steiner: Werkbeschreibungen S. 364–401, 410–40)	358
	Anhang	441
	Bibliographie	442
	Personenregister	445
	Orts- und Objektregister	449
	Bildnachweis	452

Gustav Peichl
Ansichten zur Wiener Architektur

Wien ist anders – ist Wien anders? In keiner anderen Stadt Europas prallten so viele nationale und kulturelle Gegensätze aufeinander wie in der Hauptstadt der seinerzeitigen Donaumonarchie. Nirgendwo anders war und ist der Stellenwert des *Genius loci* so ausgeprägt wie in Wien. Die geistige Kapazität in Kunst und Wissenschaft war seit jeher in dieser Stadt zu Hause. Aus Wiener Selbsteinschätzung entwickelte sich eine heiter-pessimistische Philosophie von »leben und leben lassen«: In dieser Atmosphäre entstand der Nährboden für die großen Leistungen der Kunst und Architektur. Zeugen dieser Behauptung sind die angesehenen Künstler, Wissenschaftler und Architekten, die in dieser Stadt wirkten.

Wien ist die Stadt des Sigmund Freud. Man kann es nicht als Zufall verstehen, daß Freud seine Theorie und Praxis der Psychoanalyse in Wien entwickelte. Es wurde und wird allenthalben diskutiert, ob es gerade Wien sein mußte, wo Sigmund Freud wirkte, ob solches nicht auch in anderen Städten oder anderen Ländern hätte geschehen können. Sicher ist, daß zwischen Psychoanalyse, gesellschaftspolitischer Situation und Architektur in Wien ein beachtenswerter Zusammenhang besteht. Freud formuliert: »Kunst ist die Äußerung höherer Begabung. Sie gewährt Einblicke in das Reich, das nur Wenige betreten. Sie ergreift durch eine ungewisse Kraft. Man kann ihre Wirkung nie bis auf den Grund erklären, aber man empfindet sie.« Otto Wagner, der Begründer der klassischen Moderne in der Architektur, hatte anderes im Auge: »Alles modern Geschaffene muß dem neuen Material und den Anforderungen der Gegenwart entsprechen, wenn es zur modernen Menschheit passen soll, es muß unser eigenes, besseres, demokratisches, selbstbewußtes, unser scharf denkendes Wesen veranschaulichen.«

Architekten zählen zu denjenigen, die die Umwelt am meisten beeinflussen und formen. Gute Architektur lebt seit jeher von ihrem Gebrauchswert und vom äußeren Erscheinungsbild. Die »Stimmung« und die Poesie, die ein Bauwerk im Sinn seiner Funktion ausdrückt, sind maßgebend für die Qualität. »Architektur verdient nur dann Lob, wenn sie Nutzen und Annehmlichkeit, Dauerhaftigkeit und Schönheit verbindet«, formulierte Vitruv (25 n. Chr.).

Wiener Eigenart ist der wirksame Einfluß von »Designelementen« in der Architektur. Spielerisch und manchmal formalistisch werden Ornamente überbewertet und dominieren die Gestaltung.

Betrachtet man Wien und seine Architektur, so sind in der Vergangenheit unterschiedliche Dinge und verschiedene Persönlichkeiten von Bedeutung. Beispielsweise die kühne Philosophie und die karge Architektur des Ludwig Wittgenstein (Haus Kundmanngasse) oder die formale Phantasie eines Otto Wagners (Postparkasse, Kirche am

ABBILDUNG RECHTS:
Karl König
Haus der Industrie am Schwarzenbergplatz 4, 1906–09
Deckendetail im Großen Festsaal

ABBILDUNG GEGENÜBER:
Gabriele Montani, Johann Lukas von Hildebrandt
Peterskirche, 1702–33

Das neue Haas-Haus von Hans Hollein (1985) und der Stephansdom (Baubeginn 1230)

Steinhof). Die überzeugendsten architektonischen Lösungen und spannendsten Gegensätze des modernen Wien basieren auf klassischen Motiven Otto Wagners und auf den knappen und klaren Formen der Bauten von Adolf Loos.

Mit dem Ende der barocken Bauperiode, etwa um 1780, gewann das Wiener Großbürgertum teilweise die Bedeutung des Adels und fand seinen architektonischen Ausdruck im Biedermeierstil und im Klassizismus. Josef Kornhäusl war einer der führenden Architekten im Wien des Biedermeier. Sein Werk kann als Wegbereiter zur modernen Architektur eines Adolf Loos angesehen werden. Klare, schmucklose Baukörper waren für Kornhäusl charakteristisch. Diese Reduktion begann die Baukultur ihrer Zeit zu formen.

In der Mitte des 19. Jahrhunderts erfolgte der Aufstieg Wiens zur Metropole. Die Schleifung der Verteidigungsanlagen und Basteien im Jahr 1850 und die dadurch ermöglichte Stadterweiterung und Eingemeindung der Vorstädte stellten den größten baulichen und städtebaulichen Eingriff in das Wiener Stadtgefüge dar. Der doppelte Straßenring der Ringstraße mit seinen Repräsentationsbauten bedeutete die erste großzügige urbane Lösung im Wiener Städtebau.

Die Architektur war in Österreich immer ein wesentlicher Faktor, von ihr gingen wichtige Impulse für die künstlerische und kulturelle Entwicklung aus. So auch seit Jahrhunderten in der Donaumetropole Wien. Das Wiener Stadtbild ist gekennzeichnet vom barocken Bauwillen von 1600–1760, vom Vormärz bis zum Jahr 1848, von der Ringstraßen- und Gründerzeit 1848 bis 1890, von der Stadterweiterung bis 1918 und vor allem vom sozialen Wohnungsbau 1918 bis 1938. Dieses populäre reformsozialistische Werk gilt als Wegbereiter für den sozialen Wohnbau in Europa. Die konservative englische Wochenzeitung »Spectator« nannte das Programm »ein Wunder«. Der Karl-Marx-Hof, eine der berühmten Hofanlagen, wurde in den dreißiger Jahren zum Symbol des Kampfes für Fortschritt und Demokratie. Die Großprojekte und die Bestrebungen der Stadterneuerung in der zweiten Hälfte des 20. Jahrhunderts dagegen konnten nur ansatzweise die gesellschaftspolitische und architektonische Qualität der ersten Dezennien erreichen.

Für Wien, eine der einstmals wichtigsten und auch eigenständigsten Großstädte der Welt, bedeuteten bereits die Jahre um 1900 einen Kulminationspunkt seiner baulichen und urbanen Entwicklung. Jahre mußten vergehen, bis die auf geistigem und kulturellem Gebiet vollbrachten Leistungen dieser Zeit Anerkennung fanden. Erst spät wurde die Bedeutung des Wiener Jugendstils erkannt und gewürdigt. Die herausragenden Wiener Künstler der Jahrhundertwende standen zunächst im Schatten anderer schöpferischer Gestalten. Weder Otto Wagner noch Josef Hoffmann fanden damals das Interesse, das ihnen zustand. Die Architektur Otto Wagners und Adolf Loos', heute als Wegbereiter moderner Architektur allgemein anerkannt, trat bereits in den ersten Dezennien des 20. Jahrhunderts in Erscheinung.

Die großartigen Kunstwerke, vor allem die kreativen Leistungen der Wiener Secession und der Wiener Werkstätten, konnten in ihrer exklusiven Haltung und Kostbarkeit nur von einer kleinen Bevölkerungsschicht angenommen werden. Es war allein das liberale Großbürgertum, das sich aufgeschlossen und weltoffen zeigte. Die heiterformale Konsequenz und dekorative Detailgestaltung der sinnlichen Bauten Josef Hoffmanns kontrastieren mit den urbanen und sozialen Inhalten

Otto Wagner
Geländer im Stiegenhaus des Gebäudes Wienzeile 40

Abendliches Ringstraßenpanorama vom Imperial aus

Otto Wagner
Postparkasse, 1903

Josef Hoffmann
Villa Skywa-Primavesi, 1913

der großen Wiener Wohnhöfe aus den ersten Dezennien des 20. Jahrhunderts.

Kein Vertreter einer anderen Zunft ist so sehr im Spannungsfeld zwischen *ratio* und *emotio* gefangen wie der Architekt. Seine Arbeit hat zunächst einem Zweck zu genügen, doch als Künstler trägt der Architekt auch die Verantwortung für die sinnliche Wirkung des Werkes. Das erotische »Verlangen nach Zeugung im Schönen« (Platon) bestimmt seine Tätigkeit, wobei dem Architekten selbst heute noch zugute kommt, daß er sich stets der neuesten Hilfsmittel bedienen kann.

Wien ist noch heute die Stadt der Kreativität, Wien ist Impulsgeber für die schöpferischen und kulturellen Kräfte, in der Musik, im Theater, ebenso in der bildenden Kunst. Im Bereich der »optischen Kultur«, mit den Neubauten der letzten Jahre des 20. Jahrhunderts, sind die Wiener mächtig stolz auf die kleinen, maßstäblichen Dinge wie Läden oder Bars. Für die Großbauten, die Büro- und Wohnmonster, geht dagegen eher die Scham um. Dank der Architekturschulen der Stadt mit der Vielfalt der Architekturauffassungen entstand ein positives Klima, und es ist allenthalben ein Bemühen um Qualität festzustellen. Wien gibt sich wählerisch und eigensinnig: Die weltweiten Architekturmoden der dekorationswütigen Postmodernisten sind fast spurlos an der Stadt vorübergegangen. Und auch die »Schick-und-Schräg-Mode« der sogenannten Dekonstruktivisten erntet keinen Applaus.

Es ist ein Wiener Spezifikum, daß jedes Bauwerk aus einer Mischung von überlieferten Formen und vorgegebenen Bedingungen entsteht. Das Ergebnis dieser »Wiener Melange« wird durch zwei Komponenten bestimmt: einerseits durch die neue Empfindung alter Formen, andererseits durch Ideen und die gestellten Anforderungen an das Bauwerk.

Wien ist anders! Und von besonderer Art!

Adolf Loos
Haus Steiner, 1910

Karl Ehn
Karl-Marx-Hof, 1926

ABBILDUNG S. 10/11:
Blick auf den Michaelertrakt der Hofburg und den Turm der Michaelerkirche (links)

Ehrenfried Kluckert

Kunst und Architektur von der Antike bis zur Renaissance

Spurensuche in der Antike und im frühen Mittelalter

Die Anfänge der Stadt Wien sind unter den Straßen, Gassen, Kirchen und Wohnhäusern verborgen und kaum mehr zugänglich. Dennoch lohnt eine Spurensuche, etwa wenn wir uns im Zentrum der Altstadt auf den Hohen Markt begeben, der westlich von der Marc-Aurel-Straße begrenzt wird. Hier ist das ehemalige Forum des römischen Castrums Vindobona zu lokalisieren. Mauerreste, die bei Ausschachtungsarbeiten gefunden wurden, zeugen von der römischen Vergangenheit der Stadt. Sie sind heute noch zu besichtigen. Der Zugang führt über das Haus Nummer 3.

Um das Jahr 15. v. Chr. hatten die Römer das Königreich Noricum erobert und an der Donau ihr Feldlager errichtet. Marc Aurel war es zu verdanken, daß die Donaugrenze gesichert wurde und »Vindobona« sich entwickeln konnte. Der Imperator wurde häufig als der »Philosoph auf dem römischen Kaiserthron« bezeichnet. Obgleich erfolgreicher Feldherr, hatte er doch nichts mit dem Typus des Soldatenkaisers gemeinsam, der ab dem 3. Jahrhundert n. Chr. die römische Außenpolitik prägte. Marc Aurel, der von der Philosophie der Stoa beeinflußt war, sinnierte über eine die Welt leitende Allvernunft und verfaßte viele Traktate. Im Jahre 180 n. Chr. starb er in Vindobona – Überlieferungen zufolge an der Pest. In der nach ihm benannten Straße erinnert eine Statue hoch oben am Eckhaus zur Salzgasse an diesen außergewöhnlichen römischen Caesaren.

Reste des römischen Castrums sind kürzlich auch auf dem Michaelerplatz gegenüber der Einfahrt zur Hofburg gefunden worden. Hier wird es sich um eine Bastion oder um ein Gebäude außerhalb des Castrums gehandelt haben. Die Fundamente umgab der Wiener Architekt Hans Hollein mit Mauern und einem Geländer, so daß das römische Gemäuer neben Resten eines mittelalterlichen Brunnens und eines Gebäudes aus dem 19. Jahrhundert gut sichtbar ist. Im Kunsthistorischen Museum und im Historischen Museum sind viele Fundstücke aus der Römerzeit ausgestellt. Neben sehr gut erhaltenen Bronzearbeiten ist der Grabstein des Flavius Draccus im Historischen Museum von besonderem Interesse. Er gehört zu den äußerst seltenen römischen Denkmälern, die noch mit Resten der ursprünglichen Farbfassung versehen sind. Sein Stil ist typisch für den Übergang von der keltischen zur römischen Kunst im ersten Jahrhundert n. Chr. (Abb. S. 13 links oben).

Der Hohe Markt in Wien ist so etwas wie ein Bindeglied zwischen Antike und Mittelalter. Möglicherweise befand sich hier das frühmittelalterliche Zentrum der Stadt, nachdem die Römer gegen Ende des 2. Jahrhunderts von den Markomannen vertrieben worden waren. Zwar konnten sie das zerstörte Vindobona zurückerobern und unter dem Kaiser Probus den Weinbau kultivieren, doch mußten sie im 4. Jahrhundert den Germanen weichen, die das Castrum bestürmten und später im Bereich des römischen Militärlagers siedelten. Das Geviert, das im Westen durch den Tiefen Graben, im Süden durch die Straßenzüge Naglergasse und Graben, im Osten durch die Kramer- und Rothgasse und im Norden durch die Erhebung zwischen Maria am Gestade und St. Ruprecht begrenzt wird, markiert ziemlich genau die bescheidene mittelalterliche Siedlung.

Im 5. und 6. Jahrhundert hatte die Stadt die Wirren der Völkerwanderung über sich ergehen lassen müssen, später die Awarenkriege, die zwischen 791 und 797 von Karl dem Großen ausgefochten wurden. Nach seinem Sieg gliederte er Wien und die östlichen Territorien als karolingische Ostmark in sein Reich ein. Um diese Ostmark genauer zu fassen und den Beginn des Mittelalters in Wien eindeutiger zu fixieren, muß man auf die Geschichte Bayerns zurückgreifen: Bayrische Grafen verfügten bereits im 6. Jahrhundert im heutigen Ober- und Niederösterreich über Besitzungen. Die ersten von iro-schottischen Mönchen unternommenen Missionen erreichten im 7. Jahrhundert das Gebiet von Wien. Dann rückten die Awaren und Slawen vor und vertrieben die Bayern. Dennoch wurden im Laufe des 8. Jahrhunderts die ersten Klöster gegründet – 748 in Mondsee und 777 in Kremsmünster.

Stadtentwicklung, Baukunst und Skulptur im Hohen Mittelalter

Vermutlich ließen missionierende Mönche im 8. Jahrhundert die erste Kirche Wiens errichten, St. Ruprecht. Ihre Grundmauern, für die römisches Baumaterial verwendet wurde, erheben sich über einer ehemaligen Bastion der nördlichen Castrumsbegrenzung. Das Hauptschiff und das untere Turmgeschoß gehen auf das 11. Jahrhundert zurück. Urkundlich tauchte die Kirche erstmals im Jahre 1161 auf, zu dieser Zeit ist das Langhaus im romanischen Stil verändert worden. Innen ist noch die mehrmals restaurierte hölzerne Flachdecke erhalten sowie der spätgotisch eingewölbte Chor. Die Apsis der rechten Seitenkapelle ist mit einem schönen Kreuzrippengewölbe ausgestattet. Neben diesen gotischen Teilen fallen die rundbogigen Schallarkaden am gedrungenen romanischen Westturm auf (Abb. S. 13 rechts oben). Sie sind durch kurze Säulchen mit schweren Würfelkapitellen geteilt. Bis zum 18. Jahrhundert hing ein romanischer Kruzifix in der Kirche. Er entstand zwischen 1170 und 1180 und zählt heute zu den ältesten in Wien erhaltenen Bildwerken (Abb. S. 13 rechts unten). Die gelängte und in verhaltenem Schwung verharrende Figur ist detailgenau ausgearbeitet. Das betrifft den Faltenwurf, die Rippenpartie und den minutiös gestalteten Kinnbart des Gekreuzigten. Der Kruzifix gelangte in den Besitz des Melker Stifts und ist

Grabstein des gallischen Kavalleristen T. Flavius Draccus, 1. Jh. n. Chr., Kalkstein, H: 225 cm
Historisches Museum der Stadt Wien

heute in der Wiener Melkerhofkapelle zu sehen. Heute wirkt St. Ruprecht wie verloren zwischen den hohen stattlichen Häusern des Barock und des 19. Jahrhunderts. Damals aber mußte die Kirche den von Norden, also von der Donau her Anreisenden wie die Ankündigung einer verheißungsvollen christlichen Siedlung erschienen sein; Wien war im Mittelalter eindeutig auf diese Route ausgerichtet.

Wenn wir von der Ruprechtskirche zum Hohen Markt und weiter über die Tuchlauben zur Peterskirche spazieren, durchmessen wir das mittelalterliche Wien, das damals übrigens »Wenia« hieß. Allerdings läßt die pompöse Barockpracht der von Johann Lukas von Hildebrandt entworfenen Peterskirche vergessen, daß an dieser Stelle ein Vorgängerbau stand, der für die Stadtgeschichte von größter Bedeutung war. Archäologen konnten seinen Grundriß ermitteln, der etwa sieben Stufen unter dem Niveau von 1676 lag. Auf Grund seiner rechteckigen Form schließen sie auf einen spätantiken Saalbau, der in das 4. Jahrhundert zu datieren ist. Wahrscheinlich bildete sich um diese frühe Kirche ein Haufendorf, das als ältester Siedlungskern Wiens gilt. Ein erster Umbau dieser frühen Kirche könnte auf Veranlassung Karls des Großen im Jahre 792 stattgefunden haben, also nach dem Sieg über die Awaren und nach der Vertreibung bayrischer Siedler.

Von der Peterskirche entwickelte sich die Siedlung nordwärts Richtung Ruprechtskirche. Hier, im Bereich der verwinkelten Gassen, vermuten Historiker eine burgartige Anlage innerhalb der noch bestehenden Römermauern. Beide Siedlungen dürften im Laufe des 9. Jahrhunderts zusammengewachsen sein. In den Salzburger Annalen aus dem Jahre 881 ist von einem ersten Aufeinandertreffen der Bayern mit den Ungarn »ad

Ruprechtskirche
Westturm, um 1130/70

Der Hohe Markt
Kolorierter Stich aus dem 16. Jh.
Historisches Museum der Stadt Wien

Kruzifix um 1170/80
Melkerhofkapelle

Heiligenkreuz, Brunnenhaus
Glasfenster mit der Darstellung
Heinrichs II. Jasomirgott
um 1300

Freigelegte romanische Kapitell-zone der Schottenkirche, um 1177

Romanische Säule, um 1177
Schottenkirche

Romanische Madonna, 1250
Farbige Fassung aus dem 19. Jh.
Schottenkirche

Uueniam« die Rede; doch konnten die Ungarn nicht endgültig besiegt werden. Zwischen 907, dem Jahr der Schlacht von Preßburg, und 991, dem Jahr ihrer Vertreibung, wurde Wien von den Ungarn beherrscht. Ob sie sich im Stadtgebiet selbst niederließen, ist nicht gewiß. Dagegen konnte nachgewiesen werden, daß sie sich im Umland aufhielten und Siedlungen anlegten.

Mit Otto I. und seinem Sieg über die Ungarn im Jahre 955 auf dem Lechfeld konnten große Teile der Ostmark mit Ausnahme Wiens und der östlichen Gebiete wieder ins Reich eingegliedert werden. Kurze Zeit später, im Jahre 976, erhielten die Babenberger Grafen die Ostmark als Reichslehen. Im Jahre 996 wurden sie als Markgrafen von »Ostarrichi« erwähnt. Wien und sein Umland konnten erst im Jahre 981 befreit werden, als der bayrische Herzog Heinrich der Zänker mit seinem Heer vorrückte und die Stadt zurückeroberte. Die Ostgrenze des Reichs war damit wieder über den Wienerwald hinaus vorschoben worden.

Im Verlauf des 11. Jahrhunderts zogen immer mehr Menschen nach Wien. Das Siedlungsgebiet mußte erweitert werden. Im Westen errichteten die Bürger innerhalb des Römerlagers eine feste Mauer – so entlang der Parisergasse, also noch östlich der späteren Babenberger-Residenz auf dem Platz Am Hof. Außerhalb des Römerkastells bauten die Einwohner eine neue Siedlung, eher wohl ein Dorf auf einer Wiese, im Bereich der Bäckerstraße und Sonnenfelsgasse. Die Straßenzüge erinnern heute noch an den langgezogenen, ellipsenförmigen Marktplatz, um den sich die Gebäude gruppierten.

Bis dahin war Wien jedoch noch keine Residenz. Die Babenberger saßen in Klosterneuburg und hielten sich fern der Stadt, die zwei Familien unterstand, den Formbachern und den Sieghar-den. Erst um 1130 erwarb der Babenberger Markgraf Leopold III. die Stadtherrschaft. Urkundlich gesichert ist das Datum 1137: Leopold IV. wird im Zusammenhang mit der »civitas« Wien genannt. Wenige Jahre später, 1156, wurde die Markgrafschaft Österreich in ein Herzogtum umgewandelt, und Wien stieg nun auf zur Residenz der Babenberger. Der erste Herzog von Österreich war der Babenberger Heinrich II. Jasomirgott (Abb. oben links). Dieser hatte ein Jahr zuvor, 1155, von Regensburg irische Benediktinermönche aus dem schottischen Iona kommen lassen. Nach ihnen nannte man die Kirche auf der Freyung Schottenkirche. Der Bau wurde im romanischen Stil ausgeführt, der Ostteil war bereits 1177 vollendet. In diesem Jahr starb Jasomirgott. Seine Familie ließ ihn in der Gruft seines Gotteshauses beisetzen. Die Weihe der Kirche fand erst im Jahre 1200 statt, lange nach seinem Tod.

Nur wenige Bauteile der Schottenkirche, wie der dreiapsidale Chorschluß, zeugen heute noch vom romanischen Bau. In der südlichen Chorkapelle, der sogenannten »Romanischen Kapelle«, finden sich Zeugnisse des ersten Baus, etwa die Säule mit einem achteckigen Schaft und einem Volutenkapitell (Abb. rechts Mitte). Sie stammt aus dem ehemaligen Kreuzgang des Klosters. Die freigelegten Bogenfragmente mit zierlich gegliederten Würfelkapitellen und hohen Kämpferzonen weisen ebenfalls in die Zeit des späten 12. Jahrhunderts (Abb. gegenüber oben). Eine im 19. Jahrhundert farbig gefaßte Madonna ist eindeutig als spätromanische Skulptur zu identifizieren (Abb. gegenüber unten). Erneuert und umgebaut wurde die Kirche im 14. und im 15. Jahrhundert. Dies betraf auch den Vierungsturm, der 1635 einstürzte. Von 1638 bis 1648 wurde der Kirchenbau im barocken Stil neu gestaltet. Hinweise über das Aussehen des mittelalterlichen Baus sind einem Bildmedaillon des Babenberger Stammbaums zu entnehmen, der Ende des 15. Jahrhunderts entstand (Abb. rechts).

Jasomirgott ließ auch eine Pfalz erbauen. Sie befand sich auf dem der Freyung benachbarten Platz Am Hof, dem heute größten der innerstädtischen Plätze Wiens. Reste oder Spuren der ehemaligen Babenberger Residenz sind jedoch nicht mehr zu finden. An ihrer Stelle steht heute das nach Plänen Johann Lukas von Hildebrandts errichtete Märkleinsche Haus. Mit etwas Phantasie können wir uns das höfische Treiben vorstellen, das sich auf diesem weiten und großzügig angelegten Platz entfaltete. Quellen berichten von glänzenden Festen und Reitturnieren. Walther von der Vogelweide, der Wien 1196 wohl zum ersten Mal besuchte und sich später immer wieder in der Stadt aufgehalten haben soll, trat hier an, um sich im Sängerstreit gegen den Minnesänger Reinmar von Hagenau zu behaupten.

Mit der Gründung des Schottenklosters und dem Ausbau der seit 1147 bestehenden Großpfarre St. Stephan entwickelte sich allmählich das mittelalterliche Stadtbild Wiens. Gegen Ende des 12. Jahrhundert wurde auch das Gebiet südlich des Grabens mit seinen fünf Seitenstraßen zwischen der Kärntnerstraße und dem Kohlmarkt erschlossen. Um dieses neue Siedlungsgeviert zwischen dem heutigen Michaeler- und dem Albertinaplatz baulich abzuriegeln, hat man sicherlich nicht nur an eine Befestigungsmauer, sondern auch an ein Tor und möglicherweise sogar an eine Burg gedacht. Schließlich mußte die südliche Flanke entsprechend geschützt werden. Leopold V. soll zwischen 1180 und 1198 eine Ringmauer um die Siedlung angelegt haben; die finanziellen Mittel entstammten dem Lösegeld für die Befreiung des englischen Königs Richard Löwenherz, der 1192 in Erdberg gefangen genommen und auf Burg Aggstein festgehalten worden war. Leopold VI. ließ, wie bezeugt wird, um 1200 eine neue Residenz errichten – vermutlich auf dem Gelände der heutigen Hofburg in der Nähe der Stallburg.

Zu dieser Zeit war die »civitas« Wien eine der führenden Handelsmetropolen Europas. 1221 setzte Leopold VI. die Verleihung des Stadt- und des darin enthaltenen Stapelrechts durch (Abb. rechts). Nun mußten fremde Kaufleute ihre Ware in Wien »stapeln« und innerhalb von zwei Monaten an Wiener Kaufleute verkaufen, dies führte zu einem erneuten wirtschaftlichen Aufschwung. In diesen Jahren entstand das heutige Wien.

ABBILDUNG OBEN:
Unbekannter Meister
Babenberger Stammbaum, Bildmedaillon mit der ältesten Darstellung der Schottenkirche auf der Freyung, 1489–92
Klosterneuburg, Augustiner-Chorherrenstift

ABBILDUNG UNTEN:
Herzog Leopold der Glorreiche verleiht den Wienern das Stadtrecht am 18. Oktober 1221
Österreichische Nationalbibliothek

Michaelerkirche, um 1200
Kirchturm 14. Jh., Innenraum barock verändert und im 19. Jh. zum Teil regotisiert

Michaelerkirche

Um 1200 wurde die ehemalige Hofpfarrkirche St. Michael, später Michaelerkirche genannt, als dreischiffige Querhausbasilika erbaut. Ein Vorgängerbau soll sogar bis in die Zeit um 1100 zu datieren sein. Als mittelalterliches Zeugnis der barock veränderten Kirche fällt der schlanke gotische Turm auf. Freskenreste auf den Triumphbögen, die zum Chor führen, datieren etwa um 1350 und zeigen Szenen des Weltgerichts mit Christus und den Aposteln. An der Nordwand des Chorquadrats sind ebenfalls noch Reste von Malereien aus derselben Zeit zu erkennen. Die ältesten Malereien der Kirche aber entdeckt man an der Südwand der Turmkapelle. Die Heiligen Cosmas, Damian und Thomas dürften etwa um 1300 oder kurz vorher von Wiener Meistern gemalt worden sein. An der Westwand zeigt ein ebenfalls um 1300 entstandenes Fresko den Seelenwäger Michael beim Jüngsten Gericht. Maria und der Teufel beobachten aufmerksam das Neigen und Steigen der Waagschalen.

Michaelerkirche, innere Westwand, Fresko mit dem Seelenwäger Michael beim Jüngsten Gericht, um 1300

Maria am Gestade

Die Kirche Maria am Gestade in der Salvatorgasse ist wegen ihrer besonderen Lage für das Stadtbild bedeutsam. Die steilen Treppen der Gassen »Am Gestade« und »Marienstiege« führen hinauf zum kleinen Vorplatz der Kirche, aus dem die schlanke Fassade mit dem Portal und dem filigranen Baldachin herauswächst. Die Lage der Kirche ist also der von St. Ruprecht ähnlich – deswegen wurde wohl auch das Marienpatronat mit dem Zusatz »Am Gestade« versehen. Sie erhob sich am ehemaligen Hochufer der Donau und wurde daher als Schifferkirche gegründet. Bootsleute auf ihren Kähnen erkannten, wenn sie auf der Donau die Stadt ansteuerten, schon von weitem den schlanken Turm und die aufstrebende Westfront der Kirche als ihr Reiseziel. Das trifft natürlich auch für Händler zu, die mit ihren Fuhrwerken aus dem Wienerwald heranzogen. Die Marienkirche war auf erhöhtem Platz unmittelbar hinter der Befestigungsmauer gelegen, so daß ihre elegante Gestalt einer städtischen »Visitenkarte« gleichkam.

1158 wird das Gotteshaus zum ersten Mal urkundlich erwähnt. Vermutlich ging ein früherer Bau aus der Zeit um 1030 voraus, Archäologen haben sogar römische Mauerreste in den Fundamenten festgestellt. Der Chor der heutigen Kirche datiert aus der Zeit von 1330 bis 1369 (Abb. S. 19), das Langhaus von 1394 bis 1414. Aus dieser Zeit stammt auch der filigrane und oben abgerundete Turmhelm mit Fialtürmchen, Krabben und Wasserspeiern. Sehenswert sind die Glasfenster des Chors, die im zweiten Drittel des 14. Jahrhunderts entstanden. Im selben Jahrhundert formte ein unbekannter Künstler zwei gotische Sandsteinfiguren, die für die Entwicklung der mittelalterlichen Skulptur Niederösterreichs bedeutsam wurden (Abbn. S. 18). Es handelt sich um

Maria am Gestade
Mitte 12. bis frühes 15. Jh.
Westfassade und Turm
Turmhelm von Michael Knab
1394–1427

Tafeln eines Flügelaltars, um 1460
Mariä Verkündigung (links)
Krönung Mariens (nebenstehend)

Maria am Gestade
Hochgotische Steinskulpturen im Langhaus: Maria (links) und Erzengel Gabriel (rechts) einer Verkündigungsgruppe

eine Verkündigungsgruppe, um Maria und den Erzengel Gabriel. Leicht und beschwingt muten die Figuren an. Der Faltenwurf ist großzügig angelegt, so daß die Gestalten zu schweben scheinen. In geometrisierenden Formen sind die Haarlocken gebildet. Die Forschung vermutet, daß die Skulpturen aus einer bayrischen Werkstatt stammen, da Maria am Gestade Sitz des Passauer Offizials war. Doch Vergleiche mit bayrischen Beispielen halten dieser Vermutung nicht stand, da die Wiener Figuren zu elegant und grazil erscheinen.

Zwei spätgotische Tafelbilder sind wahrscheinlich um 1460 in einer Wiener Werkstatt gemalt worden (Abbn. S. 17 unten). Möglicherweise bestehen Beziehungen zum sogenannten Schottenmeister, dessen Altarwerk etwa um die gleiche Zeit entstand (vgl. Abbn. S. 34–35). Die gemeinsamen ästhetischen Komponenten erkennt man im Duktus und im Bildaufbau sowie in der Motivwahl. Mehr noch als dort wird hier niederländisches Formengefühl spürbar, so daß man fast geneigt ist, dieses Werk als Exportartikel aus der Werkstatt des Rogier van der Weyden oder des Dirk Bouts anzusehen. Auf den mit Goldgrund versehenen Festtagsseiten sind die Verkündigung und die Krönung Mariens dargestellt.

ABBILDUNG GEGENÜBER:
Maria am Gestade, Mitte 12. bis frühes 15. Jh., Blick in den Chor, 1330–69

Minoritenkirche
Hauptportal mit dem Tympanon des Jakobus von Paris

Minoritenkirche

Minoriten, also Franziskaner, kamen zu Beginn des 13. Jahrhunderts nach Wien und gründeten dort ihr Kloster und die Kirche »Maria Schnee«. Doch die Klostergebäude mußten bald dem Haus-, Hof- und Staatsarchiv weichen.

Zu einem der kostbarsten gotischen Schätze Wiens gehört das Hauptportal der Kirche aus dem 14. Jahrhundert, das von einem Glockentürmchen flankiert wird. Im dreiteiligen Tympanonfeld ist die Kreuzigung Christi dargestellt, ein Werk des Franziskanermönchs Jakobus von Paris. Während der Ausschachtungsarbeiten für den U-Bahnbau hat man östlich der Apsis Fundamente einer gotischen Kapelle entdeckt, anhand derer man den Grundriß rekonstruieren konnte. Dazu benutzte man die Steine der ehemaligen Kapelle. Heute kann man diese Partien abschreiten und sich mit ein wenig Phantasie die Ausmaße der gesamten Anlage vor Augen führen.

Abbildung gegenüber:
Minoritenkirche, vor 1339 bis um 1380, Ostansicht

Stephansdom, Westfassade
1230/40–1263

Der Stephansdom

Wien erreichte in der ersten Hälfte des 13. Jahrhunderts die Ausdehnung der noch heute bestehenden inneren Stadt. Der Stephansdom, das Wahrzeichen Wiens, überragte sie schon damals. Die von den Wienern liebevoll »Steffl« genannte Kirche, das Herzstück der Stadt und der bedeutendste Sakralbau des österreichischen Mittelalters, veranschaulicht auf eindrucksvolle Weise das Ineinandergreifen von Romanik und Gotik. Nur sehr schwer sind die Zeugnisse dieser Epochen voneinander zu trennen. Das mag unter anderem an dem verhältnismäßig rasch aufeinanderfolgenden Neu- und Erweiterungsbau der ersten Kirche liegen; diese wurde in den 30er Jahren des 12. Jahrhunderts als Pfarrkirche des Bistums Passau gegründet. Die erste Weihe der Ostteile fand im Jahr 1147 statt. Das Schiff war 1160 vollendet. Die Kirche wurde als Querschiffbasilika mit zwei mächtigen Westtürmen und einem Chorquadrat mit Apsis angelegt. Die ausladenden Querarme waren ebenfalls mit Apsiden versehen.

In der Folgezeit brannte die Kirche mehrmals ab und wurde über demselben Grundriß um 1230 bis auf die Westfront vollständig neu erbaut. Als sich im Jahre 1258 die Geistlichkeit schon auf die Konsekration vorbereitete, verwüstete ein weiterer Brand die Kirche. 1263 konnte St. Stephan endlich geweiht werden. Initiator dieses Baus war Friedrich II., der seine Vollendung jedoch nicht mehr erleben sollte. Der letzte Babenberger, der auch »der Streitbare« genannt wurde, fiel im Jahre 1246 in der Schlacht gegen die Ungarn an der Leitha.

An die Regierungszeit Friedrichs II. erinnern das sogenannte Riesentor im Westen und die Empore. Hier, an der Nordwand der ehemaligen babenbergischen Herrscherempore, sind noch Reste von Fresken aus der Zeit um 1290 zu sehen. Dargestellt ist Christus in der Mandorla. Unter ihm erkennt man die Architektur des Himmlischen Jerusalems mit einer nicht gedeuteten Figurengruppe. Historiker vermuten, daß es sich bei dieser Szene um die Belehnung Albrechts I. durch König Rudolf I. von Habsburg handelt. Sollte dies tatsächlich der Fall sein, dann veranschaulicht die Szene einen wichtigen Abschnitt in der Geschichte Österreichs, da mit Albrecht die deutsche Königswürde zum ersten Mal nach Wien gelangte.

Von der Architektur dieses Baus sind lediglich Fundamentreste und Erdgeschoßpartien der West- bzw. Heidentürme im Vorbau des Westportals erhalten. Übrigens benannte man sie nach einem ursprünglich heidnischen Heiligtum, das hier gestanden haben soll. Der romanische Westbau ist heute leicht zu rekonstruieren. An Stelle des zentralen gotischen Spitzbogenfensters

ABBILDUNG GEGENÜBER:
Stephansdom, ab 1230

Wiederverwendete Skulpturen des 12. Jhs. am Riesentor des 13. Jhs.

INTERNATIONAL

befand sich ein Okulus. Von Turmschaft zu Turmschaft verliefen Blendarkaden, die von einem flachen Dreiecksgiebel überfangen wurden. Die Spitze des ehemaligen romanischen Giebels dürfte die Höhe des heutigen gotischen Mittelfensters erreicht haben.

In diesen wenigen Jahren während der Vollendung des spätromanischen Stephansdoms wurden die Weichen für den Aufstieg des Hauses Habsburg gestellt. Nach dem Tod des letzten Babenbergers beanspruchte König Ottokar II. von Böhmen die Herrschaft über beide Länder. Erst als Rudolf I. von Habsburg zum König gewählt wurde, konnte dem böhmischen König das babenbergische Erbe entrissen werden. In einem Glasfenster des Chors (heute im Historischen Museum) aus dem Jahre 1390 ist Rudolf unter einem Baldachin sitzend mit Zepter und Reichsadler dargestellt (Abb. rechts). Es ist das erste Fenster einer Reihe von Königsdarstellungen des Hauses Habsburg. Diese monumentale Reihe von Herrscherbildnissen stammt mit ziemlicher Sicherheit aus der Werkstatt eines Wiener Hofkünstlers. Die stilistischen Voraussetzungen liegen wohl in der Wiener Großplastik begründet.

Ein Vergleich mag dies veranschaulichen: Die Skulpturen des Riesentors stammen aus dem 13. Jahrhundert. Im Tympanon ist Christus als Weltenherrscher zu sehen, und über dem Türsturz sowie in den Bogenläufen tummeln sich groteske Chimären gegenüber würdigen Aposteln (Abb. links oben). Sogar der Steinmetz und der Kirchenmeister sind an diesem Portal vertreten. Komposition, Physiognomien und andere Details der Apostel deuten auf eine Bamberger Werkstatt. Die Skulpturen der Gnadenpforte am Bamberger Dom (zwischen 1229 und 1231) weisen viele Übereinstimmungen mit den Apostelfiguren des Riesentors auf. Den Namen hat das Portal übrigens von einem Mammutknochen erhalten, der bei Ausschachtungsarbeiten gefunden wurde. Damals glaubten die Arbeiter, den Knochen eines Riesen gefunden zu haben, der während der Sintflut umgekommen war.

Im 14. Jahrhundert folgte der gotische Ausbau des Stephansdoms. Im Jahre 1304 begannen die Arbeiten am großen Hallenchor (Abb. S. 25). 36 Jahre später konnte die Weihe stattfinden. Als Bauherr wird Albrecht I., der Sohn Rudolfs I. von Habsburg, angegeben, der 1298 zum deutschen König gewählt worden war. Sein Sohn Albrecht II. förderte die Vollendung des Chors. Nach ihm wird dieser Bauabschnitt auch als »Albertinischer Chor« bezeichnet. Rudolf IV., der Sohn Albrechts II., veranlaßte 1359 den Bau des gotischen Langhauses und die Verbreiterung der Nebenschiffe. Dieser Herzog, den man auch »den Stifter« nannte, trug entscheidend zum politischen und wirtschaftlichen Aufschwung Wiens bei. Er regelte und maximierte das Steueraufkommen, förderte das Handwerk und gründete nach Prager Vorbild

König Rudolf I.
Glasgemälde, um 1390
ehem. Chor des Stephansdoms
Historisches Museum der Stadt Wien

ABBILDUNGEN LINKS:
Stephansdom, Riesentor
Apostel und Chimären in den Bogenläufen (oben)

Stephansdom, Singertor
Detail mit der Darstellung von Szenen aus dem Leben des Apostels Paulus, 1359–65 (unten)

ABBILDUNG GEGENÜBER:
Stephansdom, Blick in den Albertinischen Chor, 1304–40

106
120 2
106 3 481
104

die Hohe Schule, die »Universitas Literarum«. Sie erhielt am 12. März 1365 ihre Gründungsurkunden in deutscher und lateinischer Sprache.

An den unmittelbar hinter der Westfassade liegenden Seitenschiffportalen des Stephansdoms, dem Bischofstor im Norden und dem Singertor im Süden, erscheint Rudolf zweifach mit dem Kirchenmodell in der Hand (Abb. links). Die Modelle bieten verschiedene Ansichten mit einer allerdings stark vereinfachten Version des Albertinischen Chors. Es handelt sich hier um die ersten Darstellungen des Stephansdoms. Von Rudolf, dem Schwiegersohn des in Prag residierenden Kaisers Karl IV., ist ein Porträt von einem unbekannten Wiener Meister überliefert (Abb. S. 29). Zusammen mit dem Bildnis König Johanns von Frankreich, das etwa zur selben Zeit entstand, zählt das Gemälde zu den ältesten Individualporträts.

Die Höhe und Weite des Innenraums zeigt ungewöhnliche Ausmaße (Abb. rechts). Vom Westportal bis zum Chor sind 100 Meter zurückzulegen. Schwer und fast monumental wirken die Pfeiler im hohen Staffelraum. Dagegen sind die von zierlichen Dreipaßfriesen abgeschlossenen Maßwerkfensterpaare hoch und schlank. Sie werden von Wandpfeilern mit Laubwerkkonsolen gerahmt. Im Gegensatz zum Mittelschiff, dessen Gewölbe nur wenig höher ist als das der Seitenschiffe, bietet sich der ältere Chor als reiner Hallenraum mit einfachem Kreuzrippengewölbe dar. Um einen Ausgleich zum Längsschiff herzustellen, schuf der Baumeister eine schlanke Blendarkatur, die einen dynamischen Höhenzug suggeriert.

Abbildung oben:
Stephansdom, Singertor, 1389–65
Rudolf IV. mit Kirchenmodell

Abbildung unten:
Stephansdom, Hochgrab für Rudolf IV. und seine Gemahlin, um 1360

Im östlichen Mittelfenster des Chors befindet sich die um 1340 mit intensiven Blau- und Purpurtönen gemalte Szene der Kreuzigung. Sie ist wahrscheinlich das kostbarste gotische Ausstattungsstück des Doms. Auf einer gleichen Stilstufe stehen die Skulpturen des mittleren Chors, die Figuren der Heiligen Laurentius, Stephanus, Christophorus, Katharina und Johannes des Täufers. Vermutlich gehörten sie einst zu einem umfassenden Allerheiligenprogramm. Die sogenannte »Dienstbotenmadonna« am rechten Vierungspfeiler (Abb. S. 27 oben links). gilt als eine der lieblichsten Marienfiguren ihrer Zeit. Um 1320/25 entstanden, spiegelt sie die Eleganz höfischer Kunst wider, trägt aber zugleich in der innigen Hinwendung der Mutter zum Kind ausgeprägt empfindsame Züge. Wahrscheinlich gehörte sie als Andachtsbild zu einem Marienaltar im Frauenchor.

Im Chorhaupt, in der Gruft, die Rudolf IV. für die Mitglieder des Hauses Habsburg anlegen ließ, befindet sich auch die Tumba Rudolfs, des Domstifters, der 1365 starb. Er und seine Gemahlin Katharina von Böhmen, die Tochter Kaiser Karls IV., sind in einer übernatürlich wirkenden Schwebehaltung dargestellt. Die Tumba gilt als ein Hauptwerk der gotischen Wiener Bauhütte (Abb. links).

Stephansdom, Schmerzensmann sog. »Zahnwehherrgott« um 1420/30

Abbildung gegenüber:
Stephansdom, Langhaus nach Osten, 1359–1440

Nebenstehend:
Stephansdom
Dienstbotenmadonna
um 1320/25

Abbildungen rechts:
Kreuzabnahme, um 1330/40
Dom- und Diözesanmuseum

Maria und der Evangelist Johannes (aus einer Kreuzigungsgruppe)
um 1420/25
Dom- und Diözesanmuseum

Die Skulpturen des Bischofstors stehen in engem stilistischen Zusammenhang zu den Chorfiguren. Bezüge zu einer Prager Werkstatt sind nicht auszuschließen. Im Tympanon ist der Tod Mariens und ihre Krönung im Himmel dargestellt. Die unteren Figuren von Albrecht III., dem Bruder Rudolfs IV., und seiner Gemahlin Elisabeth von Böhmen, sind als Individualportraits gestaltet.

Weitere Ausstattungsstücke des Stephansdoms befinden sich heute im Dom- und Diözesanmuseum. Die eigentümlich reliefartig wirkende Gruppe der Kreuzabnahme (Abb. rechts oben) stammt wahrscheinlich aus einem Passionszyklus der Zeit um 1330/40, die Figuren von Maria und Johannes d. T. (Abbn. rechts) gehörten zu einer Kreuzigungsgruppe des frühen 15. Jahrhunderts.

Nach dem Tod Rudolfs IV. im Jahre 1365 übernahm sein Bruder Albrecht III. die weitere Förderung des Domausbaus. Zwischen 1380 und 1390 wurde der südliche Chorturm bis zum zweiten Geschoß hochgezogen und mit einem reichen Figurenprogramm ausgestattet. Im Jahre 1400 lag dann das erste Konzept für den riesigen Einturm vor, den wir heute sehen. Um 1433 war sein Bau vollendet. Mit ihm vollzog sich der Übergang vom Mittelalter zur Renaissance.

Gotische Malerei

Der Auftakt der gotischen Malerei in Wien war furios; er begann mit den Tafelmalereien in Klosterneuburg. Sie wurden von Künstlern aus Wiener Werkstätten ausgeführt, so daß die Existenz einer angesehenen Wiener Schule vorausgesetzt werden kann. Bei einem Brand in der Stiftskirche in Klosterneuburg im Jahre 1322 wurden die einzigartigen Emailtäfelchen, die Nikolaus von Verdun 1181 für einen Ambo schuf, stark beschädigt und teilweise vernichtet. Aus diesem Grunde überlegte man, die Ambonenverkleidungen neu zu einem Flügelaltar zusammenzusetzen und mit bemalten Tafeln zu versehen, die auf die Rückseite montiert werden sollten. Probst Stephan von Sierndorf gab im Jahre 1324 vier Tafeln in Auftrag. Eine davon zeigt die Doppelszene *Die drei Marien am Grabe* und *Noli me tangere* (Abb. S. 29 oben rechts). Der Wiener Meister kannte mit ziemlicher Sicherheit die Fresken Giottos in der Arenakapelle in Padua, von deren Perspektivkonstruktionen und Kompositionsschemata er sich leiten ließ. Auffallend sind die umgekehrte Perspektive des Grabes und die giotteske Hügellandschaft mit gezackten Gräben. Auch die anderen Tafeln lassen deutlich die Einflüsse von Giotto verspüren, so daß man wohl zu Recht behaupten kann, daß hier erstmals nördlich der Alpen eine Rezeption Giottos nachweisbar ist.

Von der überraschend frühen Portraitmalerei war schon im Zusammenhang mit dem Bildnis Herzog Rudolfs IV. die Rede (Abb. S. 29 unten links). In einer weiteren Tafel, der Kreuzigung, malte der Meister ein Individualportrait des Stifters, des Propstes Stephan von Sierndorf. Daß auch bei diesem Beispiel italienische Einflüsse geltend zu machen sind, ist offensichtlich und läßt sich mit den politischen Ambitionen der Habsburger erklären. Ihre Expansionsabsichten orientierten sich unter anderem nach Süden. In den Jahren der Arbeiten in Klosterneuburg fielen Kärnten, große Teile Friauls und Triest an Österreich. Diese Öffnung nach Italien prägte das Kunstschaffen Wiens im 14. Jahrhundert sicherlich sehr und strahlte aus bis nach Prag, wo der Meister von Hohenfurth um die Jahrhundertmitte die eleganten Figuren und die dekorationsreiche Bildgestaltung der Wiener Werke übernahm.

Zu Beginn des Jahrhunderts hatten sich in Wien bedeutende Miniaturwerkstätten ausgebildet, die in ihrer hohen Qualität mit der gleichzeitig florierenden Wenzelswerkstatt in Prag zu vergleichen sind. Erstmals wurden die Hofminiatoren tätig für das »Rationale Durandi«, das Herzog Albrecht III. um 1385 in Auftrag gab. Die Gestaltung ist zunächst sehr stark dem Weichen Stil verhaftet, so wie er in Böhmen gepflegt wurde. Spätere Blätter des »Rationale« zeigen schon deutlich französische Einflüsse. Die Wiener Hofilluminatoren unterhielten engste Beziehungen zu Klosterneuburg, wie beispielsweise die sogenannte

Weihrauchfaßschwingender Engel
Glasmalerei, um 1340
Dom- und Diözesanmuseum

Meister Nikolaus
Gnadenstuhl (Hl. Dreifaltigkeit)
Blatt aus dem Codex CCI 67
fol. 3v, 1421–24
Klosterneuburg, Museum des Augustiner-Chorherrenstifts

Rückseite des Klosterneuburger Altars: Die drei Marien am Grabe, Noli me tangere, 1324
Malerei auf Holz, 102 x 120 cm
Klosterneuburg, Augustiner-Chorherrenstift

»Bibel von Klosterneuburg« veranschaulicht, die in den ersten Jahrzehnten des 14. Jahrhunderts entstand. In vielen der erhaltenen Rechnungen werden Künstlerpersönlichkeiten im Zusammenhang mit ihren Arbeiten faßbar. Eine von ihnen ist Meister Nikolaus, der bis gegen 1430 in Wien arbeitete. Auch er war am erwähnten »Rationale Durandi« beteiligt. Von ihm stammt unter anderem das Blatt mit dem Gnadenstuhl aus der Zeit um 1421–24 (Abb. oben links). Die Formen und Farben verraten noch verhalten böhmische Einflüsse, die aber allmählich zurückgedrängt wurden, um auf die Entwicklungen in der südniederländischen Malerei reagieren zu können. Auch die franco-flämische Buchmalerei klingt verhalten in der Gestaltung der Ornamentik nach.

Einen kurzen Blick sollte man auch auf das mittelalterliche Kunsthandwerk werfen, das allerdings nur spärlich überliefert ist. Goldwerkstätten waren in Wien schon seit 1170 bezeugt; dies läßt auf die Prosperität der Stadt wie auch auf das Selbstbewußtsein ihrer Herrscher schließen. Der Babenberger Leopold VI. bezeichnete 1207 gegenüber Papst Innozenz III. Wien nach Köln als die größte deutsche Stadt. Damit spielte er nicht nur auf die Topographie, sondern vor allem auf die wirtschaftliche Leistungskraft an.

Eines der ältesten in einer Wiener Goldschmiede hergestellten Objekte ist ein romanischer Meßkelch, der möglicherweise schon im 13. Jahrhundert entstand. Es handelt sich hier um einen vergoldeten Kupferkelch, dessen Knauf mit Blattornamenten und Halbkugeln verziert ist. Übrigens wurde nachgewiesen, daß der beschädigte Verduner Altar aus Klosterneuburg im Jahre 1331, also nach dem verheerenden Brand, in einer Wiener Edelschmiede restauriert und umgebaut worden ist. Auch ein silbernes Vortragekreuz, das sich heute im Kölner Schnütgen-Museum befindet und um 1350 in einer Wiener Silberschmiede entstand, zeugt von der ausgeprägten künstlerischen Technik der Wiener Handwerker.

Wiener Meister (?)
Portrait Herzog Rudolfs IV., des Stifters, 1360/65
Malerei auf Holz, 45 x 30 cm
Dom- und Diözesanmuseum

Wiener Werkstatt
Vortragekreuz, 14. Jh.
Köln, Schnütgen-Museum

Stephansdom, Nord- oder sog. »Adlerturm«, 1467

Hans Puchsbaum
Aufriß des Nordturms, um 1400
Historisches Museum der Stadt Wien

Im Übergang zur Renaissance

Mit dem Regierungsantritt Herzog Albrechts V. im Jahre 1411 erlebte die Stadt zwar einen erneuten kulturellen Aufschwung, doch vollzog sich dieser in unruhigen Zeiten. Sondersteuern und militärische Ausgaben belasteten die Bürger und unterdrückten kaufmännische Initiativen. Oberdeutsche Handelsleute dominierten den Kapitalmarkt. Mißstimmung und Unruhe unter der Bevölkerung wuchsen, es kam zu Ausschreitungen. Der Unmut wandte sich gegen die Juden, die nahe der alten Burg Am Hof im Ghetto lebten. Die Judenverfolgung gipfelte 1420 in einem grausamen Massaker: Über 200 Männer und Frauen wurden vor den Toren der Stadt auf dem Scheiterhaufen verbrannt. Die Judenstadt wurde aufgelöst.

Die sozialen und wirtschaftlichen Wirren waren begleitet von den Ränkespielen der politischen Führung. Kaiser Friedrich III., Vormund seines minderjährigen Sohnes Albrecht, trachtete danach, die Regentschaft über Wien zu übernehmen. Es kam zu zahllosen Parteikämpfen, in deren Verlauf Erzherzog Albrecht VI. seine Ansprüche auf die Stadt geltend machte. 1461 brach der Bürgerkrieg aus. Die Wiener Burg wurde wiederholt belagert. Albrecht siegte schließlich, starb aber bereits 1463, im Jahr seiner Machtübernahme.

In diesen wechselvollen Jahrzehnten erhielt der Stephansdom weitgehend seine heutige Gestalt; wenden wir uns daher wieder seiner Baugeschichte und der Ausstattung des Spätmittelalters zu. Während der Innenraum größtenteils dem hochgotischen Formengefühl verpflichtet ist, erkennen wir, abgesehen von den Porta skulpturen, am Außenbau vorwiegend spätgotische Stilelemente. Die Mauerlandschaft des Doms, die Langhauswände, Strebepfeiler und die Chorpartie, erwecken den Eindruck eines imposanten »Architekturgebirges«; der mächtige Südturm wirkt fast wie ein separat stehender Campanile.

In der ersten Hälfte des 15. Jahrhunderts wurden die entscheidenden Neu- und Umbaumaßnahmen eingeleitet. Bis 1440 waren Arbeiter mit der Aufmauerung der Langhauswände beschäftigt, gleichzeitig ging ein weiterer Bautrupp an die Errichtung des neuen Querschiffs. Schließlich wurden Pläne zur Neugestaltung der Westwerkwände vorgelegt. Die Westempore sollte umgebaut und die Fassade teilweise durchbrochen und aufgestockt werden, um das große Mittelfenster einzupassen. Ob zu dieser Zeit noch an eine zweitürmige Ostanlage gedacht war, ist ungewiß.

Im Jahre 1467 wurden die Arbeiten am Nordturm, dem sogenannten »Adlerturm«, aufgenommen (Abbn. links). Die Grundsteinlegung erfolgte 17 Jahre früher, ein untrügliches Zeichen für die Unentschlossenheit hinsichtlich der endgültigen Gestaltung und Höhe des Turms. Ein der Wiener Bauhütte entstammender Planriß verdeutlicht die bereits konzipierten Dimensionen des Nordturms; tatsächlich sollte er sein südliches Pendant um einige Meter übertreffen. Zu dieser Zeit wurde Wien Bischofsstadt, möglicherweise gab diese Ehre Anlaß für den raschen Turmbau. Doch stellte man die Arbeiten schon 1511 ein und deckte den Turmstumpf mit einem Renaissancegeschoß ab. Genau 200 Jahre später, 1711, wurde übrigens eine 20 Tonnen schwere Glocke, die »Pummerin« aufgehängt.

Der Übergang zur Renaissance zeigt sich im Innenraum vor allem im reichhaltigen Schmuck der freien Arkadenpfeiler (Abb. S. 31 links). Die Figuren der biblischen Gestalten und Heiligen dürften in der Zeit zwischen 1435 und 1490 entstanden sein. Die Namen der Meister sind nicht überliefert, doch ist davon auszugehen, daß hier verschiedene und sehr unterschiedlich arbeitende Skulpteure am Werk waren. Auch der große Marienaltar aus dem Jahre 1447 mit Skulpturen im Schrein und den prächtig ausgemalten Außenflügeln ist ein Zeugnis für den Übergang von der Gotik zur Neuzeit (Abb. S. 31 rechts). Dieser aus Wiener Neustadt stammende Altar war eine Stiftung König Friedrichs III. Er wird deswegen auch häufig Friedrichsaltar genannt. Friedrich III., der ab

1452 den Kaisertitel trug, versah den Altar mit seiner Devise A E I O U: »Austria erit in orbe ultima« – womit zum ersten Mal der universale Machtanspruch der Habsburger dokumentiert war. Die weich herabwallenden Gewänder der Skulpturen und deren graziöse Haltung sind typisch für das Stilideal des frühen 15. Jahrhunderts. Ähnlich sind auch die Figuren, biblische Gestalten und Heilige, in den Altarflügeln gemalt.

Für die Gestaltung seines Grabmals (Abb. S. 33 oben rechts) berief Friedrich III. im Jahre 1467 den berühmten Nikolaus Gerhart von Leyden, der damals in Straßburg arbeitete. Dem hochbetagten Bildhauer war es allerdings nur vergönnt, das entsprechende Modell zu schaffen; er starb 1473 in Wiener Neustadt. Sein Sohn übernahm die Fertigstellung, die der Kaiser selbst jedoch nicht mehr erlebte. Er verschied im Jahre 1493. Das monumentale Grabmal, das nur noch mit demjenigen von Friedrichs Sohn, Maximilian, in Innsbruck zu vergleichen ist, wurde 1513 vollendet und als Hochgrab in der südlichen Chorkapelle aufgestellt. Hier fand der Kaiser seine letzte Ruhestätte.

Wiener Meister (?)
Marienaltar aus Wiener Neustadt
1447
Stephansdom, Nordchor

ABBILDUNG LINKS:
Spätgotischer Pfeilerschmuck im Langhaus des Stephansdoms

Abbildung gegenüber und nebenstehend:
Anton Pilgram
Kanzel im Stephansdom 1514/15
Ganze Ansicht und Detail:
Selbstportrait Pilgrams in der Pose des »Fensterguckers«

Abbildungen rechts:
Nicolaus Gerhaert von Leyden
Grabmal Friedrichs III., 1467
Stephansdom, südliche Chorkapelle

Anton Pilgram
Orgelfuß am nördlichen Vierungspfeiler des Stephansdoms, 1513

Im Jahre 1511 ernannte die Stadt Anton Pilgram zum Dombaumeister. Der Bildhauer und Architekt wurde um 1465 in Brünn geboren und war lange Jahre in Südwestdeutschland tätig, wo er unter anderem den Hallenchor der Heilbronner Kilianskirche konzipierte. Erst gegen Ende seines Lebens gelangte er nach Wien. Sein Meister- und Hauptwerk schuf er kurz vor seinem Tod, den Orgelfuß und die Kanzel des Stephansdoms. Der 1513 vollendete Orgelfuß am nördlichen Vierungspfeiler zeigt den Künstler mit Meßwinkel und Zirkel. Die Orgel selbst wurde 1720 abmontiert. Die Kanzel Pilgrams, die in den Jahren 1514 bis 1515 entstand, stellt in der Brüstung die vier Kirchenväter Gregorius, Ambrosius, Hieronymus und Augustinus dar, die als »Säulen der Kirche« die richtige Lehre vertreten. Echsen und Kröten am Geländer des Aufgangs verweisen, wie im Mittelalter, symbolisch auf das »Übel der Welt«. Sie werden durch die Worte der Kirchenväter bezwungen. In der Pose des sogenannten »Fensterguckers« hat sich Anton Pilgram selbst verewigt. Dieses Eigenportrait spricht für die Emanzipation des Künstlers und verweist damit auf die beginnende Neuzeit.

Auch die intensive realistische Auffassung der menschlichen Gestalt und der ungewöhnliche Formen- und Bewegungsreichtum weichen von der gotischen Gestaltungsweise ab, die eher idealisierte und weniger die physiognomischen Eigenheiten begriff. Pilgrams artistische Fertigkeit resultierte aus der intensiven Auseinandersetzung mit den Werkstätten oberrheinischer Künstler des Spätmittelalters – besonders mit den Arbeiten Nicolaus Gerhaerts, dessen künstlerisches Erbe in Pilgrams breitschultrigen Gestalten und ihren derben Gesichtszügen nachlebt.

Meister des Wiener Schottenaltars
Flucht nach Ägypten, Tafel des ehem. Hochaltars der Schottenkirche, um 1469
Malerei auf Holz, 85 x 82 cm
Museum im Schottenstift

Wien-Veduten/Schottenaltar

Eine Reihe von Stadtdarstellungen vermittelt ein Bild vom Aussehen des spätmittelalterlichen Stephansdoms und den umliegenden Gebäuden. So führte der sogenannte »Schottenmeister« (nach dem ehemaligen Standort des von ihm geschaffenen Altars in der Schottenkirche) 1469 den Hintergrund seines Altarbildes *Flucht nach Ägypten* mit einer Darstellung Wiens aus (Abb. oben). Der Maler dürfte sich auf einem der Hügel im Südwesten der Stadt aufgehalten haben, um die Details zu studieren und zu skizzieren. Von St. Stephan sind deutlich der Südturm und das Westwerk sowie der Chor und das hohe Dach auszumachen. Sogar der zu dieser Zeit vollendete Giebel des Langhauses ist zu sehen. Rechts vom Felsblock ragt unverkennbar der abgerundete Turm von St. Maria am Gestade auf. Der die Horizontlinie überschneidende Kirchturm links von St. Stephan gehört wohl zur Michaelerkirche. Von der benachbarten Hofburg ist eine mächtige Anlage mit zwei Türmen zu erkennen. Links davon, den südwestlichen Stadtwinkel markierend, zeigt sich der Chorturm der Minoritenkirche. Der Schottenaltar zählt zu den herausragenden Werken der spätgotischen Malerei Wiens. Es handelt sich um einen monumentalen Wandelaltar, der bei geöffneten Flügeln das Marienleben auf sechzehn und in der geschlossenen Ansicht die Passion Christi auf acht Tafeln entfaltet. Die Passion spielt sich – übrigens ganz nach dem Bildmuster Rogier van der Weydens oder Dirk Bouts – innerhalb eines städtischen Ambientes ab. Wie im mittelalterlichen Passionsspiel agieren die Personen in Hauseingängen oder in weiten Vorräumen von Gebäuden. Die Szenen *Christi Einzug in Jerusalem, Kreuztragung, Kreuzigung* und *Beweinung Christi* (Abb. S. 35) sind mit Hintergrundslandschaften versehen, in denen man das Donautal und die weich gewellten Hügel des Wienerwaldes zu sehen glaubt.

Vom selben Meister, der in der Forschung mitunter als Wolfgang Kremser angesprochen wird, stammt ein weiteres, zum eben genannten Altar gehörendes Tafelbild mit der *Begegnung Mariens mit Elisabeth* (Abb. oben). Die beiden Frauen treffen sich in der Szenerie der Wiener Kärntnerstraße. Der Betrachter blickt in Richtung St. Stephan und erkennt die Fassade mit den beiden Heidentürmen. Links davon ist der Kirchturm von St. Peter zu sehen, natürlich lange vor dem barocken Neubau.

In das Jahr 1489 datiert eine weitere Darstellung Wiens auf dem Bildmedaillon des bereits vorgestellten Babenberger Stammbaums aus Klosterneuburg. Dargestellt ist der Tod Friedrichs des Streitbaren, der 1246 im Kampf gegen die Ungarn umkam, im Hintergrund eine Vedute der Stadt.

Meister des Wiener Schottenaltars
Heimsuchung Mariens, Tafel des ehem. Hochaltars der Schottenkirche, um 1469
Malerei auf Holz, 85 x 82 cm
Museum im Schottenstift

ABBILDUNG GEGENÜBER:
Meister des Wiener Schottenaltars
Beweinung Christi, Tafel des ehem. Hochaltars der Schottenkirche, um 1469
Malerei auf Holz, 85 x 82 cm
Sammlung der Österreichischen Galerie

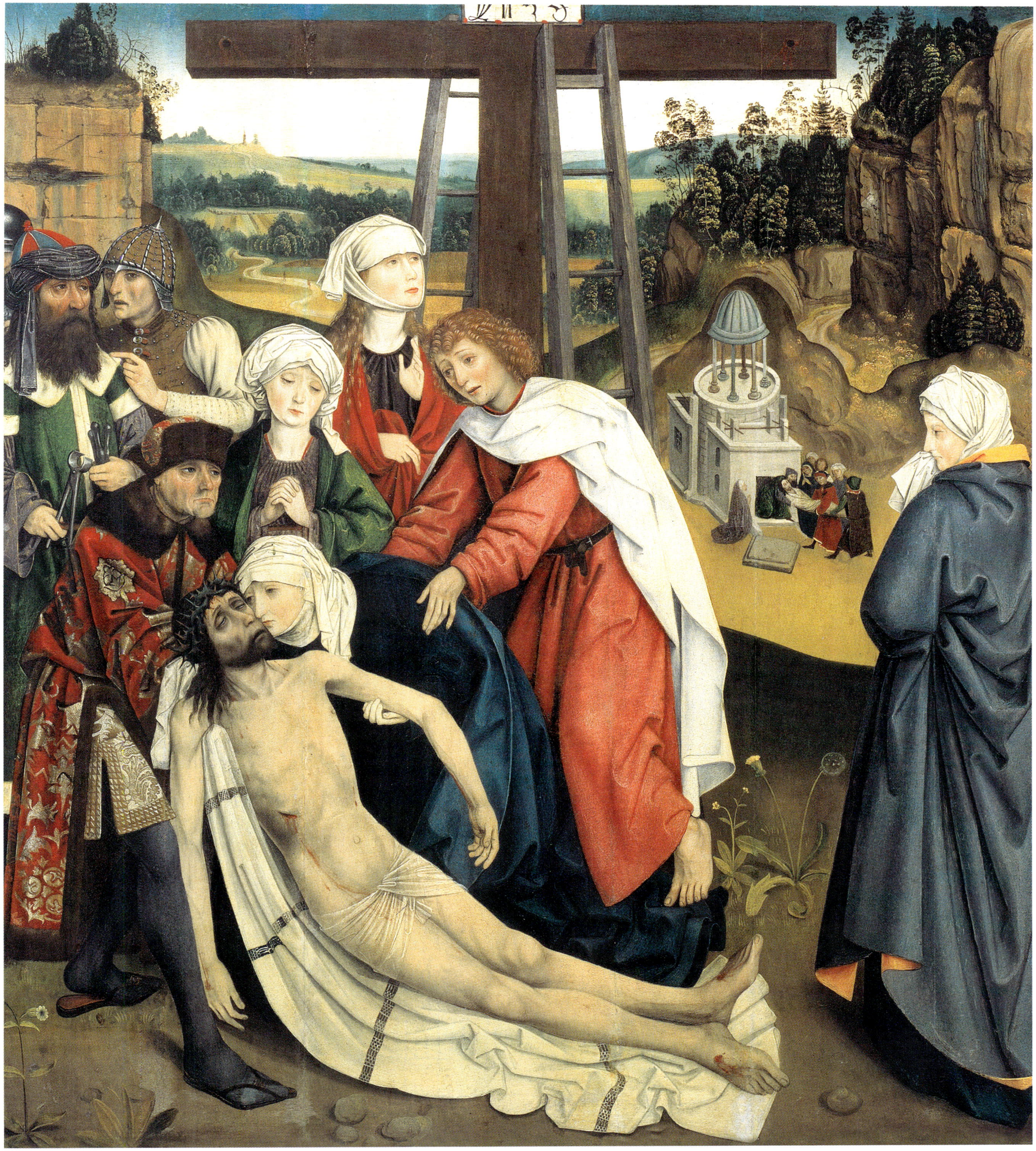

Renaissance

Im Spätmittelalter war Wien eine reiche und noble Stadt. Die wichtigsten repräsentativen Bauvorhaben hatte man weitgehend abgeschlossen. Selbst die Bürgerhäuser boten sich teilweise als prächtige Stadtpaläste dar. Dies wird in einem Brief von Enea Silvio Piccolomini, dem späteren Papst Pius II., aus dem Jahre 1438 hervorgehoben: »Der Bürger Häuser sind hoch und geräumig, wohlgeziert, gut und fest gebaut mit einem angenehmen Hofraum, mächtigen Zimmern, die sie Stuben nennen und heizen, denn der Winter ist sehr rauh. Überall sind Fenster von Glas. Türen und Gitter sind meist von Eisen. Die Vögel singen in den Stuben, und man erblickt zahlreiches und köstliches Gerät. Den Rossen und jeder Gattung Zugvieh öffnen sich weite Ställe. Die Häuser tragen ihre Giebel hoch. Sie sind mit Geschmack und Pracht verziert, meist von innen und außen bemalt. Sie sind aus Stein gebaut, die Dächer aber leider meist mit Schindeln, weniger mit Ziegeln gedeckt. Wo du zu einem Bürger gehst, meinst du in eines Fürsten Haus zu treten.«

Nicht nur nobel, sondern fast schon luxuriös mußten sich nach dieser Beschreibung manche Wohnpaläste der Bürger ausgenommen haben. Ein Kennzeichen der beginnenden Renaissance ist der zunehmende bürgerliche Wohlstand, der sich besonders in der Ausgestaltung der Innenräume äußerte. Eben dieser Wohnluxus ist für Sittenwächter oder religiöse Eiferer oft ein Stein des Anstoßes gewesen: Eine Predigt des Wiener Universitätslehrers Georg Tudel von Giengen aus der Zeit um 1460 setzt sich mit dem sittenwidrigen Geschmack wohlhabender Bürger auseinander. Es geht um die Ausgestaltung der Schlafzimmer, insbesondere des Bettes. Trotz oder gerade wegen der Schelte ist dieses Dokument ein einzigartiges Zeugnis über den sich zu dieser Zeit bereits anbahnenden Geschmack der Renaissanceepoche in Wien: »Zum Sechsten versündigt sich der Mensch, wenn er sein Spannbett oder seinen Himmel darüber bemalen läßt mit schamlosen Bildern, woraus große Sünde und Ärgernis kommt. Man findet etliche unverschämte Personen, die sich halt solche schamlosen Malereien malen lassen, daß nicht davon zu sprechen ist. Und andere unschuldige Personen, die es sehen, mögen dadurch zur Sünde kommen. Wenn der Mensch an seinem Umhang oder bei seinem Bett Malereien haben will, so lasse er sich die bittre Marter unseres Herrn malen und das Kreuz Christi und das letzte Gericht, das ihn reizt und übt zu Reue und Klagen über seine Sünde.«

Angesichts dieser Annehmlichkeiten mußte Wien eine harte und blutige Prüfung bestehen: Am 22. September des Jahres 1529 standen die Türken unter der Führung des Sultans Süleyman I. vor den Toren der Stadt. Drei Jahre zuvor hatten sie in der Schlacht von Mohács die Ungarn besiegt und Budapest erobert. Nun erwarteten die Wiener den Angriff der gewaltigen Türkenarmee. Die Stadt war geschwächt, da vier Jahre zuvor ein Brand mehr als ein Drittel aller Gebäude in Schutt und Asche gelegt hatte. Die Aufbaumaßnahmen waren kostspielig und zogen sich in die Länge. Zudem mußten die mittelalterlichen Bastionen verstärkt und an vielen Stellen neu errichtet werden. Als die Kunde vom nahenden Osmanenheer nach Wien vordrang, verließen viele Bürger fluchtartig die Stadt. Mit ihnen machten sich auch die Ratsherrn aus dem Staube, um nicht zur Verteidigung eingezogen zu werden. Da die Vorstädte aus Sicherheitsgründen zerstört werden mußten – es galt ein freies Schußfeld auf das anrückende Heer der Türken zu schaffen – drängte deren Bevölkerung in die Stadt. Es kam zu Streitereien um Schutz und Besitz. Dem von König Ferdinand eingesetzten militärischen Oberbefehlshaber Graf Niklas Salm gelang es jedoch kaum, eine ausgebildete und wehrhafte Verteidigung zusammenzustellen. Glücklicherweise brachte buchstäblich im letzten Augenblick Pfalzgraf Philipp 17.000 Soldaten, hauptsächlich Deutsche und Spanier, in die Festung, so daß zumindest geringe Aussichten auf eine erfolgreiche Verteidigung bestanden.

Wolf Huber
Die Belagerung Wiens durch die Türken, 1530
Federzeichnung, Graphische Sammlung Albertina

Die Türken griffen das Kärntnertor an. Es gelang ihnen, gefährlich große Breschen in die Mauern zu schlagen. Doch dank der heldenhaften Verteidigung des Grafen Salm konnten die Eindringlinge schließlich am 15. Oktober zurückgeschlagen werden. Dem umsichtigen Grafen kamen für die Türken widrige Wetterverhältnisse zu Hilfe. Erste Winterstürme und sintflutartige Regenfälle veranlaßten den osmanischen Heerführer, die Belagerung abzubrechen. Süleyman zog seine Truppen zurück. Die erste Türkengefahr war gebannt, doch war man davon überzeugt, daß sich der osmanische Vorstoß wiederholen könnte.

Wolf Huber, der zusammen mit Albrecht Altdorfer als Begründer der sogenannten »Donauschule« gilt, zeichnete eine Ansicht der Stadt von Süden (Abb. links). Vor dem Stephansdom ist das Türmchen von St. Anna zu erkennen. Die Kapelle dürfte um 1320 erbaut worden sein, seit 1531 wurde sie zum Klarissenkloster erweitert. Heute existiert das Kirchlein nicht mehr, da es im Jahre 1887 abgebrochen wurde. Der während der Türken-Belagerung hart umkämpfte Turm des ehemaligen Kärntnertors mit den zinnenbewehrten Stadtmauern ist in Hubers Zeichnung ebenfalls zu sehen. Die großen Mauerlücken stammen von Minensprengungen, auf die sich die Türken meisterhaft verstanden. Die Zeichnung ist ein einzigartiges Dokument mit dem Nachweis, wie sich die Wiener unter großen Verlusten der Türken erwehren mußten.

Neben Wolf Huber hielt sich schon zwei Jahrzehnte vorher – wenn auch für kurze Zeit – ein weiterer Hauptmeister der »Donauschule« in Wien auf, Lucas Cranach d.Ä. Seine Anwesenheit ist zwischen 1502 und 1504 in der Donaustadt nachgewiesen. Was mag den jungen Maler aus dem oberfränkischen Kronach nach Wien gezogen haben? Berühmte Meister, in deren Werkstätten sich der junge Maler schulen konnte, gab es zu dieser Zeit in der Habsburger-Metropole nicht, wohl aber in vielen anderen Städten Europas. So ging beispielsweise der junge Albrecht Dürer nach Colmar, um dort das Werk des großen Martin Schongauer zu studieren, oder nach Venedig, um die Neuerungen der Renaissance kennenzulernen. Vielleicht suchte Lucas Cranach den Kontakt zum Hof Kaiser Maximilians I. Von hier gingen intensive Impulse für die Künste und Wissenschaften aus. Wien war damals die größte deutsche Stadt, Residenz des Deutschen und des Römischen Reichs.

Ein frühes bedeutendes Werk Lucas Cranachs, das diese Atmosphäre humanistischer Gelehrsamkeit belegt, ist das Porträt des seit 1501 als Universitätsrektor tätigen Humanisten Dr. Johannes Cuspinian, dessen letzte Ruhestätte sich links neben der Eingangshalle des Stephansdoms befindet. Der Gelehrte erscheint im Gemälde als inspirierter Dichter, umgeben von einer dramatisch belebten Natur. Seine Hand ruht auf einem Folianten, Demonstration seines Wissens (Abb. S. 37 links). Bekannt ist, daß Cuspinian dem Maler den Auftrag gab, im Hintergrund des Bildes eine astrologische Konstellation zu zeigen. Der im Geäst leuchtende Himmelskörper soll den Saturn, den Planeten der Melancholie, der Nachdenklichkeit und der Genialität darstellen. Die erbarmungslose Eule mit einem Pirol in den Krallen verweist ebenfalls auf das saturnische Temperament. Am Gewässer badende Gestalten deuten dagegen auf das lunetische Element Wasser und damit insgesamt auf die planetarischen Einflüsse, denen sich der Wiener Gelehrte ausgesetzt sah.

Lukas Cranach d.Ä.
Bildnis von Johannes Cuspinian
1502
Öl auf Holz, 60 x 45 cm
Winterthur, Sammlung Oskar Reinhart »Am Römerholz«

Lukas Cranach d.Ä.
Bildnis von Anna Putsch, 1502
Öl auf Holz, 60 x 45 cm
Winterthur, Sammlung Oskar Reinhart »Am Römerholz«

Die bewegte Landschaft setzt sich im Porträt seiner Gemahlin Anna Putsch fort und nimmt in symbolischen und allegorischen Zeichen das Horoskop der Frau auf: Ein brennendes Schloß und ein Falke, im Luftkampf mit einem Schwan streitend, machen auf das marsianische Gemüt und das cholerische Temperament der jungen Frau aufmerksam. Die gerade ein Jahr mit dem jungen Gelehrten Verheiratete präsentiert sich stolz und ernst in der Kleidung einer Wiener Aristokratin. Als Tochter des Kämmerers von Maximilian I., bei dem Cuspinian als Diplomat tätig war, erscheint sie mit der Nelke in der Hand eher introvertiert und befangen. Ihr Gemahl dagegen, neugierig und etwas trotzig aufblickend, vermittelt Selbstbewußtsein und Aufgeschlossenheit.

Vielleicht wollte Cranach in diesem Doppelbildnis bewußt die beiden zu dieser Zeit noch im Widerstreit liegenden Welten von Mittelalter und Renaissance aufzeigen. Dieser Gegensatz bezöge sich nicht nur auf die Haltung und Mimik der Porträtierten, sondern auch auf den Kontrast eines humanistisch-astrologischen Bildprogramms und einer zutiefst gotisch empfundenen Landschaft mit auf steilen Felsen hochgetürmten Burgarchitekturen. Landschaftsattribute wie bizzare Felsen, üppig belaubte Bäume und eisbedeckte ferne Gebirgszüge gab Cranach weiter an Albert Altdorfer, der mit diesen Stilmitteln Charakteristika der Donauschule schuf.

Es ist nicht einfach, die Kultur der Renaissance in Wien zeitlich zu bestimmen. Sicherlich setzt das kurze Wirken Lucas Cranachs d. Ä. einen neuzeitlichen Akzent. Von ihm gingen ikonographische und stilistische Impulse aus, die dem neuen Kunstgefühl zum Durchbruch verhalfen. Die künstlerischen Vorstellungen Cranachs wurden entscheidend vorangebracht durch das Wirken der Wiener Universität. Sie stand unter der Ägide König Maximilians I., der 1508 die Kaiserwürde erhielt. Die Einflüsse aus dem nördlichen Stammland der Renaissance, aus Burgund, waren durch Maximilians Ehe mit Maria, Tochter Karls des Kühnen, des Herzogs von Burgund, vorgezeichnet. Auch Italien stand mit seinen Kulturleistungen den Habsburgern offen, nachdem Maximilian in

Salvatorkapelle
Portal, um 1525

zweiter Ehe Maria Bianca Sforza, die Nichte des Mailändischen Gewaltherrschers Lodovico, heimgeführt. Maximilian ging es um politischen Einfluß und um die Vermehrung seiner Macht.

Zu den burgundischen und italienischen Besitzungen des Hauses Habsburg kam durch die Heirat des Sohnes von Maximilian, Philipps des Schönen, mit Johanna, der Tochter der Katholischen Könige, die Einbeziehung Spaniens mit seinen Nebenlanden einschließlich Neapel und den überseeischen Kolonien. Zuvor hatte sich Maximilian im Frieden von Preßburg im Jahre 1491 die Erbfolge in Böhmen und Ungarn gesichert. Philipp, Erzherzog von Österreich und nur kurze Zeit König von Kastilien, starb im Jahre 1506. Sein Sohn, Karl V., als Karl I. noch König von Kastilien und Aragón, bestieg 1519 den Kaiserthron und regierte bis zu seiner Abdankung 1556 ein Reich, in dem, wie er selbst sagte, »die Sonne nicht unterging«. Kaiser Karl V. war weder Wiener noch Österreicher. Im Jahre 1500 in Gent geboren, fühlte er sich als Niederländer oder Burgunder. Nach dem Tod seines Vaters Philipp fielen ihm 1516 die habsburgischen Erblande zu, und er regierte fortan das Riesenreich vom Escorial aus.

Diese für Europa so folgenreiche politische Entwicklung nahm in Wien ihren Ausgang. Kaiser Karl V. vermachte im Jahre 1522 das habsburgische Erbteil seinem Bruder Ferdinand von Österreich, welcher Anna, die Schwester Ludwigs II., des letzten Königs von Böhmen und Ungarn, heiratete. Ludwig fiel in der Schlacht von Mohács, Ferdinand erbte die böhmische Krone und gelangte so in den Besitz dieser Länder, nachdem die Türken sich 1529 aus Ungarn und von Wien zurückgezogen hatten. Das Riesenreich war geteilt. Ferdinand I., ab 1533 deutscher König und nach der Abdankung seines Bruders Karl V. Kaiser, regierte über die habsburgischen Erblande, zu denen auch Vorderösterreich am Oberrhein und burgundische Besitzungen gehörten. Nach Karls Tod im Jahre 1558 fiel der andere Teil, Spanien mit seinen überseeischen Kolonien, Neapel, Mailand, die Freigrafschaft Burgund und die Niederlande, an dessen Sohn Philipp II.

Die Renaissance in Wien erscheint als Umbruchzeit zwischen Spätmittelalter und Barock: Das Aufkeimen des Humanismus, der künstlerische Aufbruch der »Donauschule« und die europäische Expansion der Habsburger einschließlich der Teilung ihres Reichs dürfen als innovative Momente der Kultur und Politik verstanden werden. Die artistischen Ausdrucksformen sind dennoch eher gering. Die Bedrohung und Vertreibung der Türken sowie der anschließende Wiederaufbau des verwüsteten Umlandes und der beschädigten Fortifikationen haben eine Kulturblüte, wie sie in anderen Ländern bekannt ist, verhindert. Es darf ferner nicht übersehen werden, daß auch Wien in der ersten Hälfte des 16. Jahrhunderts in den Lauf der europäischen Geschichte eingebunden war. Um nur einige Ereignisse zu nennen: Der Thesenanschlag Martin Luthers in Wittenberg (1517), der die Reformation einleitete, der Bauernkrieg (1524/25), die Bildung der Liga katholischer Reichsstände (1538) und schließlich das Konzil zu Trient (1545–63), das die Gegenreformation auslöste. Europa, von konfessionellen und sozialen Ereignissen tief erschüttert, stand kurz vor dem Ausbruch des Dreißigjährigen Krieges.

Hofthaler (nach J. Francolin)
Die Kaiserliche Burg, 1560
Graphische Sammlung Albertina

»Historia Friderici et Maximiliani«
Belagerung der Hofburg durch die Wiener im Jahre 1462
Haus-, Hof- und Staatsarchiv

Hofburg
Schweizertor, 1552

Nach der Teilung des Habsburgerreichs mußte König Ferdinand I. Wien als Residenzstadt neu gestalten. Derartige Pläne mochte er bereits 1525 gehegt haben, doch hatte ein Brand in diesem Jahr große Teile Wiens verwüstet. Der Ausbau der Residenz mußte zurückgestellt werden, um den Aufbau der Stadt zügig voranzutreiben. Die Gunst der Stunde wurde allerdings nicht genutzt, man vermißt Überlegungen zu einer durchgreifenden urbanistischen Planung, wie sie etwa Klagenfurt nach dem Stadtbrand erfuhr. Die typische Rasteranlage vieler europäischer Residenzstädte der Renaissance ist in Wien nicht zur Anwendung gekommen – fortifikatorische Maßnahmen verschlangen ungeheuere Summen.

In diesen unruhigen Jahren zwischen Stadtbrand und Türkengefahr entstand mit der Salvatorkapelle ein Kleinod der Renaissance in Wien (Abb. S. 38 oben). Ihr Portal mit zierlichen Akanthusranken und schlanken Säulen mit korinthischen Kapitellen ist im italienischen Stil gearbeitet. Das mit einem kassettierten Bogen überfangene Tympanon könnte einer Kirche des Florentiner Quattrocento entnommen sein.

Die Hofburg

Im Jahre 1533 entschloß sich Ferdinand I., der noch den Titel eines Königs von Böhmen führte, die wichtigsten Hofämter von Prag nach Wien zu verlegen. Nun war auch der Zeitpunkt gekommen, die Hofburg umzubauen und zu erweitern. Wie bereits dargelegt, hatte der böhmische König Ottokar im Jahre 1275 den Kernbau der heutigen Hofburg im Bereich des Schweizerhofs begonnen. Ob er plante, den vom Babenberger Leopold VI. vorher errichteten Residenzbau zu integrieren, ist nicht nachweisbar. Die Burg Ottokars wurde nach dessen Vertreibung 1278 von Rudolf I. vollendet. Dieser älteste Kern aus dem 13. Jahrhundert war eine vierflügelige Anlage mit mächtigen Ecktürmen und einer Mitte des 15. Jahrhunderts erweiterten Burgkapelle, deren Apsis aus der Fassade herausragt. Ein Stich aus der »Historia Friderici et Maximiliani«, der um 1517 in Wien von einem Meister der Donauschule angefertigt worden sein dürfte, schildert die Belagerung der kaiserlichen Familie in der Hofburg durch aufgebrachte Wiener im Jahre 1462 (Abb. oben links). Der flüchtige Stil läßt kaum detaillierte Beobach-

Samuel van Hoogstraten
Innerer Burgplatz, Blick auf die Amalienburg, 1652
Kunsthistorisches Museum

Hofburg
Blick auf die Arkaden der Stallburg, ab 1558

tungen der baulichen Situation zu, doch kann man recht genau die Dimensionen der mittelalterlichen Hofburg sowie einen der Ecktürme erkennen.

Ferdinand I. baute diesen Teil der Hofburg aus und verwandelte ihn in ein prächtiges Renaissanceschloß. Unter der Leitung des Hofbaumeisters Pietro Ferrabosco entstanden 1552 das Schweizertor (Abb. S. 39 rechts) und der Flügel zwischen dem Schweizerhof und dem inneren Burghof. Die Dreiviertelsäulen des Schweizertores sind mit mächtigen Beschlagringen versehen. Der Durchgang wird von einem gestauchten Spiegelgewölbe abgeschlossen, das mit Groteskenornamenten, Wappen und Hermen ausgemalt ist. Übrigens wurden die eben erwähnten Bauteile erst Mitte des 18. Jahrhunderts nach der Schweizergarde benannt, die im Dienst Franz I., des Gemahls Maria Theresias, stand. Als der Sohn Ferdinands, Erzherzog Maximilian, der spätere Kaiser Maximilian II., aus Spanien zurückkehrte, um 1562 als deutscher König den Thron zu besteigen, wurde die Stallburg mit den großzügig angelegten Hofarkaden erbaut (Abb. rechts). Hier waren die Hofstallungen untergebracht, später dann die kaiserliche Gemäldegalerie. Die Innenausstattung der Räume des 16. Jahrhunderts wird sehr anschaulich in einer Darstellung des Turnierbuchs von 1561 wiedergegeben. Die von Hanns von Francolin angefertigte Illustration mit dem Titel »Mittagsmal der Römisch Kaiserlichen Majestät am 13. Juni 1560 in der Wiener Burg« führt den üppigen Renaissance-Dekor sowie die intarsierten und aufgesetzten Ornamente vor Augen. Unübersehbar sind auch die schwere Kassettendecke und die mit großformatigen Bildteppichen ausgestatteten Wände.

Für Kaiser Rudolf II. legte Pietro Ferrabosco 1575 Pläne für die Neue Burg vor, die »Amalienburg«, die später so nach Amalie, der Gattin Kaiser Josephs I., benannt wurde (Abb. oben). Sie liegt gegenüber dem Schweizerhof und wurde bis 1588 fertiggestellt. Beide Gebäude sind allerdings nicht miteinander verbunden, vermutlich schlossen sie an die südlich verlaufende Stadtmauer an. Zwischen dem älteren Teil der Hofburg, dem Schweizerhof und der Amalienburg erstreckte sich der innere Burghof. Hier ließ Kaiser Maximilian II., der 1572 die spanische Hofreitschule gründete, Pferderennen veranstalten. Die Verbindung zwischen der Neuen und der Alten Burg längs des Turnierplatzes wurde das Werk des ersten Barockkaisers Wiens, Leopolds I. Er ließ sich mit diesem »Leopoldinischen Trakt« zwischen 1660 und 1666 einen repräsentativen Schloßkomplex errichten, der die Münchener Residenz zum Vorbild nahm.

Hofburg, Lageplan

1 Schweizerhof
1a Schatzkammer
1b Schweizertor
2 Stallburg
3 Augustinerkirche
4 Amalienburg
5 In der Burg
6 Leopoldinischer Trakt
7 Reichskanzleitrakt
8 Reitschultrakt
9 Redoutensaaltrakt
10 Michaelerkirche
11 Hofbibliothek
12 Bibliothekshof
13 Augustinerkloster
14 Äußeres Burgtor
15 Albertina
16 Zeremoniensaal
17 Neue Burg
18 Museum für Völkerkunde
19 Palmenhaus
20 Burggarten
21 Heldenplatz

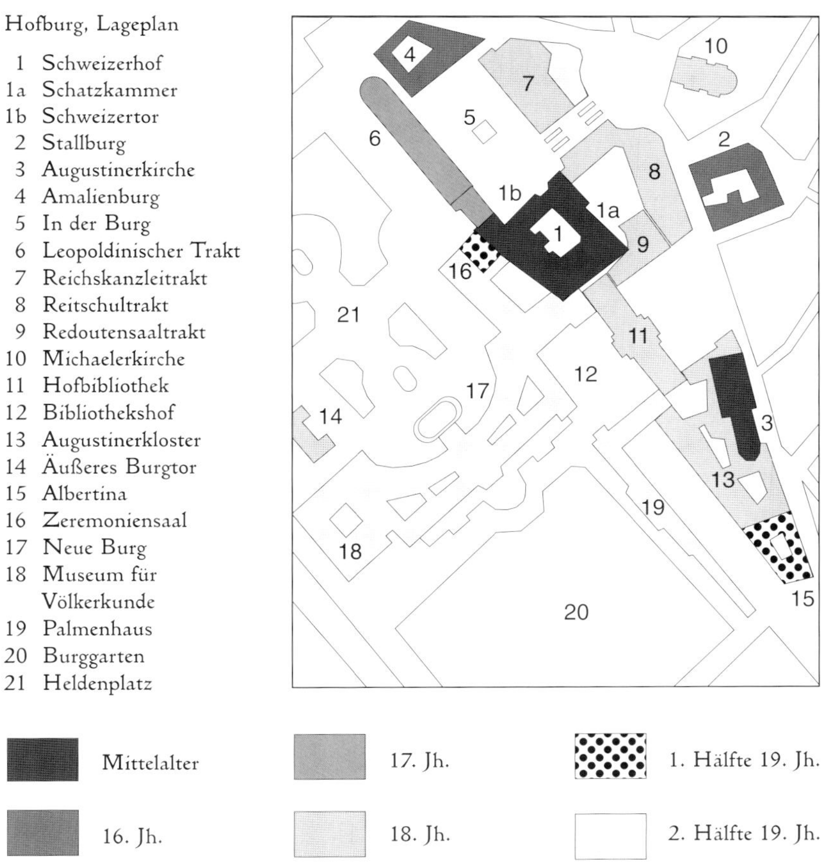

Der den Wissenschaften und Künsten aufgeschlossene Maximilian II. ließ vor den Toren Wiens im heutigen Bezirk Simmering ein Lustschloß errichten, das »Neugebäude«, für das Pietro Ferrabosco die Pläne ausarbeitete; es sollte europäische Gesandte in Erstaunen setzen. Im Jahre 1569 begannen die Bauarbeiten. Maximilian II. erlebte die Fertigstellung seines Schlosses allerdings nicht mehr, er starb 1576. Erst elf Jahre später konnte das Vorhaben unter Rudolf II. abgeschlossen werden. Doch zu dieser Zeit gab Rudolf II. bereits das von Konfessionsstreitigkeiten erschütterte Wien als Residenzstadt auf und zog nach Prag. Das prächtige Schloß und seine Gärten existieren nicht mehr. Vereinzelte Mauerzüge vermögen kaum noch ein Zeugnis abzulegen über die größte vorstädtische Palastanlage der Renaissance nördlich der Alpen. Maximilian II. hatte nach dem Vorbild italienischer Renaissancefürsten versucht, das Vergnügen des Hoflebens mit dem Ernst der Wissenschaften zu verbinden. Die luxuriösen Gemächer, die mit Wasserspielen ausgestatteten Gärten und die artistischen Dekor- und Bildhauerarbeiten rahmten Raritätenkabinette, intime Bibliotheken und eine exotische Tier- und Pflanzenwelt.

Abgesehen von den Renaissance-Trakten der Hofburg ist lediglich ein Stadtpalais aus dieser

Luftaufnahme mit Teilen der Hofburg (Neue Burg, Heldenplatz, Äußeres Burgtor) sowie dem Kunst- und Naturhistorischen Museum (Bildvordergrund).
Alle Gebäude stammen aus dem 19. Jahrhundert.

Epoche überliefert, das Palais Porcia in der Herrengasse. Es soll gegen Ende des 16. Jahrhunderts erbaut worden sein, allerdings nicht für den Fürsten, dessen Namen es trägt. Dieser kam erst viel später in den Besitz des Palais. Das Wappen in der Mittelachse der zweigeschossigen Arkadenreihe im Hof weist als Erbauer und ersten Eigentümer Georg Andreas Freiherr von Hofkirchen aus. Er konnte sein Bauvorhaben aus finanziellen Gründen nicht zu Ende führen. Die mit ihm verschwägerten Losensteiner stellten das Geld für die Fertigstellung zur Verfügung und erkauften sich damit das Privileg, ihr Familienwappen neben dem des Freiherrn anbringen zu dürfen. Die fein gezeichneten Arkaden im Hof und die mit Musikinstrumenten und Waffen motivisch angereicherten Ornamente in den Arkadenzwickeln sprechen für die Spätrenaissance italienischen Gepräges (Abb. links). Dies trifft auch für die gebrochenen Dreiecksgiebel im zweiten Geschoß und die schon auf die Bauplastik des Barock weisenden Maskarons an der Hauptfassade zu (Abb. S. 53).

Die einzige Wiener Kirche mit Renaissancefassade steht am malerischen Franziskanerplatz (Abb. S. 43). Die dem hl. Hieronymus geweihte Kirche, die dem Franziskanerorden angehört, wurde zwischen 1603 und 1611 erbaut. Der steile, mit schlanken Pyramiden verzierte Volutengiebel, die gotisch anmutenden Spitzbogenfenster sowie der vortretende Portikus mit stämmigen Säulen erinnern an spätgotische Kirchen mit Renaissancedekor, wie sie im süddeutschen Raum anzutreffen sind.

Die Renaissance ist in Wien nicht heimisch geworden. Die Zeugnisse von Architektur, Skulptur und Malerei verteilen sich unregelmäßig und vereinzelt über das Stadtgebiet. Mehrere Gründe sind dafür zu nennen. Zum einen spielte die Teilung des Hauses Habsburg und der damit verbundene Residenzwechsel nach Spanien und nach Böhmen eine nicht unbedeutende Rolle. Dann führte der aufgeklärte und den weltlichen Wissenschaften zugeneigte Maximilian II. die Reformation in Wien durch. Die Gegenreformation konnte vorerst nicht Fuß fassen. Durch die Türkenbelagerung wurden zahlreiche Gotteshäuser nächst der Befestigung zerstört. Die Organisation des Ordenswesens war erschüttert, die Konvente nur noch schwach besetzt. Den Angriffen der evangelischen Prediger konnte kaum ein katholisches Wort entgegengesetzt werden. Dennoch schwelten Auseinandersetzungen zwischen den Konfessionen. Der größte Teil der Wiener Bevölkerung nahm den neuen Glauben an. Ein entscheidender Schritt zur Stärkung der Gegenreformation kam von König Ferdinand, der 1551 die Jesuiten nach Wien rief. Sie kamen im ehemaligen Karmeliterkloster Am Hof unter. Von ihnen sollten die wichtigsten Impulse zur Durchsetzung des katholischen Glaubens in Wien ausgehen.

ABBILDUNG GEGENÜBER:
Bonaventura Daum
Franziskanerkirche, 1603

ABBILDUNGEN LINKS:
Palais Porcia, um 1600
Renaissancearkaden im Hof (oben)

Arkadenhof im Haus 1
Bäckerstraße 7, vor 1587
(unten)

Ehrenfried Kluckert

Kunst und Architektur im 17. und 18. Jahrhundert Barock und Rokoko

Kaiser Leopold I. (1640–1705). Der 1658 gekrönte Leopold I. gilt als erster Barockkaiser.

Die historische Entwicklung

Wenn die Zeit des Dreißigjährigen Krieges häufig mit der Entfaltung des höfischen Barock verbunden wird, so mag dies für viele Länder Europas zutreffen, nicht jedoch für Wien. Prag, nicht die Donaustadt, war seit 1582 Residenz der Habsburger; Rudolf II. hatte die Stadt als Regierungssitz erwählt, um sich den Konfessionsstreitigkeiten in Wien zu entziehen. Dort wurden nun die Weichen für die weiteren Geschicke Habsburgs gestellt. Währenddessen focht Kaiser Ferdinand II. den Streit auf der Seite der 1609 gegründeten Katholischen Liga aus. Matthias, der Bruder Rudolfs, sicherte sich als Kaiser 1612 die Nachfolge in Böhmen und Ungarn trotz des erbitterten Widerstands der protestantischen Stände. Unterstützt wurde Matthias von Kardinal Klesl und von Ferdinand, seinem Nachfolger. In geheimen Abmachungen wurde ausgehandelt, daß Ferdinand über Spanien herrschen solle, wenn Philipp III. ohne männlichen Erben sterben würde. Auf der anderen Seite fielen Böhmen und Ungarn an Spanien, wenn Ferdinand keinen männlichen Nachfolger für den Kaiserthron präsentieren könne. Durch diesen zweifelhaften politischen Schachzug versprachen sich die Initiatoren die Stärkung der Katholischen Liga und des europäischen Machtanspruchs der habsburgischen Dynastie. Der Sieg der Gegenreformation schien vorgezeichnet.

Die Abmachungen verletzten die den böhmischen Ständen noch von Rudolf II. im sogenannten »Majestätsbrief« garantierte Religionsfreiheit. Es kam zu Protesten, und im Jahre 1618 leitete der »Prager Fenstersturz« den Aufstand der Stände in Prag ein. Der Dreißigjährige Krieg begann. Ein Jahr später starb Matthias. Sein Nachfolger, Kaiser Ferdinand II., der wieder Wien als Residenzort wählte, mußte sich mit den Protestanten, d.h. mit dem böhmischen Ständeheer, auseinandersetzen. Er empfing eine Abordnung in der Hofburg, war aber nicht bereit, in Glaubensdingen Zugeständnisse zu machen. Daraufhin erschien Graf Thurn, der Befehlshaber des Ständeheeres, vor den Mauern Wiens, bemächtigte sich der Vorstädte und wollte mit der Unterstützung der Wiener Protestanten die Stadt stürmen. Doch die Wiener versagten ihm die nötige Hilfe, die Mauern hielten stand, so daß die Böhmen schließlich den Rückzug antreten mußten.

Kaiser Ferdinand II. verband sich nun mit dem Haupt der Katholischen Liga, Herzog Maximilian von Bayern, und schlug 1620 in der Schlacht am Weißen Berg den protestantischen König Friedrich von Böhmen, den sogenannten »Winterkönig«. Die Protestanten wurden aus Böhmen und Mähren vertrieben. Ferdinand gab schließlich seine Prager Residenz auf und zog mit dem Hofstaat nach Wien. Schließlich durfte er sich auf dem Höhepunkt seiner Macht fühlen, als er mit dem Erlaß des Restitutionsediktes vom 6. März 1629 sämtliche von den Protestanten rechtens eingezogenen geistlichen Güter zurückfordern konnte. Die durch die absolutistische Politik der Habsburger gewaltsam durchgesetzte Gegenreformation stieß in Wien in diesen Jahren kaum mehr auf Widerstand. Von den Wirren des Krieges schien die Stadt ebenfalls verschont geblieben zu sein. Doch plötzlich, in den letzten Jahren des Krieges und kurz vor dem Friedensschluß von Osnabrück und Münster im Jahre 1648, marschierte ein schwedisches Heer unter dem Oberbefehl des siegreichen Lennart Torstenson vor die Tore der Stadt. Es bezog am nördlichen Donauufer Stellung. Die Bastionen erwiesen sich als unüberwindbar, und als die erwartete Unterstützung protestantischer Verbände nicht eintraf, zogen die Schweden wieder ab. Später hielt das Heer, verstärkt durch siebenbürgische Truppen, auf die »Alternativ-Residenz« Prag zu, die in langen Wochen und Monaten bestürmt wurde – bis zum letzten Tag des Krieges. Der lang ersehnte Friede, ausgehandelt am 24. Oktober 1648, rettete die Prager vor der fast sicheren Zerstörung ihrer Stadt.

Das Ende des Krieges erlebte Ferdinand nicht mehr. Er starb 1637. Vielleicht ist er im Alter weise und einsichtig geworden, gewissermaßen geläutert von den politischen Wirren. Zwei Jahre vor seinem Tod verzichtete er im Frieden von Prag auf die Durchführung des Restitutionsediktes.

Wenn auch Wien selbst nicht direkt unter den Kriegszügen zu leiden hatte, so wurden doch die Städte und Dörfer des Umlandes zerstört und geplündert. Das beeinträchtigte den Handelsverkehr für lange Zeit. Die finanziellen Mittel der Wiener Kaufmannschaft waren noch zu bescheiden, um eine durchgreifende Belebung des Handels zu erreichen. So läßt sich auch verstehen, warum die Stadt zu Beginn des Barockzeitalters erst nur sehr zaghaft aufblühte. Sakralbauten wurden zunächst fast zögerlich erneuert oder gegründet, was man lediglich als Ausdruck der erfolgreich durchgesetzten Gegenreformation und als erneute Belebung der Residenzstadt durch Ferdinand werten muß. Ihn als ersten Barockkaiser zu bezeichnen, wäre sicherlich verfehlt, da dieses Prädikat zweifellos Leopold I. zusteht. Weder Ferdinand II. noch sein Nachfolger ab 1637, Ferdinand III., vermochten die finanziellen Mittel aufzubringen, um das erste große barocke Projekt, den Ausbau der Hofburg, durchzuführen. Dies blieb Leopold I. vorbehalten.

Das Leopoldinische Zeitalter wird geprägt durch Feste und Feiern, weniger durch eine rege Bautätigkeit. Leopold war ein Förderer der Musen. Tanz, Musik, Theater und Oper gehörten zu seinen favorisierten Vergnügungen. Erst als die Türkengefahr im Jahre 1683 endgültig gebannt war, konnte eine umfassende Bautätigkeit einsetzen. Es war schließlich Kaiser Karl VI., unter dessen Herrschaft das barocke Wien entstand – vorwiegend unter den Händen von Johann Bernhard Fischer von Erlach und Johann Lukas von Hildebrandt.

Nach der Niederlage der Türken bei Zenta im Jahre 1697 – hier wurde Prinz Eugen als siegreicher Feldherr gefeiert – errang Österreich zwei Jahre später im Frieden von Karlowitz Ungarn mit Siebenbürgen, den größten Teil von Slawonien und Kroatien. Mit den Siegen über die Türken und der damit verbundenen Vormachtstellung Habsburgs in Europa verband sich ein wirtschaftlicher Aufschwung. Er half, die finanziellen Mittel bereitzustellen, mit denen die wegen der anrückenden Türken eingeäscherten Vorstädte neu aus den Trümmern aufgerichtet werden konnten. Besonderen Wert legte man auf den Auf- und Ausbau der Josefstadt mit der wunderschönen Platzanlage vor der Piaristenkirche. Eine kleinere Siedlung entwickelte sich gleichzeitig auf dem Gebiet des Wiener Bürgerspitals. Im Bereich des heutigen 9. Bezirks mit der malerischen Strudlhofstiege erwarb um 1700 Fürst Liechtenstein Besitz und ließ ihn teilweise parzellieren. Auch der benachbarte Althangrund wurde bebaut. Die Expansion Wiens vollzog sich – ein paradoxer Fall – außerhalb der Stadtmauern. Die baufreie Zone rings um die Stadt, das Glacis, trennte deutlich die Kernstadt von den Vorstädten. Diese selbst ließ der Kaiser von einer neuen Befestigungsanlage, dem Linienwall, einschließen. Die heutige Gürtelstraße erinnert noch an diesen Befestigungswall.

Kaiser Karl VI. war bei seinen Untertanen nicht sehr beliebt. Die Kriege, die er weit außerhalb Wiens führen ließ, machten sich für die Bürger in unangenehmen Teuerungen und in der Knappheit von Lebensmitteln bemerkbar. An der Staatskasse zerrten die militärischen Verwicklungen im Spanischen Erbfolgekrieg (1701–17) oder die erneuten Kämpfe gegen die Türken, zum Beispiel in Belgrad, wo Prinz Eugen 1717 wiederum einen glänzenden Sieg feiern konnte. Die Wiener Kaufmannschaft kam als beständiger Geldgeber nicht in Betracht. Der Kaiser beauftragte Minister, Kreditinstitute wie den Wiener Stadt-Banco von 1705 zu gründen. Dieser gewann zwar das Vertrauen der Bevölkerung, konnte aber nicht die enormen Kreditwünsche des Staats erfüllen. Wirtschaftliche Aufschwünge wechselten mit Rezessionen ab, unter denen die Handwerker am meisten zu leiden hatten. Es kam zu Revolten, die das Militär blutig niederschlug. Die sozialen Mißstände riefen Verwaltungsfachleute auf den Plan. Sie bildeten Wirtschaftskommissionen und empfahlen, Reformen einzuleiten, damit auch die nichtadelige Stadtbevölkerung durch Angleichung an die gehobenen Stände in den Genuß wirtschaftlichen Wohlstands kommen konnte.

Als Kaiser Karl VI. im Jahre 1740 in der Favorita auf der Wieden starb, hatte sich die wirtschaftliche Situation weitgehend stabilisiert und die soziale Lage der Bevölkerung verbessert. Der Bau des barocken Wiens war nahezu vollendet. Nun begann das von den Wienern zunächst so verachtete »Weiberregiment« der Tochter des verstorbenen Kaisers: Maria Theresia, Königin von Böhmen und Ungarn sowie Erzherzogin von Österreich, vermählt mit Franz Stephan von Lothringen, dem späteren Kaiser Franz I., eröffnete das erste Jahr ihrer Regierung mit einem Krieg gegen den Kurfürsten Karl Albert von Bayern, welcher die Rechtmäßigkeit des Übergangs der habsburgischen Länder auf Maria Theresia nicht anerkannte. Dieser »Österreichische Erbfolgekrieg« setzte mit dem Einmarsch des Preußenkönigs Friedrich II., des Großen, in Schlesien ein. Das Bündnis zwischen Preußen und Frankreich hielt dem bayrischen Kurfürsten den Rücken frei für die Erstürmung und Einnahme Prags, so daß sich Albert als Karl VII. zum römisch-deutschen Kaiser wählen lassen konnte. Abgesehen vom europäischen Kriegstheater, in dem Maria Theresia erwartungsgemäß ihre Rolle spielen mußte, bestand ihre erste Bewährungsprobe in der Verteidigung Wiens gegen den bayrischen Kurfürsten, dessen Heer auf Wien vorrückte. Die Stadt wäre einer ernsthaften militärischen Auseinandersetzung kaum gewachsen gewesen. Glücklicherweise verschonte Karl Albert die Stadt und zog von St. Pölten aus nach Mähren.

Ein Jahr später gebar die Kaiserin einen Sohn. Die Stimmung in Wien schwang jäh um. Maria Theresia wurde nun nicht mehr nur geduldet und respektiert, sondern auch geliebt. Die Herrscherin galt als sparsame Frau. Während ihrer Regentschaft vergab sie keine größeren Bauprojekte, mit Ausnahme ihres Lieblingssitzes Schönbrunn. Maria Theresia huldigte ebenfalls den Musen, jedoch nicht in der pompösen Art ihres Vorgängers Leopolds I. Sie zog die intime Form kleinerer Hausaufführungen vor. Auch die Feste fielen längst nicht so üppig aus wie noch zwei Generationen zuvor. Sie pflegte mit ihren Kindern zu musizieren und fertigte kunsthandwerkliche Gegenstände an. Ihr Gemahl Franz Stephan, der spätere Kaiser, war naturwissenschaftlich interessiert und trug dazu bei, die kaiserliche Sammlung zu erweitern.

Maria Theresia reformierte und modernisierte ihr Reich, indem sie aus ihren geographisch getrennten Ländern einen einheitlichen Beamtenstaat bildete. Auch die Residenzstadt profitierte von diesen Umgestaltungen. Im Jahre 1757 ergab eine »Seelenkonsignation«, eine Bürgerzählung, 175.000 Einwohner. Maria Theresia befahl dem Stadtmagistraten, den städtischen Grundbesitz zu verzeichnen und eine erste Häusernummerierung vorzunehmen. Dann ließ sie die sogenannte »Klapperpost« einrichten – benannt nach dem Klappern der Briefträger, das ihr Erscheinen signalisierte. Eine Wirtschaftsreform sollte in Wien für Wachstum und Wohlstand sorgen. Die Stadtverwaltung unterschied nun zwischen Handwerksbetrieben für den innerstädtischen Bedarf und Kommerzgewerben für den Export. Die bedeutendste Leistung der theresianischen Reformen aber

Johann Gottfried Auerbach
Kaiser Karl VI. im Ornat des Goldenen Vlieses
Kunsthistorisches Museum

Franz Xaver Paleko, Maria Theresia, Franz I. Stephan und Erzherzog Joseph
Heeresgeschichtliches Museum

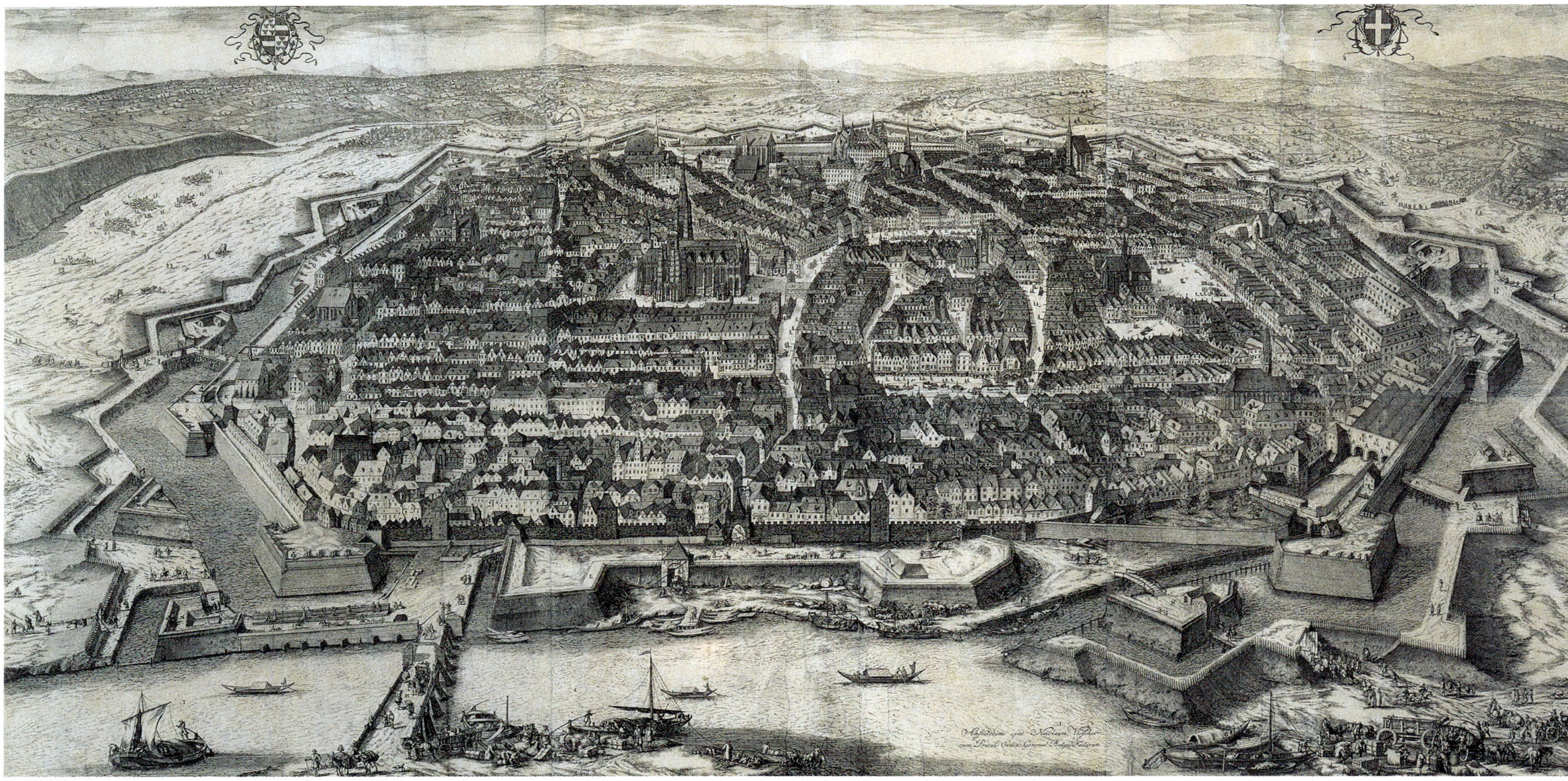

bestand in der Neugestaltung des Erziehungs- und Wissenschaftswesens. Durch die Aufhebung des Jesuitenordens, der nach wie vor Lehre und Forschung der Universität prägte, öffneten sich nun die Tore des Wissens für international anerkannte Forscher. Der holländische Arzt Gerard van Swieten, der 1745 nach Wien berufen wurde, errichtete die erste Klinik und begründete die »Ältere Wiener Medizinische Schule«. Mit der Theresianischen Ritterakademie und der Orientalischen Akademie schuf die Kaiserin ein Ausbildungsforum für junge Adlige, die sich dem diplomatischen Dienst verschrieben hatten.

Vierzig Jahre hielt Maria Theresia die Geschicke Habsburgs in der Hand. Sie war eine weise Kaiserin, der es gelang, trotz herrscherlicher Würde eine warme Natürlichkeit zu bewahren.

Das barocke Stadtbild

Das Stadtbild Wiens weist zahlreiche Berührungspunkte zwischen Mittelalter und Barock auf. Jacob Hoefnagels Kupferstich von 1609, der eine Vogelschau der Stadt zeigt, bietet dem Betrachter die verwinkelten und teilweise sehr engen Gassen des mittelalterlichen Wiens dar (Abb. oben). Einzig die Befestigungsanlagen sind erneuert worden. Die Ringmauer aus der Zeit um 1300 ist nur noch an der Donaufront erhalten geblieben. Der Rest ist durch die nach italienischem Vorbild konstruierten Bastionen und Basteien sowie durch Kurtinen ersetzt worden.

Die Bevölkerung wuchs zwischenzeitlich an, unter anderem dadurch bedingt, daß Hofbedienstete zuzogen. Da diese aber nur selten zur Übersiedlung in die Vorstädte bereit waren, behalfen sich die Wiener mit dem Aufstocken der Bürgerhäuser. Die vorher zumeist drei- oder vierstöckig erbauten Gebäude erhielten bis zu sieben Geschosse. Wien wuchs in die Höhe – ein in der europäischen Stadtentwicklung des 16. und 17. Jahrhunderts einzigartiger, wenn nicht gar kurioser Fall. Reisende berichteten erstaunt über die hohen Gebäude, deren Fassaden wegen der engen Gassen kaum in der ganzen Höhe zu überschauen waren.

Offensichtlich war die Wohnungsnot in manchen Jahren besonders groß; dies ist daraus zu schließen, daß der kaiserliche Hof finanzielle Begünstigungen für baufreudige Bürger in Aussicht stellte. Dabei ging es zum einen um den erwähnten Höhenausbau und zum anderen um Neubauten, die alte, nicht mehr den hygienischen Vorschriften entsprechende Häuser ersetzen sollten. Der Oberstquartiermeister der Stadt mußte darauf achten, daß die kaiserlich erlassene Hofquartierspflicht eingehalten wurde. Diese forderte von den Bürgern die Unterbringung von Hofbediensteten zu einem äußerst geringen Mietzins. Verständlich, daß sich viele Familien diesen Zwängen entziehen wollten. Ihnen wurde »Hofbefreiung« zugesichert, wenn sie sich zu Um- und Neubaumaßnahmen durchringen konnten oder wenn sie sich am Bau von Basteihäusern für die Stadtwachen finanziell beteiligten.

Im Stadtbild des frühen 17. Jahrhunderts gewahrt man zahlreiche gotische Akzente, so auf dem Stephansplatz gegenüber dem nördlichen Seitenschiff des Doms. Die Fassade des ehemaligen Pfarrhofs aus der zweiten Hälfte des 13. Jahrhunderts, der 1723 zum Erzbischöflichen Palais erhoben wurde und heute das Dom- und Diözesanmuseum beherbergt, offenbart eine ungewöhnliche Zäsur: Die Fassade ist durchbrochen, und wie ein Fremdkörper aus der Vergangenheit schiebt sich der gotische Kapellenchor als Relikt des mittelalterlichen Pfarrhofs aus dem Gemäuer (Abb. S. 47 unten links). Im Zuge des Neubaus des Palais, das 1627 ausbrannte, wurde auch der äußere Dekor des Chors im Stil des Frühbarock verändert. Ovale Okuli mit zierlichen Ornamentkränzen sowie Fenster mit Dreiecks- und Segmentgiebeln schmücken die Apsis, ohne sie freilich in die Regelmäßigkeit der barocken Fassade zu integrieren.

Den Neubau des Palais veranlaßten die Bischöfe Anton Wolfrath und Friedrich Philipp Graf Breuner zwischen 1632 bis 1641. Die Pläne lieferte der Italiener Giovanni Coccapani. Die frühbarocke Gebäudestruktur lebt heute noch in der klaren Scheidung der Geschosse und in der fast schmucklosen Gestaltung der Fenster nach. Die Eckquaderung und das Konsolengesims sowie die mit einem mächtigen Schlußstein versehenen

Pietro de Pomis
Graz, Mausoleum Ferdinands II.
Baubeginn 1614

ABBILDUNG GEGENÜBER:
Jacob Hoefnagel, Johann Nicolaus Visscher
Wien aus der Vogelschau nach Norden, 1609

Bögen der platzseitigen Arkaden lassen doch noch Erinnerungen an das Stilgefühl der Renaissance aufkommen – eine Ausnahme für die barocke Architektur Wiens. Unter dem Bischof Siegmund Graf Kollnitsch, der später in den Rang eines Fürsterzbischofs erhoben wurde, erfolgte zu Beginn des 18. Jahrhunderts die Neugestaltung der Fassade. Das dominierende erste Geschoß erhielt reiche Stuckverzierungen. Die abwechselnd flügelartig gesprengten und rocailleverzierten Giebel der Fenster wurden mit Muschelwerk und Eckvoluten versehen. Unter den Fenstergesimsen des zweiten Obergeschosses sind geschwungene und an den Enden eingerollte Ornamentbänder angebracht.

Kardinal Melchior Klesl hatte schon im 16. Jahrhundert zahlreiche katholische Orden in die Metropole kommen lassen, um die Reformation nicht nur einzudämmen, sondern ganz aus Wien und schließlich auch aus dem Habsburgerreich zu vertreiben. Unterstützung hatte er bei Ferdinand I. gefunden, der 1554 die Universität unter staatliche Aufsicht stellte und den Jesuiten das Schulwesen übertrug. Ferdinand II., ebenfalls ein entschiedener Gegner des Protestantismus, vereinigte 1622 die Universität mit der Jesuitenschule.

Die Karmeliter und die Barmherzigen Brüder zogen im 16. Jahrhundert ebenfalls nach Wien und ließen sich in der Leopoldstadt nieder. Später richteten sich die Paulaner auf der Wieden ein, der Servitenorden ließ sich auf der Roßau nieder. Jesuiten und Dominikaner erbauten ihre Kirchen. Die Gegenreformation war zweifellos die erste und auch stärkste Triebfeder für die Entfaltung der frühbarocken Kultur. Viele mittelalterliche Sakralbauten, etwa die Schottenkirche oder die Michaelerkirche, erhielten ein barockes Gewand. Das Stadtpalais orientierte sich ebenfalls an der neuen Architektur.

Allerdings muß eingeräumt werden, daß die barocke Baukunst Wiens zu Beginn des 17. Jahrhunderts keinesfalls wegweisend für das Reich war, eher im Gegenteil: In den nordalpinen Territorien der Habsburger hatte die Baukunst der Gegenreformation erstmalig in Salzburg Fuß gefaßt. Santino Solaris zwischen 1614 und 1628 errichteter Dom manifestierte das neue barocke Architekturkonzept (Abb. rechts). Die Fassadengestaltung und die Struktur des Innenraums leiteten die Planer vom römischen Kirchenbau ab. Auch in Graz entstand ein weiteres für die Entwicklung der barocken Kirchenbaukunst Wiens bedeutendes Monument, das Mausoleum Ferdinands II., dessen Baubeginn ebenfalls in das Jahr 1614 fällt (Abb. links). Ferdinand, vor der Kaiserkrönung Erzherzog der Steiermark und, wie schon erwähnt, nachdrücklicher Förderer der Gegenreformation, ließ sich Pläne des Italieners Pietro de Pomis vorlegen. Wahrscheinlich war de Pomis der erste Architekt, der nördlich der Alpen einen ovalen Grundriß wählte. Die Grabkapelle der Katharinenkirche, also das eigentliche Mausoleum, präsentiert sich als zweigeschossiger Bau, der nach italienischem Vorbild ebenfalls oval überkuppelt ist. Auch die Ostfassade ist der römischen Barocktradition verhaftet. Die Bauglieder wie Dreiviertelsäulen, Pilaster, Fensterrahmungen und Gesimse treten plastisch hervor. Der Wechsel von Dreiecks- und Segmentgiebel ist streng durchgehalten. Der abschließende, weit gespannte Segmentgiebel ist über den Dreiecksgiebel des Dachgeschosses gesetzt – ein Motiv, das der Fassade des Gesù in Rom entlehnt ist.

Unter diesen baugeschichtlichen Prämissen müssen auch die ersten Barockkirchen Wiens betrachtet werden. Verschiedene unbekannte Baumeister entwarfen die Fassade der Univer-

Santino Solari
Salzburg, Dom, 1614–28

Giovanni Coccapani
Erzbischöfliches Palais, 1632–41
Fassade mit spätgotischer Chorkapelle (links) und Innenhof (oben)

Carlo Antonio Carlone
Schottenkirche
1638–41 und 1643–48
Ansicht von Südwesten

Carlo Antonio Carlone
Andrea Pozzo
Jesuitenkirche (Universitätskirche), begonnen 1626, 1703–07

sitätskirche der Jesuiten. Carlo Antonio Carlone strukturierte die Fassade ab 1631 neu, zu Beginn des 18. Jahrhunderts erfolgte eine weiterere Umgestaltung, durch Andrea Pozzo (Abb. rechts). Das Konzept ist dem Salzburger Dom teilweise bis ins Detail nachempfunden. Die zweigeschossige Fassade mit einem volutenverzierten Dreiecksgiebelaufsatz, stark hervortretenden Gesimsen und dem Wechsel von Segment- und Dreiecksgiebeln über den Fenstern vermittelt einen ähnlich »breitschultrigen« Eindruck wie das Salzburger Vorbild. Ein wenig unglücklich, weil unproportional zum Höhenzug der Fassade, sind die beiden Türme, ähnlich unharmonisch übrigens wie in Salzburg. Allerdings muß erwähnt werden, daß diese erst in den achtziger Jahren vollendet wurden. Somit handelt es sich bei der Wiener Jesuitenkirche um die erste barocke Doppelturmanlage in Österreich. Das Innere der Universitätskirche, das »templum academicum«, ist als einfacher Longitudinalraum mit Seitenkapellen gestaltet, wiederum ist es damit vergleichbar dem Salzburger Vorbild. Der Bezug zu Salzburg macht nachdenklich, da der Typus, wie eigentlich zu vermuten wäre, nicht von der römischen »Urkirche« der Jesuiten, von Il Gesù, herzuleiten ist. Die österreichische Bindung war stärker – möglicherweise ein Indiz für die Suche nach der Ausbildung eines eigenständigen Architekturstils.

Anläßlich der Neugestaltung der ehrwürdigen Schottenkirche studierten die italienischen Architekten Marco Spazio und Carlo Antonio Carlone – letzterer war Bauleiter – mit Sicherheit den Fassadenaufriß der Jesuitenkirche im Detail, paßten ihn jedoch den geforderten Proportionen an. Zwischen 1638 und 1641 gestalteten sie die Kirche in einer ersten Bauphase um. Ab 1643 erfolgten weitere Veränderungen unter Silvestro Carlone. Er gab ihr die barocke Gestalt, die heute zu den reizvollsten des Wiener Sakralbaus zählt (Abb. links oben).

Die Übereinstimmungen mit der Jesuitenkirche sind verblüffend: Besonders auffallend sind die regelmäßige Gliederung durch Pilaster, die doppelte Anordnung der Fenster in den beiden Geschossen, das Hervorheben der Mittelachse durch Portal und dominantes Obergeschoßfenster sowie eine vorkragende Gesimszone zwischen den beiden Stockwerken. Mit dem durchbrochenen Segmentgiebel des Hauptportals und der darin eingesetzten Figurenädikula zitierten die Architekten, gewissermaßen als Reverenz an die Jesuiten, ein Baumotiv der Universitätskirche. Während aber die Fassade der Jesuitenkirche in einer fast bewegungslosen Starre verharrt, versuchten die Italiener durch das Vorziehen des mittleren Fassadentraktes der Schottenkirche Bewegung und proportionale Ausgewogenheit zu erzielen. Das Zurückweichen der Seitentrakte ermöglichte es, gestutzte Glockentürme aufzusetzen. Diese überragen den abschließenden Dreiecksgiebel des Mitteltrakts nur um ein Gerin-

Bernardo Bellotto (Canaletto)
Blick auf die Freyung, Ansicht von Südosten, um 1759
Öl auf Leinwand, 116 x 152 cm
Kunsthistorisches Museum

ges. Hervorzuheben ist ebenfalls der Hauptglockenturm, der sich schlank hinter der Apsis erhebt und mit seiner unterteilten Zwiebelhaube einen Kontrast zu den ebenmäßig gestalteten seitlichen Türmen bildet.

Die Architekten trugen der besonderen Platzsituation Rechnung. Während die Jesuitenkirche lediglich die Westfassade als Schaufläche darbot, mußten bei der Schottenkirche sowohl die Süd- als auch die Westseite bauästhetisch wirksam werden. Bellottos Gemälde von 1759 (Abb. S. 48 unten) zeigt die Stellung der Kirche zum Platz »Freyung«, so wie sich das Gotteshaus auch heute noch dem Betrachter präsentiert. Der linke Eckturm verweist auf die Westfassade und markiert damit eine Art städtebaulicher Gelenkstelle: An dieser Stelle stößt der Platz an die Bastion und damit an die Stadtbegrenzung. Der Turm übernimmt eine Art Stadttorfunktion – auch im biblischen Sinne als Tor zum Himmlischen Jerusalem. Das markant ausgebildete Querschiff und der vor den Chor gesetzte Glockenturm fungieren als sakrale Hoheitszeichen und dominieren die Freyung.

Zu Beginn des 17. Jahrhunderts zeichnete sich eine gewisse Vielfalt in der barocken Sakralarchitektur ab, die auf eine zunehmende Eigenständigkeit der Architektursprache hindeutet. Zweifellos aber blieb Rom das prägende Vorbild.

Die ebenfalls in diesem Zeitraum erbaute Dominikanerkirche (Abbn. unten und rechts), nach St. Stephan der zweitgrößte Kirchenbau Wiens, stellt in ihrem Fassadenaufriß eine interessante Variante der römischen Kirche Il Gesù dar (Abb. rechts unten). Die Pläne stammen von einem unbekannten Architekten; anderen Quellen zufolge soll der in Wien viel beschäftigte Baumeister Giovanni Giacomo Tencala das Konzept erarbeitet

NEBENSTEHEND UND RECHTS OBEN:
Dominikanerkirche, 1631–34
Fassade und frühbarocke Stuckdekorationen im Langhaus

haben. Als Bauführer der zwischen 1631 und 1634 errichteten Kirche sind Jakob Spatz und Antonio Canevale überliefert. Das obere Geschoß der zweistöckigen Fassade ist von mächtigen Voluten eingespannt und wird von einem Dreiecksgiebel abgeschlossen. Die Freitreppe zum Portal und dessen gesprengter Segmentgiebel, ferner das mit einer in die Gesimszone eingebundenen Brüstung versehene große Mittelfenster des Obergeschosses dürfen als frei variierte Zitate nach dem Gesù gelten. Die römische Kirche war nicht nur Vorbild für weitere Jesuitenkirchen; sie lieferte das Modell für den gegenreformatorischen Kirchenbau. Giacomo della Portas Fassade mit der Akzentuierung der Mittelachse wurde auch nördlich der Alpen zum Prototyp. Eines der auffallendsten und für die damalige Architektur auch neuartigsten Fassadenmotive war der in einen monumentalen Segmentgiebel eingeblendete Dreiecksgiebel von Il Gesù – ein dominantes, auch die Fassade des Grazer Mausoleums Ferdinands II. abschließendes Architekturteil. Auf die-

Giacomo Barozzi da Vignola und Giacomo della Porta
Rom, Il Gesù, 1568–84

ses Motiv hat der Architekt der Dominikanerkirche verzichtet, stattdessen aber den abschließenden Dreiecksgiebel in einen lebendigen Kontrast zum Segmentgiebel des dominanten Fassadenfensters treten lassen.

Das Raumkonzept des Gesù ist für die Wiener Dominikanerkirche nur bedingt übernommen worden. Das Hauptschiff mit begleitenden Kapellen wird von einem gestauchten Querhaus gekreuzt. Die Vierung ist überkuppelt, doch wurde auf einen Tambour, im Gegensatz zur römischen Kirche, verzichtet. Es ist durchaus möglich, daß man sich an der räumlichen Disposition der nur wenige Jahre zuvor begonnenen Karmeliterkirche orientierte. Die dem heiligen Joseph geweihte Kirche in der Leopoldstadt gilt als früheste Barockkirche Wiens (Abbn. oben). Ihre dreigeschossige, hochaufgerichtete Fassade läßt sich nur schwer mit italienischen Vorbildern in Zusammenhang bringen, allenfalls mit Carlo Madernos S. Susanna in Rom, dies aber nur wegen der strengen Pilastergliederung und der von Voluten eingefaßten oberen Geschosse. Ansonsten ist Madernos Bau zweigeschossig und in der Fassadenschichtung räumlicher und dynamischer gehalten. Im Vergleich mit der Jesuitenkirche nimmt sich die Karmeliterkirche gefälliger und in den Proportionen harmonischer aus. Das liegt sicherlich am traditionellen architektonischen Prinzip der Verjüngung der Baumasse nach oben. Hinzu kommt die obligate Konzentration der Bauglieder zur Mittelachse hin, kenntlich an den Doppelpilastern beiderseits des Hauptportals.

Der für Wien so typische schnelle Übergang von der Gotik zum Barock mit einem nur kurzen Zwischenspiel der Renaissance läßt sich eindrucksvoll in der Gegenüberstellung der 1611 vollendeten Franziskanerkirche mit der etwa 15 Jahre später begonnenen Karmeliterkirche vorführen. Die noch spätmittelalterlich geprägte Kirche am Franziskanerplatz (Abb. S. 43) steht in unmittelbarer Nähe eines nur wenige Jahre später in vollendeter Barockmanier errichteten Sakralbaus. Die örtliche Nähe ist genauso irritierend wie die zeitliche. Denkbar wäre, daß man eine Dorfkirche im herkömmlichen und gleichzeitig eine Residenzkirche im modernen Stil erbaute.

Die barocke Baukunst begann in Wien verhalten und spät. Impulse kamen über Salzburg und Graz aus Italien, wurden aber sehr schnell – wenn auch nicht immer sehr glücklich – in eine eigene Architektursprache umformuliert.

Glanz des Barockzeitalters

Der Aufbruch ins glanzvolle Barockzeitalter, zur »Vienna gloriosa«, erfolgte um das Jahr 1658, als Leopold I. die Kaiserwürde erhielt. Wenige Jahre später beauftragte er den Italiener Filiperto Lucchese, die Hofburg mit einem Erweiterungsbau zu versehen. Der Hofburgkomplex bot sich zu dieser Zeit sehr uneinheitlich dar. Er bestand aus der Stallburg, die räumlich getrennt war vom Schweizerhof. Ihm gegenüber stand die Amalienburg, die mit diesem lediglich an der Südflanke mit einem Mauerzug und einem Gebäudetrakt verbunden war, wie ein Stich des Jahres 1560 verdeutlicht. Die Entwurfspläne wurden dem Kaiser 1660 zur Begutachtung vorgelegt. Sie sahen einen langgestreckten Bau vor, der die Amalienburg mit dem Kernbau, dem Schweizerhof, verbinden sollte (Abb. S. 51 oben). Bis 1666 war der Trakt von Domenico und Carl Martino Carlone ausgeführt. Zwei Jahre später verwüstete ein Brand das Gebäude, so daß ein Neubau geplant werden mußte. Diesen entwarf Giovanni Pietro Tencala zusammen mit Lodovico Burnacini. Bis zum Jahre 1681 konnte dieses Gebäude unter der Leitung von Domenico Carlone fertiggestellt werden. Der ungewöhnlich langgestreckte Bau, der bald Leo-

Abbildungen gegenüber:
Karmeliterkirche (Josephskirche) um 1623
Fassade und Innenansicht nach Osten

poldinischer Trakt genannt werden sollte, war regelmäßig durch Kolossalpilaster gegliedert und sehr zurückhaltend mit Baudekor versehen. Auffallend ist lediglich das mit mächtigen Konsolen versehene Dachgesims. Die flachen Pilasterkapitelle verkröpfen sich unterhalb des Mezzanin mit einem schmalen Gesimsband und verlängern sich in Wandstreifen, die mit geschuppten und nach unten sich verjüngenden Pilastern gegliedert sind. Von diesen gehen voluminöse Konsolen aus und stützen das Dachgesims ab.

In engem Zusammenhang mit dem Leopoldinischen Trakt entstand das Profeßhaus der Jesuiten, die Kirche »Am Hof« oder »Zu den Neun Engelschören« (Abb. rechts unten). Das Gebäude geht zurück auf eine Karmeliterkirche, die um 1400 entstanden war. Bereits 1627 hatte Kaiser Ferdinand II. finanzielle Mittel für den Bau zur Verfügung gestellt, doch 1662, zwei Jahre nach Beginn des Leopoldinischen Traktes, erhielt Filiperto Lucchese den Auftrag, die Fassade neu zu gestalten. Die Bauleitung wurde Carlone übertragen. Lucchese orientierte sich an römischen und venezianischen Sakralbauten, von denen er Kolossalpilaster, mächtige Voluten und gesprengte Segmentgiebel übernahm. Nur verhalten wurde die jesuitische Urkirche Il Gesù in Rom rezipiert, etwa in den ausladenden Voluten des Obergeschosses. Durch den plastisch ausgearbeiteten Bauschmuck und die kräftig vorspringenden Gesimse und Pilaster wird die Tiefenwirkung der Fassade gesteigert.

Dem Wiener Palastbau scheint der Leopoldinische Trakt ein Zeichen gesetzt zu haben. Als erster kaiserlicher Barockpalast der Residenzstadt gab er nicht nur das ästhetische Modell, sondern auch die topographische Ausrichtung für die unmittelbar darauf einsetzende Bautätigkeit des Wiener Adels vor. Besonders attraktiv erschien es dem mit dem Kaiserhaus um architektonische Repräsentationsformen konkurrierenden Wiener Adel, in unmittelbarer Nähe der Hofburg Grundstücke zu erwerben. So ist also der erste barocke Erweiterungsbau der Hofburg als bedeutendes architektonisches Signal zu werten, das den Auftakt zur allmählichen Veränderung des Wiener Stadtbildes gab. Es war demnach nicht der Kirchenbau der ersten Jahrzehnte des 17. Jahrhunderts, der zu einer grundlegenden Änderung des Stadtbildes beitrug. Die frühen Barockkirchen nahmen sich eher fremd inmitten der spätgotischen Bürgerhäuser aus, welche noch viele Jahre die Gassen und Plätze prägen sollten. Dies lag auch an der topographischen Situation: Kirchen wurden mit Vorliebe an Plätzen errichtet, seltener im Verlauf eines Straßenzuges. Sie belebten das architektonische Szenarium nur punktartig. Die Stadtpaläste dagegen sorgten für eine durchgreifende städtebauliche Wandlung. Fünf bis sechs Bürgerhäuser mußten abgerissen werden, um Platz für die Errichtung eines vornehmen und standesgemäßen Palais zu gewinnen.

Domenico und Carl Martino Carlone, Giovanni Pietro Tencala
Blick auf den Leopoldinischen Trakt, 1660–81

Filiperto Lucchese, Carl Antonio Carlone
Kirche »Am Hof« oder »Zu den Neun Engelschören«, 1662

ABBILDUNG GEGENÜBER:
Palais Porcia, um 1600
Manieristische Fassade mit Rustikaquaderung, Pilastergliederung und Volutenportal

Palais Starhemberg, 1661–87
Fassade eines der besterhaltenen frühbarocken Bauten Wiens

Wieder war es Salzburg, das die Blicke des Kaisers und des Wiener Adels auf sich zog, da der ehrgeizige Erzbischof Wolf Dietrich von Raitenau dort ein »Rom des Nordens« errichten wollte. Mit dem sich an römischen Stadtpalästen orientierenden Neubau der Salzburger Residenz von 1596 bis 1619 wurde zumindest in Ansätzen ein Beispiel für die Verwandlung einer mittelalterlichen Stadtanlage in eine barocke Residenz gegeben. Das bischöfliche, später erzbischöfliche Palais am Stephansplatz und natürlich der Leopoldinische Trakt der Hofburg dürften als eine erste Antwort auf die Salzburger Bautätigkeit gewertet werden.

In den folgenden Jahrzehnten waren es die vornehmen Adelspaläste, die für eine entscheidende Verwandlung des Wiener Stadtbildes sorgten. Am Stadtrand, unweit der Hofburg am Minoritenplatz, gewissermaßen in Verlängerung des Leopoldinischen Traktes, erwarb Konrad Balthasar Graf Starhemberg im Jahre 1661 ein Stadthaus, das er abreißen und im barocken Stil bis zum Jahre 1687 neu errichten ließ (Abb. oben). Der dreigeschossige Bau mit einem abschließenden Mezzanin und einem weit vorkragenden Konsolengesims mußte sich damals, als die benachbarte Hofburg noch aus Einzelgebäuden bestand, wie ein herrschaftliches Stadtschloß ausgenommen haben. Die in der Manier Palladios über die Stockwerke gezogenen Monumentalpilaster auf hohem Sockel und die bearbeiteten Rustikaquader des unteren Geschosses strahlen Würde und Selbstbewußtsein des Besitzers aus.

Die Hauptfassade bestimmt den Minoritenplatz; die Längsseite wird mit 13 durch Pilaster gegliederte Achsen betont. Diese werden durch die gebrochenen Segmentgiebel der Fenster und die wie Stützfigürchen unter den Konsolen angebrachten Hermen fast spielerisch aufgelockert. Dieser Kontrast, den man in der barocken Palastarchitektur Roms vergeblich sucht, wurde in der Folgezeit zu einem Spezifikum des Wiener Stadtpalais. Würde und Charme in bestechender Vereinigung – so möchte man die Baurhetorik dieses Palais charakterisieren, das neben dem später erbauten Leopoldinischen Trakt der Hofburg zu den hervorragenden frühen Barockbauten Wiens gezählt wird.

Im Stadtzentrum, nahe dem Stephansdom, erfolgte fast gleichzeitig mit der Erweiterung der Hofburg der Neubau des Deutschordenshauses. Seit dem 13. Jahrhundert war der Deutsche

23

Folbert van Alten Allen
Vogelschau der Stadt Wien von Westen, um 1680
Historisches Museum der Stadt Wien

Deutschordenshaus mit Kirche
Stich von J.A. Corvinus nach S. Kleiner
Bundesdenkmalamt

Orden in Wien ansässig. Aus dieser Zeit stammte auch das erste Gebäude mit Kirche. Im Jahre 1667 arbeitete Carlo Canevale Pläne zu dem Barockbau aus, der die Integration der mittelalterlichen Kapelle vorsah. 1679 bis 1682 wurde das Gebäude erweitert, infolge der Türkengefahr mußten die Arbeiten jedoch eingestellt werden. Erst 1720 konnte unter der Bauführung von Anton Erhard Martinelli der Komplex ausgebaut und fertiggestellt werden (Abb. unten). Die Portale stammen aus dem 17. Jahrhundert, ein halbes Jahrhundert später wurde die Pilastergliederung »modernisiert« und die Fenster mit abwechselnden Segment- und Dreieckgiebeln versehen.

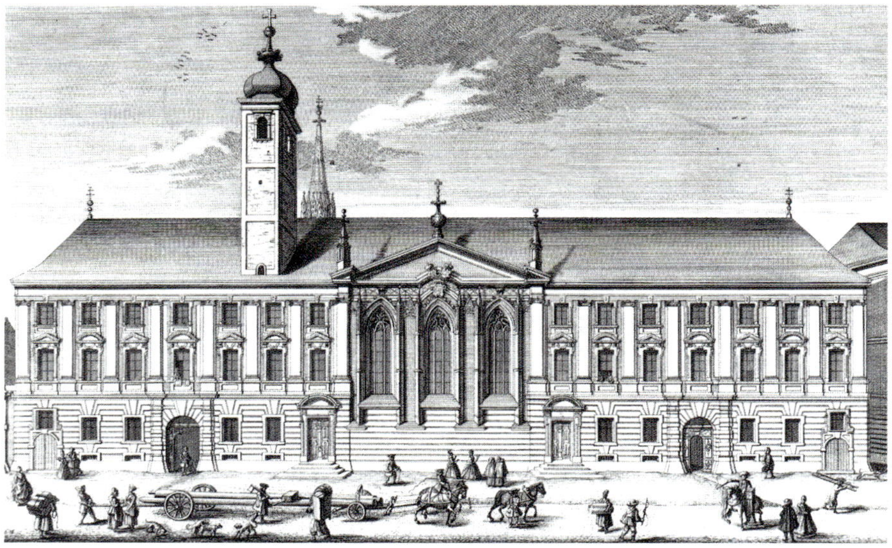

Die Türkenbelagerung von 1683

Im 17. Jahrhundert bildeten sich allmählich die Wiener Vorstädte heraus, so die Josefsstadt, Liechtental, das Schottenfeld oder die Roßau. Ein Kranz von Bürgerhäusern, malerischen Kirchenplätzen mit stolzen Gotteshäusern, Spitälern und Gartenpalais umgab die Residenzstadt – allerdings in achtbarer Entfernung von der Bastion und von ihr getrennt durch einen weiten Wiesen- und Flußgrund.

Der auf sechs Platten gedruckte und in zwei Reihen zusammengefügte Kupferstich von Folbert van Alten Allen aus der Zeit um 1680 zeigt eine Vogelschau Wiens unmittelbar vor der Türkenbelagerung von 1683 (Abb. oben). Er ist für die Betrachtung der Stadtentwicklung insofern wichtig, da er den Zustand dokumentiert, der bestand, bevor beim Nahen des osmanischen Heeres sämtliche Vororte aus Sicherheitsgründen abgerissen wurden. Und nicht nur das. Auch hohe Gebäude der Innenstadt, die sich nahe der Bastion befanden, etwa das Komödienhaus im Hofburgkomplex, wurden niedergebrannt.

Die Ansicht ist von Westen gewählt. Von links kommend läuft die Währinger Straße und von rechts unten die Alser Straße auf den linken, also westlichen Teil der Bastion, auf das Schottentor, zu. Unverkennbar ragt dahinter die Schottenkirche auf. Im rechten Stadtbereich ist der gerade fertiggestellte Leopoldinische Trakt zu erkennen, links die Minoriten- und rechts oberhalb der Hofburg die Michaelerkirche. Die imposante Befestigung ist vollständig abgeschlossen – dies war wohl der

Franz Geffels
Die Entsatzschlacht, 1683
Öl auf Leinwand, 184 x 272 cm
Historisches Museum der Stadt Wien

Abbildungen gegenüber:
Unbekannter Künstler
Kara Mustafa Pascha, um 1696
Öl auf Leinwand, 75 x 49 cm
Historisches Museum der Stadt Wien

Karl Allard
Ernst Rüdiger Graf Starhemberg um 1690
Kupferstich, 52 x 42 cm
Historisches Museum der Stadt Wien

Hauptgrund für die Anfertigung der Ansicht und deren gezielte Verbreitung, sie präsentiert sich als unüberwindbare Verteidigungsanlage. Letzteres war leider eine irrige Annahme.

Ein gewaltiges Heer brach unter der Führung Kara Mustafas (Abb. S. 54 rechts Mitte) in den letzten Märztagen des Jahres 1683 von Adrianopel aus gegen die Metropole Habsburgs auf. In aller Eile mußte eine Allianz der europäischen Mächte gegen die erneute Türkengefahr geschlossen werden. Der Polenkönig Sobieski, ein Kriegsheld, und das kaiserliche Heer unter dem Oberbefehl Herzog Karls von Lothringen standen bereit. Doch die Übermacht der Türken war so groß, daß die Heere zurückweichen mußten. Wien wurde erneut belagert. Der Kaiser ernannte im Jahre 1680 Ernst Rüdiger Graf von Starhemberg zum Stadtkommandanten und damit zum Leiter der militärischen Verteidigung; bereits seit 1668 war dieser als kaiserlicher Oberst in Diensten. Dem Grafen standen allerdings nur 16 000 Mann zur Verfügung, da die Einwohnerzahl Wiens durch die Pest des Jahres 1679 stark dezimiert worden war. Das Heer des Paschas erreichte Wien am 14. Juli 1683. Ein fast unüberschaubares Lager von über 25 000 Zelten umzingelte die Stadt. Die Angriffe waren auf den Bereich zwischen Burg- und Schottentor konzentriert. Die Türken, unübertroffenene Meister im Legen und Zünden von Minen, zerstörten die vorgelagerten Bastionen und fügten den Mauern schwere Schäden zu. In der Stadt brach die Ruhr aus und lichtete die Reihen der Verteidiger. Die Entsatzheere des Polenkönigs Sobieski und Karls von Lothringen kamen nur langsam voran. Die mutlos gewordenen Verteidiger vermochten kaum noch dem Ansturm standzuhalten. Man erwartete die Erstürmung der Burgmauern. Ende August ließ Graf Starhemberg erste Vorkehrungen für die erwarteten Kämpfe in der Innenstadt treffen.

Die Türken schienen sich der erfolgreichen Eroberung Wiens sicher zu sein. Eine Planzeichnung, die aus dem Geheimarchiv des Großwesirs Aynaci Süleyman Pascha stammt, präsentiert Wien als bereits eroberte Stadt, da der Stephansdom mit einem Halbmond ausgezeichnet ist. Wien ist von Zeltstädten der Osmanen umgeben. In der oberen Reihe sind die bewaldeten Hügel des Wienerwaldes eingezeichnet, darunter erkennt man die Schanze des Großwesirs an der heiligen Fahne mit dem doppelklingigen grünen Schwert. Die Zuversicht der Türken wuchs, als sie den von ihnen so genannten »Zauberhaufen«, den Burgravelin, eroberten. Nun war es nur noch eine Frage von Stunden, höchstens Tagen, daß sie die Stadt endgültig erstürmen konnten. Seines Sieges gewiß, zögerte der Großwesir mit dem Sturmangriff. Fast gleichzeitig, in der Nacht zum 9. September, signalisierten die Kommandanten der Entsatzheere, die vom Kahlenberg heranrückten, ihr Kommen. Die Höhen des Wienerwaldes waren bald von den Truppen des 65 000 Mann starken Hauptheeres besetzt. Die Türken erkann-

Giovanni Pietro Tencala
Palais Lobkowitz, 1685–87
Fassade (links)
Portal (nebenstehend)
Neugestaltung des Mitteltrakts und des Portals 1710 durch Johann Bernhard Fischer von Erlach

ten das Ausmaß dieses Aufmarsches nicht und stellten sich dem heranrückenden Heer unter dem Oberbefehl des polnischen Königs Sobieski nur halbherzig entgegen. Das war ihr Verhängnis. Franz Geffels großartiges Panorama von der Entsatzschlacht (Abb. S. 55) zeigt die von den Höhen des Wienerwaldes heranstürmenden christlichen Truppen und die vielen tausend Zelte der Türken. Die in der Ferne belagerte Stadt und die südlich an die Bastionen herangeführten Minengräben sind deutlich auszumachen.

Die schwachen osmanischen Kontingente konnten rasch überwunden werden. Karl von Lothringen stieß nun mit schlagkräftigen Truppen nach Nußdorf herab und vernichtete einen großen Teil des überraschten türkischen Heeres. Ihm gelang es, die breite Front aufzurollen. Am Abend des 12. Septembers zog sich das große osmanische Heer in eiliger Flucht zurück. Noch in derselben Nacht ließ der Großwesir Kara Mustafa den »Schuldigen von Nußdorf«, Ibrahim Pascha, hinrichten. Aber auch sein eigenes Schicksal vollzog sich nur wenige Wochen später, als der Sultan, überzeugt von der nachlässigen Kriegsführung seines Oberbefehlshabers, Kara Mustafa in Belgrad erdrosseln ließ.

Wien war erneut gerettet. Mehr noch, nach dieser vernichtenden Niederlage der Türken war man sich bald sicher, dieser Gefahr für lange Zeit nicht mehr ausgesetzt zu sein. Die Habsburger eroberten Ungarn zurück, und auch die Balkanländer erwarteten das Vordringen des siegreichen Heeres. Österreich stieg auf zur Großmacht.

Palais Lobkowitz und Liechtenstein

Nach dieser glücklicherweise nur kurzen kriegsbedingten Unterbrechung des Jahres 1683 setzte die Bautätigkeit verstärkt wieder ein. Wie schon erwähnt, suchte der Adel Wiens die Nähe des Kaiserhauses, um seine Palais in einer möglichst günstigen Lage zur Hofburg zu errichten. Die Anzahl der Bauplätze nahe der Hofburg war freilich begrenzt. Gegen Ende des 17. und zu Beginn des folgenden 18. Jahrhunderts mußten sich die Fürsten entweder im engen Stadtgebiet niederlassen oder aber die Außenbezirke jenseits der Hofburg nutzen. Dort stand ausreichend Platz auch für großzügig angelegte Gärten zur Verfügung.

Das nächste in Hofnähe errichtete Stadtpalais war das des Grafen Dietrichstein, heute benannt nach seinem späteren Besitzer, Fürst von Lobkowitz (Abbn. oben). Für den Bau ließ sich der Graf Ende des Jahres 1684 drei Entwürfe vorlegen. Einen davon, den Plan des Architekten Giovanni Pietro Tencala, nahm der Bauherr nach langem Bedenken schließlich an. Ob der Adel tatsächlich besonders daran interessiert war, den in Wien vielbeschäftigten kaiserlichen Baumeister und Hofingenieur Tencala für spektakuläre Stadtpaläste zu gewinnen, ist nicht sicher, obwohl es oft behauptet wird. Auf jeden Fall wirft die zögerliche Wahl des Grafen ein bezeichnendes Licht auf seine eigene Stellung als Bauherr. Er war es, der über die Größe und Gestaltung des Unternehmens entschied. Dem Architekten oblag es, die technische Umsetzung zu besorgen und Hinwei-

Abbildungen gegenüber

Oben:
Domenico Martinelli, Gabriel de Gabrieli
Stadtpalais Liechtenstein
1691–1705
Hauptportal in der Bankgasse

Unten:
Bernardo Bellotto (Canaletto)
Lobkowitzplatz mit dem Palais Lobkowitz, 1761
Öl auf Leinwand, 115 x 152 cm
Kunsthistorisches Museum

se für den Dekor zu äußern. Der barocke Bauherr, ob Kaiser, König oder Herzog, verstand sich nicht nur als Politiker oder Heerführer, sondern auch als kunstsinniger Gestalter.

Im Falle des Palais Lobkowitz war die Aufgabe nicht einfach zu lösen, galt es doch einen Platz auszufüllen, der gegen Ende des 17. Jahrhunderts als Gelenkstelle im städtischen Gefüge begriffen wurde. Das Palais sollte dementsprechend zwischen dem Augustinerkloster und der Kapuzinerkirche plaziert werden. Übrigens war die Hofbibliothek Johann Bernhard Fischer von Erlachs noch nicht erbaut, so daß sich die südliche Stadtfront noch sehr uneinheitlich und lückenhaft ausnahm. Dort, wo die Dorotheen- und die Spiegelgasse auf die Stadtbegrenzung stießen, knickten die Befestigungsanlagen um und bildeten ein Bollwerk aus, die Augustinerbastion. Das Palais Lobkowitz und das Palais Starhemberg flankierten, wenn auch über eine weite Distanz, die Gebäudetrakte der Hofburg.

Wie ein Schiffsbug ragt das Palais im spitzen Winkel der Augustiner Straße und der Spiegelgasse hervor. Dem weit vorkragenden Konsolengesims und der Eckquaderung kommen dabei besondere Bedeutung zu. Alten Plänen und Rissen zufolge war Tencalas Konzept der Fassadengliederung sehr zurückhaltend; der rhythmische Wechsel von Segment- und Dreiecksgiebeln der Fenster des ersten Obergeschosses sowie vereinzelte Balustraden und kleine Konsolen unterhalb der Fenstergesimse beleben die Fassade. Zwischen den Dachkonsolen hängen zierliche, geschwungene Früchtekränze, die in der Mittelachse über dem Hauptportal durch Eroten bereichert sind, die kleine Kartuschen halten. Die Pilaster sind durch Querbalken unterteilt, so daß rechteckige Felder ausgespart werden. Insgesamt verstand es Tencala, trotz eines abwechslungsreichen Baudekors und einer damit verbundenen dynamischen Fassadenstruktur die verhaltene Noblesse des Gebäudes zu wahren.

Veränderungen erfuhr der Palast kurze Zeit später, als Johann Bernhard Fischer von Erlach den leicht vorgezogenen Mitteltrakt mit einer Attika versah, die von einer Balustrade mit Figuren bekrönt wurde. Auf den berühmten Wiener Baumeister geht auch die Neugestaltung des Portals zurück, das sich als einzigartiges Schmuckstück präsentiert. Die Wandpilaster und die davorstehenden Rundsäulen sind schräg gestellt. Dazwischen, aus der Tiefe des Portals hervortretend, wölbt sich ein profilierter Rundbogen nach vorn und verdeckt die sich ebenfalls vorkragende Balustrade, die von jeweils zwei Schlangenvasen flankiert wird. Die imposante, durch eine Tonne überwölbte Einfahrt führt auf den Herkulesbrunnen zu. Von hier gelangt man in das von toskanischen Säulen flankierte Treppenhaus, das den Festsaal erschließt. Das Gewölbe überrascht mit Kartuschen und Rechteckfeldern, die in üppige Architekturmalereien mit verblüffenden scheinperspektivischen Effekten eingebunden sind.

Übrigens ließ Ludwig van Beethoven im Jahre 1804 seine »Eroica« im Festsaal des Palais selbst zur Uraufführung bringen. Die Sinfonie, anfangs Napoleon zugedacht, doch aus Enttäuschung über dessen imperiales Machtstreben dem Despoten wieder entzogen, widmete der Komponist schließlich seinem großzügigen Gönner und Mäzen Franz Joseph Fürst von Lobkowitz.

Wiederum an prominenter Stelle, doch auf der entgegengesetzten Seite des Hofburgareals im Herrenviertel, plante die Familie Khevenhüller kurz nach Vollendung des eben beschriebenen Palastes einen monumentalen Baublock gegenüber dem bereits fertiggestellten Palais Starhemberg. Doch mußte die Familie ihren Bauplatz kurzfristig veräußern. Graf Dominik Andreas Kaunitz war der glückliche neue Besitzer, er ließ sich im Jahre 1691 vom Italiener Domenico Martinelli erste Entwürfe vorlegen. Im selben Jahr oder ein Jahr später begannen die Arbeiten. Geplant war ein viergeschossiger Baukörper, der sich, ganz in römischer Manier, um einen quadratischen Innenhof erhob. Graf Kaunitz konnte sich seines umfangreichen Bauvorhabens nicht lange erfreuen. Dokumenten zufolge wechselte die Baustelle – der Palast war noch nicht einmal über das Erdgeschoß hinaus gediehen – am 23. April 1694 den Besitzer. Der neue Eigentümer, Fürst Johann Adam von Liechtenstein, suchte sich einen neuen Architekten und fand ihn in Gabriel de Gabrieli, der den Palast im Jahre 1705 vollendete (Abbn. oben und S. 58/59).

Der Mittelrisalit der Hauptfassade in der heutigen Bankgasse, der früheren Vorderen Schenkenstraße, ist mit Monumentalpilastern versehen. Weit ausschwingende Konsolen leiten von dem schmalen Mezzaningeschoß über zum hohen und weit ausladenden Gebälk. Noch weiter und noch markanter als bei der Hauptfassade des Palais Lobkowitz nimmt sich das Portal des Liechtensteinschen Anwesens aus. Es ist über die Breite des Mittelrisalits angelegt und ragt mit zwei zur Mittelachse hin schräg angesetzten Doppelsäulen weit in den Straßenraum. Wie Arme greifen die Enden des durchbrochenen Gesimes aus. Eine

Gabriel de Gabrieli
Palais Liechtenstein, 1691–1705
Treppenhaus

geschwungene, mit Figurenpodesten ausgestattete Balustrade schließt das prachtvolle Portal ab. Die Bauplastik stammt von Giovanni Giuliani, dem Lehrer Georg Raphael Donners. Giuliani, 1663 in Venedig geboren, kam zu Beginn der neunziger Jahre nach Wien, wo er die Prunkpaläste des Adels mit Skulpturen versah. Das Konzept der teilweise in extremen Drehungen sich windenden Figuren, die ihrem Standort zu entfliehen scheinen, gab er an seinen Schüler Georg Raphael Donner weiter. Giuliani versuchte, die Körper von der Architektur zu lösen, indem er sie auf erhöhte Podeste stellte und ihnen dadurch einen möglichst weit gefaßten Bewegungsspielraum verschaffte. Dagegen sind die monumentalen Trägerfiguren des in der Art des Johann Bernhard Fischer von Erlachs erbauten Portals zum Minoritenplatz fest mit der Architektur verklammert (Abb. rechts). Im Gegensatz zur beschwingten Architektur des Hauptportals wirkt dieses ernst und würdig.

Mit dem Hauptportal und dem Mittelrisalit ist ein dynamischer Akzent gesetzt. Die Steigerung des Baudekors, der Wechsel von Segment- und Dreiecksgiebeln der Fensterarchitektur sowie die plastische Ausgestaltung von Pilastern, Kapitellen und Dachkonsolen wird in den Seitentrakten zurückgenommen und auf ein schlichtes Maß reduziert. Unter dem Dachgesims wechseln nun Doppel- und Einzelkonsolen ab. Gliedernde Pilaster fehlen ganz, und lediglich die Fenster des Hauptgeschosses sind mit repräsentativen Dreiecksgiebeln versehen. Dieser Kontrast darf neben vielen weiteren Architekturdetails als von Rom inspiriert gelten. Doch scheint sich im Kontext mit anderen Stadtpalästen allmählich so etwas wie ein Wiener Typus herauszukristallisieren. Die Steigerung des Baudekors zur Mitte hin, die variantenreiche Gestaltung weit ausladender Dachgesimse und der eher zurückhaltende, aber kleinteilige und plastische Fassadenschmuck lassen sich hier als erste ästhetische Merkmale nennen.

Im Inneren besticht vor allem die Skulptur in Gabriel de Gabrielis Treppenhaus (Abbn. links und S. 59). Vom Vestibül führt eine durch einen Absatz unterbrochene Treppe zum Piano Nobile, das sein Licht von den großen Fassadenfenstern erhält. Das mythologische Programm ist nicht in dem Maße politisch auf den Fürsten zugeschnitten wie im Stadtpalais des Prinzen Eugen. Hier scheint es eher um die Gestaltung eines heiteren und gefälligen Szenariums zu gehen: Spielende Eroten tummeln sich auf den Treppenpodesten, die durch elegante Rocailleschwüngen miteinander verbunden sind. Die Balustraden der Treppe und des Obergeschosses sind durch Säulen gegliedert. Das Spiel der Eroten setzt sich fort auf den Dreiecksgiebeln und Gesimsen der durch Pilaster, Säulen und Ädikulen gestalteten Wandflächen. Hier erscheinen auch die Statuen griechischer Götter wie Apoll

ABBILDUNG GEGENÜBER:
Gabriel de Gabrieli
Palais Liechtenstein, 1691–1705
Treppenhaus

Gabriel de Gabrieli
Palais Liechtenstein, 1691–1705
Seitenportal zum Minoritenplatz

Giovanni Battista Carlone
Giovanni Pietro Tencala
Lodovico Burnacini
Favorita/Theresianische Akademie, 1615, 1687–93
Bibliothek, 1746 (oben)
Perspektivisches Gitter am Gartenportal (unten)

oder Hermes. Die durch noble Architekturmotive gegliederten Wände werden durch ein Spiegelgewölbe abgeschlossen, das der italienische Stukkateur Santino Bussi um 1706 gestaltete (Abb. S. 59). Zu seinen Meisterleistungen gehört der Kontrast zwischen fast vollplastischen Figuren und flach ornamentierten Zierleisten. Bussi wurde schnell berühmt, er erhielt neben zahlreichen Aufträgen im Jahre 1714 auch den Titel eines Hofkünstlers.

Gartenpalais

Neben dem Stadtpalais war das Gartenpalais ein beliebter Wohn- und Aufenthaltsort des Wiener Adels und der Regenten des Hauses Habsburg. Bereits zu Beginn des 17. Jahrhunderts ließ Kaiser Matthias eine Sommerresidenz vor den Toren der Stadt errichten. Er nannte sie »Favorita«, da er sie vor allen anderen Schlössern bevorzugte. Zwischen 1672 und 1683 veranlaßte Kaiser Leopold I. die Neugestaltung ihrer Fassade. Als im Jahre 1683 die Türken vor Wien standen, sah sich der Verteidiger der Stadt, Ernst Rüdiger Graf von Starhemberg, veranlaßt, die Favorita aus Sicherheitsgründen zu schleifen. Wenige Jahre nach Überwindung der Türken entschloß sich Kaiser Leopold I. zum Wiederaufbau. Als Architekten gelten Lodovico Burnacini und Giovanni Tencala. Die Fassadengliederung des langgestreckten Baus ist sehr flach und im Baudekor wenig abwechslungsreich; sie wirkt dadurch sehr eintönig. Lediglich der Mittelrisalit ist mit Kolossalpilastern versehen.

Das Lustschloß konnte die Wiener und die ausländischen Besucher nur wenig begeistern. Zu Beginn des 18. Jahrhunderts schrieb ein Reisebuchautor: »Man bildet sich ein, wenn man von einem kaiserlichen Lusthause reden hört, einen Palast zu bewundern, welcher mit der auserlesensten Kunst gebaut ist; allein, man ist gezwungen, diesen Gedanken zu ändern, wenn man nichts anderes als ein ziemlich langes Gebäude sieht, welches weder groß noch hoch ist, in dem zwar einige ziemlich wohl möblierte Zimmer sich befinden, das jedoch so angelegt ist, daß man nicht behaupten kann, es sei ein Lusthaus eines großen Kaisers.« Dennoch blühte die Favorita unter Leopold zum kulturellen Zentrum auf. Hier wurden die prunkvollsten Opernaufführungen präsentiert, und das barocke Fest, das sich zwischen Garten, Gartentheater, Grotte und einem Turnierplatz entfaltete, trumpfte auf in nie erlebtem Glanz. Es ist überliefert, daß beim Besuch des

»Die Keyserliche Favorita«
Stich von G.D. Heumann nach S. Kleiner, 1725
Bundesdenkmalamt

ABBILDUNGEN GEGENÜBER:
Domenico Martinelli
Gartenpalais Liechtenstein
1691–1704 (heute: Museum moderner Kunst)
Fassade (oben) und Marmorsaal (unten)

Zaren von Rußland im Jahre 1698 ein Maskenfest stattfand, das in der Welt niemals zuvor prachtvoller gefeiert wurde als in der Favorita.

Der Glanz währte nur ein halbes Jahrhundert. Gegen 1740 sollen Garten und Schloß bereits in einem desolaten Zustand gewesen sein. Maria Theresia vermachte die Anlage den Jesuiten, damit diese dort ihr »Seminarium Nobilium« einrichten konnten. Die Mönche ließen den Palast umbauen. So erhielt er seine heutige Gestalt. Gegen Ende des 18. Jahrhunderts veranlaßte Kaiser Franz II., die Jesuitenschule zu schließen, um im Jahr 1797 die Schule als »Collegium Theresianum«, eine Ausbildungsstätte junger Adliger, wieder zu eröffnen. Vom barocken Garten sind lediglich Teile der Grotte erhalten. Ein Meisterwerk barocker Schmiedekunst ist das perspektivische Gartenportal (Abb. S. 60 links unten).

Bald nach Baubeginn der Favorita ließ sich der kunstsinnige Fürst Johann Adam von Liechtenstein, dessen Stadtpalais bereits behandelt wurde, Pläne für einen Gartenpalast vorlegen. Ein erster Entwurf stammt von Johann Bernhard Fischer von Erlach, danach sollte der Italiener Domenico Martinelli, der für Graf Kaunitz tätig war, neue Vorschläge ausarbeiten. Die Bauarbeiten verzögerten sich, und der Graf dachte an eine Neuplanung, als er zu dem berühmten römischen Baumeister Carlo Fontana Kontakt aufnahm. Doch war er von dessen Vorschlägen offensichtlich nicht überzeugt und griff die Entwürfe Martinellis wieder auf. Im Jahre 1704 war der Bau vollendet (Abbn. rechts). Der etwas erhöhte Mitteltrakt mit fünf Achsen wird flankiert von vierachsigen Seitenflügeln. Im Erdgeschoß dominieren die mit flachen Rustikaquadern versehenen Pilaster und die fünf Torbögen des Mitteltrakts. Die verputze Wandfläche der beiden Obergeschosse wird durch plastisch profilierte Fensterrahmungen mit Dreiecks- und Segmentgiebeln aufgelockert. Ein Gemälde von Bernardo Bellotto aus der Mitte des 18. Jahrhunderts, das sich heute in der Fürstlichen Sammlung in Vaduz/Liechtenstein befindet, vermittelt ein sehr anschauliches Bild von der prachtvollen Gartenpartie mit dem Palais und Teilen der Wiener Stadtsilhouette (Abb. S. 62 oben). Die Mittelachse mit einem Springbrunnen geht von der rückwärtigen Toreinfahrt aus und führt hinauf zur Terrasse des ehemaligen Gartenbelvedere Johann Bernhard Fischer von Erlachs; dieses wurde 1873 abgerissen, um einem historistischen Neubau zu weichen. Von der Mittelallee gehen die Parterres ab, die unterschiedlich ornamentiert und bepflanzt sind. Buchs, Eiben und Zypressen sind auszumachen sowie Knoten- und Spiralornamente. Der Graf ließ die Gartenanlage mit zahlreichen Skulpturen schmücken. Auf hohen Postamenten wechseln antike Gestalten wie Herkules oder Venus und allegorische Szenen wie Apollo und Daphne mit reich verzierten Vasen ab.

Bernardo Bellotto (Canaletto)
Blick vom Sommerpalais Liechtenstein zum Gartenbelvedere, 1761, Öl auf Leinwand
Schloß Vaduz, Sammlungen des Fürsten von Liechtenstein

Ein reicher Skulpturenschmuck, wie hier im Garten des Sommerpalais Liechtenstein, ist typisch für barocke Gartenanlagen.

Johann Jakob Pock
Stephansdom, Hochaltar
1640–47

Die Barockskulptur im 17. Jahrhundert

Die Barockskulptur Wiens begann sich eigentlich erst nach der Türkenbelagerung zu entfalten; zur vollen Blüte gelangte sie schließlich bei Georg Raphael Donner und Franz Xaver Messerschmidt im 18. Jahrhundert. Doch sind auch Werke des frühen 17. Jahrhunderts in ihrer Vielfalt und Raffinesse bemerkenswert. Der Beginn der Barockskulptur in Wien wird mit der Stiftung der Kaiserkapelle der Kapuzinerkirche durch die Kaisergemahlin Anna im Jahre 1618 angesetzt, von der später die Rede sein wird. Einen weiteren Ausgangspunkt der Wiener Barockskulptur bilden die Statuen des Hochaltars für den Stephansdom (Abb. links). Sie sind das Werk des Bildhauers Johann Jakob Pock, der eigens aus Konstanz nach Wien gerufen wurde, um die elegant durchgezeichneten Figuren des aus schwarzem Marmor gestalteten Altars zu schaffen. Er konnte sie zwischen 1640 und 1647 vollenden. Bezeichnend scheint, daß ein auswärtiger Bildhauer mit diesem Großauftrag betraut wurde; offensichtlich fehlte heimische Konkurrenz.

Für die Mariensäule auf dem Platz »Am Hof« ließ sich Kaiser Leopold I. von seinem Stuckgießer Balthasar Herold ein Modell anfertigen. Auf einer hohen korinthischen Säule erscheint Maria als apokalyptisches Weib über dem bezwungenen Basilisken. Weit unter ihr stehen vier Engel auf einem hohen steinernen Sockel, dem Podest der Säule, und schwingen Schwerter und Schilder, um die Drachen zu ihren Füßen zu bekämpfen (Abb. rechts unten). Das Geschehen illustriert das Thema der wehrhaften Kirche, der »ecclesia militans«, und dürfte sich wohl auf das Patronat der gegenüberliegenden Kirche »Zu den Neun Engelschören« beziehen. Den Bronzeguß führte Herold im Jahr 1667 aus, nachdem er eine Holzsäule abmontieren ließ.

1679 wurde Wien von der Pest heimgesucht, die Tausende von Opfern forderte. Im Jahr der Epidemie hatte Kaiser Leopold die Errichtung eines Heiligtums für die Abwendung der tödlichen Gefahr gelobt. Nachdem die Pest vorüber war, wurden die finanziellen Mittel zunächst für die Beseitigung ihrer Folgen und kurz darauf für Befestigungsarbeiten im Zusammenhang mit dem drohenden Türkensturm benötigt. Im Jahre 1687 legte Kaiser Leopold I. dann aber den Grundstein zur heutigen Pestsäule (Abbn. S. 63). Sie wurde nach Entwürfen von Matthias Rauchmiller angefertigt, der aus Radolfzell am Bodensee stammte. Johann Bernhard Fischer von Erlach nahm zwei Jahre später Änderungen am Sockel vor, von ihm und von Ignaz Bendl stammen auch die großformatigen Sockelreliefs. Den wolkenumschwebten Obelisken führte Paul Strudel aus. Er und weitere Skulpteure wie Matthias Rauchmiller, Tobias Kracker, Johann Frühwirt und Matthias Gunst arbeiteten an den Plastiken. Das ikonographische Programm ist umfassend: Es vereint die Trinität auf der Spitze der Pestsäule, den betenden Kaiser

Balthasar Herold
Mariensäule, 1667

Matthias Rauchmiller, Lodovico Burnacini, Johann Bernhard Fischer von Erlach, Paul Strudel u.a.
Dreifaltigkeits- oder Pestsäule, 1693

Detail der Pestsäule:
Leopold I. mit Allegorien des Glaubens und der stürzenden Pest

Leopold I., die Wappen des Hauses Österreich und der Königreiche Ungarn und Böhmen sowie Allegorien und Reliefs mit biblischen Themen, die sich auf die Epidemie und deren Überwindung beziehen. Die Erschaffung Evas im Paradies und das Ende der Sintflut sind als Pendants zu den Darstellungen des siegreichen Glaubens und der gestürzten Pest aufgefaßt. Die Allegorie der gestürzten Pest, eine zahnlose Alte mit welken Brüsten und faltiger Haut, fällt unter der aufblickenden Fides kopfüber nach hinten. Über dieser Allegorie des Glaubens kniet der Kaiser zum Gebet nieder, ihn flankieren das Lamm Gottes und das Erdenrund, das sein Reich, in dem die Sonne nicht untergeht, einschließt. Die Verbindung zwischen ihm und der Fides wird durch eine bronzene Schriftrolle hergestellt, auf der das Lobgebet niedergeschrieben ist. Die beiden anderen Schriftrollen mit dem Bitt- und dem Dankgebet sind an ähnlich signifikanten Stellen des Denkmals angebracht, um unmißverständlich die Gottergebenheit des Habsburger Throns zum Ausdruck zu bringen. Übrigens hat der Kaiser diese drei Gebete, wie es heißt, »inventiret und concipiret«.

Die Pestsäule zählt zweifellos zu den ersten Höhepunkten der barocken Skulptur Wiens. Die mustergültige Zusammenarbeit der Bildhauer untereinander, mit dem Architekten Johann Bernhard Fischer von Erlach sowie mit Lodovico Burnacini, dem die Gesamtleitung oblag, brachte ein homogenes und in sich geschlossenes Kunstwerk hervor. Sein Auftraggeber, Leopold I., schuf sich mit dieser Säule ein Denkmal gottgegebener Herrschaft, indem er in ihrem Bildprogramm die *Casa d'Austria* auf das innigste mit der *pietas Austriaca* verband.

Welttheater und höfische Pastorale

Das barocke Wien war in Europa bekannt als die Stadt der Feiern und Feste. Nicht in Paris, sondern in der Donaustadt entfaltete sich die höfische Unterhaltung zu einem bis dahin nie erlebten Glanz. Vom triumphalen Einzug zur empfindsamen Schäferidylle durchlebte die höfische Kultur eine Epoche »tropisch wuchernder Sinnlichkeit«, wie Richard Alewyn treffend bemerkte.

Bei all diesen Festen und Feiern, den prunkenden Umzügen, den pompösen, von Feuerwerken begleiteten Schauessen oder den glanzvollen Opern- und Theateraufführungen spielte die ephemere Architektur eine große Rolle. Aus dem Jahr 1560 ist ein Bericht überliefert, demzufolge der Kaiser am Ufer der Donau außerhalb Wiens eine kleine Kulissenstadt aufbauen ließ. Gebäude, Wehrmauern und Türme waren aus Holz gefertigt. Das Festspiel, an dem 900 Akteure beteiligt waren, nannte sich »Stadtbelagerung«. Die Krieger sollten zu Lande und zu Wasser kämpfen. Es ging hier allerdings nicht um die Umsetzung einer vorgeschriebenen Choreografie, sondern um die Suggestion möglicher Ereignisse. Ein zeitgenössischer Chronist hielt das Szenarium fest: »Die Verteidiger schmähten die Angreifer nicht nur mit Worten, sondern warfen auch, um sie noch mehr zu reizen, die Leichen in die Donau; ja, was noch grausamer und schändlicher ist, sie schossen die Leichen aus Mörsern in die Luft ... Um die Leser nicht auf die Folter zu spannen, sei hinzugefügt, daß diese in menschliche Form gebrachten Leichen nichts anderes waren als Beinschienen und Brustharnische, die mit Stroh ausgestopft waren.« Theater und Feste waren der Realität verpflichtet. Das illusionistische Moment war zwar notwendig, um die Grenze zur Realität nicht zu überschreiten, mußte aber möglichst gering gehalten werden.

Die ephemere, also zum späteren Abbruch bestimmte Architektur darf man sich nicht als reine Kulissenarchitektur vorstellen. Häufig wurden berühmte Baumeister nicht nur zu Rate gezogen, sondern auch mit deren Planung und Ausführung beauftragt. Finanziert wurden diese Festakte nicht immer nur durch Herzöge und Kaiser, sondern vor allem auch von reichen Kaufleuten oder gar dem Magistrat der Stadt Wien. So beauftragten städtische Vertreter und Kaufleute im Jahre 1690 Johann Bernhard Fischer von Erlach, zwei monumentale Ehrenpforten zu errichten. Eine dritte sollte Peter Strudel konzipieren. Anlaß und Thema war die Rückkehr des Kaiserpaares und des Thronfolgers nach der Krönung Josephs zum römischen König am 4. Juni 1690.

Fischers Zeichnung stellt eine unerwartet neuartige architektonische Idee für diesen Typus vor (Abb. rechts). Die Seitenpartien des Triumphbogens sind als kleine Exedren ausgebildet, in denen auf hohen, mit Bögen versehenen Postamenten Spiralsäulen stehen und weit über die abschließende Balustrade hinausragen. Ähnlich prachtvoll, doch eher noch dem traditionellen Typus verhaftet, nimmt sich der zweite Bogen aus, der hinter dem ersten sichtbar wird. Er ist zweistöckig aufgebaut und gleicht einer diaphanen Kirchenfassade. Als Grundmodell verwandte Fischer natürlich den antiken Triumphbogen, wandelte ihn aber in einer so phantasiereichen Weise ab, daß hier tatsächlich ein neuer Typus entstand. Die schmückenden und erzählenden Reliefs römischer Vorbilder wirken bei Fischer wie vom Gewände abgelöst; die Figuren erscheinen vollplastisch und in dynamischen Aktionen begriffen auf der Balustrade und auf den Deckplatten der Säulen.

Bei der Konzeption der Triumphbögen mochte Fischer erstmals seine italienischen Erfahrungen unter Beweis gestellt haben. Daß er es verstand, die antiken Vorbilder für seine Zeit nutzbringend und im entsprechenden ästhetischen Kontext einzubringen, ist an der Integration der hochbarocken Dekorationskunst zu erkennen. Sicherlich war dieses Werk die beste Visitenkarte für den Eintritt in den erlauchten Kreis der Wiener Hofarchitekten. Ein weiterer Aspekt trat hinzu: Der Architekt nutzte in der Planungsarbeit und Aufstellung von ephemerer Architektur die Gelegenheit, neue Baumotive zu erproben, die eine spätere Realisierung versprachen. In der Tat tauchen die Spiralsäulen in einem ähnlichen baumotivischen Zusammenhang an der Karlskirche wieder auf.

Neun Jahre später erinnerte sich die Wiener Bürgerschaft an den überwältigenden Erfolg der Triumphtore Fischers und beauftragte den Bau-

Johann Bernhard Fischer von Erlach
Entwurf für die Ehrenpforte zum Einzug Josephs I. in Wien, 1690
Graphische Sammlung Albertina

meister erneut mit der Errichtung zweier Triumphpforten anläßlich der Hochzeit des Thronfolgers Joseph I. mit Amalia Wilhelmina von Braunschweig-Lüneburg am 24. Februar 1699. Fischer konstruierte eine Art *Tempietto* und entwarf ein hochrangiges ikonographisches Programm: Joseph erscheint als sonnenumstrahlter Triumphator, seine Gemahlin Amalia Wilhelmina in der Gestalt der Juno.

Der Einzug des Thronfolgerpaares vollzog sich auf der Grundlage der römischen Triumph-Prozession – umrankt von den Feierlichkeiten des Wiener Hofs. Die Monarchie stellte sich in diesem Spiel als universale und gottgewollte politische Instanz dar. Der Herrscher, der im Thronhimmel residiert, präsentiert sich als Cäsar des römisch-deutschen Kaisertums. Die kurzlebige Illusions-Architektur verstand sich als Medium, das die überirdische Erhabenheit des Kaisers zu vermitteln hatte. Das übliche Hofzeremoniell reichte schon längst nicht mehr aus, die Würde der Majestät angemessen vorzuführen. Die Hofrituale entfalteten sich im Welttheater, das sowohl Schauspiel als auch Festumzug war.

In einem monumentalen Gemälde des Hofmalers Martin von Meytens, das sich heute im Zeremoniensaal des Schlosses Schönbrunn befindet, wird der Einzug der Prinzessin Isabella von Parma als Braut des zukünftigen Kaisers Joseph II. in Wien dargestellt (Abb. oben). Die Hochzeit war für den Herbst des Jahres 1760 vorgesehen. Der erste Kavalier des Reichs, Fürst Joseph Wenzel von und zu Liechtenstein, war ausersehen, die Vermählung in Parma stellvertretend zu vollziehen und die Braut nach Wien zu geleiten. Der Aufmarsch fand vor der Hofburg entlang der heutigen Augustinerstraße statt: Serpentinenförmig und in einem scheinbar nicht endenden Zug rücken die Formationen hoch zu Roß vor. Unter ihnen marschieren Musiker und Soldaten. Sie passieren zwei ephemere Triumphtore, eines links im Vordergrund, das andere rechts oben an der äußeren Bildkante. Im Zentrum unten erkennt man die silberblaue Karosse der Braut. Sie wird begleitet von der Schweizer Garde, die an der schwarz-gelben kaiserlichen Uniform zu erkennen ist. Voraus eilt ihr die goldene Karosse des Liechtensteinschen Fürstenhauses mit dem Brautbotschafter.

Das Gemälde erregte damals Aufsehen, da es in einer stupenden Detailtreue angefertigt wurde – nicht allein von Meytens selbst, sondern zusammen mit vielen Meistern und Gehilfen seiner Hof-

Martin von Meytens
Einzug der Prinzessin Isabella von Parma in Wien, 1760
Öl auf Leinwand
Schloß Schönbrunn, Leihgabe des Kunsthistorischen Museums

werkstatt. Alle 94 sechsspännigen Wagen der prunkvollen Auffahrt sind genau dargestellt. Die Bewunderer des Gemäldes konnten damals die Details und deren realitätsnahe Schilderung mit Hilfe von Zeitungsberichten überprüfen. Detailgenauigkeit und Monumentalität sind sicherlich nicht als ästhetische Topoi der Barockmalerei, sondern eher als politische Komponenten zu werten, um in angemessener Weise das Fest der Vereinigung der beiden Häuser Habsburg und Bourbon darzustellen. Das Bild gehört einem Zyklus an, der dieses große Ereignis etappenweise schildert. In weiteren Gemälden werden die Vermählung in der Augustinerkirche, das Hochzeitsmahl, das kaiserliche Souper und eine Theatervorstellung in der Hofburg gezeigt (Abb. links).

Die Theateraufführung zählte zum wichtigsten Punkt des höfischen Zeremoniells, des »Wiener Welttheaters«. Höfische Feste anläßlich großer Ereignisse, wie Hochzeiten oder Krönungen, fanden ihre Höhepunkte im Triumphzug und im Theaterbesuch. Die Theaterkultur war ein bedeutender Bestandteil der höfischen Erziehung. Dabei galt es, zwischen Unterhaltung und Repräsentation zu differenzieren. Das betraf besonders die Hausordnung in Schönbrunn. Einerseits sollten die Kinder als Überraschung für das Elternpaar Ballette oder Schäferspiele aufführen, andererseits mußten sie im festlichen Rahmen Theateraufführungen beiwohnen, um sich der Gesellschaft zu präsentieren.

Die festliche Aufführung fand im Theater oder auf städtischen Plätzen statt. Für die Herrschaft entfaltete sich der Glanz der Residenzstadt in der Hofburg. Dort fühlte sich der Kaiser eins mit den Musen und Göttern des Olymp. Gern sprach man vom römischen Kaiserhof und von Wien als der

ABBILDUNG GEGENÜBER:
Nikolaus von Pacassi
Schloßtheater Schönbrunn
1741–49
Blick in den Zuschauerraum

Martin von Meytens
Theateraufführung anläßlich der Vermählung Josephs II. mit Isabella von Parma in Wien, 1760
Öl auf Leinwand
Schloß Schönbrunn, Leihgabe des Kunsthistorischen Museums

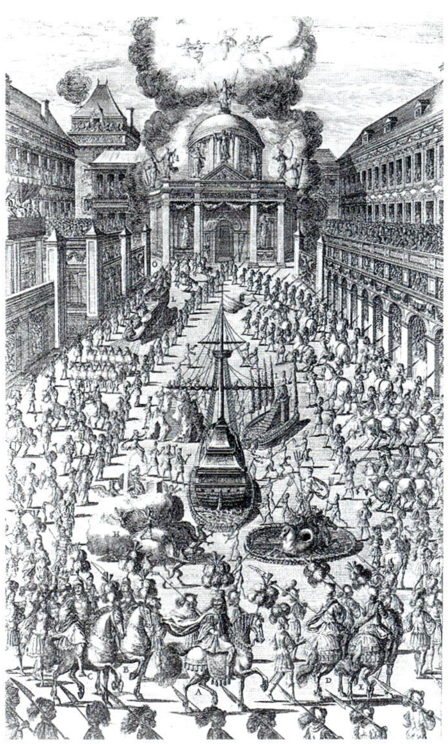

NEBENSTEHEND:
Ulrich Kraus (nach Johann Waltmann)
Roßballett auf dem Inneren Burgplatz
Stich, Anfang 18. Jh.
Österreichische Nationalbibliothek

RECHTS:
Nicolaus van Hoy (nach einem Entwurf von Carlo Pasetti)
Argonautenschiff aus dem Roßballett
Stich, Anfang 18. Jh.
Österreichische Nationalbibliothek

Hauptstadt des Okzidents. Um diesen universalen Anspruch immer wieder unter Beweis zu stellen, wurde »Welttheater« gespielt: Der innere Burgplatz verwandelte sich in eine imaginäre Weltlandschaft, Hügel entstanden und Türme. Wolkengebilde sanken zu Boden, und Triumphtore markierten die Weltgegenden. Dann öffnete sich ein Tor, und ein Schiff mit künstlich geblähten Segeln wogte herein (Abb. S. 66 unten). Dem Schiffsrumpf entsprangen Reiter, begleitet von Edelknaben in silbernen Rüstungen. Auf einem Wolkenstrudel erhob sich eine allegorische Gestalt, Fama, weißgewandet mit einer Fanfare in der Hand, um den Ruhm des Kaiserhauses zu verkünden. Das Spiel begann. In militärischen Formationen rückten Reiter, Knappen und Edelknaben vor. Dann tänzelten die Pferde nach den Regeln der Spanischen Reitschule einher, beschrieben Figuren, vereinten sich in gewagten Sprüngen mit weiteren aus den Toren hereinbrechenden Pferden und führten ihr Ballett auf.

Der Kaiser übernahm oftmals selbst eine Rolle in solchen Inszenierungen. Leopold, so wurde berichtet, soll die kompliziertesten Figuren ausgeübt haben. Er war stolz darauf, daß man ihn den »Kaiser des Abendlands« und sein Roßballett das »Konzert Europas« nannte. Schöpfer der Choreografie, nach der die Pferde aus dem kaiserlichen Gestüt Lipizza tanzten, war der Oberstallmeister Graf Gundacker von Dietrichstein. Der Theatralingenieur Alessandro Carducci wurde eigens aus Florenz an den Wiener Hof berufen und mit einem Betrag von 200 000 Gulden für seinen Aufwand entschädigt; zusätzlich zeichnete man ihn mit dem Freiherrenstand aus. Aus Ferrara kam Carlo Pasetti, der für die dekorative Gestaltung des Platzes verantwortlich war. Der Hofdichter Francisco Sbarra schmiedete die Verse, und der Komponist Anton Berteli sorgte für die musikalische Untermalung. Das Wiener Roßballett, das ungefähr vier Stunden dauerte, zählte zu den aufregendsten Ereignissen der durch Feste und Feierlichkeiten so verwöhnten Stadt.

Die heroische Pastorale, das sanfte Abgleiten in die empfindsame Schäferidylle, signalisierte um die Mitte des 18. Jahrhunderts das Aufkommen der spielerischen Rokoko-Kultur. In Wien sind diese Übergänge fließend; vielleicht spielte das bürgerlich ausgerichtete Kulturtreiben am Hofe Maria Theresias eine nicht unwesentliche Rolle. Jedenfalls wurden pompöse Staatsaktionen zugunsten einer eher pastoralen Hofkultur zurückgedrängt. Hier von einer Zäsur zu sprechen, ist jedoch nicht angebracht. Es handelte sich eher um eine neuartige barocke Festvariante, da der Hof nach wie vor die Bühne abgab für das Universalität verheißende Spiel, das sich »Welttheater« nannte.

Kaiserin Maria Theresia hatte es immer häufiger vorgezogen, sich dem pompösen Kulturgenuß zu entziehen und sich stattdessen der Zurückgezogenheit des Schäferspiels hinzugeben. Der imperiale Festakt streifte allmählich sein Pathos ab und wandelte sich in eine stille Rokoko-Pastorale. Das von Nikolaus von Pacassi zwischen 1741 und 1749 erbaute Schloßtheater in Schönbrunn (Abb. S. 68 oben) diente sommerlichen Aufführungen. Nach dem Motto der Kaiserin, »Spektakel müssen sein, ohne sie kann man hier nicht

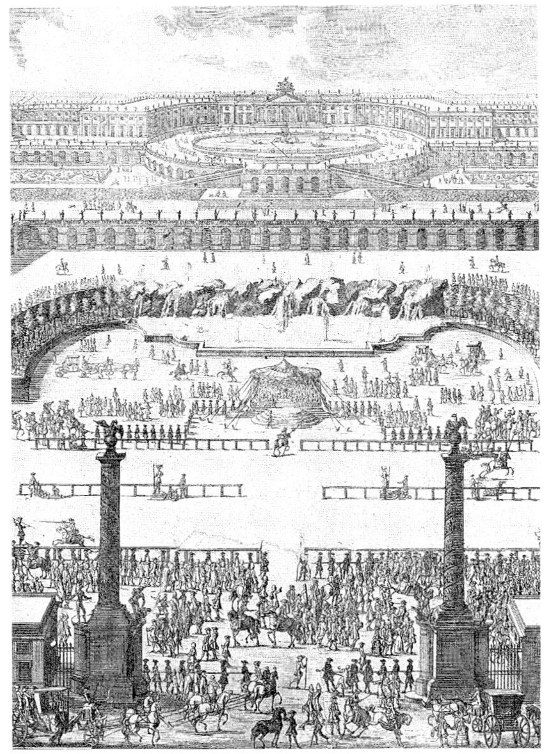

Johann Bernhard Fischer von Erlach
Erster Entwurf für das kaiserliche Lustschloß Schönbrunn (Ausschnitt), 1688
»Entwurff einer Historischen Architectur«, Bd. IV, Taf. 2

in einer solchen großen Residenz bleiben«, ließ sie Familienfeste organisieren. Die Akteure setzten sich aus Prinzen und Prinzessinnnen sowie ausgewählten Adligen zusammen. Gespielt wurden Stücke von Christoph Willibald Gluck und Metastasio. Hinter dem Namen des zuletzt Genannten verbarg sich der römische Abt Pietro Antonio Domenico Bonaventura Trapassi. Er galt bei Hofe als der bedeutendste Vertreter der arkadischen Liebeslyrik.

Mit den pastoralen Schäferspielen rundete sich das Bild des höfischen Kulturlebens ab. Wien und die Hofburg waren die Bühne für die triumphalen Festaufzüge des universalen habsburgischen Kaiserhauses. Das höfische Zeremoniell ging auf im »Wiener Welttheater« und bildete sich in fast schon bürgerliche Bahnen zurück, um sich im Schäferspiel zu entfalten. Rückblickend stellten der festliche Aufzug der herzöglichen Braut Isabella von Parma vor den Toren Wiens und die anschließenden Hochzeitsfeierlichkeiten von 1760 den Höhe- und Wendepunkt des barocken Festes dar. Man könnte sogar von einem Abschiedsfest des Barock sprechen. Fortan dominierte die kleine Form des Theaters, das Schäferspiel und die empfindsame Liebesidylle.

Medaille mit Konterfei des Johann Bernhard Fischer von Erlach (1656–1723)
Entwurf von Benedikt Richter 1719

Johann Bernhard Fischer von Erlach

Die erste Phase des Wiener Barock schloß mit der siegreichen Vertreibung der Türken im Jahre 1683. Wann aber begann die eigentliche Blüte der Barockkultur, der Triumph des barocken Gesamtkunstwerks? Vielleicht hatte man sich am Hofe auf glanzvolles Feiern und rauschende Feste verlegt und dabei versäumt, die Residenzstadt auszubauen. Leopold galt jedenfalls nicht als baufreudiger Herrscher. Das vermeintliche Versäumnis hatte natürlich auch pragmatische Gründe, zu denen der weit dringlichere Wiederaufbau der zerstörten Vorstädte zählte. So blieb die Hofburg, die zentrale Residenz der Habsburger, seit 1681, dem Jahr der Vollendung des Leopoldinischen Trakts, unverändert.

In der Öffentlichkeit propagierte man natürlich nicht das Bild eines vergnügungssüchtigen Herrscherhauses, eher das Gegenteil. So kursierte in Wien ein graphisches Blatt mit einer allegorischen Darstellung, in der sich das Haus Habsburg als spätgotischer Palast präsentierte. Dieser ruht auf zwei Säulen, der Marien- und der Pestsäule, Sinnbildern der Ehrfurcht und des Dankes für Gottes Beistand bei der Überwindung von Pest und Türkengefahr. Als Denkmal dieser *pietas Austriaca* ist auch die 1693 vollendete Pestsäule im Wiener Graben zu interpretieren. Die Finanzierung von Kirchengründungen und -erneuerungen diente gleichfalls als Propagandamittel.

Wie aber präsentierte sich die habsburgische Metropole nach außen, im europäischen Kontext? Eine nur in architektonischen Bruchstücken vorhandene Hofburg stand glanzvollen Neubauten in anderen Residenzen gegenüber, etwa dem von Andreas Schlüter errichteten Berliner Stadtschloß (1698), dem Stadtschloß in Potsdam von Georg Wenzeslaus von Knobelsdorff (1664), welches bereits 1680 umgebaut und erweitert wurde, oder dem Dresdener Zwinger, den Matthäus Daniel Pöppelmann von 1697 bis 1716 erbaute. Vor dem Hintergrund solcher repräsentativer Bauten muß man wohl den Idealprospekt für Schönbrunn von Johann Bernhard Fischer von Erlach interpretieren, der von Hellmut Lorenz so treffend als »eine hypertrophe Visitenkarte« charakterisiert wurde (Abb. oben). Vier weite, architektonisch gegliederte Terrassen ziehen sich den sanft ansteigenden Hügel hinauf, der von einem monumentalen konkaven Gebäudetrakt mit Seitenflügeln, Eckpavillons und Galerien bekrönt wird. Zweifellos handelt es sich bei diesem Entwurf nicht um einen ernstgemeinten Vorschlag zur Realisierung, sondern eher um ein Präsentationsstück, das seine Auftraggeber beeindrucken sollte.

Mit der Tätigkeit Johann Bernhard Fischers begann die eigentliche Blütezeit des Wiener Barock. Den Adelstitel »von Erlach« erhielt der 1656 in Graz als Sohn eines Bildhauers geborene Künstler erst im Jahre 1696. Fischer war als 15jähriger nach Rom gegangen und hatte sich im Atelier des deutschen Künstlers Johann Ferdinand Schor als Skulpteur ausbilden lassen. Die Werkstatt Schors stand in engem Kontakt mit dem Atelier des Gianlorenzo Bernini. An der Accademia di San Luca, der führenden Schule der Künste in Rom, studierte Fischer die Baurhetorik des großen römischen Architekten. Viele von dessen Skizzen übernahm er später in seinen

»Entwurff einer Historischen Architectur«, den er erstmals 1721 herausgeben ließ. Berninis erstes Projekt für den Louvre in Paris mit einem konkaven Mitteltrakt, in das ein sich vorwölbendes Oval eingebunden ist, lebt in zahlreichen Varianten seiner Gartenpavillon-Entwürfe nach. Dies betrifft besonders die Skizzen zum sogenannten »Lust-Garten-Gebäude«, die wohl um 1680 entstanden sind (Abb. rechts oben). Eine erste Abwandlung erfährt das Baumotiv in einer weiteren Zeichnung, hier sind es zwei antike Vasen, die ein Garten- oder Lustschlößchen rahmen (Abb. rechts, 2. von oben). Die Fassade ist raffiniert gestaltet, da sich über einem konkav gebildeten Untergeschoß zierlich ein konvexer Mitteltrakt erhebt, der von einer figurenbesetzten Balustrade abgeschlossen wird. Diese ungewöhnliche Kombination von ein- und ausschwingenden Fassaden beschäftigte Fischer während seines Rom-Aufenthaltes immer wieder. Bei der späteren Planung von Gartenpalästen und »Lust-Gebäuden« hat er jedenfalls auf die frühen Skizzen zurückgegriffen und sie teilweise verblüffend abgewandelt. Mehr noch, dieses architektonische Leitmotiv Fischers ist für die barocke Baukunst nördlich der Alpen bedeutend geworden.

Neben dem dynamischen Spiel von konkaven und konvexen Bauteilen war es Berninis Entwurf für die von Türmen flankierte Fassade des Petersdoms, mit dem sich Fischer intensiv auseinandergesetzt haben muß. Der Fassadenaufriß von St. Peter taucht später in abgewandelter Form in seinem Entwurf für die Wiener Karlskirche auf.

Bevor sich Fischer wieder der Heimat zuwandte, folgte er im Jahre 1683 dem Marchese del Carpio nach Neapel. In ihm fand der junge Skulpteur und angehende Architekt seinen ersten Auftraggeber – allerdings nur für die Inszenierung von Festen und das Anfertigen von Bronzemedaillons. Der Marchese verfügte über beste Beziehungen zum habsburgischen Hof, da er von 1676 bis 1682 Botschafter des spanischen Habsburgers Karl II. in Rom war und ein Jahr später zum spanischen Vizekönig in Neapel ernannt wurde. In Neapel lernte Fischer auch Francesco Antonio Picchiatti kennen, einen Antiquar und Architekten. Dieser, ein Nachfolger Cosimo Fanzagos, wies den jungen Fischer auf die Bedeutung von Antikenzitaten für den Dekor von Kirchen- und Palastfassaden hin – eine für Fischers spätere Bautätigkeit wichtige Erfahrung.

1686 reiste Fischer zurück in die Heimat, zunächst in seine Geburtsstadt Graz. Kurze Zeit später wurde der Kontakt zum Wiener Hof hergestellt, dank der Empfehlungen aus Neapel. Fischers Name muß ungewöhnlich hoch gehandelt worden sein, denn Graf Michael Althan ließ 1688 nachfragen, »ob derjenig, so bey dem Cavaglier Bernini 16 Jahr sich aufgehalten, Fischer heysse«. Der zu Wohlstand gekommene Adel bildete die eigentliche Mäzenatenschicht

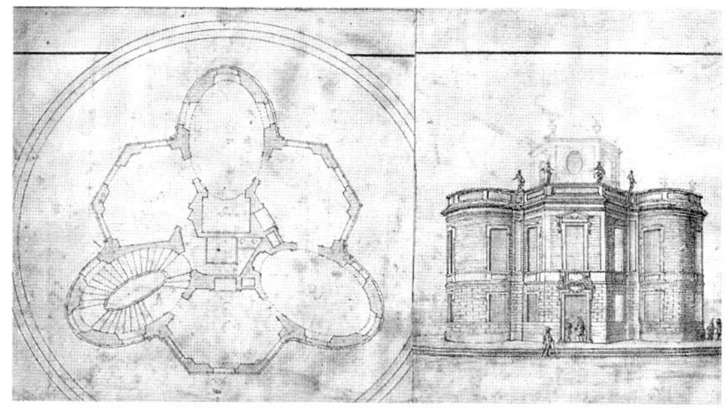

Johann Bernhard Fischer von Erlach
Codex Montenuovo
Entwurf für ein Gartenhaus

Johann Bernhard Fischer von Erlach
»Entwurff einer Historischen Architectur«
Zwei Vasen und ein Lustgebäude, Bd. V, Taf. 10

Johann Bernhard Fischer von Erlach
Entwurf für ein großes Lustgebäude
(Lustgebäude Liechtenstein in der Roßau)

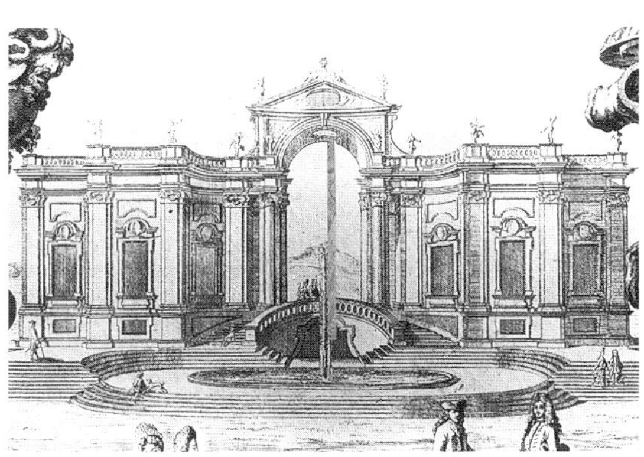

Johann Bernhard Fischer von Erlach
»Entwurff einer Historischen Architectur«
Belvedere Liechtenstein, Bd. V, Taf. 12

Wiens. In ihr wurden die heimischen Architekten, die ihre Ausbildung in Italien genossen hatten, besonders geschätzt.

Fischer war zunächst als Architekt und als Skulpteur an den Arbeiten der Pestsäule beteiligt, dann entwarf er Gartencasinos sowie Altäre und Brunnen. In diesem ersten Wiener Jahr legte er auch seinen Phantasie-Entwurf für das kaiserliche Lustschloß Schönbrunn vor. Doch die erwartete Reaktion des Adels blieb aus. Voller Enttäuschung mußte er den ablehnenden Bescheid des Johann Adam Fürst Liechtenstein für seinen Gartenpalais-Entwurf in der Roßau zur Kenntnis nehmen. Sein 1688 vorgelegter Plan schien dem Fürsten für seine Zwecke nicht tauglich zu sein (Abb. links, 2. von unten). Dieser verwarf den Entwurf und wandte sich den Plänen Martinellis zu, der ein traditionelleres Konzept für ein Gebäude vorlegte – ein Mischgebilde aus Landvilla und Stadtpalast. Fischers Pläne dagegen glichen einem venezianischen Palast, der in einen berninesken Baukörper verwandelt werden sollte. Aus dem zurückgesetzten Mitteltrakt wölbt sich ein zentrales Oval vor, dessen Erdgeschoß als felsige Grotte ausgebildet worden wäre. Es handelte sich also eher um eine *maison de plaisance* als um ein herrschaftliches Anwesen.

Einen Trost gab es für den Baumeister: Er konnte wenig später seine Vorstellung vom Gartenpavillon dennoch umsetzen, wenn auch nicht in der vorgesehenen Form. Für den dem Palais gegenüberliegenden Gartenbereich war ein Belvedere geplant, das 1689 nach Fischers Plänen erbaut wurde. Im 19. Jahrhundert ließ man es jedoch abreißen, so daß das Werk lediglich in einem Blatt der »Historischen Architectur« (Abb. links unten) sowie in einem Gemälde von Bernardo Bellotto (Abb. S. 62 oben) überliefert ist.

Domenico Martinelli, Akademielehrer in Rom und seit 1690 im Dienst des Fürsten Liechtenstein, stellte eine beachtliche Konkurrenz für Fischer dar. Als unvergleichlicher Architekt gelobt, wurde der Italiener, im Gegensatz zu seinem österreichischen Kollegen, mit Aufträgen geradezu überhäuft. Das traf Fischer besonders hart, zumal die römische Ausbildung bei Bernini sein Qualitätszeichen war und man ihn dementsprechend in Adelskreisen als »heimischen Römer« schätzte. Wie schon erwähnt, zeigte sich Kaiser Leopold I. wenig baufreudig. Das Schloß Schönbrunn wurde, so sah es Fischer, halbherzig und in »normalen Dimensionen« ausgebaut. Fischers Glanzideen fanden keine Berücksichtigung. So mußte es ihm wie eine Erlösung erscheinen, als ihn der Salzburger Erzbischof Graf Thun im Jahre 1694 zum Hofarchitekten ernannte. Endlich konnte er seine ideenreichen Pläne für Kirchenbauten umsetzen. Er behielt allerdings seinen Wiener Wohnsitz und reiste nur für die Dauer der Durchführung und Beratung seiner Pläne mit dem Erzbischof nach Salzburg.

Prinz Eugen (1663–1736)
Österreichische Nationalbibliothek

Das Stadtpalais des Prinzen Eugen

Von unerwarteter Seite erhielt Fischer 1695 den ehrenvollen und zugleich lukrativen Auftrag, das Stadt- oder Stadtpalais des Prinzen Eugen in der Himmelpfortgasse in Wien zu bauen. Zuvor muß angemerkt werden, daß sich in den letzten Jahren des 17. Jahrhunderts der Fassadenstil des Stadtpalastes allmählich gewandelt hatte. Das Schema der monotonen Reihung nach dem Vorbild des Leopoldinischen Traktes der Hofburg, so wie es beispielsweise noch am Palais Starhemberg zu beobachten war, wurde durch das Vor- und Zurücktreten der Gebäuderisalite aufgebrochen. Es waren nach Wien berufene Italiener wie Enrico Zucalli oder Domenico Martinelli, die diese neuen Wege auf Grund der für sie günstigen Auftragslage beschreiten konnten. Nun hatte Fischer Gelegenheit, seine römischen Inventionen umzusetzen. Er tat es mit Bravour. Er entwarf einen siebenachsigen Kernbau, der auf Grund der engen Gasse flach gestaltet war (Abb. unten rechts). Ihren unverwechselbaren Charakter erhält die Fassade durch ihre Portale, die mit monumentalen Doppelkonsolen je einen Balkon mit üppig geschmückter Brüstung abstützen. Statt Portalsäulen oder -pfeilern, gestaltete er Flachreliefs mit mythologischen Kampfszenen (*Aeneas und Anchises, Herkules und Anteus* etc.); sie beziehen sich auf die ruhmreichen Taten des Prinzen Eugen (Abbn. unten). Die über den Portalen angebrachten hohen Fenster des Piano Nobile sind ebenfalls mit Dekor versehen und setzen sich von der übrigen Fensterarchitektur durch umgekehrt gesprengte Segmentgiebel mit eingefügten Kartuschen ab. Kolossalpilaster, die über das Hauptgeschoß hinaus bis zum Mezzanin reichen und mit flachen Kompositkapitellen an das Gesims stoßen, gliedern die Fassade.

Sein Meisterstück aber vollbrachte Fischer mit der Konstruktion des Treppenhauses, das wegen der komplizierten Bausituation völlig neuartig konzipiert und ohne vorgeprägtes Schema angelegt war (Abb. S. 71). Die vorgefundene Situation war labyrinthisch. Es galt, mehrere Gebäude zu einem Palais zusammenzufassen. Decken und Fußböden mußten herausgebrochen und neu eingezogen werden. Das Treppenhaus entstand praktisch aus einer Kompilation mehrerer Räume, die ihrerseits verschiedenen Gebäuden angehörten. Bei der Anlage handelt es sich tatsächlich um ein »Haus im Haus«.

Mit dem Treppenhaus des Stadtpalais entstand ein eigener Typus, der Hildebrandts Lösung im Oberen Belvedere vorwegnimmt. In beiden Fällen wird das Auf- und Niedersteigen eindringlich und monumental inszeniert. Dem Besucher entfaltet sich ein komplexes ikonographisches Programm, das auf die Tugenden des Hausherrn verweist. Man wähnt sich im »Olymp der Helden«: Herkules, Atlanten und weitere mythologische Gestalten werden plastisch vor Augen geführt. Wand- und Deckenmalereien (Abbn. S. 112) runden das Bildprogramm motivisch ab und verweisen auf ein imaginäres Ziel, die Apotheose des Prinzen (vgl. Abb. S. 100 links). Die Skulpturen schuf Giovanni Giuliani, ein venezianischer Bildhauer, der in den neunziger Jahren nach Wien kam und in verschiedenen Palästen, vorzugsweise in deren Treppenhäusern, arbeitete.

Ein Blick auf den Grundriß verrät die verwirrende Fülle von Räumen, die aus der alten Bebauung resultieren. Auch hier versuchte Fischer, soweit das möglich war, eine logische Raumfolge zu konstruieren. Dies gelang ihm überzeugend mit der Positionierung und Proportionierung des Festsaals gleich hinter dem zentralen Podest, zu dem

ABBILDUNG GEGENÜBER:
Stadtpalais des Prinzen Eugen
1695, Treppenhaus

Stadtpalais des Prinzen Eugen
Portalreliefs mit mythologischen Kampfszenen

Johann Bernhard Fischer von Erlach
Stadtpalais des Prinzen Eugen
1695, Fassade

die Treppenläufe hinführen. Unter Einbeziehung der alten Gebäude glich er den Raum der von der Fassade vorgegebenen Höhe des Piano Nobile an, eine statische Glanzleistung, mußte er doch einen Komplex alter Räume zu dem neuen Festsaal umwandeln. Leider existiert der Festsaal nicht mehr. Er wurde umgebaut und in kleinere Zimmer unterteilt. Dagegen kann man noch heute die Repräsentationsräume besichtigen, etwa den Blauen Salon (Abbn. S. 72/73), das Paradezimmer des Prinzen, oder den Roten Salon, das Audienzzimmer. Prinz Eugen sah ein detailliertes Dekorationsprinzip vor: Die Holzlambris sollten vergoldet und mit Grotesken verziert sein, Türen und Tapeten mit kostbaren Stoffen bezogen. Spiegel und Ölbilder sowie Wandleuchter und Kristallüster gehörten ebenso zur Ausstattung wie kostbare Möbel. Johann Basilius Küchelbeckler merkte in seiner »Allerneuesten Nachricht vom Römisch-Kayserlichen Hofe« an, es sei »an diesem Pallast nichts gesparet worden, welches desselben magnificence befördern können«.

Unvermittelt beschloß der Bauherr Prinz Eugen eine durchgreifende Planänderung. Die Tätigkeit von Fischer sah er als beendet an. Für den Architekten muß es unverständlich und deprimierend gewesen sein, daß ihm so plötzlich die weitere Bauleitung und Planung des Palais entzogen wurde. Sein großer heimischer Konkurrent, Johann Lukas von Hildebrandt, wurde fortan mit den weiteren Aufträgen des Prinzen betraut. Waren sachliche oder bauästhetische Gründe ausschlaggebend für diese Umorientierung, oder handelte es sich um reine Fürstenwillkür? Bis heute ist diese Frage nicht beantwortet worden. Wahrscheinlich geht die Berufung Hildebrandts auf die Jahre 1695/96 zurück, als Prinz Eugen auf seinen Feldzügen in Italien den jungen Architekten als Festungsbaumeister kennengelernt hatte. Hildebrandt hielt sich exakt an die Vorgaben Fischers und tastete dessen Kernbau nicht an. Nach dem Wunsch des Bauherrn sollten diesem jedoch Flügel angefügt werden, um Raum für die Bibliothek zu schaffen. 1708 entstand der östliche Galerietrakt, und nach dem Erwerb des westlichen Nachbarhauses konnte Hildebrandt auch den gegenüberliegenden Flügel im Jahr 1724 erbauen.

Als Fischer gegen Ende des Jahrhunderts seine Arbeiten für den Prinzen einstellte, war er schon mit konkreten Planungen in Schönbrunn beschäftigt (Abb. S. 68 oben). Das entsprechende Areal war bereits 1686 in kaiserlichen Besitz gelangt; allerdings hatte Kaiser Leopold I. zunächst lediglich ein Jagdschloß und eine großzügige Gartenanlage vorgesehen. Für letztere beauftragte der kaiserliche Hof den Franzosen Jean Trehet im Jahre 1695. Der Pädagoge in kaiserlichen Diensten, Obersthofmeister Fürst Salm, der sich um die Erziehung des Thronfolgers Joseph I. kümmerte, war von den Schloßentwürfen Fischers und sicherlich auch von dessen

Nebenstehend:
Stadtpalais des Prinzen Eugen
Blauer Salon

Abbildungen oben:
Stadtpalais des Prinzen Eugen
Goldkabinett und goldverzierte Tür
zu einem der Prunkräume

Stadtpalais Batthyány-Schönborn
J. A. Delsenbach nach einer Zeichnung von Johann Bernhard Fischer von Erlach, 1700
Historisches Museum der Stadt Wien

Johann Fischer von Erlach
Stadtpalais Batthyány-Schönborn
Roter Salon, ab 1740

Phantasie-Projekt angetan. Er erreichte bei Hof, daß ihm der Architekt persönlich unterstellt wurde. Dadurch gingen die Arbeiten zügig voran. Vielleicht hatte der Idealplan Fischers auch den Kaiser selbst beeindruckt. Wenn dieser auch weit davon entfernt war, derartiges umzusetzen, so schien er doch der Idee nicht abgeneigt zu sein, das geplante Jagdschloß in eine Residenz zu verwandeln. Jedenfalls waren es Leopolds Anregungen, »an das Corps de logis noch zwei Höfe anzuhenken, wodurch es geschickt war, die gantze Kayserl. Hofstadt zu behalten«.

Der Kaiser dachte pragmatisch. Die Hochzeit Josephs stand kurz bevor; ihm würde dann ein Hofstaat zustehen, für den ein Jagdschloß sicherlich wenig repräsentativ gewesen wäre. Ein weiterer Stich Fischers aus der »Historischen Architectur« zeigt die von Leopold favorisierte Lösung. Der Mitteltrakt ist um je zwei seitlich vorspringende Trakte erweitert, die einen geräumigen Ehrenhof erzeugen. Das Corps de logis war im Jahre 1700 vollendet und bewohnbar. Mit einem aufwendigen Fest für das Thronfolgerpaar feierte der Hof die Einweihung des Schlosses. Der Bau der seitlichen Trakte verzögerte sich. Da starb Joseph I. überraschend im Jahre 1711. Das Schloß verlor an Bedeutung, und die Arbeiten wurden vorerst eingestellt. Erst Maria Theresia ließ den Schloßkomplex ab 1743 aus- und umgestalten.

Palais Batthyány-Schönborn

»Façade des Gebäudes, welches S. Excell. Hr. Adam von Batthyan, der k.k. M. wirck. Geh. Rath und Bannus Croatie beym Schottenplatz erbauen lassen. A. 1700.« So der Vermerk auf einem Stich von J. A. Delsenbach nach einer Zeichnung von Johann Bernhard Fischer von Erlach, der das ein Jahr zuvor begonnene Palais Batthyány-Schönborn am Schottenplatz als bereits fertiggestelltes Gebäude präsentieren konnte (Abbn. links und rechts). Adam Graf Batthyány, der 1698 das Grundstück erworben hatte, beauftragte Fischer mit dem Neubau seines Stadtpalais. Bei der phantasievollen Fassadengestaltung scheint er ihm völlig freie Hand gelassen zu haben; in der Literatur wird dieser Palast als die eigenwilligste Schöpfung Fischers herausgestellt. In der Tat muten die mit Kandelabern versehenen Okuli neben dem Mittelportal kapriziös an. Auch die beiden seitlich des Portals liegenden Gehtüren nehmen sich im Gefüge der Fassadengliederung seltsam aus. Ähnlich wie beim Stadtpalais in der Himmelpfortgasse setzte Fischer über das dominierende Hauptportal ein mit Pilastern gerahmtes und von einem Segmentgiebel bekröntes Fenster in die Zone des Piano Nobile. Auf den ausschwingenden Giebelgesimsteilen ruhen allegorische Figuren, die das Wappen des Grafen präsentieren. Zur entschiedenen Betonung des aus fünf Achsen bestehenden Mittelrisalits tragen die sich nach unten verjüngenden Pilaster bei, welche reichen, über die Kapitellzone nach unten ausgreifenden Kapitelldekor aufweisen.

Im Jahre 1740 verkaufte die Witwe des Grafen das Anwesen an den Bischof von Würzburg, Friedrich Karl Graf von Schönborn. Dieser ließ die Innenräume umgestalten und neu einrichten. So konnte er seine Gemäldesammlung und die Bibliothek, die aus 18 000 wertvollen Bänden bestand, unterbringen. Das figurengeschmückte Treppenhaus und der Rote Salon zählen zu den Prunkräumen des Palais. Die roten, fast schon klassizistisch anmutenden Ornamente der Wandtapete, der zierliche Rokoko-Ofen sowie die schweren Kristallüster des Roten Salons dürften in der »Salonlandschaft« Wiens einzigartig sein.

Kurz vor seinem Tod im Jahre 1705 erinnerte sich Kaiser Leopold I. an Fischers phantasievolle Entwurfstätigkeit zur Pestsäule im Graben. Er beauftragte den Künstler mit der Planung eines Monuments für seinen Sohn Joseph, welches er

Johann Bernhard Fischer von Erlach
Stadtpalais Batthyány-Schönborn
Portal und Fassadendetail, 1698

ABBILDUNG GEGENÜBER:
Stadtpalais Batthyány-Schönborn
Blick vom roten Salon ins skulpturengeschmückte Treppenhaus

im Jahre 1702 gelobt hatte, so dieser unverletzt aus den Kämpfen in der Pfalz gegen den französischen König heimkehren sollte. Dies war der Fall gewesen, und Fischer konzipierte nun für den Hohen Markt ein Denkmal aus drei Säulen, einem hohen Podest und einer von Segmentgiebeln gebildeten Baldachinbekrönung. Im Zentrum unterhalb des Baldachins plazierte Fischer, gemäß dem kaiserlichen Gelöbnis, einen »Colossus zu Ehren des Heiligen Josephs« zu errichten, einen monumentalen Brunnen mit einer entsprechenden Figurengruppe: Der Hohepriester vermählt Maria mit Joseph – eine sakrale Anspielung auf das Haus Habsburg im Sinne der *pietas Austriaca*. Fischer ließ, da Eile geboten war, das Monument in einer marmorweiß gefaßten Holzkonstruktion ein Jahr später aufstellen. Das Provisorium blieb und verrottete allmählich, da Josephs Interesse daran später erlahmte. Nach seinem Tod im Jahre 1711 drohte der Abriß. Reparaturen wurden vorgenommen, und Kaiser Karl VI. ließ 1724, ein Jahr nach Fischers Tod, ein zweites Provisorium aufstellen. Endlich, am 14. April 1732, wurde im Beisein der kaiserlichen Familie die Holzkonstruktion durch ein Marmordenkmal ersetzt, für dessen Endfassung der Sohn Fischers, Joseph Emanuel, verantwortlich war. In dieser Form steht es heute noch auf dem Hohen Markt (Abb. links).

Johann Bernhard Fischer von Erlach und Johann Lukas von Hildebrandt

Einer der schärfsten Konkurrenten Fischers war Johann Lukas von Hildebrandt. Wie erwähnt, hatte er Fischer während der Arbeiten am Stadtpalais des Prinzen Eugen abgelöst und war in verschiedenen Projekten dem älteren Kollegen vorgezogen worden. Für Fischer mußte es eine besondere Genugtuung sein, als er merkte, daß in einem Fall der jüngere Konkurrent die ihm eigene Architektursprache zu würdigen wußte. Es handelt sich dabei um das Projekt des Gartenpalastes Mansfeld-Fondi, dessen Entwurf und Ausführung Hildebrandt 1697 übernahm. Im Hinblick auf den Geschmack des Wiener Adels glaubte er sich an der römischen Architektur in der Manier Fischers orientieren zu müssen. Aus diesem Grund plante er einen von zwei Trakten flankierten ovalen Mittelbau, zu dem eine zweiläufige Treppe an der

Gartenseite hinaufführt. Hildebrandt konnte den Bau allerdings nicht vollenden. Bis zum Jahre 1716, in dem Fürst Schwarzenberg den Palast erwarb, blieb dieser ein Rohbau. Vier Jahre später erhielt Fischer die Aufgabe, das nunmehr Palais Schwarzenberg genannte Gebäude auszubauen – was für ein denkwürdiges Ereignis! Er veränderte die äußere Gestalt grundlegend, indem er die ornamentierten Ädikulen durch Rundbögen ersetzte und die gliedernden Bauteile wie Gesims und Pilaster plastisch hervortreten ließ. Der für Hildebrandt typische Dekorationsentwurf, der den ovalen Mittelrisalit in die Fassade einbeziehen sollte, wurde nicht ausgeführt. Fischer ließ das Mitteloval als eigenständigen und dominanten Baukörper markant hervortreten.

Die unterschiedliche Baurhetorik dieser beiden für die Barockarchitektur nördlich der Alpen so bedeutenden Architekten kommt deutlich im Palais Daun-Kinsky zum Ausdruck, das Hildebrandt zwischen 1713 und 1716 erbaute (Abb. S. 87 rechts). Das Palais gegenüber der Schottenkirche präsentiert sich vornehm mit einer bewegten und reich dekorierten Fassade. Die Pilaster des leicht vortretenden Mittelrisalits verjüngen sich im unteren Drittel und sind dort grob kanneliert. Möglicherweise verarbeitete Hildebrandt hier eine Anregung Fischers; das zuvor erbaute Palais Batthyány-Schönborn auf der anderen Seite der Freyung weist dieses elegant wirkende Motiv auf (Abb. S. 74). Die Fensterabschlüsse wechseln im oberen Geschoß in spielerischen Variationen vom Segmentbogen zum Dreiecksgiebel. Über einem Mezzanin erhebt sich eine zierliche Balustrade mit antiken Skultpuren auf hohen Podesten.

ABBILDUNGEN GEGENÜBER OBEN:
Johann Lukas von Hildebrandt
Johann Bernhard Fischer von Erlach
Palais Schwarzenberg, ehem. Mansfeld-Fondi, 1697/1720

UNTEN:
Johann Bernhard Fischer von Erlach
Josephs-Brunnen auf dem Hohen Markt, 1706 und 1732

Johann Lukas von Hildebrandt, Johann Bernhard und Joseph Emanuel Fischer von Erlach
Palais Schwarzenberg, Kuppelsaal, 1720–28

Eine der Raptusgruppen von Lorenzo Mattielli im Garten des Palais Schwarzenberg

Hildebrandts Gefühl für das differenziert ausgestaltete Detail kommt im Innern zum Ausdruck. Die ineinander verschlungenen Bänder der Treppenhausbalustrade konzentrieren sich zu Blattwerk und Voluten oder entfalten sich zu großzügigen Dreiecksformen.

Während Fischer Aufrisse ersann und Baudekor entwarf, die mehr dem Herrschaftlichen, vielleicht sogar dem Imperialen verbunden waren, suchte Hildebrandt nach eleganten und doch gefälligen, nicht ganz so prunkenden Ausdrucksmustern. Raffinierte Dekorsysteme und großzügig angelegte Fassadenaufrisse. Hinzu kam seine Vorliebe, Portalzonen, Treppenhäuser oder Vorhallen mit Skulpturen zu schmücken, die eine innige Verbindung mit der Dekoration eingingen und der Architektur etwas Spielerisches verliehen. Fischer dagegen suchte die monumentale Ausdrucksform und ins Monumentale gesteigerte Schmuckformen. Möglicherweise war dies der Grund, warum der Adel in vielen Fällen Hildebrandts Bausprache bevorzugte; die kaiserliche Architektur aber, so Schönbrunn, die Hofbibliothek oder die Karlskirche, wurde Fischer übertragen.

Abbildung oben:
Palais Trautson, Gartenseite
1715
J.A. Delsenbach nach einer Zeichnung von Johann Bernhard Fischer von Erlach

Abbildung unten:
Bernardo Bellotto (Canaletto)
Wien vom Belvedere aus gesehen
1758/61
Öl auf Leinwand, 135 x 213 cm
Kunsthistorisches Museum

Palais Trautson

Daß Graf Trautson sich für Fischer von Erlach als Baumeister seines Gartenpalais entschied, mochte mehrere Gründe gehabt haben. Zum einen besaß die Familie schon seit dem 17. Jahrhundert gegenüber der Hofburg am Rand der Josephsstadt, also in unmittelbarer Nähe des kaiserlichen Hofs, kostbaren Baugrund. Zum anderen wurde Graf Trautson im Jahre 1709 zum Obersthofmeister ernannt. Mit dieser ehrenvollen und lukrativen Stellung war die Erhebung in den Reichsfürstenstand zwar nicht obligatorisch, doch absehbar. Sie erfolgte dann auch zwei Jahre später. Für den Grafen waren diese Gründe offensichtlich ausschlaggebend, Fischer mit dem Entwurf eines überaus prachtvollen und repräsentativen Palais zu betrauen (Abb. S. 79).

Fischers Plan scheint die Erwartungen des Grafen erfüllt zu haben, da er die architektonische Struktur des repräsentativen Stadtpalais mit dem Konzept des Gartenpalais verband – etwas ähnliches schwebte ihm bereits beim Gartenpalais Liechtenstein vor, einem *palazzo in villa* nach italienischer Manier. Das Grundstück begünstigte Fischers Vorhaben, da ihm, anders als in den engen Gassen und den dicht bebauten Plätzen der Innenstadt, Raum für bewegte Architektur zur Verfügung stand. Er zog den Mitteltrakt weit vor und betonte damit die zentrale Achse, von der ein Weg über den Wiesengrund zum Hofburgtor führte. Das von Doppelsäulen flankierte Portal, dessen obere Postamente mit allegorischen Figuren versehen sind, tritt ebenfalls vor. Der mit einem Dreiecksgiebel abgeschlossene Mittelbau mit seinen zurücktretenden Flügelbauten ist auf die Stadt ausgerichtet. Das nächste ihm zugewandte Gebäude ist die Hofburg. Die Fassade ist also nicht, wie sonst üblich, auf die Achse des Gartens ausgerichtet, sondern steht im rechten Winkel dazu.

Besucher, die den Palast betreten und sich im geräumigen Vestibül aufhalten, blicken in das mit monumentalen Figuren geschmückte Treppenhaus, das die Würde des Besitzers unterstreicht (Abb. S. 79 unten links). Auch hier handelt es sich um eine gerade aufwärts strebende Treppe mit Absätzen, die – einer *via triumphalis* vergleichbar – vom Vestibül zum Piano Nobile führt. Im Festsaal dominiert ein vornehmer und weicher Weißton, durch den die Goldverzierungen der Pilasterkapitelle und Bildrahmen sowie die rot marmorierten Türen und Kaminfassungen besonders prunkvoll zur Geltung kommen (Abb. S. 79).

In den heute leider zerstörten Garten gelangte man durch die Sala terrena des rechten Trakts. An dieser Stelle wandelte sich der herrschaftliche Stadtpalast in ein Gartenpalais. Ein Stich nach einer Zeichnung von Fischer zeigt die Gartenanlage, die mit der Fassade eine einzigartige ästhetische Einheit bildet (Abb. links oben). Der Mitteltrakt gibt die Breite der zentralen Achse vor, die sich mit einer Querachse kreuzt und einen Kreis mit einem Wasserrondell mit Springbrunnen ausbildet. Die Parterres sind im obligaten französischen Stil mit großzügig angelegten Schleifen und Knoten ornamentiert.

Mit Beginn des 18. Jahrhunderts nahm die Bautätigkeit des Wiener Adels und des gehobenen Bürgertums ständig zu. Vor dem Hintergrund der positiven wirtschaftlichen Entwicklung wurde das Stadt- und Gartenpalais zum Kennzeichen steigenden Wohlstands. Die Zahl der Handwerker und Gewerbetreibenden stieg ebenfalls im ersten Jahrhundertdrittel stark an. Damit füllte sich natürlich auch die Staatskasse, so daß der kaiserliche Hof nun repräsentative Bauten finanzieren konnte. Dies betraf vor allem den Ausbau der Hofburg, zu dem Fischer und später auch sein Sohn Johannes Emanuel herangezogen wurden. Zuvor aber sollte Fischer sein Meisterwerk schaffen, die Karlskirche.

Abbildungen gegenüber:
Johann Bernhard Fischer von Erlach
Palais Trautson, 1710
Fassade (oben)
Treppenhaus (unten links)
Festsaal (unten rechts)

VOTA MEA REDDAM IN CONSPECTV TIMENTIVM DEVM

Abbildung gegenüber:
Johann Bernhard Fischer von Erlach
Karlskirche, Baubeginn 1715

Die Karlskirche

Karl VI., der 1711 zum Kaiser gekrönt worden war, gelobte im Pestjahr 1613 die Errichtung einer dem hl. Karl Borromäus geweihten Kirche, für den Fall, daß die Seuche abgewendet würde. Zwei Jahre später erfolgten Planung und Ausschreibung. Fischer, der seit 1705 mit dem Amt des Oberinspektors sämtlicher kaiserlicher Hof- und Lustgebäude betraut war und dessen Amt nach der Krönung Karls VI. bestätigt wurde, stand in der höfischen Rangordnung hinter Johann Lukas von Hildebrandt. Dieser hatte als Nachfolger Giovanni Pietro Tencalas bereits im Jahre 1700 den Titel des »Kayserlichen Hoff-Ingenieurs« erhalten und füllte damit die Stelle des Hofbaumeisters aus. Dennoch konnte sich Fischer gegen seinen schärfsten Konkurrenten, Hildebrandt, durchsetzen. Dafür gab es einen einfachen Grund: Der Kaiser war begeistert von den repräsentativen Salzburger Kirchen, der Dreifaltigkeits- und der Kollegienkirche, die er offensichtlich in der Qualität höher einschätzte als die von Hildebrandt neu erbaute Peterskirche in der Nähe des Stephansdoms. Was vielleicht noch wichtiger war: Bei diesem Großprojekt handelte es sich nicht um eine Kirche in der inneren, sondern in der Vorstadt. Aber auch diese Bezeichnung trifft nicht ganz den Sachverhalt, denn das für den Bau vorgesehene Grundstück war kaum von Häusern umgeben. Bellottos Gemälde zeigt die Karlskirche inmitten von Bäumen und Wiesen (Abb. S. 78, linke Bildseite). Die markanten Gebäude waren rechts davon das Palais Schwarzenberg und daneben das Untere Belvedere mit der Salesianerkirche. Im Hintergrund breitet sich vor der Kulisse des Wienerwaldes die Stadt Wien mit ihren Kirchtürmen und der Hofburg aus. Der Platz für den Kirchenbau lag also in einer Flußaue, im Tal des Wienflusses. Seine nächste Umgebung war von prächtigen Adelspalästen dominiert. Wenn man die südlich der Kirche gelegene Neue Favorita, das spätere Theresianum, von Lodovico Burnacini und das weiter entfernte Palais Trautson mit in die Nachbarschaft einbezieht, dann mußte es als Herausforderung erscheinen, dem kaiserlichen Kirchenbau eine dominierende Gestalt zu verleihen. Für diese Aufgabe schien wohl nur Fischers Projekt geeignet; leider sind die Entwürfe der Mitbewerber Hildebrandt und Galli-Bibiena nicht mehr erhalten.

Fischers Planungsarbeit muß vor dem Hintergrund dieser topographischen und städtebaulichen Situation betrachtet werden. Sein Entwurf verband den Gedanken des Votivbaus mit dem der herrschaftlichen Repräsentation – ein sakrales Monument der *pietas Austriaca* (Abbn. S. 80, rechts und S. 115). Der Bau mit der hohen Tambourkuppel stellt eine spektakuläre Variation der Salzburger Dreifaltigkeits- und Kollegienkirche dar. Er ist damit der heimischen Tradition entwachsen, unterscheidet sich jedoch von dieser in einem bedeutenden Punkt – der allegorischen Ausdeutung der Fassade.

Johann Bernhard Fischer von Erlach
Karlskirche, Baubeginn 1715
Blick in den Innenraum

Fischer von Erlach entwarf, sicher in Zusammenarbeit mit den Hofgelehrten, eine einzigartige Schaufront: Sie liefert ein komplexes »Bild« sämtlicher Herrschaftsallusionen, die das Kaiserhaus seit seinem Bestehen propagierte. Es handelt sich dabei nicht etwa um eine vage Berufung auf die Antike; vielmehr wird ein tiefsinniges, ganz konkretes Programm vorgeführt, das die gottgegebene Weltherrschaft der Habsburger legitimiert. Nur die beiden wichtigsten Motive seien angeführt: Zum einen verweisen die gewundenen, »salomonischen« Säulen auf den alttestamentarischen Tempel Salomos, zugleich aber auch auf die Imprese des spanischen Königs und Kaisers Karls V. Dieser deutete sie in die Säulen des Herkules um und erhob sie damit zum Symbol der zivilisierten (habsburgischen) Welt. Zum anderen suggeriert die Ähnlichkeit mit der Trajans- und der Marc-Aurel-Säule die glücklichen Friedenszeiten der *Roma aeterna*. In der Fassade der Karlskirche versteckt sich somit die politische Botschaft Karls VI. Sie erscheint angesichts des spanischen Erbfolgekriegs wahrhaft brisant: Karl VI., christlicher Friedenskaiser, formuliert seinen Anspruch auf die spanische Krone, die soeben in die Hände der Bourbonen übergegangen war.

Die Bedeutungsschwere der antikischen Tempelfront und der Triumphsäulen erklärt ihre »versatzstückhafte« Stellung, die sie einem »imaginären Architekturkatalog« entnommen erscheinen läßt. Dieser Katalog war konkret: Gemeint ist die Sammlung von Phantasiebauten, Architekturmotiven und tatsächlich errichteten Gebäuden, Fischers bereits erwähntes großformatiges Stichwerk »Entwurff einer Historischen Architectur«. Es handelt sich hier um ein eigenwilliges Werk, mehr ein Magazin seiner Bauvorstellungen und Visionen als eine Sammlung konkreter Skizzen oder theoretischer Illustrationen, etwa zu den Säulenordnungen oder der Proportionslehre.

Der ungewöhnlich imposante Eindruck der Karlskirche rührt wohl nicht nur von dem Dreiklang Säulenportikus, Kuppel und Triumphsäulen her. Für Fischer stand die Kuppel im Zentrum seiner Überlegungen. Das Oval ist das Kernstücke der Komposition. Über ihm steigt die Kuppel mit dem hohen Tambourring auf. Das Kirchenschiff scheint sich gleichsam in die Raumtiefe und in die Höhe auszudehnen (siehe auch Abb. S. 115). Um das Oval herum sind der Chor, Kapellen und Nebenräume angeordnet. Die West-Ost-Achse des Kirchenschiffs wird von der Fassadenachse gekreuzt. Ein schärferer Kontrast scheint kaum denkbar. Die Ruhe und Geradlinigkeit der Fassade wird im Innenraum aufgebrochen und in eine torsierende Dynamik verwandelt. Nach dem Betreten des Kirchenraums schweift der Blick in die Höhe und empfängt das Licht, in dem die Architektur ihre Dynamik entfalten kann. Der konstruktive und der ästhetische Angelpunkt des Baus bleibt die Kuppel, in kleinster und größter Distanz, im Inneren der Kirche wie auch im Stadtbild Wiens.

Fischer erlebte die Vollendung seines Meisterwerks nicht mehr. Sein Sohn Joseph Emanuel, der schon bei dem Josephsbrunnen auf dem Hohen Markt mitwirkte, übernahm nach dem Tod seines Vaters im Jahre 1723 die Bauleitung. Er veranlaßte unter anderem Veränderungen an der Kuppel, wich aber nicht wesentlich vom Konzept seines Vaters ab.

Johann Bernhard Fischer von Erlach
Wien, Hofbibliothek, 1722
Blick in das Oval des Kuppelraums

ABBILDUNG GEGENÜBER:
Johann Bernhard Fischer von Erlach
Wien, Hofbibliothek, 1722

Die Hofbibliothek

Ein Jahr vor seinem Tod erhielt Fischer einen weiteren kaiserlichen Auftrag, den Bau der Hofbibliothek. Inwiefern Fischer von seinem Auftraggeber Kaiser Karl VI. in das gesamte Planungskonzept der Erweiterung der Hofburg einbezogen wurde, läßt sich heute nicht mehr feststellen. Dabei gilt als sicher, daß die Entstehungsgeschichte der Bibliothek im Kontext mit der bereits im Bau befindlichen Hofkanzlei, den Hofstallungen sowie der später geplanten Winterreitschule, dem Reichskanzleitrakt und der Michaelerfront zu betrachten ist (siehe Plan S. 41). Merkwürdig erscheint allerdings, daß der Kaiser offensichtlich darauf bestand, die Lage der Bibliothek am Vorgängerbau, einer 1681 begonnenen Reitschule, zu orientieren. Fischer war demnach an ältere Mauerstrukturen gebunden. Die Hofbibliothek stand nach ihrer Fertigstellung im Jahre 1737 isoliert zu den übrigen Trakten der Hofburg und war nicht einmal mit dem Nachbargebäude, dem Schweizerhof, architektonisch verbunden. Für die späteren Bauten der Hofburg galt die Bibliothek als »Störfaktor ersten Ranges«, wie es Hellmut Lorenz treffend zum Ausdruck brachte.

Die Lage und die Gestalt der Bibliothek über längsrechteckigem Grundriß waren demnach für den Baumeister vorgegeben. Er überwölbte das Zentrum mit einer hohen, ovalen Kuppel und gewann auf diese Weise einen eigenständigen Baukörper (Abb. links und S. 116). Majestätisch erweitert sich der aufragende Raum nach oben, wo durch große Rundbogenfenster Licht in die Halle fällt.

Gabriele Montani, Johann Lucas von Hildebrandt
Peterskirche, 1702–33

Gabriele Montani, Johann Lucas von Hildebrandt
Peterskirche, 1702–33
Blick in den Chor

Johann Lukas von Hildebrandt

Am 23. Juni 1699 erreichte Kaiser Leopold I. ein Gesuch um die Verleihung einer Hofbaumeisterstelle. Der Unterzeichnete betonte, daß er von deutschen Eltern abstamme und ein »gebohrnes Landtskindt« sei, obwohl er seine ersten 28 Jahre in Italien verbracht hatte, unter anderem in Rom, wo er sich in der Kriegs- und Stadtbaukunst hatte ausbilden lassen. Das Gesuch wurde vom Kaiser günstig aufgenommen, wohl auch deswegen, weil der Bewerber in den Jahren von 1695/96 als Festungsingenieur in der Armee des Prinzen Eugen tätig gewesen war und an drei Feldzügen im Piemont teilgenommen hatte. Der Prinz ist es wohl auch gewesen, der dafür sorgte, daß sein Ingenieur nach der Quittierung seines Dienstes und der Übersiedlung nach Wien bald den Titel eines Kaiserlichen Rats erhielt. Der so geadelte hieß Johann Lukas von Hildebrandt, der noch im selben Jahr seines Gesuchs die Expektanz auf die Hofbaumeisterstelle erhielt. Er sollte den greisen und hochverdienten Giovanni Pietro Tencala ablösen. Im Jahr darauf übernahm er die Stelle und damit den Titel »Kaiserlicher Hoff-Ingenieur«, 600 fl jährliches Honorar sowie ein freies Hofquartier. Mit Hildebrandt war der zweite bedeutende Barockbaumeister in Wien tätig. Ihm gelang es, einen beinahe »populären« Architekturstil für das Stadt- und Gartenpalais zu schaffen. Viele noble Bürgerbauten und herrschaftliche Stadtpaläste Wiens sind in der Manier Hildebrandts von Architekten errichtet worden, die heute längst in Vergessenheit geraten sind.

Hildebrandts Domäne war zweifellos der Palastbau, doch brillierte er auch in zwei bedeutenden Sakralbauten. Die als Gründung Karls d. Gr. geltende und in vorbabenbergischer Zeit erbaute Peterskirche nahe dem Graben wurde im Jahre 1701 abgerissen und ein Jahr später nach Plänen von Gabriele Montani neu erbaut (Abbn. oben und S. 6). Dann aber kam es zu durchgreifenden Änderungen, die wohl auf Hildebrandt zurückgehen. Die Baugeschichte ist im Detail nur schwer nachvollziehbar, so daß die Anteile beider Meister nicht klar herausgestellt werden können. Bei der Kirche handelt es sich um einen barocken Zentralbau, der über ovalem Grundriß errichtet wurde. Der durch die beiden flankierenden Türme gedrungen wir-

Abbildungen gegenüber:
Johann Lucas von Hildebrandt
Piaristenkirche, 1716
Innenansicht und Fassade

kende Bau, dessen zentrale Kuppel in einem proportionalen Mißverhältnis zu den zierlichen Turmhauben steht, entfaltet seine Eleganz im Fassadenschwung und verweist damit auf das Konzept Hildebrandts. Der konkav gestaltete Mittelrisalit datiert von 1722. Der Vorbau entstand 1751, lange nach Hildebrandts Tod (1745), nach Plänen von Andrea Altomonte.

Für die zweite Kirche, die Piaristenkirche Maria Treu in der Josephstadt, gilt die Zuschreibung an Hildebrandt als ziemlich sicher (Abbn. rechts und unten). Vermutlich lagen die Entwürfe schon 1698, also zwei Jahre nach dessen Übersiedlung nach Wien, vor. Der Bau begann allerdings erst im Jahre 1716. Die Pläne wurden später geändert. Möglicherweise hat Matthias Gerl die Arbeiten zwischen 1751 und 1753 abgeschlossen. Das Gebäudeensemble mit dem Platz und der Kirche vermittelt einen harmonischen Eindruck. Der leicht nach vorn gewölbte und mit Doppelsäulen versehene Mittelrisalit wird von schlanken Türmen eingefaßt. Die hoch aufgerichtete Fassade mit dem bekrönenden Dreiecksgiebel verleiht dem Baukörper etwas Zierliches. Im Gegensatz zu den beengten Verhältnissen der Peterskirche in der Wiener Innenstadt konnte Hildebrandt hier aufgrund der Weite des Platzes und der niedrigen Nachbarbebauung eine großzügige und noble Fassade gestalten. Der Vergleich beider Sakralbauten läßt es kaum vorstellbar erscheinen, daß ein- und derselbe Architekt die Entwürfe geliefert haben soll – auch wenn spätere Planänderungen zu berücksichtigen sind.

Im Mittelpunkt der Betrachtung der Architektur Hildebrandts stehen üblicherweise seine beiden

Johann Lukas von Hildebrandt
Palais Schönborn, 1706–11
Straßenfassade (oben)
Gartenfassade (unten links)
Bilderzimmer (unten rechts)

Hauptwerke, das Untere und das Obere Belvedere. Allerdings sollten diese in einem architektonischen und gartenkünstlerischen Zusammenhang stehenden Gartenpalais nicht zum Maßstab der Beurteilung seiner Architektur allgemein gemacht werden; man würde Gefahr laufen, seiner Kunst nicht gerecht zu werden. Die Belvedere-Bauten bleiben eine Ausnahmeerscheinung unter den Barockbauten Wiens – nicht nur damals, sondern auch heute.

Um das weite Spektrum seiner Gestaltungsfähigkeit zu ermessen, sollte man das Gartenpalais Schönborn in der Josephstadt nahe der Piaristenkirche aufsuchen (Abbn. S. 86). Friedrich Karl Graf Schönborn, vom Kaiser nach Wien berufen und zum Reichsvizekanzler ernannt, erwarb im Jahre 1706 das Grundstück mitsamt dem umfangreichen Gartenareal und beauftragte Hildebrandt mit dem Neubau des Palais. Dieser legte das Gebäude zweistöckig an, mit einem verhältnismäßig hohen Dach und einem leicht vorgerückten Mittelrisalit. Über dem Portal kragt ein Balkon mit schmiedeeisernen Gittern vor. Das Mittelfenster wird bekrönt mit dem von Löwen flankierten Wappen der Schönborns. Das Motiv des gesprengten und mit einem Wappen versehenen zentralen Fenstergiebels benutzte übrigens auch Fischer sehr häufig. Die über zwei Stockwerke ausgreifenden Pilaster vermitteln dem Gebäude eine noble und elegante Note. Der dem Mittelrisalit entsprechende Gartentrakt ist dagegen weit vorgezogen und wirkt als intimer Pavillon, einschwingende Gesimsbalken verbinden ihn mit den Seitenflügeln. Von der Mittelachse geht die Gartenallee aus, die in einem Rondell mit einem Felsenspringbrunnen endet.

Schon kurz nach der Vollendung des Baus stand im Jahre 1725 eine Erweiterung an. Inwiefern der klassizistische Umbau von 1760 durch Isidor Canevale die Bausprache Hildebrandts veränderte, ist heute schwer zu entscheiden. Der Baukörper und das Aufrißsystem dürften erhalten geblieben sein. Die Besichtigung der Innenräume ist unbedingt empfehlenswert, um den Typus des Hildebrandtschen Treppenhauses zu studieren. Auch die Räume, in denen heute das Österreichische Volkskundemuseum untergebracht ist, sind noch in ihrer originalen Ausstattung erhalten geblieben, wie beispielsweise das Bilderzimmer.

Das Palais Daun-Kinsky (Abb. rechts), das Hildebrandt zwischen 1713 und 1716, also kurz nach der Vollendung des Schönborn-Palais, errichtete, verdeutlicht die Schaffensbreite des Architekten und illustriert den Unterschied zwischen Garten- und Stadtpalais. Im Gegensatz zum Stadtpalais, das sich monumentaler und repräsentativer gibt, gefällt sich das Gartenpalais in vornehmer, intimer Zurückhaltung. Das Stadtpalais versucht mit gefälligen Ornamenten, spielerischen Skulpturen und einer dynamischen Fassadenbehandlung den Glanz städtischen Lebens und die Würde des Bauherrn zum Ausdruck zu bringen.

Antonio Beduzzi
Palais Fürstenberg, Portal
um 1720

Johann Lucas von Hildebrandt
Stadtpalais Daun-Kinsky
1713–16

Die auf den Segmentteilen des gebrochenen Giebels lagernden allegorischen Gestalten am Palais Daun – Kinsky trifft man in Wien häufig. Es scheint sich um ein Lieblingsmotiv im Dekor des Adelspalastes zu handeln. Das um 1720 errichtete Palais Fürstenberg in der Grünangergasse variiert das Motiv in einer ungewöhnlichen Weise: Zwei Jagdhunde steigen über den Säulenenden und den mit Blattwerk geschmückten Voluten in die Höhe, um sich über dem Schlußstein zu treffen (Abb. links). Viele andere Details, wie der plastische Schmuck oder der Wechsel von Segment- und Dreiecksgiebel, sowie die phantasiereichen Fensterrahmungen des Fürstenberg – Palais erinnern an Hildebrandts Architektur. Doch kann mit ziemlicher Sicherheit angenommen werden, daß dieser Stadtpalast vom Italiener Antonio Beduzzi erbaut worden ist – aber eben in der vom Adel bevorzugten Manier Hildebrandts.

Johann Lucas von Hildebrandt
Oberes Belvedere, 1721–23

Schloß Belvedere

In diesen Jahren war Hildebrandt in Wien viel beschäftigt. Seine Aufträge erhielt er zum größten Teil vom Adel. Wie schon erwähnt, löste er Fischer bei der Arbeit am Stadtpalais des Prinzen Eugen ab und verhandelte zu dieser Zeit wahrscheinlich schon mit dem Prinzen über ein Gartenpalais außerhalb Wiens. Prinz Eugen hatte bereits im Jahre 1693 mehrere Grundstücke vor den Toren der Stadt für den Bau eines Palais und die Anlage eines großen Gartens erworben. Im Jahre 1706 stand wohl schon fest, daß unten am Rennweg ein Gartenpalais erbaut werden sollte – das spätere Untere Belvedere. Weiter oben, am Ende des langgestreckten Terrains, das für den Garten vorgesehen war, sollte lediglich ein abschließender Pavillon stehen, ein Garten-Belvedere. Hier handelt es sich um das spätere Hauptgebäude, das Obere Belvedere.

Hildebrandt begann schon in den letzten Jahren des 17. Jahrhunderts mit der Terrassierung des Gartens. Ab 1714 widmete er sich dann dem Bau des Unteren Belvedere, einem langgestreckten eingeschossigen Gebäude, das sich hinter einem trapezförmigen Ehrenhof erhebt und ledig-

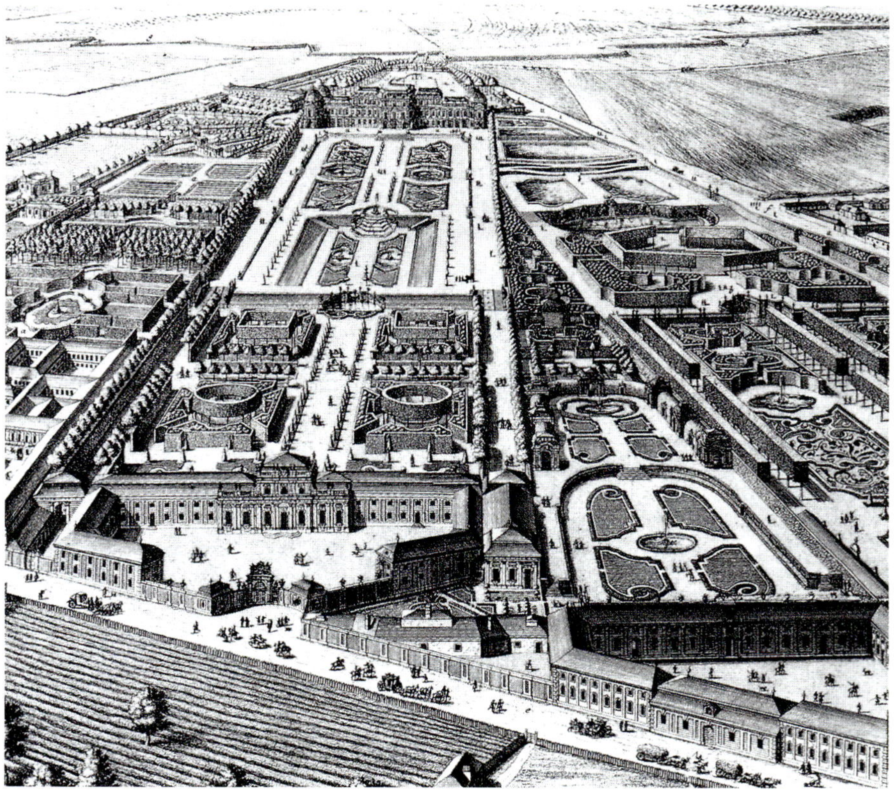

ABBILDUNG GEGENÜBER:
Schloß Belvedere, Gesamtanlage
Stich von J. A. Corvinius nach einer Zeichnung von Salomon Kleiner, 1740

lich im Mittelbau ein Obergeschoß aufweist (Abb. oben). Überraschend wird man feststellen, daß hier Parallelen zum Palais Schönborn zu ziehen sind. Die strenge Pilastergliederung, der nur wenig hervortretende Mitteltrakt und die zurückhaltende Fensterrahmung mögen spezifisch für die Gartenarchitektur sein. Daß die Fassade insgesamt mit ausdrucksstarken Ornamenten und einer figurengeschmückten Balustrade versehen wurde, dürfte in Zusammenhang mit der Person und der Würde des berühmten Auftraggebers stehen. 1716 waren die Arbeiten am Unteren Belvedere abgeschlossen.

Im Jahre 1717 verpflichtete Prinz Eugen den kurbayerischen Architekten Dominique Girard, der in Schleißheim und in Nymphenburg tätig gewesen war, für die Gestaltung des Belvedere-Gartens. Eine als Querachse dienende Böschung mit seitlichen Treppen und einer zentralen Kaskade unterteilt den Garten in zwei Terrassen und überwindet so den Höhenunterschied zwischen beiden Palästen (siehe Abbn. S. 88). Auf der unteren Terrasse wurde ein Heckengarten mit stereometrisch gestalteten Bäumen angelegt. Für die obere Terrasse waren Parterres und Wasserspiele vorgesehen. Ähnlichkeiten mit Versailles sind unübersehbar und waren zu dieser Zeit wohl auch unvermeidlich. Die Gestaltung der Bosketts, die durch ein diagonales Wegesystem gegliedert sind, geht auf das Gartentraktat von Dezallier d'Argenvilles zurück, das 1709 erschien und zur bedeutendsten Anleitung für die gartenkünstlerischen Tätigkeiten des 18. Jahrhunderts wurde.

Kurz nach der Vollendung des ersten Gartenpalais für Prinz Eugen erhielt Hildebrandt den Auftrag, an Stelle eines alten Meierhofes gegenüber der Amalienburg auf dem Ballhausplatz die Geheime Hofkanzlei zu erbauen. Die Arbeiten gingen zügig voran. Bereits 1719, zwei Jahre nach den ersten Entwurfsplanungen, war der Bau fertiggestellt. Das Obergeschoß und das anschließende Mezzanin werden von Kolossalpilastern gegliedert, die den Mitteltrakt betonen. Eine Attika mit Statuen und ein Mansarddach schließen das Gebäude ab. 1766 wurde das Gebäude von Nicolaus Pacassi erweitert.

Kurze Zeit später erreichte den Architekten ein weiterer Auftrag: Die Brüder Paul und Johann Karl Bartolotti von Patenfeld ließen sich von Hildebrandt Pläne zu einem Stadtpalais am Graben vor-

Johann Lucas von Hildebrandt
Unteres Belvedere, 1713–16
Mittelrisalit der Gartenfassade

Johann Lukas von Hildebrandt
Unteres Belvedere, Goldkabinett mit der Skulptur »Apotheose des Prinzen Eugen«
von Balthasar Permoser

Johann Lukas von Hildebrandt
Unteres Belvedere, Marmorsaal mit der Skulpturengruppe des Mehlmarktbrunnens
von Georg Raphael Donner

NEBENSTEHEND:
Johann Lukas von Hildebrandt
Unteres Belvedere, Marmorgalerie mit der Statue der Maria Theresia
von Franz Xaver Messerschmidt

legen. Es sollte weniger der Repräsentation als dem Privatleben der Familie dienen. Die obligate Vestibül- und Treppenanlage fehlten daher genauso wie die ausgeprägte Beletage. Die vierachsige Hauptfassade mit den vom Palais Daun-Kinsky bekannten Pilastern und Fensterrahmungen erscheint zurückhaltend elegant. In den Zwickeln des Portals, das von zwei auf Voluten reitenden Eroten abgeschlossen wird, finden sich die typischen Zierelemente Hildebrandts. Im Jahre 1720 war der Bau unter der Leitung Franz Jänggls fertiggestellt.

Zwischenzeitlich dürfte sich Prinz Eugen dazu entschlossen haben, im Belvedere an Stelle eines einfachen Gartenpavillons ein imposantes krönendes Gebäude bauen zu lassen. Hildebrandt legte Pläne vor, und ab 1721 begannen die Arbeiten am Oberen Belvedere. Die Entwürfe waren glanzvoller und entschieden majestätischer als die des Unteren Belvedere (Abb. oben und S. 88): Dem überhöhten zentralen Mittelpavillon mit dem Marmorsaal sind das Treppenhaus und ein Vestibül mit schwingendem Segmentgiebel vorgesetzt. Die Flügelbauten enden in jeweils zwei achteckigen Pavillons, die mit ihren bekrönenden Rundkuppeln den Rhythmus der unterschiedlichen Geschoßhöhen aufnehmen und abschließen. Das Konzept ist ungewöhnlich und neuartig: Die Flügelbauten stufen sich ab, das heißt, die vom Mittelpavillon ausgehenden Seitentrakte erfahren jeweils über den ersten fünf Achsen eine Aufstockung, die über den Giebel des Vestibüls reicht. Dahinter ragt der Mittelpavillon mit seinem Dach wie eine Bekrönung des gesamten Gebäudes auf. Diese auf- und niedersteigende Dachlandschaft sowie die vor- und zurücktretenden Bauteile werden durch ein einheitliches Dekorationssystem in ihrer Dynamik in Spannung gehalten. Leitlinie dieses Systems ist das gemeinsame untere Geschoß mit dem durchgehenden und sogar die Eckpavillons umgreifenden Gebälk.

An keinem anderen Werk Hildebrandts wird dessen Gefühl für Räumlichkeit und Plastizität derart eindringlich vor Augen geführt wie vor der

Johann Lucas von Hildebrandt
Oberes Belvedere, 1721–23
Fassade (oben) und Prunktreppe (gegenüber)

bewegten Fassade des Oberen Belvedere. Dies betrifft auch die Innenräume, besonders das Treppenhaus. Dessen Aufbau soll durch einen kurzen Seitenblick auf Franken veranschaulicht werden. Im Jahre 1711 wurde Hildebrandt nach Schloß Pommersfelden gerufen, um dort Unstimmigkeiten bei der Anlage des Treppenhauses zu beseitigen. Der Bauherr, Kurfürst und Erzbischof Lothar Franz von Schönborn, hatte in seinem Entwurf dem Treppenhaus einen zu großen Raum zugebilligt. Hildebrandt löste das Problem, indem er eine dreistöckige Galerie einzog, um deren unteres Stockwerk er die Treppenläufe anlegte.

An dieses Verhältnis von Treppenproportionen und -dimensionen dürfte Hildebrandt sich erinnert haben, als er mit der Planung in Wien begann. Seine Lösung ist elegant: Es galt, eine »gleitende« Raumfolge zwischen Sala terrena, der Ein-

gangshalle und dem Marmorsaal herzustellen. Vom Vestibül gelangt man in das Treppenhaus, dessen zwei äußere Läufe in die Höhe zum Marmorsaal und zu den seitlichen Appartements führen. Der mittlere Lauf steigt hinab zur Sala terrena. Hildebrandts Treppenhaus verschmilzt mit der Innenarchitektur und steht ganz im Dienst des für Prinz Eugen inszenierten Bildprogramms. Die Treppe wird zum Erfahrungsraum transzendenter Inhalte. Daß sie ihre eigentliche Funktion erfüllen soll, nämlich die Stockwerke miteinander zu verbinden, erscheint angesichts der allegorischen Raumerfahrung nebensächlich. Der Aufstieg bezieht sich auf den Weg, den der Herrscher zurückzulegen hat: Seine Verdienste auf der Erde sichern ihm seine Anerkennung im Himmel – die Tugenden sind die Pforten zur Apotheose.

Hildebrandts glänzende Zeit als Architekt in Wien endete mit dem Abschluß der Arbeiten am Belvedere. Für Großaufgaben wurde er nicht mehr herangezogen. Der Hof bevorzugte wieder Johann Bernhard Fischer von Erlach. Hildebrandt konnte sich lediglich erfolgreich für die Projektierung des Um- und Neubaus der Wiener Hofburg bewerben. Überliefert sind allerdings nur die Arbeiten an den drei Höfen im Reichskanzleitrakt und an dem Fassadenteil der Schauflergasse. Für die Ausführung des Flügels zum inneren Burghof zog man ihm den Sohn des großen Fischer vor, Joseph Emanuel Fischer von Erlach. Dieser erhielt schließlich sogar die Stelle des Oberhofingenieurs, auf die sich der ältere und zweifellos auch erfahrenere Hildebrandt große Chancen ausgerechnet hatte. Auch der Michaelertrakt und die Winterreitschule gehen auf Entwürfe des jüngeren Fischer zurück. Für den Außenbau der Winterreitschule sah er eine eher nüchterne und flach gehaltene Fassade mit Kolossalpilastern und Blendfeldern vor. Dagegen ist ihm der Innenraum zu einem prächtigen Ambiente geraten: 46 Säulen bilden eine Galerie und tragen die Gästeempore. Darunter und zwischen den Säulen befinden sich die Logen für den Stadtadel. An der Stirnseite, tempelartig von einem Dreiecksgiebel abgeschlossen, öffnet sich die Kaiserloge (Abb. S. 95 unten).

Gegen Ende seines Lebens war es Hildebrandt nur noch vergönnt, Bürgerhäuser zu entwerfen, darunter das Märkleinsche Haus Am Hof und den Deyblhof in der Annagasse. Um 1733 schuf er für das Stadtpalais Harrach das Salettl, einen Pavillon für das in Wien sehr seltene Stadtpalaisgärtlein. Leider wurde der Pavillon im Zweiten Weltkrieg vollständig zerstört. Nach dem Tod Joseph Emanuel Fischer von Erlachs im Jahre 1742 durfte sich Hildebrandt noch einmal Chancen für das höchste Hofbaumeisteramt machen. Doch seine Zeit war vorbei. Der vom jüngeren Fischer eingeführte französische Stil dominierte fortan die barocke Bausprache. Der Gemahl Maria Theresias, Franz Stephan von Lothringen, der spätere Kaiser Franz I., berief auf dieses Amt Nicolas Jadot de Ville-Issey.

ABBILDUNGEN GEGENÜBER
OBEN:
Hofburg, Leopoldinischer Trakt
Pietra-dura-Zimmer im Maria-Theresien-Appartement

UNTEN:
Joseph Emanuel Fischer von Erlach
Hofburg, Winterreitschule
1729–35

ABBILDUNGEN LINKS:
Johann Lucas von Hildebrandt
Oberes Belvedere, 1721–23
Detail des Marmorsaals (oben)
Sala terrena (unten)

ABBILDUNGEN OBEN:
Johann Lukas von Hildebrandt,
Tobias Kracker
Sarg Leopolds I., um 1720
Zinnguß
Kaisergruft der Kapuzinerkirche

Die barocke Skulptur im 18. Jahrhundert

Für die Wiener Skulptur des 18. Jahrhunderts waren häufig französische Vorbilder maßgeblich; dies betrifft besonders die Grabplastik. Ein Exkurs in die Grüfte Wiens mit ihren aufschlußreichen Zeugnissen habsburgischer Bestattungskultur sei daher diesem Kapitel vorangeschickt.

Als mit knapp 21 Jahren, im Jahre 1654, Ferdinand IV., der Bruder Kaiser Leopolds I., starb, hatte er vorher verfügt, daß sein Herz »zu Füßen Unserer Lieben Frau von Loreto« in der Hofpfarrkirche St. Augustin beigesetzt werden sollte. Die getrennte Bestattung der Körperteile und der *intestina*, der Eingeweide, ist mit der barocken Frömmigkeit und dem Reliquienverständnis der Habsburger zu erklären. Ihnen ging es darum, auch nach dem Tod für die Lebenden gegenwärtig zu bleiben, und zwar im mehrfacher Hinsicht: Zum einen sollte ein dem Kaiserhaus nahestehender religiöser Orden ausgezeichnet und zum anderen eine bestimmte Kirche in ihrer sakralen Bedeutung gesteigert werden.

Kaiserin Anna, die Gemahlin von Kaiser Matthias, stiftete den Kapuzinern im Jahre 1617 innerhalb der Stadtmauern Kirche und Kloster, um für sich und ihren Gemahl eine Begräbnisstätte zu schaffen. Die Kapuzinerkirche am Neuen Markt wurde damit in den Rang einer Hofkirche erhoben. Das früheste dynastische Erbbegräbnis des Hauses Habsburg befand sich allerdings im Stephansdom. Als Friedrich, der jüngere Bruder Herzog Rudolfs IV., des Stifters, im Jahre 1362 im Alter von 15 Jahren starb, ließ der Herzog unter dem gerade fertiggestellten Albertinischen Chor eine Gruft schaffen, zu der eine Stiege hinabführte. Diese Herzogsgruft ließ Maria Theresia im 18. Jahrhundert umbauen und erweitern, um *intestina* und Herzen von kaiserlichen Familienmitgliedern beizusetzen.

Ferner sei auf die kaiserliche Herzgruft der Loretokapelle in der Hofpfarrkirche St. Augustin verwiesen. Kaiserin Eleonora hatte das von den Wienern liebevoll genannte »Herzgrüftl« im Jahre 1657 auf Wunsch ihres Stiefsohnes Ferdinand IV. anlegen lassen, um dort die kaiserlichen Herzurnen aufzubewahren. Die Loretokapelle in der Augustinerkirche wurde von eben jener Eleonora, der zweiten Gemahlin des Kaisers Ferdinand II., im Zuge der intensivierten Marienverehrung der Gegenreformation gestiftet. Der Loretokult geht auf das Haus der Maria von Nazareth im Heiligen Land zurück, in dem sie vom Engel über ihre künftige Gottesmutterschaft unterrichtet wurde. Der Engel Gabriel war es wohl auch, der nach den unglücklichen Kreuzzügen dieses Haus nach Europa wehen ließ, wo es in der Nähe der italienischen Stadt Ancona niederging und eine neue Bleibe fand. Bald fanden viele Pilger aus Europa den Weg nach Loreto.

Die Tradition der getrennten Körper-, Herz- und Intestinabestattung hat Wien also drei bedeutende dynastische Grablegen beschert und damit für eine ungewöhnliche Blüte der barocken Grabmalsskulptur gesorgt. Vor allen anderen Grüften darf heute die Kaisergruft unter der Kapuzinerkirche als einzigartiges kunst- und kulturhistorisches Denkmal angesehen werden. Schon bei einem kurzen Rundgang werden den Besuchern immer wiederkehrende Schmuck-Motive auffallen: Die kunstvoll verzierten Sarggriffe werden häufig in Form von Adler- oder Löwenköpfen gestaltet. Bei dem Fuß des Sarges handelt es sich in vielen Fällen um eine Adlerkralle (Abbn. rechts). Palmetten, Rosetten, Lorbeerkränze und Rankenwerk tragen ebenfalls zur Belebung der schwer und wuchtig anmutenden Sarkophage bei. Diese Dekor-Motive sind in den meisten Fällen von der antiken Grabmalsskulptur abgeleitet, sie wurden im Spätbarock und im Rokoko stilisiert und abstrahiert, um sich als einfaches Roll- und Bänderwerk zu präsentieren.

Häufig sind auch Totenschädel in Ritterrüstungen oder mit der Reichskrone zu sehen. Sie stellen in drastischer Weise die Vergänglichkeit weltlichen Herrschertums dar. Dieser Vanitas-Aspekt wird im sogenannten »Verhör« vor der Kapuzinergruft auf gespenstische Weise betont: Der Pater fragt den um Einlaß bittenden Leichnam, der vom Kammerherrn vertreten wird, nach seinem Namen. Da er mit Rang und Namen antwortet, wird ihm der Einlaß verwehrt. Nach wiederholten Fragen muß der Verstorbene mit der Stimme seines Kammerherrn schließlich zugeben, daß er weder Kaiser noch König sei, sondern nichts anderes als ein armer Sünder, der die Gnade Gottes erflehe. Jetzt erst darf er seine Ruhestätte betreten.

In der Gründergruft stehen die schlichten Truhensärge des Kaiserpaars Anna und Matthias. Es handelt sich um einfach gearbeitete Spätrenaissancesärge mit Löwenkopfgriffen. Maria Theresia beauftragte den Bildhauer Balthasar Moll, die

ABBILDUNGEN GEGENÜBER
OBEN:
Johann Bernhard Fischer von Erlach, Daniel Gran und Michael Rottmayr (Entwürfe), Johann Georg Pichler und Johann Nikolaus Moll (Ausführung), Balthasar Moll (Ergänzungen)
Sarg Karls VI., um 1750
Zinnguß, Kaisergruft in der Kapuzinerkirche

UNTEN:
Trauernde, Details der Sarges der Kaiserin Elisabeth Christina (links) und des Doppelsarges von Maria Theresia und Franz I. (rechts)

Details der Truhensärge von Kaiserin Anna und Kaiser Matthias, Mitte 17. Jh.
Kaisergruft der Kapuzinerkirche

Särge mit kräftigen Adlerkrallenfüßen zu versehen, um den bedeutenden Särgen zusätzlichen Glanz zu verleihen. Unter dem Mönchschor befindet sich die Karlsgruft mit den wohl spektakulärsten Sarkophagen der Habsburger. Man vermutet, daß Johann Lukas von Hildebrandt die Pläne für den um 1720 abgeschlossenen Erweiterungsbau der Gruft und für den Sarkophag Kaiser Leopolds I. lieferte (Abbn. S. 96 links). Der 1705 verstorbene Kaiser wurde in einem reich ornamentierten Truhensarg bestattet, auf dessen Deckel die Krone, ein Kruzifix und der Reichsadler mit entfalteten Schwingen dargestellt sind. Die plastischen Arbeiten stammen von Tobias Kracker.

Die Entwürfe zum Sarg des 1740 verstorbenen Kaisers Karl VI. fertigten drei der berühmtesten Barockkünstler in Wien an: Johann Bernhard Fischer von Erlach, Daniel Gran und Michael Rottmayr (Abb. rechts). Die kaiserlichen Zinngießer Johann Georg Pichler und Johann Nikolaus Moll führten das überragende Werk aus. Im Gegensatz zu Leopolds Sarg entfaltet dieses Exemplar einen fast schon betörenden Bewegungsreichtum; er gipfelt in einer Allegorie der Austria, die den Tod des Kaisers betrauert. Austria streckt ein monumentales Bildnismedaillon Karls über einer Weltkugel mit Wolkenband in die Höhe. Maria Theresia, die den Sarg ihres Vaters als nicht ausreichend repräsentativ und prächtig einschätzte, beauftragte 1753 Balthasar Moll mit Ergänzungsarbeiten. Die zartgliedrigen Rocailleornamente an den Sargecken wurden entfernt und durch gekrönte Totenköpfe ersetzt. Hinzu kamen ferner zwei Reliefkartuschen, die zwei Schlachten darstellen, die von Saragossa des Jahres 1710 und die Schlacht von Belgrad, die sieben Jahre später stattfand. Sie sollten, dem Willen der Tochter entsprechend, die außenpolitischen Erfolge des Kaisers hervorkehren.

Ein Jahr nach dem Tod ihrer Mutter, der Kaiserin Elisabeth Christina, ließ Maria Theresia im Jahre 1751 den Prunksarg durch Balthasar Moll anfertigen und in der Gruft aufstellen. Während der Sarg ihres Vaters auf Löwenkörpern lagert, wählte sie für den Sarg ihrer Mutter als Basismotiv den Adler mit entfalteten Schwingen. Verschleierte Frauenköpfe, Allegorien der Trauer, zieren die Ecken. Formal ähnlich wie auf dem Sarg des Vaters, erhebt sich auch hier ein Engel, der, unterstützt von einem Putto, das Bildnis der Kaiserin in die Höhe hält. Ein von üppigem Rankenwerk eingefaßtes Relief, eine Zweimastbark darstellend, soll an die Brautfahrt der künftigen Kaiserin von Wien nach Barcelona erinnern, wo sie im Jahre 1708 mit König Karl III. von Spanien, dem späteren Kaiser Karl VI. vermählt wurde.

Schon mit 31 Jahren, im Jahre 1748, gab Kaiserin Maria Theresia den Auftrag, die Gruft zu vergrößern. Fünf Jahre später konnten die Arbeiten nach mehrfachem Planwechsel vom lothringischen Hofarchitekten Nicolas Jadot de Ville-Issey

abgeschlossen werden. Über dem Zentralbau wölbt sich eine Ovalkuppel, die Josef Ignaz Mildorfer, ein Schüler Paul Trogers, ausmalte. Es heißt, Maria Theresia habe ihrem Gemahl bei einem ersten Besuch der Gruft zugeraunt: »Hier sollte einmal gut ruhen sein.« Sie beauftragte ein Jahr nach dem Abschluß der Arbeiten im Jahre 1754 ihren Hofskulpteur Balthasar Moll, Entwürfe für einen aufwendigen Doppelsarkophag vorzulegen. Es handelt sich hier um das monumentalste Werk der gesamten Kapuzinergruft (Abb. oben). Der drei Meter lange und zwei Meter breite Sarg steht auf sechs mächtigen Schnörkelfüßen, die sich über einem reich profilierten roten Marmorsockel erheben. Der Sargdeckel stellt ein Totenbett dar, auf dem das überlebensgroße Kaiserpaar halb aufgerichtet lagert und dem von einem Genius vorgetragenen Posaunenklang lauscht, um sich auf den Weg zum Jüngsten Gericht zu begeben. Zwischen trauernden Frauen mit Wappenschildern an den Sargecken sind großformatige Flachreliefs an den Sargwänden angebracht. Das eine Relief zeigt die Krönung Maria Theresias zur Königin von Böhmen im Prager Veitsdom, das andere den Einzug Franz Stephans als Großherzog von Toskana in Florenz im kompositorischen Zusammenhang mit seinem Krönungszug in Frankfurt.

Trotz seiner Monumentalität wirkt dieser Sarg zierlich, da jedes Detail in zarte Falten, Profilierungen und Ornamente aufgelöst ist. Die Schwere wird durch den maßvoll angewendeten Rokokostil zurückgenommen. Die Reliefs an den Seiten suggerieren räumliche Tiefe, was besonders in der Darstellung des Krönungsszenariums im Veitsdom zum Ausdruck kommt. Die filigrane architektonische Struktur mit spitzbogigen Lanzettfenstern und hauchzarten Kreuzrippengewölben, ihr Zusammenspiel mit den Trauernden an den Ecken und dem aufrecht stehenden Genius verleiht dem Sarkophag etwas Entrücktes. Alle anderen Sarkophage dieser Gruftsektion stammen von Balthasar Moll und seiner Werkstatt, mit Ausnahme des schon dem strengen Klassizismus angehörenden Sarg Kaiser Josephs II.

In künstlerischer Hinsicht stellen die Grabmäler der Kapuzinergruft einen einzigartigen Höhepunkt ihrer Gattung dar. Die Herzogsgruft in St. Stephan und das »Herzgrüftl« der Loretokapelle in St. Augustin sind in dieser Hinsicht weniger bedeutend.

Balthasar Moll
Doppelsarg von Maria Theresia und Franz I. Stephan, 1754
Zinnguß
Kaisergruft der Kapuzinerkirche

J.E. Fischer von Erlach und B. Permoser

Auch der Adel pflegte sein Andenken aufwendig zu inszenieren: Der Sarkophag des Leopold Donat Graf Trautson in der Michaelerkirche, mit dessen Entwurf die Familie des Verstorbenen Joseph Emanuel Fischer von Erlach im Jahre 1727 beauftragte, dürfte in enger Anlehnung an das Grabmal François Girardons für Kardinal Richelieu in der Kirche der Sorbonne in Paris (1675–94) entstanden sein. Dramatisch und fast schon ein wenig zu pathetisch ließ der jüngere Fischer eine Szenerie von Wolkenstrudeln aufsteigen, die in einem Palmwedel gipfelt (Abb. rechts). Darin eingebettet und von einem Engel gehalten erschaut der Fürst die Ewigkeit. Die Unterscheidung zwischen dem habsburgischen und dem französischen Stilgefühl kommt deutlich in der Gewichtung von Dramatik und Pathos zum Ausdruck. Während Fischer einen theatralischen Effekt inszeniert, reduziert der Franzose seine Gestaltung auf ein nüchternes und streng klassisch wirkendes Ambiente. Lediglich das Motiv des Haltens übernahm Fischer, da er in der frühklassizistischen Form des Franzosen eine pathetische Nuance entdeckte, die er für seine Komposition geeignet fand.

Die französische Skulptur des späten 17. Jahrhunderts war Leitbild und ästhetisches Modell zugleich. Allerdings hatten die Hofkünstler zu berücksichtigen, daß die Orientierung am französischen Hof nicht auf eine reine Kopie hinauslief, sondern die artistische Überlegenheit Habsburgs zum Ausdruck brachte. Die Devise war einleuchtend: Das Vorbild, als solches erkennbar, mußte übertroffen werden. Nach diesem ästhetischen Credo ließ Prinz Eugen das ikonographische Programm für seine Paläste ausarbeiten und umsetzen. Doch oftmals läßt sich ein Vorbild nicht übertreffen, gerade dann nicht, wenn das Ästhetische in den Dienst machtpolitischer Überlegungen gestellt wird.

Wahrscheinlich suchte Prinz Eugen im Rahmen seines umfassenden Ausstattungsprogramms einen Künstler, der in der Lage war, die in seiner Person konzentrierte politische Macht Habsburgs in eine komplexe ästhetische Form zu bringen. Diesen Künstler fand er in Balthasar Permoser, dem genialen Bildhauer am sächsischen Hof in Dresden und Schöpfer des einzigartigen Figurenschmucks am Zwinger. Prinz Eugen wünschte sich eine »leibhaftige Apotheose«, die man umschreiten konnte, um schließlich dem Retter des Vaterlandes ins Antlitz zu schauen (Abb. S. 100 links). Das Ergebnis war, kritisch gesehen, »überwältigend« und »des Guten zuviel«, wie ein Sekretär im Auftrag des Prinzen mitteilen ließ. Auftraggeber und Künstler scheinen oft uneins über das Konzept der Skulptur gewesen zu sein. Für den Prinzen stand die thematische Übereinstimmung mit dem Bildprogramm seiner Paläste im Vordergrund, für den Künstler jedoch die harmonische Komposition. Die Arbeit am Werk ging jedenfalls nicht voran, denn häufig mußte Prinz Eugen

Joseph Emanuel Fischer von Erlach (Entwurf), **Ferdinand M. Brokoff** (Ausführung)
Grabmal für Leopold Donat Fürst Trautson, 1727, Marmor
Michaelerkirche

Balthasar Permoser
Apotheose des Prinzen Eugen, 1718–21, Marmor, H: 230 cm
Österreichische Galerie Belvedere

Georg Raphael Donner
Apotheose Kaiser Karls VI., 1734
Österreichische Galerie Belvedere

ABBILDUNG GEGENÜBER:
Georg Raphael Donner
Providentia- oder Mehlmarkt-Brunnen auf dem Neuen Markt, dem ehem. Mehlmarkt, 1737–39
Zinn-Blei-Legierung, Originale heute in der Österreichischen Galerie Belvedere

den Skulpteur zum zügigen Arbeiten antreiben, »ohne seinem Genie nahezutreten«, wie es hieß.

Die für das Stadtpalais angefertigte Skulptur Permosers stellte schließlich nichts anderes dar als eine Zusammenfassung der ikonographischen Thematik des Treppenhauses. Die Taten des Herkules werden mit den Siegen des Prinzen in Parallele gesetzt. Der herkulische Held, mit Löwenfell und Keule ausgestattet, steigt auf den Rücken eines besiegten Türken. Fama, hinter dem Prinzen kauernd, bereitet sich vor, seinen Ruhm in die Welt hinauszuposaunen. Doch der Prinz, edelmütig und bescheiden, hält seine Hand vor den Trichter des Instruments. Die ineinander gewundenen und miteinander durch exzentrische Torsionen verzahnten Figuren lassen die Komposition unübersichtlich und kaum lesbar erscheinen. Das Gastspiel Permosers in Wien war kurz. Der Prinz hatte später keine Verwendung mehr für den sächsischen Künstler.

Georg Raphael Donner

Ihre eigentliche Blüte erreichte die Barockskulptur in Wien mit dem Wirken von Georg Raphael Donner. 1693 in Marchfeld geboren, siedelte er nach einer Goldschmiedelehre in Wien nach Salzburg um, wo er in den Kreisen des Erzbischofs tätig war. Hier schuf er unter anderem die hinreißend schönen Skulpturen für das große Treppenhaus im Schloß Mirabell (1726–27). Donner wurde nicht alt, im Jahre 1741 starb der Künstler mit knapp 48 Jahren. Seine letzten Lebensjahre verbrachte er in Wien und arbeitete dort an seinen bedeutendsten Werken.

Im Jahre 1734 erhielt er seinen ersten Auftrag aus der Residenzstadt; der Hof verlangte nach einem Entwurf für eine Apotheose Kaiser Karls VI. Donner, der schon vorher in Dresden die Skulpturen Permosers studiert und sicherlich dessen von den Zeitgenossen kritisierte *Apotheose des Prinzen Eugen* zur Kenntnis genommen hatte, konzi-

pierte das Denkmal in erfrischender Nüchternheit – gewissermaßen als Pendant zu Permosers Skulptur (Abb. S. 100 rechts). Fama, in der Gestalt eines antik gewandeten Engels, umfliegt den Kaiser, um ihn zu krönen. Wirkungsvoll und ausdrucksstark, aber längst nicht so motivisch überladen wie Permosers Arbeit, bietet sich das Ensemble Donners dar, der den sich bereits anbahnenden strengen Klassizismus mit einer fast schon manieristisch anmutenden Geziertheit zu verbinden wußte.

Für Donner war die barocke Form erschöpft. Es verlangte ihn allerdings keineswegs, die traditionelle Kunst in die verzärtelte Welt des Rokoko zu überführen. Auf der anderen Seite schien ihm die Ernüchterung der zeitgenössischen französischen Form als Erstarrung, so daß auch die noble Form des Klassizismus für ihn keine Perspektiven bot. Der Providentia-Brunnen auf dem ehemaligen Mehlmarkt, dem heutigen Neuen Markt, entstand zwischen 1737 und 1739 im Auftrag des Magistrats der Stadt Wien; er ist das Hauptwerk Donners und wird auch heute noch als der schönste Brunnen der Stadt bezeichnet (Abb. oben, S. 102, S. 103). Im Zentrum des Brunnens ragt Providentia auf, die Fürsorge, das »Gute Regiment« der Stadt Wien. Sie hält einen Schild mit dem Januskopf und Schlangen in ihren Händen, Symbole des wechselhaften Geschicks, das es zu meistern galt, und der Ewigkeit, der die Stadt anvertraut werden sollte. Um sie herum, am Rand des Brunnenbeckens, lagern die Personifikationen der Flüsse, die sich in die Donau ergießen: Ybbs, Enns, March und Traun. Sie werden als Flußgötter vorgestellt, deren Attribute auf die Geschichte des Landes verweisen. So hält der Flußgott Enns ein Ruder und deutet damit auf die Schiffbarkeit des Flusses. Das Felsstück an der Seite der Göttin March zeigt die Schlacht der Markomannen gegen die Römer, die in dieser Gegend ausgefochten wurde. Die Haltung der Figuren wirkt entspannt. Trotz der ruhigen Gestik und Ernsthaftigkeit der Mimik entsteht kein Pathos. Die Beweglichkeit ist nicht übertrieben. Einzig der Flußgott Traun, ein jugendlicher Akt, scheint im wahrsten Sinne des Wortes aus der Rolle zu fallen. Er steigt vom Brunnenrand herab. Donner zeigt die Figur in einer pikanten Rückenansicht mit gespreizten Beinen.

Mit diesem Werk schuf Donner ein eindrucksvolles Beispiel für ein Kunstwerk an der Scheidelinie von Rokoko und Klassizismus. Seine schlanken und geschmeidigen Gestalten, deren Beweglichkeit an die Kunst Giovanni da Bolognas erinnert, geraten niemals außer Kontrolle. Es ist nicht gezierte Bewegung, sondern eher ungewöhnliche Plastizität, die er seinen Figuren verleiht. Ein Gang um den Brunnen herum eröffnet immer wieder neue Ansichten von ein und demselben Flußgott und läßt ihn im Reigen mit den anderen Göttern sein verhaltenes Bewegungsspiel entfalten.

Abbildung gegenüber und rechts oben:
Georg Raphael Donner
Providentia-Brunnen auf dem Neuen Markt, dem ehem. Mehlmarkt, 1737–39
Personifikation des Flusses Enns als alter Mann
Zinn-Blei-Legierung, Originale heute in der Österreichischen Galerie Belvedere
Original (gegenüber)
Kopie (rechts)

Rechts unten:
Georg Raphael Donner
Andromeda-Brunnen im Hof des Alten Rathauses, 1741

Im Jahr seines Todes arbeitete Donner an einem weiteren Brunnen, dem Andromeda-Brunnen im Hof des Alten Rathauses (Abb. rechts unten). Andromeda, an den Felsen gekettet und sich kaum auf dem steil abfallenden Gestein haltend, wird von dem Drachen angegriffen, der mit drohend aufgerissenem Maul und gespreizten Flügeln hinter der jungen Frau auftaucht. Über ihr, als Basrelief kaum aus der Fläche hervortretend, erscheint der Retter Perseus. Dem Maul des Ungeheuers entströmt das Brunnenwasser, das sich über die Schenkel der Gefangenen ins Brunnenbecken ergießt. Das zierliche Werk entfaltet die Dimensionen zwischen Relief und Vollplastik in feinsten Schichtungen. Der Schwanz des Drachens und Teile des geflügelten Pferdes des Retters sind kaum erhaben und als Relief erkennbar. Vollplastisch dagegen nimmt sich Andromeda aus. Während der monumentale Providentia-Brunnen alle Schattierungen von Donners plastischem Können vorführt, spielt der Künstler im Andromada-Brunnen seine artistischen Fähigkeiten bis in die feinsten Nuancierungen aus.

Mit Georg Raphael Donner erreichte die österreichische Barockplastik in Wien ihren Höhe- und Wendepunkt. Während in anderen Teilen des Landes der Barockstil auch in der zweiten Hälfte des 18. Jahrhunderts noch dominierte, wenn auch in der verfeinerten Form des Rokoko, ging man in Wien nach dem Tode Donners verständlicherweise andere Wege. Die Innsbrucker Bildhauerfamilie Moll, über deren Arbeiten sich Donner lobend geäußert hatte, trat in gewisser Weise das künstlerische Erbe des großen Skulpteurs an. Johann Nikolaus Moll, der am Mehlmarktbrunnen mitgearbeitet haben soll, und besonders sein Bruder Balthasar Ferdinand Moll stellten ihr Können in den Dienst des habsburgischen Hofs in Wien, wo sie hauptsächlich mit der Gestaltung der Sarkophage für das Herrscherhaus beschäftigt waren.

Während die Gebrüder Moll sich teilweise an den großartigen Formenkonzepten Donners orientierten, teilweise aber auch in spätbarocke Vorstellungen zurückfielen, trat ein Bildhauer in Wien auf, der alle bis dahin gültigen ästhetischen Regeln sprengte, Franz Xaver Messerschmidt aus dem schwäbischen Wiesensteig. Dort 1736 geboren, zog er nach München und Graz, wo er sich als Bildhauer ausbilden ließ. 1752 kam er nach Wien und studierte an der Akademie bei Balthasar Ferdinand Moll und Matthäus Donner, dem jüngeren Bruder Georg Raphaels. Studienreisen führten ihn nach Rom und nach London. Die zuletzt genannte Station sollte für sein späteres Schaffen besonders bedeutsam werden. Er erreichte die Stadt an der Themse 1765, ein Jahr nach dem Tod des berühmten William Hogarth. Man kann mit Sicherheit annehmen, daß er dessen physiognomische Studien, dessen karikierenden Umgang mit der menschlichen Figur und dessen beißenden Spott studiert hat.

Während seiner Studienreisen erreichte Messerschmidt ein Ruf an die Pariser Akademie. Er lehnte ab und begab sich stattdessen wieder nach Wien, wo er sich berechtigte Hoffnungen auf die neu zu besetzende Stelle des Akademiedirektors machte. Allerdings erfüllten sich seine Wünsche nicht, er wurde übergangen und lediglich als Lehrer angestellt. In seiner Wiener Zeit, sowohl vor als auch nach seinen Studienreisen, arbeitete er für den Hof. Er fertigte 1760 unter anderem eine Bronzebüste für Maria Theresia und ihren Gemahl Franz Stephan von Lothringen an. Später bestellte der Hof die überlebensgroßen Bleistatuen der Kaiserin und ihres Gemahls. In ihnen sind erste Ansätze einer überzeichneten Individualität zu verspüren (Abb. S. 90/91). Das 1769 geschaffene Porträt des Direktors der kaiserlichen Hofbibliothek, Gerard van Swieten, ist nicht frei von einem ironischen Zug, der in der übersteigerten Würde der Kopfhaltung und dem etwas lächerlich wirkenden üppigen Doppelkinn zum Ausdruck kommt.

Messerschmidts bedeutendsten Werke oder zumindest die Arbeiten, die ihn berühmt und zugleich zum Sonderling gemacht haben, entstanden in Wien zwischen 1770 und 1775. In diesen Jahren schuf er die meisten seiner Charakterköpfe, wie den *Erzbösewicht* (Abb. oben links), den *wollüstigen Gecken* (Abb. oben rechts) oder den *Schnabelkopf* (Abb. S. 105). Die karikaturhafte Übersteigerung steht in einem seltsamen Bezug zur maskenhaften Erstarrung der Gesichter, so als ob das absonderliche Zusammenspiel von Mund, Nase, Augen, Wangen oder Kinn eingefroren wurde. Ob es sich hier tatsächlich um Objekte für wissenschaftliche Studien handelte, kann nicht mit Sicherheit behauptet werden. Der Theologe und Schriftsteller Johann Kaspar Lavater, ein Zeitgenosse des Künstlers, hat für die Niederschrift seiner damals viel beachteten »Physiognomischen Fragmente« (1775/78) die Skulpturen Messerschmidts studiert – das kann man jedenfalls seinem Nachlaß entnehmen.

Es ist viel darüber spekuliert worden, ob die Enttäuschung über die entgangenen akademischen Ehren in Wien Messerschmidt zu seinen Physiognomien geführt hat. Diese Enttäuschung soll ihn zum Wunderling und Exzentriker gemacht haben, so daß der Verdacht geäußert wurde, daß er sich in seinen Fratzen und Gesichtsverzerrungen selbst dargestellt habe. Solche Spekulationen sind müßig. Wichtiger ist, daß Messerschmidt mit dem Werk Hogarths in Berührung kam und daß er mit seinen Charakterköpfen die alte, seit dem Mittelalter und der Renaissance bekannte Tradition der Typendarstellung und der physiognomischen Studien fortführte. Denkbar ist, daß er in diesem Kontext intensive psychologische Selbststudien machte und diese dann künstlerisch umsetzte, um ein Beispiel für die Spannweite menschlicher Physiognomik vorzustellen. Lavaters Auseinandersetzung mit den Porträts des Künstlers lassen letztere Überlegung wahrscheinlich werden.

Im Jahre 1774 stellten sich erneut Unstimmigkeiten an der Wiener Akademie ein. Es ging um die Neubesetzung des Direktorpostens. Wieder wurde Messerschmidt übergangen. Zutiefst verbittert kehrte er der Stadt den Rücken und zog sich 1775 in sein Heimatdorf auf der Schwäbischen Alb zurück. 1777 entschloß er sich, nach Preßburg umzusiedeln. Dort richtete er ein Atelier ein und arbeitete bis zu seinem Tod im Jahre 1783 an weiteren Charakterköpfen.

Abbildungen gegenüber und rechts unten:
Franz Xaver Messerschmidt
Vier Charakterköpfe, 1770–83
Österreichische Galerie Belvedere

Ein Erzbösewicht
Zinn-Blei-Legierung, H: 38,5 cm

Ein wollüstiger Geck
Marmor, H. 45 cm

Zweiter Schnabelkopf
Alabaster, H. 43 cm

Ein Erhängter
Alabaster, H. 38 cm

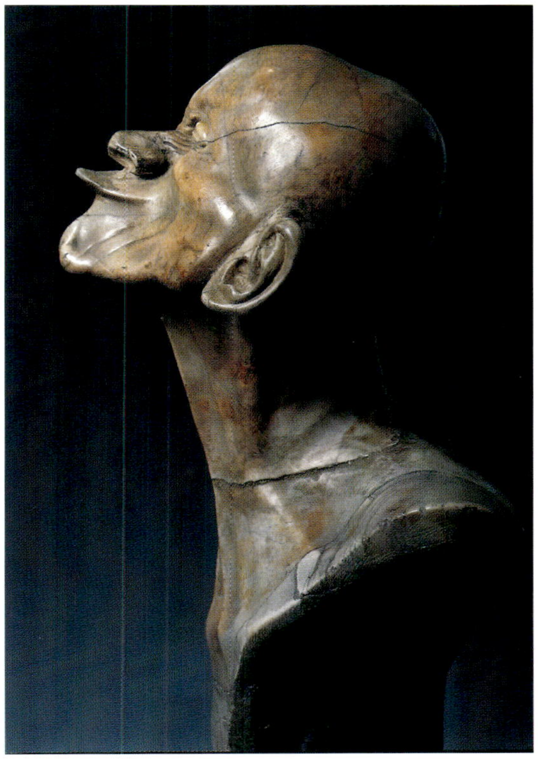

Unteres Belvedere, Groteskensaal mit den Charakterköpfen von Franz Xaver Messerschmidt

ABBILDUNG GEGENÜBER:
Andrea Pozzo
Jesuitenkirche, Scheinkuppel im mittleren Gewölbejoch, 1702

Karl Georg Merville
Der Engelsturz, Stuckplastik an der Chorwand der Michaelerkirche 1781

Der 1781 entstandene Hochaltar von Karl Georg Merville gehört nicht mehr ganz der barocken Epoche an. Eher handelt es sich um ein Übergangswerk, in dem die dynamischen Formen des Engelssturzes klassizistisch gestrafft erscheinen. Die barocke Altarbaukunst in Wien scheint hiermit auszuklingen.

Die Barockmalerei

Die Wiener Barockmalerei gelangte erst gegen Ende des 17. Jahrhunderts zur vollen Entfaltung. Dies ist nicht verwunderlich, wenn man ihren späten Beginn im historischen Kontext betrachtet: Die Überwindung der Türken, der politische Machtzuwachs nach dem Frieden von Karlowitz und die glanzvollen Siege des Prinz Eugen hatten Österreich zur Großmachtstellung in Europa verholfen. Der Absolutismus prägte sich in einer unvergleichlichen Weise aus und weckte ein starkes Bedürfnis nach höfischer Repräsentation. Die Suche nach Staats- und Herrschaftssymbolen erstreckte sich gleichermaßen auf das Kaiserhaus und auf den zu Reichtum gekommenen Adel. Die Habsburger gefielen sich darin, diese Epoche als ihr Heldenzeitalter zu bezeichnen, das sich allein auf die *ecclesia triumphans* und damit auf das Gottesgnadentum des Kaisers stützte. Damit waren Stil und Thematik der Malerei vorgegeben: Illusionsmalerei und verklärende Allegorie. Zweifellos mußten der Deckenmalerei erste Priorität eingeräumt und daher zunächst Italiener nach Wien berufen werden, die seit Jahrhunderten großartige Beispiele dieser Gattung vorzuweisen hatten.

Als einer der ersten großen italienischen Deckenmaler folgte der Südtiroler Andrea Pozzo einem Ruf Kaiser Leopolds I. nach Wien. Pozzo, ein Laienbruder der Jesuiten, hatte sich bereits als Dekorationsmaler einen Namen gemacht. Berühmt und am Wiener Hof wohlbekannt waren die großartigen Deckenfresken in S. Ignazio in Rom. Die Scheinarchitekturen, die jegliche Grenzen zwischen der real gebauten und der gemalten Architektur verwischten, galten als unübertroffenes Meisterwerk illusionistischer Deckenmalerei. Pozzo erhielt im Jahre 1704 den Auftrag, das Gewölbe der Jesuitenkirche auszumalen (Abb. rechts). Schwierigkeiten stellten sich ein, da das Gewölbe des Hauptschiffs in drei Joche untergliedert und mit weit vortretenden Gurtbögen versehen war. Die reale Architektur konnte demnach kaum illusionistisch »überspielt« werden, so daß Pozzo gezwungen war, jedes Gewölbejoch mit einem eigenen gemalten Architekturprogramm zu versehen. Er wählte für das mittlere Doppeljoch eine Scheinkuppel, deren gemalter Tambour auf den Gurtbögen und dem Gesims der Seitenwände architektonisch aufzusetzen scheint. Gleich nach Betreten des Kirchenschiffs entfaltet sich die Illusionskuppel und kippt nach nur wenigen Schritten sogleich optisch nach vorn. Die anschließenden Gewölbejoche mit kleineren, in die Goldstukkatur eingebrachten Bildfeldern und einem Engelssturz, der sich in einem palastähnlichen Illusionsraum vollzieht, stehen vereinzelt und ohne Bezug zum dominanten Mitteljoch. Im Gegensatz zu S. Ignazio in Rom sind die Lichtverhältnisse eindeutig. Das Gewölbe wird fast schon entlarvend ausgeleuchtet, so daß die Verände-

ABBILDUNG GEGENÜBER:
Andrea Pozzo
Gartenpalais Liechtenstein
Deckenfresko des Marmorsaals
mit der Apotheose des Herkules
1705

rung der Perspektive mit jedem Schritt exakt nachzuvollziehen ist. Das wirkt sich natürlich störend auf die Betrachtung aus, da die »schiefe Kuppel« allgegenwärtig ist. In Rom dagegen, wo die Scheinkuppel an das Hauptschiff anschließt und im diffusen Licht des Innenraums seine Wirkung – perspektivisch nur wenig verzerrt – entfalten kann, erfahren die Besucher ein komplexeres und harmonischeres Raumerlebnis.

An sein römisches Meisterwerk konnte Pozzo dagegen im Gartenpalais Liechtenstein anknüpfen. Der Marmorsaal zählt zu den prächtigsten Barockräumen Wiens. Rotgeäderte Marmorsäulen mit vergoldeten Kompositkapitellen stützen ein hohes Gesims, über dem sich das Spiegelgewölbe ausdehnt (Abb. S. 108). Hier hatte Pozzo endlich Gelegenheit, sein Können als Illusionsmaler unter Beweis zu stellen. Über dem Gesims malte er einen Palast, dessen Balustraden scheinbar in den Raum ragen. Darüber erheben sich, quasi in Fortsetzung der Saalarchitektur, die triumphbogenartig gestalteten Palastwände mit durchbrochenen Segmentgiebeln. In den Ecken werden Exedrakompartimente ausgebildet, die in offenen Kreisformen münden, aus denen mit Göttern, Halbgöttern und Eroten bevölkerte Wolkenbahnen ziehen. Die Heerscharen des Olymp streben dem lichten Zentrum zu, aus dem Zeus mit Blitzen in der Hand herabschwebt.

Das ikonographische Programm ist typisch und in gewisser Weise auf den Wiener Stadtadel zugeschnitten. Die Taten des Herkules stehen stellvertretend für den Fürsten, der im Dienst des Kaisers seine Pflichten erfüllt. Unterhalb und oberhalb der gemalten Balustraden, also scheinbar in den Raum strebend, bewegen sich die Gestalten, die den Herkulesmythos in einzelnen Szenen darstellen. Die Taten des Fürsten werden durch die Erhöhung des Kaisers belohnt: Der aus den Wolken schwebende Zeus hält auf die Gruppe mit Rea, Chronos und dessen Sohn Poseidon sowie Hermes zu, in dessen Mitte Herkules aufschaut und seine Apotheose erwartet.

Die im Illusionsraum auf die persönliche Sphäre des Kaisers und des Fürsten anspielenden Allegorien werden zum Generalthema der Wiener Deckenmalerei. Die Heldenthematik, die in Festsälen und Treppenhäusern aufgegriffen wird, ist vielfach verknüpft mit der Skulptur dieser Räume. Abgesehen von den Kunstinszenierungen am Versailler Hof Ludwigs XIV., gibt es keinen, der über eine so ausgefeilte individuelle Ikonographie verfügte wie Prinz Eugen. Von besonderer Pikanterie dürfte dabei seine persönliche Abneigung gegenüber dem Erzfeind des Hauses Habsburg sein, dem französischen Sonnenkönig Ludwig XIV. – ein Umstand, der entscheidend zur Ausbildung des Kunstprogramms seiner Paläste beitrug.

Im Jahr der Türkenbelagerung, 1683, bewarb sich der väterlicherseits von den Grafen von Soissons abstammende neunzehnjährige Prinz Eugen um die Stelle eines Offiziers im Heer Ludwigs XIV. Wegen »Kleinwüchsigkeit« wurde er schnöde abgewiesen. Und nicht nur das. Die spitzzüngige Liselotte von der Pfalz, Gemahlin des jüngeren Bruders des Sonnenkönigs, Philipp von Orléans, bezeichnete ihn sogar als einen »schmutzigen, sehr debauchierten bub« und wußte sogar seine Physiognomie mit den Worten »... ein kurz aufgeschnupftes Näschen, ziemlich langes Kinn und so kurze Oberleffzen, daß er den Mund allzeit ein wenig offen hat...« herabzuwürdigen. Das war eine Demütigung.

Martino Altomonte
Unteres Belvedere, Marmorsaal
Deckenfresko mit der Apotheose
des Prinzen Eugen, 1716

Im selben Jahr noch traf der Prinz den wegen der drohenden Türkengefahr nach Passau geflohenen Kaiser Leopold I. und wiederholte sein Begehren – dieses Mal auf der politisch anderen Seite. Dem Kaiser blieb angesichts des drohenden Unheils nichts anderes übrig, als dem Prinzen ein Kommando in Aussicht zu stellen, falls er sich in den kommenden Schlachten bewähren sollte. Prinz Eugen enttäuschte seinen Kaiser nicht. Ganz im Gegenteil: Er stieg auf zum Retter des Vaterlandes. Der »debauchierte Bub« verwandelte sich in einen edlen Ritter und wurde zum gefeiertsten Feldherrn Europas.

Vor diesem Hintergrund muß man das Deckengemälde im Marmorsaal des Unteren Belvedere betrachten (Abb. oben). Nicht immer sind psychologische Gründe Erklärungsmodelle für historische Fakten, doch in diesem Fall gibt das Fresko in einer ganz besonderen Form die politische und die private Auseinandersetzung mit dem französischen Hof wieder. Die Quadraturamaler Marcantonio Chiarini und Gaetano Fanti bauten über dem Saal die Scheinarchitektur eines Palastes auf, dessen obere Zone in einen Goldton getaucht ist. Das göttliche Licht strahlt aus dem Himmel vom

Abbildung gegenüber
Carlo Carlone
Oberes Belvedere, Gemalter Saal
Deckenfresko mit dem Triumph der Aurora

Martino Altomonte
Unteres Belvedere
Paradeschlafzimmer, Fresko mit Apoll und Klythia, 1716

Wagen Apolls herab in das Vestibül des Gartenpalais. Daß dieser Illusionsraum um 45° gegenüber dem Grundriß des Realraumes gedreht ist, soll die Unterscheidung zwischen himmlischer und irdischer Sphäre unterstreichen.

Der von Martino Altomonte ausgemalte Himmel zeigt auf der oberen Wolkenbahn Apoll in seinem Sonnenwagen und darunter das Gefolge des Gottes, die neun Musen, ein Verweis auf die Neigungen des Prinzen, Künste und Wissenschaften zu fördern. Inmitten der Göttergesellschaft erscheint in einer unteren Wolkenschicht ein jugendlicher Held, dem ein Lorbeerkranz gereicht und der von Minerva und Merkur in den Himmel begleitet wird. Bei dem Jüngling handelt es sich um Prinz Eugen, da das von Eroten getragene Spruchband, auf das Merkur deutet, einen Hinweis auf die von Papst Clemens XI. geweihten Objekte wie Hut und Schwert enthält, die Prinz Eugen anläßlich der siegreichen Schlacht von Peterwardein im Jahre 1716 erhalten hatte. Sie liegen zu seinen Füßen. Übrigens befand sich das Fresko kurz vor seiner Fertigstellung, als die Kunde vom militärischen Sieg und die Auszeichnung des Papstes bekannt wurden. Das historische Ereignis konnte gerade noch rechtzeitig in die Komposition eingearbeitet werden.

Im Kontext der Habsburger-Ikonographie verweist Apoll auf den Kaiser, dem der soziale Aufstieg des Helden zu verdanken ist. Leopold-Apoll erschien als die wahre Sonne gegenüber der trügerischen Sonne Ludwigs XIV. Für den Franzosen waren die Götter im Rahmen des entsprechenden Bildprogramms lediglich Protagonisten. Darin sahen die Habsburger Ludwigs Hybris verkörpert, sich zum Liebling der Götter und zum Herrn Europas aufzuspielen. Prinz Eugen, Opfer dieser Hybris, wurde von Apoll-Leopold erwählt, um den Frevelnden zu bestrafen. Seinen Lohn empfing der Prinz durch sozialen und politischen Aufstieg sowie unsterblichen Ruhm. Das Fresko im Unteren Belvedere kann als ästhetische Korrektur der Politik Ludwigs XIV. verstanden werden.

Die mit der persönlichen Geschichte des Prinzen verbundene Mythologie wurde auch im privaten und intimen Bereich verwendet. Die Apoll-Thematik taucht in einem Lünettenfresko Martino Altomontes im Paradeschlafzimmer des Unteren Belvedere auf (Abb. oben): Klythia, eine Oceanide und Geliebte Apolls, grüßt, von einem Eroten begleitet, den in seinem Gefährt abziehenden Gott und verabschiedet sich damit vom Tageslicht. Die Nacht bricht an. Auf der gegenüberliegenden Seite stellte Altomonte das Pendant dar, Luna und Endymion.

Die Apoll-Thematik, wenn auch nicht in der spezifisch politischen Funktion wie im Unteren Belvedere, wird auch im Oberen Belvedere entfaltet. Die Decke des sogenannten »Gemalten Saales« freskierte Carlo Carlone mit einem *Triumph der Aurora* (Abb. S. 111). Die Morgenröte schwebt stolz in das von einer Wolkentorsion umspielte Blau des Himmels empor. Apoll mit der Leier auf der einen und Diana mit dem Bogen auf

Abbildungen gegenüber:
Louis Dorigny
Stadtpalais des Prinzen Eugen
Deckenfresken im Treppenhaus
1697

Apoll im Sonnenwagen (oben)
Fama (links unten)
Sturz des Ikarus (unten rechts)

der gegenüberliegenden Seite grüßen die Göttin. Die gemalten Exedra-Architekturen, auf schweren Konsolen ruhend, erheben sich illusionistisch über dem Gliederungssystem des Saals. Sie öffnen die Decke und geben den Blick frei auf das göttliche Treiben im Himmel. Der Marmorsaal schließlich verherrlicht den Prinzen in der Gestalt eines antiken Heroen, umgeben von huldigenden Tugenden und besiegten Lastern.

Die politisch motivierte Ikonographie des Unteren Belvedere ist im Stadtpalais des Prinzen Eugen bereits vorgeprägt. Der Lauf der Sonne, dargestellt durch Apoll, und der Weg des Tugendhelden in der Gestalt des Herkules markieren die motivischen Stationen des gesamten Programms. Das zentrale Deckengemälde im Treppenhaus zeigt Apoll im Sonnenwagen, gemalt von Louis Dorigny (Abb. S. 112 oben. In begleitenden Tondi werden allegorisch Fama, den Triumph des Helden ankündigend, und der Sturz des Ikarus, die Bestrafung der Hybris, präsentiert, ebenfalls Werke Dorignys (Abbn. S. 112 unten). Noch aber befindet sich der Held in Erwartung seines Ruhms auf der Erde: Herkules steht mit seiner Keule an exponierter Stelle in einer Nische im Treppenhaus. In seiner Nähe stützen Atlanten die Treppenläufe ab (Abb. S. 71). Nach dem Überwinden der Treppe und dem Betreten des Roten Salons erblickt man an der Decke den Triumph des Helden, die Aufnahme des Herkules in den Olymp, gemalt von Marcantonio Chiarini (Abb. oben).

Auch im Palais Lobkowitz entfaltet sich die Herkulesthematik im Spannungsfeld von Skulptur und Malerei: Die tonnengewölbte Einfahrt gibt den Blick frei auf den Herkulesbrunnen. Der antike Held senkt demütig den Kopf, während ihm der Lorbeerkranz gereicht wird. Der Bezug zur Apoll-Thematik ist lediglich angedeutet, da an der Decke des Festsaals die Allegorien der Künste dargestellt sind; sie sind verteilt zwischen illusio-

Marcantonio Chiarini
Stadtpalais des Prinzen Eugen
Deckenfresko des Roten Salons
Aufnahme des Herkules in den Olymp, 1698

Marcantonio Chiarini
Palais Lobkowitz, Festsaal
Deckenfresko mit Allegorien der Künste, um 1700

Marcantonio Chiarini
Palais Trautson, Festsaal
Quadraturamalerei, um 1712

nistischen Architekturmalereien mit verblüffenden Effekten, die Marcantonio Chiarini in Zusammenarbeit mit dem Wiener Hofmaler Jacob van Schuppen ausführte (Abb. oben).

Chiarini war in Wien berühmt für seine Illusionsmalereien, daher verwundert es nicht, daß manche Auftraggeber auf figürliche Darstellungen zugunsten der reinen Raumillusion verzichteten. Zu ihnen gehörte Leopold Donat Graf Trautson, der den begehrten Maler für die Ausmalung seines Palastes gewinnen konnte (Abb. oben rechts). Die vielteiligen Architekturelemente wie Balustraden, Konsolen, Tondi, Kassetten oder Voluten sind mit Kandelabern, Früchtekörben, Lorbeerkränzen und Rocaillen verziert. Wie ein Ornamentnetz, in dem kaum zwischen Architektur- und Schmuckform zu unterscheiden ist, zieht sich das Illusionsgemälde über die Decke und in die Fensterwände sowie in die Stichkappen hinein, ein manieristisches Labyrinth, aber artistisch perfekt und für die Betrachtenden ein spektakulärer Anblick.

Gegen die Dominanz der Italiener und deren Vorliebe für die Verwandlung einer verhältnismäßig flachen Decke in einen imposanten Illusionsraum konnte sich als erster österreichischer Maler Johann Michael Rottmayr behaupten. Der 1654 in Bayern geborene und 1730 in Wien gestorbene Maler fertigte unter anderem die Deckenmalereien im Vestibül des Gartenpalais Liechtenstein an (1711/12). Von ihm stammt auch das Kuppelfresko in der Peterskirche (1715). Seine größte Leistung aber dürfte die Ausmalung der Kuppel in der Karlskirche gewesen sein (Abb. S. 115). Johann Bernhard Fischer von Erlach kannte den Maler schon aus seiner Salzburger Zeit, als Rottmayr in der Residenz beschäftigt war. Möglicherweise diskutierten sie das Verhältnis von Malerei und Architektur und erörterten die Sinnfälligkeit von Illusionsmalereien und den darin zu integrierenden Figurengruppen. Für Rottmayr stand jedenfalls fest, daß die architektonische Struktur der inneren Kuppel mit einer gemalten Kuppelschale überzogen werden müsse, um das figürliche Geschehen in die reale Kuppel einzubinden. Zunächst wählte er den Farbton der Tambour-Architektur, ein dezentes Altrosa und blasse

ABBILDUNG GEGENÜBER:
Johann Michael Rottmayr
Karlskirche, Kuppelfresko
Glorie des hl. Karl Borromäus
1725

Daniel Gran
Hofbibliothek, Kuppelfresko mit der Apotheose Kaiser Karls VI.
1730

Blautöne. In diesen Farben setzte er die Architektur malerisch fort, allerdings nur für die Rahmung der Kuppelokuli, die somit illusionistisch in die Baustruktur des Tambours eingebunden waren. Das Kuppelrund gestaltete er mit torsierenden Wolkenbahnen, die sich zur Öffnung der Laterne in immer engeren Kreisen in die Höhe ziehen. Auf die Wolkenballen setzte er, im rhythmischen Wechsel mit den Okuli, die Figurengruppen. Dargestellt ist die Verherrlichung des hl. Karl Borromäus, der vor Gott mit der Bitte erscheint, die Pest von Wien abzuwenden.

Nach Vollendung des Kuppelfreskos der Karlskirche nimmt die Dominanz der Italiener allmählich ab. Das mag auch mit einem weiteren Wiener Barockmaler von Rang zusammenhängen, Daniel Gran (1694–1757), der eine Generation jünger ist als Rottmayr. Gran hatte sehr bald Zugang zum Hof und zu den Adelskreisen, da sein Vater die Stelle des »Kayserl. Hoff- und Mundtkoch« innehatte. Gran, der strikt gegen die Quadraturamalerei in der Art Chiarinis eingestellt war und auch der Illusionsmalerei im Stile Pozzos nicht viel abgewinnen konnte, verbrachte seine Lehrzeit in Neapel und studierte die Fresken von Solimena. Tief beeindruckt muß er auch von den Arbeiten Rottmayrs gewesen sein, dessen Tätigkeit er in der Karlskirche verfolgen konnte. Ein Jahr nach der Vollendung des Kuppelfreskos erhielt er seinen bedeutendsten Auftrag: Er sollte, vermittelt wahrscheinlich durch Joseph Emanuel Fischer von Erlach, die Hofbibliothek ausmalen. Auch hier ging es zunächst um die Gestaltung einer Kuppel (Abb. oben). Er verfolgte ein ähnliches Konzept wie Rottmayr und entwickelte einen malerischen Entwurf, der den quergestellten Ovalraum mit der Kuppelarchitektur verbinden sollte. Unterhalb der Okuli setzte er Balustraden an, die sich um das Oval ziehen und, von Gestalten bevölkert, den Eindruck einer gebauten Galerie hervorrufen. Da die Okuli architektonisch gerahmt und untereinander verbunden sind, scheint die Kuppel erst oberhalb der Lichtöffnungen anzusetzen. Sie ist ausgemalt mit einer Apotheose des Auftraggebers, des Kaisers Karl VI., inmitten von Tugenden und Wissenschaften. Wie in der Karlskirche sind auch hier die Figurengruppen auf torsierenden Wolkenbahnen plaziert.

Das vom Hofgelehrten Conrad Adolph von Albrecht zusammengestellte ikonographische Pro-

Abbildungen rechts
oben:
Daniel Gran
Aufnahme Dianas in den Olymp
1732
Öl auf Leinwand, 76 x 110 cm
Österreichische Galerie Belvedere

Unten:
Paul Troger
Christus am Ölberg, um 1750
Öl auf Leinwand, 241 x 157 cm
Österreichische Galerie Belvedere

gramm sah neben dem in der Kuppel dargestellten *templum sapientiae* mit dem Kaiser einen Friedensflügel mit *Apoll und den Musen* und einen Kriegsflügel mit *Cadmus und der Schmiede des Vulkan* vor. Diese Malereien führte Gran von 1726 bis 1729 aus und begann dann mit den Arbeiten am Kuppelfresko, die 1730 abgeschlossen waren.

Fischers Architektur bereitete das intelligent zusammengestellte Bildprogramm gewissermaßen vor. Im Längsraum, mit Blick auf den ovalen Zentralbau, öffnet sich hinter den korinthischen Säulen der Ovalraum. Die Kuppel, den ikonographischen Mittelpunkt, sieht der Betrachter allerdings noch nicht. Erst wenn er das Säulentor durchschritten hat, erschließt sie sich ihm und offenbart damit die Glorifizierung des Kaisers. Sie steht an der Stelle des Goldenen Schnitts einer Gebäudehälfte. Das Oval ist dem Kaiser vorbehalten, der in der Kuppel als Apoll und Führer der Musen glorifiziert wird und zugleich als Herkules den Frieden durch die Niederwerfung des Feindes ermöglicht. Er ist Herr über Krieg und Frieden. Von ihm gehen die Bibliotheksflügel aus, die den Wissenschaften des Krieges und des Friedens gewidmet sind.

Die strenge Trennung von gemalter Architektur und dramatisch bewegten Personengruppen kommt in einem *modello*, einem in Öl gearbeiteten Entwurfsbild, sehr deutlich zum Ausdruck. Von Franz Ferdinand Graf Kinsky erhielt Gran im Jahre 1732 den Auftrag, ein Deckengemälde für das Jagdschloß Eckartsau in Niederösterreich zu schaffen (Abb. rechts oben). Es sollte den *Triumph Dianas* und die *Verherrlichung der Jagd* vorstellen. Wieder schuf Gran eine balustradenartige Architektur. Auf und vor der Emporengalerie agieren irdische Personen und Figuren des Olymp. Über ihnen wölbt sich ein klarer blauer Himmel, in den eine Wolke mit der Versammlung der Götter aufsteigt. Diese strenge Trennung von Figur, Dekor und Architektur verweist bereits auf die stilistische Entwicklung des Klassizismus. Wohl deswegen war Johann Joachim Winckelmann so voll des Lobes über die Arbeiten des österreichischen Künstlers, den er mit Peter Paul Rubens verglich.

Die Vollendung des österreichischen Barock wird mit der Malerei Paul Trogers (1698–1762) in Verbindung gebracht. Der aus dem Pustertal stammende Troger ließ sich in Italien ausbilden; er studierte den Stil Solimenas und später den des Venezianers Piazzetta. Als Freskant war er vorzugsweise in den niederösterreichischen Stiften tätig, weniger in Wien. 1750 erhielt er das Amt des Rektors an der kaiserlichen Akademie in der Residenzstadt und verantwortete die Ausbildung und Prägung der Folgegeneration. Sein *Christus am Ölberg*, der um 1750 entstand, veranschaulicht die Bruchstelle zwischen der bewegten Figurentorsion der älteren Generation und der farblich sparsamen und figurativ ruhigen Komposition des sich ankündigenden Klassizismus.

ABBILDUNG GEGENÜBER:
Franz Anton Maulbertsch
Kuppelfresko der Piaristenkirche mit der Apotheose Mariens, 1752

Franz Anton Maulbertsch
Die Akademie mit ihren Attributen zu Füßen Minervas, 1750
Öl auf Leinwand, 72 x 91 cm
Österreichische Galerie Belvedere

Franz Anton Maulbertsch, ein Troger-Schüler, ist allerdings ganz andere Wege gegangen. Maulbertsch, geboren 1724 in Langenargen am Bodensee im Schatten des Montfortschlosses, wurde auf Empfehlung des Grafen Montfort im Jahre 1739 nach Wien an die Akademie berufen. 1752 erhielt er den Auftrag, die Piaristenkirche auszumalen (Abb. S. 119). Im Kuppelfresko erweist sich der Maler als origineller Erneuerer der barocken Malerei, allerdings nicht in der klassizistischen Richtung und auch nicht im Sinne des strengen Hell – Dunkels der Italiener, so wie Troger seine Kompositionen noch angelegt hatte. Das Italienische war abgestreift. Die Raumillusion mittels komplizierter perspektivischer Systeme erschien Maulbertsch absonderlich. Für ihn war die Farbe das einzige Mittel, Illusion im dynamischen Wechselspiel von gemalter Figur und gebauter Architektur zu erzeugen.

In die Hauptkuppel der Piaristenkirche setzte er das Bild Mariens, die im Wolkenwirbel zur Trinität emporsteigt. Mittels eines ausgeprägten und leicht nachvollziehbaren Achsensystems verband er Figurengruppen des Alten mit Szenen des Neuen Testaments, die typologisch aufeinander bezogen sind. Die gemalte Palastarchitektur versteht sich nicht mehr als illusionistische Fortsetzung des Kirchenbaus, sondern verschmilzt mit den Wolken, auf denen die Figuren in steilen Verkürzungen in den Sakralraum hinabzustürzen scheinen.

Vor diesem Auftrag, der für einen 28jährigen sehr ehrenvoll gewesen ist, gab Maulbertsch eine Probe seines Könnens ab, die wohl für seine Wahl in der Piaristenkirche ausschlaggebend war. 1750 wurde an der Wiener Akademie ein Wettbewerb ausgeschrieben. Der Text lautete: »Thema für die Praemia in der Mahlerey 1750. Allegoria, oder verblümte Vorstellung der Kayserin unter der Gestalt der Minerva mit ihren Attributis oder Eigenschaften sitzend.« Maulbertsch malte die Kaiserin in der Gestalt der Minerva als Göttin der Weisheit und stellte damit ihre Schutzfunktion als oberste Gebieterin der Künste dar (Abb. oben). Damit wurde zum einen der kaiserlichen Akademie und zum anderen dem Charakter Maria Theresias gehuldigt. Maulbertsch erhielt den ersten Preis und rückte damit in der Riege der Wiener Maler an die erste Stelle.

ABBILDUNG GEGENÜBER:
Kaiserliche Hofwerkstatt in Prag
Die Krone Rudolfs II., 1602
Gold, Email, Edelsteine, Perlen
H: 28 cm
Schatzkammer der Hofburg

Die Wiener Schatzkammer

Im historischen Kernbau der Wiener Hofburg, dem Schweizer Trakt, ist die berühmte Wiener Schatzkammer untergebracht. Es ist heute schwierig, den Weg der Schätze seit dem Mittelalter zu rekonstruieren. Nicht immer war der Ursprungsbau auch zugleich der Aufbewahrungsort der kaiserlichen Kleinodien. Vermutlich ist schon im 16. Jahrhundert unter Kaiser Rudolf II. in der Stallburg eine Kunstkammer eingerichtet worden, um dort die Schätze unterbringen zu lassen. Hundert Jahre später, während der Regierungszeit Kaiser Leopolds I., wechselte die Schatzkammer in einen Trakt der Hofburg. Auch dort konnte sie nicht lange bleiben, denn schon wenige Jahrzehnte später wurde dieser Teil abgerissen, um dem Neubau des Reichskanzleitraktes zu weichen. Die Schätze wurden 1723 wieder in den Schweizer Trakt zurückgebracht.

Aber auch dort sind sie nicht mehr in der ursprünglichen Zusammenstellung erhalten. In den Jahren von 1871 bis 1891 wurden die Kunstschätze der Habsburger neu geordnet. Viele der kostbaren Goldschmiedearbeiten und Kleinplastiken fanden eine neue Aufstellung im Kunsthistorischen Museum. Zur Zeit des Dritten Reichs wurde die Schatzkammer geschlossen, da die Reichskleinodien offiziell gestohlen und nach Nürnberg entführt worden waren. Nach dem Zweiten Weltkrieg erhielt die österreichische Regierung die Objekte zurück. Zehn Jahre später öffnete sich wieder die alte Tresortür des Jahres 1712 mit dem Monogramm des Kaisers Karl VI., den beiden über einem Kreuz ineinander verschlungenen Buchstaben C.

Die Bedeutung einer Schatzkammer bemißt sich nicht ausschließlich an der Sammlung kostbarer Kunstobjekte, sondern auch an der hohen Würde, die in ihnen zum Ausdruck kommt. Die Schatzkammer ist ein Hort der Symbole. Insignien und Kronen sind mehr wert als ihre äußere prunkvolle Gestaltung. Ihre Funktion erhielt die Schatzkammer aber erst seit der Renaissance, als ihr durch humanistische Bestrebungen, das Wissen der Welt in Objekten zu sammeln, neue Aufgaben zugewiesen wurden. Die mittelalterlichen Münz- und Waffensammlungen wurden abgelöst von wissenschaftlichen Objekten und künstlerischen Preziosen. Hinzu kamen neu gefaßte mittelalterliche Insignien, die durch ihr kostbares Material und die besondere künstlerische Gestaltung an Symbolkraft gewinnen sollten. Die Schatzkammer erhielt den Charakter einer Kunst- und Wunderkammer (Abb. oben rechts).

Erst im Übergang zur Barockzeit veränderte sich das Verhältnis zur Symbolik der Reichsinsignien. Es ging nicht mehr um die göttliche Institution des Herrscheramtes, sondern um die Größe, Würde und den Glanz des Herrschers, um weltliche Tugencen also. Die Rudolfinische Krone weist in miniaturhaften Darstellungen den Herrscher – neben seinen Krönungen zum Kaiser des Heiligen Römischen Reiches, zum König von Ungarn und zum König von Böhmen – auch als Türkenbezwinger aus.

Die Reduzierung der sakralen Bedeutung zugunsten der profanen Repräsentation zog die Betonung des artistischen Elements nach sich. Goldschmiedearbeiten, Steinschneidearbeiten und Kleinbronzen lagen in der Gunst der Herrscher an erster Stelle. Gewünscht waren seltene und außergewöhnliche Preziosen ohne praktischen Verwendungszweck. Besonders gefragt waren künstlerische Fassungen von Naturobjekten wie Korallen, Straußeneiern oder Nüssen. Das wissenschaftliche Interesse ging über in ästhetischen Genuß. Daß die Fertigkeiten der Künstler und die Kostbarkeit des Materials allmählich höher eingeschätzt wurden als der Symbolgehalt, geht aus einer despektierlichen Äußerung der Kaiserin Maria Theresia hervor, die in einem Brief an ihren Kanzler Kaunitz ihre Krone schlicht als »Narrenhäubel« bezeichnete.

Dabei erreichte die Wiener Schatzkammer während ihrer Regierungszeit einen unvergleichlichen Höhepunkt. Joseph Angelo de France besorgte in den Jahren zwischen 1747 und 1750 die Neuaufstellung der Objekte und legte dabei besonderen Wert auf das Interieur. Er ließ die Inneneinrichtung samt Mobiliar im Rokokostil herrichten, um den Brillantenschatz der kaiserlichen Familie in entsprechend prunkvollem Rahmen auszustellen. Neben dem weltberühmten »Florentiner«, einem der größten Diamanten der Welt, wurden auch die Brillantkronen des Kaiserpaares – eben auch jenes »Narrenhäubel«, das heute leider nicht mehr existiert – gezeigt.

Die Schatzkammer läßt sich in fünf Abteilungen aufteilen. In der ersten Abteilung sind die Insignien und Ornate des Kaisertums aufbewahrt. Zu ihnen gehört die schon vorgestellte Rudolfinische Krone

Unbekannter Künstler
Detail aus der Ehrenpforte Kaiser Maximilians I.
Die Schatzkammer
Holzschnitt, Mitte 16. Jh.
Österreichische Nationalbibliothek

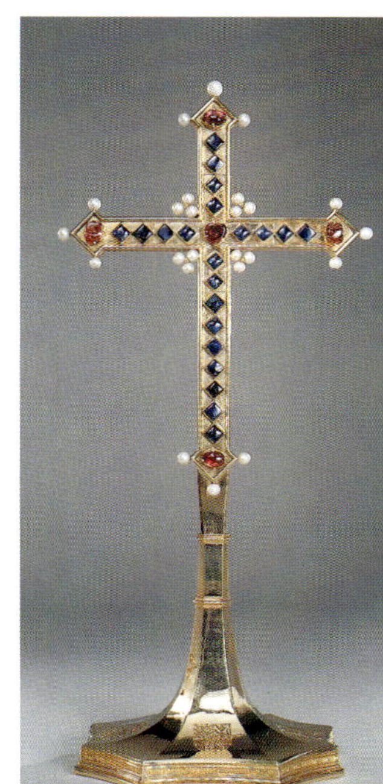

Burgundische Werkstatt
Schwurkreuz des Ordens vom Goldenen Vlies, vor 1429
Schatzkammer der Hofburg

(Abb. S. 120). Zu den Kaiserinsignien gehören ferner der Reichsapfel und das Zepter. Besondere Bedeutung erlangte diese Trias zu Beginn des 19. Jahrhunderts, als Kaiser Franz I. zwischen 1804 und 1806 alle habsburgischen Herrschaften, ob es nun Königreiche oder Herzogtümer waren, in einem einheitlichen Kaisertum vereinte. Dieselbe Krone, sowie Reichsapfel und Zepter, welche dreihundert Jahre lang die Würde Habsburgs vertreten hatten, wurden von Franz zu Insignien des neuen Kaisertums bestimmt.

In einer zweiten Abteilung sind die Insignien des Erzherzogtums Österreich zu betrachten. Das bedeutendste Stück ist der Erzherzogshut, der »posthum« dem Herzog Rudolf IV., dem Stifter, verliehen wurde. Dieser hatte im 14. Jahrhundert versucht, vom Kaiser das »privilegium maius«, die Erzherzogswürde also, zu erlangen, was aber abschlägig beschieden wurde. Seine Nachfolger bemühten sich weiterhin um dieses Privileg und erlangten es schließlich hundert Jahre später von Kaiser Friedrich III. Erzherzog Maximilian III., Hochmeister des Deutschen Ritterordens, ließ daraufhin 1616 diesen Hut anfertigen und übereignete ihn dem Stift Klosterneuburg, wo er heute noch ausgestellt ist.

In einer dritten Abteilung sind die Schätze des Ordens vom Goldenen Vlies zu sehen. Maria von Burgund, die Tochter des Burgunderherzogs Karl der Kühne, der 1477 in der Schlacht bei Nancy sein Land verlor, verheiratete sich mit dem Erzherzog Maximilian von Österreich, dem späteren Habsburgerkaiser, und gliederte dadurch große Teile Burgunds in das Reich ein. Mit dem burgundischen Herzogstitel fiel auch der von Herzog Philipp dem Guten 1429 gegründete Orden vom Goldenen Vlies an die Habsburger. Dieser Ritterorden, der sich dem Kampf gegen die Ungläubigen verschrieben und der innigen Marienverehrung gewidmet hatte, bezog seine Symbole und Attribute aus der griechischen Argonauten-Sage, in der es um den Kampf gegen Ungeheuer und den Triumph in Form der Trophäe des Goldenen Vlieses ging.

Das Schwurkreuz mit dem burgundischen Herzogswappen, das in einer burgundischen Werkstatt zur Zeit der Gründung des Ordens hergestellt wurde, war wahrscheinlich für ein Mitglied der königlichen Familie vorgesehen (Abb. S. 121 rechts unten). Der Meßornat zählt zu den bedeutendsten Stücken der Sammlung. Mit ziemlicher Sicherheit ist er vor der Ordensgründung angefertigt worden, da er keine Ordens-Embleme aufweist. Die Heiligen Johannes und Katharina neben der Muttergottes sind in der typischen Form des frühen 15. Jahrhunderts wiedergegeben (Abb. links). Vermutlich war der Ornat für die herzogliche Kapelle bestimmt und wurde erst später dem Orden vermacht.

In der vierten Abteilung sind die Insignien und Kleinodien des Heiligen Römischen Reiches

Rheinische Goldschmiedewerkstatt
Reichskrone, um 950
Gold, Edelsteine, Perlen, Email
H. 15 cm
Schatzkammer der Hofburg

Kölner Goldschmiedewerkstatt
Reichsapfel, um 1180
Gold, Edelstein, Perlen, H: 21 cm
Schatzkammer der Hofburg

untergebracht. Ein abendländischer Fürst kam zu den höchsten Ehren und Würden, wenn ihm diese Insignien verliehen wurden. Traditionsgemäß lassen sie sich vom Ornat des byzantinischen *Basileus* und zugleich vom dem des römischen Kaisers ableiten. Die von den Fürsten des Reiches gewählten Könige erhielten das Recht, sich in Rom vom Papst zum Kaiser krönen zu lassen. Die Reichskrone und die Heilige Lanze verkörperten somit den universalen Herrschaftsanspruch des Kaisers (Abb. oben).

Die Reichskrone wurde vermutlich in einer rheinischen Goldschmiedewerkstatt um die Mitte des 10. Jahrhundert geschaffen. Wahrscheinlich war sie für die Kaiserkrönung Ottos des Großen in Rom im Jahre 962 vorgesehen. Auffallend ist, daß die Krone in der Nachfolgezeit mehrmals verändert wurde. So hat man das Kreuz und den Bügel mehrfach ausgetauscht. Möglicherweise wollte jeder Herrscher die Krone als persönliches Symbol der Macht kennzeichnen. Das ikonographische Programm umfaßt das Thema des universalen und von Gott gegebenen Herrschertums. Auf den Zellenschmelzplättchen sind unter anderem Christus als Weltenherrscher, König David als Sinnbild der Gerechtigkeit und König Salomon als Sinnbild der Weisheit dargestellt.

Das Krönungsritual sah die Übergabe des Reichsapfels und des Zepters vor. Dabei verkörperte der Reichsapfel (Abb. oben) das Weltall und verwies auf die Aufgabe des Kaisers, in seinem unumschränkten Machtbereich stellvertretend für den Weltenherrscher zu regieren. Der Reichsapfel dürfte erst Ende des 12. Jahrhunderts entstanden sein, da die Forschung Zusammenhänge mit dem Kölner Dreikönigsschrein feststellen konnte. Dokumentarisch ist die Übergabe des Reichsapfels für das Jahr 1191 nachgewiesen, als der Staufer Heinrich VI. zum Kaiser gekrönt wurde.

Zum Kronschatz gehört ferner das Reichsschwert, von dem drei Exemplare in Wien aufbewahrt sind. Sie datieren aus dem 12. und 13. Jahr-

ABBILDUNG GEGENÜBER:
Burgundische Werkstatt
Mittelstück des Antependiums des Ordens vom Goldenen Vlies
um 1410, 330 x 119 cm
Schatzkammer der Hofburg

hundert, der Zeit der Staufer. Neben dem Staatsschwert, das aufrecht mit der Spitze nach oben getragen wurde, ist auch ein Zeremonienschwert vorhanden, das dem Ritterschlag nach der kirchlichen Zeremonie diente. Dieses Schwert gehörte zu dem Ornat, den der Staufer Friedrich II. im Jahre 1220 anläßlich seiner Kaiserkrönung in Rom trug. Bis auf die Krone, die er seiner Gemahlin Constanze in das Grab in Palermo legte, übertrug Friedrich die Gewänder, die Schuhe, die Strümpfe, die Handschuhe und das Schwert dem Reichsschatz für künftige offizielle Krönungsrituale.

In einer fünften Abteilung sind schließlich die Objekte versammelt, die dem Herrscherhaus wertvoll und besonders kunstvoll gearbeitet erschienen. Sie stehen ideologisch also nicht mit der Herrscherwürde des Hauses Habsburg in Zusammenhang. Es handelt sich hier hauptsächlich um Zeremonialgeräte und Erinnerungsstücke. Zu den ungewöhnlichsten Exponaten der Schatzkammer, die als »unveräußerliches Erbstück« gelten, gehören ferner eine große Schale, die aus einem Stück Achat geschnitten wurde, und ein als »Ainkhürn« bezeichneter Zahn eines Narwales, der fast zweieinhalb Meter mißt und unbearbeitet geblieben ist. Der Name »Ainkhürn« verweist auf die Legende vom Einhorn, das auf der Flucht vor dem Jäger im Schoß einer keuschen Jungfrau Zuflucht und Schutz fand. Die Legende wurde in eine christliche Variante übertragen. Das Einhorn steht für den Erlöser und seine Geburt durch die Jungfrau Maria. Das Horn des Tiers avancierte dadurch zum Symbol für den Sieg Christi über den Tod. Dieser legendär-sakrale Kontext ist wichtig, denn sonst wäre eine Aufbewahrung dieses Kuriosums in einer kaiserlichen Schatzkammer nicht denkbar gewesen. Die Achatschale und der Narwal-Zahn sind seit dem 16. Jahrhundert nachweisbar. Überliefert ist, daß König Sigismund von Polen das »Ainkhürn« Kaiser Ferdinand I. darbrachte. Möglicherweise stammt die Achatschale aus Burgund und ist mit der Vereinigung beider Häuser nach Wien gekommen.

Innerhalb dieser Abteilung kommt dem Schmuck für repräsentative Anlässe eine besondere Bedeutung zu. Im 18. Jahrhundert konzentrierte sich die Sammlertätigkeit auf Edelsteine wie Saphir, Smaragd, Rubin und vor allem auf den Diamanten, dessen Wirkung durch die Kunst des Schleifens auf ungewöhnliche Weise gesteigert wurde. Die Steine verwendete man in der Barockzeit oft zur Komposition von künstlichen Blumensträußen. Zu den schönsten dieser Art gehört das Juwelenbouquet der Kaiserin Maria Theresia (Abb. links), das nach dem Tod ihres Gemahls Franz Stephan in die Schatzkammer aufgenommen wurde, gewissermaßen als Reverenz an die Sammlerleidenschaft des Kaisers, der, von naturwissenschaftlichem Forscherdrang getrieben, wertvolle Mineralien zusammentrug. Diese letzte Abteilung von Kuriosa und Schmuckstücken der Wiener Schatzkammer trägt dazu bei, daß der Eindruck einer Kunst- und Wunderkammer bis heute lebendig geblieben ist.

Johann Michael Grosser
Juwelenbouquet der Kaiserin Maria Theresia, um 1750
Edelsteine, Silber, Bergkristall und Papier, H. 49 cm
Schatzkammer der Hofburg

Die Kunstsammlungen der Habsburger

Im Kunsthistorischen Museum hängt ein Gemälde, das eindrucksvoll die Sammelleidenschaft der Habsburger veranschaulicht (Abb. S. 125). Zu sehen ist eine für das Kaiserhaus offensichtlich sehr bedeutsame Staatsaktion, die der Neapolitaner Francesco Solimena im Auftrag des Hofes festhielt: Der Oberbaudirektor Graf Althann, seit 1716 Aufseher der kaiserlichen Bauten, kniet vor Karl VI. nieder und überreicht ihm das Inventar der in der Stallburg neu installierten Gemäldegalerie. Sowohl der Kaiser als auch sein Beamter schauen mit würdigen Blicken aus dem Gemälde.

Das im Jahre 1728 vollendete monumentale Gemälde, das in einen prunkvollen, mit Adler und kaiserlichen Insignien bekrönten Rahmen gefaßt ist, wurde in der Stallburg feierlich enthüllt. Über dem in einer Ritterrüstung gekleideten Kaiser schweben Fama, den Ruhm des Hauses Habsburg verkündend, sowie ein Genius, der einen

ABBILDUNG GEGENÜBER:
Francesco Solimena
Kaiser Karl VI. und Graf Grundaker Althann, 1728
Öl auf Leinwand, 309 x 284 cm
Kunsthistorisches Museum

David Teniers d. J.
Erzherzog Leopold Wilhelm besichtigt Bilder in seiner Galerie in Brüssel, um 1660
Öl auf Leinwand, 123 x 123 cm
Kunsthistorisches Museum

Lorbeerkranz über das Haupt des Herrschers hält. Mit diesem Gemälde wird die machtpolitische Bedeutung der Neueinrichtung der habsburgischen Gemäldesammlung deutlich vor Augen geführt. Im selben Jahr fand übrigens die Überführung und Integration des noch in Prag und Innsbruck befindlichen kaiserlichen Kunstbesitzes ihren Abschluß.

Für Kaiser Karl VI. war Kunst ein Herrschaftsinstrument. Mit Solimenas Bild wurde die Apotheose des Hauses Habsburg künstlerisch gefeiert; über die Sammlertätigkeit Karls ist allerdings kaum etwas überliefert. Dagegen können wir uns heute ein recht genaues Bild vom Sammeleifer eines anderen Mitglieds des österreichischen Kaiserhauses machen, des Erzherzogs Leopold Wilhelm. Der jüngere Bruder Kaiser Ferdinands III., Bischof und Hochmeister des Deutschen Ordens, der zwischen 1647 und 1656 das Amt des Statthalters in den spanischen Niederlanden versah, galt als der größte Kunstsammler Brüssels. Er vereinigte in seiner Galerie nahezu 1400 Gemälde. Mehrmals beauftragte der Erzherzog seinen Hofmaler David Teniers d.J., eine Art Bestandsaufnahme seiner Galerie in Form eines großformatigen Gemäldes anzufertigen (Abb. oben). Er selbst erscheint im Mittelgrund, um die Arbeiten zu inspizieren oder sich vom Galeriedirektor Erläuterungen zu einzelnen Werken oder Neuerwerbungen vortragen zu lassen. Viele der gezeigten Gemälde sind heute noch Bestandteil der Sammlungen und im Kunsthistorischen Museum zu bewundern.

In dem größeren der beiden Galeriebilder wird die Vorliebe des Sammlers für die venezianische Malerei des 16. Jahrhunderts deutlich. An der

ABBILDUNG GEGENÜBER:
Raphael (Raffaelo Santi)
Die Hl. Margarethe, um 1520
Öl auf Holz, 192 x 122 cm
Kunsthistorisches Museum

Schrankwand links fallen ein Portrait von Tizian und der *Brudermord* von Simone Cantarini auf. Auf der großen Schauwand links oben sind die *Drei Philosophen* von Giorgione und daneben die *Anbetung* von Veronese auzumachen. Ganz rechts in der zweiten Reihe von oben ist wieder ein Tizian mit einer *Sacra Conversazione* (Madonna mit Heiligen) zu sehen. Unten, auf dem Boden stehend und an einen Stuhl gelehnt, erkennt man Raphaels *Hl. Margaretha* und daneben Veroneses *Esther vor Ahasver*, ein Bild, das sich heute in den Uffizien in Florenz befindet. Raphaels Gemälde muß kurz nach 1659 erworben worden sein, da es in diesem Jahr von England in die herzogliche Sammlung nach Brüssel überführt wurde (Abb. rechts). Teniers versah das Gemälde mit einer Draperie und rückte es in den Vordergrund, um es als Neuerwerbung hervorzuheben.

Leopolds unermüdliche Sammlertätigkeit hat entscheidend zum hohen Rang der Wiener Gemäldesammlungen beigetragen. Dabei sollte allerdings nicht übersehen werden, daß schon Jahrzehnte zuvor, um 1600, Kaiser Rudolf II. die Grundlage der später so berühmten Sammlungen legte. Rudolf, der am Hof Philipps II. in Spanien erzogen wurde, konnte sich dort mit den Kunstschätzen vertraut machen. Später legte er in seiner Prager Residenz eine Kunstkammer an. Er organisierte sein Kabinett übrigens nach den Vorstellungen der großen Kunstkammer in Schloß Ambras bei Innsbruck, die Erzherzog Ferdinand II. von Tirol, Sohn Kaiser Ferdinands I. und feinsinniger Kunstkenner, aufgebaut hatte. Rudolf gelang es, viele italienische Meisterwerke aus Spanien nach Prag zu holen, unter anderem Werke von Tizian, Correggio und Parmigianino. Aus dem Nachlaß seines Bruders Ernst erbte er so berühmte Gemälde wie die *Heimkehr der Herde*, den *Turmbau zu Babel* (Abb. S. 128) oder die *Kinderspiele* von Pieter Brueghel d. Ä. Seine besondere Leidenschaft aber galt dem Schaffen von Albrecht Dürer. Fast alle Werke dieses Künstlers, die heute im Kunsthistorischen Museum zu bewundern sind, wurden von Rudolf erworben.

Die Kunstkammer Rudolfs und die erzherzogliche Sammlung aus Brüssel wurden unter Kaiser Leopold I., dem Neffen des niederländischen Statthalters, gegen Ende des 17. Jahrhunderts zusammengeführt und zusammen mit den Infantenportraits von Diego Velázquez in der Stallburg untergebracht. Allerdings erschöpfte sich der dort vorhandene Platz, da sein Sohn Karl, wie bereits erwähnt, die verbleibenden Prager und Innsbrucker Kunstobjekte nach Wien geholt und feierlich die neugeordnete Gemäldegalerie eröffnet hatte; ein halbes Jahrhundert später waren außerdem die großen Rubensaltäre aus Antwerpen in die Habsburgermetropole gelangt.

Kaiser Joseph II., dem die barocke Hängung ohnehin nicht gefiel, suchte Ende des 18. Jahrhunderts neue repräsentative Räumlichkeiten. Er

Abbildung gegenüber:
Kunsthistorisches Museum
Gemäldegalerie, Rubenssaal

Pieter Brueghel d.Ä.
Der Turmbau zu Babel, 1563
Öl auf Holz, 114 x 155 cm
Kunsthistorisches Museum

Kunsthistorisches Museum
Eingang zur Gemäldesammlung

fand sie schließlich in der Galerie des Oberen Belvedere, dem ehemaligen Sommerpalais des Prinzen Eugen von Savoyen. Als Prinz Eugen, ein Förderer der Künste und Wissenschaften und ebenfalls ein leidenschaftlicher Sammler, im Jahre 1736 starb, ohne ein Testament zu hinterlassen, gelangte Eugens Nichte Victoria in den Besitz der Kunstsammlung. Sie veräußerte den größten Teil der Bestände, darunter die kostbaren antiken Statuen aus Herculaneum und die unschätzbare Gemäldesammlung, deren Werke bald in alle Winde zerstreut waren.

Nachdem Maria Theresia im Jahre 1752 den Belvedere-Komplex erwerben konnte, veranlaßte ihr Sohn Joseph 1776 die Einrichtung und Hängung eines großen Teils der Kaiserlichen Gemäldegalerie im Oberen Belvedere. Fünf Jahre später wurde die Galerie als erstes öffentliches Kunstmuseum eröffnet. Im Jahre 1815 richtete man auch das Untere Belvedere als Museumsgebäude ein, um hier die Kunstkammer des Schlosses Ambras bei Innsbruck auszustellen. Als auch ein Teil der Kaiserlichen Antikensammlung im Unteren Belvedere untergebracht wurde, fielen der Platzmangel und das Gedränge der Exponate besonders störend auf. Abhilfe brachte erst das zwischen 1871 und 1891 an der Ringstraße erbaute Kunsthistorische Museum. Hier fand die Kaiserliche Gemäldesammlung schließlich eine neue und bis heute dauernde Bleibe. Im ersten Stockwerk des Museums lassen sich die Schätze der Kaiserlichen Gemäldesammlung in großzügigen Sälen bewundern (Abb. S. 129). Im westlichen Flügel ist die Malerei der romanischen Länder untergebracht, im östlichen sind die deutschen, flämischen und holländischen Schulen zu finden.

Neben den vielen Gemälden Dürers, die Kaiser Rudolf II. in Prag sammelte, waren es auch etwa 370 Dürer-Zeichnungen, die der Kaiser aus dem Nachlaß der Witwe des Malers und aus der Erbschaft des Kardinals Granvella in Madrid erwerben konnte. Diese Blätter gelangten Mitte des 17. Jahrhunderts in die Schatzkammer der Hofburg und wurden 1796 Herzog Albert von Sachsen-Teschen, dem kunstsinnigen Onkel des Kaisers Franz, vermacht (Abb. S. 130 oben). Der Kaiser wußte, wem er diesen Schatz schenkte. Albert, verheiratet mit der Erzherzogin Marie - Christine, einer Tochter Maria Theresias, verfügte bereits über eine ansehnliche Sammlung graphischer

Blätter, vorwiegend venezianischer Meister. Außerdem übergab der Kaiser dem Herzog, der seit 1794 mit dem Titel des Reichsfeldmarschalls ausgezeichnet war, ein ca. 50 Jahre zuvor erbautes Palais auf der Augustinerbastei. Ab 1795 ließ Albert das Gebäude zur Galerie umbauen und erweitern. Im Albertinischen Palast, der späteren Albertina, fand die umfangreiche graphische Sammlung ihren Platz. Hier sind alle bedeutenden europäischen Schulen, besonders die der Italiener, Deutschen, Franzosen und Holländer, mit ihren Hauptwerken vertreten. Zweifelsohne bilden die Dürer-Blätter, aber auch Zeichnungen von Leonardo, Michelangelo oder Raphael, unvergleichliche Höhepunkte.

Die Sammlung für Plastik und Kunstgewerbe im Ostflügel des Hochparterres des Kunsthistorischen Museums umfaßt die Zeit vom Mittelalter bis zum Barock. Neben vielen kostbaren Stücken ragt das berühmte Salzfaß heraus, das Benvenuto Cellini für den französischen König Franz I. zwischen 1540 und 1543 anfertigte (Abb. links unten).

Die üppig ausgestatteten Kunst- und Wunderkammern der Habsburger in Ambras oder Prag wurden zwischen dem 17. und 18. Jahrhundert in großen Teilen nach Wien gebracht und fanden dort neue Unterkünfte. Neben dem Kunsthistorischen Museum und der Schatzkammer in der Hofburg ist es die Hoftafel- und Silberkammer der Hofburg, in der ein großer Teil der Ambraser Sammlung untergebracht ist. Bemerkenswert ist ebenfalls die benachbarte Hofjagd- und Rüstkammer mit der größten Waffensammlung der Welt. Lohnenswert ist es außerdem, einen Blick in die Sammlung alter Musikinstrumente zu werfen. Auch hier stammen wieder die kostbarsten Stücke aus der Ambraser Kunstkammer. In der Neuen Hofburg ist das Museum für Völkerkunde mit einer an Überraschungen reichen Sammlung vertreten, die sich u. a. aus Teilen der Prager und der Ambraser Kunstkammer zusammensetzt. Viele Objekte stammen aus Mittel- und Südamerika, besonders aus Mexiko. Hernán Cortés, der Eroberer des Aztekenreiches, überbrachte zu Beginn des 16. Jahrhunderts viele kostbare Beutestücke seinem Kaiser Karl V. Dieser vermachte Teile der Sammlung an Ferdinand II. von Tirol, der sie in seine Kunstkammer auf Schloß Ambras integrierte. Von Ambras fanden die Exponate ihren Weg nach Wien. Ein ungewöhnlich prunkvolles Stück ist die Federkrone Moctezumas II., des letzten Aztekenkaisers, der im Kampf gegen die Truppen des Cortés ums Leben kam.

Der Wunsch der österreichischen Habsburger, wie Philipp II. ein Reich zu beherrschen, in dem die Sonne nicht untergeht, war in einem von Kriegen zerrütteten Europa natürlich nicht mehr zu verwirklichen. Die politischen Ambitionen des Hauses aber werden noch heute in eindrucksvoller Weise durch seine reichen und vielseitigen Kunstsammlungen veranschaulicht.

Albrecht Dürer
Das große Rasenstück, 1503
Aquarell, 41 x 31 cm
Graphische Sammlung Albertina

Benvenuto Cellini
Salzfaß, sog. »Saliera«, 1540–43
Gold, teilweise emailliert
Sockel aus Ebenholz
H: 26 cm B: 33,5 cm
Kunsthistorisches Museum

Bernardo Bellotto (Il Canaletto)
Das kaiserliche Lustschloß Schönbrunn, Ehrenhofseite, 1759/60
Öl auf Leinwand, 134 x 238 cm
Kunsthistorisches Museum

ABBILDUNG RECHTS:
Johann Georg Hamilton
Rebhühner im Park von Schönbrunn, 1732
Schloß Schönbrunn, Leihgabe des Kunsthistorischen Museums

Das Gesamtkunstwerk Schönbrunn

Der Begriff des Gesamtkunstwerks ist oft mißverständlich verwendet worden. Eine Gesamtheit *aller* Künste kann es nicht geben, wohl aber ein Zusammenspiel verschiedener Kunstarten unter dem Primat einer Gattung. Im Barockzeitalter war die Baukunst dominant, die Malerei und Skulptur miteinander verband, die theatralischen Künste miteinbezog und einen festlichen Rahmen für musikalische Aufführungen bot. Hinzu kommt die Gartenbaukunst, die im engen Kontext mit dem barocken Schloß oder dem Gartenpalais betrachtet werden muß, gerade wenn es um die Inszenierung von Festen ging, die, abgesehen von spektakulären Feuerwerken oder Prozessionen, ohne Theater, Oper oder Musik nicht denkbar gewesen wären.

Das »Theatrum Mundi«, das Welttheater des Barock, hat sich zur Regierungszeit Kaiser Karls VI. und der Kaiserin Maria Theresia zu einem wesentlichen Teil in Schloß Schönbrunn entfaltet. Zwei Gemälde mögen kennzeichnend sein für die dem Gesamtkunstwerk inhärente soziale Funktion des Schlosses. Das eine stammt von Johann Georg Hamilton und zeigt auffliegende Rebhühner, also jagdbare Vögel, und im Hintergrund das Schloß im Bauzustand des Jahres 1732 (Abb. rechts). Das andere Gemälde von Bernardo Bellotto, dem

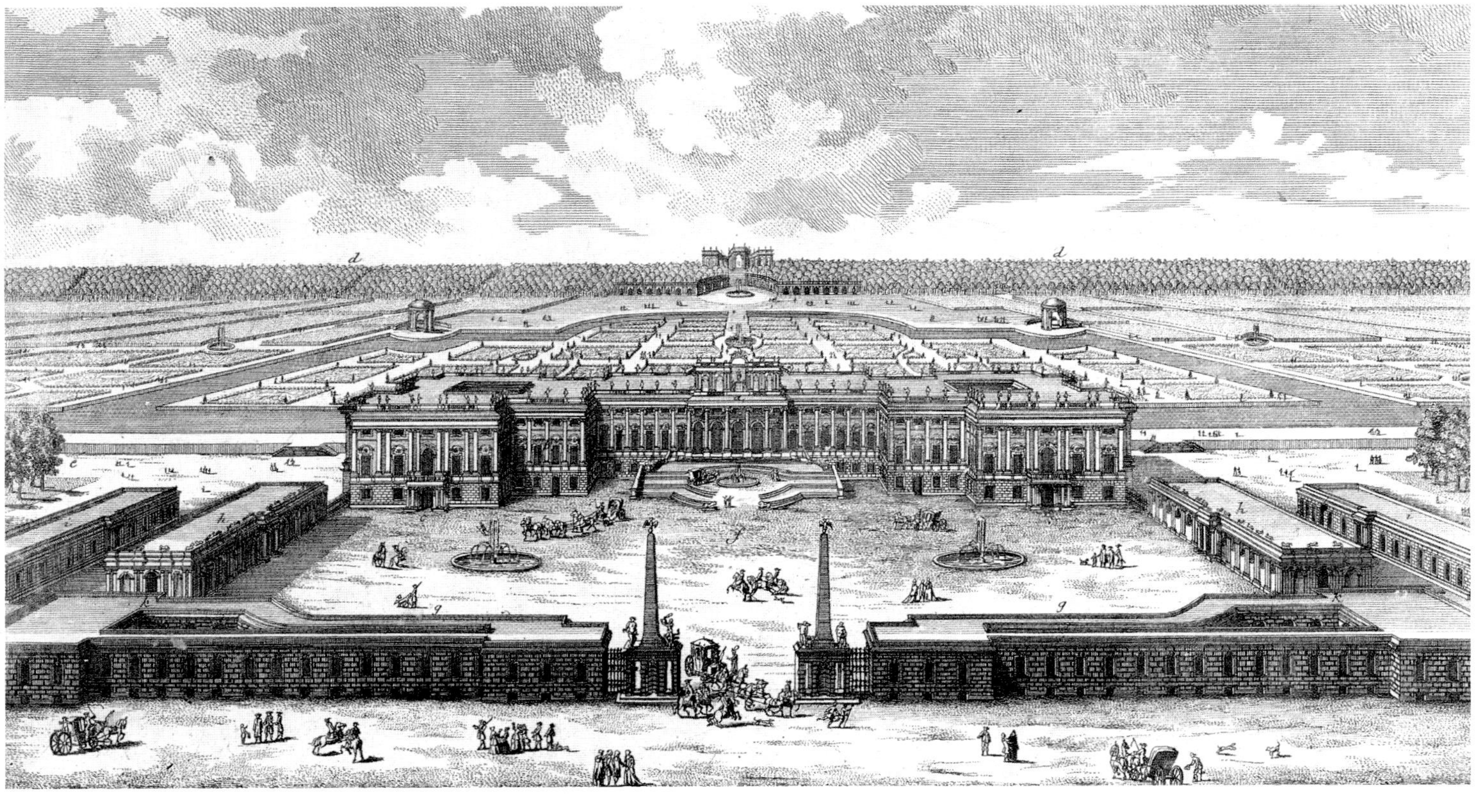

Johann Bernhard Fischer von Erlach
Zweiter Entwurf für das kaiserliche Lustschloß Schönbrunn, 1696

berühmten Vedutenmaler Wiens, präsentiert dem Betrachter eine glanzvolle Schloßanlage mit Ehrenhof, welcher mit zahlreichen Personen, darunter auch Klerikern, Reitern sowie mehreren Kutschen, belebt ist (Abb. S. 131 oben). Das Szenarium schildert die Ankunft des Grafen Kinsky, der als Kurier den Sieg über Friedrich II. von Preußen bei Kunersdorf am 12. August des Jahres 1759 überbringt. Das Schloß, das die Weltmacht Habsburg repräsentiert und seine kaiserliche Würde wie seine politische Macht mit dieser glanzvollen Vedute demonstriert, steht dem intimen Naturstück gegenüber, das auf die Privatheit der kaiserlichen Familie anspielt. In diesem sehr weit gefaßten Spektrum kann das kaiserlich-private Schönbrunn betrachtet und damit die »Habsburger Seele« veranschaulicht werden.

Die vorbarocke Geschichte Schönbrunns geht auf das 16. Jahrhundert zurück, als der Wiener Bürgermeister Hermann Bayer eine befestigte Mühle, die Katterburg, zu einem Herrensitz mit Lustgarten ausbauen ließ. Die Anfänge des barocken Schlosses aber weisen auf Kaiser Matthias, der auf einem seiner Jagdzüge in diesem Gebiet eine Quelle entdeckte, die er einen schönen Brunnen nannte – so entstand der Name des Ortes. Er ließ dort ein Schlößchen erstehen, das 1683 von den anrückenden Türken zerstört wurde. Nach der Bannung der Türkengefahr ließ Kaiser Leopold I. ein bescheidenes, aber sehr elegantes Gartenpalais von Johann Bernhard Fischer von Erlach planen. Die Bauarbeiten begannen im Jahr 1696 und zogen sich bis weit in das folgende Jahrhundert. Der Abschluß erfolgte erst unter der Regentschaft der Kaiserin Maria Theresia, die den Aus- und Umbau des Schlosses in die Hände des bewährten Architekten Nikolaus Pacassi legte. Im Jahre 1749 war die Anlage vollendet.

Johann Bernhard Fischer von Erlachs visionären Entwurf, der Versailles in den Schatten stellen sollte (Abb. S. 68 oben), lehnte der ansonsten prunkliebende Kaiser überraschend ab. Statt des-

ABBILDUNGEN GEGENÜBER
OBEN:
Johann Bernhard und Joseph Emanuel Fischer von Erlach, Nikolaus Pacassi
Schloß Schönbrunn, 1696
Ehrenhoffassade

UNTEN:
Theodor Bohacz
Ansicht des Schlosses Schönbrunn kurz vor 1740, Stich, um 1740

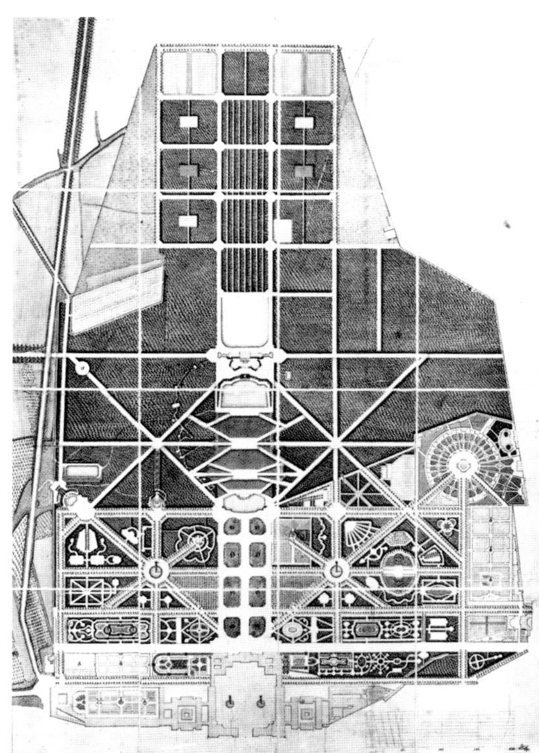

Roman Anton Boos
Plan der gesamten Anlage von Schloß und Park Schönbrunn 1780

sen zog er eine einfachere Lösung vor, eben ein Jagdschloß, dessen Standort er ins Tal verlegen wollte, während er für die Anhöhe einen Pavillon favorisierte. Nach der Fertigstellung des Mitteltrakts ließ der Kaiser den französischen Gartenarchitekten Jean Trehet beauftragen, einen Park anzulegen. Trehet veranlaßte den Transport von 1000 jungen Bäumen sowie des Modells einer Bewässerungsmaschine aus Paris nach Wien. Schon um 1700 sollen im weiten Gelände von Schönbrunn Jagden stattgefunden haben und erste Feste gefeiert worden sein.

Schönbrunn war damals, nach der ersten Bauphase um 1700, noch ein Lustschloß, das nur für wenige Tage oder gar Stunden von der Hofgesellschaft für Lustbarkeiten aufgesucht wurde. Während der Regierungszeit Kaiser Josephs I. (1705–11) erfolgten weitere Arbeiten am Schloß. Der Mitteltrakt erhielt Seitenflügel. Die Bedachung blieb vorerst flach. Hamiltons Bild beweist, daß die Arbeiten nach der Regierungszeit Josephs I. ruhten. Nach dem Tode seines Vaters übernahm Joseph Emanuel Fischer von Erlach ab 1737 die weitere Planung. Er ließ die Dachloggia entfernen und konstruierte steile Dächer, die nur

ABBILDUNG GEGENÜBER:
Gregorio Guglielmi
Schönbrunn, Große Galerie
Deckenfresko mit der Allegorie der Habsburger Länder, 1759

Johann Bernhard und Joseph Emanuel Fischer von Erlach
Nicolaus Pacassi
Schloß Schönbrunn, 1696/1740
Gartenfassade

über den Mittel- und Eckrisaliten mit Dreiecksgiebeln versehen waren (Abb. S. 133 unten). Mit dem Regierungsantritt Maria Theresias im Jahre 1740 wurde der Günstling der Kaiserin, der Architekt Nikolaus Pacassi, mit durchgreifenden Um- und Erweiterungsbauten beauftragt, da sich die Kaiserin Schönbrunn als Sommersitz erwählte. Pacassi schienen die Dreiecksgiebel unzeitgemäß und nicht dem modernen Geschmack entsprechend. Er ließ sie abreißen, um eine durchgehende Gesimslinie zu erhalten, die nur durch den Mitteltrakt durchbrochen wurde. Die Steildächer mußten diesem Konzept ebenfalls weichen, so daß Johann Bernhard Fischer von Erlachs ursprünglicher Entwurf wieder zur Geltung kam (Abbn. oben und S. 133 oben). Umfassende Veränderungen ließ die Kaiserin auch im Inneren des Schlosses vornehmen. Sie wünschte sich kleinere und größere Kabinette sowie Galerien. Pacassi verlegte die »Große Galerie«, den prachtvollsten Repräsentationsraum für Empfänge, Bälle und Bankette, an die Hofseite über die fünftorige Durchfahrt zum Garten (Abb. S. 134). Das von Gregorio Guglielmi gemalte Deckenfresko schildert in allegorischen Szenen die Einkünfte und Reichtümer der Habsburger Länder. Das ikonographische Gegenstück findet sich in der anschließenden und zum Garten ausgerichteten »Kleinen Galerie«. Die ebenfalls von Guglielmi ausgemalte Decke zeigt die Allegorie auf das milde Regiment der Kaiserin Maria Theresia.

Böse Zungen behaupteten damals, Maria Theresia habe die Chance vertan, ein wahrhaftiges Repräsentationsschloß europäischen Zuschnitts bauen zu lassen. Statt dessen degradierte sie Schönbrunn zu einem reinen Familienschloß, wie es ein preußischer Gesandte formulierte. Zugegebenermaßen mußte Maria Theresia ihre ständig anwachsende Familie samt Hofstaat im Schloß unterbringen. Von ihren 16 Kindern blieben die meisten in Wien. Es verstand sich von selbst, daß sie die architektonischen Grundregeln für ein rein repräsentatives Bauwerk nicht einhalten konnte und wollte.

Schloß Schönbrunn, Millionen- oder Vegetin-Zimmer mit Rosenholztäfelung und indo-persischen Minitaturen, um 1760

Dennoch ist die mit großem Kunstverstand vorgenommene Ausstattung der Räume auf ihre Initiative zurückzuführen. Eine besondere Vorliebe hegte sie für Chinoiserien. Im sogenannten »Millionenzimmer«, das zu Maria Theresias Zeiten noch »Vegetin-Zimmer« hieß, sind die Wände mit kostbaren Täfelungen aus chinesischem Rosenholz versehen. In rocailleverzierten Kartuschen sind indo-persische Miniaturen aus der Zeit um 1700 eingearbeitet (Abb. oben). Im anschließenden »Gobelinsalon«, Maria Theresias *antichambre*, welcher von ihr eigens als Audienzzimmer genutzt wurde, waren zur Zeit der Kaiserin wahrscheinlich Wandteppiche der Renaissance aufgehängt, die eine Pariser Manufaktur geliefert hatte. Die heute im Zimmer zu betrachtenden Tapisserien stammen aus Brüssel und wurden erst Ende des 19. Jahrhunderts aufgespannt. In demselben Flügel befindet sich auch das zur Gartenseite gelegene »Vieux-Laque-Zimmer«, ein im Rokokostil ausgestatteter intimer Raum, der seinen Namen von den Lackbildern erhielt. Sie sind in die dunkelbraune Nußbaumvertäfelung eingesetzt (Abb. S. 137). Maria Theresia war eine leidenschaftliche Sammlerin dieser Tafeln. Den Entwurf für den Prachtraum legte der französische Architekt Isidor Canevale vor, der um 1770 auch in anderen Bereichen des Schlosses tätig war. In diesem Raum befindet sich auch ein von dem Italiener Pompeo Batoni 1772 gemaltes Bildnis des bereits verstorbenen Kaisers Franz I., dem Begründer des Hauses Habsburg-Lothringen.

Der interessanteste Raum und ein wichtiger Baustein zum »Gesamtkunstwerk Schönbrunn« ist das Porzellanzimmer, das auch das »Kabinett der kaiserlichen Künstler« genannt wird (Abb. oben). Das aus Holz geschnitzte Rahmenwerk ist in blau-weißen Farbtönen gehalten und täuscht den Werkstoff Porzellan vor, der dem Zimmer seinen Namen verlieh. Die Wände sind mit kleinformatigen Tuschzeichnungen tapeziert, die ostasiatische Motive variieren, insgesamt 213 Arbeiten.

Schloß Schönbrunn
Porzellanzimmer, um 1760

ABBILDUNG GEGENÜBER:
Schloß Schönbrunn
Vieux-Laque-Zimmer, um 1730

Schloß Hetzendorf

Johann Lukas von Hildebrandt
Nikolaus Pacassi
Schloß Hetzendorf
1694, Mitte 18. Jh.
Fassade (oben)
Japanischer Salon (links)

Der in nobler Zurückhaltung gestaltete Mittelteil der Fassade des Schlosses Hetzendorf verweist auf Entwurfsideen von Johann Lukas von Hildebrandt. Der berühmte Wiener Barockarchitekt wurde wahrscheinlich im Jahre 1712 von Anton Florian Fürst von Liechtenstein beauftragt, Pläne zur Umgestaltung des südlich des Schönbrunner Schloßparks gelegenen Jagdschlosses vorzulegen, das 1694 für den Grafen Sigismund von Thun erbaut worden war. Die geschwungenen Dreiecksgiebel der Fenster des Piano Nobile und der elegant zur Mittelachse hin ausschwingende Balkon, der von Konsolen und dorischen Säulen gestützt wird, verweisen auf die Baurhetorik Hildebrandts oder seines unmittelbaren Umkreises. An den Haupttrakt schließen sich niedrigere Nebengebäude an, die einen Ehrenhof bilden. Es ist anzunehmen, daß Lorenzo Matielli die schönen Attikafiguren der Hof- und Gartenfassade schuf.

Mitte des 18. Jahrhunderts übernahm Kaiserin Maria Theresia den Bau und ließ ihn für ihre verwitwete Mutter Elisabeth Christine von Nikolaus Pacassi erneut umgestalten. Dies betraf in erster Linie die Innenausstattung. Das Deckenfresko der *Aurora* im Vestibül schuf Daniel Gran; von ihm stammen auch die Gewölbefresken der im Jahre 1745 geweihten Schloßkapelle.

Ganz im Stil von Schönbrunn ist der japanische Salon (Abb. links) mit üppiger Rokoko-Ornamentik und Holzvertäfelungen versehen. Exotisch nehmen sich die zierlichen Specksteinreliefs aus. Die Galerie mit ihren Spiegeln, Lüstern und Ovalbildern (Abb. S. 140) ist zurückhaltender geschmückt, um die Architektur hervorzuheben. Dies betrifft besonders die Gesimse und die pilastermäßig vortretenden Rahmungen von Türen und Fenstern.

Nikolaus Pacassi
Schloß Hetzendorf
1694, Mitte 18. Jh.

NEBENSTEHEND:
Blick in die Galerie

GEGENÜBER:
Festsaal
Für den Festsaal wurde der bedeutende Quadraturamaler Antonio Beduzzi gewonnen. Er öffnete die Wände und die Decke mit illusionistischen Balustraden, Portiken und mit skulpturengezierten Nischen. Dem Besucher bieten sich ständig neue Perspektiven.

Der Schloßpark von Schönbrunn

Vergleicht man die beiden Entwürfe Johann Bernhard Fischer von Erlachs für Schönbrunn (Abbn. S. 69 oben und S. 132 oben, dann fällt auf, daß die monumentale Architektur des ersten Projekts gelichtet wurde, um Raum für gärtnerische Gestaltung zu schaffen. Obwohl die Gartenanlage erst sehr viel später vollendet wurde, orientierte man sich bei den ersten Planungsarbeiten um 1696 offensichtlich am zweiten Entwurf Fischers. Die Mittelachse blieb erhalten. Fischer sah vor, auf ihr eine Allee bis zu einem Aussichtspavillon des Schönbrunner Berges zu führen. An dieser Stelle steht heute die zwischen 1775 und 1780 errichtete Gloriette, eine als Siegesmal in Erinnerung an die Schlacht von Kolin (1757) geschaffene frühklassizistische Säulenhalle (Abb. S. 143 oben). Auch das im Entwurf vorgesehene Bassin im Zentrum des Parterres und die beiden seitlichen Pavillons wurden während der Ausführungen berücksichtigt. Die von Jean Trehet zwischen 1695 und 1699 durchgeführten Gartenarbeiten sind heute allerdings nicht mehr zu rekonstruieren.

Nachdem sich Kaiserin Maria Theresia im Jahre 1743 entschlosen hatte, Schönbrunn als Sommerresidenz ausbauen zu lassen, legte wenig später Josef Hätzel Entwürfe für die Gestaltung des Großen Parterres vor. Es ist durch die Mittelachse und durch vier Queralleen gegliedert, so daß drei verschieden lange Paare von rechteckigen Feldern entstanden sind.

Zu einem grundlegenden Stilwandel in Richtung des romantischen Landschaftsgartens, so wie er sich in England und auf dem Kontinent im Verlauf der zweiten Hälfte des 18. Jahrhunderts entwickelte, kam es in Schönbrunn um 1770. Eine Entwurfsskizze des Architekten Ferdinand Hetzendorf von Hohenberg zeigt eine phantasiereiche Variante des römischen Kapitols von Piranesi. Zusammen mit der Gloriette wurden gegen 1780 die Römische Ruine und der Obeliskbrunnen errichtet (Abbn. S. 143 unten). Der Neptunbrunnen am Fuß des Schönbrunner Berges kennzeichnet den Abschluß des Parterres und leitet über zu der von der Gloriette bekrönten Anhöhe. Der Brunnen, in der Gestalt einer mit mythologischen Figuren bevölkerten monumentalen Felsenlandschaft, wurde nach einem Gesamtentwurf von Ferdinand Hetzendorf von Hohenberg 1780, im Todesjahr der Kaiserin, vollendet.

Für die Ansicht des Parks um 1780 ist der Plan von Franz Boos, dem späteren Gartendirektor von Schönbrunn, verbindlich (Abb. S. 132 unten). Das Parterre ist in acht Felder aufgeteilt, von denen die vier äußeren bogenförmig abgerundet sind. Etwa an der Stelle der von Fischer vorgesehenen seitlichen Pavillons befinden sich im Plan das Taubenhaus und der zentrale Pavillon des Irrgartens. Der durch die Gloriette akzentuierte Abschluß der Gartenanlage ist mit dem Parterre durch einen Weg mit Treppchen und Plätzen verbunden.

ABBILDUNGEN LINKS:
Schloß Schönbrunn
Parkansichten

ABBILDUNGEN GEGENÜBER
OBEN:
Ferdinand Hetzendorf von Hohenberg
Schloß Schönbrunn, Gloriette
1775

UNTEN:
Laurenz Janscha und Josef Ziegler
Schloß Schönbrunn, Garten:
Die Ruine, 1788 (links)
Der Obeliskbrunnen, um 1790 (rechts)
Historisches Museum der Stadt Wien

IOSEPHO II. AVGVSTO
ET
MARIA THERESIA AVGVSTA
IMPERANTIB.
ERECT. CIƆIƆCCLXXV.

Peter Plaßmeyer

Architektur im 19. Jahrhundert Vom Klassizismus bis zur Ringstraßenära

Kaiser Joseph II., 1741–90

1780–1848: Von den josephinischen Reformen zur Revolution

Die Jahrzehnte zwischen der Regentschaft Maria Theresias (1740–80) und der Ära Kaiser Franz Josephs (1848–1916) erscheinen architekturgeschichtlich zweitrangig, gemessen an den barocken Palästen und Kirchen des 17. und frühen 18. Jahrhunderts und der stadtbildprägenden Architektur der sogenannten Ringstraßenzeit in der zweiten Hälfte des 19. Jahrhunderts. Gleichwohl war es eine Zeit äußerst vielfältigen Bauens, was allerdings häufig nach außen hin wenig spektakulär in Erscheinung trat. Es entstand weniger eine Repräsentations- als, im weitesten Sinne, eine Verwaltungsarchitektur. Dabei bildeten sich neue Bauaufgaben aus wie Krankenhäuser, Schulen, Bauten der öffentlichen Verwaltung, Universitäten, Börsen und Bahnhöfe.

Es war vor allem Kaiser Joseph II., der die Darstellung des Gottesgnadentums seiner kaiserlichen Majestät nicht mehr zum Inhalt seines Agierens machte, sondern sich als »erster Diener« des Staates verstand. Er folgte 1765 seinem Vater Franz I. Stephan als deutscher Kaiser und regierte zunächst gemeinsam mit seiner Mutter Maria Theresia, die bereits die Amtsgeschäfte ihres Mannes führte. Erst nach ihrem Tod 1780 herrschte er alleine (bis 1790), jedoch begann er sein Reformwerk bereits an der Seite seiner Mutter. Sein Ziel war ein straff durchorganisierter, zentralistischer Staat, wobei ihm effizientes Handeln wichtiger war als das Wahren von Prinzipien. Er schaffte die Leibeigenschaft der Bauern ebenso ab wie die Folter und milderte die Zensur nachhaltig.

Seine heute mitunter so fortschrittlich erscheinenden Ziele fanden jedoch keinen ungeteilten Beifall, und nicht wenige Maßnahmen wurden schon zu seinen Lebzeiten wieder aufgehoben. Insbesondere die Einführung einer allgemeinen Grundsteuer, die den Adel nicht ausnahm, ließ dort Widerstand aufkeimen. Joseph nahm dem Adel auch das Privileg auf die Offizierslaufbahn und verbot den standesüblichen »Pomp« bei der Bestattung. Seine Begräbnisreform öffnete die katholischen Friedhöfe auch für Nichtkatholiken (»Akatholische«) und verbot jeden Aufwand. Der Leichnam wurde in einen Leinensack eingenäht und im Massengrab beigesetzt, Grabsteine waren nicht vorgesehen, allerdings war es gestattet, Gedenktafeln an der Friedhofsmauer anzubringen. Diese Vorschriften galten für alle, vom Bauernstand bis zum Hochadel.

Josephs distanziertes Verhältnis zur katholischen Kirche führte in einer durchgreifenden Säkularisierungswelle zur Aufhebung zahlreicher Klöster, was eine Landreform nach sich zog. Die anstehende Neuordnung der Vorstadtpfarren ließ eine Vielzahl neuer Pfarrkirchen entstehen, kleine Saalräume mit spärlicher Dekoration. Diesen Kirchen lagen »Normenpläne« zugrunde, eine Art Musterkatalog, in denen die Ausstattung, die Größe und Anzahl der Türme nach der zu erwartenden Zahl der Kirchgänger geregelt wurde. Der Klosterbesitz wurde zur Besoldung und Ausbildung der Pfarrer herangezogen. Josephs »Toleranzpatent« von 1781 gewährte Protestanten, Griechisch-Orthodoxen und Juden Religionsfreiheit, jedoch eher im Sinne einer Duldung denn einer Gleichberechtigung. Es war ihnen gestattet, ihre Religion auszuüben und eigene Gebetsräume zu errichten, die aber in der Fassade nicht in Erscheinung treten durften; Türme und Glocken waren daher ebenfalls untersagt.

Quantitativ wurde die Bautätigkeit vom Wohnhausbau angeführt, wo es einen großen Nachholbedarf gab. Infolge der Einschnürung durch die Ringmauern war Bauland in der inneren Stadt Mangelware, daher entstanden auf dem Gelände aufgelassener Klöster ganze Stadtviertel neu. Weiteres Bauland in den inneren Vorstädten wurde durch die Umwidmung von Gärten gewonnen. Wenn wir heute Namen wie Melkerhof, Trattnerhof, Klosterneuburgerhof etc. hören, verbergen sich dahinter Mietshäuser des ausgehenden 18. Jahrhunderts, die auf den städtischen Besitzungen der Klöster, den sogenannten Höfen, errichtet wurden. Bereits unter Maria Theresia wurden die Klöster aufgefordert, diese Höfe zur Bebauung freizugeben, um neuen Wohnraum zu schaffen. Die Wohnungen gruppierten sich um repräsentative Innenhöfe und architektonisch aufgewertete, häufig ovale Treppenhäuser. Die Fassaden sind einfach gehalten, folgen dem sogenannten Plattenstil und verzichten auf Nobilitierungen wie Pilaster- und Säulenordnungen. Hier setzt sich die Tradition spätbarocker Palastarchitektur fort.

Die »Höfe« unterscheiden sich vom zweiten Typus des städtischen Mietshausbaus, dem Pawlatschenhaus, benannt nach den vor die Hoffassade gesetzten, offenen und meist hölzernen Balkonen, die zu den einzelnen Wohnungen führen. Pawlatschenhäuser, wie sie heute noch in der Blutgasse im 1. Bezirk zu sehen sind, gruppieren sich um eine Reihe verschachtelter Höfe und gehen auf ländliche Architekturformen zurück (Abb. S. 145 unten rechts). Der forcierte Wohnungsbau konnte aufgrund der begrenzten Grundstücke nicht mit dem Anwachsen der Bevölkerung Schritt halten, man versuchte dieses Manko durch Erhöhung der Stockwerkzahl zu mindern.

Der Kaiser trat als Auftraggeber in den Hintergrund; hierin ist sicherlich ein Hauptgrund dafür zu sehen, daß die Wiener Architektur um 1800 so »arm« erscheint. Der Schloß- und Palastbau spielte keine nennenswerte Rolle und beschränkte sich im wesentlichen auf den Aus- und Umbau bestehender Anlagen.

Zwischen Joseph II. und Isidor Canevale kam es zum letzten Mal zur beispielgebenden Zusammenarbeit von Architekt und kaiserlichem Auftraggeber. Joseph berief den aus Paris stammen-

Isidor Canevale
Lusthaus im Prater, 1782
Fassade

Abbildung links:
Andreas Zach
Empire-Neugestaltung der Innenräume des Palais Starhemberg
1784

Nebenstehend:
Pawlatschenhaus in der Blutgasse
Innenhof

den Canevale 1775 zu seinem Hofarchitekten, nachdem dieser bereits anläßlich der Errichtung der Festarchitektur für die Hochzeit Josephs mit Isabella von Parma 1760 in kaiserlichen Diensten gestanden hatte. Zunächst arbeitete Canevale unter anderem für den Wiener Kardinal Migazzi, für den er die Kathedrale und einen Triumphbogen im ungarischen Waitzen (Vácz) schuf. Er erfreute sich großer Beliebtheit beim Hochadel und wurde Baumeister der Fürsten von Liechtenstein. In kaiserlichen Diensten war er für die Vorstädte zuständig, also für jenen Bereich zwischen dem die innere Stadt umschließenden Mauerring und dem Linienwall. Zu den heute noch beeindruckenden Bauten Canevales aus dieser Zeit gehört das Eingangsportal zum kaiserlichen Augarten und der Narrenturm auf dem Gelände des Allgemeinen Krankenhauses.

Der gesellschaftliche Aufstieg zum Hofarchitekten war anscheinend mit einer Verringerung der künstlerischen Authentizität verbunden, denn Canevales Anteil an der Architektur des Allgemeinen Krankenhauses ist nicht gesichert, wenngleich er federführend mit der Planung betraut war. Auch beim Josephinum an der Währinger Straße, das als sein Wiener Hauptwerk gilt, sind seine Anteile nicht eindeutig zu quantifizieren, denn es lagen diesem Bau Pläne des Mailänder Architekten Giuseppe Piermanini zugrunde.

Die Zentralisierung der öffentlichen Bürokratie machte auch vor der Bauverwaltung keinen Halt. Neben dem Individualstil des Architekten tauchte nun eine Art »Behördenstil« auf, dem eine eindeutige Handschrift fehlt. Gerade in der strengen und kubischen Form seiner Bauten, die gründliche Kenntnis der französischen Revolutionsarchitektur voraussetzen läßt, zeigt sich, daß Canevale deutlich andere stilistische Akzente setzte als die beiden ebenfalls unter Joseph II. arbeitenden Hofarchitekten Nicolaus Pacassi (innere Stadt) und Ferdinand Hetzendorf von Hohenberg (Vororte). Diese waren noch sehr der barocken Tradition verbunden und könnten als »Erblast« Maria-Theresianischer Zeit bezeichnet werden. Hohenberg war hauptsächlich für Schönbrunn zuständig, wo er zunächst das kleine Schloßtheater zu seiner heute noch bestehenden Form umbaute. Später trieb er die Aus- und Umgestaltung des Gartens voran. Wichtigstes Werk ist hier sicherlich die Gloriette, die als optischer Abschluß der Mittelachse Planungen Fischer von Erlachs aufgreift. Andere Bauten wie ein Obelisk oder eine römische Ruine bildeten einen *point de vue* in den seitlichen Bereichen der Gartenanlagen; sie bringen nun auch romantische Elemente ins Spiel. Pacassi war mit dem Ausbau der Hofburg betraut und schuf die einheitliche Fassade des Josephsplatzes.

Johann Ferdinand Hetzendorf von Hohenberg gehörte nicht zu den von Joseph II. besonders geschätzten Architekten. Einmal leistete jedoch auch er dem Kaiser hilfreiche Dienste, indem er die Minoriten- und die Augustinerkirche in kaiserlichem Auftrag von der barocken Innenausstattung »befreite« und »gotische« Innenräume schuf. Diese Regotisierung bestehender Kirchen wandte sich direkt gegen die vom Papst und auch vom Wiener Kardinal Migazzi geförderte klassizistische Architektur »antikisierender Observanz«. Andererseits entsprach sie in ihrer Purifizierung, im Herausarbeiten eines klaren, durchsichtigen Gerüstes, durchaus der architektonischen Strenge, die auch Canevale an den Tag legte, wenngleich mit anderen stilistischen Mitteln. Diese waren vor allem durch den Rückgriff auf die mittelalterliche Entstehungszeit der Kirchen bedingt.

Das Palais Pallavicini (links) gegenüber der Hofburg
Stahlstich um 1850 von Würbe
Historisches Museum der Stadt Wien

Carl Schütz
Der Kohlmarkt, 1786
Historisches Museum der Stadt Wien

Franz Jäger
Theater an der Wien, 1797–1801, Papageno-Tor
1791 kam im Theater an der Wien (Vorgängerbau) Mozarts »Zauberflöte« zur Uraufführung – daher der Name »Papageno-Tor«.

Hohenberg näherte sich zusehends Canevales Ausdrucksmitteln und somit dem Geschmack des Kaisers. Dieses zeigte sich am klarsten, als er 1783–84 am Josephsplatz, auf dem Gelände des aufgelassenen Königinnenklosters, ein Palais errichtete, dem sich rückwärts Mietshäuser anschlossen. Auftraggeber war der Bankier Johann von Fries, für den Hohenberg bereits Schloß und Park in Bad Vöslau umgebaut hatte. Das Palais am Josephsplatz fand zunächst in seinen Fensterachsen die einzige Gliederung. Das mächtige Portal mit den Karyatiden wurde ebenso wie die Verdachungen der Fenster mit Dreiecksgiebeln erst nach heftiger Kritik anderer Architekten – allen voran durch den ebenfalls auf dem Gelände des Königinnenklosters bauenden Gottlieb Nigelli – diesem »nackten« Bau hinzugefügt.

Auch im Inneren wich Hohenberg vom tradierten Schema ab und legte die Wohnräume vom Obergeschoß ins Zwischengeschoß, um durch die verringerte Deckenhöhe Heizkosten zu sparen. Die Repräsentationsräume wanderten ins Dachgeschoß. Hohenberg griff nicht auf den etablierten prächtigen Stil Wiener Barockpaläste zurück, sondern wählte für den Stadtpalast des zu seiner Zeit wohl bedeutendsten Wiener Bankiers moderne Formen im Sinne Canevales. Es mag dahingestellt bleiben, ob sich die Kritik ausschließlich gegen den Architekten oder vielleicht auch gegen den Auftraggeber richtete, der es als frisch geadelter Bankier wagte, in unmittelbarer Nähe der Hofburg und somit in einer angestammten Domäne des Hochadels sein Wiener Domizil zu wählen.

Die Bestrebungen Josephs II., Privilegien des Hochadels abzubauen und sich als Kaiser aus der Repräsentation zurückzuziehen, fanden ihren Niederschlag sowohl in der Vereinfachung der Fassaden staatlicher Bauten wie auch darin, daß die Offizierslaufbahn nichtadeligen Kandidaten geöffnet wurde. Das »Stadthaus« des Bankiers Fries sollte diese beiden Momente ins Bewußtsein rufen, das adelige, ja monarchische Understatement in der Form und die nun wirklich neue Möglichkeit, durch Fleiß in die Pfründe des Hochadels einzudringen.

Auch das Theater wußte die neuen Freiheiten zu nutzen: Nur in diesem Klima war es denkbar, daß das in Frankreich verbotene Theaterstück

»Die Hochzeit des Figaro« (im Original: »La folle journée, ou le mariage de Figaro«) von Pierre Augustin Caron de Beaumarchais (1732–99) in Wien im Hofoperntheater zur Aufführung kam. Dies geschah freilich nicht in der Form eines Schauspiels, sondern als Oper in italienischer Sprache, zu der Wolfgang Amadeus Mozart die Musik und Lorenzo da Ponte das Libretto geschrieben hatten. Dem Publikum wurden dabei die Verfehlungen des Grafen Almaviva vor Augen geführt, und diese nicht etwa als Kavaliersdelikt, sondern als Mißbrauch gräflicher Autorität.

Dem aufgeklärten und mitunter radikalen Joseph II. und der kurzen Regentschaft seines Bruders Leopold II. folgte 1792 der »gute Kaiser Franz«. Franz war als Franz II. letzter Kaiser des Römischen Reiches und als Franz I. erster österreichischer Kaiser. Als Reaktion auf die Kaiserkrönung Napoleons führte er 1804 das österreichische Erbkaisertum ein. Er ahnte wohl, daß Napoleons Feldzug über Europa das Ende des Römischen Reiches bringen könnte.

Rudolf Alt
Blick aus der Grabengasse gegen den Stock-im-Eisen-Platz, 1843
Aquarell, weiß gehöht
51,2 x 37 cm
Historisches Museum der Stadt Wien

Die Regierungszeit Franz II. (I.) war zunächst weitgehend von den Kriegen mit Napoleon und den daraus resultierenden leeren Kassen überschattet. Der häufig zögerlich agierende Kaiser erwies sich in diesem »Zweikampf« als vehementer Verteidiger der Kaiserkrone, für deren Erhalt er 1810 selbst seine Tochter Marie Louise mit dem französischen Parvenue vermählte. Mit dem Beginn des Wiener Kongresses im Jahre 1814 begann für Franz eine friedliche Zeit. Sie war gleichzeitig der Anfang der Karriere des Fürsten Klemens von Metternich, der als Staatskanzler bis 1848 die Geschicke des Landes lenkte.

Über die politischen Erfolge des Kongresses wird gestritten, unzweifelhaft aber steht er am Anfang einer Zeit voll einschneidender Veränderungen. Die Gründung des Polytechnikums (heute Technische Universität) am Karlsplatz gab der Industrialisierung den nötigen Schub. Von Wien aus wurde die erste große kontinentale Eisenbahnverbindung, die »Kaiser-Ferdinands-Nordbahn«, in Angriff genommen; sie verband die schlesischen Kohlenreviere mit der Hauptstadt und mit der Donau und erhöhte dadurch die Transportkapazitäten.

Die Erfindung des Hammerklaviers und der Wiener Mechanik veränderte die Rolle dieses Instrumentes in der Musik, denn das nun mögliche dynamische Spiel ließ das Klavier auch für solistische Vorträge geeignet erscheinen. Die Werke Schuberts und Beethovens zeigen eindrücklich, wie sich durch seinen Einsatz als Soloinstrument und auch als Partner der Streicher die Kammermusik veränderte. Zwei andere Musiker prägten das Musikleben mindestens ebenso nachhaltig, Johann Strauß Vater und Josef Lanner. Ihre Wiener Walzer waren der Modetanz des Biedermeier. Dieser löste im ausgehenden 18. Jahrhundert – noch springend ausgeführt – das gekünstelte Menuett ab und fand in den dreißiger Jahren seine »schwebende« Form. Wien galt im Biedermeier als die Hauptstadt der musikalischen Welt. Tonangebend war aber immer weniger der Adel als das Bürgertum. Es wurden zahlreiche Musikvereine gegründet, die Konzertsäle betrieben und ein Konservatorium einrichteten.

Der Bedeutung der Musik stand die des Theaters kaum nach, wobei auch dort die Musik eine wichtige Rolle spielte. Zwei Hofbühnen und drei Vorstadttheater erlebten ihre Blütezeit. Das Burgtheater am Michaelerplatz war die bedeutendste deutschsprachige Bühne ihrer Zeit, das Kärntnertortheater die Spielstätte der Oper. Die Vorstadttheater dienten als Spielorte der in Wien so beliebten Zauberposse, in der Ferdinand Raimund seine Triumphe feierte. Während Raimund das biedermeierlich-konservative Wien verkörperte, kam der aufbrodelnde Vormärz im beißenden Spott von Johann Nepomuk Nestroys Possen zum Ausdruck.

In die Zeit der Regentschaft Franz II. (I.) fielen erste Überlegungen, den Mauerring zu opfern,

ABBILDUNG OBEN:
Kaiser Franz II. (I.), 1768–1835
Franz II. war der letzte Kaiser des Heiligen Römischen Reiches Deutscher Nation und erster Kaiser von Österreich.
Österreichische Nationalbibliothek

ABBILDUNG UNTEN:
Klemens Wenzel Nepomuk Lothar Graf von Metternich
1773–1859, amtierte ab 1809 als österreichischer Außenminister.
Österreichische Nationalbibliothek

Joseph Kornhäusel
Die Weilburg bei Baden
1820–23, 1945 zerstört
Gesamtansicht
Historische Aufnahme

um Bauland zu gewinnen. Eine erste Chance der Stadterweiterung bot sich im Jahre 1809, als Napoleons Truppen Teile der Verschanzungen der Hofburg gesprengt hatten. Der Wiederaufbau führte aber lediglich zur Erweiterung des Burgplatzes und zur Anlage des Kaiser- und des Volksgartens, in deren Verlauf auch der Theseustempel und das Äußere Burgtor von Peter Nobile errichtet wurden. Bereits 1817 wurde das Glacis bepflanzt, zu Alleen umgestaltet und zur Promenade freigegeben.

Forderungen, die Befestigungsanlagen zugunsten einer allfälligen Stadterweiterung aufzulassen, wurden bereits Ende des 18. Jahrhunderts laut. Seit der letzten Türkenbelagerung im Jahre 1683 war die innere Stadt nicht mehr erweitert worden, die Bevölkerung hatte sich aber verdreifacht. Die bereits geschilderte Verbauung der Gärten und Klosterhöfe konnte hier nur bescheidene Linderung bringen. Die Bemühungen konzentrierten sich zunächst auf zwei Stellen, das Kärntnertor und das an das »Textilviertel« anschließende Glacis. Der Kaiser wünschte in der Nähe des Kärntnertores ein Hofoperntheater zu errichten. Die Baukosten sollten durch den Verkauf benachbarter Grundstücke gedeckt werden, auf denen man sich die Errichtung von Privatgebäuden vorstellte.

Der zweite zur Erweiterung anstehende Teil der Umwallung war das sogenannte »Textilviertel«, das sich zwischen Schottentor und Donaukanal erstreckte. Hier sollte durch die Verbauung des Glacis ein völlig neuer Stadtteil entstehen. Vor allem die bürgerlichen Bank- und Wechselhäuser Rothschild, Gina, Geymüller, Arenstein & Eskeles, Pereira und Coith machten sich seit 1838 dieses Projekt zueigen und konnten dafür zeitweise sogar die Unterstützung des Hofkriegsrates gewinnen. Die Ausarbeitung eines Planes und Modells übertrugen sie dem Architekten und Herausgeber der »Allgemeinen Bauzeitung«, Ludwig Förster.

In Zusammenhang mit der Neueinführung des österreichischen Kaisertums stieg nun das Repräsentationsbedürfnis des Hofes wieder an. Als ersten Schritt ließ Franz einen Zeremoniensaal in die Hofburg einbauen. Architekt war Louis Montoyer, der in den südlichen Niederlanden mit einem monumentalen Klassizismus palladianischer Prägung auf sich aufmerksam gemacht hatte und 1795 im Gefolge von Albert von Sachsen-Teschen nach Wien gekommen war. Montoyer setzte dem strengen Klassizismus Canevales einen monumentalen Klassizismus westeuropäischer Prägung entgegen. Kolossale freistehende Säulen trugen die Kassettendecke des neuen Festsaals. Wenig später verwandte Motoyer auch in der Fassade Säulen, als er 1803 für den russischen Gesandten Fürst Rasumofsky ein aufwendiges neopalladianisches Palais plante, dessen Festsaal den Zeremoniensaal der Hofburg zitiert. Garten- und Stadtseite des annähernd quadratischen Palais zeigen in der Mittelachse einen Tempelportikus. Die Säule in der Fassade bleibt aber die Ausnahme. Wir finden sie noch in Eisenstadt, wo Charles Moreau das Esterhazy-Schloß ausbaute und die Gartenfront mit einer Kolonnade aufwertete.

Auch der bedeutendste Schloßbau des Vormärzes, die von Joseph Kornhäusel bei Baden errichtete Weilburg (1820–23, 1945 zerstört, Abb. oben), zeigt vor dem kompakten Hauptbau eine breite Kolonnade. Ansonsten dominieren verschiedene stereometrische Bauteile, die sich klar voneinander abheben und jeweils separate Dächer erhalten. Kornhäusel war der bedeutendste Wiener Architekt im ersten Jahrhundertdrittel; seine eindrucksvollen Bauvolumen verbinden flächige Wandgestaltung und Elemente eines monumentalen Klassizismus. Eines seiner frühesten Gebäude ist das heute im Inneren stark veränderte Hotel zur Kaiserin von Österreich in der Weihburggasse, übrigens eines der ersten Hotels in Wien. Von 1812 bis 1818 folgte er Joseph Hardtmuth in der Liechtensteinschen Baudirektion. Anschließend errichtete er für Erzherzog Carl die bereits angesprochene Weilburg und baute das Innere des von Erzherzog Carl geerbten Palais Herzog Alberts von Sachsen-Teschen auf der Augustinerbastei um, die heutige Albertina. Seine geschickten Raumfluchten leiten den Besucher noch heute in den Studiensaal der Albertina, der von Kornhäusel als Musik- und Ballsaal geschaffen wurde.

Es sind immer wieder die Innenräume Kornhäusels, die den physiognomielosen Fassaden der ersten Jahrzehnte des 19. Jahrhunderts trotzen. Die Bibliothek des Schottenstiftes, die Fertigstellung der Repräsentationsräume des Stiftes Klosterneuburg und vor allem das Bethaus der Israelitischen Kultusgemeinde in der Seitenstettengasse widerprechen dem »Unterstatement« ihrer Fassa-

ABBILDUNGEN GEGENÜBER:
Paul Sprenger
Hauptmünzamt am Heumarkt
1835–38
Mittelrisalit der Fassade (links)
Eingangsvestibül (rechts)

Arbeitszimmer Beethovens im »Schwarzspanierhaus«, Historisches Museum der Stadt Wien

den, indem sie spielerisch mit Monumentalsäulen und -pilastern, Deckenkassettierungen, Tonnengewölben, Kalotten, eingespannten Emporen und einer geschickten Lichtführung umgehen.

Kornhäusels Fassaden lassen sich an vielen erhaltenen Mietshäusern studieren; hier sind zunächst die Bauten in der Seitenstettengasse zu nennen. Das erste Mietshaus errichtete er für die Israelitische Kultusgemeinde; zum einen wollte er dadurch die Synagoge von der Öffentlichkeit abschirmen, zum anderen durch die erwarteten Einnahmen die Baukosten decken. Nebenan erbaute er sein eigenes Mietshaus und auf der gegenüberliegenden Straßenseite ein weiteres für das Stift Seitenstetten. Die Fassaden zeigen eine gleichmäßige Reihung identischer Fensterachsen; architektonische Akzentuierungen und bauplastischer Schmuck gliedern nur die im Blickfeld der Passanten liegenden Erdgeschosse.

Der Mietshauskomplex, der die Umbauten des Schottenstiftes finanzieren sollte, erhielt zur Freyung einen von einem Dreiecksgiebel abgeschlossenen Mittelrisalit mit Kolossalpilastern. Hier wird der Lage an einem Platz Rechnung getragen, aber auch die Zugehörigkeit zum dahinterliegenden Kloster sichtbar gemacht. Die Größe dieses Gebäudes gibt einen ersten Vorgeschmack auf den Mietshausbau in der zweiten Jahrhunderthälfte.

Charakteristisch für die gesamte Epoche ist die zunehmende Zentralisierung und Bürokratisierung der offiziellen Baupolitik. Seit den Zeiten Maria Theresias war der Monarch als beispielgebender Auftraggeber immer stärker zurückgetreten; dies führte schließlich zur Trennung von Hof- und Staatsarchitektur unter Franz II. (I.), womit die »Beamtenarchitektur« des Vormärzes zum eigentlichen Repräsentanten der Baukunst wurde. Diese Aufspaltung war 1785 durch die Errichtung einer Behörde für öffentliche Bauangelegenheiten eingeleitet worden und fand ihren Höhepunkt in der Installierung des »Hofbaurates« im Jahre 1809. Jener hatte alle öffentlichen Bauten einer technisch-ökonomischen Prüfung zu unterziehen, was wesentlich zur Monotonisierung der öffentlichen Architektur in der ersten Jahrhunderthälfte beitrug.

Wichtigster Architekt unter den Hofbauräten war der langjährige Leiter dieser Institution, Paul Sprenger. Die wenig inspirierte Form seiner ausgeführten Bauten ließen ihn zu einer vielgeschmähten Gestalt in der Wiener Architektenszene werden. Seine in Zeichnungen überlieferten, nicht ausgeführten Projekte zeigen jedoch einen vielseitigeren Baumeister, als uns das Hauptmünzamt (1835–38, Abbn. oben) und die Finanzlandesdirektion (1840–47) glauben lassen wollen. Sie sind letztlich austauschbar mit Johann Amans Tierärztlicher Hochschule (1821–23) in der Bahngasse oder dem am Praterstern errichteten ersten Nordbahnhof (1838–40): Die Gebäude werden jeweils vom Baublock und einem hervorgehobenen Mittelrisalit bestimmt. Die Wand ist verputzt, Nobilitierungen beschränken sich auf die Nutung im Sockelbereich und flache Pilaster am Mittelrisalit.

Zum Debakel führte Sprengers Ausführungsentwurf zur Altlerchenfelder Kirche, der wieder dem wenig abwechslungsreichen Formenvokabular des Hofbaurates Rechnung trug, obwohl Sprenger selbst lange Zeit einen gotischen Kirchenbau favorisiert hatte. Der frisch gegründete Ingenieur- und Architektenverein erzwang, nachdem die Fundamente zu Sprengers Bau bereits gelegt waren, 1848 einen erneuten Wettbewerb, aus dem der Schweizer Architekt Johann Georg Müller siegreich hervorging. Der Hofbaurat wurde noch im selben Jahr aufgelöst, Sprenger verlor seine leitende Position innerhalb der staatlichen Bauverwaltung jedoch nicht. Durchgesetzt hatten sich die Architekten, die unter Sprenger keine öffentlichen Aufträge erhielten. Nach der 48er Revolution kam ihre Zeit.

Die Stadt veränderten aber nicht nur der Wohnhausbau und das durch die Manufakturen und die einsetzende Industrialisierung ausgelöste Bevölkerungswachstum. Genauso einschneidend war die Einführung der öffentlichen Straßenbeleuchtung, wodurch sich das Leben in der Nacht grundlegend veränderte. Ermöglicht wurde sie durch einen Vertrag, der am 10. Mai 1841 zwischen der Stadt Wien und der englischen Firma Imperial-Continental-Gas-Association geschlossen wurde.

Johann Ferdinand Hetzendorf von Hohenberg
Regotisierung des Innenraumes der Augustinerkirche, 1784–85

Die Augustinerkirche und die Regotisierungsmaßnahmen im ausgehenden 18. Jahrhundert

Die aus dem 14. Jahrhundert stammende Augustinerkirche war bis 1783 Hofpfarrkirche und spielte im öffentlichen Leben der Habsburger eine nicht unbedeutende Rolle. Viele Ehen wurden hier geschlossen, aber auch nach dem Tod kehrten viele Habsburger in diese Kirche zurück. Doch war es bis 1878, bis zum Tode des Erzherzogs Franz Carl, Tradition, daß einzelne ihrer Organe an verschiedenen Stellen bestattet wurden. Die Herzen setzte man in einer Silberschale in der kleinen Herzgruft der Augustinerkirche bei, die Eingeweide in einem Kupferkessel im Stephansdom, und nur die einbalsamierten Körper wurden in einem Sarg in die Kapuzinergruft gebracht. Zu den bedeutenden Monumenten in der Augustinerkirche zählt das 1805 von Antonio Canova vollendete Grabmal der Erzherzogin Marie-Christine (Abb. S. 250). Die Hauptfassade der Augustinerkirche fiel 1767–69 der einheitlichen Gestaltung des Josephsplatzes zum Opfer, ihr wurde ein Flügel der Hofbibliothek vorgeblendet.

In den 80er Jahren des 18. Jahrhunderts ging von Kaiser Joseph II. der Auftrag zur Regotisierung dreier Kircheninnenräume aus. Dies überrascht um so mehr, da der Kaiser ansonsten einen strengen Klassizismus bevorzugte.

1781 wurde in die Michaelerkirche ein gotischer Hochaltar nach Plänen von L. B. d'Avrange eingebaut, ohne daß man dabei den spätbarocken Raumeindruck gänzlich aufgab. Bei den Umbauten von Augustiner- und Minoritenkirche verzichtete man völlig auf dieses durchaus reizvolle Spannungsverhältnis. Der vom Kaiser nicht sonderlich geschätzte Hofarchitekt Johann Ferdinand Hetzendorf von Hohenberg wurde mit dem Auftrag bedacht, die Räume von den spätbarocken Kapellen und Altären zu befreien und den Bau wieder in einen »mittelalterlichen« Zustand zu versetzen, womit ein einheitlich gotisches Erscheinungsbild gemeint war. In der Augustinerkirche vereinheitlichte Hohenberg das Wand- und Pfeilersystem, die Seitenaltäre bekamen flache Nischen und eine gotisierende Rahmung. Ferner vergrößerte man die Fenster und baute eine gotische Kanzel sowie die Orgelempore ein. Eine Vielzahl von Kronleuchtern mildert die extreme Höhenwirkung des Raumes. Der von Hohenberg dem Vorbild in der Michaelerkirche nachempfundene Hochaltar wurde bereits im 19. Jahrhundert ersetzt: 1874 stellte man den Sandsteinaltar von Andreas Halbig auf, der ursprünglich für die Votivkirche gemeißelt war.

Der Umbau der Minoritenkirche gestaltete sich wegen des asymmetrischen Grundrisses komplizierter. Als 1784 die Minoriten in die Weißspanierkirche auf dem Alsergrund umzogen, erhielten die Italiener den Bau vom Kaiser als Nationalkirche zugesprochen. Sie wurden jedoch angewiesen, die Kirche von »allem Überflüssigen« zu befreien und den klassizistischen Forderungen nach Überschaubarkeit anzupassen. Hohenberg griff dazu sehr stark in die Bausubstanz ein: Er gab den Seitenschiffen einen polygonalen Abschluß und übernahm die mittelalterlichen Bündelpfeiler auf hohen Basen, die er in der südlichen Stützenreihe vorfand, für den gesamten Kirchenraum. Die so vereinheitlichte dreischiffige Halle erhielt an der Ostwand des Mittelschiffs einen monumentalen gotisierenden Altar. 1802 griff Kaiser Franz II. (I.) diese Regotisierungsmaßnahmen erneut auf, indem er die Hofburgkapelle dem Schema der Augustinerkirche angleichen ließ.

Die Gründe für die Regotisierungskampagnen Josephs II. lagen zum einen sicherlich in dessen gespanntem Verhältnis zur katholischen Kirche, die in Rom wie auch in den habsburgischen Landen einen antikisierenden Klassizismus bevorzugte. Andererseits entsprach jenes Konzept aber auch dem Streben nach einer klaren und durchsichtigen Architektur. Für einen mittelalterlichen Bau konnte dies nur das Herausarbeiten einer mittelalterlichen Bausubstanz bedeuten.

L.B. d'Avrange
Michaelerkirche
Kirchenschiff mit gotischem Hochaltar, 1781

Johann Ferdinand Hetzendorf von Hohenberg
Regotisierung des Innenraumes der Minoritenkirche, 1784–89

Der evangelische Kirchenbau

Seit dem letzten Drittel des 18. Jahrhunderts war es durch das »Toleranzpatent« Kaiser Josephs II. auch nicht-katholischen Glaubensgemeinschaften möglich, eigene Bethäuser zu errichten. Sie durften jedoch weder Turm noch Glocke, geschweige denn einen direkten Zugang zur Straße haben. Sie wurden demnach nur toleriert – man gestattete ihnen ein »Privatexercitium« des Glaubens. Folglich verbargen sich die ersten nichtkatholischen Gebetsräume hinter einfachen Wohnhausfassaden. Beide evangelischen Gemeinden, die man anfangs noch »Akatholiken« nannte, bauten ihre Bethäuser in der Dorotheergasse auf dem Gelände des aufgelassenen Königinnenklosters.

Die evangelisch-reformierte Kirche H.B. (= Helvetisches Bekenntnis) schuf 1783–84 der Architekt Gottlieb Nigelli. Er errichtete einen von zwei flachen Pendentifkuppeln überwölbten Langraum. Die beiden Joche werden durch kassettierte Tonnengurte getrennt. Die in die seitlichen Pfeilernischen eingestellten Emporen ruhen auf Säulen und sind von kassettierten Tonnen überwölbt. Dieser künstlerisch bedeutendste Sakralraum seiner Zeit wendet stark vereinfacht das Raumschema an, das von Jacques Germain Soufflot 1757 am Pariser Panthéon formuliert wurde.

Die Kanzel befand sich ursprünglich an der heutigen Eingangsseite. Als 1887 Ignaz Sowinski die Fassade neu gestaltete und den Turm errichtete, mußte sie dem neuen Eingang weichen; sie fand ihm gegenüber ihre neue Aufstellung.

Die evangelisch-lutherische Gemeinde A.B. (= Augsburger Bekenntnis) nutzte die 1582–83 erbaute Kirche des aufgelösten Königinnenklosters. 1846 beauftragte sie den Architekten Ludwig Förster mit dem Bau einer größeren Kirche an der Gumpendorfer Straße. Der Neubau wurde unumgänglich, nachdem die lutherische Gemeinde insbesondere in den westlichen Vorstädten stark angewachsen war. 1849 wurde der Grundstein für den gemeinsam mit Theophil Hansen in »romantisierenden« Formen errichteten Bau gelegt.

Die Gustav-Adolf-Kirche ist nach außen hin blockartig geschlossen. Auf der flächigen Wand, in die gekoppelte und verdachte Rundbogenfenster hineingeschnitten sind, wirken die Dekorationselemente wie appliziert; dies war auch dem katholischen Kirchenbau der Zeit nicht fremd. Die niedrigen Erdgeschoß- und hohen Obergeschoßfenster reflektieren den Innenraum mit seinen auf gußeisernen Säulen gestützten hölzernen Emporen. Ein zweites, in das Wandpfeilersystem der Hochfenster eingespanntes Emporengeschoß wurde unter Einspruch der Architekten von den Vorstehern der lutherischen Gemeinde verlangt.

Bei diesem Kirchenbau zeigt sich deutlich, wie sehr sich die Situation der »Evangelischen« gebessert hatte, denn es wurde bereits geduldet, daß das Gotteshaus auch das Aussehen einer Kirche annahm.

Gottfried Nigelli
Evangelisch-reformierte Kirche H.B. in der Dorotheergasse
Innenraum, 1783–84

Ludwig Förster, Theophil Hansen
Evangelische Kirche A.B. (Gustav-Adolf-Kirche), 1846–49
Fassade

Isidor Canevale
Augartenportal, 1775

Das Augartenportal

Isidor Canevale war als Hofarchitekt für die Vorstädte und somit auch für die kaiserlichen Gartenanlagen Augarten und Prater (Abb. S. 145) zuständig. Das von ihm errichtete Eingangsportal zum Augarten trägt die kaiserliche Devise »Allen Menschen gewidmeter Erlustigungs-Ort von Ihrem Schätzer«; sie wurde anläßlich der Öffnung dieses ehemaligen Privatgartens herausgegeben.

Wie kaum ein anderes Gebäude in Wien belegt das Augartenportal Canevales Herkunft aus Paris und demonstriert seine Kenntnis des französischen Revolutionsklassizismus. Der halbkreisförmig geschlossene Torbogen des Mittelportals wird von einer wuchtigen Attika abgeschlossen. Rechts und links fügen sich dreiteilige Durchgänge an, die wiederum von den Wächterhäusern mit rustiziertem Mauerwerk flankiert werden. Die fast kompromißlose Geschlossenheit dieser Tor- und Triumphbogenarchitektur setzt sich markant vom Freiraum des Gartens ab. Eine derartige Radikalität der Form sollte Canevale in seinen weiteren Bauten für die kaiserlichen Gärten nicht mehr erreichen.

Das Äußere Burgtor

Das 1821 bis 1824 von Peter von Nobile vollendete Tor gehört zu einer ganzen Serie neuer Stadttore, die zu Beginn des 19. Jahrhunderts errichtet wurden. Nachdem es bereits frühzeitig in die Pläne für ein Kaiserforum einbezogen wurde, hat es den Fall der Mauern überlebt.

1817 hatten sich Johann Aman, Alois Pichl, Louis Remy, Luigi Cagnola und Peter von Nobile an einem Wettbewerb zur Errichtung eines neuen Tores beteiligt. Der Mailänder Luigi Cagnola ging zunächst als Sieger hervor, und 1821 wurden die Grundmauern nach seinem Entwurf gelegt. Doch dann reiste Cagnola – wohl über Änderungswünsche des Kaisers verstimmt – aus Wien ab. Peter von Nobile wurde nun mit der Vollendung betraut, wobei er die gelegten Fundamente in seinen Entwurf einzubinden hatte. In gewisser Weise setzte er den radikalen Klassizismus Isidor Canevales fort und betonte die Zugehörigkeit dieses Tores zur Festungsanlage.

Wie bei Stadttoren üblich, unterschied er zwischen stadtzugewandter »Schauseite« und stadtabgewandter »Feldseite«. Zu den Vorstädten öffnen sich fünf gleich hohe Durchgangsbögen, die auf beiden Seiten von wuchtigen Ecktrakten flankiert werden; in ihrer Wand befinden sich nur kleine, ebenerdige Segmentbogenfenster. Dieser Sparsamkeit stehen auf der Stadtseite eine lebhaftere Anordnung der drei Gebäudeteile sowie der Schmuck dorischer Säulen gegenüber. Der Mitteltrakt mit den Durchgängen springt weit zurück, und den Rundbogenöffnungen in einer ansonsten geschlossenen Wand tritt hier die offene Säulenkolonnade gegenüber.

Nobile stellte die Feldseite als fortifikatorische und die Hofburgseite als repräsentative Front dar, damit änderte er die Ausrichtung früherer Stadttore, deren aufwendigere Seite sich dem zeigt, der sich der Stadt annähert.

Peter Nobile, Luigi Cagnola
Äußeres Burgtor der Hofburg
Stadtseite, 1818–24

Peter Nobile
Theseustempel, 1820–23

Der Theseustempel

Der 1820–23 von Peter von Nobile errichtete Theseustempel ist wohl die erste ausschließlich für museale Zwecke bestimmte Anlage Wiens. Er ist dem antiken Athener Thesaion nachempfunden. Den Anlaß zu seiner Errichtung lieferte der Erwerb von Antonio Canovas Marmorgruppe *Theseus im Kampf mit dem Kentauren*, welche heute im Treppenhaus des Kunsthistorischen Museums steht (Abbn. S. 198 u. S. 251). Die Gruppe wurde 1805 von Napoleon in Auftrag gegeben, dann aber 1821 durch Franz II. (I.) erworben und in die »Bezwingung Napoleons« uminterpretiert. Nach der Wiederherstellung der durch Napoleons Truppen gesprengten Festungsanlagen fand die Theseus-Gruppe in Nobiles Tempel Aufstellung.

Der Theseustempel wurde dadurch zu einem architektonischen Nationaldenkmal. Die sehr tiefen Fundamente, die das Gelände über den Basteien verlangte, umschließen einen Raum, in dem die in Österreich gefundenen antiken Denkmäler ihre Aufstellung fanden.

Peter von Nobile steht stilistisch in der Nachfolge des Hofarchitekten Isidor Canevale und kann als der konsequenteste Vertreter des Revolutionsklassizismus in Österreich bezeichnet werden. Dies zeigt sich unter anderem darin, daß er bei den Säulen des Theseustempels zur »klassisch«-griechischen Dorica zurückkehrte. Während sich dafür seit der Renaissance das »toskanische« Gliederungsprinzip mit einem glatten Schaft und Basis durchgesetzt hatte und in dieser Form in den Architekturtraktaten verbreitet worden war, wandte sich von Nobile hier, wie auch beim Äußeren Burgtor, dem archäologisch genauen griechischen Vorbild zu. Dieses weist sich stark verjüngende, kannelierte Schäfte auf, die ohne Basis aus dem Stylobat hervorgehen.

Isidor Canevale, Joseph Gerl, Joseph Quarin u.a.
Allgemeines Krankenhaus in der Alser Straße, ab 1783
Fassade zu einem Innenhof

Isidor Canevale
Das Allgemeine Krankenhaus mit Narrenturm, 1783–84
Historisches Museum der Stadt Wien

Das Allgemeine Krankenhaus

Zwischen Alserstraße und Währinger Straße erstreckt sich das Gelände des ehemaligen Allgemeinen Krankenhauses, dessen Räume heute hauptsächlich der Universität dienen. Die ersten Gebäude dieses nach seiner Fertigstellung modernsten Spitals Europas wurden 1783–84 anstelle des 1693 erbauten »Großarmenhauses« errichtet und bis in die zweite Hälfte des 19. Jahrhunderts wiederholt erweitert. Es umfaßte neben dem eigentlichen Krankenhaus auch ein Gebärhaus, ein Tollhaus (Narrenturm), Siechenhäuser und ein Findelhaus.

Die Idee, die kleinen Spitäler aufzulösen und sämtliche Patienten in ein einziges großes Krankenhaus zusammenzulegen, war Kaiser Joseph II. im Jahre 1777 anläßlich eines Besuchs in Paris gekommen, während dessen er das dortige Zentralspital besichtigte. Wenig später beauftragte er seinen Leibarzt, Doktor Joseph Quarin, mit dem Entwurf eines Krankenhauses. Die Errichtung fiel in den Aufgabenbereich des Hofarchitekten Isidor Canevale. Allerdings ist dessen Anteil an den Arbeiten nicht festzustellen; die Bauleitung lag in den Händen Josef Gerls.

Isidor Canevale, Joseph Gerl, Joseph Quarin u.a.
Allgemeines Krankenhaus
ab 1783
Fassade zur Alser Straße

Die einzelnen Einrichtungen gruppieren sich um mehrere Innenhöfe, so daß der Eindruck einer stattlichen Klosteranlage entsteht. Die Architektur ist betont sparsam dekoriert, sie ist weitgehend ein Umbau des schon bestehenden Armenhauses und des Soldatenspitals (Garnisonsspital).

Viel üppiger hingegen präsentiert sich das gleichzeitig (1783–85) errichtete Josephinum, das Gebäude der chirurgisch-medizinischen Akademie, das noch dem Spitalsareal angehört. Diese zur Währinger Straße durch ein Gitter abgesperrte Dreiflügelanlage gilt als der letzte Barockbau Wiens. Sie dürfte auf einen Entwurf des Mailänder Architekten Giuseppe Piermarini zurückgehen, den Canevale aber stark überarbeitete. In den Innenräumen bricht er mit der barocken Tradition zugunsten zweckorientierter Raumdisposition.

Der interessanteste Teil des Spitals ist das hinter dem Josephinum errichtete Tollhaus, das in Wien »Narrenturm« bzw. »Kaiser Josephs Guglhupf« genannt wird. Hier, wo sich heute das medizinhistorische Museum befindet, waren früher die »Wahnwitzigen« untergebracht. Es war der einzige von Grund auf neu zu errichtende Bau im unmittelbaren Krankenhausbereich

Isidor Canevale schuf ein zylindrisches Gebäude, dessen Außenbau ursprünglich vollständig rustiziert war. Durch die schlitzartigen Fenster bekommt der Bau zusätzlich fortifikatorische Züge, und in der Tat lassen sich vergleichbare Entwürfe eher in der Gefängnisarchitektur finden als in der Spitalsarchitektur. Hinter den schmalen Lichteinlässen der Fenster befinden sich die radial angeordneten Zellen, denen zum Hof hin ein Verbindungsgang vorgelegt ist. Sie sind nur über den Wärtertrakt zu erreichen, der den Hof in zwei Teile trennt. Durch diese Anordnung ließ sich die Betreuung wie auch die Überwachung der Patienten mit geringem Personalaufwand aufrechterhalten.

Isidor Canevale
Josephinum, 1783–85
Fassade zur Währinger Straße

Isidor Canevale
Josephinum, 1783–85
Bibliothek

Louis Montoyer
Palais Rasumofsky, 1803–07
Gartenfassade (oben)
Festsaal (rechts)

Das Palais Rasumofsky

1803–07 ließ sich der russische Gesandte Fürst Andreas Kyrillowitsch Rasumofsky durch Louis Montoyer ein neopalladianisches Palais errichten. Rasumofsky war ein wichtiger Förderer Beethovens, der ihm die drei Quartette Op. 59 widmete. Beethovens 5. Symphonie wurde hier uraufgeführt. Das Palais wurde während des Wiener Kongresses ein gesellschaftliches Zentrum Wiens.

Das annähernd quadratische Gebäude mit seinen als Kolonnaden errichteten Mittelrisaliten stand einst in einem englischen Garten. Das Palais selbst erfuhr nach einem Brand 1814 und den Zerstörungen des Zweiten Weltkriegs Veränderungen. Die mächtigen Säulenstellungen der Fassade sowie der prächtige Festsaal erzählen aber noch heute von der ursprünglichen Pracht dieses Gebäudes.

Kolonnaden bildeten in der Wiener Architektur um 1800 die Ausnahme und wurden zum ersten Mal von Charles Moreau auf der Gartenseite des Eisenstädter Schlosses verwendet. Die repräsentativen Räume in diesem zweigeschossigen Palais liegen im Erdgeschoß. Im Festsaal mit seinen monumentalen korinthischen Säulen zitiert Montoyer den von ihm errichteten Zeremoniensaal der Hofburg, das architektonische Symbol des neuen österreichischen Kaisertums. Beeindruckend sind ferner der zentrale kreisrunde Kuppelsaal mit seiner Pilasterordnung wie auch die Raumfolge auf der Gartenseite.

Das Schottenstift nach dem Umbau von 1826–32 unter Josef Kornhäusel

Joseph Kornhäusel und die Wiener Biedermeierarchitektur

Obwohl er kaum in den Genuß öffentlicher Bauaufträge kam, gehört Joseph Kornhäusel (1782–1860) zu den bedeutendsten Wiener Architekten in der ersten Hälfte des 19. Jahrhunderts. Es waren die privaten Auftraggeber, die zuerst seine Qualitäten erkannten, die Fürsten von Liechtenstein, deren Baudirektor er von 1812–18 war, und Erzherzog Karl, für den er 1820–23 den bedeutendsten Schloßbau des Vormärzes, die Weilburg bei Baden, errichtete. Später übernahmen es die Klöster, ihm umfangreiche Baukomplexe anzuvertrauen.

Das Schottenkloster

Sein wohl größtes Bauvorhaben in Wien war der Um- und Ausbau des Schottenklosters. Von 1826–32 verband er Kirche, Stift und Mietshäuser zu einer mehrere Höfe umfassenden Gesamtanlage. Der dem Kloster zur Freyung und Schottengasse vorgelagerte Schottenhof griff bereits dem Mietshausbau der Ringstraßenzeit voraus.

Wie bei allen Mietshausbauten Kornhäusels ist auch hier die fünfgeschossige Fassade nur spärlich mit Gesimsen und Fensterrahmungen dekoriert. Im Gegensatz zu seinen früheren Mietshäusern gliederte er die langgestreckte Fassade zur Schottengasse durch einen flachen Mittelrisalit mit Pilastergliederung und abschließendem Dreiecksgiebel. Diesen Risalit wiederholte er an der Fassade zur Freyung. Im dahinterliegenden größten Innenhof der Anlage wird noch ein weiteres Mal die Fassade aufgewertet: Ein säulenumstelltes Portal markiert hier den eigentlichen Eingang zum Stift.

In den Innenräumen spielt Kornhäusel dann seine ganze architektonische Virtuosität aus. Neben dem üppig dekorierten klassizistischen Prälatensaal mit Pilastergliederung ist es vor allem die Bibliothek, die seine Sonderstellung in der Baukunst des Biedermeier bezeugt. Kein anderer Architekt, außer vielleicht Louis von Montoyer, nutzte monumentale Säulenstellungen so überzeugend. Glatte ionische Säulen teilen den Langraum in drei Schiffe und tragen ein mächtiges Gesims, auf dem die kassettierte Tonnenwölbung aufliegt. Die Schmalseiten schließen an der Eingangsseite mit einer geraden Wand und an der gegenüberliegenden Seite mit einer Exedra ab. Die Säulen tragen auf halber Höhe die Balkone der Büchergalerie. Beleuchtet wird der Raum nur über ein Oberlicht im Scheitel der Tonne.

Die Albertina

Auch beim Umbau der Albertina für Erzherzog Karl (1822–24) zeichnete sich Kornhäusel als Innenar-

Josef Kornhäusel
Schottenstift, Bibliothekssaal
Raumgestaltung 1830/31

Joseph Kornhäusel
Albertina
ehem. Ball- und Musiksaal
1822–24 (heute Studiensaal der graphischen Sammlung

Louis Montoyer u.a.
Albertina (1745–47 als Palais Taroucca erbaut, 1800–04, 1822–24 und 1867 verändert)
Eingang

chitekt aus. Das Gebäude wurde 1745 als Palais Taroucca erbaut und 1800–04 unter Louis von Montoyer für Albert von Sachsen-Teschen und seine Gemahlin Erzherzogin Christine umgebaut. Dabei wurde es um einen Teil des Augustinerklosters erweitert. Als Erzherzog Karl das Palais erbte, beauftragte er Kornhäusel mit der Erneuerung des Inneren. Vor allem galt es, den langen Weg zum Ball- und Musiksaal im ersten Stock repräsentativ zu strukturieren.

Die Raumfolge nimmt ihren Ausgang in der ovalen Minerva-Halle im Erdgeschoß. Durch das Oval wird grandios ein Achsenknick gemildert, der in die Flure zum Stiegenhaus führt. Diese gliederte er durch vor die Wand gestellte dorische Säulen. Am Ende der Flucht bereiten zwei Sphingen auf das Treppenhaus vor, an dessen Ende der Ball- und Musiksaal anschließt. Er dient heute der Graphischen Sammlung Albertina als Studiensaal.

ABBILDUNG GEGENÜBER:
Joseph Kornhäusel
Synagoge, 1824–26
Blick in die Kuppel

Anders als die Bibliothek des Schottenstiftes wird der Studiensaal der Albertina durch Pilaster gegliedert, die die zweigeschossigen Fensterachsen unterteilen. Den Rundbogen der unteren Wandzone sind im oberen Wanddrittel querrechteckige Mezzaninfenster zugeordnet. Vor den Pilastern der in Gelb- und Grautönen gehaltenen Wand stehen zehn weiße Marmorfiguren, die Joseph Klieber fertigte. Sie stellen Apoll und die neun Musen dar.

Im Gegensatz zu der großen Strenge der mit Vollsäulen gegliederten Säle strebte Kornhäusel hier, ähnlich wie im ebenfalls mit Pilastern gegliederten Prälatensaal des Schottenstiftes, eine dekorative und farbige Lösung an.

Synagoge

Höhepunkt in Kornhäusels Schaffen sind das Haus der Israelitischen Kultusgemeinde und die Synagoge in der Seitenstettengasse.

Ähnlich den nichtkatholischen Christen erlaubte das Toleranzpatent Kaiser Josephs II. auch den Juden eine beschränkte Religionsausübung und somit auch den Bau von Gebetsräumen, die allerdings von der Straße weder erkennbar noch direkt zugänglich sein durften. Kornhäusel löste dieses Problem, indem er das Haus der Kultusgemeinde wie ein Mietshaus konzipierte. In der Fassade mußte das rustizierte Erdgeschoß zunächst den starken Anstieg der Seitenstettengasse auffangen, was zur Folge hat, daß in der linken Hälfte das Kellergeschoß sichtbar wird.

Über einem Gesims erheben sich vier Geschosse, deren einzige Nobilitierungen in den Fensterverdachungen zu sehen sind: Dem Dreiecksgiebel folgen die gerade Verdachung, darüber Rundbogenfenster und abschließend einfache Rechteckfenster. Die Verringerung des Dekors nach oben hin trug der eingeschränkten Sichtbarkeit der Front in der schmalen Gasse Rechnung und verminderte obendrein die Baukosten.

Die Fassade kaschiert das Innere. Diese Eigenschaft wird noch zusätzlich dadurch betont, daß Kornhäusel neben dem Haus der Kultusgemeinde sein eigenes Wohnhaus und auf der gegenüberliegenden Straßenseite ein Gebäude für das katholische (!) Stift Seitenstetten errichtete.

Den Tempel auf der Hofseite gestaltete er als ovalen Zentralraum. Hierbei konnte Kornhäusel auf keinen tradierten Formenkanon zurückgreifen. Er schuf vielmehr ein Raumkonzept, das er für verschiedene andere Funktionen adaptierte, etwa für die Bibliothek des Schottenstiftes, für das Römische Bad im Sauerhof in Baden und für den Zuschauerraum des Theaters in der Josephstadt. Dem ovalen Zylinder des Raumes sind ionische Vollsäulen eingestellt, die auf halber Höhe und über den Kapitellen Emporen tragen. Über allem spannt sich eine sternenübersäte Kuppel mit einer Laterne im Scheitel, die einzige Versorgung des Raumes mit Tageslicht.

Joseph Kornhäusel
Haus der Israelitischen Kultusgemeinde in der Seitenstettengasse, 1824–26
Fassade

Joseph Kornhäusel
Synagoge, 1824–26
Innenraum

שויתי יהוה לנגדי תמיד

Theodor Hoffmann
Nordbahnhof, 1859–65
G. Hofer, Kassen- und Treppenhalle des Nordbahnhofs
Zeichnung

Abbildung oben:
Theodor Hoffmann
Nordbahnhof, 1859–65
Gesamtansicht

Abbildung unten:
Wilhelm Flattich
Südbahnhof, 1869–74
Kopffassade mit Haupteingang

Wiens Bahnhöfe im 19. Jahrhundert

Der erste Bahnhof in Wien wurde 1838 in der Nähe des Pratersterns errichtet, Bauherr war die zwei Jahre zuvor auf Betreiben des Bankhauses Rothschild gegründete »Kaiser Ferdinands-Nordbahn«. Noch im gleichen Jahr wurde der regelmäßige Bahnbetrieb zwischen Wien und Lundenburg aufgenommen, ein Jahr später fuhren die Züge bereits bis nach Brünn. Dies war zu ihrer Zeit die längste Eisenbahnverbindung auf dem Kontinent. Der Bahnhof war ein relativ einfach gehaltenes klassizistisches Gebäude, das einseitig neben den Gleisen lag; ihm schloß sich im rechten Winkel ein dem Güterverkehr dienendes Kopfgebäude an.

Nur wenig später gründete das Bankhaus Sina die Wien-Raaber-Eisenbahngesellschaft, die zwei getrennte Bahnlinien betreiben wollte, eine entlang der Donau ins ungarische Györ (Raab) und eine über den Semmering bis nach Triest. Ihr Bahnhof entstand in unmittelbarer Nähe des Arsenals und wurde als symmetrische Anlage mit zwei getrennten Bahnhofsgebäuden für die beiden Linien errichtet. Anstelle dieser beiden Bahnhöfe wurden Anfang der siebziger Jahre der Südbahnhof und der auch als Ostbahnhof bekannte Staatsbahnhof errichtet.

Die Zeit der großen Wiener Bahnhöfe begann mit dem Bau des Westbahnhofes (1857–59) durch die »Kaiserin-Elisabeth-Westbahn«. Bei ihm war die Trennung von Güter- und Personenbahnhof bereits vollzogen. Das Empfangsgebäude bestand, wie bei fast allen Wiener Bahnhöfen, aus zwei getrennten Abfahrts- und Ankunftsgebäuden zu beiden Seiten der Gleise. Die Ein- und Ausgänge befanden sich jeweils in der Mittelachse und waren entsprechend betont. Vor der Bahnsteighalle des Westbahnhofes wurde ein Kopfgebäude errichtet, in dem die Räume für den kaiserlichen Hof und die Bahnverwaltung untergebracht wurden. Als Vorbild für den Bau diente das Münchner Wittelsbacher-Palais; dies ist unter anderem als Verweis darauf zu sehen, daß diese Bahnverbindung nach München führte.

Wenig später erneuerte und vergrößerte die Nordbahn ihren Wiener Bahnhof (1859–65). Hierbei entstand der wahrscheinlich prächtigste Bahnhof Europas mit der Silhouette einer riesigen Burganlage, prächtigen Treppenhäusern und Wartesälen und einer entsprechenden Bahnsteighalle. Hier wurde das Reisen inszeniert! Allein das Treppenhaus mit seinen vier von der Schalterhalle ausgehenden Treppenläufen nahm ein gutes Drittel der Grundfläche des Abfahrtsgebäudes ein. Dabei diente es ausschließlich dazu, die Reisenden in die Wartesäle im ersten Stock zu geleiten, von wo aus sie die Gleise erreichen konnten.

Dieser Initialzündung folgten im Vorfeld der Weltausstellung von 1873 vier weitere Bahnhofsbauten. Der alte Doppelbahnhof der Wien-Raaber-Eisenbahn war inzwischen an zwei Bahngesellschaften verkauft worden. Die private Staatseisenbahngesellschaft, die Wien mit Prag und mit Budapest verband, errichtete dort ihren Staatsbahnhof (1867–70). Bei ihm ist die Bahnsteighalle nicht durch ein Kopfgebäude verdeckt und in ihrer ganzen Konstruktion sichtbar. Dieser Bahnhof diente als Vorbild für den Budapester Staatsbahnhof (Westbahnhof), dessen Bahnsteighalle Gustave Eiffel für dieselbe Bahngesellschaft errichtete.

Den zweiten Bahnhof der alten Anlage erneuerte die Südbahngesellschaft. Vom Südbahnhof (1869–74) fuhren die Züge nach Triest ab. Er ist der einzige der Wiener Kopfbahnhöfe, der auch über das Kopfgebäude betreten wurde.

Wilhelm Bäumer
Nordwestbahnhof, 1870–73
Eingangspolygon zur
Abfahrtsseite

Zwei weitere Bahngesellschaften, die »Kaiser-Franz-Joseph-Bahn« und die »Österreichische Nordwestbahngesellschaft«, entstanden in diesen wirtschaftlichen Gründerjahren und errichteten ebenfalls eigene Bahnhöfe. Beide Firmen erschlossen auf eigenen Trassen den Nordwesten der Monarchie, so daß nunmehr vier Gesellschaften Verbindungen nach Prag anboten. Zumindest die Nordwestbahngesellschaft hatte hier von Anfang an kaum eine Überlebenschance. Ihr Bahnhof zeigte aber ein Element, das in der Wiener Architektur selten zu finden ist, nämlich einen polygonalen Trakt, den der Architekt Wilhelm Bäumer als Eingang zur Schalterhalle entworfen hatte.

Alle Bahnhöfe fielen den Bombenangriffen des Zweiten Weltkrieges zum Opfer. Nach und nach wurden sie abgetragen und durch Neubauten ersetzt.

Abbildung oben:
Carl Ruppert, Carl Schumann
Staatsbahnhof (Ostbahnhof)
1867–70, Eingangsseite
Historisches Museum der
Stadt Wien

Abbildung unten:
Moriz Löhr
Westbahnhof, 1857–59
Eingangsseite
Historisches Museum der
Stadt Wien

Kaiser Franz Joseph I., 1830–1916
Gemälde von Franz Xaver Winterhalter
Kunsthistorisches Museum

1848–1890: Von der Revolution zur Ringstraßenära

Am 25. Dezember 1857 veröffentlichte die Wiener Zeitung auf ihrer ersten Seite einen Erlaß Kaiser Franz Josephs I., in dem es hieß: »Es ist mein Wille, daß die Erweiterung der inneren Stadt Wien ... ehemöglichst in Angriff genommen ... werde.«

Es hatte lange gedauert, bis ein Kaiser es wagte, den Startschuß zum Schleifen der Mauern zu geben. Versuche hatte es seit dem ausgehenden 18. Jahrhundert immer wieder gegeben, aber die Vorbehalte des Militärs, das das Trauma der Türkenbelagerungen nicht abschütteln wollte, verhinderten alle Vorstöße, Wien den Charakter einer Festung zu nehmen.

Als 1844 Kaiser Ferdinand I. das Schleifen der Mauern im Bereich des Kärntnertores anordnete, um Platz für ein neues Hofoperntheater zu erhalten, setzten die Ereignisse des Jahres 1848 allen Anstrengungen ein Ende. Die Revolution zwang den fast ein halbes Jahrhundert allmächtigen Kanzler Fürst Metternich zum Rücktritt und Kaiser Ferdinand I. zur Abdankung. Als Kaiser folgte ihm sein 18jähriger Neffe Franz Joseph I., der zunächst noch einmal den Ausbau der »Festung Wien« vorantrieb. Die großen Kasernen, die nun errichtet wurden, sollten nicht mehr äußere Angriffe abwehren, sondern eine Wiederholung des Aufstandes der Bevölkerung im Keim ersticken. Zwei dieser Kasernen entstanden am Donaukanal, an den beiden Enden des Mauerrings, die Franz-Joseph-Kaserne (1854–57) und die Roßauerkaserne (1865–60). Eine dritte, das Arsenal, wurde zwischen 1849 und 1856 vor der Belvedere-Linie, in der Nähe des Südbahnhofs, errichtet. Zu diesem Komplex gehörte unter anderem auch der erste Museumsbau der Monarchie, das Waffenmuseum (heute Heeresgeschichtliches Museum).

Die »Festung Wien« bestand jedoch schon vorher nicht mehr in ernst zu nehmender Form. Die Vorstädte wuchsen seit der zweiten Hälfte des 18. Jahrhunderts kontinuierlich und bildeten einen immer dichter besiedelten »Schutzschild«. Ein zweiter Verteidigungsring, der 1703 nach dem letzten Türkenangriff errichtete Linienwall (er ist weitgehend mit dem Verlauf der heutigen Gürtel-Straße identisch), fand seine Anwendung nur als Steuergrenze. Der Bau der Eisenbahn (ab 1836) und die Aufnahme des Linienverkehrs auf der Donau in den dreißiger Jahren beendeten zudem allmählich die Randlage Wiens. Die Eisenbahn, zunächst von privaten Gesellschaften finanziert, wurde bald in ein staatliches Verteidigungskonzept einbezogen, um die Truppentransporte in Krisenregionen außerhalb Wiens zu beschleunigen.

Wien – immerhin die drittgrößte Stadt Europas – hinkte städtebaulich und wirtschaftlich seiner politischen Bedeutung weit hinterher. Ein 1843 herausgegebener europäischer Reiseführer nennt allein in London 200 Hotels, während in Wien nur zwei Hotels, das »Erzherzog Karl« und das »Kaiserin von Österreich«, sowie fünf Gasthöfe zu finden waren. Wien befand sich zu weit entfernt von der wichtigsten Touristenroute, die sich rheinaufwärts über die Schweiz nach Italien zog, und wurde so von nur wenigen Reiselustigen besucht. Dies änderte sich erst durch den Bau der Eisenbahn und den Anschluß an ein internationales Bahnnetz.

Wie sehr sich der Nachholbedarf an Neubauten und die mit dem Schleifen der Mauern verbundenen Erwartungen aufgestaut hatten, zeigte sich am ausbrechenden Bauboom und an dem enormen Zuzug von Architekten und Wirtschaftsspekulanten aus allen Teilen Europas. Sie suchten im Baufieber der »Ringstraßenzeit« ihr Glück. Die Wurzeln hierzu hatte bereits vor 1848 der Architekt Ludwig Förster mit der Herausgabe seiner »Allgemeinen Bauzeitung« gelegt, in der er seit 1836 über die Architektur in und außerhalb Wiens berichtete. Förster versuchte schon früh, fremde Architekten nach Wien zu holen, um die vermeintliche Stagnation aufzubrechen. Er hatte durchaus Erfolg damit, denn mit dem Dänen Theophil Hansen holte er einen der wichtigsten Ringstraßenarchitekten in sein Atelier.

Bautätigkeit und Architektur unterschieden sich grundlegend von der Situation vor 1848, als verschiedene Spielarten des Klassizismus dem Sparsamkeitskodex des Hofbaurates gerecht werden sollten. Erst die Revolution brachte den Wandel, der auf dem Lande schon lange stattgefunden hatte. Romanische, gotische und italienische Trecento-Formen bestimmten nun das äußere Erscheinungsbild der als »romantisch« bezeichneten Architektur. Die Gebäude wurden größer und größer.

Für den unmittelbaren Umschwung in der Wiener Architektur, schließlich sogar für den Sturz des Hofbaurates sorgte die Berufung des Schweizer Architekten Johann Georg Müller (1822–49). Er setzte den von Hofbaurat Paul Sprenger begonnenen Bau der Altlerchenfelder Kirche »Zu den sieben Zufluchten« fort. Müller mußte Sprengers bereits gelegte Fundamente in seinen Entwurf einbeziehen; er steht aber auch in der Fassade Sprengers Entwurf wesentlich näher, als dies die komplizierte Baugeschichte vermuten ließe. Die Unterschiede sind vor allem im Abrücken vom klassizistischen Ideal zu suchen. Treibende Kraft bei Müllers Bestellung war der 1847 gegründete Ingenieur- und Architektenverein, dessen Ziel vorrangig die Entmachtung des Hofbaurates Paul Sprenger war. Die Institution des Hofbaurats fiel tatsächlich der 48er Revolution zum Opfer und wurde im Februar 1849 aufgelöst bzw. Anfang 1850 durch die General-Bau-Direktion ersetzt, der bis 1854 wiederum Paul Sprenger vorstand. Damit demonstrierte man eine gewisse Kontinuität der staatlich gelenkten Baubürokratie.

Geändert hatte sich zunächst nur das stilistische Erscheinungsbild der Bauten: Der Ausschließlichkeit klassizistischer Strenge folgten nun fast ebenso ausschließlich romantisierende Rundbogenfenster mit florentinischem Maßwerk, fialenbegleitete Fisalite und Ecktürme. Die Pilaster wurden durch Lisenen, das Gebälk durch den Rundbogenfries ersetzt. An der Baublockphilosophie und der flächigen Wand änderte sich freilich zunächst nichts. Beredtes Beispiel dafür geben die Kasernenbauten, wobei für die Franz-Joseph-Kaserne Paul Sprenger noch maßgeblich verantwortlich zeichnete. Der Wandel zeigte sich aber auch außerhalb der General-Bau-Direktion, beispielsweise in der evangelischen Kirche A.B. (= Augsburger Bekenntnis) an der Gumpendorfer Straße, die im Büro Ludwig Försters ab 1846 geplant wurde. In der Wiener Architekturgeschichte hat sich für den neuen Stil der Begriff »romantischer Historismus« eingebürgert, im Gegensatz zum »kubischen Stil« des Vormärzes.

Charakteristisch für diese Zeit ist das Zusammenspiel von Malerei und Skulptur mit der Architektur, das allerdings nicht mittels bildlicher Wandfresken, Statuetten und Reliefs, sondern vor allem durch Dekorationsmalerei und ornamentale Steinmetzarbeiten erreicht wurde (Altlerchenfelder Kirche, Ruhmeshalle und Treppenhaus im Heeresgeschichtlichen Museum). Diente anfangs die flache Wand noch als Dekorationsträger, wurde sie bei Heinrich Ferstel selbst zum Relief (Bank- und Börsengebäude in der Herrengasse). Auch Eduard van der Nülls und August von Sicardsburgs Hofoperntheater (1861), der erste Ringstraßenbau, entstand in dieser Tradition. Van der Nüll war ja bereits an der Ausstattung der Altlerchenfelder Kirche beteiligt gewesen. Für die Ringstraße war das neue Opernhaus, das sehr eigenständig die riesigen Baumassen von Bühnenhaus und Zuschauerraum, Entree und Verwaltung zusammenfaßt, stilistisch veraltet. Ein häufig kolportierter Spottvers behauptete, daß es den Architekten der Oper gleichgültig gewesen sei, ob sie gotische Formen oder solche der Renaissance verwandten.

Sicardsburg und van der Nüll bauten sicherlich den reifsten Bau des »romantischen Historismus«. Der virtuose Umgang mit unterschiedlichen Stilelementen, die einen eigenständigen Stil bilden sollten, hatte sich jedoch zugunsten einer reinen Stilauffassung überlebt.

Heinrich von Ferstel, der mit seinem Bank- und Börsengebäude noch auf einer Stilstufe mit den Architekten der Oper stand, gewann mit seinem gotischen Entwurf den Wettbewerb zum Bau der Votivkirche. Die Votivkirche (1856–79) wurde zum ersten »stilreinen« Bau der Ringstraße. Andere

Oberst Pilhal, Major Karl Markl
Roßauerkaserne am Schlickplatz
1865–70, Fassade

Paradebauten folgten diesem Ideal eines »strengen Historismus« Wiener Tradition. Friedrich von Schmidt baute das Rathaus (1872–83) in gotischen, Theophil Hansen das Parlament (1871–83) in griechisch-hellenistischen und der bereits erwähnte Ferstel die Universität (1873–83) in den Formen der italienischen Renaissance. Die Wahl fiel keineswegs beliebig aus, sondern stellte einen inhaltlichen Zusammenhang zum historischen Vorbild her: Das Rathaus evoziert die bürgerliche Architektur spätmittelalterlicher flämischer Rathäuser und Tuchhallen, das Parlament die Architektur der ersten Demokratie, und die Universität erinnert an das in Italien entstandene neuzeitlich-humanistische Bildungsideal. Auffallend ist auch, daß wieder allein die Architektur das Gebäude bestimmte.

Die verschiedenen Stile der einzelnen Paradebauten entsprechen alle dem gleichen Stilwollen, in ihrer Vielfalt bilden sie dennoch ein einheitliches, durchaus bürgerliches Bild. Das Bürgertum wurde durch seine ständig wachsende ökonomische Bedeutung spätestens in der Mitte des Jahrhunderts zum nicht mehr wegzudenkenden Machtfaktor. Dies zeigt sich im Bau von Rathaus und Parlament in der unmittelbaren Umgebung der alten Macht, der Hofburg, noch deutlicher aber im Bau von sechs Bahnhöfen. Deren Bauherren und Betreiber waren allesamt private Eisenbahngesellschaften – sie wurden zum Motor des wirtschaftlichen Aufschwungs.

Das Ringen des wohlhabenden Bürgertums um gesellschaftliche Anerkennung äußerte sich in der Sehnsucht nach Anerkennung durch den Adel. Das vielfältige stilistische Erscheinungsbild der Architektur, das Nebeneinander von Neogotik, Neorenaissance, Neoklassizismus und Neobarock ist gebautes Geschichtswissen. Dieses historische Wissen setzte das wohlhabende Bürgertum in seinem heftigen Assimilationsdrang dem Stammbaum des Adels entgegen. So ist es nur konsequent, wenn Rudolf von Eitelberger 1852 zum außerordentlichen Professor für Kunstgeschichte berufen wurde und man an der Wiener Universität als eine der ersten Hochschulen Kunstgeschichte als selbständige Disziplin betrieb.

Der Bau der Ringstraße, die Eröffnung einer Börse, die Gründung der Creditanstalt für Handel und Gewerbe, schließlich die Planung einer ersten Weltausstellung im deutschen Sprachraum lösten eine ungeahnte Euphorie und ein nicht zu bremsendes Spekulationsfieber aus. Mit der Eröffnung dieser Weltausstellung im Jahre 1873 präsentierte sich Wien einer staunenden Weltöffentlichkeit. Die großen Bahnhöfe waren fertiggestellt – viel früher als in den meisten anderen europäischen Metropolen –, und bildeten für Wien die Tore zu einem internationalen Schienennetz. Die Eisenbahn machte die Ausstellung erst möglich, denn ohne sie wären weder Ausstellungsgüter noch Besucher in ausreichender Zahl nach Wien gelangt. Das Gelände der Weltausstellung war größer als das aller vorangegangenen zusammen. Es schien, als habe man mit einem Schlag alles Versäumte nachholen wollen. Wien offenbarte sich nun als boomende und liberale Weltstadt, die in kürzester Zeit den Wandel von einer Festung zur modernen Großstadt durchlebt hatte.

Am 9. Mai 1873, eine Woche nach Eröffnung der Ausstellung, brach das aus Aktien erbaute Kartenhaus des Wirtschaftswunders in sich zusammen. Die sich bereits seit 1872 abzeichnende Überbewertung vieler Firmen konnte noch bis nach der Eröffnung verheimlicht werden, danach drängte die Realität um so heftiger ans Licht.

ABBILDUNG GEGENÜBER:
Gustav Veith
Panorama der erweiterten Stadt Wien, um 1873
Sepia mit Feder, 56 x 90 cm
Historisches Museum der Stadt Wien

Modell der Innenstadt mit der Ringstraße, ausgeführt von Erwin Pendl, 1897–98
Historisches Museum der Stadt Wien

Die als *via triumphalis* gefeierte Ringstraße gab dieser Zeit der wirtschaftlichen Euphorie ihren Namen. Und vielleicht deshalb war sie zunächst weniger eine einheitliche Straße als ein Prachtboulevard, an dem sich öffentliche Gebäude wie Rathaus, Parlament, Universität, Burgtheater und Opernhaus, Museen und Teile der Hofburg mit Palais und herrschaftlichen Mietshäusern abwechselten. Der Wechsel von freistehenden Paradebauten und in Reihe gebauten »Wohnhäusern«, deren Geschoß- und Traufhöhen nicht vereinheitlicht waren, boten immer wieder neue Eindrücke. Lange Bauzeiten und wechselnde stilistische Vorlieben lassen vermuten, daß für die Bebauung kein einheitlicher Entwurf vorlag. Für die Fassaden gab es kein stilistisches Raster, wie wir das beispielsweise von der Ludwigstraße und von der Maximilianstraße in München kennen, wo die städtebauliche Geschlossenheit im Vordergrund stand.

Der häuserbegrenzte städtische Boulevard wechselt immer wieder mit weiten Blicken über Freiflächen und Gärten ab, insbesondere im Bereich von Volksgarten und Heldenplatz. Die imposante Ansicht von Burgtheater, Parlament und Rathaus, wie sie sich heute beim Verlassen der Neuen Burg bietet, ist freilich erst Errungenschaft des 20. Jahrhunderts. Es darf nicht vergessen werden, daß die Ringstraße im hier behandelten Zeitraum zunächst einmal eine prosperierende Baustelle war. Auch mit Beginn der Weltausstellung 1873, als sie erstmals der staunenden Welt vorgeführt wurde, war sie kaum mehr als ein Projekt.

Betrachtet man die Anlage der Ringstraße genauer, so wird schnell deutlich, daß sie nicht der besseren Erschließung der Stadt diente. Neben ihrer Funktion als Flaniermeile dienten die Reitalleen den Kavalieren zum Ausritt wie auch dem Militär zur schnellen Truppenverlagerung. Sie waren so Bestandteil eines neuen Verteidigungskonzeptes, das mit den Kasernenneubauten seinen Anfang genommen hatte. Nähert man sich der inneren Stadt von Westen über die Radialstraßen, so kann man nur selten den »Ring« direkt überqueren, um in die Innenstadt zu gelangen. Man sieht sich einem fast fünf Meter hohen Gitter aus aneinandergereihten Lanzen gegenüber und merkt, daß der Mauerring nur mit anderen Mitteln ersetzt wurde. Die Kernstadt wurde somit als Zeugnis eines überlebten Reichsgedankens konserviert. Das Zusammenwachsen der Vorstädte mit der inneren Stadt förderte die Ringstraße jedenfalls nur bedingt. Resultat des Neokonservativismus wie des Wirtschaftsliberalismus, ist sie gerade deshalb das prächtigste Denkmal der langen, von 1848 bis 1916 währenden Regentschaft von Kaiser Franz Joseph I.

Franz Joseph folgte 18jährig seinem durch die Revolution zur Abdankung gezwungenen Onkel Ferdinand. Dem regierungsunfähigen Ferdinand wurde das »Greisenregiment« zur Seite gestellt, eine »Staatskonferenz« unter Vorsitz Erzherzog Ludwigs und unter Mitwirkung des Staatskanzlers Metternich und seines innenpolitischen Rivalen Graf Kolowrat. Der ihnen folgende jugendliche Kaiser Joseph beschwor allein durch sein Alter ein neues Zeitalter herauf. Er stand unter dem Einfluß seiner Mutter, der Erzherzogin Sophie, von der man sagte, sie sei der »einzige Mann« in der Hofburg. Sophie waren alle Verbürgerlichungstendenzen des Kaiserhauses, die die Jahrzehnte seit Joseph II. bestimmt hatten, ein Greuel. Ihr Handeln wurde maßgeblich davon bestimmt, dem neuen »Kaisertum Österreich« das Gottesgnadentum zurückzugeben.

Genügte zu Beginn des Jahrhunderts noch der Einbau eines Zeremoniensaals in die Hofburg, um dem Kaiserreich einen würdigen Rahmen zu geben, so wurden nun andere architektonische Geschütze aufgefahren: Es waren zunächst die aus der Staatskasse finanzierten Kasernen, und hier vor allem das Arsenal, dessen Bau dem Kaiser am Herzen lag. Für den privaten Schloßbau fehlte ihm das Geld, denn Franz Joseph übernahm von Ferdinand zwar Amt und Titel, aber nicht das habsburgische Privatvermögen, über das er erst nach Ferdinands Tod im Jahre 1875 verfügen konnte. Hieraus erklärt sich vielleicht, wieso mit dem Ausbau der Hofburg zum Kaiserforum erst in den 70er Jahren begonnen wurde.

Auf Sophies Einfluß auf den Kaiser fiel ein erster Schatten, als Franz Joseph die Nichte seiner Mutter, Herzogin Elisabeth in Bayern, heiratete. Die Erziehung der auf ihre Rolle als Kaiserin nicht vorbereiteten »Sisi« legte er in die Hände seiner Mutter. 1855 und 1857 gebar Elisabeth zwei Mädchen und 1858 schließlich den ersehnten Thronfolger Rudolf. Die wichtigste Aufgabe einer Kaisergattin war somit erfüllt, als 1860 das Unerhörte geschah: Die Kaiserin verließ revoltierend Kinder und Hof und begab sich für zwei Jahre nach Madeira. Als sie nach Wien zurückkehrte, war aus dem verschüchterten »schönen Dummerl« eine selbständige Frau geworden, die ihre weltberühmte Schönheit intelligent und egoistisch einzusetzen wußte.

Vor dem Bau der Ringstraße war sie auf dem besten Wege, »die größte Sehenswürdigkeit der Monarchie« (Brigitte Hamann) zu werden. Sie verlieh der Monarchie eben jenen Glanz, den der

Kaiserin Elisabeth (1837–98)
Gemälde von Franz Xaver Winterhalter
Kunsthistorisches Museum

ABBILDUNG GEGENÜBER:
Karl Hasenauer
Hermes-Villa, Lainzer Tiergarten
1882–86, Hoffassade

Im Speisesaal der Hofburg:
Gedeckte Hoftafel mit der Ausstattung eines Familiendiners

Kaiser mit den verlorenen Kriegen von 1860 (Solferino) und 1866 (Königgrätz), dem Ausschluß aus dem Deutschen Bund und dem Verlust Venedigs nicht hatte erzielen können. Obwohl Elisabeths Interesse am Wiener Hof nicht besonders groß war, zeichnete sie für zwei wichtige Einschnitte in der Politik des Kaiserhauses verantwortlich: 1865 setzte sie die bürgerlich-liberale Erziehung ihres Sohnes Rudolf durch. Dies kam durchaus einer Revolution gleich und machte Rudolf zu einem überzeugten Liberalen. 1867 griff Elisabeth aktiv in die österreichische Politik ein und setzte den »Ausgleich« mit Ungarn durch, der in der Schaffung der Doppelmonarchie Österreich-Ungarn mündete. Hierdurch wurde der Weg zur Krönung Franz Josephs zum ungarischen König frei, ein Titel, den die Ungarn ihm 1848 verwehrt hatten.

In den 60er Jahren war es noch die Ausstrahlung der Kaiserin, die das getrübte Bild des Kaisers korrigierte; selbst eine Eisenbahngesellschaft, die Kaiserin-Elisabeth-Westbahn, bat, ihren Namen tragen zu dürfen. Mit der Krönung zum ungarischen König, der nun expandierenden (Bau)-Wirtschaft und der nahenden Weltausstellung erreichte das Ansehen des Kaisers seinen Höhepunkt. Elisabeth hingegen entzog sich immer mehr dem Wiener Hof und ihrer Rolle als Kaiserin und begab sich auf rastlose Reisen. Der letzte große gemeinsame Auftritt des Kaiserpaares fand 1879 aus Anlaß ihrer Silberhochzeit statt. Die Stadt huldigte dem Kaiserpaar mit einem Festumzug, den Hans Makart ausstattete und für den Otto Wagner die Festarchitektur schuf.

Der »Malerfürst« Makart war die herausragende Künstlerpersönlichkeit der 70er Jahre. Allerdings hatte er den Höhepunkt seines Schaffens bereits überschritten, während der Architekt Otto Wagner am Anfang einer Karriere stand, die ihn zum bedeutendsten Wiener Architekten der Jahrhundertwende machen sollte. Insofern bietet das Jahr eine gute Zäsur: Nach ihm begann mit dem Tod des Thronfolgers Rudolf 1889 in Mayerling und der Ermordung der Kaiserin 1898 in Genf das Ende des österreichischen Kaisertums. Selbst das Silberhochzeitsgeschenk des Kaisers, die nach den Vorstellungen der Kaiserin von Makart ausgemalte Hermesvilla im Lainzer Tiergarten, konnte Elisabeth nicht wieder an Wien binden.

1879 endete auch die Serie liberaler Regierungen, die nun durch die konservative Regierung Taaffe abgelöst wurde. Während der kurzen Zeit des politischen Liberalismus in den 60er und 70er Jahren saßen 86 Verwaltungsräte verschiedener Aktiengesellschaften im Parlament; man sprach bereits vom Abgeordnetenhaus als Aktiengesellschaft und vom Ministerium als ihrem Verwaltungsrat. Bank- und Wechselhäuser behielten ihren beherrschenden Einfluß auf die boomende Industrie, allen voran auf die Eisenbahngesellschaften und die Baubranche. Familien wie Roth-

schild, Todesco und Epstein, um nur wenige anzuführen, formierten sich zur Ringstraßengesellschaft und begannen, dem alten Adel Konkurrenz zu machen. Über 40 Baugesellschaften waren in den Gründerjahren 1867 bis 1873 in Wien tätig, und sie bauten nicht nur an der Ringstraße. In den Vorstädten und Vororten entstanden die unzähligen Mietshäuser, die bis heute das Bild Wiens prägen. In der Fassade orientierten sie sich an den herrschaftlichen Ringstraßenpalais, im Inneren umfaßten die Wohnungen nur wenig mehr als ein Zimmer mit Kabinett.

Die Eisenbahngesellschaften, von denen einige erst im Vorfeld der Weltausstellung gegründet wurden, bauten unmittelbar vor der Ausstellung die sechs großen Bahnhöfe, die zum Teil Vorgängerbauten aus dem Vormärz ersetzten. Sie trugen viel zum Wachsen Wiens bei, denn über sie gelangten die vielen neuen Einwohner aus allen Ländern der Monarchie in die Hauptstadt. Sie siedelten sich um die Bahnhöfe herum an und ließen dort neue Stadtviertel entstehen.

Die Vorstadtkirchen der josephinischen Zeit genügten der ständig wachsenden Bevölkerung nicht mehr und wurden durch größere Neubauten ersetzt. Fährt man heute mit der U6 den »Gürtel« entlang, auf der Hochtrasse von Otto Wagners Stadtbahn, so passiert man viele dieser neuen Kirchenbauten, wie zum Beispiel Friedrich von Schmidts Fünfhauser Pfarrkirche »Maria vom Siege« (1867–69) am Mariahilfer Gürtel.

Neben der Ringstraße prägt noch eine weitere kulturelle Neuheit unser Wien-Bild, die Operette. So entstanden in der zweiten Jahrhunderthälfte zahlreiche Theaterhäuser. Neben der Hofoper und dem Hofburgtheater waren es hauptsächlich private Bühnen, wie das ehemalige Carl-Theater auf der Praterstraße, das der Theaterdirektor Carl Carl 1847 von August von Sicardsburg und Eduard van der Nüll erbauen ließ. Weitere prächtige Theaterbauten waren das 1881 abgebrannte Ringtheater und das Volkstheater (bis 1945 »Deutsches Volkstheater«) der »Theaterschmiede« von Hermann Helmer und Ferdinand Fellner, die 48 Theater in ganz Europa gründeten. Nicht zuletzt muß das 1898 als Kaiser-Jubiläumstheater errichtete Gebäude der heutigen Volksoper erwähnt werden.

Der kaiserliche Hof hatte seine tonangebende Bedeutung an die privaten Theater verloren. Angeregt von Makarts opulenten Kostümfesten feierte das historische Schauspiel in prächtigen Kostümen Bühnenfeste; das klassische Dramengut wurde gepflegt. Die Theater engagierten teure Gaststars, und die Vorstellungen der berühmtesten Gastspieltruppe des ausgehenden Jahrhunderts, der »Meininger«, feierten ebenso triumphale Erfolge wie die Aufführungen der Pariser Offenbach-Operetten in den 50er und 60er Jahren. Gerade Offenbachs Operetten regten die Wiener Komponisten und Kapellmeister an, die damit eine neue Gattung schufen. Franz von Suppés »Die schöne Galathea« (1865) und »Boccaccio« (1879), Carl Millöckers »Der Bettelstudent« (1882) und vor allem Johann Strauß' Werke »Die Fledermaus« (1874), »Eine Nacht in Venedig« (1883) und »Der Zigeunerbaron« (1885) eroberten zunächst das Wiener Publikum und dann die europäischen Theater. Der ethnische Zündstoff der Doppelmonarchie wurde vom Walzertakt übertönt und von der Scheinwelt der schönen Bühnenbilder verschleiert.

Gerade »Die Fledermaus« wurde zur Inkarnation dieser wienerischsten Form des Musiktheaters. Dem Selbstbetrug an der Börse folgte nun der auf der Bühne. Die Stimmung des *Fin de siècle* läßt sich kaum besser umschreiben als mit dem Refrain eines ihrer Lieder: »Glücklich ist, wer vergißt, was doch nicht zu ändern ist.«

Johann Georg Müller
Altlerchenfelder Kirche, 1848–61
Fassade

Johann Georg Müller
Altlerchenfelder Kirche, 1848–61
Innenausstattung von Eduard van der Nüll

Die Altlerchenfelder Kirche

Der Bau der Altlerchenfelder Pfarrkirche »Zu den sieben Zufluchten« geriet zum architektonischen Zeugen der 1848er Revolution. Hofbaurat Paul Sprenger hatte seit 1846 verschiedene Entwürfe geliefert, 1848 wurde er mit dem Bau beauftragt. Allerdings opponierte der nach der Märzrevolution neugegründete Ingenieur- und Architektenverein erfolgreich gegen Sprengers Entwurf. Ausschlaggebend war 1848 ein Vortrag Johann Georg Müllers vor dem Architektenverein, in dem der junge Schweizer Architekt den klassizistischen Kirchenbau und insbesondere Sprengers Entwurf so hart kritisierte, daß die Bauarbeiten unverzüglich eingestellt wurden. Aus einem anschließenden Wettbewerb, an dem nur Mitglieder des Architektenvereins teilnehmen durften, ging Müller als Sieger hervor.

In seinen Entwurf mußte Müller Sprengers Fundamente mit einbeziehen. Er errichtete eine dreischiffige Basilika aus unverputztem Backstein mit einer zweitürmigen Westfassade, einem kurzen Querhaus und einer achteckigen Kuppel über der Vierung. Auffallend ist, daß trotz verworrener Planungsgeschichte Müllers ausgeführter Bau den Ideen Sprengers nahesteht. Geändert ist vor allem das stilistische Erscheinungsbild der Kirche: Die Pilaster wurden durch Lisenen, das Gebälk durch den Rundbogenfries ersetzt. Die einzelnen Gebäudeteile sind nun stärker gestaffelt, und insgesamt wirkt der Kirchenbau schlanker.

Im Innenraum sind die beiden Joche des Langhauses mit Kreuzrippengewölben geschlossen, den Übergang vom Mittel- zu den Seitenschiffen bildet pro Joch ein Triumphbogenmotiv. Die flache Wandgestaltung wurde, wie auch schon in Sprengers Entwurf, Träger einer das gesamte Innere überziehenden polychromen Wanddekoration.

Nach Müllers frühem Tod wurden die Bauarbeiten von Franz Sitte fortgeführt. Eduard van der Nüll leitete ab 1853 die Arbeiten an der Innenausstattung, für die Joseph Führich Vorlagen lieferte.

Heinrich Ferstel
Votivkirche, 1856–79
Mittelschiff (oben)
Historische Ansicht
der Fassade (rechts)

Die Votivkirche

Die Votivkirche ist das erste »stilreine« Gebäude der Ringstraße und gleichzeitig ihr einziger Sakralbau. Anlaß für ihre Errichtung war der Fehlschlag eines Attentats auf den jungen Kaiser Franz Joseph I. im Februar 1853. Nur wenige Tage später rief dessen Bruder, Erzherzog Ferdinand Max, zum Bau einer Gedächtniskirche auf. Neben dem Arsenal wurde das Monument zum zweiten Symbol der restaurativen Strömungen der Zeit nach 1848, als Armee und römisch-katholische Kirche wieder den Thronerhalt forderten.

Der Entwurf des Architekten Heinrich Ferstel zeigt eine dreischiffige gotische Basilika mit Zweiturmfassade, Querhaus, Umgangschor und Kapellenkranz. Die Entscheidung für einen gotischen Bau war eine bewußte Abkehr vom Klassizismus josephinischer Prägung, wie er die Architektur bis 1848 bestimmt hatte. Vorausgegangen war ein Wettbewerb, zu dem auch ausländische Architekten zugelassen waren; hierin offenbarte sich der starke Wandel im Wiener Bauwesen, denn noch beim Bau der Altlerchenfelderkirche beschränkte sich die Teilnahme auf die Mitglieder des Architektenvereins. 75 Entwürfe wurden eingereicht, darunter von so bedeutenden Vertretern der Neogotik wie Vincenz Statz, Friedrich Schmidt und Georg Ungewitter. 1856 wurde am Hochzeitstag des Kaiserpaares der Grundstein gelegt.

Ferstel folgte bei seinem Bau weniger den »Nationaldomen« Friedrich Schinkels als dem Vorbild der französischen Kathedralgotik, besonders in Amiens und Köln. Dabei entwarf er einen Idealstil, wie ihn die klassische Gotik nie erreichte. Über die Funktion des von zwei Türmen flankierten Baus herrschte zunächst keine Klarheit, sicher war nur, daß er nicht in Konkurrenz zu St. Stephan treten sollte. Der Architektur, die weit über die Erfordernisse einer Pfarrkirche hinausging, sollte durch eine Funktionserweiterung entsprochen werden. Zunächst plante man, die Votivkirche als katholische Garnisonskirche (ab 1862) zu nutzen, nach der Fertigstellung des neuen Universitätsgebäudes löste sie die Jesuitenkirche als Universitätskirche (ab 1878) ab.

Der dreischiffige Grundriß gibt im Langhaus Fünfschiffigkeit vor, da sich den Seitenschiffsjochen flache Pfeilerkapellen anschließen. Der Aufriß weicht vom klassischen Kathedralschema ab, indem im Langhaus das Triforium weggelassen und im Chor, wie in der Frühgotik, Emporen eingefügt wurden. An den Bündelpfeilern sind Dienst und Kehle verschliffen, so daß der Pfeilerkern verschwindet. Die Joche überspannt ein Kreuzrippengewölbe, nur in der Vierung verbinden sich die Rippen zu einem Sterngewölbe.

Eine Sockelplatte unterstreicht den Charakter der Votivkirche als Monument. Sie läuft dem mittelalterlichen Ideal zuwider, entsprach dem Geist der Zeit aber ebenso wie die Freilegung mittelalterlicher Kirchen vom umgebenden Häusergewirr.

Die Kanzel der Votivkirche besteht in der Grundform aus einem Sechseck, das von Säulen aus ägypischem Marmor getragen wird. Das Mittelrelief zeigt den lehrenden Christus.

August Sicardsburg, Eduard van der Nüll
Arsenal, 1849–56
Kommandanturgebäude

Das Arsenal und das Heeresgeschichtliche Museum

Das in den Jahren 1849–56 errichtete Arsenal avancierte zum größten Bauvorhaben der Monarchie. Aufgeschreckt durch den Volksaufstand des Revolutionsjahres 1848 betrieb die Regierung den Bau eines Ringes von Kasernen, die, als Defensionskasernen geplant, weniger gegen einen äußeren Feind als gegen einen erneuten Aufstand der Stadtbevölkerung gerichtet waren. Die erhaltenen Teile dieser riesigen militärischen Industrieanlage beeindrucken noch heute mit der mehrere hundert Meter langen Front zum Schweizergarten und dem Heeresgeschichtlichen Museum (ehemals Waffenmuseum).

Als Bauplatz für das Arsenal wurde eine Anhöhe in der Nähe der St.-Marxer-Linie gewählt, von wo aus sich ein freies Schußfeld zur Stadt hin auftat. Das Arsenal war nicht nur eine besonders große Kaserne, sondern konzentrierte die Herstellung des gesamten Kriegsbedarfs an einem Ort.

Das rechteckige Gelände, das streng durch Symmetrie- und Hauptachsen aufgeteilt ist, wird von sechs Kasernen, einem Spital und dem als Haupteingang definierten Kommandanturgebäude umrahmt. Niedrige Magazingebäude verbinden die Teile. Die Eckbauten dienen dabei als Kasernen und wurden als vierflügelige turmähnliche Forts errichtet. An den Endpunkten der Haupt- und Querachse befinden sich weitere Forts, von denen das südliche das Spital mit der Kirche »Maria vom Siege« enthält. Im Inneren des Karrees wurden Gewehrfabrik, Maschinenwerkstätten, eine Schmiede, Geschützgießerei und Bohrwerk errichtet. Repräsentativstes Gebäude ist das der Kommandantur gegenüberliegende Waffenmuseum. Mittelalterlichen italienischen Burgen nachempfunden, schlossen die Bauten mit einem Zinnenkranz ab.

Alle bedeutenden in Wien tätigen Architekten waren zur Teilnahme am Ausschreibungswettbewerb geladen. Paarweise beteiligten sich Eduard van der Nüll und August Sicardsburg, Carl Rösner und Antonius Pius von Rigel, Ludwig Förster und Theophil von Hansen mit Entwürfen, von denen jedoch keiner die Kommission zufriedenstellte. Die einzelnen Objekte wurden nun auf die an der Konkurrenz beteiligten Architekten aufgeteilt. Den Löwenanteil sicherte sich die Ateliergemeinschaft von van der Nüll und Sicardsburg, die sämtliche Kasernen und Magazingebäude errichteten, mit Ausnahme des Spitalbaus und der Kirche von Carl Rösner. Rösners Zusammenarbeit mit Rigel wurde durch dessen Tod 1850 beendet. Auch die Ateliergemeinschaft von Hansen und Förster erlebte die Vollendung der Arbeiten nicht.

Die repräsentativste Stellung nahm das Waffenmuseum von Theophil Hansen ein. Dieses sollte zunächst das 1848 geplünderte Zeughaus aus der Zeit Maria Theresias ersetzen und wurde erst während des Baus zum Museum umfunktioniert. In diesem ersten reinen Museumsbau der Monarchie folgte Hansens Entwurf Gottfried Sempers Dresdner Gemäldegalerie in seinem breitgelagerten Grundriß und dem kuppelüberwölbten Mittelbau. Anders als Semper bevorzugte Hansen das unverputzte Ziegelmauerwerk, das er zudem verschiedenfarbig ausführte. Das Maßwerk der Fenster, die Form der Kuppel sowie des abschließenden Zinnenkranzes wurden schon im 19. Jahrhundert als islamische Reminiszenzen erkannt.

Durch ein Vestibül mit einem »Empfangskomitee« von 32 Marmorstatuen österreichischer Feldherren gelangt man über das Haupttreppenhaus in die 1859–71 von Carl Blaas ausgemalte Ruhmeshalle. Hansen hatte ursprünglich einen Freskenzyklus von Carl Rahl vorgesehen, dessen »revolutionäre Umtriebe« jedoch suspekt waren. So ist die Ruhmeshalle als Symbol nationaler Identität wie nationaler Integration zu verstehen, als deren Garanten nur das Militär und der Kaiser einstehen konnten.

Abbildungen gegenüber:
Theophil Hansen
Arsenal und Heeresgeschichtliches Museum, 1852–56
Mittelpartie der Fassade (oben)
Eckpavillon (unten links)
Türbeschläge (unten rechts)

Theophil Hansen
Arsenal und Heeresgeschichtliches Museum, 1852–56
Treppenhaus (links)
Ruhmeshalle mit Fresken von Carl Blaas (gegenüber)

von Sachsen zurück.
Belehnung Heinrichs

Heinrich Ferstel
Palais Ferstel
(ehem. Österreichisch-ungarische Nationalbank), 1856–60
Fassade Herrengasse/Ecke Strauchgasse

Das Palais Ferstel

Die Architektur der Passagen, welche, ähnlich eindringlich wie die der Bahnhöfe, in Mailand, Neapel oder Paris den Epochenwandel symbolisiert, fand in Wien keine vergleichbare Umsetzung. Dies erstaunt, da sich hier in den »Durchhäusern« eine Vorgängerarchitektur findet. Einzig in Heinrich Ferstels Bank- und Börsengebäude (Palais Ferstel) findet die Passage eine noch zaghafte, aber dennoch repräsentative Variante. Ferstels Bau, der Freyung und Herrengasse verbindet, war jedoch nicht in erster Linie eine Passage. Er vereinte verschiedene Funktionen unter einem Dach: die Büros der Österreichisch-ungarischen Nationalbank, die den Bau in Auftrag gegeben hatte, die Börse, ein Kaffeehaus (Café Central) und eben jene als Basar angelegte Passage mit Geschäftslokalen.

Für den erst 27jährigen Ferstel war es 1855 bereits der zweite Großauftrag, nachdem er unwesentlich früher mit dem Bau der Votivkirche beauftragt worden war. In der Nutzung des unregelmäßigen Areals zwischen Freyung, Herrengasse und Strauchgasse gelang Ferstel eine Meisterleistung, an die er in seinen späteren Bauten weder anschließen konnte noch mußte.

Vereinfacht dargestellt bestand das Baugelände aus einem zur Herren- und Strauchgasse gelegenen Dreieck, in dem Ferstel Bank und Börse sowie das Kaffeehaus unterbrachte. Ausgehend vom zentralen Hexagon schloß sich an dieses Dreieck ein schmaler Schlauch an, der als »Basar« mit Geschäftslokalen den Durchgang von der Herrengasse zur Freyung ermöglichte.

Größter Raum des Gebäudekomplexes war der Börsensaal, der sich ab dem 1. Stock über zwei Geschosse erstreckte und von einem offenen Dachstuhl nach dem Vorbild der englischen *hammer-beam-roofs* überspannt wurde. Diese Form des offenen hölzernen Dachstuhls finden wir auch in den Bahnsteighallen früher englischer Bahnhöfe. Erreicht wurde der Börsensaal über den Börsenhof mit seiner Haupttreppe. Dieser »Hof« ist ebenso wie der »Basar« und der Sechseckhof von einem Glasdach gedeckt. Hier zeigt sich Ferstels Aufgeschlossenheit architektonischen Neuerungen gegenüber.

Während die Konstruktion von Glasdach und offenem Dachstuhl eine Verbindung nach England als dem Mutterland der Industriellen Revolution herstellt, knüpft die Gestaltung der Fassaden an Formen der Florentiner und venetianischen Trecento-Architektur an. Hierdurch wird einerseits an die einstige Wirtschaftsmacht dieser italienischen Städte erinnert, andererseits sind hier sicherlich auch Eindrücke von Ferstels eigener Studienreise durch Italien eingeflossen.

Die Fassaden erweisen sich zunächst einem eher konservativen Architekturverständnis verpflichtet. Die langen Trakte zur Herren- und Strauchgasse werden durch polygonale Begrenzungspfeiler rhythmisiert, wobei die Ecke betont ist, indem über dem Erdgeschoß ein Balkon auf Konsolen umläuft und Skulpturen zwischen

ABBILDUNG GEGENÜBER:
Heinrich Ferstel
Palais Ferstel, 1856–60
Börsenhof

Heinrich Ferstel
Palais Ferstel, 1856–60
Sechseckhof mit Donauweibchenbrunnen von Anton Dominik Fernkorn

Abbildungen gegenüber:
Heinrich Ferstel
Palais Ferstel, 1856–60
Börsensaal (oben)
Börsensaal, Köpfe an den Konsolen der Empore (unten)

Heinrich Ferstel
Palais Ferstel in der Herrengasse
1856–60, Café Central

erstem und zweitem Stock vermitteln. Die schmale Fassade zur Freyung kommt ohne die polygonalen Eckpfeiler aus und erinnert in ihren drei großen Eingangsbögen an die Loggia dei Lanzi in Florenz.

Stand Ferstel mit seinen Fassadenformen durchaus noch in der Tradition, die sich in Wien nach der Ablösung des Hofbaurates 1848 durchgesetzt hatte, so brach er mit ihr bei der Wahl des Baumaterials: Er ließ nämlich nicht in der für Wien üblichen verputzten Ziegelbauweise bauen, sondern in Werkstein.

Die öffentlichen Innenräume wie die Passage, der Sechseckhof mit dem Donauweibchenbrunnen von Anton Dominik Fernkorn und der Börsenhof erweisen sich durch ihre Glasdächer und die Wandaufrisse, die Außenfassaden zitieren, de facto als überdachte Außenräume. Dies läßt sich beispielsweise auch in Bahnhofshallen beobachten. Die farbige Fassung des Innenraumes knüpft, wie die der Votivkirche, an die Ausstattung der Altlerchenfelder Kirche durch Eduard van der Nüll an, zeigt aber auch, daß Ferstel mit der englischen Dekorationsmode, etwa der eines William Morris oder Owen Jones, vertraut war.

Das Bank- und Börsengebäude war der letzte Repräsentationsbau im Inneren der Stadt vor der Erschließung der Ringstraßenzone. Das Café Central ist eine bis heute existierende Institution, die als Literatencafé in die Wiener Lokalgeschichte einging. Allerdings füllte es diese Funktion erst aus, nachdem das Café Griensteidl 1897 seine Pforten geschlossen hatte. Hier tranken unter anderen Peter Altenberg, Arthur Schnitzler, Robert Musil, Sigmund Freud und Karl Kraus ihren »Kleinen Braunen«.

Das Kaffeehaus hatte in Wien im Vergleich zu anderen europäischen Städten relativ spät Fuß gefaßt, erst im Biedermeier fand es größere Verbreitung. Seine Blüte erreichte das »Wiener Kaffeehaus« in der Jahrhundertmitte, danach wurde es über die Landesgrenzen hinaus kopiert.

IESV
EPH.II.XIX.XX
ESTIS DOM ESTICI DEI
SVPERAE DIFICATI

Theophil Hansen
Griechisch-nichtunierte Kirche am Fleischmarkt, 1858–61
Fassade

Die griechisch-nichtunierte Kirche

1858–61 errichtete Theophil Hansen das Pfarr- und Schulgebäude der nichtunierten Griechen als straßenseitigen Abschluß der Kirche zur Hl. Dreifaltigkeit am Fleischmarkt. Die Kirche wurde infolge des josephinischen Toleranzpatentes zwischen 1786 und 1789 von Peter Mollner als dreijochiger, von einer Gurtentonne überwölbter Versammlungsraum errichtet. Dabei durfte der sakrale Charakter des Baus an der Fassade allerdings nicht in Erscheinung treten. Liberalisierungstendenzen in der Mitte des 19. Jahrhunderts machten eine symmetrische wie auch repräsentative Fassade mit Turm möglich, dennoch blieb die Kirche noch als Verwaltungsgebäude deklariert.

Hansen wählte für sein fünfachsiges Gebäude byzantinisierende Formen und schmückte den in Ziegeln errichteten Bau mit reichem Oberflächendekor. In der Mittelachse rahmt ein massiver, drei Geschosse übergreifender Rundbogen eine Nische mit Maßwerkfenstern. Über diesem turmähnlichen Unterbau erhebt sich ein achteckiger Tambour, der von einer Kuppel bekrönt wird. Zu beiden Seiten des Turmes schließen sich zweiachsige Flügel mit Biforienfenstern an.

ABBILDUNG GEGENÜBER:
Friedrich von Schmidt
Fünfhauser Pfarrkirche »Maria vom Siege« am Mariahilfer Gürtel, 1867–69
Innenraum

Die Fünfhauser Pfarrkirche »Maria vom Siege«

Friedrich von Schmidt war der bedeutendste Neugotiker unter den in Wien arbeitenden Architekten. Neben dem Rathaus baute er eine ganze Serie von Kirchen, von denen die Fünfhauser Pfarrkirche die bedeutendste ist. Die zunächst axial geplante Backsteinkirche am Fünfhauser Gürtel errichtete er als überkuppelten Zentralbau mit zwei schräg gestellten Türmen. Über quadratischem Grundriß aufsteigend, werden sie behutsam in oktogonale Form übergeleitet. Strebepfeiler verbinden sie mit der Kuppel, auf der ein den Turmhelmen angeglichener Reiter sitzt. Der architektonische Zierrat aus Wimpergen, Fialen und Krabben verdichtet sich nach oben, auf Maßwerk in den Fenstern wurde weitgehend verzichtet.

Innen bilden acht Bündelpfeiler einen Zentralraum mit Umgang und flachen Kapellen, der Chor besitzt einen 6/8-Schluß mit einer Art Kapellenkranz. Gewölbt ist der Kirchenraum von einem Klostergewölbe mit Rippen. Die farbige Wandfassung, die Wandmalereien und die Einrichtung zeigen ein selten vollständiges Bild einer neugotischen Ausstattung.

Friedrich von Schmidt
Fünfhauser Pfarrkirche »Maria vom Siege« am Mariahilfer Gürtel, 1867–69
Fassade

Abbildung gegenüber:
Ringstraße
Panorama mit Neuer Burg vom Dach des Parlaments aus

Ringstraße
Blick über den Rathausplatz

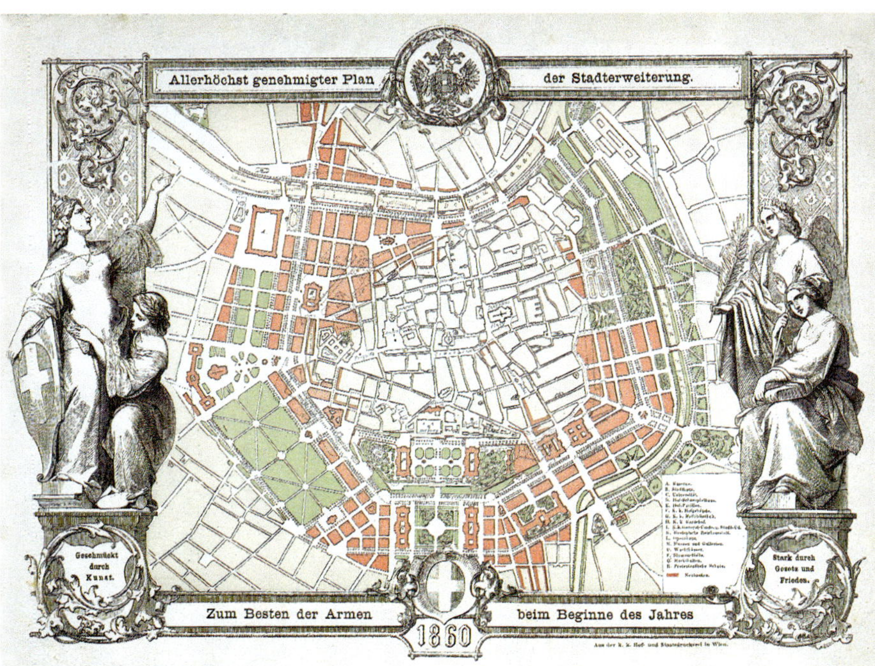

Genehmigter Plan zur Stadterweiterung, 1860
Historisches Museum der Stadt Wien

Die Ringstraße kurz nach ihrer Fertigstellung mit den Hofmuseen, dem Palais Epstein und dem Parlament, um 1890, Historisches Museum der Stadt Wien

Die Ringstraße

Der Bau der Wiener Ringstraße, der de facto das Entstehen eines ganz neuen Stadtteiles bedeutete, gehört zu den herausragenden städtebaulichen Leistungen des 19. Jahrhunderts. Der Boulevard ersetzte die Ringmauern mit all ihren Verschanzungen, Glacis und Paradeplätzen, die die Innere Stadt Wiens einschnürten und sie am Wachsen hinderten. Seine strategische Funktion hatten diese Mauern spätestens mit den Sprengungen Napoleons verloren, nur war die symbolische Kraft des Bollwerks, das immerhin zwei Türkenbelagerungen standgehalten hatte, nicht zu unterschätzen.

Die Diskussionen um ein Auflösen des Mauerrings verstummten nicht mehr. Das Kaiserhaus selbst wollte im Bereich des Kärntnertores ein neues Hofopernhaus errichten, für dessen Finanzierung Bauland in den Wallanlagen veräußert werden sollte. Neben dem Kaiserhaus war es das wohlhabende Bürgertum, daß die Bebauung des Glacis im Bereich des Textilviertels anstrebte. Bereits im Vormärz gewann man den Architekten und Herausgeber der »Allgemeinen Bauzeitung«, Ludwig Förster, für einen Regulierungsplan. Die Niederschlagung der Revolution von 1848 zog jedoch einen Rückschlag nach sich. Im kommenden Jahrzehnt wurde der Mauerring nochmals verstärkt. Doch war es kein äußerer Feind mehr, den man fürchtete, sondern die eigene Bevölkerung.

Ende Dezember 1857 veröffentlichte Kaiser Franz Joseph I. sein berühmtes Handschreiben, in dem er das Schleifen der Ringmauern anordnete. Der Grundbesitz des Festungsgürtels ging vom Militär auf den Zivilärar über. Architekten und Stadtplaner erarbeiteten jetzt Pläne für die Regulierungsmaßnahmen, unter ihnen Sicardsburg und van der Nüll, Ferstel, Förster und Löhr. Da keiner alleine überzeugen konnte, suchte man einen Kompromiß, in dem vor allem Försters Ideen ihren Niederschlag fanden.

Die Ringstraße wurde als Prachtboulevard mit verschiedenen Flanier- und Reitalleen angelegt. Parallel zu diesen verlief die sogenannte Lastenstraße. Dazwischen wurde parzelliert und um die Bauplätze gestritten. Lediglich an einer Stelle kam es zu einer Verklammerung von Innerer Stadt und Vorstädten: Nur der Platz zwischen Burg und Hofstallungen greift quer über die Ringstraße. Alle weiteren Sichtachsen, z. B. der Rathaus- oder der Schwarzenbergplatz, sind spätere Umplanungen.

Die Weichen für die Stadterweiterung waren bereits mit der Grundsteinlegung zur Votivkirche 1856 gestellt worden. 1861 wurde mit dem Beginn des Opernhauses der Startschuß zur Bebauung gegeben, die – was die Realisierung des großen Boulevards betraf – 1870 weitgehend abgeschlossen war.

Die Errichtung der Gebäude zog sich allerdings noch bis nach der Jahrhundertwende hin. Die öffentlichen Gebäude konzentrieren sich im Bereich der Burg, die durch die Neue Burg und die Hofmuseen erweitert wurde. In unmittelbarer Nachbarschaft gruppierte man Parlament, Rathaus, Universität und Burgtheater um einen rechteckigen Platz. Deren Hauptfassaden wurden nicht, wie man es erwartet hätte, zum Rathausplatz ausgerichtet, sondern zur Ringstraße. Weitere Monumentalbauten, wie der Musikverein, das Museum für Angewandte Kunst, die Akademie der bildenden Künste oder die Börse, verteilen sich entlang des Boulevards. Dazwischen wurden die bürgerlichen Paläste und Mietshäuser errichtet, in denen die »Ringstraßengesellschaft« wohnte. Als »Köder« bauten zunächst Mitglieder des Kaiserhauses Paläste am Ring (Deutschmeisterpalais, Palais Württemberg, Palais Ludwig Viktor), um so die private Bautätigkeit anzukurbeln. Das Repräsentationsbedürfnis des Industrie- und Geldadels enttäuschte die Erwartungen nicht. So wurde das »Zinspalais« die Bauaufgabe des dritten Jahrhundertviertels.

ABBILDUNGEN GEGENÜBER:
August Sicardsburg, Eduard van der Nüll
Staatsoper, 1861–69
Treppenhaus (oben)
Teesalon (unten links)
Foyer (unten rechts)

August Sicardsburg, Eduard van der Nüll
Staatsoper, 1861–69
Hauptfassade

Die Staatsoper

Das Wiener Opernhaus wurde von 1861 bis 1869 von August Sicardsburg und Eduard van der Nüll als Hofoperntheater errichtet. Neben der Votivkirche war es der erste Monumentalbau der Ringstraße. Planungen für ein neues Opernhaus gab es seit dem Beginn des Jahrhunderts; von Beginn an suchte man einen Bauplatz im Bereich des Kärntnertores, ohne aber zunächst das Militär bewegen zu können, einen Teil der Verschanzungen aufzugeben. Erst mit der Überführung des Mauerareals vom Militär- in den Zivilärar konnte unverzüglich mit der Planung begonnen werden.

Sicardsburg und van der Nüll faßten Zuschauerraum und Bühnenhaus unter einem riesigen Dach zusammen. Die Wucht dieses mächtigen längsrechteckigen Blocks milderten sie, indem sie auf den Seiten und zum Ring hin zwei- bis dreigeschossige Anbauten hinzufügten. Zum Ring hin öffnet sich eine zweigeschossige Loggia, deren Untergeschoß eine Unterfahrt und deren Dach eine Terrasse bilden. In diesem Gebäudeteil befinden sich die Eingänge zum Haupttreppenhaus und zu den Foyers. Die sich hieran anschließenden zweigeschossigen Trakte umfassen die Wandelsäle und umschließen den Hauptblock bis zu dessen Mitte. Hier, wie auch am Ende des Gebäudes, treten dreigeschossige »Querhäuser« beidseitig aus dem Zentralblock hervor. Die vorderen enthalten noch einmal Treppenhäuser, die hinteren und die verbindenden Trakte bieten den administrativen Räumen der Oper Platz. Die Architektur des Inneren wird durch Skulpturen und figürliche Malerei ergänzt. Unter den Fresken sind die Arbeiten Moritz von Schwinds die berühmtesten.

Das Opernhaus fand nach seiner Fertigstellung keinen ungeteilten Beifall. Sicardsburg und van der Nüll waren zwar die begehrtesten Architekten der Wiener Gesellschaft, und das Opernhaus bildete den Höhepunkt ihres Schaffens. Der Bau gehörte jedoch stilistisch einer vergangenen Epoche an, die mit dem ersten Spatenstich zur Ringstraße ihr Ende gefunden hatte. Dies hatte auch Konsequenzen für die bewährte Architektengemeinschaft: Aufgrund der heftigen Kritik stürzte sich van der Nüll in den Freitod, auch Sicardsburg lebte nur noch kurze Zeit.

Die Staatsoper wurde 1945 durch Bombentreffer schwer beschädigt und nach dem Krieg im Innern, bis auf das Haupttreppenhaus, das ringseitige Foyer und den Teesalon, völlig erneuert.

August Sicardsburg, Eduard van der Nüll
Staatsoper, 1861–69
Marmorsaal, nach 1945

LOGEN-AUFGANG

Theophil Hansen
Parlament, 1874–83
Ringstraßenfassade

Theophil Hansen
Parlament, 1874–83
Säulenhalle (»Atrium«)

Das Parlamentsgebäude

Über den Bauplatz für dieses das Herren- und das Abgeordnetenhaus umfassende Gebäude war man sich anfangs uneinig: Zunächst sollten zwei getrennte Gebäude errichtet werden, das Herrenhaus an der Stelle des heutigen Justizpalastes und das Abgeordnetenhaus am Schillerplatz. Schließlich wurde als Standort für das Parlament der jungen österreichischen Regierung der alte Paradeplatz ausgewählt, den der Kaiser im Jahre 1870 zur Bebauung freigab. Auf ihm sollten auch das Rathaus (durch Friedrich Schmidt) und die Universität (durch Heinrich Ferstel) entstehen. Bereits 1865 hatte man eine Konkurrenz durchgeführt, an der auch Theophil Hansen teilnahm. 1869 entschloß man sich dann, beide Häuser aus ökonomischen Gründen in einem Gebäude unterzubringen, und beauftragte Hansen, einen Entwurf auszuarbeiten. Der endgültige Standort wurde in Absprache mit Schmidt und Ferstel bestimmt.

Hansens ausgeführtes Gebäude zeigt einen querrechteckigen Grundriß, dessen Innenaufteilung sich an der Quer- wie auch an der Längsachse spiegeln läßt. Wie auch beim Rathaus und bei der Universität, die ebenfalls auf dem alten Paradeplatz errichtet wurden, weist die Fassade zur Ring-straße und nicht zum Rathausplatz. Die Mittelachse mit der als »Atrium« bezeichneten riesigen Säulenhalle trennt die beiden Häuser und bildet das repräsentative Zentrum des Gebäudes. Die geschlossene Form des Grundrisses erweist sich im Aufriß als virtuose Verschachtelung verschiedener Baukörper.

Auffällig ist die Beschränkung auf nur zwei Geschosse, wobei das Erdgeschoß als Sockel ausgelegt ist. Hier waren die Kommissions- und Verwaltungsräume untergebracht. Über die davorliegende geschweifte Auffahrtsrampe gelangte man zum Hauptgeschoß mit den Sitzungs- und Versammlungsräumen. Diese Rampe bildet so den repräsentativen Zugang, während sich die Eingänge zu den administrativen Bereichen im Sockelgeschoß versteckt dahinter beziehungsweise in den Mittelachsen der Seitenfassaden befinden. Das gesamte Ensemble wirkt ein wenig wie eine Ansammlung verschiedenster Architekturzitate auf einer gemeinsame Bühne, dem Sockelgeschoß.

Die griechische Antike – die erste Demokratie – lieferte den architektonischen Rahmen dieses Parlamentsgebäudes, der dann mit Elementen aus der Architektur Andrea Palladios »gefüllt« wurde. Höhepunkt der majestätischen Fassade ist die zentrale Tempelfront mit ihrer monumentalen Säulenkolonnade und dem darüber liegenden Dreiecksgiebel. Das Tempelmotiv wiederholt sich in verkleinerter Form an den Enden dieses Traktes. Der langgestreckte fünfteilige und zweigeschossige Komplex zitiert Palladios Villen in Maser und Emo.

Theophil Hansen
Parlament, 1874–83
Detail der Auffahrtsrampe

Die beiden Baublöcke des Abgeordneten- und des Herrenhauses erheben sich erst dahinter. Sie schließen oben mit einer Figurenbalustrade ab. Unübersehbar dominiert hier die Architektur die Skulptur, welche in eine hintere Ebene verdrängt wurde. Figurale Plastik findet sich im wesentlichen nur an den beiden Baublöcken der Sitzungssäle, welche von vier Quadrigen auf reliefierten Sockeln bekrönt und so ihrer Nutzung entsprechend akzentuiert werden. Darüber hinaus lösen die frei gegen den Himmel ragenden Attikafiguren die Kontur des Baublocks auf und mildern seine Wucht. Hansen plante auch eine farbige Fassung des Außenbaues, die aber nicht realisiert wurde.

Über die Auffahrt und die zentrale Kolonnade gelangt man in eine mächtige, von einem Oberlicht beleuchtete Säulenhalle. Dieses Atrium war in der Bauausschreibung nicht vorgesehen und zunächst heftig umstritten, für Hansen jedoch bildete es den künstlerischen Mittelpunkt des Gebäudes. Der Querschnitt dieses Atriumtraktes wird durch die mächtige Tempelfront bestimmt; durch sie wird in diesem »Tempel des Parlamentarismus« auf diese große Errungenschaft des Bürgertums verwiesen. Dies wird auch durch das Programm des Giebelre-

Theophil Hansen
Parlament, 1874–83
Treppenaufgang (oben)
Sitzungssaal des Abgeordnetenhauses (rechts)

liefs betont, das die Verleihung der Verfassung durch den Kaiser darstellt.

Die beiden Sitzungssäle des Parlaments sind als Amphitheater angelegt. Wiederum scheinen sie einen Bau Palladios zu zitieren, nämlich das Teatro Olimpico in Vicenza, das ebenfalls als Rundtheater errichtet ist und dessen Bühne aus einer fest errichteten Außenarchitektur besteht. Im Wiener Parlament nun sehen die Abgeordneten Präsidium und Regierung in einer Fassadenarchitektur agieren, die aus Halbsäulen, Pilastern, Blendfenstern, giebelverdachten Türen und monumentalem Dreiecksgiebel gebildet wird.

Hier zeigt sich besonders gut, wie Hansen Malerei, Plastik und Architektur vereint, der Baukunst aber klare Priorität einräumt. Kolossale Säulen rhythmisieren die gerade Wand, die von einer Marmorinkrustation überzogen ist. In den Nischen stehen antikisierende Statuetten auf hohen Postamenten. Über ihnen, unter dem Architrav, befinden sich Wandgemälde mit mythologischen Szenen von Christian Griepenkerl (Herrenhaus) und August Eisenmenger (Abgeordnetenhaus).

Der Sitzungssaal ist, wie schon das Atrium, durch ein Oberlicht beleuchtet.

ABBILDUNG GEGENÜBER:
Friedrich von Schmidt
Rathaus, 1872–83
Hauptfassade

Das Rathaus

Ähnlich wie im Falle des Parlaments war auch für den Neubau des Rathauses zunächst ein anderer Platz vorgesehen, am Parkring zwischen Weihburg- und Johannesgasse. Der heutige Standort resultiert aus der 1870 erfolgten Freigabe des Paradeplatzes zur Verbauung.

Aus dem Wettbewerb war Friedrich Schmidt siegreich hervorgegangen, ein Architekt, der sich bereits in Trier und Berlin mit gotischen Entwürfen an Konkurrenzen für Rathausbauten beteiligt hatte. Gotische Formen sollten an die große bürgerliche Tradition flämischer Rathausbauten erinnern; ihr Belfroy war im Mittelalter zum städtischen Wahrzeichen geworden und diente nun auch dem Rathausturm als Vorbild.

Der Grundriß des Rathauses ist leicht querrechteckig und von vier Flügeln umgrenzt. Zwei parallel zu den Schmalseiten errichtete Trakte sowie vier kleinere Verbindungstrakte gliedern das Areal in sieben Höfe, von denen der zentrale als Kreuzgang ausgestaltet ist. Von hier aus erreicht man die sich an der Mittelachse konzentrierenden Repräsentationsräume. Zum Rathausplatz erstreckt sich ab dem ersten Stock der geschoßsprengende große Festsaal. Er wird über zwei monumentale Treppenhäuser erschlossen, die von Kreuzrippengewölben überdacht sind, wie übrigens auch sämtliche Arkaden. Auf der Rückseite, zur Lastenstraße hin, durchbricht der Sitzungssaal risalitartig die Fassade. Die polygonale »Apsis« zum Arkadenhof sollte ursprünglich den Abschluß einer Kapelle bilden, die jedoch dem Rotstift zum Opfer fiel.

Die mittleren Fassaden des viergeschossigen Aufbaus sind durch geschickte Fensterführung miteinander verbunden, das Maßwerk betont das Hauptgeschoß. Im Obergeschoß ist jeder Fensterachse ein Triforienfenster zugeordnet, die Achsen werden durch die Pfeilerarkaden des Erdgeschosses bestimmt. Gesimse und Dachkämme betonen die horizontale Ausrichtung.

Schauseite ist die Fassade zum Rathausplatz. Sie wird durch die drei Türme des um eine Achse aus der Fassade vorspringenden Festsaaltraktes nobilitiert. Die Wand ist durch die überfangenden Spitzbogen, das Maßwerk, die Gesimse, die Arkaden und Galerien zu einem Netz durchbrochen. Sie bildet einen optischen Abschluß des Rathausplatzes, der die dahinter liegenden Gebäudemassen vergessen läßt. Durch die Verlegung der Eingänge auf die Seite wird die Funktion als Prospekt noch unterstrichen. Die Behandlung der Wand wie auch die Einbindung der Plastik in Form von Pfeilerfiguren, Reliefs, Schlußsteinen und Kapitellen verraten Schmidts Herkunft aus der Kölner Dombauhütte. Diese Elemente sind keine Zutat zur Architektur wie bei Hansens Parlament, sondern organischer Bestandteil derselben.

Friedrich von Schmidt
Rathaus, 1872–83
Feststiege

Friedrich von Schmidt
Rathaus, 1872–83
Festsaal

Die Universität

Heinrich Ferstels zweiter Monumentalbau an der Ringstraße, nach der Votivkirche, war der Neubau der Universität. Sie schließt den ehemaligen Parade- und jetzigen Rathausplatz nach Norden ab.

Die Hauptfassade mit ihrem stark vor- und zurückspringenden Pavillonsystem und dem von einem Mansarddach überkuppelten Eingangsportikus zeigt zum Ring, während die zum Rathausplatz und zur Universitätsstraße gewandten Seitenansichten im wesentlichen eine geschlossen flache Wand aufweisen. So wurden zur Ringstraße die wuchtigen Baumassen dieses eigentlich dreistöckigen Komplexes gemildert und lassen ihn zweigeschossig über einem monumentalen rustizierten Sockelgeschoß erscheinen.

In gewisser Weise ähnelt die Gebäudedisposition Hansens Parlament, Ferstel greift dabei ebenso auf italienische Renaissanceformen zurück wie auf den gerade fertiggestellten Erweiterungsbau des Louvres in Paris. Die Bauaufgabe war von bis dahin unbekannter Komplexität, denn sie verlangte die Unterbringung der vier Fakultäten, der Bibliothek und der Hörsäle, der Festräume mit einer prächtigen Aula sowie der Verwaltungs- und Wohnräume.

Der Grundriß der Universität folgt dem Hofsystem mit einem großen, kreuzgangartigen Mittelhof, um den die Repräsentationsräume angeordnet sind; in den beiden Seitentrakten liegen insgesamt vier kleine Höfe, um die sich die Lehrräume gruppieren. Der Aufriß findet seinen gestalterischen Höhepunkt im Innenhof. Hier zitiert Ferstel den Palazzo Farnese, allerdings in vergrößerten Dimensionen. Der dreigeschossige Wandaufriß zeigt in den ersten beiden Geschossen Arka-

Heinrich Ferstel
Universität, 1873–84

Stiegenhaus (links)
Fassadenansicht (links unten)
Gemälde vom Ende des 19. Jhs. (rechts unten), Historisches Museum der Stadt Wien

dengänge, von denen die des ersten Stockes mit Fenstern geschlossen sind. Das Obergeschoß erhält rechteckige Fenster mit geraden Verdachungen. Kräftige Gesimse trennen die Stockwerke, die Achsen werden von Halbsäulen im Sinne der kleinen Säulenordnung geteilt.

Die Fassade zur Ringstraße zeigt einen ganz anderen Charakter. Das additive Zusammenspiel von Risaliten, Pavillons und Kuppeln schafft eine bewegte Front, die sich nie mit einem Blick, sondern erst im Vorbeiflanieren erschließt. Zu beiden Seiten wird die Ringstraßenfassade von zwei weit vorspringenden zweigeschossigen Pavillons begrenzt, deren Ecken wiederum durch Risalite und kleine Kuppeln betont werden. Der überkuppelte Mittelrisalit tritt zwar deutlich aus der Bauflucht hervor, bleibt aber hinter der Linie der Pavillons zurück. Eine zweistöckige Loggia mit einem abschließender Giebel markiert den Haupteingang, zu dem zwei geschwungene Auffahrten führen. Den Innenraum dominieren die riesigen Treppenhäuser, die ringstraßenseitig die Festsäle und auf der Rückseite die Bibliothek erschließen.

Für die Stilwahl ist unter anderem die räumliche Nähe von Votivkirche und Universität aufschlußreich, da bereits in den 50er Jahren Sicardsburg und van der Nüll einen neugotischen Entwurf für den Bau eines Universitätsgebäudes auf dem Josefstädter Glacis hinter der Votivkirche vorlegt hatten. Ferstel erhob Einspruch dagegen, weil zwei neugotische Monumentalbauten in unmittelbarer Nachbarschaft sich gegenseitig behindern würden. Stattdessen legte er einen eigenen Entwurf in Neorenaissanceformen vor.

Beide Entwürfe boten aber nur Platz für die Repräsentations- und Verwaltungseinrichtungen sowie für die Bibliothek. Alle übrigen Einrichtungen hätten in separaten Gebäuden untergebracht werden müssen, wie es Heinrich Ferstel in dem von ihm errichteten Chemischen Institut an der Währingerstraße vorsah. Als der Paradeplatz 1870 endgültig für die Bebauung freigegeben wurde, entschied man sich für den neuen Bauplatz im Geviert mit Parlament, Rathaus und Burgtheater, in der Hoffnung, alle Universitätseinrichtungen unter einem Dach vereinigen zu können.

Heinrich Ferstel
Universität, 1873–84
Innenhofarkaden

Gottfried Semper, Karl von Hasenauer
Burgtheater, 1874–88
Ringstraßenfront

Gottfried Semper, Karl von Hasenauer
Burgtheater, 1874–88
Treppenaufgang

Das Burgtheater und das Kulissendepot

Das Burgtheater wurde als Hoftheater errichtet. Es ersetzte den Vorgängerbau am Michaelerplatz, welcher der Vereinheitlichung der Fassade der Hofburg weichen mußte.

Das neue Theater entstand in Arbeitsgemeinschaft von Karl von Hasenauer und Gottfried Semper, wobei die Gesamtdisposition auf Semper zurückgeht, während Hasenauer zunächst die dekorative Ausgestaltung übernahm. Der flache Mittelrisalit der Fassade und der lyraförmige Zuschauerraum sind allerdings ebenfalls Hasenauers Werk.

Semper begann 1869 mit seinen Planungen, wobei er zunächst noch eine eigenständige Lösung anstrebte, die das Theater im Verbund mit dem von ihm und Hasenauer geplanten Kaiserforum vorsah. Im Lauf der Planungen setzte sich aber ein freistehender Entwurf durch, der große Ähnlichkeit mit weiteren Arbeiten Sempers zeigt, dem gleichzeitig geplanten zweiten Dresdener Hofoperntheater wie auch mit dem Mitte der 60er Jahre gefertigten Entwurf eines Richard-Wagner-Festspielhauses in München. Vor allem die weitausladenden Flügel mit den Treppenaufgängen zu den Logen prägen bereits den Festspielhausentwurf. In Wien bilden sie das Gegengewicht zur gegenüberliegenden, breitgelagerten Fassade des Rathauses.

Der Zuschauerraum, den Hasenauer nach höfischer Tradition als Logentheater konzipierte, schließt nach außen mit einer Kuppel ab, im Gegensatz zum Satteldach des Bühnenhauses. Die Foyers ziehen sich zweigeschossig wie ein Kranz um den runden Zuschauerraum. Beide Geschosse verbinden kolossale Pilaster auf hohen Postamenten, den oberen Abschluß bildet eine Balustrade.

Der lyraförmig gestaltete Grundriß und die ungewöhnliche Höhe des Zuschauerraumes brachten viel Kritik ein, so daß bereits im Jahre 1897 Veränderungen durch den Architekten Emil von Förster vorgenommen wurden.

1872 errichtete Semper auch das Kulissen- und Dekorationsdepot des Hoftheaters in der Lehargasse. Dieser im Vergleich zur neobarocken Dekorationswut des Burgtheaters geradezu triste Ziegelbau sollte in Wien Sempers einziger Nutzbau bleiben. Er besticht durch die Klarheit seiner viergeschossigen Fassade, die durch die Eckrustizierungen, die Rundbogenfenster und die horizontalen Gesimse gegliedert wird. Hier wird Monumentalität nicht durch üppigen Zierrat, kolossale Pilaster und exponierten Standort erzielt, sondern allein aus den Proportionen.

Das unregelmäßige Grundstück erzwang auch bei der Grundrißdisposition durchdachte Lösungen: Von einem Verteilerzentrum aus zweigen verschiedene Gassen zur Lagerung der Kulissen ab. Dabei kommt bei der Innengestaltung, insbesondere beim Bau der Galerien und Treppen, die Eisenarchitektur konsequent zur Anwendung.

Gottfried Semper
Kulissen- und Dekorationsdepot des Hoftheaters, 1872–77
Fassade

Gottfried Semper
Kulissen- und Dekorationsdepot des Hoftheaters, 1872–77
Innenansicht

Gottfried Semper, Karl von Hasenauer
Kunsthistorisches Museum
1871–91, Fassade

Kunsthistorisches und Naturhistorisches Museum

Von Anfang an, also seit 1858, war die Errichtung von Museums- und Galeriegebäuden für die verschiedenen Sammlungen des Allerhöchsten Kaiserhauses Bestandteil des Stadterweiterungsprogramms. Konkrete Züge nahm die Planung 1864 an, als man sich für die Errichtung von zwei gleichen Museumsgebäuden vor der Hofburg entschloß. 1867 lagen der Kommission vier Projekte der Architekten Heinrich Ferstel, Theophil Hansen, Moritz Löhr und Karl von Hasenauer vor. Ferstel und Hansen ignorierten die Forderung nach zwei getrennten Gebäuden und wurden von der Kommission nicht weiter berücksichtigt. Aber auch Löhrs und Hasenauers Projekte mit zwei sich gegenüberliegenden Gebäuden fanden keine ungeteilte Zustimmung. Beide wurden aufgefordert, ihre Pläne umzuarbeiten und sie der Kommission erneut vorzulegen. Zu einem eindeutigen Ergebnis führten aber auch die Nachbesserungen nicht; schließlich entschied man sich, den berühmtesten deutschen Architekten seiner Zeit, Gottfried Semper, um die Prüfung der Projekte zu bitten. Am Ende wurde Semper selbst mit der Planung der Hofmuseen beauftragt. Er wählte sich den in der Dekoration begabten Hasenauer zum Mitarbeiter.

Semper legte 1869 einen Entwurf vor, der die Hofmuseen in einen umfassenden Ausbau der

Hofburg zu einem Kaiserforum einband. Er plante einen dem Leopoldinischen Trakt der Burg vorgelagerten Bau, dem sich gegen den Ring zwei Flüge anschlossen. Zum Volksgarten folgte das Hofburgtheater. Die beiden Museen sollten jenseits des Rings in der Flucht der Flügelbauten errichtet und mit diesen über Triumph- und Torbauten zu einem einheitlichen Forum verbunden werden. Übrig blieb von dieser Skizze letztlich der Bau der Neuen Burg (ab 1881), die beiden Hofmuseen sowie, an verändertem Ort, das Burgtheater. 1870 wurde der Bau der Museen genehmigt. 1880 waren die Arbeiten am Außenbau abgeschlossen, der Innenausbau zog sich noch bis 1891 hin. Zwei Jahre früher wurden die ersten Säle für das allgemeine Publikum geöffnet.

Nach Sempers Entwurf waren zwei rechteckige Gebäude mit jeweils zwei Innenhöfen entstanden. Da die Anlagen weitgehend identisch sind, sei im folgenden nur das Kunsthistorische Museum behandelt, dessen Ausstattung höher bewertet wurde.

Die langgestreckte Fassade wird durch einen Mittel- und Eckrisalite gegliedert. Ihren Höhepunkt bilden die Kuppeln über dem Mittelrisalit: Vier kleine tabernakelförmige Eckkuppeln umgeben die oktogonale Hauptkuppel. Auffällig ist, daß Semper die Kuppel nicht über dem Treppenhaus errichtete, sondern sie zur Hauptfassade vorzog. Sie liegt über der Eingangshalle, wodurch das Gebäude weniger tief wirkt, als es tatsächlich ist.

Die Fassade ist durch einen umlaufenden Konsolfries zweigeteilt. Das Erdgeschoß erhielt eine rustizierte Wand mit Pilastern, flachen Rechteckfenstern im Parterre und Rundbogenfenstern im Hochparterre, das Obergeschoß dagegen im ersten Stock (Gemäldegalerie) Rundbogenfenster und im Mezzanin flache Rechteckfenster; es kehrt also die Situation des Erdgeschosses um. Die Achsen werden durch ionische Dreiviertelsäulen geteilt. Eine abschließende Balustradengalerie verdeckt das Dach. Sie wird im Bereich der Risalite von freistehenden Künstlerstatuen, bei denen sich Maler und Bildhauer abwechseln, überhöht. Die zentrale Kuppel krönt Pallas Athene.

Semper schied nach wiederholten Zerwürfnissen mit dem ehrgeizigen Hasenauer 1876 aus der Bauleitung aus. Vor allem der Innenausstattung konnte Hasenauer nun seinen Stempel aufdrücken. Für die malerische Ausstattung gewann er die beiden Klimt-Brüder, Franz von Matsch, Hans Caron und Michael Munkácsy, die ornamentale und figurale Plastik entwarf Hasenauer selbst.

Die Sammlungssäle im Hochparterre erhielten ein Dekorationssystem mit Deckenbildern, die in direktem Bezug zu den in den jeweiligen Räumen ausgestellten Sammlungen standen. Verantwortlich für die historisch-didaktischen Bildinhalte waren allein die Direktoren und Kustoden der Sammlungen, die sich 1885 intensiv mit der Verteilung der Räume und der daraus resultierenden Auf-

Gottfried Semper, Karl von Hasenauer
Naturhistorisches Museum, 1871–91, Ausstellungsraum

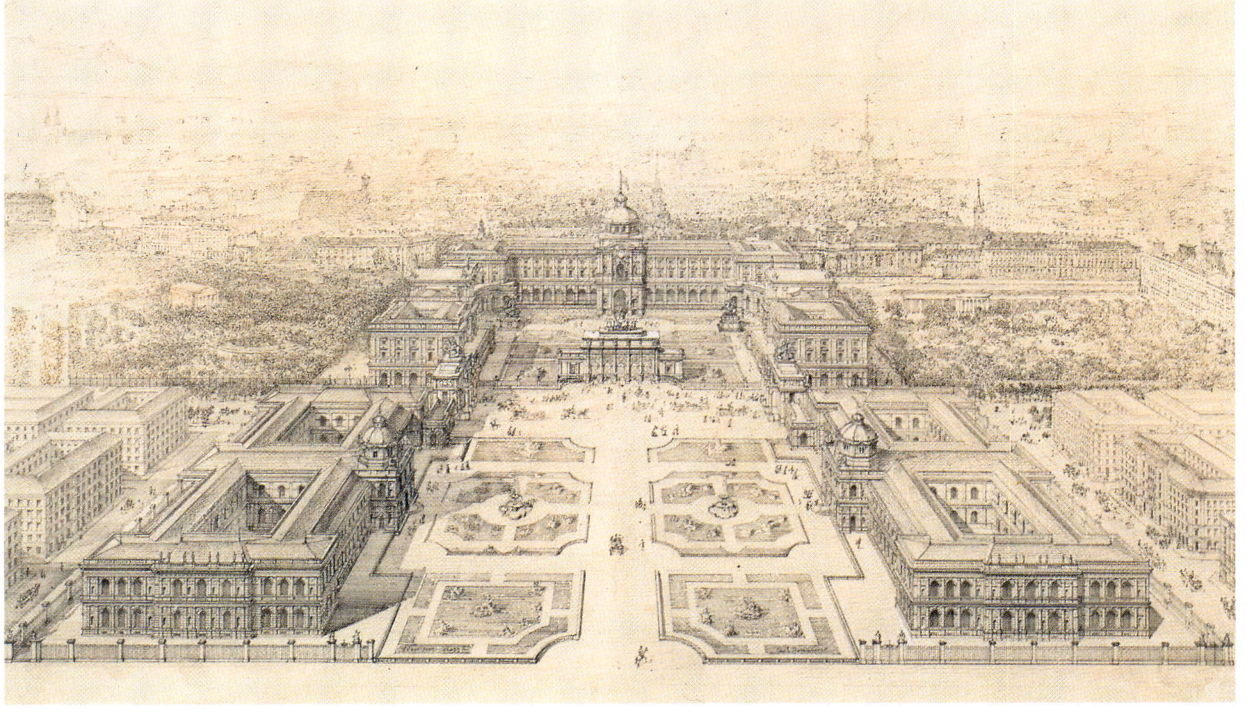

Gottfried Semper und Karl von Hasenauer
Plan zur Erweiterung der Hofburg, 1869, Haus-, Hof- und Staatsarchiv Wien

Gottfried Semper, Karl von Hasenauer
Kunsthistorisches Museum
1871–91
Treppenaufgang mit Canovas Theseusgruppe (links)
Kuppelhalle (gegenüber)

Gottfried Semper, Karl von Hasenauer
Kunsthistorisches Museum
1871–91
Blick in die Erdgeschoßkuppel mit Durchblick in die Hauptkuppel

stellung der verschiedenen Sammlungen beschäftigten. Im Hochparterre wurden die ägyptischen Altertümer, die Antikensammlung, die Waffensammlung und das europäische Kunstgewerbe vom Mittelalter bis zur Frühen Neuzeit präsentiert.

Die Gemäldegalerie wurde als Kernstück der Sammlungen im ersten Stock untergebracht. An die Stelle von Deckengemälden und Bildzyklen tritt hier ein von goldgehöhtem Stuck gegliedertes Dekorationssystem. Auf diese Weise wurde eine direkte Konfrontation von zeitgenössischer Wiener Historienmalerei und historischer Gemäldesammlung verhindert.

Höhepunkt von Architektur und Ausstattung war der als Apotheose von Kaiserhaus und Monarchie konzipierte Kuppelsaal mit der darunterliegenden Eingangshalle und dem großen Treppenhaus. Parallelen zur Eingangssituation in Hansens Heeresgeschichtlichem Museum im Arsenal sind nicht zu übersehen.

In den Museumsbauten wird die Eingangshalle von einer Kalotte überfangen, die im Zentrum kreisrund aufreißt und so einen Blick in die Hauptkuppel gestattet. Von der Halle leiten rechts und links Treppen in die Sammlungssäle. Gegenüber dem Eingang führt die monumentale Haupttreppe aus weißem Carraramarmor in die Kuppelhalle und in die Gemäldegalerie. Diese Haupttreppe beginnt einläufig und steigt direkt zu Canovas Theseusgruppe empor. Hier dreht sich ihre Laufrichtung, so daß sie nun zweiläufig zur Ruhmeshalle führt. Hier, unter der weithin sichtbaren Kuppel, sind die wichtigsten Sammler des Hauses Österreich in einem österreichischen Pantheon vereint.

ABBILDUNG RECHTS:
Theophil Hansen
Akademie der Bildenden Künste
1872–75, Aula

Die Akademie der Bildenden Künste

Der Startschuß für den Bau eines neuen Akademiegebäudes erfolgte, als 1868 der Josephstädter Paradeplatz zur Verbauung freigegeben wurde und dort Rathaus, Universität und Parlament errichtet werden konnten. Als Standort des letzteren war zunächst das Areal der heutigen Akademie vorgesehen. Der Entschluß, das Parlament auf den Paradeplatz zu verlegen, gab den Bauplatz am Schillerplatz für die Akademie frei.

Die Entwürfe für beide Gebäude, Parlament und Akademie, lieferte Theophil Hansen. Während er sich beim Parlament einer Konkurrenz aussetzen mußte, fiel ihm dieser zweite Staatsbau ohne Wettbewerb zu. Hansen errichtete nach mehreren Abänderungen seiner Pläne ab 1872 ein langgezogenes, rechteckiges Gebäude mit Innenhof. Dieser Innenhof wird in der Mittelachse durch den Baukörper der Aula in zwei Hälften geteilt.

Die Akademie ist durch einen kleinen Platz von der Ringstraße abgesetzt. An ihren Fassaden sind die beiden Untergeschosse zu einem Sockel zusammengefaßt, der ebenerdig von wenigen großen Rundbogenfenstern und darüber von doppelt so vielen kleinen Mezzaninfenstern durchbrochen wird. Darauf erheben sich zwei gleichgestaltete Geschosse mit Pilastern und Rundbogenstellungen. Die Rundbögen sind abwechselnd als Fenster verglast oder als Blendnischen mit eingestellter Figurenädikula ausgebildet. Die Ecken werden als Risalite mit abschließender Attika betont. Hansen unterstreicht durch eine differenzierte Farbfassung mit einer gezielt eingesetzten Vergoldung die starke Schichtung der Wandgliederung und demonstriert gleichzeitig seine Vorstellungen von antiker Polychromie.

Von den Innenräumen ist die Aula, die zugleich Teil des Gipsmuseums war, der am prunkvollsten ausgestattete Raum der Akademie. Wie schon beim Goldenen Saal des Musikvereins liegt auch ihr ein basilikales Schema zugrunde, bei dem der erhöhte und über einen Lichtgaden beleuchtete Mittelsaal durch tuskische Säulen vom umlaufenden »Seitenschiff« getrennt wird. Sein Niveau ist gegenüber dem Umgang um drei umlaufende Stufen abgesenkt, welche durch die Basen der Säulen rhythmisiert werden.

Der Mittelraum des Saales war vor allem als Festsaal gedacht, während der Umgang dem Museumsbereich zugerechnet wurde. Die Architravzone trägt einen Fries mit Abgüssen des Parthenonfrieses, womit eines der kostbarsten Museumsobjekte in den architektonischen Zusammenhang eingebunden wurde. Die Deckengemälde mit dem *Sturz der Titanen* auf dem großen Mittelbild (Abb. S. 235) schuf Anselm Feuerbach, der im Frühjahr 1873 als Lehrer für Historienmalerei an die Wiener Akademie berufen wurde.

Theophil Hansen
Akademie der Bildenden Künste
1872–75
Schillerplatzfassade

Abbildungen gegenüber:
Ludwig Förster, Theophil Hansen
Palais Todesco, 1861–64
Festsaal (oben)
Durchgang vom Fest- zum Speisesaal (unten links)
Detail der Kassettendecke im Festsaal (unten rechts)

Ludwig Förster, Theophil Hansen
Palais Todesco in der Kärntner Straße, 1861–64
Fassade

Das Palais Todesco

Zwischen 1861–64 errichteten Ludwig Förster und Theophil Hansen an der Kärntnerstraße gegenüber der Oper eines der ersten typischen Zinspalais der Ringstraße. Diese repräsentativen Mietshäuser deckten das gesamte Spektrum gehobenen Wohnens ab, vom Wohnblock für eine Vielzahl anonymer Mieter bis hin zum Palais für Hocharistokratie und Geldadel.

Das Palais Todesco wurde von dem »Ringstraßenbaron« Eduard Todesco als eine Art Familiensitz in Auftrag gegeben. Über rechteckigem Grundriß ist es um einen Lichthof angelegt und zeigt in der Fassade fünf durch Gesimse getrennte Etagen ohne stockwerkübergreifende Pilaster- oder Säulenstellungen. Der erste Stock ist zur Kärntnerstraße durch Erker an den Ecken, einen Balkon vor den vier mittleren Fensterachsen und üppigen Dekor als *bel étage* deklariert. In der Erdgeschoßzone befanden sich Ladenlokale, in den oberen Geschossen Mietwohnungen, durch deren Einnahmen der Bau finanziert werden sollte.

Die Wohnung der Familie Todesco nahm die gesamte *bel étage* ein. Die »öffentlichen« Räume befanden sich hinter dem Balkon zur Kärntnerstraße und umfaßten einen Empfangssalon, einen Fest- oder Tanzsaal und den Speisesaal. In den Ausmaßen waren sie kleiner als die entsprechenden Räume traditioneller Palais, eiferten diesen jedoch in allen Möglichkeiten nach. Bei den privaten Räumen wurde sorgfältig nach männlich und weiblich genutzten unterschieden.

Beim querrechteckig zur Kärntnerstraße liegenden Festsaal kontrastieren dunkelrote Pilaster mit hellen Wand- und Fensterflächen. Vergoldete Kompositkapitelle und Basreliefs vor schwarzem Grund schließen die Wandflächen nach oben ab. Die üppigste Dekoration erhielt die Kassettendecke. Ihre Felder sind mit ornamentalen Reliefs und mythologischen Gemälden von Carl Rahl und Gustav Gaul ausgefüllt. Zum Speisesaal leitet ein von zwei gekoppelten Säulen abgetrennter Annex über. Er diente als Orchestertribüne bei Konzerten wie als Zuschauerraum bei Tanzveranstaltungen.

ABBILDUNG GEGENÜBER:
Josef Langl
Wien zur Zeit der Weltausstellung 1873 (im Vordergrund das Ausstellungsgebäude)
Öl auf Leinwand, 92 x 131 cm
Historisches Museum der Stadt Wien

Besucher der Weltausstellung auf dem Dach der Rotunde, 1873
Österreichische Nationalbibliothek

John Scott-Russel, Karl von Hasenauer, Wilhelm Engerth
Rotunde auf dem Gelände der Weltausstellung 1873, 1937 abgebrannt

Die Wiener Weltausstellung 1873

Zwischen dem 1. Mai und dem 2. November 1873 fand auf dem Gelände des Wiener Praters die erste Weltausstellung im deutschen Sprachraum statt. Sie war die fünfte überhaupt und übertraf die vorangegangenen in London (1851, 1862) und Paris (1855, 1867) in ihren räumlichen Dimensionen um ein Vielfaches. Mit seiner 250 Hektar umfassenden Fläche war das Gelände größer als das der vorangegangenen Ausstellungen zusammengenommen.

Weltausstellungen waren gigantische technische, wirtschaftliche, geistige und künstlerische Leistungsschauen, an denen in Wien erstmals auch die Völker des Nahen und Fernen Ostens teilnahmen. Schätze islamischer Kunst wie Kunst- und Industrieprodukte aus Japan und China lösten damals einen Ostasienboom aus.

Daneben setzten auch die Ausstellungsbauten Maßstäbe. 1851 in London war es der Kristallpalast, der für Aufsehen sorgte, in Paris bezeugten 1889 der Eiffelturm und die Maschinenhalle auf dem Marsfeld die Leistungsfähigkeit der Bauingenieure.

Auch die Wiener Weltausstellung beeindruckte mit ihrer Architektur, hier vor allem mit der mächtigen »Rotunde« im Zentrum des Ausstellungsparks. Die Konstruktion, die mit einer konkurrenzlosen Spannweite für Staunen sorgte, fiel leider 1937 einem Brand zum Opfer. Ihr hatten sich auf beiden Seiten fischgrätenförmig die Ausstellungshallen bis auf eine Länge von über 900 Metern angeschlossen. Eine Maschinenhalle, eine Landwirtschaftshalle, eine Kunsthalle, ein Weltausstellungsbahnhof und eine Vielzahl kleinerer Pavillons vervollständigten den Ausstellungspark.

Als Konstrukteur der »Rotunde« wurde der englische Schiffs- und Maschinenbaumeister John Scott-Russel verpflichtet, dessen ungenügende Berechnungen aber den Weltausstellungsarchitekten Karl von Hasenauer und den Chefkonstrukteur Wilhelm Engerth zu umfangreichen Änderungen zwangen. Einmal fertiggestellt, stand in Wien der größte Kuppelbau der Welt mit einer Spannweite von 108 und einer Höhe von 84 Metern. Den kegelförmigen Bau überragten zwei übereinanderstehende Laternen, die eine 18 Meter hohe österreichische Kaiserkrone trugen. Attraktion des Inneren war ein hydraulischer Lift. Er brachte die Besucher zu einer Galerie, von wo aus sie das Dach besteigen und bis zur Krone gehen konnten.

Aber die Weltausstellung lieferte auch negative Schlagzeilen. Eine Woche nach der feierlichen Eröffnung kam es zum »Börsenkrach«, der dem Spekulationstaumel, der Wien im Vorfeld der Ausstellung befallen hatte, ein Ende bereitete und zur Liquidation vieler Firmen beitrug. Eine Choleraepidemie führte zudem dazu, daß die erwarteten Besucher Wien in den ersten Monaten mieden und erst im September, nachdem die »Schwierigkeiten« überwunden waren, die Ausstellung in der erhofften Zahl besuchten.

ABBILDUNGEN GEGENÜBER:
Theophil Hansen
Musikverein am Karlsplatz
1866–69
»Goldener Saal« (oben)
Brahmssaal (unten links)
»Goldener Saal«, Karyatiden unter den Balkonen (unten rechts)

Theophil Hansen
Musikverein, 1866–69
Hauptfassade

Der Musikverein

Das 1866–69 errichtete Musikvereinsgebäude enthält die ersten ausschließlich für Konzerte errichteten Säle Wiens, einen kleinen Kammermusiksaal für 500 Besucher und einen großen Konzertsaal für 2000 Besucher und 500 Musiker. Große Chor- und Orchesterkonzerte konnten zuvor nur im großen Redoutensaal der Hofburg, in der Winterreitschule (Abb. S. 95) oder in den Theatern stattfinden. Das Gebäude sollte auch das 1812 gegründete Konservatorium aufnehmen.

Gebaut wurde der Musikverein durch die »Gesellschaft der Musikfreunde des österreichischen Kaiserstaates«, die 1863 vom Kaiser den Baugrund gegenüber der Handelsakademie am Karlsplatz geschenkt bekam. 1864 wurde ein Wettbewerb durchgeführt, aus dem der Architekt Theophil Hansen siegreich hervorging. Hansen mußte seinen Wettbewerbsentwurf bis zum Baubeginn jedoch erheblich überarbeiten und verändern. Errichtet wurde ein Gebäude im Stil der »griechischen Renaissance«.

Den Grundriß bildet ein Querrechteck, das in der Mitte durch den Saaltrakt durchstoßen wird. Der große Konzertsaal durchbricht den Baukörper sowohl in der Höhe wie auch in der Fassade; das Gebäude erhält dadurch einen basilikalen Eindruck, der durch die Oberflächengliederung noch unterstrichen wird. Der Mittelrisalit ist durch drei Arkadenbögen nobilitiert, die im Erdgeschoß den Eingang und im ersten Stock eine Loggia eröffnen.

Die Konzertsäle befinden sich im ersten Stock. Der größere Goldene Saal führt in der Breite des Mittelrisalits über drei Geschosse, deren unterstes durch Karyatiden unterteilt ist. Im mittleren öffnen sich darüber hohe Türen mit Dreiecksgiebeln und Figurenbekrönung. Das Lichtgadengeschoß prägt eine Reihe von Rundbogenfenstern.

1911 wurde der Bau erheblich verändert. Im großen Saal setzte man die Karyatiden an die Wand zurück, so daß der Balkon wie im Brahmssaal frei in den Raum vorspringt. Dies verbesserte zwar die Sicht aus den Logen, verfälschte aber den von Hansen intendierten Raumeindruck.

Das Architekturbüro Fellner & Helmer

Das Architekturbüro von Ferdinand Fellner und Hermann Gottlieb Helmer wurde im letzten Viertel des 19. Jahrhunderts zur bedeutendsten »Theaterschmiede« Europas. In ihrer Regie entstanden fast 50 Theater und Konzertsäle zwischen Hamburg und Zürich, Wiesbaden und Sofia.

1888–89 errichteten sie das Deutsche Volkstheater als Ersatz für das 1884 ausgebrannte Stadttheater. Fellner war am Bau des Volkstheaters nicht nur als Architekt, sondern auch in seiner Funktion als Gründungsmitglied und späterer Präsident des Volkstheater-Vereins beteiligt. Dieses erleichterte sicherlich auch die schnelle Erweiterung des Theaters, denn bis 1911 wurden unter anderem das Bühnenhaus durch den Anbau einer Hinterbühne erweitert und ein großes Foyer angefügt. Die Eingangsfront mit dem Giebel und der Kuppel des alten Foyers wurde 1944 zerstört und vereinfacht wiederhergestellt.

Das diagonal zur Straßenkreuzung errichtete Gebäude unterscheidet konsequent zwischen Vorderhaus, Saalbau und Bühnenhaus, die jeweils von einer eigenen Kuppel überwölbt wurden. Die Einwölbung des Saales ist niedriger als die hoch hinausragenden Kuppeln von Bühnenhaus und Foyerbau. Letzterer schiebt sich als überkuppelter Risalit mit einem Säulenportikus und einer Unterfahrt gegen die Innenstadt. Auffallend sind die diesen Risalit mit dem Saalbau verbindenden Diagonalwände, die ihr Dasein den schräggestellten Treppenaufgängen verdanken. Der Theatersaal ist eine Kombination aus Rang- und Logentheater, wobei sich die Logen auf den erweiterten Proszeniumsbereich beschränken und im hinteren Teil zwei tiefe Balkonränge über dem Parterre emporsteigen.

Ferdinand Fellner, Hermann Gottlieb Helmer
Volkstheater in der Neustiftgasse
1888–89, Hauptfassade (links)
Zuschauerraum (gegenüber)

ABBILDUNG LINKS:
Ferdinand Fellner, Hermann Gottlieb Helmer
Volkstheater, 1888–89
Neues Foyer, 1907–08

NEBENSTEHEND:
Ferdinand Fellner, Hermann Gottlieb Helmer
Haus Sturany am Schottenring
1874, Fassade

Es waren nicht zuletzt die Veränderungen im Zuschauerraum, die den Ruhm Helmers und Fellners als Theaterbauer begründeten. Sie nahmen Abschied vom höfischen Logentheater mit seinen vier Rängen in einem steilen Zuschauerraum und zogen nur zwei Ränge bis weit zum Bühnenportal vor. Dieses Dehnen des Zuschauersaals zu einem Langraum erhöhte nicht nur das Fassungsvermögen und verbesserte die Sicht, es erhöhte auch die Sicherheit. Mit 1900 Plätzen zählt das Volkstheater zu den größten Sprechtheaterbauten.

Fellner und Helmer waren auch im Wohnhausbau aktiv. Eines der eindrucksvollsten Beispiele dafür errichteten sie ab 1874 an der Ringstraße, am Schottenring 21, für den Hofbaumeister Johann Sturany und seine Frau Barbara. Die Fassade zählt sieben Achsen und vier Geschosse von annähernd gleicher Höhe. Die Betonung der Mittelachse durch einen auf zwei Atlanten fußenden und über zwei Geschosse geführten bewegten Erker ist von einer in Wien selten zu findenden Konsequenz.

Auch sonst werden die linearen Formen von Fensterachsen, Mauerbändern und Gesimsen immer wieder von bewegten Fensterrahmungen gebrochen. Balustraden und Balkongitter zeichnen das erste Geschoß als *bel étage* aus und geben der Fassade barocken Schwung. Die achsteilenden Pilaster des Obergeschosses erfahren durch die Kartuschen, auf denen sie fußen, eine ironische Brechung; sie geben dieses tektonische Element beinahe der Lächerlichkeit preis.

Haus Sturany ist ein reines Wohnhaus ohne gewerbliche Räume. Es war nicht als Mietshaus geplant und hebt sich dadurch vom Gros der Ringstraßenbauten ab. Im Innenraum dominieren geschwungene Linien und Stuckverzierungen, besonders eindrucksvoll im Treppenhaus, dessen »Gewölbe« von einer aus Ranken und Putten gebildeten Stukkatur überzogen werden. Der hofseitige Mittelraum der *bel étage* weist einerseits traditionelle Formen wie bei den Türumrahmungen und bei der Balkendecke auf, jedoch ist das Holz beide Male anscheinend durch Stuck ersetzt worden. Die Rahmungen von Spiegeln und Kaminen sind hingegen wieder von den schon aus der Fassade bekannten fließenden und phantasievollen Formen der Fensterumrahmungen bestimmt.

Andreas Streit
Palais Equitable am Stock-im-Eisen-Platz, 1890–91
Lichthof (rechts)
Fassade (unten)

ABBILDUNG GEGENÜBER:
Andreas Streit
Palais Equitable am Stock-im-Eisen-Platz, 1890–91
Treppenhaus

Das Palais Equitable

In gewisser Weise markiert das Palais Equitable mit seiner späthistoristischen Neobarockarchitektur das Ende der Ringstraßenarchitektur. Diese trieb inzwischen nicht nur entlang der Ringstraße, sondern überall in der Stadt ihre Blüten. Ihrem opulenten Monumentalismus folgten Otto Wagners Jugendstilbauten und die puristische Architektur Adolf Loos'.

Viele Architekten bauten im ausgehenden Jahrhundert Wohn- und Geschäftshäuser in neobarocken Formen; die Anregung dazu hatten sie während der Fertigstellung des Michaelertraktes der Hofburg in den 80er Jahren erhalten. Einer von ihnen war Andreas Streit, der das prunkvolle Geschäftshaus der New Yorker Lebensversicherungsgesellschaft Equitable am Stock-im-Eisen-Platz, in direkter Nachbarschaft des Stephansdoms, schuf. Das Gebäude wurde über einer spitz zulaufenden Grundfläche errichtet, die mehrere ältere Grundstücke zusammenfaßte. Hauptfassade ist die schmale Eingangsfront, deren obere Geschosse von Kolossalsäulen verbunden werden. Nach oben hin wird die schlanke Front mit einer Kuppel abgeschlossen. Drei mächtige Bronzeadler schwingen vor dieser ihre Flügel.

Durch die Eingangshalle gelangt man in ein offenes, repräsentatives Haupttreppenhaus, an das, durch drei Arkadenbögen abgetrennt, ein überdachter, quadratischer Innenhof anschließt. Die Wände und der Boden des Innenhofes sind vollständig gekachelt.

ABBILDUNG GEGENÜBER:
Franz Xaver Segenschmid
Schönbrunner Palmenhaus
1879–82
Konstruktionsdetail

Das Schönbrunner Palmenhaus

Die Glas-Eisen-Konstruktionen der Glaspaläste waren *die* innovative Bautechnologie des 19. Jahrhunderts. Erst die Glasdächer ermöglichten überdachte Innenhöfe, die lichtdurchfluteten Bahnsteighallen der Bahnhöfe und Passagen sowie in ihrer vollkommensten Form die Gewächshäuser und Ausstellungshallen.

Die Entwicklung dieses Gebäudetypus ist eng mit dem Namen des Engländers Joseph Paxton verbunden, der zwischen 1836 und 1840 ein großes Gewächshaus in Chatsworth und ab 1844 ein Palmenhaus für den königlichen Botanischen Garten in Kew bei London errichtete. Diese beiden Bauten brachten ihm einen Auftrag ein, dessen Realisierung seinen Namen in alle Welt verbreiten sollte, die Konstruktion des »Kristallpalastes« der ersten Londoner Weltausstellung von 1851. Der Erfolg dieser riesigen gläsernen Ausstellungshalle führte zum Bau einer Reihe von Glaspalästen auf dem Kontinent, von denen aber nur wenige überdauerten.

Das von Franz von Segenschmid konstruierte Palmenhaus im Park der kaiserlichen Sommerresidenz Schönbrunn bei Wien gehört zu den größten Glashäusern der Welt und ähnelt in seiner Silhouette den Vorbildern in Chatsworth und Kew-Gardens. Ihnen gemeinsam ist die Längshalle mit gewölbten Dächern. Der Querschnitt erscheint als basilikales Schema aus einem mittleren überhöhten Halbkreisbogen und zwei sich seitlich anschließenden Viertelbögen. In der Fassade zeigt sich ein fünfteiliger Bau mit überkuppelten Mittel- und Eckpavillons. Am Fuß der Kuppelwölbung verläuft jeweils eine außenliegende Galerie. Der Unterschied zu den englischen Vorbildern liegt in der äußeren eisernen Tragwerkkonstruktion des Schönbrunner Palmenhauses, bei dem die gläserne Wand von innen wie eine Membran unter das Gitter gehängt wurde.

Franz Xaver Segenschmid
Schönbrunner Palmenhaus
1879–82
Gesamtansicht

Gasbehälter in Simmering
1896–99
Blick in die Kuppel eines Gasometers

Gasbehälter in Simmering
1896–99
Ummantelung

Gasbehälter in Simmering
1896–99, Innenfassade

Die Gasbehälter in Simmering

Gasometer zählen zu den typischen Architekturdenkmälern der Industriellen Revolution und zeugen von einer entscheidenden Veränderung der Stadt. Denn es war zunächst weniger die Versorgung öffentlicher wie privater Gebäude mit Gas, sondern die Errichtung einer öffentlichen Straßenbeleuchtung, die den Alltag in der Stadt entscheidend veränderte.

Die vier riesigen, paarweise angeordneten Gasometer sind die auffälligsten Anlagen des 1896–99 erbauten ersten städtischen Gaswerks in Wien. Das Ziegelmauerwerk der Hülle zeigt Formen, wie wir sie seit der Mitte des 19. Jahrhunderts im Nutzbau gewohnt sind. Strebepfeilerähnliche Wandvorlagen teilen die Achsen, die in jedem der vier Geschosse eine andere Fensterform zeigen. Den Abschluß zur Kuppel bilden ein Rundbogenfries und eine Art Zinnenkranz.

Hinter der gemauerten Hülle befand sich die sogenannte »Glocke«, der eigentliche Gasbehälter. Die Glocke konnte sich heben und senken und dadurch maximal 90000 m^3 Gas aufnehmen.

Walter Basset, Ing. Hitchins
Riesenrad im Prater, 1896–97
Gesamtansicht

Walter Basset, Ing. Hitchins
Riesenrad im Prater, 1896–97
Konstruktion (Pylon mit Aufhängung)

Das Riesenrad im Prater

Der Prater war einst kaiserliches Jagdrevier. 1766 wurde er durch Kaiser Joseph II. für das allgemeine Publikum geöffnet. Der bekannteste Teil ist heute der seit dem ausgehenden 18. Jahrhundert sogenannte Volks- oder Wurstelprater, ein Vergnügungspark mit Wirtshäusern, Kegelbahnen, Schaukeln und Ringelspielen. Der weitaus größte Teil des Praters ist jedoch eine riesige Parkanlage, in der 1873 die Weltausstellung stattfand und in der später unter anderem eine Trabrennbahn, eine Galopprennbahn, ein Stadion und ein Schwimmbad errichtet wurden.

Der Prater war der »klassische« Freizeitraum des ausgehenden 19. Jahrhunderts, er bot Unterhaltung für alle Schichten der Gesellschaft. Die Praterhauptallee, die den Praterstern mit Isidor Canevales Lusthaus von 1782 (Abb. S. 145) verbindet, war neben der Ringstraße die wichtigste Flaniermeile Wiens und sonntäglicher Treffpunkt der »high society«. Hier fand jährlich ein Blumenkorso statt, und zwischen dem 17. und 28. August feierte man den Kaisergeburtstag als Volksfest.

Neben dem Volksprater öffnete 1895 das großangelegte Vergnügungsetablissement »Venedig in Wien«. Dieses von Gabor Stein gegründete Unternehmen bot zunächst Gondelfahrten auf künstlichen Kanälen und vor der Kulisse venezianischer Palazzi. Stein erweiterte die Anlage mit immer neuen Attraktionen und ließ 1897 das heute markanteste Bauwerk im Prater, das zu einem Wahrzeichen Wiens gewordene Riesenrad, errichten.

Das Riesenrad wurde durch den englischen Konstrukteur Walter Basset und seinen Mitarbeiter Ingenieur Hitchins geplant. Vorbild war das aufsehenerregende Wahrzeichen der Weltausstellung von Chicago 1883. Ähnlich wie bei einem Fahrrad verbinden auch hier 120 flexible Drahtseilspeichen die Achse mit dem äußeren Rad. Anscheinend stand man dieser Konstruktion in Wien skeptisch gegenüber, denn sie wurde zunächst nur »auf Verdacht« genehmigt. Am Riesenrad hängen heute 15 Gondeln. Ursprünglich waren es doppelt so viele, aber als sie 1945 verbrannten, wurde nur jede zweite ersetzt.

Sabine Grabner

Malerei und Skulptur des 19. Jahrhunderts 1780–1890

In den letzten Jahrzehnten des 18. Jahrhunderts wandte sich die Kunst zunehmend ab vom üppigen Formen- und Farbenrausch des Barock und Rokoko und suchte ihre Äußerung in der ruhigen und geschlossenen Kontur. Eine klare Gliederung im Aufbau war das höchste Ziel, der Mensch und sein Körper rückten ins Zentrum des Interesses. Zum idealen Vorbild für die Formbildung wurden die Kunstwerke der griechischen und römischen Klassik erklärt, weshalb dieser neue Stil »Klassizismus« genannt wurde. Die Vorbildlichkeit erschöpfte sich jedoch nicht im reinen Nachahmen bzw. im Übernehmen bereits vorgeformter Muster, sondern war durchdrungen vom Denken der Zeit, die sich in einem folgenschweren Umbruch befand. Gewohnte Schemata lösten sich auf: Die Französische Revolution stärkte das Selbstbewußtsein der Bevölkerung und führte zum Untergang des *Ancien régime*, im Zuge der Aufklärung wurde die Philosophie als »Weltweisheit« der Religion gegenübergestellt, die Kirche verlor nach und nach ihren Einfluß. Es handelte sich beim Klassizismus eindeutig um eine profane Kunst, in der die Götter- und Heldenwelt als eine Art Ersatzreligion dem Christentum entgegengestellt wurde. Ereignisse, die bisher in phantasiereichen Allegorien, Apotheosen und Emblemen ihre Verdeutlichung fanden, wurden nun auf das Wesentliche reduziert – man verlangte nach historischen Fakten, deren Auswahl meist nach Kriterien der Vorbildlichkeit getroffen wurde.

Die Auseinandersetzung mit den Naturwissenschaften und der Geschichte erfreute sich in dieser Zeit großer Beliebtheit. In engem Zusammenhang damit steht die wissenschaftliche Bearbeitung der Kunst durch Johann Joachim Winckelmann. Der deutsche Archäologe und Kunstgelehrte lebte seit 1755 in Rom, setzte sich für die Erhaltung der Altertümer ein und erweckte durch zahlreiche Publikationen das allgemeine Interesse für die antiken Werke. Die Ewige Stadt wurde in der Folge zum Ziel zahlloser Künstler und Kunstinteressierter (man denke an die »Italienische Reise« von Johann Wolfgang von Goethe) und durfte auch im Programm des »Grand Tour« nicht fehlen, jener Reise durch Europa, die den Jüngling zum Weltmann machen sollte. Mit den Worten »Edle Einfalt, stille Größe« charakterisierte Winckelmann das Wesen der griechischen und römischen Bildwerke, zugleich definierte er damit auch das Schönheitsideal des Klassizismus.

Der Ausgangspunkt für den neuen Stil war somit Rom. Der Entschluß der Wiener Akademie der bildenden Künste, das Studium der antiken Kunstwerke durch sogenannte Romstipendien zu fördern und die Stipendiaten in der Folge als Lehrende an das Haus zu binden, führte diese Institution zu hohem Ansehen und zog viele Studierende aus dem Ausland nach Wien. Es ist allerdings zu bemerken, daß der Klassizismus, wie er sich in Rom entwickelt hatte und in den Gemälden eines Jacques Louis David in Frankreich reifte, in der Wiener Malerei kaum Aufnahme fand. Bis über die Jahrhundertwende hinaus wirkte die barocke Technik mit ihren verschwimmenden Konturen und den weichen Formen nach. Hingegen war es für die Skulptur durch die direkte Übernahme des klassischen Formenvokabulars leichter, den klassizistischen Vorstellungen zu entsprechen. Um so schwieriger erwies es sich dagegen später, diesen eingeschlagenen Weg wieder zu verlassen.

Am Beginn des 19. Jahrhunderts wurde Wien für kurze Zeit das Zentrum der romantischen Bewegung, doch fiel dieses Denken hier auf keinen fruchtbaren Boden. Im Umkreis von Friedrich Schlegel, der damals im diplomatischen Dienst des Kaisers stand, kam es 1809 zur Gründung des Lukasbundes, der sich besonders religiöser Themen annahm, sowie zur ersten Formulierung einer romantischen Landschaftsmalerei – beide Richtungen wurzelten zwar in Wien, entfalteten sich aber erst in Rom und in der Gebirgswelt des Salzkammergutes und des Berchtesgadener Landes.

Dagegen fand wenige Jahre später der Realismus in der Wiener Malerei zu einer ersten Blüte. Die Objektivität in der Darstellung entsprach offenbar eher der zeitgenössischen Stimmung in der Kaiserstadt als der Ausdruck gefühlsbetonter Empfindungen. Da diese Stilrichtung in der Epoche des Biedermeiers zu ihrer Höchstform gelangte, wurde von der Kunstgeschichtsschreibung der Terminus »Biedermeier-Realismus« eingeführt. Der Begriff dient somit einer zeitlichen Zuordnung, ist jedoch unglücklich gewählt, da unter »Biedermeier« in erster Linie die Geisteshaltung der Bevölkerung, veranlaßt durch die politische Situation in Wien, zu verstehen ist, nicht aber die Charakterisierung der Künste im allgemeinen. Sowenig man von einer »Biedermeier-Literatur« sprechen kann, sowenig ist diese Bezeichnung auf die Musik, die Architektur, die Skulptur oder die Malerei anzuwenden. Diese Sparten sind jeweils im internationalen Kontext zu sehen. Dabei wird jedoch ersichtlich, daß sich in Wien im zweiten Viertel des 19. Jahrhunderts eine Malerei von hoher Qualität entwickelt hatte. In erster Linie ist dabei auf die Landschaftsmalerei zu verweisen, die in der Natur ihr einzig wahres Vorbild sah. Daneben bieten Portraits und Genreszenen einen aufschlußreichen Einblick in das Leben und die Wohnkultur dieser Zeit. Die Konzentration auf den Bürgerstand ist als Nachwirken der Forderungen der Französischen Revolution zu sehen, sogar Kaiser Franz I. sah sich als erster Bürger unter Bürgern und ließ sich mit seiner Familie im privaten Rahmen malen.

Das historische Ende der Biedermeierzeit ist das Revolutionsjahr 1848. Den grundlegenden Veränderungen, die das Aufbegehren des dritten Standes in politischer, gesellschaftlich-sozialer und kultureller Hinsicht mit sich brachte, steht im Kunstbereich vorerst ein Innehalten gegenüber.

ABBILDUNGEN GEGENÜBER
OBEN:
Josef Rebell
Der Hafen Granatella bei Portici
1819, Öl auf Leinwand
98 x 137 cm
Österreichische Galerie Belvedere

UNTEN:
Michael Wutky
Die Spitze des Vesuvs beim Ausbruch
Öl auf Leinwand, 95 x 146 cm
Gemäldegalerie in der Akademie der bildenden Künste

sei. Koch verbrachte den Großteil seines Lebens in Rom und war dort eine der zentralen Figuren innerhalb der »deutschen Künstlerkolonie«. Ein wesentlicher Unterschied zu den zeitgenössischen Landschaftsmalern offenbarte sich in seiner Distanz zum Sonnenlicht – warm beschienene Wiesen und Berge kamen seiner Meinung nach einer »Säkularisierung« der Natur gleich. Während seines kurzen Aufenthaltes in Wien von 1812 bis 1815 wurde er mit dieser Einstellung zum *spiritus rector* der romantischen Landschaftsmalerei. Ihr ist neben den Brüdern Ferdinand und Friedrich Olivier auch der junge Ludwig Ferdinand Schnorr von Carolsfeld zuzurechnen, der dieses Denken in der Wiener Malerei fortführte. Noch die Jahrzehnte später entstandene Darstellung der *Breiten Föhre bei Mödling* läßt die ehrfurchtsvolle Haltung des Malers gegenüber der Natur erkennen. Die portraitgetreue Wiedergabe des Geländes aber, die Behandlung von Licht und Schatten, das satte Grün der Wiesen und der Bäume, das tiefe Blau des Himmels sowie die modische Kleidung des Paares im Vordergrund entkräften letztlich jedoch die Verallgemeinerung der Natur im romantischen Sinn und rücken die Ansicht in die Gegenwart.

Die Nazarener und die romantische religiöse Malerei

Die Ausrichtung des akademischen Unterrichtes auf die Antike war im Jahr 1809 einer kleinen Gruppe meist deutscher Maler nicht mehr ausreichend. Angeführt von Friedrich Overbeck und Franz Pforr drangen sie auf die Einbeziehung religiöser Themen und die Betonung des Gefühlshaften; dies lag im Sinne der romantischen Philosophie und Literatur, die ihnen durch Friedrich Schlegel nahegebracht wurde. Ihre Forderungen versiegten jedoch im unflexiblen Akademiebetrieb. Dies veranlaßte sie, zur Erfüllung ihrer Ideen den »Lukasbund« zu gründen, Österreich zu verlassen (Wien war ohnehin nur als Zwischenstation gedacht) und nach Rom zu übersiedeln. Die Werke der deutschen und italienischen Malerei vor 1500 waren den Lukasbrüdern oder »Nazarenern«, wie sie auch genannt wurden, ein beständiges Vorbild und bildeten die Basis für ihren Stil, der von Rom aus seinen Siegeszug in Richtung Norden unternahm: Als religiöse Malerei gab er eine Darstellungsform vor, die auch im 20. Jahrhundert noch ihre Gültigkeit hat; erweitert durch mittelalterliche Themen wurde er zur Basis für die sogenannte »Münchner Romantik«. Es

Ludwig Ferdinand Schnorr von Carolsfeld
Die breite Föhre nächst der Brühl bei Mödling, 1838
Öl auf Leinwand, 67 x 114 cm
Österreichische Galerie Belvedere

Johann Evangelist Scheffer von Leonhardshoff
Der Tod der hl. Caecilie, 1820/21
Öl auf Leinwand, 149 x 195 cm
Österreichische Galerie Belvedere

muß jedoch angemerkt werden, daß es sich dabei nicht um eine einheitliche Stilrichtung handelt, sondern eigentlich um eine künstlerische Auffassung, die von jedem Maler seiner Persönlichkeit entsprechend abgewandelt wurde. Die Hauptvertreter waren neben den bereits erwähnten Gründungsmitgliedern Julius Schnorr von Carolsfeld, die Brüder Johannes und Philipp Veit und Peter Cornelius. Ein Hauptmeister der österreichischen Romantik war der jung verstorbene Johann Evangelist Scheffer von Leonhardshoff. Scheffer lernte 1812, auf einer Reise nach Oberitalien und Venedig, die Werke Raffaels, Giovanni Bellinis und Peruginos kennen und fand durch diese zum Malen voll zarter Empfindung und tiefer Gläubigkeit. In der Folge festigte sich sein Stil durch den Kontakt zu den Lukasbrüdern, den er auf seinen Romreisen unterhielt. 1820/21 schuf er während seines letzten Aufenthaltes in Rom mit dem Gemälde *Der Tod der hl. Caecilie* das Hauptwerk der österreichischen romantischen Malerei. Die Haltung der sterbend auf dem Rasen liegenden Frau erinnert an die berühmte Marmorskulptur von Stefano Maderna in der Kirche Santa Cecilia in Trastevere in Rom. Scheffer erweiterte die Darstellung durch die beiden trauernden Engel und straffte die Komposition durch einen halbrunden Bildabschluß, um die Ruhe im Bild nicht zu stören, wie er selbst sagte.

In den zwanziger Jahren begleiteten (aufeinanderfolgend) Leopold Kupelwieser und Josef Führich für längere Zeit die Gemeinschaft der Lukasbrüder. Auf ihren römischen Erkenntnissen basieren die großen Fresken, die sie in den Jahren 1841 bis 1844 in der Wiener Johann Nepomuk-Kirche auf der Praterstraße ausführten (Kupelwieser schuf die Verklärung des hl. Johann Nepomuk an der Altarwand, Führich die Kreuzwegdarstellungen an den Seitenwänden): Klarheit in der Komposition und das Vermeiden komplizierter Raumanlagen war dabei das höchste Gebot. Vergleicht man die Arbeiten der beiden Zeitgenossen, so sind Führichs Werke von stärkerer Kraft, weswegen sie zur Zeit ihrer Entstehung auch von höherer Vorbildhaftigkeit waren. Führich hatte bereits in Rom zu einem erstaunlichen künstlerischen Selbstbewußtsein gefunden, wobei die Handschrift des Malers ein intensives Studium der Werke der Hochrenaissance erkennen läßt. Dies bezeugen die nach seiner Rückkehr nach Wien entstandenen Werke *Begegnung Jakobs und Rachels am Brunnen* (1836) und *Der Gang Mariens über das Gebirge* (1841). Untrennbar ist der Name Führich mit der Altlerchenfelderkirche (Zu den sieben Zufluchten) verbunden. Das Bauwerk wurde in den Jahren 1848–61 im Stil des oberitalienischen Quattrocento errichtet und sollte, dem Ideal der religiösen Romantik entsprechend, durch die Ver-

Josef Führich
Kreuzabnahme, 1844–46
Johann-Nepomuk-Kirche

einigung aller Künste als Gesamtkunstwerk entstehen. Führich entwarf das Programm für die Fresken, die, über die gesamte Wandfläche des Innenraumes verteilt, die Geschichte der Heilslehre von der Schöpfung bis hin zum Jüngsten Gericht erzählen. Unter den Ausführenden ist ein Großteil der Namen vereinigt, die damals in Wien im Stile der Nazarener malten: Neben Führich und Kupelwieser sind dabei in erster Linie Franz Dobyaschofsky, Eduard Engerth und Eduard Steinle zu nennen.

Das Wiener Biedermeier

Ursprünglich wurde der Ausdruck »Biedermeier« als Spottname verwendet, mit dem man sich über die Denk- und Lebensweise der Menschen ihrer Zeit lustig machen wollte. Erst in unserem Jahrhundert wurde er aus diesem abschätzigen Umfeld befreit und findet neben den historischen Begriffen »Vormärz« und »Ära Metternich« als Epochenbezeichnung allgemein Verwendung. Mit »Biedermeier« ist die Zeit zwischen 1815 und 1848 gemeint – sie beginnt mit einem politischen und gesellschaftlichen Großereignis, dem Wiener Kongreß, und endet mit einer Revolution. Die Jahre waren geprägt von zwei Herrschern, dem konservativ-bürgerlich denkenden Franz I. und dem menschlich sympathischen, politisch jedoch stark lenkbaren Ferdinand I.; beide wurden von ein und derselben Person beraten: Clemens Wenzel Fürst Metternich. Metternichs oberstes Anliegen war die Erhaltung der staatlichen Ordnung und Unterdrückung aller revolutionärer Bewegungen. 1819 kam es durch ihn zur Einrichtung einer »Polizei- und Zensurhofstelle«, die Bücher, Zeitungen und Reden ebenso kontrollierte wie Zusammenkünfte größerer Gesellschaften. Die Bevölkerung, durch diese Einschränkungen unmündig gemacht, resignierte und zog sich zurück. Die Schilderungen von Privatheit und Häuslichkeit des Bürgertums, wie sie uns auf vielen Gemälden entgegentreten, resultieren somit aus der politischen Situation, die sich gegen die Jahrhundertmitte immer mehr zuspitzte und schließlich im März 1848 in der Revolution eskalierte – mit der »guten alten Zeit«, die aus den Darstellungen gerne herausgelesen wird, haben diese Jahre somit überhaupt nichts zu tun.

Die große Anzahl von Malern, die in diesen Jahren in Wien wirkten, sowie die Fülle an Werken verhindern im folgenden ein tieferes Eindringen in die Materie. Einer genaueren Betrachtung wird allein Ferdinand Georg Waldmüller unterzogen, der die herausragende Persönlichkeit unter den Wiener Malern dieser Zeit war. Waldmüllers Vielseitigkeit manifestiert sich in einer großen Anzahl von Werken, die zum Inbegriff der Malerei des Wiener Biedermeiers wurden. Sein Leben lang setzte er sich für das Malen im Freien bzw. das Studium nach der Natur ein und forderte dieses in mehreren an die Akademie gerichteten Streitschriften als wichtigste Lehrmethode im Kunstunterricht. »Die Natur mit der größten Treue wiederzugeben« war sein höchstes Streben, wodurch er in der Landschafts-, Portrait-, Stillleben- und Genremalerei Hauptwerke hervorbrachte, die aus der europäischen Entwicklung des Realismus nicht wegzudenken sind.

Seine Karriere eröffnete die Portraitmalerei, die sich in diesen Jahren in einem beständigen Wechselspiel von Intimität und Repräsentation und zugleich »im Streben einerseits nach Naturwahrheit, andererseits nach einem allgemeingültigen Idealbild« (Frodl) befand. In den zwanziger Jahren entstanden Waldmüllers eindrucksstärkste Portraits. Es sind meist Brustbilder in extremer Nahsicht, die ihren Umraum völlig ausklammern. Höchste Aufmerksamkeit kommt dabei dem Gesicht zu, das in feiner, glatter Malweise mit all seinen Einzelheiten realistisch und detailgetreu geschildert wird. Das Portrait der *Mutter des Hauptmanns Stierle-Holzmeister* (um 1819) steht am Beginn dieser Reihe, die in erster Linie alte Frauen (siehe Abb. rechts), manchmal auch Männer, selten aber junge Frauen zeigt. Ausschlaggebend für die Darstellung war natürlich der Wunsch des Auftraggebers, seine Eitelkeit und gewissermaßen auch sein Mut, so daß auch im Œuvre Waldmüllers die Tendenz zur Pose überwiegt; einzigartig aber bleibt die Charakterisierung des Gesichtes, die auf diesen frühen Erkenntnissen basiert. Waldmüllers großes Verdienst war die Verbindung von Mensch und Natur, womit er einen Portraittypus zur Vollendung führte, der im neu erwachten Naturempfinden des 18. Jahrhunderts seine Wurzel hat. 1828 löste er in seinem *Selbstportrait in jungen Jahren* die Landschaft endgültig aus ihrem untergeordneten Kulissendasein und machte sie zum aktiven Stimmungsträger, indem er seine Person in dasselbe warme Sonnenlicht hüllte wie die Bäume und Wiesen dahinter. Der Landschaft des Wienerwaldes, die ihn hier umfängt, fügte er in der Folge zahlreiche Motive des Salzkammergutes hinzu, der Region, in der ab Mitte der dreißiger Jahre seine berühmtesten *Freiluftportraits* entstanden (Graf Demetrius Apraxin, Familie Eltz, Familie Kertzmann).

Der bedeutendste Portraitmaler in Wien neben Waldmüller war Friedrich Amerling. Amerling war Ateliermaler, ohne Ambitionen, sich mit dem natürlichen Licht auseinanderzusetzen; er liebäugelte auch nicht mit dem Realismus, wahrte aber trotzdem seinem Modell gegenüber eine gewisse Ehrlichkeit. Seine Portraits bestechen vor allem durch ihre brillante Farbgebung und das geschmackvolle Arrangement von Draperien und architektonischen Versatzstücken – Gestaltungselementen, die er während seines mehrmonatigen Aufenthaltes in London beim englischen Maler Thomas Lawrence kennenlernte. Auf diesem Einfluß beruht auch seine technische Virtuo-

Ferdinand Georg Waldmüller
Rosina Wiser, 1820
Öl auf Leinwand, 49,9 x 39,9 cm
Österreichische Galerie Belvedere

Ferdinand Georg Waldmüller
Selbstportrait in jungen Jahren, 1828
Öl auf Leinwand, 95,2 x 75,2 cm
Österreichische Galerie Belvedere

Moritz Michael Daffinger
Marie Daffinger, geb. Smolk von Smolenitz, die Gattin des Künstlers, um 1830
Öl auf Elfenbein, 16,5 x 12 cm
Österreichische Galerie Belvedere

sität sowie die Leuchtkraft und Transparenz der Farben selbst in zartesten Farbschattierungen. Mitte der dreißiger Jahre schuf er seine großen Familienportraits (siehe Abb. gegenüber), deren Raffinesse in der Ungezwungenheit der Dargestellten liegt. Amerling benötigte nicht, wie Waldmüller in den gleichzeitig entstandenen Bildnissen, ein unsichtbares Gerüst von Kompositionslinien für den Bildzusammenhalt, sondern erhob die Szene in den Bereich des zufälligen Augenblicks. Natürlich traf er damit genau den Geschmack des Publikums und erfreute sich so bis über die Jahrhundertmitte hinaus größter Beliebtheit. Das Gleiche gilt für Moritz Michael Daffinger, der auf Miniaturen und kleinformatige Darstellungen spezialisiert war. Neben Lawrence waren für ihn die französischen Maler Jean Baptiste Isabey und François Gérard von Bedeutung, die während des Kongresses in Wien arbeiteten. Daffingers Portraits waren, ungeachtet aller Idealisierung, vor allem wegen ihrer Duftigkeit im Pinselstrich und ihrer brillanten Oberfläche sehr gefragt. Daneben gibt es eine Reihe von Künstlern, die sich als Maler oder Zeichner mit dem Portrait beschäftigten, darunter Franz Eybl, Leopold Kupelwieser, Josef Kriehuber, der auf die Lithographie spezialisiert war, oder Josef Danhauser, Johann Baptist Reiter und Michael Neder. Bei den zuletzt genannten machte die Portraitmalerei jedoch nur einen Teil ihres Œuvres aus – Bekanntheit erlangten sie durch ihre Genrebilder.

Die Genremalerei ist der Inbegriff des Wiener Biedermeiers, wie keine andere Gattung vermochte sie vom Leben der Zeit, von Familienfesten und Volksbelustigungen, Landpartien oder Wallfahrten zu berichten. Vorbilder sind in der niederländischen Malerei des 17. Jahrhunderts und in französischen und englischen Werken des 18. Jahrhunderts zu finden. Den Darstellungen ist generell eine hohe künstlerische Qualität eigen, so daß im folgenden in erster Linie auf die Inhalte eingegangen wird. Grimschitz bezeichnete die Genremalerei als »Historie des Alltags«. Das reine Abbilden einer Situation war dabei jedoch selten intendiert. Die Maler erkannten die reklamehafte Wirkung ihrer Darstellungen und benutzten diese, ähnlich den zeitgenössischen Literaten, als sogenannte »Rührstücke« oder »Mitleidsbilder«. Peter Fendi etwa war, neben seinen zart gemalten kleinformatigen Aquarellen voll häuslicher Intimität, beständig bemüht, auf die Lage von gesellschaftlichen Randgruppen aufmerksam zu machen (*Die arme Offizierswitwe*, 1836, *Die Pfändung*, 1840 oder *Der frierende Brezelbub vor der Dominikanerbastei*, 1828). Mahnend und moralisierend hingegen ist die Bildaussage beim *Mädchen vor dem Lotto* (Abb. S. 227), welche auf die Gefahr des Glücksspieles hinwies.

Eine komprimierte Form in diesem Bereich ist das sogenannte »Einfigurenstück«, in dem eine Figur zum Repräsentanten für eine Berufsgruppe, einen sozialen Stand, eine Liebhaberei oder eine Gemütsstimmung wird: *Lesendes Mädchen* (1850) von Franz Eybl und *Lesender Knabe* (1849) von Johann Baptist Reiter oder *Mädchen mit Strohhut* (1835), *Die Lautenspielerin* (1838) und *Die junge Witwe* (1836) von Friedrich Amerling. Als Bilderzähler beispiellos war Josef Danhauser. In einer großen Anzahl von Gemälden behandelte er die kleineren und größeren menschlichen Schwächen und versuchte in Szenen wie *Die Testamentseröffnung* (1839) oder *Der Pfennig der Witwe* (1839) der Bevölkerung einen Spiegel vorzuhalten. Bemerkenswert ist die Aussage in dem Bilderpaar *Der reiche Prasser* und *Die Klostersuppe* (Abbn. S. 226): Danhauser verlegte darin die neutestamentarische Parabel vom reichen Prasser und dem armen Lazarus (Lk 16, 19-31) in die Gegenwart und führte so dem Publikum

Abbildung gegenüber:
Friedrich Amerling
Rudolf von Arthaber mit seinen Kindern Rudolf, Emilie und Gustav, 1837
Öl auf Leinwand, 221 x 155 cm
Österreichische Galerie Belvedere

Josef Danhauser
Der reiche Prasser, 1836
Öl auf Leinwand, 84 x 131 cm
Österreichische Galerie Belvedere

Josef Danhauser
Die Klostersuppe, 1838
Öl auf Holz, 85,5 x 130 cm
Österreichische Galerie Belvedere

Peter Fendi
Mädchen vor dem Lotto, 1829
Öl auf Leinwand, 63 x 50 cm
Österreichische Galerie Belvedere

ABBILDUNG GEGENÜBER:
Ferdinand Georg Waldmüller
Die Verehrung des heiligen Johannes, 1844
Öl auf Holz, 78,5 x 63 cm
Historisches Museum der Stadt Wien

in drastischer Weise vor Augen, wie das Schicksal ein in Saus und Braus geführtes Leben unversehens in andere Bahnen werfen kann. Darüber hinaus schilderte Danhauser mit Vorliebe den häuslichen Alltag (*Mutterliebe*, 1839, *Das Kind und seine Welt*, 1842), das gesellschaftliche Leben in den Salons (*Die Schachpartie*, 1939) und die in der Biedermeierzeit so beliebten Landpartien (*Wein, Weib und Gesang*, 1839). Carl Schindler wiederum entwickelte das sogenannte »Soldatengenre«, das den militärischen Alltag, Marschdarstellungen und Kampfszenen anekdotisch in den Mittelpunkt stellt. Weniger literarisch war dagegen Michael Neder. Er nahm sich vorwiegend des Handwerksstandes (er selbst war gelernter Schuster), der Kleinbürger und Häusler am Rande Wiens an, deren Tagesablauf er in mitunter nüchterner Weise skizzierte. Auch Waldmüller wählte für seine Genrebilder fast ausschließlich den Bauernstand, jedoch nicht den Bauern bei seiner Arbeit, sondern die Frauen jeden Alters und die Kinder. Die *Niederösterreichische Bauernhochzeit* (1843), der *Fronleichnamsmorgen* (1857), die *Reisigsammler im Wienerwald* (1855), *Der Abschied der Braut* (1860) oder *Die Verehrung des heiligen Johannes* (Abb. gegenüber) spannen den Bogen vom Alltag bis hin zu den Festen, womit sich der Maler als genauer Beobachter von Brauchtum und Trachten darbietet. Kritisch hingegen äußert er sich im *Notverkauf des letzten Kalbes* (1857) und der *Pfändung* (1847), vor allem aber im Gemälde *Die erschöpfte Kraft* (1854), in dem er die Härte des täglichen Überlebenskampfes in schonungslosem Realismus aufzeigt. Genre und Landschaftsmalerei stehen bei Waldmüller meist in engem Zusammenhang – ebenso bei Friedrich Gauermann, dessen Motive ebenfalls im bäuerlichen Bereich angesiedelt sind.

Gauermann war in seiner frühen Phase vor allem Landschaftsmaler und begann erst in den späten dreißiger Jahren, seine Darstellungen mit Kühen auf der Weide, Jagdszenen oder Tierkämpfen zu erweitern. Anfangs als Staffage behandelt, wurden sie immer stärker zum bestimmenden Bildinhalt. Gauermann gehörte neben Waldmüller, Franz Steinfeld und Friedrich Loos zur ersten Generation der realistischen Landschaftsmaler. In zahlreichen Ansichten, die um das Jahr 1830 in der Umgebung von Wien und Salzburg entstanden sind, gelang es jenen, die Naturwiedergabe auf das Wesentliche zu reduzieren. Erreicht wurde dies durch die Einfachheit in der Komposition, das »feierliche« Schweigen in der Darstellung und die Ausklammerung jeder Inszenierung. Diese unverfälschte Naturanschauung wurde von Adalbert Stifter, Johann Fischbach, Rudolf Mathias Toma und Thomas Ender, dem malerischen »Erforscher« des Hochgebirges, aufgegriffen und weitergeführt.

Das Malen in freier Natur und die Auseinandersetzung mit dem Tageslicht war eine der großen Leistungen der Wiener Landschaftsmalerei ab

ABBILDUNG OBEN:
Friedrich Gauermann
Landschaft bei Miesenbach, um 1830
Öl auf Leinwand, 32 x 45 cm
Österreichische Galerie Belvedere

ABBILDUNG UNTEN:
Ferdinand Georg Waldmüller
Mödling mit der Ruine Liechtenstein, 1848
Öl auf Holz, 55,8 x 69 cm
Österreichische Galerie Belvedere

Johann Knapp
Huldigung an Jacquin (»Jacquins Denkmal«), 1821/22
Öl auf Leinwand, 218 x 164 cm
Österreichische Galerie Belvedere

den dreißiger Jahren. Im Ansatz sind diese Bestrebungen jenen der französischen Künstler ähnlich, die zur selben Zeit in dem nahe Paris gelegenen Wald von Fontainebleau arbeiteten. Im Gegensatz zu diesen, die den Eindruck des subjektiven Naturerlebnisses auf die Leinwand bannen wollten, schlug man in der österreichischen Malerei den Weg einer objektiven Wiedergabe ein, die das Empfinden des Künstlers ausklammerte. Ab den vierziger Jahren bemühte sich Waldmüller, angeregt durch seine fast alljährlich unternommenen Reisen nach Italien, das gleißende Sonnenlicht festzuhalten. Es war ihm jedoch nur in wenigen Beispielen möglich, die Kontur und die feste Form zu verlassen, die Farben fleckenhaft aufzutragen und miteinander zu verschleifen. Meist fand er zu überzeichneten Lösungen, zu scharf kontrastierenden Licht- und Schattenpartien. Der Grund für diese schwerfällige Übersetzung des Gesehenen ist vor allem in seiner Maltechnik zu suchen, die noch zu sehr vom Klassizismus geprägt war. Auch Rudolf von Alt, der in seinen Aquarellen bereits früh das gleißende, flimmernde Licht des Südens wiederzugeben vermochte, gelang in den Ölbildern erst in den sechziger Jahren eine adäquate Lösung. Rudolf von Alt ist im übrigen eine besondere Erscheinung in der österreichischen Malerei des 19. Jahrhunderts. Durch sein langes Leben hatte er Anteil an allen Entwicklungen und Veränderungen in der Malerei dieses Jahrhunderts. Wie sehr er als Künstler noch am Ende seines Lebens geschätzt war, bezeugt 1897 die Berufung zum Ehrenpräsidenten der neu gegründeten Secession.

Zuletzt muß auf die Gemälde mit Blumenbouquets und Früchteschalen eingegangen werden, die in der Zeit des Biedermeiers zu neuer Blüte gelangten. Als Vorbilder dienten die Werke holländischer und flämischer Meister des 17. und 18. Jahrhunderts, die dem Verlangen des Publikums nach dekorativen Sujets entsprachen. Kunstfertigkeit im Arrangement und in der Ausführung waren das höchste Ziel, weniger genau hingegen nahm man die botanischen Gesetzmäßigkeiten, so daß Pflanzen verschiedener Herkunft und Blütezeit im Strauß vereint anzutreffen sind. Die Hauptvertreter der Wiener Stillebenmalerei waren Josef Nigg, Sebastian Wegmayr, Franz Xaver Gruber und Franz Xaver Petter. Der bedeutendste Blumenmaler aber war Johann Knapp. Seine Augen und sein Pinsel waren an hunderten von Blumen- und Früchtestudien geschult, die er im Auftrag des Kaiserhauses durchführte. Das Hauptwerk Knapps ist das Gemälde *Jacquins Denkmal*, auch *Huldigung an Jacquin*, das dem bedeutenden Botaniker Nikolaus Joseph von Jacquin (1727–1817) gewidmet ist. In großem Format fügte er die vierundzwanzig Gattungen des Linné'schen Systems der Pflanzenwelt als Bouquet zusammen und ergänzte diese durch eine große Anzahl von Früchten, Gemüse und Tieren. Daneben ist auf die zahlreichen Blumenaquarelle von Moritz Michael Daffinger hinzuweisen, sowie auf Waldmüller, der neben prachtvollen Arrangements (*Stilleben mit Früchten, Blumen und silbernem Pokal*) seinen Blick auch einem einfachen Rosenstrauß (*Rosen am Fenster*) mit all seiner Vergänglichkeit widmen konnte.

ABBILDUNG GEGENÜBER:
Rudolf von Alt
Die kaiserliche Hofburg in Wien
1842
Aquarell, 15,6 x 23,3 cm
Graphische Sammlung Albertina

Die Historienmalerei als patriotische Propaganda

Eine besondere Position nahm die Historienmalerei ein. Wie bereits erwähnt, galt sie schon im Klassizismus als Krone der Kunst, die an den Maler und an den Betrachter höchste Anforderungen stellte. Das Kaiserhaus erkannte bald die Werbewirksamkeit dieser Bildgattung und förderte ihr Renommee durch zahlreiche Aufträge. Die meisten Geschichtsbilder entstanden im ersten Jahrhundertviertel, wobei der Grund dafür in den umwälzenden historischen Veränderungen zu sehen ist: Die zahlreichen Kriege, die Europa erschüttert hatten, sowie die politische Unsicherheit, die aus der Machtergreifung Napoleons resultierte, veranlaßten den römischen Kaiser Franz II. 1804 dem aufstrebenden Frankreich ein Kaiserreich Österreich entgegenzusetzen und zwei Jahre später das Heilige Römische Reich aufzulösen. Als österreichischer Kaiser Franz I. beauftragte er eine Anzahl von Wissenschaftlern mit der Geschichtsschreibung des Landes, um dem Haus Österreich ein historisches Fundament zu verleihen. Diese Ausführungen boten in der Folge zahlreiche Themen für Balladen, Bühnenstücke oder Gemälde zur Huldigung des Vaterlandes. Zu den beliebtesten Figuren zählten Rudolf von Habsburg, der Begründer der Dynastie, und Kaiser Maximilian I. Die Neigung zur frühen Habsburger-Geschichte resultierte nicht zuletzt aus der durch die romantische Malerei propagierten Vorliebe für das Mittelalter, sie steht im Gegensatz zur zeitgenössischen französischen Malerei eines Jacques Louis David oder Eugène Delacroix, in der die politischen Ereignisse der Gegenwart aufgegriffen wurden.

Der Aktualitätsbezug war auch für Johann Peter Krafft bestimmend, der, wie bereits erwähnt, in Paris bei David studiert hatte. 1811/12 schuf er mit dem Gemälde *Erzherzog Carl mit der Fahne des Regiments Zach in der Schlacht bei Aspern* das erste österreichische Historienbild, das sich auf ein zeitnahes Ereignis bezog, nämlich auf den Sieg der österreichischen Truppen über Napoleon im Jahr 1809. Mit der Darstellung des fahnenschwingenden Feldherrn zu Pferd lieferte er übrigens den Prototyp für alle Bildwerke zu diesem Thema. Neben weiteren Beispielen aus den Napoleonischen Kriegen, die den Sieg der österreichischen Truppen glorifizieren, zeichnet sich die Darstellung *Abschied des Landwehrmannes* durch ihre Volksnähe aus: Die Erzählung ist als Genreszene im Bauernmilieu angesiedelt. Bedenkt man, daß im Entstehungsjahr, 1813, der Entscheidungskampf bei Leipzig stattgefunden hat, so erkennt man die ursprüngliche Funktion der Historienmalerei, die moralisierend auf die patriotische Gesinnung des Bürgers wirken sollte.

Als Propaganda für den Kaiser sind wiederum die Wandgemälde im Audienzsaal des Reichskanzleitraktes in der Wiener Hofburg zu sehen,

Johann Peter Krafft
Erzherzog Carl mit der Fahne des Regiments Zach in der Schlacht bei Aspern, 1812
Öl auf Leinwand, 327,5 x 285 cm
Heeresgeschichtliches Museum

Johann Peter Krafft
Abschied des Landwehrmannes
1813
Öl auf Leinwand, 281 x 351 cm
als Leihgabe der Österreichischen Galerie Belvedere im Heeresgeschichtlichen Museum

Leopold Kupelwieser
Die Geschichte des Territoriums Österreich von Marc Aurel bis zum Wiener Kongreß, 1848–50
Deckenfresko im Marmorsaal des Gebäudes der ehem. Niederösterreichischen Landesregierung

die von Krafft in den Jahren 1828 bis 1832 ausgeführt wurden. Dem Raum entsprechend sollten drei Episoden aus dem Leben des Monarchen dessen Beliebtheit und Volksnähe demonstrieren. Es handelt sich dabei um figurenreiche Szenen, in denen es Krafft geschickt vermied, die Hauptfigur übermäßig hervorzuheben. Die großformatigen Darstellungen zählen zu den Hauptwerken des Malers und können als Vorläufer der monumentalen Historienmalerei bezeichnet werden.

Von entwicklungsgeschichtlicher Bedeutung für die historistische Malerei sind wiederum die Deckenfresken im Großen Sitzungssaal der ehemaligen k.k. Niederösterreichischen Statthalterei in der Herrengasse (Abb. oben). Es handelt sich dabei um das erste Werk der österreichischen Historienmalerei, das die Geschichte des Territoriums Österreich von Marc Aurel bis zum Wiener Kongreß in Form eines geschlossenen Zyklus aufrollt. Weltliche und religiöse Allegorien runden das Programm ab und sollten das Gottesgnadentum des österreichischen Kaisers bestätigen. Leopold Kupelwieser führte diese Arbeit in den Jahren 1848 bis 1850 aus. Zugleich lieferte er damit das

Vorbild für die Ruhmeshalle im Waffenmuseum (heute Heeresgeschichtliches Museum). Der Bestimmung des Gebäudes entsprechend sollte es eine Verherrlichung der Armee und ihrer Führer, von der Zeit der Babenberger bis zur Schlacht von Novara 1849, werden. Mit der Ausführung wurde Carl Blaas beauftragt, der in zwölfjährigem Streben nach historischer Genauigkeit diesen größten Bilderzyklus des 19. Jahrhunderts 1878 vollendete.

Nicht alle Maler standen der Geschichte jedoch so kritiklos gegenüber wie Kupelwieser und Blaas. Das Revolutionsjahr 1848 brachte eine Reihe politisch hochaktueller Werke hervor, in denen das Aufbegehren der unterdrückten Bevölkerungsschichten deutlich zum Ausdruck kommt. Anton Ziegler malte *Die Barrikade auf dem Michaelerplatz in der Nacht vom 26. auf den 27. Mai*, Johann Baptist Reiter stellte sich selbst und seine Frau in einem Bilderpaar als *Bei Notstandsarbeiten eingesetzte Arbeiter* dar, und Franz Russ d.Ä. ließ in einem Gemälde mit dem Titel *Der 26. May 1848 in Wien* die Revolution symbolisch von einem »Wiener Mädel« anführen – als wienerische Paraphrase auf die *Freiheit* von Eugène Delacroix aus dem Jahr 1830.

Die Serie von Verwundetentransporten, mit denen August von Pettenkofen auf den Ungarischen Befreiungskrieg von 1849 Bezug nimmt, ist nur am Rande der Historienmalerei zuzurechnen. Es ist mehr eine Zustandsschilderung, die den Greuel des Krieges aufzeigt. Kritik am Schlachten und Töten aus politischer Motivation übt auch Anton Romako in einem kleinen Holzbild mit dem Titel *Totentanz* (um 1885), auf dem die Kämpfenden lediglich Skelette in Uniform sind, oder in der Darstellung *Prinz Eugen in der Schlacht gegen die Türken bei Zenta* (1880/82), in der die wahren Helden die Soldaten im Schlachtgetümmel sind, der Heerführer jedoch nur ganz klein im Hintergrund, als Silhouette, zu sehen ist. Die Darstellung des Helden im herkömmlichen Sinn vermißte die zeitgenössische Kritik auch bei dem Bild *Tegetthoff in der Seeschlacht bei Lissa* 1866. Allzu menschlich befand man die Körperhaltung des Admirals angesichts seines unglaublichen Erfolges. Romako wählte hier nicht den Moment des Triumphes nach dem entscheidenden Rammstoß, der zum Sieg über die italienische Flotte führte, sondern den Augenblick kurz davor: Aktion und Dramatik sind somit auf die Kommandobrücke und das Steuerrad des österreichischen Flaggschiffes konzentriert. Erst durch die erwartungsvolle Spannung aller Beteiligten vermochte Romako der genialen Tat eine entsprechende Würdigung zukommen zu lassen. Die Darstellung geht weit über das Historienbild im herkömmlichen Sinn hinaus, weshalb es zu den bedeutendsten Werken dieses Genres im 19. Jahrhundert zu zählen ist.

Anton Romako
Tegetthoff in der Seeschlacht bei Lissa (I), um 1878/80
Öl auf Holz, 87 x 48 cm
Österreichische Galerie Belvedere

Franz Russ d. Ä.
Der 26. May 1848 in Wien 1848
Öl auf Leinwand, 81 x 67 cm
Privatbesitz (Kunsthandlung Giese & Schweiger)

Abbildung gegenüber:
Anselm Feuerbach
Titanensturz, 1874–79
Öl auf Leinwand
Deckenbild in der Aula der Akademie der bildenden Künste

Moritz von Schwind
Die Königin der Nacht
Lunettenbild in der Loggia der Staatsoper, Fresko, vollendet 1867

Wien wird zur Weltstadt: Die Ringstraßenzeit und der Historismus

Die österreichische Kunstentwicklung der zweiten Jahrhunderthälfte wird generell dem Historismus zugeordnet. Unter diesem Begriff ist jedoch keine Stilform zu verstehen, vielmehr handelt es sich dabei um einen Terminus, der die verschiedenen, mitunter parallel verlaufenden historisierenden Strömungen subsumiert. Der Historismus ist eine gesamteuropäische Erscheinung, die, mehr oder weniger ausgeprägt, das gesamte 19. Jahrhundert hindurch anzutreffen ist (man denke an die Vorliebe der Romantik für das Mittelalter), die höchste Entfaltung in Österreich jedoch in der zweiten Jahrhunderthälfte fand. In der Malerei offenbart er sich am eindrücklichsten in den monumentalen Gemälden, die die Wände und Plafonds diverser öffentlicher und privater Gebäude zieren. In seiner Frühform kündigte er sich in den religiösen und vaterländischen Darstellungen von Kupelwieser und Führich an und fand ab den sechziger Jahren mit mythologischen Erzählungen und Allegorien zur vollen Entfaltung. Die Thematik stand jeweils in engem Zusammenhang mit der Widmung des Gebäudes, denn nur auf diese Weise konnte der Anspruch an ein Gesamtkunstwerk erfüllt werden.

Als erstes offizielles Bauwerk an der Ringstraße wurde 1868 die Hofoper fertiggestellt, deren Wand- und Deckenbilder von Franz Dobyaschofsky, Carl Rahl, Carl Joseph Geiger oder Eduard Engerth mit musikalischen und allegorischen Darstellungen ausgestattet wurden. Besonders hervorzuheben ist hier jedoch die Gestaltung der Loggia. Es handelt sich dabei um eine Arbeit des Moritz von Schwind, der durch Wandmalereien in München, Karlsruhe oder auf der Wartburg, sowie durch Illustrationen von Märchen hohes Ansehen genoß. Schwind war gebürtiger Wiener, verbrachte den Großteil seines Lebens aber in München, wo er zu den Hauptvertretern der Romantik zählte. Das Programm der Loggia war der Zauberflöte von Mozart gewidmet – ein Thema, mit dem sich der Maler schon seit einiger Zeit beschäftigte (die Zauberflöte war seine Lieblingsoper) und dessen Ausführung ihm, noch dazu in seiner Heimatstadt, ein besonderes Anliegen war. Die architektonischen Gegebenheiten erforderten eine erzählerische Darstellungsform, die dem Maler sehr entgegenkam: Für die malerische Ausgestaltung waren nur die Lunetten im Gewölbeansatz und die Deckenfelder vorgesehen, weshalb Schwind die Handlung in Haupt- und Nebenszenen unterteilte, in die Geschichte von Tamino-Pamina und Papageno-Papagena. In der kompositorischen Gestaltung der Lunetten griff er das am Bauwerk dominierende Motiv des eingeschriebenen Kreises in einem Rundbogen

auf, konzentrierte die Szenen an der Langseite des Raumes auf eine runde Fläche und schrieb diese dem Halbrund ein. In den Feldern der Querseite integrierte er dieses kompositorische Element endlich als gestaltendes Motiv in die figurenreichen Szenen: Als runde Scheibe hinterfängt der Mond die Königin der Nacht, von eben solcher Form ist der Ort der Feuer- und der Wasserprobe, den Tamino und Pamina soeben überwunden haben. Durch den zeichnerischen Stil sowie die verhaltene Farbigkeit in der Malerei, die sich auf gebrochene Farbtöne beschränkt, ordnet sich dieses Werk optimal den architektonischen Gegebenheiten unter.

Großzügig im Vergleich dazu ging Anselm Feuerbach bei der Gestaltung der Decke in der Aula der Akademie der bildenden Künste vor (Abb. S. 235), mit der er 1874 beauftragt wurde. Der in Speyer geborene Maler fand bereits während seiner Studienzeit in München zur komplexen Verzahnung von antiken Inhalten mit der Formensprache der Antike und der italienischen Renaissance und wurde dadurch zu einem der bedeutendsten Neoklassizisten. Als Thema für das Deckengemälde wählte er den *Titanensturz*, den »Sieg der Kultur über die rohen Naturkräfte«, wie er selbst sagte. Feuerbach begnügte sich jedoch nicht damit, allein die Schaulust des Publikums zu befriedigen, sondern forderte zum Verständnis seiner Werke einen hohen Bildungsgrad. Anspruchsvoll ist somit auch das Programm des Aulaplafonds, in dem das Hauptthema durch die begleitenden Darstellungen von Gäa, Uranos, Aphrodite, dem gefesselten Prometheus, Eros, Okeanos, Demeter und Prometheus als Herdbegründer in die mythologische Frühgeschichte eingebettet ist. Das Format des Hauptbildes, ein hochgestelltes Oval, begünstigt die formale Geschlossenheit in der Darstellung, in der sich, über drei Ebenen verteilt, eine Szene von höchster Bewegtheit präsentiert. Die verhaltene Farbigkeit, in der braunviolette und blaugrüne Töne dominieren, fördert die betonte Körperhaftigkeit der Figuren im Sinne Michelangelos und fügt sich hinsichtlich der Farbwerte harmonisch in die Raumarchitektur ein.

Im Laufe der siebziger Jahre wandte sich der Historismus hin zu einer neobarocken Richtung, die im wesentlichen von zwei Malern getragen wurde: Hans Canon und Hans Makart. Canon, ein gebürtiger Wiener, der sich lange im süddeutschen Raum aufgehalten hatte, wurde 1882 mit der malerischen Ausstattung im Treppenhaus des Naturhistorischen Museums betraut. Für das Deckengemälde wählte er als Thema den *Kreislauf des Lebens*, den er in den zwölf Wandlunetten durch die Versinnbildlichung der Naturwissenschaften ergänzte. Das anspruchsvolle Programm stammt vom Maler selbst und basiert auf dem naturphilosophischen Denken vom ewigen Wer-

Abbildung gegenüber:
Hans Canon
Der Kreislauf des Lebens
1884/85
Deckenbild im Stiegenhaus des Naturhistorischen Museums

den und Vergehen, das neben dem Überlebenskampf vor allem durch das Streben nach Macht (versinnbildlicht durch den Kampf der Reiter in der Mitte des Bogens) bestimmt ist. Mit reduzierter Farbigkeit versuchte Canon die fundamentale Aussage des Themas zu unterstreichen – verabsäumte es damit aber, eine ausgewogene Verbindung zur Architektur des Raumes zu schaffen. Auffallend ist die dynamische Ausführung der Malerei, der breite, lockere Pinselstrich, der Licht und Schatten allein durch die Farbe modelliert.

Zur gleichen Zeit betraute man Hans Makart mit dem Thema *Sieg des Lichtes über die Finsternis* für den Stiegenhausplafond im gegenüberliegenden Kunsthistorischen Museum. Der frühe Tod des Malers (1884) verhinderte jedoch die Ausführung, die Arbeit wurde dem aus Ungarn stammenden Mihaly Munkácsy übertragen. Makart erhielt erst in den achtziger Jahren, also kurz vor seinem Tod, die ersten Aufträge vom Hof, obwohl man ihn auf Wunsch des Kaisers 1869 von München nach Wien berief. Makarts Auftraggeber waren in erster Linie die Vertreter des Großbürgertums, deren Villen und Palais er mit prunkvoller Malerei ausschmückte. In Komposition und koloristischer Gestaltung lehnte er sich an die venezianischen Cinquecento-Maler und an Rubens an, vermochte aber durch einen geschmackvollen Umgang mit den Farben und durch eine flotte, großzügige Malweise über seinen Eklektizismus geschickt hinwegzutäuschen. Mit den Worten: »Wenn mir im Sinn ein Gemälde aufgeht, dann sehe ich zuerst einige farbige, licht glänzende Punkte vor mir aufgaukeln, die lassen mich nicht mehr los, und dann male ich alles andere dazu« verrät er das Geheimnis seiner spontan wirkenden Handschrift – es ist der Pinsel, und nicht der Zeichenstift, der sie bestimmt. Sein Illusionismus, der Gemaltes neben real Existierendes stellt, Räume durch geschickte Ausblicke mit einem Garten umgibt und Zimmerdecken mit Hilfe von Verkürzungen und Untersichten erhöht und gegen den Himmel aufbricht, wurde von Julius Berger, Eduard Charlemont oder Julius Schmid, um nur einige zu nennen, bis weit über die Jahrhundertwende hinaus in der Wiener Malerei beibehalten.

Im Laufe der achtziger Jahre verlor der Historismus an Spontaneität. Der freie, unbefangene Umgang mit den diversen Stilen wich einem neuen, wissenschaftlichen Denken, wonach sich Ikonographie und Technik bestimmten Regeln und Vorschriften zu unterwerfen hatten. Ab 1882 wurde in diesem Sinne eine Vorlagensammlung unter dem Namen »Allegorien und Embleme« herausgegeben, als Arbeitsbehelf für die Darstellung von Symbolen und Begriffen sowie Allegorien des realen und idealen Lebens. Neben Kolo Moser und Franz von Stuck waren an der Ausführung der Bildtafeln unter anderen auch die Brüder Ernst und Gustav Klimt sowie Franz Matsch beteiligt. Als »Maler Compagnie« statteten die drei Künstler am Beginn ihrer Karriere viele Theaterbauten in der Monarchie im Stile Makarts aus. In den achtziger Jahren beruhigte sich ihr Stil zunehmend und fand zu formvollendeter kompositioneller Geschlossenheit in den Deckenbildern der beiden Feststiegen des Wiener Hofburgtheaters am Ring (Entwicklungsgeschichte des Theaters von der Antike bis ins 18. Jahrhundert, ab 1886) und den Interkolumnien- und Zwickelfeldern im Stiegenhaus des Kunsthistorischen Museums (Entwicklung der Stilarten, ab 1890, siehe Abb. S. 364).

Hans Makart
Die vier Weltteile, um 1870/71
Ehem. Deckenbild im Speisesaal des Palais Anton Oelzelt Ritter von Newald am Schottenring
Öl auf Leinwand, 436 x 284 cm
Österreichische Galerie Belvedere

ABBILDUNG GEGENÜBER:
Hans Makart
Der Triumph der Ariadne, 1873
Öl auf Leinwand, 476 x 784 cm
Österreichische Galerie Belvedere

Gustav Klimt
Die Fabel, 1883
Originalentwurf zur Vorlagensammlung »Allegorien und Embleme«
Öl auf Leinwand, 84,5 x 117 cm
Historisches Museum der Stadt Wien

Der Historismus im Tafelbild

Die Ausführungen haben sich bisher auf die Monumentalmalerei beschränkt, weil sich die Stilvielfalt in diesem Bereich am eindrücklichsten darbietet. In diesem Zusammenhang ist anzumerken, daß in Österreich damit eine Tradition wiederaufgenommen wurde, die seit der Barockzeit brachgelegen war. Die genannten Maler führten neben ihren Großaufträgen aber auch Staffeleibilder aus, Portraits und Gemälde mit historischen, allegorischen und mythologischen Inhalten, in denen die stilistischen Errungenschaften der Zeit ins kleinere Format übersetzt wurden – die Landschaftsmalerei wurde vom Historismus naturgemäß nicht tangiert.

Eine der herausragenden Erscheinungen war auch hier Hans Canon, dessen gute Beobachtungsgabe ihn vor allem als Portraitmaler berühmt machte. Höchste Bekanntheit genoß jedoch Hans Makart, allerdings weniger durch seine Gemälde als durch den bombastischen Lebensstil und die legendären (Kostüm-)Feste, die er in seinem Atelier veranstaltete. Dieses Atelier, das mit Möbeln aus verschiedenen Epochen, Teppichen, getrockneten Pflanzen und Draperien eingerichtet war, wirkte sich auch auf den bürgerlichen Wohnstil dieser Zeit aus und ging als »Makart-Stil« in die Geschichte ein. Inszenierung im barocken Sinn

Anton Romako
Kaiserin Elisabeth, um 1883
Öl auf Holz, 135 x 85 cm
Österreichische Galerie Belvedere

ABBILDUNG GEGENÜBER:
Anton Romako
Italienisches Fischerkind, um 1870/75
Öl auf Leinwand, 89 x 70 cm
Österreichische Galerie Belvedere

war ihm alles, weshalb er auch mit der Ausführung des Jubiläumsfestzuges zur silbernen Hochzeit des Kaiserpaares am 27. April 1879 betraut wurde. Mit ähnlicher Sinneslust, mit der er sich selbst und sein Umfeld präsentierte, gestaltete er auch seine figurenreichen, großangelegten Ölgemälde wie *Der Triumph der Ariadne* (Abb. oben), *Venedig huldigt Catarina Cornaro* (1872/73), *Der Einzug Karls V. in Antwerpen* (1878) oder *Die Nilfahrt der Kleopatra* (1874/75). Besonders beliebt war Makart als Portraitmaler, und da vor allem bei Frauen, denen es ein großes Vergnügen war, von ihm in Geschöpfe aus einer vergangenen Epoche oder aus einem anderen Land verwandelt zu werden. Die Individualität der Person wurde damit zwar weitgehend außer acht gelassen, doch geschah dies in beiderseitigem Einvernehmen – entscheidend war der Hauch von Schönheit und ewiger Jugend.

Anton Romako stand seinem Modell differenzierter gegenüber, für ihn waren Oberflächlichkeiten ohne Belang. Ihm war das Wesen des Menschen wichtig, das sich im Äußeren spiegele und durch »Korrekturen« verlorengehen würde. Romako hielt sich fast dreißig Jahre in Rom auf und entwickelte seinen Stil fernab vom Taumel des Historismus, der seine Heimatstadt ergriffen hatte. Dementsprechend schwer fiel es ihm, nach seiner Rückkehr im Wiener Kunstleben Fuß zu fassen – das Publikum war die Malerei Makarts und Canons gewöhnt und konnte mit seiner unkonventioneller Portraitauffassung wenig anfangen. Das Bildnis der *Kaiserin Elisabeth* zeigt, wie sehr sich Romako über die geläufigen Vorgaben für ein Standes- bzw. Repräsentationsportrait hinwegsetzte: Die Überspanntheit der Person ist bildbestimmend und durchzieht die gesamte Haltung des Körpers bis hinein in die Fingerspitzen. Romako legte – im Gegensatz zu Makart – großen Wert auf Hände und sah in ihnen ein wichtiges Ausdrucksmittel für die Charakterisierung der Person. Gustav Klimt sollte dieses Gestaltungsmoment in seinen Darstellungen später wieder aufnehmen.

Durch eine flotte, offene Malweise wiederum vermochte Romako das *Italienische Fischerkind* im Morgengrauen festzuhalten, das wie ein sagenhaftes Meerwesen am Betrachter vorbeizuhuschen scheint. Im Korb schillert sein Fang in irisierenden Farben, die Hand dagegen, die das Gefäß hält, ist detailgetreu hervorgehoben – diese akribische Betonung eines Bildelementes inmitten von rasch gesetzten Pinselstrichen ist eine Besonderheit des Malers, die in seinen Werken immer wieder anzutreffen ist. Das Bild entstand Mitte der siebziger Jahre in Rom und ist eines seiner expressivsten Gemälde.

Die Landschaftsmalerei in der zweiten Jahrhunderthälfte

Bald nach seiner Rückkehr nach Österreich hielt sich Romako 1877 für einige Zeit in Salzburg auf und malte im Gasteinertal und am Wolfgangsee einige Landschaftsbilder. Im Farbauftrag erinnern sie an William Turner oder John Constable: Großflächige, locker gemalte Flecken sind nebeneinandergesetzt, mitunter erklärt ein flotter Pinselstrich das Terrain. Das serielle Denken aber, dem die Schilderung der Veränderung eines Naturmotivs im Laufe des Jahres vom selben Blickpunkt aus zugrundeliegt, erinnert an die zeitgenössischen Impressionisten in Frankreich und stellt in der österreichischen Landschaftsmalerei eine Novität dar. In dieser wirkte die naturalistische Sicht der Natur bis weit in die zweite Hälfte des 19. Jahrhunderts hinein. Als Hauptvertreter dieser Richtung sind vor allem Anton Hansch oder Carl Hasch zu nennen, deren Gebirgs- und Seendarstellungen genau den Geschmack des Publikums trafen.

Im Schatten dieser meist gefälligen Darstellungen suchte August von Pettenkofen neue Wege. Bereits 1851 entdeckte er den Ort Szolnok in der ungarischen Tiefebene, dessen Stimmungsreichtum ihn ein Leben lang gefangenhalten sollte. In einer Reihe von Gemälcen, die meist anspruchslose Naturausschnitte zeigen, charakterisiert er die Ebene dieses Landstriches durch einen niedrigen Horizont, der von einem breiten Himmelsstreifen überspannt wird, und reichert seine Schilderungen mit Markttreiben, Pferdewagen und Zigeunern an. Je nach Witterung sind die Farben dieser Ansichten in schattierten Braun- und Grautönen gehalten oder von klarer, intensiver Leuchtkraft. Immer aber werden sie mit lockerem Pinselstrich aufgetragen, im beständigen Bemühen, das Licht, den Dunst und die Atmosphäre festzuhalten. Die vorzüglichen Bedingungen der Gegend für die Pleinair-Malerei, das Malen im Freien nach dem Muster der Schule von Barbizon, zogen bald weitere österreichische Maler an, darunter Gualbert Raffalt, Leopold Carl Müller, Tina Blau, Eugen Jettel und Rudolf Ribarz.

August von Pettenkofen
Ungarische Pferdetränke
60er Jahre des 19. Jahrhunderts
Öl auf Holz, 40,5 x 27 cm
Österreichische Galerie Belvedere

Die Orientmalerei

Die Suche nach neuen Motiven, Eindrücken und Herausforderungen ließ bei den österreichischen Malern ab den sechziger Jahren Reisen in den Orient beliebt werden, vorzugsweise in die Länder am östlichen Mittelmeer und nach Ägypten. Man folgte damit einem Trend, der von einer kleinen Gruppe französischer und englischer Kollegen initiiert worden war, der in der Wiener Malerei aber bereits auf eine gewisse Tradition aufbaute. Schon in der ersten Jahrhunderthälfte entstanden Darstellungen mit orientalischen Motiven, die jedoch eher einer romantischen Vorstellung von »1001 Nacht« gleichkamen und mit der Realität wenig zu tun hatten. Dekorative Markt- und Straßenszenen, Serails, Wasserträgerinnen in bunter Kleidung und bizarre Bauten bestimmten nach wie vor die Bildinhalte, doch wurden sie in wärmeren Farben gezeichnet. Daneben faszinierten die Kargheit der Wüste und die Ruinen untergegangener Hochkulturen. Alphons Leopold Mielich, Carl Rudolf Huber, Johann Victor Krämer und Alois Schönn, um nur die wichtigsten zu nennen, versuchten in zahlreichen Ansichten ihre Eindrücke festzuhalten. Der bedeutendste österreichische Orientmaler aber war Leopold Carl Müller. Auf insgesamt neun ausgedehnten Reisen nach Ägypten studierte er die Bevölkerung in zahlreichen Skizzen und wurde so zu einem realistischen Beobachter des Landes. Sein *Markt in Kairo* (Abb. gegenüber), der ohne anekdotische Anklänge das geschäftige Handelstreiben vor den Stadtmauern festhält, zählt zu den eindrucksvollsten Schilderungen innerhalb der gesamteuropäischen Orientmalerei.

Leopold Carl Müller
Ein Sphinxgesicht von heute
Öl auf Leinwand, 66,5 x 40 cm
Österreichische Galerie Belvedere

OBEN UND NEBENSTEHEND:
Leopold Carl Müller
Der Markt in Cairo, 1878
Öl auf Leinwand, 136 x 216,5 cm
Als Leihgabe der Akademie der bildenden Künste in der Österreichischen Galerie Belvedere

ABBILDUNG GEGENÜBER:
Theodor von Hörmann
In den Tuilerien, 1888
Öl auf Leinwand, 38 x 55 cm
Österreichische Galerie Belvedere

Emil Jakob Schindler
Februarstimmung, 1884
Öl auf Leinwand, 120 x 94 cm
Österreichische Galerie Belvedere

Der »Stimmungsimpressionismus«

Ab den siebziger Jahren machte sich in der österreichischen Landschaftsmalerei eine mehr inhaltlich-gefühlsbetonte Sicht der Natur bemerkbar, die sich verstärkt in der Wiedergabe subjektiver Eindrücke äußerte. Es wurde versucht, einen beliebigen Naturausschnitt mit all seinen farblichen und atmosphärischen Stimmungswerten zu erfassen und ihn dadurch zum Beispiel für die gesamte Gegend zu erheben. Die Lokalisierbarkeit des Ortes spielte dabei eine geringe Rolle, wichtig war das Exemplarische und die ihm eigene »Stimmung«. Die Kunstgeschichte hat versucht, diese österreichische Variante der Wirklichkeitsdarstellung, die auf der persönlichen Empfindung bzw. »Impression« des Malers basiert, als »Stimmungsimpressionismus« zu bezeichnen, wohl wissend, daß diese Bezeichnung mit dem französischen Impressionismus nichts zu tun hat. Gemeinsamkeiten finden sich lediglich im Interesse am Momentanen und im Wunsch, das Licht in all seinen Facetten wiederzugeben. Das Streben nach einem farblichen und atmosphärischen Gesamteindruck zeigt hingegen eher ein verwandtes Verhältnis zu der dem Impressionismus zeitlich vorangehenden französischen Landschaftsmalerei, insbesondere zur Schule von Barbizon, aber auch zur Schule von Den Haag.

Der bedeutendste Vertreter des »Stimmungsimpressionismus« war Emil Jakob Schindler. Bereits früh zeichnete sich in seinen Bildern eine Vorliebe für fein gestimmte atmosphärische Zwischentöne ab, deren Vielfalt er ein Leben lang, oft vor demselben Motiv, beobachtete. Schindler bevorzugte eine tonige Palette, in der sich Braun, Grün, Grau und Blau in reicher Abstufung vermischen; das Wasser mit seinen Spiegelungen, Wassermühlen in dichtem Nebel oder der durch sommerliche Hitze erzeugte Dunst über einem stillen Flußarm brachten sein poetisches Empfinden zum Schwingen und lieferten ihm zahlreiche Motive.

Schindler wurde bald zum Mentor für all jene Künstler, die sich der »modernen« Freiluftmalerei verbunden fühlten (zum engeren Kreis gehörten Olga Wisinger-Florian, Marie Egner, die Schwestern Marie und Louise von Parmentier, Carl Moll und zeitweise Theodor von Hörmann), außerdem blieb er seiner heimatlichen Landschaft weitgehend treu. Anders verhielt es sich mit seinen Studienkollegen Eugen Jettel und Rudolf Ribarz, die sehr früh nach Frankreich übersiedelten und dadurch einen von der französischen und holländischen Malerei geprägten Stil entwickelten. Paris war das Ziel vieler österreichischer Malerinnen und Maler: Tina Blau hielt sich einige Zeit in der französischen Hauptstadt auf, ebenso Theodor von Hörmann. Hörmann war Autodidakt und galt in den heimischen Künstlerkreisen als der Vorstreiter der Moderne. Als einziger Österreicher überwand er die tonige, kleinteilige Malerei, indem er helle Farben verwendete und diese mit großzügigen, teilweise pastosen Pinselstrichen auf die Leinwand auftrug. Seine Erfahrungen und Ideen waren den Zeitgenossen eine bedeutende moralische Stütze und trugen wesentlich zu ihrem künstlerischen Selbstbewußtsein bei, das sie 1897 über den Konservativismus der heimischen Kunst siegen und mit der Gründung der Secession in das 20. Jahrhundert und in die Moderne aufbrechen ließ.

Franz Anton Zauner
Genius Bornii, um 1785
Gips, graphitiert, H: 79 cm
Österreichische Galerie Belvedere

Die klassizistische Skulptur

Die Skulptur, die grundsätzlich zögernder auf stilistische Veränderungen reagiert als die Malerei, übernahm die klassizistischen Forderungen überraschend schnell und eindeutig. Wie bei jedem Stilwechsel überlappte sich natürlich auch hier das Vorhergehende mit dem Folgenden, kündigte sich das Neue im Detail an, bis es zur Übermacht gelangte und das Alte verdrängte.

Frühe Hinweise auf ein klassizistisches Denken sind am besten an den Werken Georg Raphael Donners abzulesen, etwa am Providentia-Brunnen am Neuen Markt oder an den Gartenfiguren von Schönbrunn, die unter der Leitung des weitgereisten sächsischen Bildhauers Wilhelm Beyer von den Schülern der Akademie ausgeführt wurden. Der barocke Schwung scheint hier im Widerstreit zu sein mit einem entspannten, kontrapostischen Stehen, einem ruhigen Lagern mit verhaltenen Bewegungen. Klassizismus in reiner Form bildete sich in Wien zuerst im kleinen Format heraus, etwa in den Werken der Porzellanmanufaktur. Erst ab den achtziger Jahren wurden die modernen Ansätze ins Große übertragen.

Die Konzentration auf einfache Form und klare Linie verlangte Einfarbigkeit. Das Material, dessen Oberfläche diesen Ansprüchen am nächsten kommt und das »dem Künstler bey aller Mühe doch immer das meiste Vergnügen gewährt« (Johann Nepomuk Schaller), ist der Marmor, mit Vorzug jener aus Carrara. Nördlich der Alpen fand man für diesen edelsten der Steine Ersatz in den Marmorbrüchen in Böhmen, Steiermark und Tirol – oder aber im Sandstein, dem trotz seiner Sprödigkeit erstaunliche Formen abgerungen wurden. Hingegen verlor das Holz als Bildträger zunehmend an Bedeutung, ebenso wurde auf kunstvolle Faßmalerei und effektvoll eingesetzte Vergoldung verzichtet. Auch der weiche Oberflächencharakter von Blei, den man noch im Barock so sehr geschätzt hatte, wich bald dem dichten, spiegelnden Glanz der Bronze. Hartes Metall und harter Stein entsprachen genau den Bestrebungen nach Kontur, nach scharfen Ecken und Kanten.

Franz Anton Zauner und der römische Klassizismus

Der Botschafter des römischen Klassizismus in Wien war Franz Anton Zauner. Seit 1776 hielt er sich, gemeinsam mit dem Maler Füger, mit Hilfe eines Stipendiums in Rom auf. Der enge Kontakt der ausländischen Künstler untereinander, die Auseinandersetzung mit den Kunsttheorien des Malers Anton Raphael Mengs und den zeitgenössischen Werken der Malerei und Bildhauerei ergänzten das Studium der antiken Kunstschätze und lösten den jungen Zauner aus seiner barocken Vergangenheit. Selbstbewußt tritt er uns bald nach seiner Rückkehr nach Wien (1781) in der Bauplastik am neuerrichteten Stadtpalais des Grafen Johann Fries (heute Palais Pallavicini) entgegen. Die personifizierten Sinnbilder des Handels und der Freiheit auf der Attika (sie wurden im 19. Jahrhundert zu Apollo und Fama) lassen den Einfluß von Michelangelos Medicikapelle in Florenz erkennen. Zauner vermied allerdings deren ruhende Haltung und gestaltete die Gruppe momenthaft – als träfen sich die beiden Figuren zu einem kurzen Stelldichein. An die zeitgenössische französische Kunst erinnert die Grazie der paarweise das Portal flankierenden Karyatiden.

Strenger an antiken Vorbildern sind die Gipsstatuette des *Genius Bornii* (Abb. oben) sowie die Skulpturengruppe für das Grabmal von Johann Graf Fries und dessen Sohn Josef im Garten des Sommersitzes der Familie in Vöslau orientiert. Beide Male bildete Zauner einen nackten männlichen Körper, wobei der geflügelte Genius durch die Form des Knochenbaus, die schlanken, ebenmäßigen Gliedmaßen und die weiche Charakterisierung der Haut an Praxiteles erinnert, der Jüngling in der Gruppe des Fries'schen Grabmals hingegen im stämmigen, gedrungenen Körperbau auf ein Studium der Werke des Polyklet hinweist.

Das Reiterstandbild Kaiser Josephs II.

1795 erhielt Zauner den Auftrag, dem großen Reformer des 18. Jahrhunderts, Kaiser Joseph II., ein Denkmal zu errichten (Abb. gegenüber). Als Ort war der Platz vor der Hofbibliothek vorgesehen, an dem auch das Palais Fries steht. Zauner befand sich auf dem Höhepunkt seiner künstlerischen Entfaltung, und so entstand mit dem Reiterstandbild Josephs II. das bedeutendste Werk des Klassizismus in Wien. Die Ausgewogenheit in den Propor-

ABBILDUNG GEGENÜBER:
Franz Anton Zauner
Denkmal für Kaiser Josef II.
1795–1807, Metallguß

Johann Martin Fischer
Hygieia, 1787, Metallguß
Hof des Josephinums

tionen wie auch das Korrespondieren mit den umliegenden Gebäuden ließ den Ort zu einer Einheit und, im Hinblick auf Harmonie und Geschlossenheit, zum schönsten Platz in Wien werden.

Reiterdarstellungen hatten bis dahin in Wien keine Tradition. Das kurz zuvor entstandene Standbild für Kaiser Franz Stephan von Lothringen von Balthasar Moll, das sich heute im Burggarten befindet, stellte einen ersten, wenn auch nicht gelungenen Versuch dar. Auch Joseph sollte ursprünglich stehend gezeigt werden. Unter den vielen Entwürfen und Modellen gefiel schließlich die Darstellung des Kaisers zu Pferd am besten: Als römischer Imperator sitzt er aufrecht im Sattel und führt mit vorgestreckter Rechten sein imaginäres Heer an. Die Haltung des Reiters sowie der Gang des Pferdes lehnen sich eng an das Standbild des Marc Aurel auf dem Kapitol in Rom an, wobei die bebende Kraft des römischen Tieres im Wiener Beispiel einer imperialen Ruhe weicht. In der »lebensvollen Modellierung der Haut, die das Spiel der Muskeln leise ahnen läßt« (Burg) äußert sich das intensive Naturstudium des Bildhauers; seinen Willen zur Authentizität erkennt man in dem Ansinnen, der enormen Körpergröße Josephs – der Monarch maß 192 cm – gerecht zu werden. Ein quaderförmiges Postament aus Granit rundet das Denkmal ab, Bronzereliefs an den Seiten beziehen sich auf das Wirken des Kaisers in Handel und Landwirtschaft (Abb. unten).

Der Wunsch des regierenden Kaisers Franz II. (später Franz I.), das Reiterstandbild in Bronze ausführen zu lassen, stellte Zauner vor ein nahezu unlösbares Problem. Weder hatte er selbst Erfahrung im Bronzeguß, noch standen in Wien geschulte Kräfte zur Verfügung. Die Zusammenarbeit mit Bronzegießern aus Frankreich, den auf diesem Gebiet kundigsten, schied aus politischen Gründen aus. Mithilfe von einschlägiger Literatur erarbeitete Zauner somit ein eigenes Verfahren und führte in der k. k. Kanonengießerei in den Jahren 1800 die Figur des Kaisers und 1803 die des Pferdes aus. Die feierliche Enthüllung des Standbildes fand am 24. November 1807 unter großer Anteilnahme der Bevölkerung statt. Seine Anerkennung drückte Kaiser Franz I. durch die Erhebung des Bildhauers in den Adelsstand aus. Daß ein und derselbe Künstler das Modell lieferte (die Idee dazu stammt nach neuester Forschung vom Maler Friedrich Heinrich Füger) *und* den Bronzeguß durchführte, war eine Sensation, die Zauner schlagartig zu europaweiter Berühmtheit verhalf.

Johann Martin Fischer und der Wiener Klassizismus

Der zweite bedeutende Bildhauer neben Zauner in den Jahren um 1800 in Wien war Johann Martin Fischer. Fischer war nie in Rom. Das Wissen von den antiken Kunstwerken lieferten ihm die Stichwerke der Akademiebibliothek und die Gipsabgüsse der Lehrmittelsammlung; vielleicht liegt darin der Grund, daß er sich nicht völlig vom Barock lösen konnte.

Die Brunnenfigur der *Hygieia* (Abb. links) kann durch das ruhige Standmotiv und durch die geschlossene Silhouette als sein erstes und zugleich reinstes klassizistisches Werk bezeichnet werden. Bei der Figur des *Moses* hingegen (Abb. gegenüber), die elf Jahre später entstanden ist (1798), dringt in der geschwungenen Körperhaltung mit der manieriert weggestreckten rechten Hand wieder Barockes durch. Die ruhige Schwere des Körpers sowie die in parallelen Linien schwer niederfallenden Faltenzüge des Kleides scheinen nur mehr das Korsett zu sein, das die Bewegung bändigen soll. Dieses Zusammen-

Franz Anton Zauner
Das Wirken Kaiser Josephs II. in der Landwirtschaft
1795–1807
Relieftafeln aus Metallguß am Denkmal für Kaiser Joseph II.

Johann Martin Fischer
Mosesbrunnen am Franziskanerplatz, 1798, Metallguß

treffen zweier an sich widersprüchlicher Stilformen wurde nun für Fischer bestimmend und führte zur reichen Gebärdensprache der beiden 1804 entstandenen Brunnenfiguren am Graben, die den hl. Joseph und den hl. Leopold darstellen.

Zu einem gleichwertigen »Kräfteaustausch« in der Komposition kam es erst innerhalb der beiden Zweiergruppen, die Fischer 1812, wiederum als Brunnenskulpturen, für den Platz Am Hof errichtete. Die programmatischen Titel *Die Treue der österreichischen Nation* und *Der Ackerbau* bedingten eine erzählende Komposition. Diese führte in der Kleidung des Bauern (im *Ackerbau*), viel mehr aber in seinen muskulösen Armen und im abgezehrten Gesicht zu einem Realismus, der bereits weit ins 19. Jahrhundert vorausweist.

Die beiden Werke befinden sich nicht mehr an ihrem ursprünglichen Platz und sind heute, ihrer eigentlichen Funktion als Brunnen beraubt, als Standbilder vor dem Haupteingang des Historischen Museums am Karlsplatz zu sehen.

Johann Martin Fischer
Allegorischer Brunnen: Der Ackerbau, 1812
Metallguß, H: 265 cm
Historisches Museum der Stadt Wien

Franz Kähsmann
Grabmal des Franz Edlen von Mack in der Pfarrkirche Kalksburg, 1796, Carraramarmor

Grabplastik

Am 9. Oktober 1783 erließ Kaiser Joseph II. eine Begräbnisordnung, die sich auf das Trauerritual in Wien entscheidend auswirkte und viele Adelige dazu veranlaßte, sich auf ihren Landsitzen bestatten zu lassen. Unter Einbindung von Tempelbauten, die als Grabstätten dienten, wurden im ausgehenden 18. Jahrhundert in der Umgebung von Wien etliche Landschaftsgärten nach englischem Vorbild angelegt; Beispiele hierfür liefern die Grafen Fries in Vöslau oder der Edle von Mack in Kalksburg bei Wien. Landschaftsgärten entsprachen dem damaligen Naturgefühl und ermöglichten zusätzliche gestaltende Akzente.

Eines der wenigen »Park-Gräber«, das sich heute noch an seinem ursprünglichen Platz befindet, ist jenes für Ernst Gideon Freiherr von Laudon (auch Loudon), das Zauner in den Jahren 1790/91 im Wiener Vorort Hadersdorf errichtete; es basierte wiederum auf einem Entwurf von Füger. Die Skulptur eines auf die Stufen vor dem Sarkophag hingesunkenen, trauernden Ritters offenbart, daß der Verstorbene ein bedeutender Feldherr war; Darstellungen von Kriegern kehren auch im Reliefband wieder, das den quaderförmigen Bau umspannt. Der Berliner Bildhauer Johann Gottfried Schadow, mit dem Zauner in Kontakt stand, hatte bereits 1786 im Entwurf zu einem – nicht ausgeführten – Grabmal für Friedrich den Großen in einem Fries das Motiv von trauernden Soldaten verwendet. Das Hervorstreichen mittelalterlicher Kriegstugenden nimmt die Inhalte der Romantik vorweg (der Soldat erinnert zudem an die Grabwächter mittelalterlicher Auferstehungsbilder) und läßt das Laudon'sche Grabmonument einzigartig in der österreichischen Kunstgeschichte erscheinen.

Eine Verbindung zu Schadow gibt es auch im freistehenden Kenotaph Kaiser Leopolds II. in der Georgskapelle der Augustinerkirche: Die gelöste Haltung des Verstorbenen und das kaum merkliche Hinwenden zum Betrachter erinnern an die Figur am Grabmal des jungen Grafen Alexander von der Mark (1790; Berlin, National-Galerie). Wie im Schlaf scheint der Kaiser in Kürassieruniform auf dem grünen Marmorsarkophag zu ruhen. Die daran gelehnte sinnende Frauengestalt aber ist, wie der Soldat beim Laudon'schen Grabmal, die personifizierte Trauer, das in Stein gebildete Empfinden der Hinterbliebenen. Mit dem flammenden Kreuz in der Hand erklärt sie sich uns zwar als *Religio*, ihr Schmerz jedoch ist irdisch und somit fern von der barocken Verschleierung des Todes durch Ewigkeits- bzw. Vanitassymbole und Allegorien. Sie ist eine vermenschlichte Weiterführung jener Klagegestalten, die seit der Mitte des 18. Jahrhunderts mitunter gestenreich auf den Verlust eines Menschen aufmerksam machen. Eine verständlichere, weil »bürgerliche« Variante davon ist jene Frau, die die Büste des Edlen von Mack umarmt (Abb. links), eine Grabmalkomposition, die ungefähr zur gleichen Zeit vom Zauner-Schüler Franz Kähsmann errichtet wurde. Hier ist nichts mehr Verklärung oder Symbol, es weint ein trauernder Mensch um einen geliebten Verstorbenen.

Das Grabmal für Erzherzogin Marie Christine von Sachsen-Teschen des Antonio Canova

Während Canovas Aufenthalt in Wien 1798 bestellte Herzog Albert von Sachsen-Teschen bei dem Künstler ein Grabmal für seine kurz zuvor verstorbene Frau Marie Christine (Abb. S. 250). Canova, einer der bedeutendsten Bildhauer und Kulturpolitiker seiner Zeit, hinterließ damit in der Kaiserstadt ein Kunstwerk, das viel Bewunderung und Nachfolge fand.

Die Form der Pyramide ist im ausgehenden 18. Jahrhundert weit verbreitet und findet vor allem im Grabbau, ihrer ursprünglichen Funktion entsprechend, häufige Verwendung. Canova übertrug das Motiv in die Fläche, blendete also eine Wandpyramide der Seitenwand der Augustinerkirche vor. Der portalartigen Öffnung im Zentrum,

Franz Anton Zauner
Grabmal des Ernst Gideon
Freiherrn von Laudon, 1790/91
Sandstein, Wien-Hadersdorf

Franz Anton Zauner
Grabmal Kaiser Leopolds II.
in der Georgskapelle der
Augustinerkirche, 1795
Carraramarmor, grüner Marmor und Blei

Antonio Canova
Grabmal für die Erzherzogin Marie Christine von Sachsen-Teschen in der Augustinerkirche
1800–05, Carraramarmor

die den Blick in das dunkle Nichts lenkt, strebt eine Gruppe von vollplastisch gearbeiteten trauernden Figuren mit der Urne der Toten entgegen. Ihre Verinnerlichung bezieht den Beschauer in das Geschehen ein, ließe ihn durch sein passives Zusehen jedoch ungewollt zum Schaulustigen werden, wäre da nicht rechts der über den Löwen lehnende geflügelte Genius, der vor dem Geschehen in fassungsloser Regungslosigkeit verharrt.

Canova griff für das Marie Christinen-Grabmal auf einen Entwurf für ein nicht ausgeführtes Grabmonument für Tizian zurück; dabei berücksichtigte er die Wünsche des Auftraggebers, indem er den Löwen als Symbol für die Charakterstärke der Verstorbenen integrierte. Trotz eines bereitgestellten Ateliers entstand das Monument in Rom und wurde erst im Sommer 1805 im Beisein des Meisters in Wien aufgestellt.

Der Preis von 20.000 Dukaten spricht sowohl für die Wertschätzung des Werkes als auch für das Ansehen Canovas. Kaiser Franz II. (I.) wollte ihn bereits 1798 an Wien binden, erreichte jedoch lediglich die Zusicherung einer künstlerischen Betreuung der kaiserlichen Stipendiaten in Rom durch den venezianischen Meister. Diese Verpflichtung ergab sich nicht zuletzt aus den politischen Veränderungen, denen zufolge Venedig ab 1797 österreichisch war und Canova als »österreichischer« Künstler dem Kaiser unterstand.

Antonio Canova
Theseus im Kampf mit dem Kentauren, 1805–19
Carraramarmor
Kunsthistorisches Museum

Leopold Kiesling und Johann Nepomuk Schaller

Der Einfluß Canovas auf die folgende Künstlergeneration ist unverkennbar. Sein persönlich geprägter, freier Umgang mit den antiken Vorbildern fand reiche Aufnahme und verdrängte bald den klassisch-monumentalen Stil Zauners. Canovas Fürsprache bei Hof ist es auch zu danken, daß die Rompensionäre ihre Fähigkeiten anhand von Staatsaufträgen demonstrieren konnten.

Der seit 1801 in Rom weilende Leopold Kiesling wählte dafür das Thema *Mars und Venus mit Amor*. Sowohl im Standmotiv und in der Armhaltung von Mars als auch im Linienfluß des sich an den Helden schmiegenden Frauenkörpers ist Canovas Skulptur *Venus und Adonis* aus den frühen neunziger Jahren (Genf, Villa La Grange) erkennbar; inhaltlich erinnert die Darstellung wiederum stärker an die Gruppe *Venus und Mars* (1816; London, Buckingham Palast), deren Entwurf Kiesling bekannt gewesen sein dürfte. Außerdem weisen die Gestaltung der Haare mit den leicht stilisierten dicken Locken sowie die subtile Behandlung von Haut und Stoffen eine stilistische Anlehnung an den venezianischen Meister auf.

Selbständiger und freier in der Umsetzung antiker Vorbilder sowie differenzierter in der Anlehnung an die zeitgenössische Skulptur zeigt sich Schaller, der nächste kaiserliche Stipendiat. Die Arbeit mit Canova ergänzte der junge Bildhauer durch einen regen Kontakt zum dänischen Bild-

Leopold Kiesling
Mars und Venus mit Amor, 1810
Carraramarmor, H: 222 cm
Österreichische Galerie Belvedere

Johann Nepomuk Schaller
Bellerophon im Kampf mit der Chimaira, 1821
Carraramarmor, H: 210 cm
Österreichische Galerie Belvedere

Josef Kähsmann
Jason und Medea, 1829
Carraramarmor
Hofburg, Botschafterstiege

Josef Klieber und die Rückkehr des Barocks

Zeitgleich entstanden in Wien Kunstwerke, die den Klassizismus in eine weichere, fast barocke Richtung wandten. Im wesentlichen steht dieser Wandel mit dem Bildhauer Josef Klieber im Zusammenhang. Die Gruppe *Flora und Zephir*, sein Hauptwerk, das sich n Baden bei Wien befindet, ist voll von Überschneidungen und raumschaffenden Elementen, die die beiden Figuren wie schraubenförmig ineinandergebaut erscheinen lassen. Kühne Höhlungen, Durchbrechungen und Überlappungen scheinen die Möglichkeiten des porösen Sandsteines beinahe zu überschreiten. In dem wenig später entstandenen Ensemble *Apollo und die Musen*, das aus zehn Einzelfiguren besteht, die den ehemaligen Musiksaal im Stadtpalais des Erzherzogs Carl (heute Albertina) schmücken, werden die Stoffe der Kleider »leichter«, die Falten knicken mitunter und bauschen ihre Enden in ornamentalem Gekräusel. Die

Josef Klieber
Flora und Zephir, 1817
Sandstein
Baden bei Wien, Frauenbad

Johann Nepomuk Schaller
Kaiserin Maria Ludovica, 1814
Marmor, H: 71 cm
Österreichische Galerie Belvedere

hauer Bertel Thorvaldsen, dessen kühler Klassizismus vor allem in seinen ersten römischen Werken unübersehbar ist. Dazu kam die Auseinandersetzung mit der sogenannten »altdeutschen Kunst« und den Werken der italienischen Frührenaissance, die er durch die Lukasbrüder kennenlernte. Seinen Hofauftrag, »eine lebensgroße männliche Statue in jugendlichem Alter«, erweiterte er in eine Gruppe, die *Bellerophon im Kampf mit der Chimaira* darstellt (Abb. S. 251). Schaller konzipierte die Skulptur bewußt mit mehreren Schauseiten und ermöglichte damit dem Beschauer einen ständig wechselnden Eindruck des dramatischen Kampfes. Damit wandte er sich gegen die in Rom vorherrschende Tradition der Ausrichtung auf eine Hauptansicht. Ein Vergleich mit der zur gleichen Zeit in Rom vollendeten monumentalen Gruppe *Theseus im Kampf mit dem Kentauren* von Canova, die von Franz I. für Wien angekauft wurde, zeigt den Österreicher selbstbewußt und künstlerisch voll entwickelt.

Als Canova 1822 starb, war es Bertel Thorvaldsen, der den in Rom weilenden ausländischen Künstlern eine hilfreiche Stütze blieb. Doch fand sein distanzierter, »idealer« Stil bei den österreichischen Künstlern nur wenig Anklang. Der Einfluß des Dänen ist vor allem bei Josef Kähsmann zu erkennen, der Schaller als Stipendiat nach Rom folgte. Seine Gruppe *Jason und Medea*, die er im Auftrag des Kaiserhauses 1829 fertigstellte, folgt in der Gestaltung des Kriegers dem *Jason* Thorvaldsens, ohne dessen Ausgewogenheit in den Proportionen jedoch zu erreichen. Von Thorvaldsen selbst existiert nur ein Werk in Wien, der *Amor triumphans* an der Feststiege im Rathaus. Die beiden Aufträge, die ihm während seines kurzen Aufenthaltes in der Kaiserstadt 1820 übertragen wurden, kamen nicht zur Ausführung.

Josef Klieber
Puttenfries, 2. Viertel 19. Jh.
Haus »Zum blauen Karpfen«
Annagasse 14

Josef Klieber
Thalia (aus der Gruppe Apollo und die Musen), 1823/24
Carraramarmor
Musiksaal im ehemaligen Stadtpalais Erzherzog Carls (heute Albertina)

Gesichter sind nicht mehr zeitlos typisiert, sondern geben durch ein zartes Lächeln Kunde von irdischer Empfindung.

Ohne Zweifel war es Klieber, der den Stil Canovas in Wien weiterentwickelte. Klieber, der nie in Rom gewesen war, lernte die Grundsätze des Klassizismus an der Wiener Akademie bei Zauner und Fischer und erwarb seine handwerkliche Fertigkeit in einem bürgerlichen Bildhauerbetrieb. Werke in vielen Städten der Monarchie zeugen von der Vielseitigkeit des Künstlers. In der Kaiserstadt fertigte er für das Palais des Erzherzogs Carl neben der bereits erwähnten Musengruppe auch die Figur der Minerva, den rastenden Mars, ein Sphingenpaar und eine Reihe Reliefs. Für die Bibliothek des Schottenstiftes schuf er die Allegorie der Künste und der Wissenschaften als Relief. Außerdem gestaltete er die Fassade des Hauptgebäudes der Technischen Universität und verzierte das Haus »Zum blauen Karpfen« (Annagasse 14) mit einem Fries von spielenden Putten. Seine Feinfühligkeit als Portraitist bewies er in der Büste Erzherzog Carls und im Standbild Franz I. im Festsaal der Technischen Universität.

Import aus der Lombardei: Das Franzens-Monument im Inneren Burghof

Nach dem Reiterstandbild Josephs II. gab es in Wien für mehrere Jahrzehnte keinen öffentlichen Auftrag für Großskulpturen. Es waren vor allem die Napoleonischen Kriege und, im Anschluß daran, der in Wien veranstaltete Kongreß, die höchste Anforderungen an die Staatsfinanzen stellten und eine Phase der Regeneration folgen ließen. Treffsicher beschrieb 1903 der Kunstkritiker Ludwig von Hevesi diese Situation mit den Worten: »Erst hatte die Zeit keine Zeit für die Kunst, und dann hatte sie kein Geld«. Als es end-

Josef Klieber
Erzherzog Carl, 1842
Carraramarmor, H: 67 cm
Österreichische Galerie Belvedere

MOREM · MEVM · POPVLIS · MEIS

ABBILDUNG GEGENÜBER:
Pompeo Marchesi
Denkmal für Kaiser Franz I.
1838–46, Metallguß
Innerer Burghof

lich 1838 zum Wettbewerb für ein Bronzedenkmal zu Ehren Kaiser Franz I. kam, war dies für die Mehrzahl der österreichischen Bildhauer eine reizvolle Herausforderung. Doch noch während des Wettbewerbes vergab Ferdinand I. den Auftrag an den Mailänder Bildhauer Pompeo Marchesi. Der Künstler war dem Kaiser kein Unbekannter, er hatte wenig zuvor für die Stadt Graz ein Franzens-Denkmal errichtet und genoß zu seiner Zeit auch außerhalb der Lombardei großes Ansehen. Für die heimischen Künstler bedeutete dieser Entschluß jedoch die Einbuße des einzigen Großauftrages in der ersten Jahrhunderthälfte in Wien. Das bereits erwähnte Standbild Kliebers in der Technischen Universität war in diesem Fall nur ein kleiner Trost. Schaller hingegen schuf seine großen Werke für Innsbruck (Denkmal für den Freiheitskämpfer Andreas Hofer) und für Stanislaw (Monument für Franz I.) in Galizien (heute Ivano-Frankivsk).

Als Ort für das Franzens-Monument war der Innere Burgplatz vorgesehen. Marchesi schuf den Kaiser in stehender Figur, einem römischen Imperator gleich, auf einem mächtigen Postament aus Granit. Das unaufwendige ikonographische Programm beschränkt sich auf die Verdienste des Monarchen in Handel, Landwirtschaft, Kunst und Wissenschaft (Relieftafeln am Piedestal) und auf die vollplastisch gearbeiteten Personifikationen der Gerechtigkeit, der Stärke, des Friedens und der Religion zu Füßen der Hauptfigur. Die Statue des Kaisers selbst ist massig und trotz des Betonens der Körperformen nur grob strukturiert; kühl und starr sind auch die Allegorien. Eine Auflockerung in der Form schafft lediglich die architektonische Gliederung des Sockels und die Bewegungsabfolge in den Relieftafeln. Die Figuren und Reliefs wurden in Mailand gegossen und in mehreren Etappen nach Wien transportiert. Die Enthüllung des Denkmals fand am 16. Juni 1846 statt. Zu Recht vermißte die zeitgenössische Kritik eine »moderne« Lösung im Stile von Christian Daniel Rauch in Berlin oder von Johann Nepomuk Schaller, dessen Entwurf für das Denkmal einer epischen Erzählung gleicht.

Religiöse Themen und die Romantik

Durch die Reformen des Josephinismus gingen die Aufträge für Sakralbauten radikal zurück, und es kam zur Stagnation in der Entwicklung der kirchlichen Kunst in Österreich. Die religiösen Themen verloren zunehmend an Bedeutung, wurden mehr und mehr von klassisch-antiken Inhalten verdrängt und fanden sich schließlich nur mehr vereinzelt in der Dekoration von Brunnen. Bedauerlicherweise befindet sich eines der wenigen Beispiele des kirchlichen Klassizismus, der Hochaltar in der Augustinerkirche, nicht mehr an seinem ursprünglichen Ort. Franz Anton Zauner wurde in den beginnenden achtziger Jahren des 18. Jahrhunderts mit der Gestaltung der dazugehörigen Engel beauftragt, doch bereits ein Jahrhundert später verkaufte man den Altar an die niederösterreichische Pfarrkirche Sarasdorf. In den Kirchenausstattungen, die sonst in diesen Jahrzehnten entstanden sind, wirken die Formen des Barocks bis weit in das 19. Jahrhundert hinein.

Johann Nepomuk Schaller
Die hl. Margarethe vom Margarethenbrunnen, 1836, Metallguß
Margarethenplatz

Erst in dessen zweiten Viertel kündigte sich eine Veränderung im Stil an. Die Engel der Dominikanerkirche von Johann Nepomuk Schaller (1840), seine *Schwarze Muttergottes* für das Wiener Schottenstift und die *Hl. Margarethe* am Margarethenplatz zeigen den Klassizismus bereits im romantischen, nazarenischen Sinn »gemildert«: Die Figuren lassen Innigkeit und seelische Regung ahnen – offenbaren somit Gefühle, die bisher vernachlässigt wurden. Damit wirkte Schaller vorbildlich auf seine Zeitgenossen, etwa auf Josef Kähsmann, der die *Maria mit dem Kind auf der Weltkugel* und die *Kreuzigungsgruppe* in der Schottenfeldkirche schuf, auf Adam Rammelmayr, von ihm stammt der *Rebecca-Brunnen*, sowie auf seinen Stiefsohn Josef Preleuthner, den Autor des *Schutzengelbrunnens* am Rilkeplatz. Die Figuren sind in ihrem Aufbau und in der sparsamen Bewegung ohne Zweifel noch klassizistisch, doch zeigen sie in der Körperhaltung und den Gesichtszügen eine neue Anmut im Sinne Raffaels.

Adam Rammelmayr
Die Figur der Rebekka vom Rebekka-Brunnen am Franziskanerplatz, um 1846, Metallguß

Die historische oder politische Richtung der Romantik war hingegen von nationalem Denken

Franz Bauer
Hochaltarfiguren in der Kirche Maria am Gestade, um 1846
Holz, vergoldet und gefaßt

geprägt und äußert sich in der Kunst allgemein vor allem durch die Verwendung mittelalterlicher bzw. »altdeutscher« Formen. Ein prominentes Beispiel dafür ist die ab dem Jahr 1798 in der Nähe von Wien errichtete Franzensburg in Laxenburg, deren Architektur, Bauplastik und Innenraumgestaltung an der Gotik orientiert ist. Ein frühes Beispiel in Wien selbst ist die Kirche Maria am Gestade, eines der ältesten Gotteshäuser der Stadt, das 1809 durch französische Besatzungstruppen zerstört wurde. 1820 veranlaßte Franz I. ihre Wiederherstellung im ursprünglichen – gotischen – Stil. Die Verwendung historischer Stile entbehrte in diesen Jahren noch der wissenschaftlichen Genauigkeit, so kam es in dem 1845/46 vom böhmischen Bildhauer Thomas Marrik errichteten Hochaltar zur Kombination eines barocken Baldachinaltars mit gotischer Ornamentik. Die Figuren von Franz Bauer, und da vor allem jene Gottvaters und der beiden Engel im Aufsatz (Abb. oben), erinnern hingegen an die Gemälde und Zeichnungen der Nazarener.

Import aus München: Der Austria-Brunnen auf der Freyung

Das erste »patriotische« Monument auf Wiener Boden dürfte der 1846 fertiggestellte Austria-Brunnen auf der Freyung sein (Abb. S. 257). Auftraggeber war der damalige Bürgermeister von Wien, Ignaz Czapka, Entwurf und Ausführung stammen vom Münchner Hofbildhauer Ludwig Schwanthaler. In den Jahren vor der Jahrhundertmitte hatte München begonnen, Rom als Kunstzentrum abzulösen: Der kunstliebende Regent Ludwig I. verstand es, die besten Künstler, die er auf seinen Reisen in Italien kennengelernt hatte, für die Gestaltung seiner Residenzstadt zu gewinnen. Dort bildete sich, basierend auf dem Denken der Romantiker und der Nazarener, eine romantisch-patriotische Geisteshaltung heraus, die das klassische Ideal mit seinen antiken Mythen gegen die vaterländische Nibelungensage oder gegen Themen der heimischen Geschichte eintauschte.

Dieser Geisteshaltung unterliegt auch die Gestaltung des Brunnens auf der Freyung, der die »Weltmacht« Österreich symbolisieren sollte: Die Flußgottheiten Donau, Po, Weichsel und Elbe kennzeichnen die geographische Ausdehnung des Landes, das von einer allegorischen Frauenfigur in der Ebene darüber, der Austria, symbolisiert wird. Mauerkrone, Lanze und Schild entsprechen den traditionellen Darstellungen von Stadt- oder Landespersonifikationen, ihre walkürenhafte Rüstung mit dem schweren Wappenmantel um die Schultern und das teilweise gelöste Haar gemahnen hingegen an die mittelalterliche Ritterromantik, wie es auch der beide Ebenen verbindende Eichenstamm und das stilisierte Eichenlaub nahelegen. Von weicher, geschmeidiger Körperlichkeit sind dagegen die Personifizierungen der Flüsse, deren Geschlecht sich aus dem deutschen Namen ableitet. Auffallend ist, daß Überschneidungen innerhalb der Gruppe fehlen und auf verbindende Überleitungen zwischen den Ebenen verzichtet ist, was zu einer betonten Zweiteilung des Brunnens führt.

Hans Gasser und die Münchner Romantik

In unmittelbarem Zusammenhang mit Schwanthaler ist der aus Kärnten stammende Hans Gasser zu sehen, der nach einer akademischen Ausbildung in Wien dank eines Stipendiums seine Fertigkeiten in München erweitern konnte. Während dieses fünfjährigen Aufenthaltes (1842–47) machte er sich, nicht zuletzt durch die Freundschaft mit dem Maler Julius Schnorr von Carolsfeld sowie durch den engen Kontakt zu Schwanthaler, mit der Münchner Romantik vertraut. Die Weichen für sein Schaffen waren somit gestellt. Unmittelbar nach seiner Rückkehr nach Wien fertigte er die kleine Statuette *Herzeleid* (Abb. S. 257). Sie steht durch den erzählerischen Inhalt, der voll stiller Intimität den Abschied eines Mädchens von seinen beiden Schwestern schildert, einzigartig da in der österreichischen Bildhauertradition – aber auch im Œuvre des Meisters selbst, dessen Spuren in Wien vor allem im Bereich der Großplastik zu finden sind. Ein kurzfristiger Lehrauftrag an der Wiener Akademie ermöglichte es Gasser, das Denken der Romantiker auf die heimische Kunstentwicklung zu über-

Hans Gasser
Herzeleid (Die drei Töchter von Julius Schnorr von Carolsfeld)
1851, Gips, H: 36 cm
Österreichische Galerie Belvedere

tragen und so zwischen München und Wien zu vermitteln; allerdings wurde er trotz großer Beliebtheit bei den Schülern bald aufgrund seiner politischen Aktivitäten seines Amtes enthoben.

Die in der zweiten Jahrhunderthälfte einsetzende rege Bautätigkeit in der Residenzstadt ließ ihn an vielen Gebäuden und Platzgestaltungen mitwirken: So zählen zu seinen Arbeiten die Portraitstatue Kaiserin Elisabeths in der Halle des Westbahnhofes (sie konnte bei der Zerstörung des Gebäudes 1945 gerettet werden) oder die Standfigur des Freiherrn von Sonnenfels vor dem Rathaus. Sein berühmtestes Werk aber ist das sogenannte *Donauweibchen*, das 1865 als Brunnenfigur im Stadtpark Aufstellung fand (heute durch eine Kopie ersetzt). Die Wassernymphe war eines der Kernthemen der Romantik, jedoch verlor die Figur in der Bearbeitung Gassers ihre mythische Verklärung als Fabelwesen. Die Haltung der Frauenfigur ist durchdrungen von weiblichem Selbstbewußtsein, das leicht nach vorne gesetzte Bein und der erhobene Arm laden den Betrachter ein, den nackten Körper zu betrachten.

Ludwig Schwanthaler
Austria-Brunnen an der Freyung
fertiggestellt 1846, Metallguß

Mit dieser aktiven Präsenz überwindet Gasser das introvertiert Erzählerische, das dem romantischen Historismus mitunter zueigen ist – wie es etwa beim gleichzeitig entstandenen *Gänsemädchenbrunnen* von Anton Paul Wagner (Mariahilferstr./ Ecke Rahlstiege) evident ist. Von ähnlicher Dynamik sind die Figuren an den beiden Schalenbrunnen bei der Staatsoper, die der Musik und der Loreley gewidmet sind, ersterer mit den Personifikationen des Tanzes, der Freude und des Leichtsinns, letzterer mit den Personifikationen der Trauer, der Liebe und der Rache. Der Aufbau ähnelt dem Austria-Brunnen, doch verstand es Gasser, die Ebenen rhythmisch miteinander zu verbinden.

Gemeinsam mit Gasser studierte Anton Dominik Fernkorn bei Schwanthaler, bevor er sich 1840 in Wien niederließ. Schon in München verband die beiden Künstler eine enge Freundschaft, die auch an ihren Werken abzulesen ist, wie der 1861 entstandene *Donauweibchenbrunnen* in der Österreichisch-Ungarischen Bank, dem heutigen Palais Ferstl, erkennen läßt. Für Fernkorn war die Nymphen- und Waldromantik jedoch von geringerer Bedeutung. Er fand seine künstlerische Verwirklichung in der heroischen Monumentalplastik.

Hans Gasser
Donauweibchen, 1865
Marmor
Historisches Museum der Stadt Wien

Anton Dominik Fernkorn
Der Löwe von Aspern, 1850
Sandstein
Aspern, Asperner Heldenplatz

Anton Dominik Fernkorn

Die ersten Denkmäler, die in der Regierungszeit Franz Josephs in Auftrag gegeben wurden, sollten den österreichischen »Waffenruhm« veranschaulichen und auf die kaiserliche Kriegsmacht aufmerksam machen. Politisch kalkulierend erscheint in diesem Zusammenhang auch die Errichtung eines Kriegerdenkmals zur moralischen Stabilisierung der Armee: Aufgestellt in Aspern, sollte es an die Schlacht gegen Napoleon erinnern, die dort am 21. und 22. Mai 1809 stattgefunden hatte. Fernkorn, der 1855 mit der Gestaltung der Gedenkstätte beauftragt wurde, knüpfte mit dem sogenannten *Löwen von Aspern* (Abb. oben) an die seit der Antike geläufige Gleichsetzung vom sterbenden Löwen mit vergehender Stärke an. Unmittelbare Vorgänger dieses Motivs stammen aus dem Klassizismus, etwa bei Thorvaldsen in Luzern, bei Rauch am Berliner Invalidenfriedhof, bei Zauner im Relief am Laudon-Grabmal oder am Canova-Grabmal in der Wiener Augustinerkirche.

Fernkorn aber erweiterte das sonst übliche passive Lagern des Tieres: Mit der tötenden Lanzenspitze in der Seite zerquetscht der Löwe im Todeskampf, quasi als letzte Tat, die französischen Trophäen mit seinen mächtigen Vorderpranken. So heroisch die Handlung symbolisiert ist, so eindrucksvoll und menschlich drückt sich der Schmerz des Tieres in Körperhaltung und Gesicht aus.

Es sind aber vor allem die beiden Reiterstandbilder auf dem Heldenplatz, die den Namen Fernkorn für Wien unvergeßlich machten; durch sie erkämpfte sich der Bildhauer eine unverrückbare Position in der Kunstgeschichte. Es darf nicht vergessen werden, daß zur Zeit der Planung dieser beiden Monumente die Stadt Wien nur aus dem Inneren Bezirk bestand und daß über den heutigen Heldenplatz die Zufahrt zur Hofburg erfolgte. Den beiden Denkmälern für Erzherzog Carl und

Anton Dominik Fernkorn
Denkmal für Erzherzog Carl am Heldenplatz, 1860, Metallguß

Die Feldherrnhalle im Heeresgeschichtlichen Museum

Prinz Eugen kam damals somit die ganz romantisch empfundene »Funktion als Torwächter« (Krause) zu.

Die Planung der beiden Standbilder erfolgte jedoch nicht gleichzeitig. Der Entwurf für das Erzherzog Carl-Denkmal (Abb. S. 258/59) lag bereits 1848 vor, seine Ausführung wurde wegen der Revolutionswirren jedoch erst 1853 in Auftrag gegeben. Fernkorn begründete die Darstellung des Siegers von Aspern mit einer Heldenlegende, derzufolge der Heerführer durch das Hochreißen der Regimentsfahne die Soldaten angefeuert und damit den Sieg über die Truppen Napoleons bewirkt haben soll. Als Vorbild diente ihm das Gemälde *Erzherzog Carl mit der Fahne des Regiments Zach in der Schlacht bei Aspern* von Johann Peter Krafft. Die Umsetzung in eine monumentale, dreidimensionale Bronzefigur schließlich beweist die großartige Leistung des Bildhauers: Reiter und Pferd sind im Höhepunkt der Aktion dargestellt und lasten lediglich mit den beiden Hinterhufen des Tieres (also mit nur zwei Punkten!) auf der Grundplatte. Die Leichtigkeit, mit der Pferd und Reiter über dem Sockel zu schweben scheinen, basiert somit auf einer wohlberechneten Verteilung von Massen und Proportionen. Fernkorn verwirklichte mit dem Bronzestandbild für Erzherzog Carl einen jahrhundertealten Traum des Bildhauers, der seit Leonardos Mailänder Reiterdenkmal für Francesco Sforza nicht mehr verwirklicht werden konnte.

Erst durch Fernkorn konnte die Kunstgießerei endgültig in Wien Fuß fassen. Die technischen Kenntnisse im Gußverfahren hatte er sich bereits neben seinem Studium an der Münchner Akademie angeeignet; in Wien richtete er Atelier und Werkstatt in der seit der Ausführung des Denkmals für Joseph II. nicht mehr künstlerisch genutzten k.k. Kanonengießerei ein, die ab nun den Namen »k.k. Kunstgießerei« trug. Neben seinen Werken entstand dort auch ein Großteil der anderen Bronzeskulpturen dieser Zeit.

So sehr uns das Monument heute fasziniert, so schlecht beurteilte es nach seiner Fertigstellung die zeitgenössische Kritik. Der Kunsthistoriker Rudolf von Eitelberger zum Beispiel verglich es mit einer »ins Kolossale vergrößerten Statuette«, bei der er das »erste Gesetz in der großen Plastik, Bewegung und Ruhe im geistigen Gleichgewicht zu halten«, vermisse. Diese negative Beurteilung mag mit dazu beigetragen haben, daß man für das nächste Feldherrendenkmal eine Darstellung von Pferd und Reiter in ruhigem Trab vorzog: Es handelte sich um das Monument des Feldmarschalls Schwarzenberg am Schwarzenbergplatz, das Ernst Julius Hähnel 1860 schuf.

Der Auftrag für das zweite Reiterstandbild am heutigen Heldenplatz, für den Sieger über die Türken, Prinz Eugen, wurde schließlich wiederum Fernkorn übertragen. Die Ausführung war jedoch stärker der Mitsprache des Denkmalkomitees unterworfen: Gegen den ersten Entwurf, der Pferd und Reiter mit einer dem Erzherzog Carl-Denkmal vergleichbaren Dynamik zeigt, lehnte man sich mit der Begründung auf, daß in der Lebensbeschreibung des Prinzen keine adäquate Situation überliefert sei. Ein Kompromiß war somit das Pferd in der Levade, von dem herab der Heerführer seine Soldaten grüßt; allerdings verlor die Figur im Vergleich zu seinem Gegenüber an Leichtigkeit. Das Monument wurde 1865 enthüllt.

Geschichtsbilder in Stein: Die Feldherrnhalle im Arsenal und die Figuren der Elisabethbrücke

Der erste Großauftrag in der franzisko-josephinischen Ära war das Arsenal. Besonders im Waffenmuseum (heute Heeresgeschichtliches Museum) sollten sich Architektur, Malerei und Bildhauerei verbinden; ein Großteil der Bildhauer Wiens arbeitete hier zusammen. In der Erdgeschoßhalle dieses ersten Museumsbaues auf Wiener Boden, der sogenannten »Feldherrnhalle«, wurden 56 bedeutende Feldherrn mit lebensgroßen Statuen geehrt (Abb. gegenüber). An ihrer Ausführung waren viele jener Bildhauer beteiligt, die auch an den bedeutendsten Bauten dieser Zeit arbeiteten, unter anderen Josef Preleuthner, Anton Paul Wagner, Vincenz Pilz, Josef Gasser, Johann Meixner, Karl Kundmann. Durch das vorgegebene Programm war ihre gestalterische Freiheit jedoch sehr eingeschränkt: Es waren Standfiguren gefordert, die in Vierergruppen um einen Pfeiler gestellt werden sollten, außerdem verlangte man Portraitähnlichkeit und Zeitkostüm. Zum Eindruck der Überwältigung trug somit mehr die Quantität als die herausragende künstlerische Leistung bei.

Mit der Gestaltung des Waffenmuseums stand die Demonstration militärischer Stärke an ihrem Höhe- und zugleich an ihrem Endpunkt. Die Figurenaufträge der sechziger Jahre zeigen bereits liberalere Vorstellungen, damit wurden auch große Denker und sogar Künstler denkmalwürdig. Ein frühes Beispiel dieser veränderten Auffassung sind die acht Figuren der ehemaligen Elisabethbrücke, die heute den Platz zwischen Rathaus und Burgtheater flankieren. Das Programm war auch hier ursprünglich militärischer Art, konzentrierte sich letztendlich aber auf die Geschichte Wiens und auf Personen, die sich um die Stadt verdient gemacht hatten: Heinrich II. Jasomirgott (Abb. links), Leopold VI. der Glorreiche, Rudolf IV. der Stifter, Niklas Graf Salm, Rüdiger Graf Starhemberg, Bischof Leopold Graf Kollonitsch, Johann Bernhard Fischer von Erlach und Josef Sonnenfels. Die Ausführung der Standfiguren wurde an acht verschiedene Bildhauer übertragen, die, unabhängig voneinander und ohne einschränkende Vorgabe (mit Ausnahme des gewünschten Zeitkostüms), ihre Aufgabe erfüllten; vielleicht läßt sich damit das Fehlen einer programmatischen Einheit innerhalb des Ensembles erklären.

Nicht zu übersehen aber ist die einfallslose Umsetzung bereits bestehender Formen in der Modellierung der Figuren, so daß Poch-Kalous recht zu geben ist, daß diese Zeitspanne trotz der großen Anzahl an Namen und Arbeiten einen künstlerischen Tiefpunkt darstellt. Erwähnenswert erscheint etwa die selbstbewußte Körperhaltung und Mimik des Bischofs Kollonitsch von Vincenz Pilz, vielmehr noch aber die Figur Heinrich Jasomirgotts von Franz Melnitzky, dessen Standmotiv durch den natürlich über seinen Rücken fallenden Mantel am überzeugendsten gelöst ist.

Die Bauplastik an der Wiener Ringstraße

Wie bereits erwähnt, wurde das Stadtbild durch den kaiserlichen Beschluß, die Reichshaupt- und Residenzstadt zu vergrößern, völlig verändert. Neben den Architekten kam dabei den Bildhauern das größte Verdienst zu, sei es durch die Anfertigung freistehender Denkmäler, Brunnenfiguren und Bauplastik, sei es durch die ornamentale Gestaltung von Plafonds, Wandflächen und sogar Leuchtern. Eine detaillierte Abhandlung der bildhauerischen Leistungen würde wegen der großen

Johannes Benk
Gewändefiguren am Hauptportal der Votivkirche, 1870, Marmor

Franz Melnitzky
Heinrich Jasomirgott, 1867
Marmor, Rathausplatz

Auffahrtsrampe am Parlament mit reicher Skulpturenausstattung

Anzahl der Objekte den Rahmen sprengen, so daß im folgenden nur beispielhaft vorgegangen werden kann. Wie wir jedoch beim Arsenal sehen konnten, reduzierte das festgesetzte Programm eines Architekten meist die künstlerische Freiheit der Ausführenden, was zu Resultaten von oft unterschiedlicher Qualität führte.

Die Votivkirche

Die Diskrepanz zwischen Programm und Ausführung läßt sich auch an der Votivkirche beobachten, dem ersten Ringstraßenbau, dessen Gründung noch vor der Niederlegung der Stadtmauern erfolgte. Sie sollte als Denkmal an das glücklich abgewendete Attentat auf den jungen Kaiser Franz Joseph im Jahr 1853 erinnern. Das neogotische Bauwerk wurde zwar streng nach dem mittelalterlichen Prinzip der Bauhütte errichtet, die enge Zusammenarbeit zwischen dem Architekten Heinrich von Ferstl und dem mit der Oberaufsicht betrauten Bildhauer Josef Gasser (der nicht verwandt ist mit Hans Gasser) vermochte aber keine stilistische Geschlossenheit zu erreichen. Französische, deutsche und italienische Elemente der Hochgotik und der Frührenaissance befinden sich in einem friedvollen Nebeneinander, das in der Literatur den Vergleich mit einem »Musterbuch mittelalterlicher Kunstformen« (Poch-Kalous) aufkommen ließ. Besonders reizvoll ist die Gegenüberstellung der unterschiedlichen Stilauffassungen von Josef Gasser und Johannes Benk am Hauptportal. Die alttestamentarischen Gewändefiguren (Abb.S.261) waren das erste Werk, das der junge Benk nach der Rückkehr aus Italien fertigte, wodurch es nicht verwundert, daß in der Modellierung der Körper, besonders beim Isaak ganz rechts, im Bewegungsrhythmus und in der selbstbewußten Präsenz der Figuren italienischer Geist spürbar ist. Die Heiligendarstellungen darüber und die Reliefs mit der Bergpredigt, der Geburt Christi und der Kreuzigung im Tympanon von Josef Gasser treten dagegen kaum aus der Fläche hervor und sind stereotyp in ihren Bewegungen. Gemeinsam mit Christus Salvator am Trumeaupfeiler ordnen sie sich dem Gesamtkonzept und somit dem mittelalterlichen Baugedanken eindeutiger unter als die Figuren von Johannes Benk.

Das Parlament

Am stärksten um eine Einheit zwischen Architektur und bildhauerischem Schmuck bemüht war Theophil Hansen, der Architekt des Reichsratsgebäudes (heute Parlament, Abb. links), da er jede Skulptur im Sinne des Gesamtkunstwerkes formal und inhaltlich zum architektonischen Konzept in Beziehung setzte. Die Ausgestaltung zog sich über mehrere Jahrzehnte hin, wurde 1878 begonnen und erst 1902, mit der Fertigstellung des Brunnens vor der Rampe, beendet. Als Hauptfigur dieses Brunnens war ursprünglich die Personifikation der Austria geplant – politische Überlegungen mögen zur »salomonischen Lösung« in Form einer Pallas Athene geführt haben. Salomonisch deshalb, weil das eigentliche Programm des Brunnens nicht verändert wurde, die Flußgottheiten nach wie vor die Flüsse Österreichs symbolisieren und nun eben von einer politisch neutralen Figur, der Göttin der Weisheit, überragt werden. Das Standbild wurde von Karl Kundmann nach dem Vorbild der Athena Parthenos gefertigt.

Konzessionen im künstlerischen Bereich mußte der Architekt hingegen bei der Gestaltung des Mittelgiebels machen, für den die Darstellung *Kaiser Franz Joseph verleiht den Kronländern die Verfassung* (Abb. gegenüber) vorgesehen war: Gegen den Willen Hansens vergab das Baukomitee die Arbeit an Edmund Hellmer. Hansen sah durch den malerischen, damals am Barock orientierten Stil des Bildhauers die neoklassizistischen Prinzipien seines Gebäudes gefährdet, weshalb die Ausführung der Arbeit auch nicht ohne Reibereien erfolgte. Dieser Widerstreit von Antikisierendem und Barockisierendem äußert sich hier in einem beständigen Bannen der Bewegungen, Gesten und Draperien. Alle Figuren sind zum Mittelpunkt hin orientiert, die einzelnen Gruppen sind streng zum darunterliegenden Portikus in Beziehung gestellt und überschneiden einander nie. Im Zentrum des Giebelfeldes steht, vor seinem Thron, die am wenigsten raffiniert ausgearbeitete Figur des Ensembles, Kaiser Franz Joseph. Stand- und Spielbein wirken uninspiriert, ebenso legt sich der Mantel wie ein Leintuch um den nackten

Abbildungen gegenüber
Oben:
Edmund Hellmer
Kaiser Franz verleiht den Kronländern die Verfassung, um 1880
Tympanonrelief am Hauptportikus des Parlaments
Marmor

Unten:
Vincenz Pilz
Quadriga, um 1880
Bekrönungsfigur auf dem Dach des Parlaments, Metallguß

Karl Kundmann und Carl von Hasenauer
Denkmal für Admiral Wilhelm von Tegetthoff am Praterstern
1879, Metallguß und Stein

Körper. Interessant an der Darstellung des Giebelfeldes aber ist das Programm: Dem regierenden Herrscher des österreichischen Kaiserreiches wird hier, am Reichsratsgebäude, eine gottähnliche Position zugewiesen; nach griechisch-antikem Vorbild wird er in den Olymp erhoben.

Das Parlamentsgebäude kommt im unteren Bereich, abgesehen von den Karyatiden an den seitlichen Unterfahrten, ohne plastischen Dekor aus und ist nur durch Säulen und Pilaster architektonisch gegliedert. Dieser Schlichtheit wird im Dachbereich der beiden zurückgesetzten Seitensäle eine Fülle von ornamentalen und szenischen Reliefs und Standfiguren entgegengestellt, die von Werner David, Victor Tilgner, Anton Paul Wagner, Rudolf Weyr und anderen gefertigt wurden. Acht Quadrigen, die Vincenz Pilz ab 1882 in Bronze ausführte, überragen schließlich die quaderförmigen Bauten (Abb. S. 263). Sie sind die eigenständigsten und besten Arbeiten am Parlamentsgebäude. Trotz ihrer vielgestaltigen Bewegungsmotive, dem ungestümen Vorwärtsdrängen der Pferde und den anfeuernden Gesten der Victorien, sind die Gruppen in sich abgerundet und von geschlossener Silhouette. Dazu kommt die paarweise Gegeneinanderstellung, durch die der Elan auf das Geviert des Dachbereiches beschränkt bleibt. Dank ihrer Größe und ihrer exponierten Lage verleihen sie dem Bauwerk einen kraftvoll akzentuierenden Abschluß. Während die restlichen Figuren aus hellem Stein gearbeitet sind, schafft das dunkle Metall die optische Verbindung zu den bronzenen Roßbändigern am Fuße der Rampe vor dem Gebäude.

Das Tegetthoff-Denkmal von Karl Kundmann und Carl von Hasenauer

Auch das Denkmal für den Sieger der Seeschlacht von Lissa (1866), Admiral Wilhelm von Tegetthoff, am Praterstern (Abb. links) basiert auf einer engen Zusammenarbeit zwischen Bildhauer und Architekten. Es ist ein ungewöhnliches Monument, das den Helden auf einer hohen Säule stehend darstellt. Seine Haltung erinnert an den Seemann auf der Kommandobrücke, der nichts von seiner näheren Umgebung wahrnimmt und im Begriffe ist, etwas in der Ferne Erspähtes mit dem Fernrohr genauer zu betrachten. Die Anspielung an die Gedenksäule für Admiral Nelson am Londoner Trafalgar Square (William Railton, 1839/49) ist evident, wird aber vom Architekten Carl von Hasenauer erweitert: Er durchbricht den Säulenschaft mithilfe von paarweise angeordneten Schiffsbugen, deren stilisierte Rammsporne auf die Taktik des Rammstoßes anspielen, durch den Tegetthoff die österreichische Flotte 1866 über den italienischen Feind siegen ließ. Allegorische Figuren wie Bellona und Victoria, Seepferde als Begleiter Neptuns sowie ein Tropaion an der Basis des Monuments glorifizieren in traditionell barocker Weise den Waffenruhm des Helden.

Rudolf Weyr, Theodor Friedl und Victor Tilgner

Gleichzeitig mit den strengen historischen Vorgaben der Architekten setzte sich im Laufe der siebziger Jahre ein freierer Umgang mit den plastischen Formen durch. Er verlieh der Skulptur eine malerische Note und führte schließlich zu Lösungen im Stil des Neobarock beziehungsweise des Neorokoko. Diese Befreiung von einengenden stilistischen Reglements ließ den Bildhauer endlich selbstbewußt seine eigene »Handschrift« einsetzen. Von großer Bedeutung für die künstlerische Entwicklung dieser Jahre war die Wiener Weltausstellung des Jahres 1873, und dabei insbesondere der Eindruck, den die Werke des französischen Bildhauers Gustave Deloye hinterließen. Der eigentliche Wegbereiter für den Neobarock in Wien aber war ein Maler: Hans Makart. Sein Lebensstil, sein Atelier und seine Bilder ebneten

Rudolf Weyr
Die Hochzeit von Bacchus und Ariadne, vollendet 1882
Attikafries über dem Mittelportikus des Burgtheaters, Marmor

Theodor Friedl
Amor und Psyche
Marmor, H: 193 cm
Österreichische Galerie Belvedere

dem sinnlichen Reiz der malerisch bewegten Form den Weg.

Es war eines seiner Gemälde, *Der Triumph der Ariadne*, das bald nach seiner Entstehung den Bildhauer Rudolf Weyr anregte, dieses Thema in einem Hochzeitszug zu paraphrasieren und als Relief zu gestalten: 1882 wurde es vollendet und ziert seither den Attikafries des Burgtheaters (Abb. oben). Ariadne und Bacchus sind auf ihrem Wagen dargestellt, umgeben von Musik- und Tanzszenen sowie vom sinnlichen Getändel zwischen Nymphen, Kentauren und Eroten. Im Detail griff Weyr auf einschlägige Vorlagen in der Malerei und der Skulptur zurück und übernahm ungeniert Motive, unter anderem von Rubens, Coreggio und diversen Raptusdarstellungen.

Weyr war einer der kraftvollsten Vertreter des Neobarock bzw. Neorokoko in Wien. Neben den Reliefs am Grillparzer-Denkmal ist vor allem der 1895 entstandene Brunnen am Michaelertrakt der Hofburg zu nennen, der die *Herrschermacht Österreichs zur See* symbolisieren sollte (Abb. rechts). Er ist als Gegenstück zur *Herrschermacht Österreichs zu Lande* von Edmund Hellmer entstanden, im Aufbau aber organischer und erzählerischer. Auch Weyr bezieht sich auf den »Tegetthoffschen Rammstoß«: Mit Wucht scheint das Boot aus dem Gebäude herauszubrechen, überrascht die lagernden Figuren am Gestade und reißt die bösen Mächte in die Tiefe. Obwohl die Komposition von Hellmer dramatisch bewegt und detailreich ausgebildet ist, blockieren der schichtweise Aufbau und die statische Haltung der bekrönenden Figur einen gleichwertig dynamischen Effekt.

Rudolf Weyr
Österreichs Herrschermacht zur See, 1895, Marmor
Hofburg, Michaelerplatz

Vielseitiges Talent kann auch Theodor Friedl zugesprochen werden, der die beiden *Roßbändiger* am Maria Theresien-Platz entwarf. Aber erst der direkte Vergleich zwischen der Gruppe *Amor und Psyche* (Abb. S. 265) in der Österreichischen Galerie im Oberen Belvedere, die in ihrer Feingliedrigkeit und Bewegtheit dem Stile Antonio Canovas nachempfunden ist, und den leuchtertragenden Putten im Stiegenhaus desselben Gebäudes, deren barocke Form und Gebärde sich harmonisch in den architektonischen Rahmen einfügen, vermögen seine Beweglichkeit und Anpassungsfähigkeit überzeugend zu erklären.

Das stärkste Selbstbewußtsein unter den Bildhauern dieser Zeit hatte Viktor Tilgner. Schon die sechs Portraitbüsten, mit denen er auf der Wiener Weltausstellung vertreten war – darunter eine der berühmten Schauspielerin Charlotte Wolter – brachten ihm hohe Anerkennung; von wesentlicher Bedeutung für seine Entwicklung aber waren die Werke Gustave Deloyes. Durch sie fühlte er sich auf seinem Weg bestätigt und zugleich dazu angeregt, die bewegte Linie gezielt einzusetzen, mit Licht und Schatten zu arbeiten und dadurch das einfarbige Material mit einer Vielzahl von »Farbtönen« zu beleben. In der Folge entstanden die aktionsreichen, für Nischenfiguren jedoch allzu selbständigen Skulpturen am Erdgeschoß der Fassade des Wiener Burgtheaters und ein Teil der Figuren in den Fensterzwickeln. Bei der Brunnengruppe im Volksgarten, die den *Raub einer Najade durch Triton* darstellt (Abb. links), ist der sinnliche Reiz der Oberfläche durch die bewegte Aktion ins Höchstmaß gesteigert. Dem kraftvollen Zupacken des männlichen Meereswesens steht in ebensolcher Intensität das Sich-Wehren der Frau gegenüber, ein Motiv, das sich durch die entgegengesetzten Blickrichtungen in sich selbst fortführt. Krause sieht hier ein Detail in Makarts Gemälde *Triumph der Ariadne* paraphrasiert.

Das Thema der Raptusdarstellungen war in Wien allgemein sehr beliebt, man denke an die barocken Gruppen im Garten des Palais Schwarzenberg. Die Idee zur Brunnengruppe entstand jedenfalls während oder nach der Italienreise, die Tilgner 1874 gemeinsam mit Hans Makart unternahm. Daß sie zur Ausführung kam, verdankte der Bildhauer einem Zufall: Kaiser Franz Joseph sah das Modell 1875 bei einem Besuch in Makarts Atelier und beauftragte den Bildhauer sogleich mit der Fertigung. Nach der Präsentation 1878 auf der Weltausstellung in Paris wurde der Brunnen 1879 im Volksgarten aufgestellt. Im Œuvre Tilgners ist eine große Anzahl von unterschiedlichen Brunnenformen anzutreffen, die er für Wien, Preßburg und Bad Ischl, um nur einige wenige zu nennen, ausführte. Bekannt aber wurde er durch das Mozart-Denkmal, das sich heute im Burggarten befindet.

Daneben beschäftigte sich Tilgner auch weiterhin mit der Portraitplastik, wo er sein großes Talent zu einer lebensvollen Oberflächenbehandlung

ABBILDUNG GEGENÜBER:
Viktor Tilgner
Triton- und Najade-Brunnen im Volksgarten, 1875–77, Marmor

immer gezielter einsetzte. Dazu kam der »psychologische Blick« und »die Gabe intuitiver Erfassung und Durchdringung der darzustellenden Individualität«, die ihm sein Zeitgenosse Berggruen zugestand. Bestätigt wird dieses Urteil in der Portraitbüste Anton Bruckners, die drei Jahre nach Tilgners Tod 1899, durch einen adorierenden weiblichen Genius von Franz Zerritsch erweitert, im Stadtpark als Denkmal Aufstellung fand. Interessanter als das ausgeführte Werk ist das Gipsmodell (Abb. rechts): Der Kopf des Komponisten, den Tilgner mit Sicherheit aus eigener Anschauung wiedergab – Bruckner starb 1896 –, ist realistisch durchgebildet, kein Zentimeter wurde dabei einer verklärenden Schönung geopfert. Wahre Schönheit zeigt sich in dem alten Gesicht jedoch durch die Inspiration, die sich im leicht gehobenen Haupt und in dem in die Ferne gerichteten Blick äußert.

Viktor Tilgner
Anton Bruckner, 1891/92
Gips
Historisches Museum der Stadt Wien

Gedenkstätten für Musiker und Dichter

Wie bereits angedeutet wurde, veränderten sich in diesen Jahrzehnten die Inhalte von Denkmälern grundlegend. Ab den sechziger Jahren bestimmte nicht mehr der Hof allein den Denkmalkult, sondern das Bürgertum griff aktiv in die Gestaltung mit ein. Das erste Denkmal für eine Persönlichkeit aus dem nichthöfischen und nichtmilitärischen Bereich war dem Komponisten Franz Schubert gewidmet (Abb. links). Die Initiative dazu ging vom Wiener Männergesangs-Verein aus, der den Bildhauer Karl Kundmann mit einer »Porträtstatue Schubert's im strengsten Sinne des Wortes« betraute. Kundmann entwarf den Musiker beim Komponieren, in einem Lehnstuhl sitzend. Er ist in der Kleidung seiner Zeit wiedergegeben und lauscht mit in die Ferne gerichtetem Blick einer inneren Stimme, einer neuen Melodie. Die starke Portraitähnlichkeit verdankt der Bildhauer dem Maler Moritz von Schwind, der das Gesicht des Freundes bei einem Atelierbesuch rasch in einer Gipsplatte skizzierte.

Karl Kundmann
Denkmal für Franz Schubert
Marmor, Stadtpark

Mit dem Schubert-Denkmal war der Typus des schlichten Monuments entwickelt, dessen Attraktivität von der künstlerischen Qualität der Portraitskulptur bestimmt war. Dies galt auch für das Denkmal für Josef Haydn von Heinrich Natter vor der Mariahilfer Kirche. Reliefs oder Inschriften am Sockel – bei Schubert symbolisieren sie die Phantasie der Tonkunst, die Instrumental- und die Vokalmusik – wurden mitunter als inhaltliche Abrundung beigefügt. Daneben entwickelte sich, nach dem Vorbild der Herrschermonumente, die Darstellung des Künstlers mit begleitenden Figuren und Allegorien. Das Schiller-Denkmal des Dresdners Johannes Schilling (1876) ist das erste bürgerliche Monument dieser Art auf Wiener Boden. Schillers »Begleiter« sind jedoch nicht Allegorien im herkömmlichen Sinn, vielmehr handelt es sich um Vertreter verschiedener Bevölkerungsschichten, denen die Werke des Dichters zur Erbauung dienten.

Detail des Beethoven-Denkmals: Prometheus

Das Beethoven- und das Maria Theresien-Denkmal von Caspar von Zumbusch

Als das großartigste Künstlermonument Wiens gilt das Denkmal für Ludwig van Beethoven von Caspar von Zumbusch, das 1880 enthüllt wurde (Abbn. oben). Noch im Jahr der Weltausstellung war der aus Westfalen stammende Künstler damit beauftragt worden, doch schon bald nach der Fertigstellung des Entwurfs wurde Wien durch die Wirtschaftskrise erschüttert, was eine Ausführung vorerst unmöglich machte. Erst das hilfreiche Eintreten Franz Liszts, der aus diesem Anlaß am 50. Todestag Beethovens (16. März 1877) ein letztes Mal öffentlich auftrat und den Reinertrag dieses Konzertes dem Denkmalfond zur Verfügung stellte, sicherte die Finanzierung.

Beethoven sitzt auf einem hohen Postament und gewinnt durch die übergroße Dimension und die realistische Gestaltung unglaubliche Präsenz. Die selbstbewußte Haltung und das forsch blickende (portraitgetreue) Gesicht verdeutlichen das Genie, das seinen Kompositionen entströmt. Die geflügelte Siegesgöttin mit dem Lorbeerkranz an der Basis des Sockels und Prometheus, Verkörperung des heroischen Elements in den Tondichtungen, ordnen sich zwar naturgemäß der Gesamterscheinung unter, sind aber dennoch formvollendet modelliert.

Besonders eindrucksvoll erscheint der schmerzvoll verzerrte Körper des Prometheus mit dem Adler an der Brust. Der Reigen von neun anmutigen Kindergestalten, Verkörperungen der Symphonien, rundet das Programm des Denkmals ab und schließt die Figuren auf den beiden unterschiedlichen Ebenen zu einem Ganzen zusammen. Dabei bliebe zu bemerken, daß für eine treffende Charakterisierung des Komponisten die Hauptfigur alleine ausreichend gewesen wäre!

NEBENSTEHEND:
Caspar von Zumbusch
Denkmal für Ludwig van Beethoven, 1880, Metallguß

Höheren Bekanntheitsgrad erlangte Zumbusch durch das Denkmal für Kaiserin Maria Theresia zwischen dem Kunsthistorischen und dem Naturhistorischen Museum (Abbn. links und gegenüber). Das Standbild wurde 1874 entworfen, also unmittelbar zur selben Zeit wie das Beethoven-Denkmal. Für das Programm dieses Monuments, das, vermutlich nach dem Vorbild des Denkmals für Friedrich den Großen von Christian Daniel Rauch in Berlin, eine Vielzahl von bedeutenden Persönlichkeiten der Zeit vereinigt, zog der Bildhauer die zehnbändige Biographie Maria Theresias von Alfred Ritter von Arneth heran. Zeitgenössischen Berichten zufolge plante Zumbusch, die Monarchin ursprünglich in Begleitung von ruhelos sprengenden Pferden wiederzugeben.

Reiterdarstellungen akzentuieren auch im ausgeführten Werk die Ecklösungen des Monuments, sie zeigen die vier großen Feldherren der Kaiserin, Daun und Laudon, die Helden aus dem Siebenjährigen Krieg, sowie Khevenhüller und Traun, doch ist ihr Bewegungsfluß in einem ruhigen Schreiten gebändigt. Offensichtlich kam diese Variante dem imperialen Denken in Wien näher – man denke an die Reiterstandbilder für Joseph II. und Schwarzenberg sowie an jene von Erzherzog Albrecht (1888/89) und von Radetzky (enthüllt 1892), die beiden letzteren von Zumbusch.

Caspar von Zumbusch
Denkmal für Kaiserin Maria Theresia, 1887, Metallguß
Frontalansicht (links)
Seitenansicht (gegenüber)

DEN DENKMALERN DER KUNST UND DES ALTERTHUMS
KAISER FRANZ JOSEPH I.
MDCCCLXXX

Denkmal für Franz Grillparzer im Volksgarten, 1889, Detail

Die Monarchin (Abbn. S. 268/69) thront auf einem hohen, gegliederten Sockel und hält in ihrer Linken die Pragmatische Sanktion, jenen von ihrem Vater Karl VI. ausgehandelten Vertrag, der ihr die Erbfolge sicherte. Die Seiten des Postaments, dessen Ecken durch gekuppelte Säulen akzentuiert sind, zeigen teils als Freiplastik, teils als Hochrelief, berühmte Zeitgenossen aus Politik, Wissenschaft und Kunst. Zur monumentalen Gestaltung des Denkmals ist anzumerken, daß es den ursprünglichen Plänen zufolge eine zentrale Position am sogenannten »Kaiserforum« behaupten sollte, jenem von Gottfried Semper projektierten, großangelegten Platz, der die Hofstallungen mit der Hofburg baulich vereinen sollte.

Das Grillparzer-Denkmal im Volksgarten

Einen für Wien neuen Typus von Gedenkstätte stellte das 1889 errichtete Denkmal für Franz Grillparzer (Abbn. links oben und unten) dar: In dem am Ring gelegenen Volksgarten nimmt es eine Breitseite des Rosengartens ein und kommt hinsichtlich seiner architektonischen Gestaltung einer »epischen Würdigung« des Dichters gleich. Es ist ein Werk des Architekten Carl Hasenauer und der beiden Bildhauer Carl Kundmann (Grillparzer) und Rudolf Weyr (Reliefs). Ihre Zusammenarbeit kam durch die Unentschlossenheit des Denkmalkomitees, das sich bei der Vergabe des Auftrags nicht einigen konnte, zustande. Anders als bei den bisher besprochenen Denkmälern, die die geehrte Person entweder stehend oder sitzend, auf einem hohen, niederen, quaderförmigen, geschwungenen, reliefverzierten oder mit Allegorien besetzten Sockel präsentieren, sitzt die Hauptfigur hier im Zentrum zweier sich im Halbrund nach vorne schwingenden, flach gedeckten Seitenflügeln. Die architektonische Form erinnert an die Apsis einer Kirche, aber auch die Position des Dichters in der Kathedra kommt einer sakralen Adoration gleich, die nur mit der hohen Wertschätzung des Dichters im 19. Jahrhundert erklärt werden kann.

Die an den Seitenwänden in Stein geschnittenen Szenen aus Werken des Dichters (links: *Die Ahnfrau, Der Traum ein Leben, König Ottokars*

ABBILDUNG GEGENÜBER:
Edmund Hellmer
Denkmal für Johann Wolfgang von Goethe am Opernring, 1900 Metallguß

Karl Kundmann, Rudolf Weyr, Carl von Hasenauer
Denkmal für Franz Grillparzer im Volksgarten, 1889, Marmor

Glück und Ende; rechts: *Sappho, Medea, Des Meeres und der Liebe Wellen*) sind vorzügliche Arbeiten Rudolf Weyrs. Unmerklich läßt er die Darstellungen von teilweise fast vollplastisch vor die Oberfläche geblendeten Figuren ins Flachrelief übergehen, wo eine zusätzliche Erweiterung des Raumes durch perfekt geführte perspektivische Verkürzungen mithilfe von kalligraphischen Einkerbungen erreicht wird.

Die dem Grillparzer-Denkmal eigene inhaltliche Breite bleibt eine solitäre Erscheinung innerhalb der Gedenkstätten Wiens. Als vorbildhaft sollte sich hingegen die Architektur erweisen: Dies verdeutlichen etwa das Monument für Strauß und Lanner im Wiener Rathauspark (F. Seifert, R. Oerley, 1905) oder das Denkmal für Kaiserin Elisabeth im Volksgarten (H. Bitterlich, F. Ohmann, 1907), das durch die Erweiterung durch Rosenhecken und Teich bereits als Denkmalhain (Krause) zu bezeichnen ist. Auffallend hierbei ist die Wahl des Ortes am Randbereich einer Grünzone, wodurch dem Gedenken ein intimer, stiller Charakter verliehen wurde.

Das Goethe-Denkmal von Edmund Hellmer

Am Ende der Betrachtungen über die Entwicklung der Skulptur im 19. Jahrhundert steht ein letztes Mal Edmund Hellmer, jener Bildhauer, dessen Arbeiten wir bereits am Parlament und anhand des Brunnens am Michaelerplatz kennenlernen konnten. Er soll als Beispiel für die Wandlungsfähigkeit des Künstlers in der zweiten Jahrhunderthälfte herangezogen werden; gleichfalls steht er aber auch für die hohe handwerkliche bzw. künstlerische Qualität, die gerade in diesen Jahrzehnten der Stilvielfalt vom Bildhauer mitunter eine außerordentliche Fähigkeit zur Anpassung, vielleicht sogar zur Unterwerfung, forderte. Mit dem Goethe-Monument (Abb. rechts), das im Jahr 1900 am Ring enthüllt wurde, betrat Hellmer selbstbewußt das neue Jahrhundert: Über einem mäßig hohen, kaum profilierten Sockel sitzt Goethe in einem Lehnstuhl. Es ist jedoch keine repräsentative Haltung, die der Dichter einnimmt, vielmehr ruht er bequem, wie in einer Diskussion mit Freunden. Häuslichkeit verrät auch die leicht verschobene Decke unter seinem Leib und der bequeme Überrock. Es ist somit die menschliche Seite, die hier an der verehrten Person hervorgekehrt wird. Natürlich gab es bereits vor der Ausführung vehemente Gegner, die dem Entwurf Hellmers »banale Mittelmäßigkeit« vorwarfen und eine Ausführung im Sinne des Neobarock favorisierten. Darüberhinaus sah man in der naturalistischen Auffassung des Künstlers den Geist Goethes nicht ehrfurchtsvoll genug charakterisiert. Die zustimmende Kritik nach der Enthüllung bestätigte Hellmer letztendlich in seinem Naturalismus; in ihm wurde zugleich eine Entwicklung vorausgesagt, die die Gestaltung der menschlichen Figur in den folgenden Jahren erfahren sollte.

Barbara Borngässer

Architektur von der Jahrhundertwende bis zur Gegenwart

Von der Jahrhundertwende bis zum Ende der Monarchie

»Laß besingen dich, du künftig Wien«, so lautete der Auftakt eines Walzers, den Johann Strauss 1891 vor begeistertem Publikum intonierte. Seine Komposition huldigte »Groß-Wien«, welches kurz zuvor, am 19. Dezember 1890, durch einen Federstrich Kaiser Franz Josephs I. das Licht der Welt erblickt hatte. Per Dekret hatte dieser die Eingemeindung der Vororte und das Kommunalstatut der Donaustadt bestätigt. Sie zählte nun knapp 1,5 Mio. Menschen und umfaßte 178 km² Terrain. Mit der Ausdehnung ging ein tiefgreifender Wandel in der gesellschaftlichen Struktur einher, der die Voraussetzungen für den Aufschwung und die kulturelle Innovationskraft der Donaustadt lieferte. Wien, die kaiserliche Residenz, schickte sich an, mit Paris, Berlin und London zu rivalisieren; die Reibungen, die diesen Prozeß begleiteten, erhoben das Wiener Fin de Siècle zum Mythos.

Die Zeitspanne zwischen der Jahrhundertwende, dem Ausbruch des Ersten Weltkriegs und dem Ende der Monarchie war in der Tat eher eine Epoche der Widersprüche als die eines heiteren Festes. In die Walzerklänge mischten sich schrille Töne: Eine tiefe Verunsicherung hatte alle Gesellschaftsschichten ergriffen. Sie nährte sich aus der Ungewißheit über die Zukunft der Doppelmonarchie und aus dem Unmut über soziale Mißstände, Glaubens- und Nationalitätenkonflikte. Die »gute alte Zeit« und ihre Moral waren vergangen, die neue bot keinen Halt. Bezeichnenderweise entluden sich die Spannungen, die den Alltag im Schmelztiegel Wien bestimmten, in einer Art »künstlerischem Gewitter«; die brisante Mischung aus elegischer Weltflucht und enthusiastischem Erkenntnisdrang, aus schwermütiger Dekadenz und berstender Energie, aus Sinnlichkeit und Materialismus setzte ungeahnte Kräfte frei.

Die politischen Verhältnisse

Die Euphorie der Gründerzeit, während der sich die Residenz in eine liberale Stadt verwandelt hatte, war längst verflogen. Die Arbeiter in den rasch wachsenden Vorstädten lebten unter katastrophalen Bedingungen. Der Zuzug slawischer Familien alarmierte die »germanische« Bevölkerung, aufgrund der Sprachenverordnungen des Ministerpräsidenten Graf Badeni kam es 1897 zu schweren Unruhen. Als Zeitbombe erwies sich der aufkeimende Antisemitismus: Die vorwiegend aus den Sudeten und Ungarn stammenden Juden nahmen schnell Schlüsselstellungen im merkantilen und kulturellen Bereich ein; man bezichtigte sie kapitalistischer Machenschaften. Der österreichische Adel hingegen versagte sich jeder Neuerung. Er verschloß sich dem aufstrebenden Bürgertum, welches sich seinerseits durchaus geneigt zeigte, dem Lebensstil der Aristokratie nachzueifern.

In der Folge versuchten die so auf vielfältige Weise machtlosen Schichten, durch die Gründung von Massenparteien an Einfluß zu gewinnen. Die damit verbundenen Auseinandersetzungen gewannen zunehmend an Radikalität. Einen besonderen Eklat löste die Wahl des antisemitischen Katholiken Karl Lueger (Abb. gegenüber) zum Bürgermeister aus: Der Kaiser hatte zunächst die Zustimmung zu seiner Amtseinsetzung versagt, mußte aber schließlich dem Druck der Menge nachgeben. Lueger konnte mit sei-

Wilhelm Gause
Ball der Stadt Wien, 1904, Aquarell
Historisches Museum der Stadt Wien

Sigmund Freud im Jahre 1912

A. Mayerhofer
Karl Lueger, Bürgermeister in Wien zwischen 1897–1910
Gemälde von 1902
Historisches Museum der Stadt Wien

nem christlich-sozialen Konservativismus auf den Rückhalt des Kleinbürgertums vertrauen, das in ihm einen charismatischen Verteidiger gegen »die (jüdischen) Kapitalisten« sah. Zugute halten muß man, daß ihm in kurzer Zeit zahlreiche infrastukturelle Verbesserungen gelangen, die freilich die Stadtkassen arg belasteten: Am 31. Oktober 1899 konnte er das »Central-Gaswerk« am Simmering eröffnen, wenig später folgte an gleicher Stelle ein Elektrizitätswerk, das neben der Straßenbeleuchtung Strom für ein ausgedehntes Straßenbahnnetz produzierte. Soziale und karitative Einrichtungen, die Schaffung eines »Grüngürtels« zur Erholung der Bevölkerung, gingen ebenfalls auf seine Initiative zurück.

Die Situation der Arbeiter änderte sich durch diese Maßnahmen allerdings kaum. Für das geistige Klima der Stadt erwies sich Luegers Antisemitismus und Klerikalismus als fatal. Viele Intellektuelle und Künstler, etwa Sigmund Freud, Arthur Schnitzler, Arnold Schoenberg oder Ludwig Wittgenstein, waren Juden, die sich vollends in Wien assimiliert und durch Bildung und Unternehmergeist Eingang in die gehobenere Gesellschaft gefunden hatten. Sie, die sich seit langem als »dazugehörig« empfanden, ja entscheidend zum Ansehen Wiens beigetragen hatten, fühlten sich nun desillusioniert. Diesem Hintergrund entsprang unter anderem die Forderung Theodor Herzls nach der Gründung eines eigenen Judenstaats, die er 1896 in seinem programmatischen Werk manifestierte. Auch in anderen Bereichen verhärteten sich die Positionen: Es konnte kein Zweifel mehr bestehen: Die Ära des Liberalismus war endgültig zu Ende.

Die Jahre zwischen 1910 und 1918 sahen das apokalyptische Ende der Habsburger-Monarchie. Blutige Massendemonstrationen gegen Teuerung und Wohnungslosigkeit waren an der Tagesordnung; Attentate und Affären erschütterten die demokratischen Reformen. Mit der Ermordung des Thronfolgerpaars am 28. Juni 1914 in Sarajewo zerbrachen auch die letzten Hoffnungen auf Stabilität. Einen Monat später unterzeichnete Kaiser Franz Joseph unter frenetischem Jubel der Bevölkerung die Kriegserklärung an Serbien. Noch ahnte niemand, daß er damit den 1. Weltkrieg auslösen sollte und Österreich-Ungarn vor dem Ruin stand. Als der Kaiser am 21. November 1916 starb, übernahm sein Sohn Karl I. die Staatsgeschäfte. Auch er konnte die Monarchie nicht mehr retten, die fremdsprachigen Nationen lösten sich vom Hause Habsburg. Am 12. November 1918 wurde die Republik Deutsch-Österreich ausgerufen.

»Kunst als Surrogat des Handelns«

In der Zeit der Jahrhundertwende wurden nicht nur in gesellschaftspolitischer Hinsicht die Weichen für die kommenden Dekaden gestellt, Kunst und Kultur unterlagen in gleichem Maße tiefgreifenden Veränderungen: Während sich das Bürgertum in der Regierungszeit Luegers in vermeintlicher Sicherheit wiegte, reagierten Liberale und Intellektuelle äußerst sensibel auf den allgegenwärtigen Stimmungsumschwung. Zogen sich die einen in Melancholie, Moralismus und Selbstmitleid zurück, so sahen die anderen die Lösung all ihrer Fragen in der Ästhetisierung des Lebens und der Hingabe an die Kunst. Hier, auf dem Terrain der Kultur, konnte sich das Großbürgertum zudem in seinem Habitus der Aristokratie angleichen. »Das Leben der Kunst wurde ein Surrogat für das Handeln. Und je mehr sich das politische Handeln als vergeblich erwies, desto stärker wurde die Kunst zu einer Religion, der Quelle des Sinns und der Nahrung der Seele« (Carl E. Schorske). Von hier ist es nicht weit zu dem bereits erwähnten Sigmund Freud (Abb. links), dessen Werk den Hintergrund zum Verständnis seiner Epoche liefert. Freuds »Traumdeutung« erschien erstmalig im Jahre 1900, in einer Zeit, als die Avantgarde die traditionellen Strukturen endgültig zu bannen vermochte.

Ästhetik und Philosophie, Architektur und Städtebau, Musik, Bildende Kunst, Literatur und Theater, alle Künste waren in diesen Jahren von einer schöpferischen Unruhe ergriffen. Die »Secession« trat 1897 mit ihrer Forderung nach künstlerischer Durchdringung des gesamten Lebens, nach Einheit von reiner und angewandter Kunst, an die Öffentlichkeit. Nur drei Jahre später sollte die Bewegung Österreich auf der Pariser Weltausstellung vertreten. Ebenfalls 1897 erschien »Ver Sacrum«, eine luxuriös »gestylte« Zeitschrift, die die Idee vom Gesamtkunstwerk propagierte. Aufgrund ihrer aufwendigen Produktion erreichte sie jedoch nur einen geringen Publikumskreis und mußte schon 1903 wieder eingestellt werden. Als erfolgreicher erwies sich die im gleichen Jahr erfolgte Gründung der »Wiener Werkstätten«, deren sachlich-eleganter Stil bis in die dreißiger Jahre das Design prägte.

Reinhold Völkel
Im Café Griensteidl, 1896
Aquarell, Historisches Museum der Stadt Wien
Das Café Griensteidl am Michaelerplatz avancierte um die Jahrhundertwende zum beliebten Literaten- und Politikertreff. Wegen der hochtrabenden Unterhaltungen, die dort geführt wurden, tauften Spötter das Etablissement »Café Größenwahn«.

Die literarischen Künste

Unmittelbarer manifestierte sich die Suche nach neuen Werten in anderen Medien, im Volkstheater etwa, das seit jeher als Seismograph der Wiener Befindlichkeit taugte, sowie in der Literaturszene, die sich dank der Institution des Caféhauses großer Lebendigkeit erfreute. Das Café, das den Salon früherer Zeiten abgelöst hatte, diente als Literatentreff, Ideenbörse, als Bühne und Jahrmarkt der Eitelkeiten – nicht umsonst trug das Griensteidl den Beinamen »Café Größenwahn« (Abb. S. 273). Hier erblickten neue Trends das Licht der Welt, hier wurde kommentiert, gefachsimpelt und verrissen. Ein anderes Kommunikationsmedium waren die Kulturzeitschriften, die ab 1890 in großer Zahl begründet wurden. Neben dem bereits genannten »Ver Sacrum« sind zu erwähnen die »Moderne Dichtung«, die der Schriftstellergruppe »Jung Wien« als Sprachrohr diente, sowie ab 1899 »Die Fackel«, in der der Kritiker Karl Kraus das Zeitgeschehen und die Wiener Literatur bissig kommentierte.

Die Dichtkunst des Fin de Siècle oszillierte zwischen dem Einfluß Nietzsches, zwischen Symbolismus und Naturalismus. Titel wie »Der Tod des Tizian«, »Der Tor und der Tod« (Hugo von Hofmannsthal, 1892 und 1899), »Der Garten der Erkenntnis« (Leopold von Andrian, 1895), »Der Ruf des Lebens«, »Der Weg ins Freie« (Arthur Schnitzler, 1905 und 1908) charakterisieren die Themen, die die junge Generation von Literaten beschäftigten und bedrängten. Ästhetizismus und Hedonismus, Todessehnsucht und zur Schau getragene Dekadenz gehörten zum Habitus des »Schöngeistes«.

Hugo von Hofmannsthal und Arthur Schnitzler schilderten alle Schattierungen dieser gefühlsbetonten und selbstbezogenen Gesellschaft. Beide verband das Bewußtsein um den Zerfall der alten Ordnung und die Erkenntnis, daß der Mensch von Trieben und Gefühlen bestimmt sei. Gleichwohl zogen sie daraus völlig unterschiedliche Konsequenzen: Während Hofmannsthal, »der junge Narziß«, seinen Charakteren Hilfestellung zur Findung und Kultivierung ihrer selbst lieferte, erwies sich der stärker soziologisch orientierte Schnitzler eher als ironischer Beobachter und Analytiker tragischer Schicksale. Anders als Freud, dem er innerlich sehr nahe stand, sah er jedoch keine Befriedigung in der Erkenntnis des Ichs.

Hatte die »Wiener Dekadenz« mit all ihren Äußerlichkeiten die Literatur bis zur Jahrhundertwende bestimmt, so wandte sich die kommende Generation stärker dem inneren Monolog, der Analyse persönlicher Krisen und deren soziologischer Wurzeln zu. Robert Musils »Mann ohne Eigenschaften« und Stefan Zweigs »Jeremias« (1917 bzw. 1918) sind Zeichen eines veränderten Realitätsbewußtseins.

Musik

Nachhaltig erschütterte der Zeitenwechsel die etablierte Musikszene der Donaumetropole. Hatten sich schon an Bruckner und Brahms die Geister geschieden, so erregte umso mehr das Genie des sendungsbewußten Gustav Mahler die Gemüter. Seine zehnjährige, nicht unumstrittene Tätigkeit in Wien als Leiter der Hofoper begann just in dem Moment, als Bruckner und Brahms 1896 respektive 1897 starben. Als Komponist symphonischer Dichtungen und Interpret Wagners eröffnete Mahler einer ausdrucksbetonten Musiksprache den Weg.

Die eigentlichen »Neuerer« jedoch waren Arnold Schoenberg und seine Schüler Alban Berg und Anton von Webern. Sie leiteten den entscheidenden Umbruch zur Musik des 20. Jahrhunderts ein. Schoenbergs Zwölftonmusik, Bergs komprimierte, oft nur Sekunden dauernde Orchesterstücke, etwa der dramatische »Wozzeck«, schockierten das Publikum und erlangten erst spät und eher außerhalb Österreichs die gebührende Anerkennung. Das Wiener Publikum ergötzte sich an Johann Strauss' Operetten »Die Fledermaus« und »Der Zigeunerbaron« (1874 und 1885) oder an Franz Lehárs »Lustiger Witwe« (1905). Erst spät fand mit den Werken von Richard Strauß, »Salome« und »Der Rosenkavalier« (1905 und 1911), die Moderne Aufnahme in das Repertoire der Hofoper. In den folgenden Jahren zeitigte die Zusammenarbeit von Hugo von Hofmannsthal, Richard Strauss und Max Reinhardt legendäre Bühnenerfolge.

Am Ende der Epoche stand wieder ein Walzer: Ravels »La Valse«, harmonisch beginnend, dann aber in ein Chaos von Klängen mündend, begleitete den Ausbruch des 1. Weltkriegs und das Ende der österreichischen Monarchie.

Architektur und Städtebau

Die facettenreiche Persönlichkeit Otto Wagners (Abb. gegenüber) steht am Wendepunkt zwischen Historismus und Moderne. 1841 geboren, wuchs er geradezu mit der Ringstraßenbebauung auf, studierte in Wien und an der Bauakademie in Berlin, die ihn mit der Architektur Schinkels vertraut machte. Bereits als 23jähriger begann er seine Karriere mit der Errichtung von Mietshäusern, Bankgebäuden und Stadtvillen, darunter sein eigenes, spätromantisches »Rosenhaus«. Diese frühen, in einer »freien Umsetzung« der Renaissance entworfenen Bauten, die in ihm später »das große Kotzen« auslösten, waren nichtsdestotrotz bereits von einem starken Willen zur Klärung und Abstrahierung der Form geprägt.

1892/93 wurde Wagner mit der Durchführung des »Generalregulierungsplans« betraut, der die Anlage der Stadtbahn mit über 30 Bahnhöfen und die Regulierung des Donaukanals samt den dazugehörigen infrastrukturellen Maßnahmen vorsah. Aufgrund dieser Ingenieurs- und Verkehrsbauten und seiner urbanistischen Konzeptionen, mit denen er künstlerisches wie planerisches Neuland beschritt, gelang ihm der Durchbruch in der tief im Eklektizismus wurzelnden Wiener Architekturszene. In den folgenden Jahren avancierte das »Baubüro« Wagners zum Motor der architektonischen Erneuerung. Zu den 70 Mitarbeitern zählten der Entwurfsleiter Joseph Maria Olbrich, ferner Josef Hoffmann, Josef Plecnik, Max Fabiani, Künstler, die als »Wagnerschule« in die Architekturgeschichte des frühen 20. Jahrhunderts eingehen sollten. Bauten wie die Ringbahnstationen, die Nußdorfer Schleuse und die Brücke über die Wienzeile (Abbn. gegenüber) spiegeln Wagners Hauptinteresse wider, das Bemühen um eine klare, zweckbestimmte und fortschrittliche Archi-

ABBILDUNG OBEN:
Otto Wagner
Wienzeilebrücke, 1893–98

ABBILDUNG UNTEN:
Otto Wagner
Nußdorfer Wehr- und Schleusenanlage, 1894

ABBILDUNG GEGENÜBER:
Franz von Bayros
Ein Abend bei Johann Strauß
Wien, Kunstsammlung der Bank Austria AG

tektur, die technische Innovation mit ästhetischer Formgebung und zeitgemäßem Dekor verband. Über Stahl- oder Eisenskelett aufgeführt, leugnen sie weder ihre Funktion noch ihre Konstruktion, auch wenn der technischen Struktur ein symbolistisches »Kleid« übergeworfen wurde. Hinsichtlich dieser Dissonanz von Gerüst und Haut, von Realität und Bedeutung stand Wagner in seinen früheren Werken noch ganz in der Tradition Gottfried Sempers. Dem Standort eines Baus, seiner Einordnung in den urbanistischen, ja historischen Kontext maß Wagner eine entscheidende Bedeutung bei: Nicht zufällig evozieren gerade die Verkehrsbauten Torsituationen oder erhalten, wie die Nußdorfer Schleuse, Signalcharakter.

Aufgrund seines Erfolges wurde Wagner 1894 zum Direktor der Wiener Architekturakademie ernannt, 1896 publizierte er die »Moderne Architektur«, in der er seine architektonischen und urbanistischen Ideen niederlegte. In den Jahren zwischen 1897 und 1899 macht sich in seinen Werken der Einfluß der Secession geltend, deren antiakademischer Haltung er zunächst wohlwollend, dann bejahend gegenüberstand. Ob der üppige Dekor, der nun die klassizistischen Grundstrukturen überlagert, Wagners eigenes Bedürfnis oder eher der Mitarbeit von Joseph Maria Olbrich zuzuschreiben ist, mag dahingestellt bleiben. Jedenfalls sorgte die heute seltsam zwitterhaft wirkende Stadtbahnstation »Hofpavillon«, ein Stahlkuppelbau mit eigentümlichem Gemisch aus imperialen und secessionistischen Motiven, für derart viel Furore, daß ihr eine ganze Nummer der Zeitschrift »Secession« gewidmet wurde.

Freilich sollte es Joseph Maria Olbrich überlassen bleiben, den programmatischen Bau des Secessionsgebäudes zu errichten. Dagegen erscheinen die Wienzeilebauten, zwei benachbarte Wohn- und Geschäftshäuser, wegweisend, und dies nicht nur wegen ihrer Fahrstühle: Zwar überzieht im »Majolikahaus« floraler Dekor die gesamte Fassade, die Jahrhunderte lang übliche Geschoßgliederung, die Rahmung oder Übergiebelung der Fenster ist dagegen aufgegeben. Im Eckhaus Wienzeile 38 ist die klassische Betonung der ersten Etage, des piano nobile, der Heraushebung des gesamten kommerziell genutzten zweigeschossigen Sockelbaus gewichen. Ein entscheidender Schritt im Hinblick auf das moderne Geschäftshaus war damit vollzogen.

Sein wichtigstes Werk schuf Otto Wagner mit der Postsparkasse, deren Gestaltungswettbewerb er 1903 gewann. In dem in zwei Etappen, 1904–07 und 1910–12 ausgeführten Bau erhielt er Gelegenheit, seine Vorstellungen von funktionaler Architektur frei umzusetzen. Das Resultat ist ein revolutionärer Bau aus Stahlbeton, dessen sichtlich vorgehängte Marmorverkleidung fast ironisch das Sempersche Thema der Außenhaut persifliert. Das Innere dominieren die rein funktionalen Installationen der lichtdurchfluteten Schalterhalle, die gläsernen Kontore, die nackten Lampenfassungen, die Warmluftgebläse. Nichts dürfte mehr Wagners Motto »artis sola domina necessitas« (»Notwendigkeit ist die einzige Meisterin der Kunst«) entsprochen haben als dieses noch im Zuge der Ringstraße errichtete Gebäude. Ähnlich konsequent gestaltete Wagner die Steinhofkirche, das Gotteshaus einer Anstalt für psychisch Kranke, für dessen Errichtung er vom christlich-sozialen Bürgermeister Karl Lueger den Auftrag erhalten hatte. Schlichte kubische Formen über griechischem Kreuz verbanden sich hier mit neobyzantinischen Tendenzen, die dem konservativen Katholizismus Luegers entsprachen. Bahnbrechend waren jedoch die dezidiert auf die Bedürfnisse der Kranken abgestimmte Inneneinrichtung Wagners wie deren Gesamtkonzeption, die Glasfenster

Egon Schiele
Porträt Otto Wagners, 1910, Aquarell, Historisches Museum der Stadt Wien

Otto Wagner
Staustufe Kaiserbad, 1906–07

Der Architekt und Designer Josef Hoffmann (1870–1956)

Koloman Mosers und Mosaike Remigius' Geibelings umfaßte. Möblierung und dekorative Ausstattung standen ganz im Dienste der praktischen wie spirituellen Therapie. Nach 1910 verlagerte sich Wagners Interesse auf den Entwurf idealer Stadtanlagen; seine gigantisch-gleichförmigen Projekte lassen jedoch seinen sonst so lebendigen Zugang zur Realität vermissen.

Zum Symbol des architektonischen Aufbruchs wurde, mehr als Wagners rationale Architektur, das Secessionsgebäude, das Joseph Maria Olbrich (1867–1908), der jüngere Mitarbeiter Wagners, 1898 als Ausstellungshalle der Bewegung errichtete. Dieser »Tempel der Kunst«, inspiriert von einer Zeichnung Gustav Klimts, ist ein archaisch anmutender Kubus, der von einer Kuppel vergoldeter Lorbeerblätter überhöht wird. »Der Zeit ihre Kunst – Der Kunst ihre Freiheit« steht in goldenen Lettern über dem Portal. Der sakral-symbolistische Charakter setzte sich im kreuzförmigen Entrée und in den »hellen und keuschen« Wänden des Innenraums fort, die, im Hinblick auf die Präsentation der Kunstwerke, flexibel waren. Olbrichs Augenmerk lag, im Gegensatz zu Wagner, jedoch nicht auf der Funktionalität des Baus; sein Anliegen war es, der Kunst ein auratisches Ambiente zu verleihen, in dem die Sensibilität herausgefordert würde. Trotz seines viel beachteten und den Zeitgeist treffenden Baus war Olbrich keine weitere Karriere in Wien vergönnt. Dagegen konnte er in Darmstadt in der Künstlerkolonie Mathildenhöhe ein einzigartiges Gesamtkunstwerk schaffen, das alle Bereiche moderner Kunst beeinflussen sollte.

Der international bedeutendste Schüler Wagners war Josef Hoffmann (1870–1956, Abb. links), auch er, wie Olbrich, Gründungsmitglied der Wiener Secession. Ab 1899 Lehrer an der Kunstgewerbeschule, war er zunächst als Möbeldesigner und Innenarchitekt hervorgetreten. Entscheidende Anregungen für seinen späteren eleganten, klassisch geläuterten Stil empfing er durch die Ausstellung der Werke des Schotten Charles Rennie Mackintosh, die 1900 in den Räumen der Vereinigung gezeigt wurde. Ebenso lieferte ihm die »Arts & Crafts«-Bewegung das Vorbild für seinen umfassenden Kunstbegriff. Die Etablierung der Künstlerkolonie auf der »Hohen Warte«, wie auch die Einrichtung der »Wiener Werkstätten« 1903 waren weitgehend seiner Initative zu verdanken. Hoffmanns erstes bedeutendes architektonisches Werk, das Doppelhaus für Carl Moll und Koloman Moser (1900–01), ist eine Hommage an den englischen Landhausstil. Gleichzeitig wird darin der Versuch unternommen, die üppig »maskierte« Architektur der Jahrhundertwende auf eine künstlerisch hochstehende, edle Schlichtheit zurückzuführen.

Das Sanatorium Purkersdorf (1904–06) darf nicht nur in Wien als erster Höhepunkt einer neuen Ästhetik gelten: Der jüngst vorbildlich restaurierte Komplex ist ein Musterbeispiel an handwerklicher Perfektion und »ehrlicher« Klarheit. Von der Fassade bis zum Besteck entwarfen Hoffmann und sein kongenialer Kollege Koloman Moser jedes Detail im Wunsche, »alle Daseinsäußerungen [künstlerisch] zu durchdringen«. Der Bau selbst gab sich als Manifest modernster konstruktiver Ästhetik: Stahlbetonelemente stützen und decken ganz offensichtlich den geometrischen Bau; die Fassade ziert weißgetünchte Nackheit, einziges Ornament ist ein schmales weiß-blaues Fliesenband. Ausgewogene Proportionen, glatte Linien und schwarz-weißer Dekor sind der alleinige Schmuck der Innenräume, der nur durch sorgfältig ausgewählte Blumengestecke einen Hauch von Zufälligkeit erhielt. Die Kontrolle, die Hoffmann und Moser mit einer derart programmatischen Gestaltungskultur auszuüben gedachten, entsprach dabei ihrem Glauben an eine positive Beeinflussung der Gesellschaft durch die Kunst. Nicht zufällig manifestierte sich deren konsequenteste Umsetzung in einem Sanatorium! Wenige Jahre später schuf Hoffmann in Zusammenarbeit mit Klimt in Brüssel das Palais Stoclet (1906–11, Abb. oben), ein Werk, das im Auftrag eines jungen belgischen Mäzens entstand und den ausführenden Künstlern jede Freiheit erlaubte. Möglicherweise ist es, obwohl fern der Donaumetropole gelegen, das perfekteste Gesamtkunstwerk im Sinne der Wiener Werkstätten. Im Unterschied zu Purkersdorf erscheint die Architektur jedoch weit weniger radikal abstrahiert, mit Marmorverkleidungen und Kupferintarsien sind die Fassaden äußerst delikat und präziös gestaltet.

Auf den Tag gleich alt und von denselben rationalistischen Grundvorstellungen bewegt, gelangte Adolf Loos (1870–1933, Abb. gegenüber) zu völlig anderen Lösungen als Hoffmann. Der Sohn eines Steinmetzes begab sich nach Studien in Wien und

Josef Hoffmann
Brüssel, Palais Stoclet, 1906–11
Hoffmanns bedeutendstes Werk entstand außerhalb Wiens. Der belgische Bankier Adolphe Stoclet hatte Hoffmann sowie den Maler Gustav Klimt und den Möbeldesigner Koloman Moser mit der Gestaltung seines Stadtpalais betraut. Gemeinsam schufen sie ein überzeugendes Gesamtkunstwerk, vielleicht den konsequentesten Bau des Jugendstils überhaupt.

Adolf Loos
Café-Museum, 1899
Graphische Sammlung Albertina
Das für seine Zeit »kühle« Interieur und die Attitüden seiner Besucher trugen dem Caféhaus den Namen »Café Nihilismus« ein.

Adolf Loos und der Dichter Peter Altenberg
Historisches Museum der Stadt Wien

Dresden in die USA, wo er Kontakt zu der sich gerade bildenden Chicago-School aufnahm und besonders von Louis Sullivans funktionalem Stil angezogen wurde. Nach seiner Rückkehr nach Wien 1896 polemisierte er in zahlreichen Artikeln gegen Secessionskunst und Art Nouveau, die Ringstraße nannte er »Potemkinsches Dorf«, der Geschmack des Fin de siècle erschien ihm degeneriert und unkultiviert. Loos predigte einen Purismus, der als Architektur allein die schlichteste Ingenieurs- und Handwerkskunst gelten ließ, lediglich im Kultbau gestattete er künstlerisches (=sentimentales) Dekor. Im Gegensatz zu Olbrich und Hoffmann strebte er nicht nach einer Ästhetisierung des Alltags, vielmehr ging es ihm um die klare Scheidung von Funktion und kreativem Beiwerk. 1903 gründete er die kurzlebige Zeitschrift »Das Andere. Ein Blatt zur Einführung abendländischer Kultur in Österreich«, 1906 eine freie Architekturschule. 1908 publizierte er schließlich seine Schrift »Ornament und Verbrechen«, in der er seine revolutionären Ideen niederlegte.

Es wundert wenig, daß der kompromißlose Adolf Loos nicht zu den beliebtesten und am meisten beschäftigten Architekten seiner Zeit gehörte. Dennoch haben seine auf konstruktive Grundelemente reduzierten Werke den entscheidenden Schritt zur Baukunst der Moderne geleistet. Bereits sein erstes Werk, das Herrenbekleicungshaus Goldman und Salatsch (1898), glänzte durch Abwesenheit jeden Dekors, bestach allein durch edles Material und klare Linienführung. Das Café-Museum (1899, Abb. oben), forderte mit seiner kühlen, nüchternen Inneneinrichtung die Wiener derart heraus, daß sie ihm den Spitznamen »Café Nihilismus« verliehen. Sein eigenes Haus von 1903 steht mit einer gewissen Intimität eher in der Tradition englischer und amerikanischer Landhäuser. Auch die 1907 vollendete edle, in erlesenen Materialien gehaltene Kärtner (oder American) Bar verrät einmal mehr Loos' Affinität zur angelsächsischen Kultur.

Waren diese Arbeiten bislang noch – wenn auch äußerst radikale – Verwirklichungen des Arts & Crafts-Gedankens, so brach Loos um 1910 völlig mit jeder Tradition. Die Fassade des Herrenschneidergeschäfts am Michaeler-Platz löste in der Wiener Gesellschaft einen Skandal aus: Im Angesicht der Hofburg wagte es Loos, auf jedes Oberflächenornament zu verzichten, jede Geschoß- oder Achsengliederung zu negieren und allein die Massenproportion der weißen Mauervolumen und rahmenlosen Fensteröffnungen sprechen zu lassen. Daß der Bau trotz der radikalen Vereinfachung nahezu klassisch mit Sockel, Kranzgesims und Bedachung aufgeteilt ist, daß gerade der Eingangsbereich in geädertem Marmor mit klassizistischen Elementen spielt, interessierte die Zeitgenossen angesichts der sonstigen Kargheit kaum. Auch das Innere gab sich bei aller Zweckdienlichkeit alles andere als schlicht. Im Vergleich zum Palais Stoclet in Brüssel, dem komplexen Gesamtkunstwerk der »Wiener Werkstätten«, wird klar, warum das Michaeler-Haus heftigsten Widerstand, ja bissigsten Spott auslöste: »Die Redseligkeit der spätgründerzeitlichen Fassaden« wurde mit dem »Loos'schen Schweigen« (Achleitner) konfrontiert.

Als bauhistorisch bahnbrechender noch erwiesen sich zwei Stadtvillen, die Loos 1910 bzw. 1912 in Wien errichtete: Haus Steiner und Haus Scheu, die ersten Stahlbetonkonstruktionen ihrer Gattung, trieben die formale Reduktion zum Äußersten: Hier ist selbst auf die Artikulierung von Sockel und Dach verzichtet, schmucklose weiße Kuben staffeln sich in Höhe und Tiefe. Jede »Maskierung« und Hierarchisierung der Fassaden unterbleibt. Bis gegen Ende des Jahrzehnts blieb Loos diesem radikalen Stil treu und legte damit die Wurzeln für die Architektur des Bauhauses.

Neben Loos' avantgardistischen Vorstößen erfreute sich die »Wagnerschule« bis zum Ausbruch des ersten Weltkrieges weiterhin großer Lebendigkeit. Außer Olbrich und Hoffmann waren es vor allem Josef Plecnik (1872–1957) und Max Fabiani (1865–1962), die zu einem eigenen Stil fanden und in Wien mit bedeutenden Bauten hervortraten. Max Fabiani, seit 1894 Mitarbeiter von Otto Wagner, suchte wie dieser funktionelle Klarheit und Ästhetik miteinander zu verbinden. Im Portois & Fix-Haus (1898–1900) tritt die Fliesenornamentik der Fassade an Stelle einer plastischen Binnengliederung, Wohn- und Geschäftsbereich sind streng voneinander getrennt. Im Artaria-Haus (1900–01) betont ein durchlaufender Eisenarchitrav eben diese Zone. Ein ungewöhnliches Pasticcio historischer Bautypen über zweckmäßigem Grundriß ist die 1909–10 errichtete Urania (Abb. rechts). Eigene Wege ging zunächst auch Plecnik, dem jedoch, ähnlich wie Olbrich, in Wien die Anerkennung ver-

Max Fabiani
Urania, 1909–10
Der schiffsbugartige Bau spielt mit barockem Fassadendekor.

Karl Ehn
Karl-Marx-Hof, 1926–30

sagt blieb. Sein Zacherlhaus (1903–05), einem über einem Metallskelett errichteten Geschäftshaus, sind zur Verkleidung der Fassade Granitplatten vorgehängt, die Struktur der Eisen- und Metallarmierungen geben den Gliederungsrhythmus des Äußeren vor; den Dachansatz betonen sinnfälligerweise Atlanten. Plecnik war auch der erste, der in Wien Eisenbetonkonstruktionen im Sakralbau anwandte: In den »Pilzkapitellen« der Krypta der Heiliggeistkirche »auf der Schmelz« sind die Möglichkeiten, die die neuen Techniken boten, konsequent in neue Ausdrucksformen umgesetzt.

Einen grundsätzlich anderen Weg schlug Friedrich Ohmann (1858–1927) ein: Der Schüler des Ringstraßenarchitekten Heinrich von Ferstel war anfänglich überzeugter Anhänger der Secession, wandte sich aber schon bald einem romantischen Neohistorismus zu. Ähnlich wie Wagner wurde er mit der Kanalisierung und Ausgestaltung des Wienflusses betraut (1898), für den er in Höhe des Stadtparks die Randbebauung entwarf. Spätbarocke Architekturkulissen und Jugendstilelemente bilden eine perfekt in die Landschaft integrierte Szenerie. Gänzlich retrospektiv erwies sich Ohmann in seinen Projekten für die Hofburg, mit denen er schließlich scheiterte, sowie in den 1916 entstandenen Umbauungsplänen der Votivkirche, die sich an Camillo Sittes »künstlerischen« Städtebau anschlossen. Wie schnell das Pendel von der Avantgarde in den Historismus zurückschlagen konnte, zeigt sich in der von Max Hegele 1908–1910 errichteten Karl Lueger-Gedächtniskirche: Ganz offensichtlich von Wagners Kirche am Steinhof inspiriert, ist diese jedoch wieder in traditioneller Technik erbaut und spricht mit ihrer kühlen Monumentalität und Formvereinfachung eine pathetischere Sprache. Am deutlichsten wird der Stimmungsumschwung beim Wettbewerb um die Errichtung des Kriegsministeriums faßbar: Gegen die Projekte von Wagner und Loos setzte sich Ludwig Baumann mit einem großsprecherischen, neobarocken Palastentwurf durch.

So überlagerten sich kurz vor Ausbruch des Ersten Weltkriegs – wie auch in zahlreichen anderen Ländern Europas – traditionelle und fortschrittliche Strömungen. Rationalistische und funktionalistische Tendenzen, kompromißlos verkörpert allein durch Adolf Loos, standen dem Gros an konservativen, historisierenden, ja »heimattümelnden« Zeugnissen gegenüber. Es wäre allerdings verfehlt, diese Ambivalenz oder besser den Pluralismus der Wiener Architektur gesellschaftlichen Schichtungen, typologischen Vorgaben oder persönlichen Befindlichkeiten zuzuschreiben. Der Riß ging tiefer, durchzog fast alle künstlerischen Äußerungen der Zeit. So übertrumpfte Wagners Stadtplanung von 1911, zutiefst rationalistisch, an Monumentalität die Ringstraße; der durch Arts & Crafts geweckte, einst »moderne« Bedarf an gediegenem Handwerk vertrug sich problemlos mit lieblicher Folklore, selbst in die puristische Architektur Hoffmans mischten sich nach und nach wieder klassische Elemente. Wagners Zweckarchitektur, Loos' Radikalität und Hoffmanns Ästhetizismus mußten vor dem Ansturm der Realität einer krisenerschütterten Metropole zunächst kapitulieren; ihre Botschaften wurden erst später, im »Neuen Bauen«, oder – um auf die Gegenwart zu verweisen – etwa im Werke Holleins aufgenommen und weiterverarbeitet

Das »Rote Wien« und die Architektur der Zwischenkriegszeit

Nach dem Zusammenbruch des österreichisch-ungarischen Kaiserreiches übernahm die sozialdemokratische Partei die Regierung des Stadtstaates Wien. Ihr vorrangiges Ziel war die Bekämpfung der Wohnungsnot und die Verbesserung der katastrophalen Lebensbedingungen. Bis dato hausten 73% der Bevölkerung in überfüllten Kleinstwohnungen mit völlig unzureichenden sanitären Anlagen. Bereits 1919 wurden die Weichen für ein umfangreiches Siedlungs- und Sozialprogramm gestellt, das in einem Stufenplan die Kontrolle von Mieten, die Neuverteilung von Wohnraum und schließlich die Anlage von Arbeitersiedlungen am Rande der Innenstadt vorsah. Mit diesen Maßnahmen hoffte die sozialdemokratische Partei, der Hauptstadt Österreichs ein neues Image als Arbeiterhochburg zu verleihen und sich gleichzeitig der Unterstützung des Proletariats zu versichern. Zunächst mußten die administrativen Voraussetzungen geschaffen werden; Wien erhielt den Status eines Bundeslandes und damit Steuerhoheit, was für das umfassende Sozialprogramm unabdinglich war. Schließlich entstanden zwischen 1922 und 1934 über 60 000 neue Wohnungen, Kindergärten, Wäschereien, Bibliotheken und Kliniken. Sie verteilten sich auf kleinere, durchgrünte Siedlungen–

ABBILDUNG GEGENÜBER:
André Lurçat
Blockbauten der Werkbundsiedlung, 1930–32

André Lurçat
Kopfbau der Werkbundsiedlung
1930–32

oder auf »Superblöcke«, die bis zu 5000 Menschen aufnahmen. Letztere waren in Wiener Tradition als »Hof« gebildet, ein halboffenes oder geschlossenes Ensemble von Wohnblöcken, Freiräumen sowie sozialen und kommunikativen Einrichtungen. Hygienische Bedingungen und Raumaufteilung entprachen modernem Erkenntnisstand. Der Mietzins für die zwischen 33 und 45 m² messenden Standardwohnungen machte nur wenige Prozente des Lohns aus.

Die gestalterische Konzeption der Höfe, die programmatische Namen wie Karl-Marx-Hof, Bebelhof, Matteottihof etc. tragen, verstand sich als Umsetzung sozialistischer Ideale: Oberste Maxime war Zweckmäßigkeit, eine sich auf das Wesentliche beschränkende Formensprache sowie das Streben nach »demokratischer« Vereinheitlichung des Lebensraumes. Jedoch zeigte sich bereits bei der Planung der Anlagen, daß das architektonische Äquivalent der sozialistischen Arbeiterstadt noch nicht gefunden war: Die Strukturen der am Stadtrand gelegenen Siedlungen sind sämtlich traditionell, sei es, daß sie die Organisation feudaler Palastanlagen übernehmen, sei es, daß sie Camillo Sittes spätromantischen Städtebau reflektieren. Obwohl sich der Wiener Gemeindebau insgesamt mit den Siedlungen der »Amsterdamer Schule« vergleichen läßt, etwa mit Michel de Klerks »Eigen Haard« oder Piet Kramers »De Dageraad« (beide um 1921), so wirkt er doch deutlich traditioneller, ja nahezu ambivalent: Die progressiven Ideen, die ihm zugrunde lagen, gingen nur selten mit einer modernen Bauweise oder mit neuartigen Typologien einher; durchaus bewußt hielt man am hergebrachten Fassadendekor fest. Die expressionistischen Elemente in Karl Ehns Karl-Marx-Hof (1926–30) oder die vergleichsweise nüchtern gegliederten Fronten von Josef Franks Leopoldine-Glöckel-Hof (1931–32) sind eher Ausnahmen: Adolf Loos scheiterte mit dem Versuch, eine Siedlung in Art von Terrassenhäusern anzulegen.

So oszillieren die ausgeführten Siedlungen zwischen »Proletariermonument« und »Volkswohnungspalast«. Der Ringstraße stolz als Arbeiterburgen gegenübergesetzt, arbeiten sie schließlich mit demselben Pathos wie jene. Ihr strukturelles Repertoire ist das der barocken Schloßanlage: Monumentalität, Symmetrie und Axialität, die Hierarchisierung der Gliederungslemente, die Bildung von Ehrenhöfen, schließlich ihre Abgeschlossenheit nach außen. Josef Frank war der einzige, dem die Übereinstimmung der Gebärden auffiel; ihm erschien der Drang nach Repräsentation als Phänomen eines »gesinnungslos gewordenen Kleinbürgertums«.

Die Architekten, die das Bauprogramm des »Roten Wien« Wirklichkeit werden ließen, stammten fast alle aus der Schule Otto Wagners. Zu ihnen gehörten unter anderen Schmid & Aichinger, Rudolf Perco, Robert Oerley, Hubert Gessner und Karl Ehn. Adolf Loos, 1920–22 Leiter des Siedlungsamtes, zog sich später desillusioniert zurück, Josef Frank, die zentrale Figur des Wiener Werkbundes, nahm eine Sonderstellung ein, die ihm bissigen Spott und heftige Kritik an seinen Kollegen erlaubte. Die Wagner-Schule dominierte somit das Baugeschehen, sicher einer der Gründe für die oben diskutierte Traditionalität, zugleich aber auch bester Garant für die professionelle und künstlerisch anspruchsvolle Ausführung der Projekte. Mit komplexen städtebaulichen Aufgabenstellungen vertraut, an eine zeichenhafte Kodierung der Architektur gewohnt, konnten sie mühelos ihre Erfahrungen für neue Ziele einsetzen.

Dies dürfte der Grund sein, warum Wagners visionäres »Artibus«-Konzept von 1880 die Architektur des Wiener Gemeindebaus weitaus mehr prägte, als es etwa die modernen »Gartenstädte« Bruno Tauts oder Otto Haeslers vermochten. Eine revolutionäre Architektursprache war offenbar nicht gefordert, ein ästhetisches Programm nicht vorhanden oder zumindest nicht opportun. Kämpferische Töne stimmten höchstens Margarete Schütte-Lihotzky, die sich mit der Einrichtung in den Wohnungen des »Existenzminiums« befaßte, oder eben Josef Frank an. Dogmatischer Trivialität und hohlem Pathos setzte er individualistische, »zufällig erscheinende« Elemente entgegen.

Freilich gab es auch in Wien Ansätze zu einer expressionistischen Formensprache. Lange bevor Karl Ehn dem Karl-Marx-Hof die charakteristischen Tor-Turm-Motive verpaßte, hatte Clemens Holzmeister mit dem Krematorium auf dem Wiener Zentralfriedhof einen eigenwilligen, die Gegebenheiten des »Genius Loci« interpretierenden Bau geschaffen. Der mittelalterlich wirkende Komplex mit Urnenhain entstand im Auftrag des Arbeiterbestattungsvereins. Mit Ernst Plischkes Arbeitsamt in Liesing (1930), das sich an Vorstellungen Le Corbusiers orientiert, hielt die Moderne Einzug in Österreich. Der Bau ist das wohl bedeutendste Zeugnis des »International Style« in Wien.

Programmatisch Stellung für das »Neue Bauen« bezog die 1930–32 errichtete Werkbundsiedlung. Paradoxerweise geschah dies zu einem Zeitpunkt, als sich totalitäre Kräfte immer mehr der gängigen klassizistischen Formensprache bemächtigten. Unter der Leitung von Josef Frank versammelten sich österreichische wie internationale Architekten, so Gerrit Rietveld, Josef Hoffmann, Adolf Loos, Hugo Häring, André Lurçat. Sie realisierten in der Mustersiedlung in Hietzing ihre Vorstellungen vom Wohnen in Kleinhäusern und scheinbar »gewachsenen« Anlagen. Ganz bewußt wollte man den Höfen des »Roten Wien« eine »humane« Alternative entgegenstellen. Zu den herausragenden Leistungen der Wiener Werkbundausstellung gehören Lurçats im Sinne von Le Corbusier strukturierten Reihenhäuser mit ihren zylindrischen Treppenhäusern, die geometrischen Zeilenbauten Rietvelds, die »Nußschalen« von Loos und Kulka, die eigenwilligen Zwillingshäuser von Oskar Strnad sowie die freistehenden Einzelhäuser von Josef Frank und Hans Vetter.

Die Ausstellung fand ein vorwiegend positives Echo, wenn auch die Lokalpresse vom »Kampf einer rasend gewordenen Geometrie mit der milden Wiener Landschaft« sprach. Die kompakte Manifestation der Wiener Moderne war jedoch im Grunde obsolet; längst hatten konservative Kräfte die Oberhand gewonnen. Der »Zeitgeist« forderte »schlichte Monumentalität« (Friedrich Achleitner). Unter dem aufkeimenden Austrofaschismus hatten die weißen, minimal dimensionierten Kuben und ihre ornamentlosen Fassaden keine Zukunft; sie blieben das, als was sie errichtet waren: eine Ausstellung.

Otto Wagner
Ehemalige Länderbank, 1882–84
Blick in die Haupthalle

Otto Wagner, Ehemalige Länderbank

Otto Wagner und seine Bauten stehen am Scheideweg zwischen Historismus und Moderne, ein Konflikt, der bis in die Gegenwart die Wiener Architektur charakterisiert und stimuliert.

Wagners frühe Werke sind ein Indiz dafür, wie sehr die Baukunst in der akademischen Tradition des 19. Jahrhunderts wurzelte. Als Zeuge der Ringstraßenbebauung und Student an der von Schinkel geprägten Berliner Bauakademie beherrschte Wagner sämtliche Facetten der »Stilarchitektur«; er verfügte über ausgezeichnete technische Kenntnisse, die in seine spätere rationalistische Architektur einflossen und die Werke seiner zahlreichen Schüler charakterisierten.

Mit der Länderbank in der Hohenstaufengasse 3 entstand zwischen 1882 und 1884 ein aufregend moderner Bürobau. Freilich verbirgt er sich hinter einer konservativen Fassade, zu der toskanische Stadtpaläste der Renaissance Pate standen. Die hohen »Sockelgeschosse« (in Wirklichkeit die Haupträume des Instituts) sind mit durchlaufenden Rustikabändern verkleidet, die beiden Obergeschosse werden durch eine monumentale Pilasterordnung zusammengefaßt. Unterhalb des mächtigen Kranzgesimses verläuft ein Attikageschoß mit ovalen Fenstern. Doch schon an der Hoffront, die der Öffentlichkeit allerdings verborgen bleibt, zeigt sich Wagners Pragmatismus – sie ist vollkommen nackt. Das kahle Steingerüst mit den dazwischenliegenden Fenstern scheint die Architektur des kommenden Jahrhunderts vorwegzunehmen.

In der Konzeption des Inneren gelang Wagner ein Geniestreich: Nicht nur, daß er mit einer Achsverschiebung geschickt auf die Keilform des Grundstückes reagierte, das gesamte Interieur ist von Klarheit und Zweckmäßigkeit bestimmt: »Es gibt kein Suchen, kein Tasten, kein Fehlgehen, man hat das Gefühl, immer geradeaus auf dem einfachsten und leichtesten Weg zu den Kassen gelangen zu können.« so Joseph Lux 1914.

Gemessen an den prunkvollen Interieurs vieler Ringstraßenbauten sind Treppenaufgänge und Schalterhalle nahezu schlicht, jedoch von bestechender Eleganz und funktionaler Eindeutigkeit. Wagner provozierte diesen Eindruck mit klassischen Formen Der Hauptraum, ein gestrecktes Halbrund, erinnert an antike Kuppelsäle; Doppelsäulen auf hohen Postamenten tragen den mit Rundbögen geöffneten Tambour, dazwischen sind kleinere Doppelpfeiler zur Stütze des Architravs eingestellt. Statt der zu erwartenden Kuppel öffnet sich jedoch ein riesiges Glasfenster, dessen Scheiben in unverkleidete Metallträger eingepaßt sind. An diese somit hell durchleuchtete Haupthalle schließen sich radial die Schalterräume an.

Obwoh die Länderbank noch ganz in der Tradition des Historismus steht, sind in ihr wesentliche Elemente von Wagners späteren Werken vorweggenommen; die Schalterhalle ist ein Vorläufer des grandiosen Kassensaals der Postsparkasse.

ABBILDUNGEN UNTEN UND OBEN RECHTS:
Otto Wagner
»Erste« Villa Wagner, 1886–88
Treppenanlage und Portikus mit Veränderungen durch Ernst Fuchs

Die »Erste« Villa Wagner

Ganz im Sinne seiner Renaissance-Rezeption, der »freien« Umsetzung ihrer Stilelemente, entwarf und erbaute Wagner zwischen 1886 und 1888 die »Erste Villa Wagner« in der Hüttelbergstr. 26 im 14. Bezirk. Der italienische Architekt Andrea Palladio, Vorbild ganzer Architektengenerationen, stand auch zu dem Sommerhaus des Künstlers am Standrand von Wien Pate. Der kubische, von Pergolen flankierte Bau öffnet sich in einer dreiachsigen ionischen Säulenstellung, Skulpturennischen betonen die massiven Seitenachsen. Typisch für Wagner sollte das weit auskragende Dachgesims werden, das dem Haus seinen harmonischen oberen Abschluß verleiht. Der linke Flügel der Pergola wurde 1889 geschlossen und als Atelier genutzt. Ein Glasfenster nach Entwürfen von Adolf Böhm suggeriert den Blick in eine Herbstlandschaft.

In Hütteldorf wird die römische Villa, ideeller Ort des Rückzugs in eine kultivierte Natur und in ein der Ästhetik geweihtes Leben, evoziert. Parallelen zu Adalbert Stifters Roman »Der Nachsommer« und dem in ihr ausführlich geschilderten »Rosenhaus« sind sicher kein Zufall, denn die Pflege der Kultur und ein rückwärtsgewandtes Bildungsideal waren Leitbilder des gehobenen Wiener Bürgertums. Wagners Vorlieben sollten sich jedoch ändern: Ein Vierteljahrhundert später errichtete er sein zweites Sommerhaus, die benachbarte Villa Wagner II, in einem streng funktionalistischen Stil.

Villa Wagner I ist heute im Besitz des Malers Ernst Fuchs, der den Bau nach seinem Geschmack umgestaltete.

ABBILDUNG GEGENÜBER:
Otto Wagner
Hofpavillon der Stadtbahn, 1898
Der kaiserliche Warteraum

Otto Wagner
Hofpavillon der Stadtbahn, 1898
Außenansicht (oben)
Detail der Heizungsverkleidung (unten)

Otto Wagner, Hofpavillon der Stadtbahn

Wagners künstlerischer Durchbruch erfolgte mit zwei Ingenieursprojekten, der Regulierung des Donaukanals und der Konstruktion der Wiener Stadtbahn, deren Wettbewerb er 1892/93 gewonnen hatte. Zwischen 1894 und 1901 entwarf und errichtete er in Zusammenarbeit mit seinem vielköpfigen Baubüro das Nahverkehrsnetz mit seinen mehr als 30 Stationen, den Gleisanlagen, Brücken und Tunneln. Die Gestaltung der Anlagen folgte Wagners Vorstellungen von einer »zweckbestimmten Kunst«, von Funktionalität, Materialgerechtigkeit und technischer Klarheit.

Aus heutiger Sicht anachronistisch, vor allem durch seine Funktion, wirkt allerdings der Hofpavillon in Hietzing (1894–98). Als privater Bahnhof der kaiserlichen Familie erhielt er eine besonders repräsentative Ausgestaltung, die ihn von den übrigen Stationen deutlich absetzte: Der weiße, kubische Sockelbau ist von einer »barocken« Kuppel bekrönt – deutliche Anspielung auf den herrschaftlichen Charakter des Baus und die Nähe von Schloß Schönbrunn.

In der dekorativen Ausgestaltung wird der Einfluß der sich eben formierenden »Secession« spürbar: Zur Auffahrt öffnet sich eine verglaste Vorhalle, deren Eisenskelett üppiger vegetabiler Schmuck ziert. Am prächtigsten ist jedoch das Innere des zentralen Warteraums ausgestattet: Die Wandflächen sind mit bestickter Seide bespannt, ein ornamentaler Teppich bedeckt den Boden. Die Kompartimente des oktogonalen Kuppelinneren sind mit antikisierenden Friesen und geschwungenen, stilisierten Philodendronblättern dekoriert. Eine Vogelschau der gesamten Stadtbahnanlagen ziert die Hauptwand des Raums und illustrierte dem Kaiser »sein« Verkehrskonzept.

Die Verbindung klassizistisch-statischer und bewegter vegetabiler Motive erregte, ebenso wie das Zusammenspiel der Materialien, große Aufmerksamkeit: 1899 wurde eine ganze Nummer der »Secession« Wagners Hofpavillon gewidmet. Der Kaiser selbst nutzte seinen Bahnhof lediglich ein einziges Mal, 1901, anläßlich der Eröffnung der Stadtbahn.

Otto Wagner
Stadtbahnstation Karlsplatz
1898, Fassade

ABBILDUNG GEGENÜBER:
Otto Wagner
Hofpavillon der Stadtbahn, 1898
Blick in die Kuppel des kaiserlichen Warteraums

Otto Wagner
Stadtbahnstation am Karlsplatz

Die Anlagen der Wiener Stadtbahn wurden zum Experimentierfeld einer modernen, zweckorientierten Bauweise. Von der historistischen »Stil«-Architektur ausgehend entwickelten Wagner und sein Büro eine technische Ästhetik, die den Funktionalismus des 20. Jahrhunderts vorbereitete.

Die beiden Pavillons am Karlsplatz wurden zwischen 1898 und 1899 unter Mitarbeit von Max Fabiani errichtet; sie setzten neue Maßstäbe. In bisher ungekanntem Maße dominierten Konstruktion und Material das Äußere des Baus: Das tragende Eisenskelett ist nicht nur deutlich sichtbar, sondern zugleich ästhetisches »Gerüst«: Klar bestimmt die Metallstruktur die horizontale und vertikale Gliederung der Flügelbauten wie die Rundung der Halbtonne, die die Eingangshalle überwölbt. Zwischen die Stützen sind, wie im Fachwerkbau, weiße Marmorplatten gespannt, so daß sich ein reizvoller Kontrast von Gerüst und Haut ergibt. Charakteristischer Wesenszug der Zwillingsbauten bleibt die »Ehrlichkeit« der Architektur: Die Verkleidung des Gerüsts verschleiert nicht die Funktion der konstruktiven Elemente.

Anregungen für den klaren Aufbau und die systematische Strukturierung der Station fand Wagner einmal mehr in der Renaissance; wieder ist es jedoch die Kombination verschiedener Materialien und der elegante Oberflächendekor, die einen zusätzlichen Reiz und die Neuartigkeit des Baus ausmachen. Wagner ging dabei jedoch grundsätzlich andere Wege als sein Kollege Hector Guimard, der etwa gleichzeitig die Pariser Metrostationen mit fließenden Formen schmückte.

Die beiden Pavillons in Sichtachse der Karlskirche sollten im Zuge des U-Bahnbaus abgerissen werden; erst ein Sitzstreik der TU-Studenten konnte den Verlust dieser revolutionären Werke Wagners verhindern.

Otto Wagner und Joseph Maria Olbrich
Wienzeilenhäuser, 1898–99
links das sogenannte »Majolikahaus« (Wienzeile 40), rechts das Eckhaus Wienzeile 38 (Medaillons von Koloman Moser)

Otto Wagner, Wienzeilenhäuser

In den »Wienzeilenhäusern« Linke Wienzeile 40, Linke Wienzeile 38 / Ecke Köstlergasse und Köstlergasse 3 feierte der Secessionsstil auch im Mietshausbau den Durchbruch. Im Zuge der Regulierung des Wienflusses waren sie als Teil eines Boulevards geplant, der die Innenstadt mit Schönbrunn verbinden sollte.

Als sein eigener Bauherr errichtete Otto Wagner mit seinen Schüler die benachbarten Komplexe in den Jahren 1898–99 und revolutionierten mit ihnen den Wiener Wohn- und Geschäftsbau. In Alternative zum herkömmlichen »Renaissance-Palast« (wie ihn Wagner selbst noch in der Länderbank verwirklicht hatte) entwickelte er nun einen nahezu zeitlosen Typus, der die Blockbebauung späterer Zeiten vorwegnahm. Blickfang ist nicht mehr allein das piano nobile, das erste Obergeschoß, vielmehr wird das gesamte Sockel- und Geschäftsgeschoß als eigenständiger, kommerzieller Bereich architektonisch ausgezeichnet und durch umlaufende Brüstungen verklammert.

Auch die darüberliegenden Wohnetagen brechen mit Konventionen und verzichten auf herkömmliche Gliederungselemente und klassische Fensterrahmungen. Die starke plastische Durchbildung gründerzeitlicher Fassaden ist einer relativ »flachen« Oberfläche gewichen. Stattdessen ließ Wagner die Oberfläche des »Majolikahauses« (Wienzeile Nr. 40) auf eigene Kosten mit witterungsbeständigen Fliesen verkleiden; ihr linearer Dekor verdichtet sich zu einem Gespinst floraler Motive. Eigenständige Balkonachsen mit laubenartigem Dekor rahmen das flächige Tableau der Straßenfront.

Noch üppiger ist das Nachbarhaus (Wienzeile 38) geschmückt: Zwischen den Fensterachsen der Obergeschosse »hängen« standartenartige Gebinde aus vergoldeten Palmenblättern und stilisierten Pfauenschwänzen. Die Horizontale betont ein breites Band, das hinter den Öffnungen herzulaufen scheint; ihm sind Reliefmedaillons Koloman Mosers mit Frauenprofilen appliziert. Eine Reminiszenz an die klassische Architektur stellen die *guttae,* Tropfen, unter den Sohlbänken dar. In besonders eindringlicher Weise gestaltete Wagner die Ecke des Baukomplexes: Während sie in den unteren beiden Stockwerken – dem Geschäftsbereich – hart umbricht, sind die Wohnetagen in elegantem Schwung gebogen und in einer statuenbekrönten Loggia nach außen geöffnet. Damit war ein weiterer zukunftsweisender Schritt unternommen: Die Rundung der Ecke und die fließende Führung der Fassaden sollten zum Lieblingsmotiv der modernen Architektur werden.

Joseph Maria Olbrich ist ein wesentlicher Anteil am phantasievollen Dekor der Wienzeilehäuser zu verdanken. Anders als der rationalistische und in der Klassik wurzelnde Wagner neigte sein jüngerer Mitarbeiter zu einer extravanten,

symbolistischen Formensprache im Sinne des Jugendstils. Am Majolikahaus überziehen ornamental umgedeutete Lebensbäume und Rosensträuche die ansonsten schmucklose Front; sie bilden ein einzigartiges Blumenbouquet, das den Verzicht auf traditionellen, plastischen Fassadendekor vergessen macht. Das zarte Rot und Türkisblau der Blüten kontrastiert malerisch mit dem satten Grün des Blattwerks. Neben dem ungewohnten ästhetischen Effekt der Straßenfront setzten Wagner und Olbrich auf die Zweckmäßigkeit des Materials: Die Keramikverkleidung ist widerstandsfähig und daher langfristig kostengünstig. Man mag darüber streiten, ob die Ambivalenz zwischen funktionaler Struktur und schwelgendem Ornament spannungsgeladen oder widersprüchlich ist – Loos qualifizierte das Majolikahaus mit dem Begriff »tätowierte Architektur« ab. In jedem Fall brachen die Wienzeilenhäuser mit überkommenen Traditionen und forcierten die Neudefinition der Fassade.

Im Inneren lebt das »Gesamtkunstwerk« fort: Den Fahrstuhlschacht im Stiegenhaus säumen schmiedeeiserne Gitter und Geländer.

Otto Wagner
Stiegenhausspindel im Miethaus Linke Wienzeile 40, 1898–99

Othmar Schimkowitz
Eckakroter aus Aluminium auf dem Dach des Österreichischen Postsparkassenamts, 1904–06 und 1910–12

Otto Wagner
Österreichisches Postsparkassenamt

Kein anderes Werk Otto Wagners vermag dessen architektonische Ideale besser zu illustrieren als die Hauptverwaltung des Österreichischen Postsparkassenamts. Nach einem Ausschreibungswettbewerb, aus dem Wagners Entwurf siegreich hervorgegangen war, wurde 1904 mit dem Bau am Georg-Coch-Platz begonnen. Die Ausführung erfolgte in zwei Etappen, 1906 war der vordere Komplex fertiggestellt, der hintere Teil wurde zwischen 1910 und 1912 vollendet. Die Postsparkasse ist Wagners bedeutendstes Werk und ein Meilenstein der Architekturgeschichte. Trotz ihrer unübersehbaren Gebundenheit an das imperiale Wien wurde sie wegweisend für die gesamte europäische Moderne.

Paradoxerweise eines der letzten Ringstraßenprojekte, verkörpert der Bau in bislang ungewohnter Konsequenz das Zusammenspiel von funktionaler Architektur und moderner Ästhetik. Anders als in den Wienzeilenhäusern, in denen sich der Dekor noch unabhängig vom konstruktiven Gerüst entfaltete, demonstrierte Wagner in der Postsparkasse technizistischen Rationalismus. Bereits 1895 hatte er in seinem Buch »Moderne Architektur« die Ablehnung alles »Unpraktischen« gefordert; Materialien seien entsprechend ihrer Kosten und Widerstandsfähigkeit zu wählen, jede künstlerische Formverfeinerung sei letztlich überflüssig. Die »ins Monumentale erhobene Uniformität« sei der Stil der modernen Zeit und ihrer Massengesellschaft.

Freilich ist man ob dieser radikalen Thesen überrascht, dann doch einen mit traditionellen Elementen spielenden, gar von symbolistischen Victorien (Othmar Schimkowitz) überhöhten Finanztempel vorzufinden. Wagners architektonische Revolution bestand nicht in der Ablehnung der Tradition, sondern in der Sichtbarmachung der Ingenieurskunst, der »Aufrichtigkeit« von Material und Technik. So sind die Fassaden des Baus, ähnlich wie in den Wienzeilenhäusern, in ein doppeltes Sockelgeschoß sowie vier Obergeschosse gegliedert und hier mit einer »triumphalen« Attikazone abgeschlossen. Anders als die vegetabile Maskierung der Mietshausbauten sind die Fronten der Sparkasse mit dünnen Marmorplatten verkleidet, die mittels deutlich sichtbarer und äußerst dekorativer Aluminiumbolzen an das Stahlbetonskelett gehängt sind. Die Blumenmotive, die noch kurz zuvor eine romantische Einbindung in die Natur signalisieren sollten, sind nun einer freilich ebenso ästhetizistischen Beschwörung der Konstruktionstechnik gewichen.

Die Postsparkasse erhebt sich über annähernd trapezförmigem Grundriß. Der Hauptfassade zum Georg-Coch-Platz ist ein zweistöckiges Vestibül vorgelegt, das ein schlichtes, aber ungemein elegantes Stiegenhaus birgt; an den Flanken des Vierecks liegen Büros, die Mittelachse öffnet sich in einer monumentalen Schalterhalle, die von Annex- und Geschäftsräumen gesäumt wird. Sie ist das Herz des Baus und Wagners unbestrittenes Meisterwerk: Glas, Eisen und Aluminium bestimmen den durchlichteten Raum, dessen technische Kühnheit und nahezu aufreizende Materialästhetik jeden Besucher in den Bann schlagen. Nicht mehr der Rang klassischer Säulenordnungen nobilitiert den Bau, vielmehr sind es die »Durchschaubarkeit« der Konstruktion, die

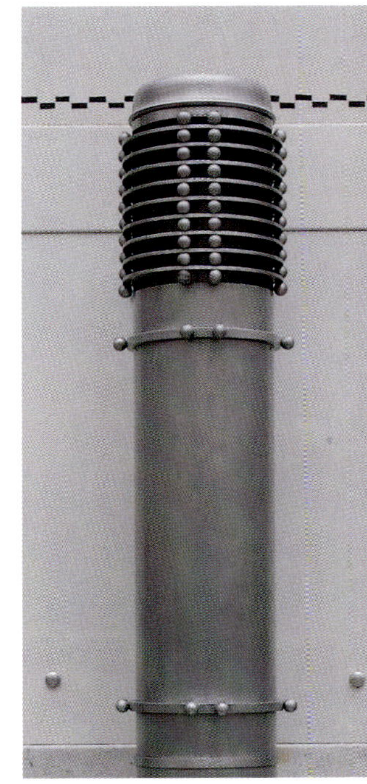

Otto Wagner
Österreichisches Postsparkassenamt, 1904–06 und 1910–12
Fassade (unten)
Blick in die Schalterhalle (gegenüber)
Warmluftgebläse in der Schalterhalle (oben)

17
JUNI
1898
13
15
16
17

UNTER SEINER K U K APOST MAJESTÄT FRANZ JOSEPH I
REGIERUNG ERBAUT VON OTTO WAGNER 1904–1906
FRANZ JOSEPH I
MCMVI

P.S.K.
P.S.K.
P.S.K. KASSA
P.S.K.

ABBILDUNGEN GEGENÜBER:
Otto Wagner
Österreichisches Postsparkassenamt, 1904–06 und 1910–12
Vestibül und Zugang zum Schaltersaal (oben)
Geschäftsraum (unten links)
Blick in den Treppenaufgang (unten rechts)

Otto Wagner
Österreichisches Postsparkassenamt, 1904–06 und 1910–12
Großer Sitzungssaal

Diaphanie des Glases, die Kraft der Eisenträger und der sanfte Glanz des Aluminiums, die von einer schönen, neuen Architekturwelt künden. »Merkwürdig, wie gut die Menschen hineinpassen«, bemerkte dazu der Kaiser.

Selbst das kleinste Detail gehorcht den Prinzipien gestalterischer »Aufrichtigkeit«: Seien es die metallenen Wandleuchten, die im Grunde bewußt gefertigte Lampenfassung sind, die Lehnstühle aus aluminiumbeschlagenem Bugholz, das bestechend klare Schalterdesign oder die berühmten Warmluftgebläse, die wie futuristische Skulpturen wirken. Wagners Devise »artis sola domina necessitas«, »die Notwendigkeit ist die einzige Meisterin der Kunst«, ist hier in ästhetischer, äußerst konsequenter Weise umgesetzt.

Nahezu unverändert oder authentisch restauriert sind auch die Direktionsräume der Postsparkasse. Anders als der gleißend helle Schaltersaal sind sie in kräftigeren Farben gehalten und gediegen elegant, jedoch nicht minder sachlich ausgestattet. Edle Hölzer, Mahagoni oder Buche, meist mit Metall beschlagen, kontrastieren mit roten, grünen oder gelblichen Wandverkleidungen, die eine gewisse Intimität suggerieren. Die Stühle des Sitzungssaales waren freilich Gegenstand süffisanter Kritik: »Gute leichte Sessel..., allerdings mehr zum Sitzen als zum Schlafen tauglich« (Ludwig Hevesi 1909).

Otto Wagners Innenraumgestaltung wurde zum Vorläufer des modernen Designs. Die Perfektion, die er dabei an den Tag legte, erklärt sich aus seinem umfassenden Architekturbegriff: So wie ihm auch ein Möbel als »Bauwerk« galt, verstand er sämtliche Einrichtungen funktioneller wie technischer Art als Bestandteil des konstruktiven Ganzen. Die klare, zweckbetonte Behandlung von Stiegenhäusern, Diensträumen, Versorgungseinrichtungen, die elegante Sachlichkeit des Mobiliars waren keine Beigabe, sondern Zwangsläufigkeiten, die der Funktion des Baus gehorchten.

Wagners Auffassung von »Schönheit« paarte sich mit dem Glauben an einen unbegrenzten Fortschritt, den ihm – trotz aller nur allzu offensichtlichen Konflikte – die bürgerliche Gesellschaft zu garantieren schien.

Otto Wagner
Kirche am Steinhof, 1902–07

Otto Wagner, Steinhofkirche

Wagners zweites großes Werk ist – vielleicht nicht ganz zufällig – ein Sakralbau, St. Leopold, die Kirche am Steinhof. Sie stellte eine vollkommen ungewöhnliche Aufgabe dar: Als Gotteshaus des Wiener Zentralsanatoriums für Geisteskrankheiten hatte sie besonderen seelsorgerischen Anliegen nachzukommen, ferner aber in besonderer Weise funktional zu sein, um den Bedürfnissen und Gebrechen der Kranken zu entsprechen.

Die Steinhofkirche ist Teil einer – noch heute bestehenden – psychiatrischen Heil- und Pflegeanstalt am Rande des Wienerwaldes. Für das ansteigende Gelände hatte Wagner bereits um 1902 ein für seine Zeit modernes Pavillonsystem entworfen, das weitgehend in die Konzeption einfloß. Er selbst wurde allerdings nur mit der Errichtung des Gotteshauses betraut. Auch diesem Auftrag ging ein Wettbewerb voraus, den Wagner mit dem Entwurf einer Kreuzkuppelkirche gewann. Ihre Ausführung erfolgte 1905 bis 1907. Deutlich ist die Anlehnung an byzantinische Vorbilder, etwa die Markuskirche in Venedig oder die Hagia Sophia in Konstantinopel; Wagner und seine Schüler griffen diesen Typus in zahlreichen Studien auf. Er wird allerdings in einem entscheidenden Punkt abgewandelt: Das feierliche Dunkel und die gravitätische Schwere der byzantinischen Kuppelbauten sind durch aufmunternde Helligkeit und Leichtigkeit ersetzt, Effekte, von denen man sich therapeutischen Erfolg versprach.

Wagners zahlreiche Entwurfsskizzen zur Konstruktion, zur Austattung und zur Einrichtung der Steinhofkirche belegen, wie pragmatisch er an seine Planungen heranging. Die Funktionalität selbst des kleinsten Details war ihm mindestens ebenso wichtig wie die künstlerische und sakrale Ausstrahlung des Baus. Es wird berichtet, er habe errechnet, daß pro verbautem Schilling in seiner Kirche mehr Menschen mit Blick auf den Hochaltar der Messe folgen könnten als in anderen vergleichbaren Kirchen.

Wie schon die Postsparkasse ist der Bau über einem Metallskelett errichtet, dem die Blöcke der Marmorfassade lediglich vorgeblendet sind. Der großzügige Innenraum erstrahlt in makellosem Weiß, zarte Goldlinien deuten eine Kassettendecke an. Die Ausgestaltung erfolgte in kongenialer Zusammenarbeit mit Koloman Moser, der die Glasfenster entwarf, mit Remigius Geyler, der die Mosaikdekoration fertigte sowie mit Carl Ederer und Othmar Schimkowitz, die den Hochaltar und die Skulpturen schufen. Kostbare Materialien und eine schlichte, ikonenhafte Bildsprache rühren unmittelbar die Sinne der Betrachter.

Die Ausstattung verfolgte somit ebenfalls therapeutische Zwecke; die Schönheit und Heiterkeit des Gesamtkunstwerks sollten die Kranken anregen und instruieren. Das Mobiliar gehorchte voll und ganz den praktischen Anforderungen: Harte Kanten waren vermieden, der Fliesenboden widerstandsfähig und durch leichtes Gefälle bequem zu reinigen. Luftzirkulation, Heizung, selbst das Fließwasser im Weihwasserbecken garantierten optimale hygienische Verhältnisse.

Nach außen hin hatte die Steinhofkirche jedoch eine andere, nicht minder bedeutende Funktion: In der Mittelachse einer Terrassenanlage thronend, diente sie als weithin sichtbare sakrale »Stadtkrone«. Die Betonung des Religiösen lag im Trend der Zeit, der Bau repräsentiert den wiedererstarkten Katholizismus, der unter der Ägide des christlich-sozialen Bürgermeisters Karl Lueger zunehmend an Boden gewann. Trotz dieses konservativen Kontextes gelang Wagner ein moderner Bau, der sich deutlich vom Eklektizismus der Ringstraßenära abhob. Zwar werden auch hier Stilelemente vergangener Zeiten vorgeführt, sie ordnen sich jedoch einem neuen, rationalistischen Denken unter.

ABBILDUNGEN GEGENÜBER
OBEN:
Otto Wagner
Kirche am Steinhof, 1902–07
Blick in den Innenraum

UNTEN LINKS:
Carl Ederer und Remigius Geyler
Hochaltar und Mosaikdekoration

UNTEN RECHTS:
Koloman Moser
Glasfenster

WAHRLICH SAGE ICH EVCH WAS IHR EINEM DIESER MEINER GERINGSTEN BRVEDER GETHAN HABT
DAS HABT IHR MIR GETHAN
DIE HVNGRIGEN SPEISEN
DIE DVRSTIGEN TRAENKEN
DIE FREMDEN BEHERBERGEN
DIE NACKTEN BEKLEIDEN
DIE KRANKEN BESVCHEN
DIE GEFANGENEN ERLOESEN
DIE TODTEN BEGRABEN
ST. ELISABETH
REBEKKA
ST. BERNHARD
ST. MARTIN
ST. JOH. v. GOTT
ST. JOH. v. MATHA
TOBIAS

Otto Wagner und Carl Ederer
Kirche am Steinhof, 1902–07
Kanzel und Details des Hochaltars von Carl Ederer

Otto Wagner
Projekte zur Neugestaltung des Karlsplatzes und zur Errichtung des Kaiser-Franz-Josef-Stadtmuseums

OBEN:
Der Karlsplatz aus der Vogelschau, 1909

MITTE UND UNTEN:
Perspektiven des Stadtmuseums

Otto Wagner, Museumsprojekte

Während seiner ganzen Karriere bewies Otto Wagner ein lebhaftes Interesse am Städtebau und an planerischen Utopien. Wie sein »geistiger Vater« Gottfried Semper und sein Zeitgenosse Camillo Sitte, der freilich völlig kontroverse Wege einschlug, fesselte ihn die Konzeption einer modernen, expandierenden Stadt, deren Paradigma Wien werden sollte. Kernstück seiner Phantasien war, wie übrigens auch bei Sitte, das Museum als zivilisatorisches Denkmal und pädagogische Herausforderung.

Während Sitte jedoch ein retrospektiv-romantisches Nationalmuseum vor Augen stand, konzipierte Wagner einen Idealraum, der die Künste von Gegenwart und Zukunft präsentieren sollte. Um 1880 entwarf er dafür eine gigantische Museumsstadt die er »ARTIBUS«, »den Künsten gewidmet«, taufte. Langgestreckte Kolonnaden mit Triumphpforte verbinden die Galerie- und Bibliotheksflügel, Herz der Anlage ist ein Pantheon am Rande eines künstlichen Sees. Der ganz offensichtlich nicht zur Ausführung vorgesehene Idealentwurf weist trotz seines visionären Gehalts noch viele Gemeinsamkeiten mit dem akademischen Stil der Beaux-Arts-Planungen auf.

1898 lieferte Wagner Entwürfe für die Akademie der bildenden Künste, 1900 Pläne für eine Moderne Galerie. In das gleiche Jahr datiert auch die erste Studie zum Kaiser-Franz-Joseph-Stadtmuseum, das fast ein Jahrzehnt lang zu heftigen Kontroversen zwischen Architekt und Auftraggeber, dem Gemeinderat der Stadt Wien, führte. Als Abschluß und Vervollkommnung des Karlsplatzes gedacht, sollte seine Architektur dazu beitragen, »ein künstlerisches Stadtbild« und »einen der schönsten Plätze der Welt« zu schaffen.

Die verschiedenen Planungsstadien des ehrgeizigen Unternehmens wurden von Wagner selbst minutiös aufgezeichnet und kommentiert. Zunächst war er einem Entwurf Friedrich Schachners unterlegen, dessen mächtiger Kuppelbau jedoch die Wirkung der Karlskirche beeinträchtigte. Nach langen Debatten nahm das Baukomitee unter der Leitung Karl Luegers 1907 die Planung wieder auf; Wagner legte neue Entwürfe vor, deren ruhigere Linien und zurückhaltenderer Dekor nicht mit dem Bau Fischer von Erlachs konkurrierten. Doch auch dieses Projekt gelangte nicht zur Ausführung, nachdem man 1910 zur Simulation des Platzes eine wenig überzeugende Attrappe aufgestellt hatte.

Noch ein weiteres, nicht weniger megalomanes Projekt Wagners schlug fehl: die Erweiterung des XXII. Wiener Gemeindebezirks. Unter dem Eindruck amerikanischen Städtebaus entwickelte er 1911 einen Vorschlag für die »unbegrenzt ausdehnbare Stadt«, seine urbanistische Vision. Bewußt erhob er darin »Uniformität zur Monumentalität«, scheiterte jedoch gerade an diesen gleichmacherischen Planungsutopien.

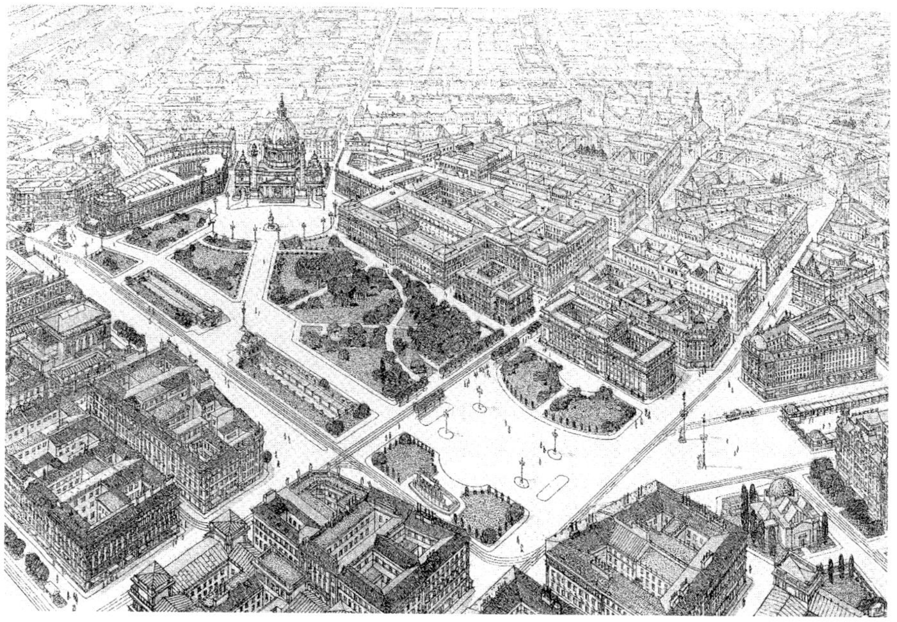

Abbildungen gegenüber:
Otto Wagner
Villa Wagner II, 1912/13
Eingang, Balkon und Details der Wanddekoration

Otto Wagner
Villa Wagner II, 1912/13
Straßenfassade

Otto Wagner, Villa Wagner II

Wie die Stadtplanung zieht sich auch der Villenbau als roter Faden durch Wagners gesamtes Schaffen. Während die späteren urbanistischen Projekte, wohl aufgrund ihrer Monumentalität, eher einen Rückschritt in Traditionalismen verraten, gelingt es Wagner, im intimen Bereich seine avantgardistischen Positionen der Jahrhundertwende zu bewahren.

Im Vergleich mit der ersten, palladianischen, Villa Wagner von 1886/88 sind in der zweiten Villa Wagner, die 1912/13 in deren unmittelbarer Nachbarschaft errichtet wurde, die Formen radikal vereinfacht. Der Baudekor ist auf wenige Zonen zwischen den Fensterachsen des Hauptgeschosses und auf die Portalrahmung mit dem Glasmosaik Leopold Forstners beschränkt; es zeigt Athene mit dem Gorgonenschild. Das obere Stockwerk der Villa ist vollkommen »nackt«. Es dominiert allein der weiß verputzte geometrische Block, der auf einer Eisenbetonkonstruktion aufbaut. Er ist subtil abgestuft, so daß sich die innere Staffelung der Räume im Außenbau ablesen läßt. Wie häufig bei Wagner, überfängt ein weit auskragendes, kasettengeziertes Kranzgesims die Fassaden.

Entscheidend für die Grundrißdisposition des »einfachen Einfamilienhauses für den Sommerbedarf« war die Durchlichtung der Innenräume wie die Verwendung modernster Materialien. Metallbeton, Asphalt, Eternit und Aluminium fanden so Verwendung neben den inzwischen schon eher traditonellen Baustoffen wie Marmor und Glas.

Joseph Maria Olbrich, Secessionsgebäude

Joseph Maria Olbrich, dem kreativen jüngeren Mitarbeiter Otto Wagners, oblag es, der »Secession« einen angemessenen architektonischen Rahmen zu geben. Die 1897 gegründete Künstlervereinigung, die den überkommenen akademischen Zwängen eine von allem historischen Ballast befreite »moderne« Lebenskultur entgegensetzen wollte, benötigte ein Gebäude für die in regelmäßigen Abständen stattfindenden Ausstellungen, einen »Tempel der Kunst«, umwoben von »ernster Würde«, mit Mauern, »weiß und glühend, heilig und keusch«, wie Olbrich selbst es später formulierte. Anregungen dazu lieferte ihm ein Entwurf Gustav Klimts, des eigentlichen Motors der Secessionsbewegung; dieser sah einen kubischen Bau vor, der von einer tempelartigen Giebelfront überragt wird. Olbrichs eigener Entwurf war weit weniger pathetisch, eine Standartarchitektur, wie sie dutzendweise die Weltausstellungspavillons zierte.

Der sakrale Charakter des Klimtschen Entwurfs blieb vor allem für das dominierende Entrée bestimmend: Ganz offensichtlich bricht das Secessionsgebäude mit der Tradition des »aufklärerischen« Museums: Es umgibt sich mit der Aura des Hieratischen, des Mystischen, der Zutritt zu diesem Schrein der Kunst scheint nur Eingeweihten erlaubt. Hervorgerufen wird dieser Effekt durch die massiven, an ägyptische Tempelpylonen erinnernden Fassadenblöcke, die den Eingang flankieren. Bis auf die Profilierungen des Sockels und des Kranzgesimses sind sie vollkommen schmucklos, fensterlos, nackt. Wie magisch wird der Besucher daher von der Höhlung des Eingangs angezogen. Gegenüber der Wandflucht zurückgesetzt, ist dieser über eine Treppe zu erreichen. Hier nun konzentriert sich üppigster Dekor: Ein breiter Fries goldener Blätter hinterfängt die konische Portalrahmung, auf der erhabene Frauenköpfe die Künste Malerei, Architektur und Plastik symbolisieren. Den makellos weißen Sockelbau bekrönt eine Art Attika, auf der in güldenen Lettern das Motto der Secession eingelassen ist: »Der Zeit ihre Kunst, der Kunst ihre Freiheit«.

All diese tektonische wie inhaltliche Schwere wird jedoch durch ein ungemein poetisches Element aufgehoben: Über dem Vestibül »schwebt« eine filigrane Kuppel aus einem Geflecht Tausen-

Joseph Maria Olbrich
Secessionsgebäude, 1898

der vergoldeten Lorbeerblätter. Sie verkörpern die Weihe an Apcll, den Führer der Musen, dessen Inspiration die junge Künstlergeneration erhoffte. Diese Kugel wurde zum eigentlichen Wahrzeichen der Secession, das Wiener Publikum betrachtete sie freilich prosaischer: Schon bald hieß sie im Volksmund »Krauthappel« (Krautkopf).

Das Innere des Secessionsgebäudes gehorchte in erstaunlicher Weise praktischen Anforderungen. Dem Vestibül mit Verwaltungsräumen folgte der kreuzförmige große Ausstellungssaal, der keinerlei Unterteilung erfuhr und ohne nennenswerte Dekoration blieb. Beleuchtet wurde er durch vier Oberlichter sowie Fenster an der nördlichen Seitenfassade. Der helle Raum sollte flexibel für jede Art der Präsentation sein, ein Gedanke, der angesichts der gängigen »statischen« Museumskonzeptionen tatsächlich revolutionär war. Auch sah man seine Wandelbarkeit als Metapher des dahineilenden modernen Lebens, dem nur die Kunst Momente der Einkehr entgegenzuhalten vermag. Allerdings gibt der heutige Bau nicht vollkommen den ursprünglichen Eindruck wieder, da er nach dem Brand von 1945 wiederaufgebaut, 1964 restauriert und 1982–86 von Adolf Krischanitz modernen museumstechnischen Bedürfnissen angepaßt wurde. Gleichzeitig richtete man im Untergeschoß einen Saal für Klimts berühmten »Beethovenfries« ein, der hier 1902, anläßlich des 75. Todestages des Komponisten, innerhalb der 14. Secessionsausstellung gezeigt worden war.

Das Secessionsgebäude begründete Olbrichs Ruhm als Architekt. Nur ein Jahr nach Fertigstellung des Baus wurde er durch Großherzog Ernst Ludwig von Hessen nach Darmstadt berufen, wo er zusammen mit Peter Behrens die Künstlerkolonie auf der Mathildenhöhe errichtete.

Joseph Maria Olbrich
Secessionsgebäude, 1898
Detail der Kuppel aus vergoldeten Lorbeerblättern (oben)
Blatt- und Ornamentfries (links)

Der für die Zeit des Jugendstils typische Fassadendekor ist im Stadtbild Wiens allgegenwärtig:

NEBENSTEHEND:
Franz von Matsch
Ankeruhr am Hohen Markt, 1911

ABBILDUNG UNTEN LINKS:
Otto Schönthal
Villa Vojcsík, 1901

Oskar Marmorek
Rüdigerhof

Max Fabiani
Geschäftshaus Portois & Fix
1898–1900

Max Fabiani, Haus Portois & Fix

Die »Wagner-Schule«, die sich im Umfeld der Stadtbahnbauten formiert hatte, bestimmte die Wiener Architektur bis zum Ausbruch des ersten Weltkrieges. Ihre »Mitglieder« brillierten durch hervorragende technische und organisatorische Fähigkeiten, die sie während der Zusammenarbeit mit Wagner an dem Großprojekt erworben hatten, garantierten zugleich aber auch ein hohes künstlerisches Niveau. Zu den Persönlichkeiten, die deutlich aus Otto Wagners Schatten heraustraten, gehört der Slowene Max Fabiani, der die funktionale Architektur seines Meisters auf eigene Art interpretierte.

Bereits 1898–1900, also annähernd zeitgleich mit Wagners Majolikahaus, errichtete Fabiani das Geschäftshaus Portois & Fix in der Ungargasse 51. In seiner konsequenten Trennung von Wohn- und Geschäftszone geht es über die Wienzeilebauten hinaus: Noch deutlicher als dort ist der gewerblich genutzte Sockel abgesetzt, zwischen die zu Rahmen reduzierten, nackten Mauerglieder sind weitflächige Fenster gespannt, die schon fast den Eindruck einer Glaswand erzeugen. Auch Fabiani experimentierte mit der Verkleidung der Fassade, hier Pyrogranitfliesen, der Schmuck ist freilich auf geometrische Farbmuster reduziert. Nur wenige Elemente verraten sonst noch den Einfluß der Secessionskunst: die auskragenden Lampen, die die Straße wie die Geschäftsauslagen beleuchten, die Brüstung des Dachgeschosses mit ihrem eleganten Linienspiel und die Kaminaufsätze.

Josef Plecnik, Zacherlhaus

Josef Plecnik war ein weiterer begabter Schüler Otto Wagners, der jedoch, ähnlich wie Olbrich, nach einem erfolgreichen Karrierebeginn Wien den Rücken kehrte.

Auch ihn beschäftigte der Wohn- und Geschäftsbau, zu dem er die wohl interessanteste Lösung seiner Zeit beitrug, das »Zacherlhaus« am Wildpretmarkt. Im Auftrag des Fabrikeigentümers Johann Evangelist Zacherl errichtete Plecnik zwischen 1903 und 1905 einen technisch kühnen und ungemein ästhetischen Bau, der völlig über einem Metallgerüst konstruiert ist. Als Verkleidung dienen Granitplatten, zwischen denen deutlich sichtbar Eisenträger verlaufen, die in Doppelreihen die Geschosse verklammern und so eine lebhafte Rhythmisierung erzeugen. Im Gegensatz zu Wagners und Fabianis Bauten ist das Sockelgeschoß weniger akzentuiert, stattdessen kragen die Fenster des ersten Geschosses leicht hervor. Die Fassade selbst ist in kühnem Schwung um die Ecke gezogen, eine Lösung, die die stromlinienförmigen Bauten Erich Mendelsohns vorwegzunehmen scheint. Ein überraschendes Motiv bildet die Reihe von Telamonen, die in sinnfälliger Weise das ausladende Kranzgesims tragen und augenzwinkernd die Funktion der Eisenträger unterstützen.

Von großartiger Eleganz ist das linsenförmige Stiegenhaus, das eine beziehungsreiche Kandelaber-Skulptur umschließt: Ein rüsselartiges Gebilde verweist auf die Erwerbsquelle des Hausherrn, die Produktion von Insektengift.

Josef Plecnik
Zacherlhaus, 1903–05
Fassade (oben)

Blick in das Treppenhaus mit der Kandelaberleuchte in Insektenform (gegenüber)

Ferdinand Andri, Erzengel Michael an der Fassade des Zacherlhauses

che Vorbilder deutlich. Die Langhauswände sollten Behänge in der Tradition mittelalterlicher Fastentücher schmücken.

In der Krypta wird ebenfalls mit den Möglichkeiten der Werkstoffe Beton und Eisen gespielt: Trapezförmige Kapitelle leiten zu den metallenen Deckenträgern über, diese stützen wiederum die Stahlbetondecke. Das Tragen und Lasten der Bauglieder ist expressiv verdeutlicht. Um das eintönige Grau zu beleben, sind die Flächen mit zerriebenem Ziegelstaub eingefärbt; glatte und aufgerauhte Oberflächen beleben zusätzlich die Wand.

Die vorgesehene Ausstattung ließ auf sich warten: Plecnik, der sich anschickte, nach Prag zu übersiedeln, entwarf kostenlos Pläne für die Gestaltung des Langhauses. Sie stießen jedoch nicht auf die Gegenliebe des Thronfolgers: »Ein Mischmasch vom Russischen Bad + Pferdestall (statt Pferdestall mag auch Heumagazin lauten) + einem Venustempel«. Franz Ferdinand schlug dagegen vor, den Bau in eine traditionelle Säulenbasilika umzuwandeln. Realisiert wurde schließlich ein kostengünstiger Kompromiß, den Plecnik vehement ablehnte. 1912 wurden alle weiteren Arbeiten eingestellt.

Plecniks expressiver Bau hat erst in jüngster Zeit angemessene Würdigung erfahren. Parallelen zum Werk des bekannteren Stahlbeton-Pioniers Auguste Perret wurden deutlich. Plecnik selbst fand nach seinem Weggang aus Wien in Prag willkommene Aufnahme: Er gilt als einer der Begründer des sogenannten »tschechischen Kubismus«.

Josef Plecnik
Heilig-Geist-Kirche auf der Schmelz, begonnen 1910
Blick in die Krypta (oben)
Fassade (rechts)

Josef Plecnik, Heilig-Geist-Kirche

In der Pfarr- und Missionskirche Heilig-Geist »auf der Schmelz« in Ottakring experimentierte Josef Plecnik auch in der Sakralarchitektur mit neuen Materialien und adäquaten Gestaltungsformen. Der in Eisenbeton zwischen 1910 und 1913 errichtete Bau in einem heruntergekommenen Arbeiterviertel verleugnet seine Rigidität nicht, dennoch – oder gerade deswegen – ist er in strengen klassizistischen Formen gehalten.

Nur selten zuvor war die neue Technik offensichtlicher eingesetzt worden. Die als antikische Tempelfront aufgefaßte Kiesgußfassade nutzt die herbe toskanische Ordnung, um die Eigenschaften des Materials zur Schau zu stellen. Allerdings sollte sie nach der ursprünglichen Planung farbig dekoriert und plastisch ausgestaltet werden. Dies wurde aus Geldmangel nicht realisiert, ebensowenig wie der umgebende Pfarrhof und ein »venezianischer Campanile«.

Auch das Innere offenbart eine neue Ästhetik: Zwei über 25 m gespannte, stützenlose Eisenarchitrave trennen Haupt- und Seitenschiffe kaum merklich, betonen aber deutlich den Tiefenzug auf den Brennpunkt des Raums, den eucharistischen Altar. In der Erhöhung des Chores und in seinem Mosaikschmuck werden Anklänge an altchristli-

Max Hegele
Karl-Lueger-Gedächtniskirche
1907–10
Innenausstattung von Leopold Forstner, Hans Zatzka, Othmar Schimkowitz u. a.
Glasfenster (oben)
Außenansicht (rechts oben)
Blick in den Kreuzarm (rechts unten)

Max Hegele Karl-Lueger-Gedächtniskirche

Die Suche nach einer zeitgemäßen Baukunst beschäftigte nicht alle Wiener Architekten in gleichem Maße. In Opposition zur Secession gewann ein zweiter Künstlerverein, der 1876 gegründete Hagenbund, an Einfluß. Ursprünglich avantgardistisch, vertrat er nun eher konservative Tendenzen. Ihm stand Max Hegele nahe, der bezeichnenderweise den Memorialbau für den reaktionären Bürgermeister Karl Lueger errichtete.

Die Karl-Lueger-Gedächtniskirche auf dem Zentralfriedhof (1907–10) ist zwar von Otto Wagners Steinhofkirche inspiriert, manifestiert aber dieser gegenüber einen deutlichen Rückschritt in die Zeit des Historismus. Der von einer hohen Kuppel bekrönte Zentralbau ist in traditioneller Weise errichtet, ein monumentales Denkmal über dem in einer Gruft aufgestellten Sarkophag des christlichsozialen Bürgermeisters. Trotz enger typologischer Verwandschaft trennen die Steinhofkirche und die Karl-Lueger-Gedächtniskirche Welten: Hegeles pathetische Architektur läßt jeden Hauch von Leichtigkeit und jeden Anschein von Zweckbezogenheit vermissen. Der gravitätische Außenbau zitiert traditionelle Würdeformeln, den Kuppelraum schmückt ein üppiges religiös-symbolistisches Ausstattungsprogramm.

Friedrich Ohmann
Palmenhaus im Garten der Wiener Hofburg, 1901–07

Friedrich Ohmann
Neuer Wintergarten der Hofburg

Auch Friedrich Ohmann war kein Neuerer, doch ein Architekt und Städtebauer, dem Wien reizvolle Szenerien verdankt. Der Schüler Karl Königs und des Ringstraßenarchitekten Heinrich von Ferstel hatte sich zunächst der Secession angeschlossen. Als Kenner der österreichischen Barockarchitektur wurde er 1899 zum Leiter der Arbeiten in der Hofburg ernannt; seine Entwürfe zur Umgestaltung der Hofburg fanden allerdings wenig Beachtung, so daß er sich 1907 schließlich genötigt sah, den Rücktritt zu erklären.

Ohmann reüssierte dagegen auf anderem Terrain: Seine romantische Empfindsamkeit gegenüber dem Ambiente ließ ihn zum wirkungsvollen Gestalter landschaftsbezogener Architekturen werden. Zu den wenigen ausgeführten Hofburg-Projekten gehört der Neue Wintergarten, der »Palmenschrein«, den er zwischen 1901 und 1907 errichtete. Er belegt die ungemein sensible und poetische Herangehensweise, mit der Ohmann einen funktionellen Eisenskelettbau in ein Traumschloß zu verwandeln verstand: Die ungleich hohen Gewächshauskomplexe sind bis in das kleinste Detail mit architektonischen Schmuckformen versehen, die gleichwohl das konstruktive Gerüst der Hallen nicht verunklären. Das Zusammenspiel von den aus dem Steinbau übernommenen klassischen Stützelementen und der filigranen Eisenstruktur des Glaspalastes wirkt ungemein reizvoll.

Relief der Umfriedung der Wienflußanlagen

Friedrich Ohmann, Wienflußbauten

Bereits seit dem 18. Jahrhundert gab es Pläne, den überschwemmungsgefährdeten Wienfluß innerhalb des Linienwalls zu regulieren. Im Zusammenhang mit dem Bau der Stadtbahn wurde die Planung wiederaufgegriffen und Friedrich Ohmann übertragen. 1898 erhielt er von der Stadt den Auftrag, die Wien von ihrem Auffangbecken in Weidlingau bis zu ihrer Einmündung in den Donaukanal einzuwölben und die Ufer künstlerisch auszugestalten. Die überflüssig gewordenen Brücken wurden daraufhin abgerissen; auf den Überbauungen entstanden Gartenanlagen sowie 1916, im westlichen Abschnitt des Flußbettes, der Naschmarkt.

Ein charakteristischer Trakt der Uferlandschaft Ohmanns ist innerhalb des Stadtparks erhalten, dessen ursprüngliche Anlage in die Zeit der Ringstraßenplanung datiert. Pavillons, Skulpturen und Reliefs im Stil der Jahrhundertwende säumen den nun gebändigten Weg des Flußes und lassen den Spaziergang an seinen Ufern zum sinnlichen Erlebnis werden. Die kulissenartige Flußszenerie fügt sich zu einem Gesamtkunstwerk barocker Tradition: Ingenieursbauten, Architekturstaffagen, Statuen, Wasserspiele und Vegetation gehen eine perfekte Symbiose ein. Die Technik, vertreten durch die Stahl- und Eisengerüste der Brücken, verbindet sich harmonisch mit der »Natur«. Die Röhre, in die der Wienflußkanal mündet, wird zur romantischen Grotte, die Brücken zu abwechslungsreichen Gliederungselementen.

Wasser ist das vorrangige Thema des symbolistischen Ausstattungsprogramms. Eine Trinkhalle und ein Kneipp-Brunnen veranschaulichen die heilende Kraft dieses Elements, Springbrunnen, Kaskaden und Wasservorhänge beweisen seine Frische und Lebendigkeit. Das ikonographische Repertoire der Skulpturengruppen bedient sich der Topoi des Jugendstils, sinnliche Frauengestalten, von Blüten umkränzt, Allegorien, Masken und florale Motive sind in die gebaute Flußlandschaft verwoben.

Friedrich Ohmann setzte sich mit diesen neoromantischen Parkanlagen in scharfen Kontrast zu Wagner, der in seinen Stadtbahnbauten eine betont technische Formensprache bevorzugte. Doch muß auch er zu den bedeutenden Ingenieurskünstlern der Jahrhundertwende gerechnet werden: Im weiteren Verlauf der Wien entstanden zwischen 1898 und 1901 in Zusammenarbeit mit Josef Hackhofer eine Reihe neuer Brücken, wegweisende Eisenkonstruktionen, die gleichwohl mit eklektischen Jugendstilornamenten geschmückt sind. Die schlichteste, aber technisch modernste unter ihnen ist die Zollamtsbrücke; ihr eleganter parabelförmiger Schwung diente als Vorbild für die Bogenkonstruktion des Stadtparkstegs, den Hermann Czech zwischen 1985–87 schuf.

Friedrich Ohmann, Josef Hackhofer
Wienflußanlagen, 1898–1901

Ufergestaltung mit Pavillon
Gesamtansicht (links) und Detail (oben)

Josef Hoffmann
Sanatorium Purkersdorf
1904–05

Josef Hoffmann, Sanatorium Purkersdorf

Ein Nutzbau am Stadtrand von Wien revolutionierte die Ästhetik: Das Sanatorium »Westend« in Purkersdorf brach endgültig mit der historistischen Tradition und ließ Josef Hoffmann zu einem Wegbereiter der Moderne werden. Die Anlage, in dessen Räumlichkeiten die Wiener Oberschicht kurte, entstand im Auftrag von Viktor Zuckerkandl, der, wie seine Schwägerin Berta, die Arbeit der Wiener Werkstätten propagierte. Sie wurde 1904 begonnen und 1905 fertiggestellt.

Erst vor wenigen Jahren ist der bahnbrechende Stahlbetonbau nach Jahrzehnten der Vernachlässigung restauriert und in seinen ursprünglichen Zustand zurückversetzt worden. Nachdem die Anbauten der 20er Jahre getilgt wurden, steht seine radikale Reduktion auf klare, kubische Formen, der Verzicht auf jedes überflüssige Detail nun wieder deutlich vor Augen: Erstmalig war ein Bau fast ausschließlich durch seine plastischen Massen gegliedert, den breitgelagerten Kerntrakt, die Risalite, den »Portikus« und das zurückspringende Obergeschoß. Die selbst bei Wagner noch deutlich artikulierte Bekrönung ist auf vorkragende Flachdächer beschränkt, die die Horizontale zusätzlich unterstreichen.

Die Fassade ist weiß, für damalige Begriffe nackt, durch keine waag- oder senkrechte Bauplastik unterteilt. Einzige Gliederungselemente sind die Fenster, die die Fläche auf vielfältige Weise rhythmisieren, sowie extrem dünne weiß-blaue Fliesenbänder, die die zweckbedingte »Kühlheit« des Baus eher unterstreichen als aufheben. Die Funktion bestimmt das Äußere des Hauses, seine Schönheit resultiert aus der Harmonie von Form und Inhalt.

Josef Hoffmann
Stuhl »Purkersdorf«, 1905
Der Stuhl wurde eigens für den Speisesaal des Sanatoriums entworfen (vgl. Abb. links).

Josef Hoffmann
Sanatorium Purkersdorf, 1904–05
Blick in den Speisesaal (oben)

Sitzgruppe in der Eingangshalle mit Armlehnstuhl von Koloman Moser, 1903 (unten)

Wie der Bau in seiner Gesamtheit sollte sich auch die Inneneinrichtung und das Design der Gebrauchsgegenstände diesen funktional-ästhetischen Forderungen anpassen: »Um ein Bauwerk, seine Umgebung und seine innere Ausstattung zu einem harmonischen Ganzen zu gestalten, muß man darauf hinwirken, daß das Zubehör sich dem Gesamtzweck unterordnet, mag es nun künstlerischen oder praktischen Zwecken dienen, das Bauwerk als Ganzes muß es absorbieren, und es ist Sache des Architekten, dafür zu sorgen, daß es sich der wahren Natur des Bauwerks anpaßt.« Diese Passage aus einem 1908 erschienenen Manifest des amerikanischen Architekten Frank Lloyd Wright liest sich wie der Bericht eines Augenzeugen nach dem Besuch in Purkersdorf.

Hoffmann und Koloman Moser gelang es in exemplarischer Weise, die konstruktiven Elemente des Innenraums mit einer bis ins Detail »durchgestylten« Einrichtung in Einklang zu bringen. Dem Raster der freiliegenden Eisenbetonträgern antworten die geometrischen Linien der Stühle, des Geschirrs, der Blumenständer. Die Künstler achteten peinlich genau darauf, daß keine Zufälligkeit das Arrangement störte.

Begreiflicherweise stieß dieses »Gesamtdesign« nicht überall auf Gegenliebe – es trug Hoffmann den Spitznamen »Quadratl-Hoffmann« und Moser bissige Vorschläge für geometrische Menüfolgen ein: »...Zwei parallele Makkaroninudeln können erst im unendlichen Raum geschnitten werden ... Zum stilgerechten Zerlegen des Rindfleischs bedarf man eines Lineals und eines Zirkels; die Knödel werden von einem Kunstdrechsler nachgedreht, und die einzig stilreine schwarzweiße Mehlspeise sind die von Koloman Moser verbesserten Mohnnudeln ... hier vermählt sich der Wahnsinn mit der Geometrie«. Armin Friedmanns Kommentar im Neuen Wiener Tagblatt gipfelt in dem Ausspruch: »Wünsche wohl liniert zu haben«.

Trotz des Spotts der Zeitgenossen ist unübersehbar, daß Hoffmann und Moser in Purkersdorf in exemplarischer Weise den secessionistischen Grundsatz der Wiener Werkstätten verwirklichten: die Durchdringung aller Daseinsäußerungen mittels Gestaltung und die ideelle Einheit von Kunst und Leben.

Das Sanatorium von Purkersdorf wurde in seiner Komplexität nur von einem Bau übertroffen, dem Palais Stoclet in Brüssel, das 1906–11 im Auftrag eines jungen Bankiers entstand. In kongenialer Zusammenarbeit von Auftraggeber und Künstlern – darunter wieder Hoffmann und Moser sowie Gustav Klimt, der den »Stoclet-Fries« gestaltete, entstand ausgerechnet außerhalb Wiens das wichtigste Zeugnis der Wiener Werkstätten und das wohl konsequenteste Gesamtkunstwerk seiner Zeit.

Josef Hoffmann, Haus Moser-Moll

In dem Doppelhaus für den Maler Carl Moll und den Designer Koloman Moser verwirklichte Hoffmann einen seiner gestalterischen Träume: Er verlieh der in Döbling auf der »Hohen Warte« gelegenen Villa die Atmosphäre eines englischen Landhauses. Der romantische, dennoch großzügige Bau mit Fachwerk, Walmdach, Kaminen und Giebelchen stand für die Sehnsucht nach einfachem Leben in gediegen-ländlicher Umgebung.

Das im Jahre 1900 begonnene Doppelhaus mit Blick auf den Wienerwald sollte Teil einer Künstlerkolonie werden, wie sie in diesen Jahren vielerorts in Europa entstanden. Anregungen zu einem gemeinsamen, von Kunst durchdrungenen Leben hatte vor allem die englische *Arts & Crafts*-Bewegung, und mit ihr die Protagonisten William Morris, Charles und Margaret Mackintosh geliefert; der Typ des angelsächsischen *cottage* war durch die Bauten von Charles F. A. Voysey international bekannt geworden. In Wien waren mit Hugo Henneberg und Victor Spitzer zwei Mäzene zur Finanzierung des Experiments bereit.

Zunächst wurde Josef Olbrich mit der Planung betraut, nach seinem Weggang nach Darmstadt übernahm Hoffmann das Projekt. Als erstes wurde 1901 das Haus Moser-Moll (I.) errichtet, bis 1909 folgten weitere Künstlerhäuser. Die ländliche Umgebung wie das rustikale Äußere der Bauten dürfen jedoch nicht darüber hinwegtäuschen, daß ihr Inneres wahrlich großbürgerlich und kostspielig eingerichtet wurde. Die Villen auf der Hohen Warte wurden so vorbildlich für eine Reihe weiterer Wiener Villen, die noch heute als *cottage* bezeichnet werden.

Josef Hoffmann, Haus Knips

Gleichfalls in Döbling entstand 1924–25 die wohl letzte Wiener Stadtvilla englischer Tradition. Die biedermeierliche Umgebung des traditionellen Viertels scheint dabei die Fassadengestaltung beeinflußt zu haben, denn dem Ornament und dem linearen Dekor ist eine für diese Zeit ungewöhnliche Stellung eingeräumt. Josef Hoffmann, dem in diesen Jahren ein Haus nichts anderes bedeutete als »einfach vier Wände, die einen Grund definieren«, ließ sich, wohl auch durch die Zusammenarbeit mit dem Zeichner Dagobert Peche, (wieder) zu einem sachlichen, doch kunstgewerblich geprägten Bau hinreißen.

Der an sich rigorose Block wird durch eine Reihe von Zierelementen geschmückt, Rahmenprofile, diamantförmige Applikationen, selbst Traubendolden unterhalb der expressiv unterteilten Fensterbahnen. Der Hauptbau wie der anschließende, flache Flügeltrakt sind von mächtigen Walmdächern überkrönt, die wiederum dekorativ mit Schindeln verkleidet sind.

Auftraggeberin war Sonja Knips, die geborene Baronin Poitier des Echelles, die den Wiener Werkstätten und ihren Ideen nahestand.

Abbildungen gegenüber
oben:
Josef Hoffmann
Doppelhaus für Koloman Moser und Carl Moll, 1900–01

unten:
Josef Hoffmann
Haus Knips, 1924–25

Villa Skywa-Primavesi
Blick in das Treppenhaus

Josef Hoffmann, Villa Skywa-Primavesi

Hoffmans Architektur durchmaß in kurzer Zeit verschiedene Phasen, die nicht unabhängig von der Auftragslage und dem »Zeitgeist« verliefen: Nach dem Purismus des Sanatoriums in Purkersdorf und der symbolistischen Raffinesse des Palais Stoclet in Brüssel fand er um 1910 in Wien zu einem dekorativen Klassizismus, der auch die Arbeiten anderer Architekten dieser Zeit kennzeichnet. Die endgültige Abkehr vom Jugendstil bahnte sich an.

Bauherr der Villa Skywa-Primavesi war Robert Primavesi, ein weltgewandter Großgrundbesitzer, der sich und seiner Lebensgefährtin Josefine Skywa 1913/14 in Wien ein Stadthaus errichten ließ. Hoffmanns Bau setzte neue, kaum noch zu überbietende Maßstäbe für die Wohnkultur des Wiener Großbürgertums. Die aufwendige Anlage entspricht in ihren Ausmaßen und in ihrer repräsentativen Ausgestaltung eher einem Palais als einem Wohnhaus: Elf Fensterachsen, gefaßt von kannellierten Pfeilern und abgeflachten Zungenmauern, öffnen den monumentalen Bau zur Straße, dabei wird der zurückgesetzte Mitteltrakt von jeweils dreiachsigen Eckrisaliten flankiert. Letztere sind in plakativer Weise von Dreiecksgiebeln überhöht, deren Tympana klassizisierende Liegefiguren des Bildhauers Anton Hanak tragen. Sie zeugen vom humanistischen Bildungsideal ihrer Auftraggeber.

Überhaupt ist in der Villa Skywa-Primavesi reichlich Fassadendekor eingesetzt: Klassische Eierstäbe und stilisiertes Blattornament bilden Gebälk und Giebelrahmung, den Zungenmauern des Haupttrakts sind kleinformatige Statuen vorgeblendet. Der Gegensatz zu den »nüchternen« Fassaden des Sanatoriums Purkersdorf könnte krasser kaum sein, selbst wenn man die unterschiedlichen Aufgaben beider Bauten bedenkt.

Das Innere ist ein Meisterstück der Raumgliederung: Verschiedene Trakte, Vestibül und Treppenhäuser, Wohn- und Speiseräume, Bibliothek, Wintergarten und Terrassen zum offenen Garten sind zu kompakten Einheiten gruppiert. Verschiedene Grundrißformen, Quadrat, Rechteck, Oval und Exedra verleihen jedem Raum einen individuellen, seiner Bestimmung angemessenen Charakter. Ein weitläufiges Kellergeschoß mit Küchen und Vorratsräumen läßt auf einen auch im kulinarischen Sinne anspruchvollen Haushalt schließen. Die aufwendige Villa wurde durch Nebengebäude, ein Teehaus mit Pergola, Gärtnerwohnung und Gewächshaus, ergänzt.

Die weitgehend erhaltene Innenaustattung ist in gediegenem neoklassizistischen Stil gehalten, für die Hoffmann und der junge Oskar Strnad verantwortlich zeichneten: Robert Primavesi stand über seinen Schwager Otto Primavesi in engem Kontakt zu den Wiener Werkstätten, deren Gesellschafter er 1914 wurde.

Oben links und rechts:
Josef Hoffmann
Villa Skywa-Primavesi, 1913/14
Fassade und Exedra

Adolf Loos
Kaminzimmer aus der Wohnung des Künstlers, 1903
Rekonstruktion im Historischen Museum der Stadt Wien

Adolf Loos, Wohnung und Kärntner Bar

Adolf Loos erhielt entscheidende Impulse für sein Denken und Wirken in den Vereinigten Staaten. Zwischen 1893 und 1896 fand er Gelegenheit, sich mit den bahnbrechenden Ideen der jungen Chicago-School vertraut zu machen und deren konstruktive wie ästhetische Ideale zu reflektieren. Sein späteres radikales Eintreten gegen das Ornament und für die Dominanz der Zweckmäßigkeit wurzelt in diesen amerikanischen Erfahrungen.

Loos' Vorliebe für angelsächsisches Design wird vor allem in der Gestaltung von Innenräumen spürbar, mit denen er nach seiner Rückkehr nach Wien erstmals auf sich aufmerksam machte. Leider sind nur wenige im Original erhalten. 1898 richtete er die Verkaufsräume des Herrenausstatters Goldman & Salatsch in einem puristischen, dennoch ungemein edlen Stil ein. Im Café-Museum von 1899 inszenierte er seine ästhetischen Vorstellungen derart radikal, daß der beliebte Literatentreff schon bald den Spitznamen »Café Nihilismus« erhielt.

Sein eigenes Wohnhaus in der Bösendorfer Straße 3 bot ein schlichtes, wenn auch gediegenes Ambiente angelsächsischer Prägung, das in heftigem Kontrast zu den schwülstigen Interieurs der Ringstraßenära stand. Blickfang des Speisezimmers ist der große Kamin, der dem Raum die Noblesse und Intimität eines englischen Landhauses verleiht. Dabei verspürte Loos einen nahezu missionarischen Drang, die angelsächsische Kultur Österreich nahezubringen: Programmatisch nannte er den Untertitel seiner Zeitschrift »Das Andere. Ein Blatt zur Einführung der abendländischen Kultur in Österreich«. Daß ihm aufgrund dieser arroganten Haltung nicht nur Freunde erwuchsen, liegt auf der Hand.

Positiver reagierte die Öffentlichkeit auf die Einführung der bislang in Wien unbekannten Stehbar. Loos' American Bar im Kärntner Durchgang (1907) ist ein klassischer angelsächsischer »Clubraum«, der bei nur 4,45 x 6,15 m ein Musterbeispiel ökonomischer Raumnutzung darstellt. Dem kubischen Bau ist in halber Höhe eine auskragende amerikanische Fahne vorgeblendet, glitzerndes Signal und Verheißung neuweltlicher Atmosphäre. Onyxplatten darüber lassen ein milchiges Licht in den Innenraum dringen. Dieser wirkt durch eine wuchtige Ausstattung nahezu monumental. Mit Spiegeln optisch erweitert, bestimmen Mahagoniholz und Marmor seinen exquisiten Charakter und erzeugen reizvolle Material- und Farbkontraste.

Adolf Loos liebte das Spiel mit klassizistischen Elementen. Hier wird der streng geometrisch gegliederte Raum durch eine marmorne Kassettendecke nach oben abgeschlossen, ein Unterfangen, das nicht nur statisch gewagt, sondern auch als ästhetische Herausforderung erscheint. Reminiszenzen an die Antike begegnen häufig in seinem Werk. Sie galten ihm freilich nicht als historistischer Dekor; in der strukturellen Klarheit und der funktionalen Rhetorik klassischer Elemente traf sich der »moderne« Architekt mit den Meistern des Altertums.

Abbildungen oben und gegenüber:
Adolf Loos
American Bar, 1907
Fassade und Blick in den Innenraum

Adolf Loos, Haus am Michaeler-Platz

Das Haus am Michaelerplatz, das Adolf Loos zwischen 1909 und 1911 erbaute, löste den vermutlich größten Skandal in der Architekturgeschichte des noch jungen Jahrhunderts aus. In Sichtweite, aber in deutlicher Distanz zur Wiener Hofburg errichtet, besticht das Geschäftshaus der Konfektionsfirma Goldman & Salatsch auf den ersten Blick vor allem durch eines: durch den Verzicht auf jeden Fassadendekor. So sind die oberen vier Stockwerke völlig kahl, lediglich weiß getüncht; kein Sims, kein Pilaster gliedert den Bau, auch auf Fensterrahmungen oder -verdachungen ist verzichtet. Loos hatte verwirklicht, was er kurz zuvor, 1908, in seiner berühmten Schrift »Ornament und Verbrechen« angekündigt hatte, einen ehrlichen Bau, der die Scheinarchitektur des Historismus Lügen strafte. Eben dies löste das Eingreifen der Wiener Behörden aus: Bereits während der Errichtung erwirkten sie mehrfach die Einstellung der Arbeiten. Der Bau konnte nur fertiggestellt werden, als Loos der Anbringung von Blumenkästen zustimmte.

Loos wollte an sich nicht provozieren. Er habe vielmehr versucht, »das haus in einklang mit der kaiserlichen burg, dem platz und der stadt zu bringen«. Tatsächlich entpuppt sich das Michaelerhaus auf den zweiten Blick in erstaunlicher Weise traditionsgebunden: Die Gliederung in Ladengeschosse im Sockelbau und darüberliegende Wohnetagen, der Gesimsabschluß und das relativ flache Dach sind durchaus wienerisch. In der eleganten Ausgestaltung der Geschäftsräume kommt einmal mehr der klassisch geprägte Ästhetizist Loos zum Vorschein: Auffällig geäderter kostbarer Marmor (griechischer Cippolin) verkleidet die Untergeschosse, den Eintretenden empfangen monumentale klassische Säulen, das Bürogeschoß öffnet sich in feingliedrigen »englischen« Erkerfenstern. Der offensichtliche Bruch zwischen dem präziösen Unterbau und den radikal vereinfachten Obergeschossen war bewußt gesucht.

Auch das Innere ist wirkungsvoll kühl gehalten, »Understatement« in Design. Nahezu exemplarisch sind Schönheit und »Echtheit« der Materialien – Mahagoni und Cippolin, heute nach Originalaufnahmen rekonstruiert – vorgeführt. Strukturelle Klarheit unterstreicht die Zweckmäßigkeit des Interieurs. Diese Grundprinzipien seines Gestaltens hatte Loos bereits 1898–1903 in dem ersten (nicht erhaltenen) Geschäftsraum des Herrenausstatters formuliert.

Die Wiener Öffentlichkeit reagierte mit bissigem Spott und Unverständnis auf das bahnbrechende Gebäude. In den Café-Häusern wurde auf das heftigste polemisiert, keine Zeitung verzichtete auf Karikaturen. Es kursierte das Gerücht, der Kronprinz habe, um das Loos'sche »Scheusal« nicht sehen zu müssen, die Vorhänge seines Zimmers in der Hofburg zugezogen.

Adolf Loos
Haus am Michaeler-Platz
1909–11
Gesamtansicht (links oben)
Blick in das Treppenhaus
(links unten)

ABBILDUNG GEGENÜBER:
Ansicht des Mezzaningeschosses
(Mobiliar teilweise rekonstruiert)

Adolf Loos
Haus Scheu, 1912–13

Adolf Loos, Haus Scheu

Nach 1910 erhielt Adolf Loos Gelegenheit, seinen im Michaelerhaus formulierten architektonischen Purismus im Villenbau zu erproben. Bereits mit dem plastisch klar durchgliederten und nahezu schmucklosen Haus Steiner (1910) und dem von einer Halbtonne überfangenen »Waggonhaus« Horner (1912) wies er dem traditionellen Wiener Einfamilienhaus neue formale Wege und bestimmte damit die Entwicklung der kommenden Jahre.

Haus Scheu, entstanden zwischen 1912 und 1913 in der Larochegasse 3, variiert ein weiteres neues Element, das später auch für Mietshaus- und Zeilenbau wirksam werden sollte: die Abstufung und Terrassierung der Volumina. Der heute leider durch Anbauten beeinträchtigte Komplex staffelt sich über einem niedrigen Souterrain von ein auf drei Stockwerke. Auch hier dominiert die Wand, doch sind stärker als zuvor horizontale Simsleisten und differenzierte Fensterunterteilungen eingesetzt. Die plastische Präsenz der weißen Kuben scheint den »Internationalen Stil« vorwegzunehmen. Sie bilden eine Art Modul, dessen Kombinationsmöglichkeiten durch die versatzstückhafte Einfügung von Fenstern noch unterstrichen wird.

Bei der Errichtung von Haus Scheu erhob die Baubehörde Einspruch gegen die kahle Fassade. Sie verlangte die kaschierende Begrünung des Grundstückes.

Adolf Loos, Haus Moller

Haus Moller in Pötzleinsdorf ist die konsequenteste und radikalste unter den Wiener Villen von Adolf Loos. Ein weißer Kubus ist nur sparsam mit geometrisch angeordneten Sprossenfenstern und einem blockartigen Erker aufgelockert; darüber hinaus ist der einzige Schmuck des Baus die ausgewogene Ponderierung der Massen, das Spiel der Volumina, die wie in einem Baukasten zusammengefügt scheinen. Kein überflüssiges Detail, geschweige denn eine Zierform verunklären den archaischen Quader.

Auch die Gestaltung des Inneren ordnet sich dem Raster unter, Grundriß und Aufriß sind aus geometrischen Grundformen entwickelt, die ihrer Nutzung entsprechend frei addiert und variiert werden, »Raumpakete«, wie Friedrich Achleiter sie treffend bezeichnet. Dabei gerät das Innere zu einer wohldurchdachten Inszenierung unterschiedlicher Wohnsphären: Die privaten, »intimen« Räume unterscheiden sich in ihrer Höhe von den repräsentativen »öffentlichen«, etwa der Halle oder dem Musiksalon.

Der 1927–28 errichtete Bau ist eine Art *Summa* der Ideen, die Adolf Loos in den Jahren seines Schaffens entwickelte. Den Experimenten, die er im Wiener Villenbau machte, gesellte sich hier der noch frische Eindruck seines Parisaufenthaltes hinzu, währenddessen er mit den Werken von Le Corbusier in Berührung kam.

Adolf Loos
Haus Moller, 1927–28

ABBILDUNGEN GEGENÜBER
OBEN:
Paul Engelmann und Ludwig Wittgenstein
Haus Wittgenstein, 1926

UNTEN
Josef Frank und Oskar Wlach
Haus Beer, 1929–30

Paul Engelmann, Haus Wittgenstein

»Die Arbeit an der Philosophie ist – wie vielfach die Arbeit in der Architektur – eigentlich mehr die Arbeit an Einem selbst. An der eigenen Auffassung. Daran, wie man die Dinge sieht. (Und was man von ihnen verlangt.)« so Ludwig Wittgenstein im Jahre 1931.

Als gebautes Manifest der Logik und des Pragmatismus könnte das Haus des Philosophen Ludwig Wittgenstein interpretiert werden. Den Anstoß zu seinem Bau hatte 1926 Margarethe Stonborough gegeben, die ihren Bruder mit diesem Projekt aus einer tiefen psychischen Krise reißen wollte. Erste Pläne entwickelte Paul Engelmann, die einzigartige Klarheit und Präzision der Proportionen und Detaillösungen ist jedoch auf die Eingriffe Wittgensteins selbst zurückzuführen, die jener innerhalb zweier Jahre vornahm. Dem Purismus der Gesamtkonzeption entspricht das verwendete Material, etwa in den aus Metall gefertigten Türen mit ungefaßten Schlüssellöchern und den kahlen Glühbirnen, die ebenfalls nackt in ihrer Fassung stecken.

Anders als beim fast gleichzeitigen Moller-Haus wurden die Innenräume traditionell gestaltet. Der freie Grundriß und die konsequente Übertragung des Blockrasters, die Adolf Loos' Bau so wegweisend werden ließen, sucht man hier vergeblich. Auch die originale Einrichtung entsprach eher großbürgerlichen Vorstellungen.

Haus Wittgenstein ist heute Sitz der Bulgarischen Kulturvereinigung.

Josef Frank und Oskar Wlach, Haus Beer

Josef Frank und Oskar Wlach gehörten zu jener jüngeren Architektengeneration, die mit dem Durchbruch der Moderne aufgewachsen waren. Frank, Motor des Wiener Werkbundes, war zugleich Theoretiker wie Pragmatiker; dank seiner ideologiekritischen Haltung gelang es ihm, utopische Positionen mit den Erfordernissen des Alltags zu vereinen. Mit seinem Ansatz, Wohnen als Kulturäußerung zu verstehen, prägte er über Jahrzehnte den Wiener Siedlungsbau.

Haus Beer in der Wenzgasse (1929–30) illustriert die Vorstellungen seiner Architekten vom lebensnahen Bauen. Es liefert seinen Bewohnern nicht, wie etwa bei Hoffmann oder Loos, strikte Vorgaben, sondern läßt – trotz konsequent moderner Gestaltung – Freiräume, die es dem Individuum ermöglichen, über sein eigenes Umfeld zu entscheiden.

Charakteristisch für Franks Betonung des »Zufälligen« und Natürlichen ist der Erhalt des Baumes vor der asymetrisch gegliederten Fassade. Zwanglosigkeit herrschte auch im Innenraum: Polstersessel und Perserteppiche schufen eine »gemütliche« Armosphäre, die man sich in den Interieurs von Hoffmann und Loos nur schwerlich vorstellen kann.

Clemens Holzmeister, Krematorium

Zu den wenigen Zeugnissen expressionistischer Architektur in Wien zählt das Krematorium des Zentralfriedhofs an der Simmeringer Hauptstraße. Clemens Holzmeister errichtete es in den Jahren 1921 bis 1923 im Auftrag des Arbeiterbestattungsvereins. Dieser hatte sich die eigenwillige Devise zu eigen gemacht: »Proletarisch gelebt, proletarisch gestorben und dem Kulturfortschritt entsprechend eingeäschert!«

In seinem Wettbewerbsentwurf, der ihm den Ausführungsauftrag sicherte, verwandte Holzmeister bewußt »mittelalterliche« Motive: So stellten der festungsartige Aufriß und die Zinnen der Umfassungsmauer Reminiszenzen an ein benachbartes kaiserliches Lustschloß, das »Neugebäude«, dar; sie verliehen dem Nutzbau zugleich einen hoheitsvoll-sakralen Charakter. Gleichzeitig erfüllten diese Elemente auch durchaus prosaische Zwecke: Die Turmansätze verbargen die für den Betrieb notwendigen Schornsteine, die Arkaden des umgebenden Urnenhains entzogen die Verbrennungsöfen den Blicken der Trauergemeinde.

Das Innere des Krematoriums wird durch die hohe, quadratische Aussegnungshalle bestimmt. Auch hier dominieren »mittelalterliche« Elemente, die dem schlichten Raum eine sakrale Aura verleihen: Weite Spitzbogenarkaden tragen ein steiles, kuppelartiges Gewölbe, einziger Schmuck sind triphorenartige Fenster und senkrechte, wie Fugen verlaufende Stege.

Die Ambivalenz zwischen Tradition und Fortschritt prägte Holzmeisters Lebenswerk wie die gesamte österreichische Architektur. In den 30er Jahren trat er, zum Teil im Auftrag der Nationalsozialisten, mit zurückhaltend modernen Kirchen und rationalistischen, zuweilen monumentalen Zweckbauten hervor. 1938 emigrierte er in die Türkei, wo er bedeutende Regierungsgebäude entwarf. Nach 1954 lehrte er an der Wiener Akademie der bildenden Künste und zählte Hollein, Holzbauer und Peichl zu seinen Schülern. Deren freier, fast als Vorform der Postmoderne zu begreifender Umgang mit historischen Vorbildern dürfte auf Holzmeisters malerischen Traditionalismus zurückzuführen sein.

Clemens Holzmeister
Krematorium auf dem Zentralfriedhof, 1921–23

ABBILDUNG GEGENÜBER:
Blick in die Aussegnungshalle

ABBILDUNG GEGENÜBER:
Otto Nadel und Karl Schmalhofer
Amalienbad, 1923
Schwimmhalle

Otto Nadel und Karl Schmalhofer
Amalienbad

Zu den infrastrukturellen Verbesserungen im »Roten Wien« gehörte die Anlage eines modernen Hallenbades. Otto Nadel und Karl Schmalhofer begannen 1923 mit der Errichtung des für 1300 Personen konzipierten Amalienbades, der damals größten Schwimmhalle Europas. Der ausgedehnte Komplex bestach durch technische Neuerungen, vielfältige Einrichtungen für Sport und Entspannung sowie durch elegantes »Styling«. Ein 30 m überspannendes bewegliches Glasdach konnte bei Sonnenschein geöffnet werden, 10 m-Turm und Dampfbäder in den Innenhöfen ergänzten die Attraktivität der Schwimmhalle. Mietbare Sitzbadewannen, die »Tröpferlbäder«, erfreuten sich ähnlicher Beliebtheit wie heutige Whirl-Pools. Jüngst wurde das Bad renoviert und der Öffentlichkeit wieder zugänglich gemacht, seine Inneneinrichtung blieb weitgehend im Original erhalten.

Das Äußere des Baus läßt kaum vermuten, daß sich hinter seinen Mauern ein ausgedehntes Freizeit- und Erholungszentrum verbirgt. Die festungsartige, sich aus mannigfaltigen Kuben auftürmende Anlage wirkt eher kleinteilig, fast willkürlich zusammengesetzt. Nichts verrät ihre eigentliche Funktion, kein Blick auf ihr Inneres ist zugelassen. Kleine Fenster, ein unprätenziöser Eingang, schließlich der signalhafte Uhrenturm lassen eher an den gleichzeitigen Wohnbau – die »Arbeiterburgen« des »Roten Wien« – denken als an ein Hallenbad. Seinen Namen verdankt dieses Bad übrigens der sozialdemokratischen Gemeinderätin Amalie Pölzer.

Otto Nadel und Karl Schmalhofer
Amalienbad, 1923
(nach Kriegsschäden 1946 wiederaufgebaut, 1986 nach Sanierung wiedereröffnet)
Fassadendetail (oben)
Empfangshalle (links)

Die Gemeindebauten des »Roten Wien«

Als die sozialdemokratische Partei 1919 die Regierung des Stadtstaates Wien übernahm, galt ihre vorrangige Sorge der Bekämpfung der Wohnungsnot und der Linderung der katastrophalen Lebensbedingungen des Proletariats. Bereits nach wenigen Monaten wurden konkrete Maßnahmen für ein umfangreiches Siedlungs- und Sozialprogramm ergriffen, das die Kontrolle von Mieten, die Neuverteilung von Wohnraum und die Anlage von Arbeitersiedlungen am Rande der Innenstadt vorsah.

Nicht nur wegen seines Namens gehört der Karl-Marx-Hof zu den Aushängeschildern jener Aufbruchszeit, die unter dem Namen »das Rote Wien« Berühmtheit erlangte. Karl Ehn, ein Schüler Otto Wagners, erbaute den in Wiener Tradition stehenden »Wohnhof« zwischen 1926 und 1930. Die »Arbeiterburg«, wie sie wegen ihres scheinbar festungsartigen Charakters schnell genannt wurde, umfaßt 5-stöckige Wohnblöcke, die ein mehr als 1 km langes, über 150000 m^2 umfassendes Areal einnehmen. Weite Torbögen, die an die Architektur von Clemens Holzmeisters Krematorium denken lassen, gliedern die Hauptfront. Risalite schaffen eine lebhafte, plastische Oberfläche. Auf Grundformen reduzierte Giebel und Türme unterstreichen das wehrhafte Äußere.

In seinen Mauern vereint der Karl-Marx-Hof 1325 Wohnungen, Kindergärten, Büros, Geschäfte, öffentliche Grünflächen und eine Bibliothek, Ausdruck des Strebens nach einer »demokratischen« Vereinheitlichung des Lebensraums. Eben dies machte ihn zur Zielscheibe staatlich gelenkter rechtsradikaler Übergriffe in den 30er Jahren.

Ein Beispiel dafür, wie schwer man sich tat, den neuen Inhalten eine neue Formensprache an die Seite zustellen, ist der Karl-Seitz-Hof (Hubertus Gessner, 1926). Versatzstückhaft sind Elemente des italienischen Palastbaus addiert, Hinweis auf die Macht toskanischer Kommunen und doch traditioneller Herrschaftsgestus zugleich.

Als Alternative zur Blockbebauung entstanden am Stadtrand eine Reihe durchgrünter Siedlungen. Für sie ist der Sandleiten-Hof typisch, der von Emil Hoppe und Kollegen in den Jahren 1924–28 errichtet wurde. Auch er präsentiert sich als eine Art »Stadt in der Stadt«: Auf insgesamt 96 502 m^2 verteilen sich 1587 Wohnungen, 76 Geschäfte, 58 Handwerksbetriebe, drei Schulen, Kindergärten, Bibliothek und Festhalle. Im Unterschied zum Karl-Marx-Hof dominiert nicht die konzentrierte, kompakte Wohnform des urbanen »Hofes«, sondern die aufgelockerte, ländlichere Siedlung. Variantenreiche Bautypen, »intimere« Strukturen und parkähnliche Grünanlagen erhielten in der Stadtrandbebauung den Vorrang. Ihre Gestaltung orientierte sich, bei aller konzeptionellen Modernität, an romantischen Vorstellungen, etwa an Camillo Sittes Werk »Der Städtebau nach seinen künstlerischen Grundsätzen«.

ABBILDUNGEN LINKS OBEN:
Karl Ehn
Karl-Marx-Hof, 1926–30

UNTEN:
Hubert Gessner
Karl-Seitz-Hof, 1926

ABBILDUNGEN GEGENÜBER OBEN LINKS UND RECHTS:
Emil Hoppe
Sandleiten-Hof, 1924–28

ABBILDUNGEN GEGENÜBER RECHTS MITTE UND UNTEN:
Werkbundsiedlung 1930–32
Gerrit Rietveld
Zeilenbau (Mitte)
Hans A. Vetter
Einfamilienhaus (unten)

Die Werkbundsiedlung

Modellsiedlungen erfreuten sich Ende der 20er und Anfang der 30er Jahre überall in Europa großer Beliebtheit. In den spannungsgeladenen Jahren nach dem Ersten Weltkrieg dienten sie als künstlerisches und politisches Manifest, das Auswege aus Wohnungsnot und sozialer Ungerechtigkeit weisen sollte. Nicht zuletzt dank der bündelnden Kraft der CIAM (Congrès internationaux d'Architecture Moderne) fanden sich mehr oder minder regelmäßig die renommiertesten Architekten der ganzen Welt zusammen, um ihre Vorstellungen vom zeitgemäßen Wohnen und »Neuem Bauen« zu demonstrieren. Die Ausstellungen, die meist einem Rahmenthema verpflichtet waren, wurden so zu »Trendsettern« der modernen Architektur. Gleichwohl muß eingeräumt werden, daß sie ihre sozialpolitischen Ziele meist nicht erreichten.

Die Wiener Werkbundsiedlung, die zwischen 1930 und 1932 im Auftrag der GESIBA (Gemeinwirtschaftliche Siedlungs- und Baustoffanstalt) realisiert wurde, gehörte zu den letzten ihrer Art vor Ausbruch des 2. Weltkriegs. Sie orientierte sich am Vorbild der Stuttgarter Weißenhofsiedlung, an der ihr Organisator, Josef Frank, als einziger Österreicher 1927 teilgenommen hatte. Franks Konzept verstand sich in zweierlei Hinsicht als Gegenveranstaltung: Zum einen wollte er dem monumentalen Siedlungsbau des Roten Wien eine »humane« Alternative aufzeigen, zum anderen berief er eben jene Architekten, die durch die Querelen in Stuttgart übergangen worden waren. So konnten neben den Wienern Clemens Holzmeister, Josef Hoffmann, Adolf Loos, Ernst Plischke, Richard Neutra, Oskar Strnad, Ernst Lichtblau (unter anderen) Gerrit Rietveld, Hugo Häring, André Lurçat, Margarete Schütte-Lihotzky für das Projekt gewonnen werden.

Die undogmatische Gesamtanlage, die in Lainz, am Südwestrand Wiens, entstand, entsprach Franks Vorstellungen von »geplanter Zufälligkeit«: Gekrümmte Wege, kleine Plätze und eine Vielfalt von Haustypen rufen den Eindruck einer gewachsenen Siedlung hervor, Einfamilien-, Doppel- und Reihenhäuser wechseln in lockerer Folge. Auch die Innenräume der in der Regel kleinen Wohnungen wurden mit einem Maximum an Flexibilität gestaltet. Da Frank eine »asketisch« weiße Architektur ablehnte, beauftragte er den Maler Laslo Gabor, ein Färbelungskonzept zu entwerfen, das die Individualität der 70 Bauten noch unterstrich.

Zu den herausragenden Leistungen der Wiener Werkbundausstellung gehören Lurçats Reihenhäuser mit ihren zylindrischen Treppenhäusern, die im Sinne von Le Corbusier strukturiert sind. Beachtung verdienen ferner die geometrischen Zeilenbauten Rietvelds, die »Nußschalen« von Loos und Kulka, die eigenwilligen Zwillingshäuser von Oskar Strnad ebenso wie die freistehenden Einzelhäuser von Josef Frank und Hans Vetter.

Die Ausstellung, die vom 4. Juni bis zum 7. August geöffnet war, bevor die Wohnungen vermietet oder verkauft wurden, fand ein vorwiegend positives Echo. Etwa 10 000 Wiener besichtigten die Modellsiedlung. Auch die internationale Fachpresse reagierte wohlwollend. Die lokalen Zeitungen sprachen hingegen polemisch von einem Fiasko, vom »Kampf einer rasend gewordenen Geometrie mit der milden Wiener Landschaft«.Die kompakte Manifestation der Wiener Moderne war jedoch im Grunde ohnehin obsolet; längst hatten konservative Kräfte die Oberhand gewonnen, der »Zeitgeist« forderte »schlichte Monumentalität« (Friedrich Achleitner). So blieb die Werkbundausstellung das, als was sie im Vorfeld geplant war: eine Ausstellung.

Über die Kriegsjahre geriet die Werkbundsiedlung in Vergessenheit, erst in den 50er Jahren wurde sie »wiederentdeckt« und 1983–85 durch Adolf Krischanitz und Otto Kapfinger renoviert.

Eugen Kastner und Fritz Waage Umspannwerk

Ein herausragendes Zeugnis der Industriearchitektur ist das von Eugen Kastner und Fritz Waage 1928–31 erbaute Umspannwerk in Wien-Favoriten. Den Architekten stellte sich keine leichte Aufgabe: Es galt, ein ungünstiges, spitz zulaufendes Grundstück mit aufwendigen technischen und administrativen Anlagen zu versehen; darüber hinaus mußte der Werksbau in die umgebende Stadtlandschaft integriert und behutsam von den Wohnsiedlungen abgesetzt werden. Ein weiteres Problem stellte die Erschließung der Schaltanlagen dar, deren optimales Funktionieren gewährleistet sein mußte.

Kastner und Waage entschieden sich für einen differenzierten Gebäudekomplex, der, ganz im Trend seiner Zeit, der Ästhetik der Dampfschifffahrt verpflichtet ist. Bugartig schiebt sich der Sockelbau in die Straßenkreuzung, wie eine Kommandobrücke ragt der Treppenturm darüber auf. Drehstrom- und Gleichstromhaus sind, wie auch die Zweiphasenanlage, in optisch abgesetzten Trakten untergebracht; die Betriebszentrale ragt aus dem Hauptblock in rechtem Winkel hervor. Trotz der deutlichen Differenzierung der Baukörper ist das Umspannwerk durch organisch-fließende Formen verklammert; die eleganten Rundungen der Mauerfluchten und der Fensterbänder schließen den Komplex zusammen und definieren seinen Umriß.

Friedrich Tamms, Flaktürme

Die sechs Flaktürme Wiens symbolisieren wie kaum ein anderes Monument die Kriegsgreuel der vierziger Jahre. Ihr Erbauer war Friedrich Tamms, der zwischen 1942 und 1944 die paarweise bezogenen »Fliegerabwehrkommandos« anlegte; sie dienten jeweils der Beobachtung und Ausleuchtung des Luftraumes sowie der Positionierung der Abwehrgeschütze.

Die Türme, die exakt im Dreieck die Stadt umgeben, waren im Notfall völlig autark. Sie konnten bis zu 30 000 Menschen aufnehmen und umfaßten ein Notspital, eigene Energieversorgung, Brunnen für Trinkwasser sowie Luftfilter gegen eventuelle Gasangriffe. Ihre bis zu 5 Meter starken Stahlbetonwände widerstanden allen Kriegseinwirkungen wie auch allen späteren Sprengungsversuchen; so prägen sie bis heute das Stadtbild der Donaumetropole. Jeweils zwei befinden sich im Arenbergpark und im Augarten, die beiden anderen im Esterházypark und im Hof der Stiftskaserne.

Nach dem Krieg war zunächst geplant, die an romanischen Vorbildern orientierten Wehrtürme als Siegesmale mit Marmor zu ummanteln. Inzwischen hat man sich entschlossen, sie in ihrem Denkmalscharakter zu bewahren. Allein der Turm im Esterházypark wird museal genutzt, er beherbergt das »Haus des Meeres«.

ABBILDUNG GEGENÜBER:
Eugen Kastner und Fritz Waage
Umspannwerk, 1928–31

Friedrich Tamms
Flaktürme 1942–44
Flakturm im Augarten (oben)
Flakturm im Arenbergpark (unten)

Clemens Holzmeister in Zusammenarbeit mit dem Büro Schmid & Aichinger
Funkhaus, 1935
Nach Zerstörungen im 2. Weltkrieg wurde der Bau 1979–83 von Gustav Peichl vor allem im Hofbereich umgestaltet.

Architektur vom Beginn des 2. Weltkriegs bis in die Gegenwart

Der Austrofaschismus

Schon lange vor dem »Anschluß« an Hitlers Deutschland am 12. März 1938 war der Boden für den Faschismus in Österreich vorbereitet. In dem durch katastrophale wirtschaftliche Verhältnisse ruinierten, von Arbeitslosigkeit und Gewalt gezeichneten Land fanden Heilsversprechungen jeder Art willkommene Aufnahme. Habsburger-Mythen und Heimatschutz, konservativer Katholizismus und tiefverwurzelter Haß auf die als bedrohlich und unmoralisch empfundene Moderne prägten zunehmend den Alltag wie auch die kulturelle Szene. Joseph Roths und Franz Werfels Romane sind erschütternde Bestandsaufnahmen dieses Prozesses.

Unter dem christlich-sozialen Bundeskanzler Engelbert Dollfuß wurden die demokratischen Strukturen Schritt für Schritt abgebaut. Im Februar 1934 schlug der Kampf gegen die »marxistischen« Kräfte in offenen Terror und Bürgerkrieg um. Schauplatz waren vor allem die Siedlungen des »Roten Wien«, die in blutigen Kämpfen eingenommen wurden. Am 1. Mai rief Dollfuß seinen »Ständestaat auf christlicher Grundlage« aus, die sozialdemokratische Partei wurde verboten. Trotzdem ging den deutschen Nationalsozialisten die Entwicklung nicht schnell genug: Auf Geheiß Hitlers inszenierten sie am 25. Juli 1934 einen Putsch, der fehlschlug, aber Dollfuß das Leben kostete. Seinem Nachfolger Kurt Schussnigg gelang es nur kurzfristig, die Unabhängigkeit Österreichs »in Aussöhnung mit den Nazis« zu gewährleisten: Am 12. März marschierte die deutsche Wehrmacht in Wien, zunächst enthusiastisch bejubelt, ein. Schon bald jedoch begann der offene Terror gegen die jüdische Bevölkerung. Etwa 50000 Menschen verließen in den folgenden Monaten das Land, darunter fast die gesamte intellektuelle und künstlerische Elite; im Oktober 1939 begannen die ersten Deportationen und damit der Holocaust, der schließlich 65000 österreichischen Juden das Leben nahm. Der Krieg forderte auch unter der nichtjüdischen Bevölkerung zahlreiche Opfer. Ab März 1944 wurde Wien bombardiert, die ärgsten Zerstörungen fanden jedoch erst in den letzten Kriegstagen statt, in der »Schlacht um Wien«, die am 6. April 1945 begann und mit dem Einzug der Russen am 13. April endete.

Der Austrofaschismus trieb fast die gesamte österreichische Avantgarde ins Exil oder gar in den Tod, von den Architekten seien unter vielen nur Josef Frank, Ernst A. Plischke, Grete Schütte-Lihotzky, Oskar Wlach und Otto Breuer erwähnt. Die zurückbleibenden, sicherlich weniger progressiven, gingen einen Kompromiß mit den architektonischen Vorstellungen des »Dritten Reichs« ein, die ihren eigenen Vorbehalten gegenüber dem Funktionalismus entgegenkamen.

Die Bauten der Jahre 1934–38 neigen entweder zu betont traditionalistischen und regionalistischen Formen oder zum Monumentalismus, wie er in den staatlichen Prestigebauten, etwa in Clemens Holzmeisters RAVAG-Gebäude, dem Funkhaus des österreichischen Radiosenders, zutage tritt. In der Verbindung von gemäßigter Moderne und Pathos liegen deutliche Parallelen zu Italien, wo unter Mussolini der *razionalismo* zur Staatskunst erhoben wurde; er äußerte sich als ein von der utopischen Bewegung des Futurismus ausgehender, ins Monumentale übersetzter Klassizismus. Wohnbauten entstanden wenige, dafür einige Asyle und zahlreiche Kirchenbauten, die den Rechristianisierungsprozeß der Gesellschaft widerspiegeln. Sie variieren einen herben, schmucklosen Stil, der beliebig reproduzierbar war. Ähnlich wie in Deutschland wurde der Straßenbau unter dem Titel »Arbeitsbeschaffungsprogramm« zum Aushängeschild. Hier waren es vor allem die Gebirgspanoramastraßen und die Wiener Höhenstraße, die vom Ruhm und Erfolg der Diktatur künden sollten.

Der faschistischen Architektur Österreichs lag kein exakt definiertes ästhetisches Konzept zugrunde; sie funktionierte in weit geringerem Maße als in Deutschland als Ideologieträger. Als fatal für die Nachkriegszeit erwies sich allerdings der Graben, den sie gegenüber den progressiven Kräften der ersten Jahrzehnte ausgehoben hatte; er sollte erst in den 60er Jahren wieder überbrückt werden können.

Utopien und Erinnerungen: Wien nach dem 2. Weltkrieg

Die »Schlacht um Wien« im April 1945 hatte die Metropole gezeichnet. 11000 Menschen waren in den Luftangriffen ums Leben gekommen, 35000 obdachlos; ein Drittel der Stadtfläche lag in Schutt und Asche. Die Zerstörung der Wohnbauten und fast aller Brücken, Verbindungen mit den Bezirken jenseits der Donau, traf den Lebensnerv der Stadt. Die Trümmer im historischen Zentrum, die Ruinen von Stephansdom, Oper, Burgtheater und Albertina ließen keinen Zweifel daran, daß die – längst nicht immer gute – »alte Zeit« nun endgültig begraben werden mußte. Wien wäre aber nicht Wien, hätte man nicht sofort begonnen, die Schatten der Vergangenheit zu verdrängen und zur gewohnten Tagesordnung zurückzukehren: Bereits 14 Tage nach dem Einzug der Russen, am 27. April, spielten die Wiener Philharmoniker wieder in der nun in vier Besatzungszonen geteilten Stadt. Oper und Burgtheater nahmen gleichfalls den Betrieb in Notquartieren wieder auf. Im November 1945 fanden die ersten freien Wahlen statt, aus denen die Sozialisten und die Österreichische Volkspartei als Sieger hervorgingen.

Während sich die politische Lage relativ schnell stabilisierte, erholte sich die Wirtschaft nur schleppend; erst Währungsreform und Marschallplan leiteten einen durchgreifenden Aufschwung ein. Dennoch gelang es, in kurzer Zeit wenigstens die schlimmsten Wunden der Stadt zu schließen, 1948 konnte erstmals wieder eine Messe in den Mauern des Stephansdoms abgehalten werden, der Wiederaufbau der Symbolbauten Oper und Burgtheater begann. Vorrangige Aufgabe der Jahre zwischen 1945 und 1955 war jedoch der Städtebau, er stand im Zeichen der Instandsetzung, aber auch der Neuorganisation innerstädtischer Knotenpunkte. Allerdings mußten die Leiter der Planung, Karl Brunner (1945–53) und Josef Schimka (1952–58) in den meisten Fällen vor den wirtschaftlichen und technischen Problemen kapitulieren; anspruchsvolle Lösungen blieben die Ausnahme. Immerhin gelang es mithilfe von Franz Schusters »Schnellbauprogramm«, etwa 5000 neue Wohnungen im Jahr fertigzustellen.

Unter der sozialistischen Stadtregierung Wiens herrschte ein aufgeschlossenes, von Toleranz geprägtes kulturelles Klima, das zu einem Neuanfang ermutigte. Nach und nach kehrten einige, wenn auch längst nicht alle, vom Faschismus vertriebenen Künstler an die Donau zurück. Eine Auseinandersetzung mit der Vergangenheit fand jedoch nur in wenigen Fällen statt; zu nennen wären Heimito von Doderers literarisches Sittenbild »Die Strudlhofstiege oder Melzer und die Tiefe der Jahre« (1951), Friedrich Torbergs »Die Tante Jolesch«, eine Schilderung des jüdischen Wien, und Herbert Zands Roman »Die Wolfshaut« (1960). Mehr Durchschlagskraft entwickelte das Kabarett der 50er und frühen 60er Jahre, das »dem goldenen Wienerherzen« einen erbarmungslosen Spiegel vorhielt. Helmut Qualtingers und Carl Merz' Stück »Der Herr Karl« traf den Nerv des Kleinbürgers, die Programme und Lieder von Gerhard Bronner, Peter Wehle und Georg Kreisler feierten Sternstunden des volkstümlichen Kabaretts. Avantgardistischer gaben sich die »literarischen cabarets« der »Wiener Gruppe« um Friedrich Achleitner; sie strebten eine grundsätzliche Erneuerung der Sprachkunst an. Viel von sich reden machte der Film, nicht allein durch das komische Talent Hans Mosers und Romy Schneiders legendäre »Sissy«. Internationale Erfolge wie »Die Vier im Jeep« und Orson Welles' »Der dritte Mann« zeichneten ein eindrucksvolles Bild vom Wien der frühen Nachkriegszeit.

Mit dem Staatsvertrag vom 25. Mai 1955 wurde Wien wieder die Hauptstadt eines freien Landes. Sein Territorium lag nun freilich abgeschnürt am Rande der westlichen Welt, der Eiserne Vorhang trennte es vom Hinterland und von den kulturell verwandten Nachbarstaaten. Die nun folgenden zwei Dekaden standen im Zeichen eines langsamen, aber kontinuierlichen Aufschwunges, der von einem allgemein befürworteten, wenngleich oberflächlichen Konsens getragen wurde. Äußerlich blieb vieles beim Alten, unter der ruhigen Oberfläche gärte das Begehren, die Fesseln gesellschaftlicher Konventionen und bigotter Gläubigkeit abzustreifen.

1955 öffnete auch das Burgtheater erneut seine Pforten, in der Oper traf sich die Wiener Gesellschaft wie ehemals zum Opernball. Mit Herbert von Karajan erhielt das Haus 1956 einen charismatischen Leiter. Berühmte Tenöre, Enrico Caruso, Boris Schaljapin und Benjamino Gigli kehrten auf die Wiener Bühne zurück, eine Vielzahl hervorragender Orchester ließen die Tradition klassischer Musik wiederaufleben. Im selben Jahr bezogen einige UNO-Institutionen ihren Sitz an der Donau. Sie halfen der Stadt, sich wieder als Konferenz- und Tagungsort zu profilieren, ein historischer Anspruch, der durch das Treffen von Nikita Chruschtschow und John F. Kennedy 1961 eingelöst wurde. Wien bot sich, zwar immer noch durch den Eisernen Vorhang beeinträchtigt, erneut als Drehscheibe zwischen Ost und West an. Die zunehmend stabile politische und wirtschaftliche Situation ließ die Stadt einmal mehr zum Zufluchtsort osteuropäischer Flüchtlinge werden; sie brachten erheblichen sozialen Sprengstoff, aber auch vielfältige kulturelle Anregungen mit sich.

Die Sanierung und städtebauliche Neustrukturierung schritt unter der Ägide Roland Rainers voran; sein Konzept einer »gegliederten und aufgelockerten Stadt«, eine funktionalistische Umsetzung der Gartenstadt, wurde allerdings nur in wenigen »Mustersiedlungen« umgesetzt und traf zunehmend auf Kritik. An eine Fortsetzung des großflächigen und konsequenten Wohnbaus des »Roten Wien« war nicht zu denken. Gleichwohl gelang es Roland Rainer und seinem Kollegen Karl Schwanzer, Anschluß an die internationale Moderne zu finden.

Währenddessen formierte sich auf verschiedenen Seiten die architektonische Avantgarde, um neue, experimentelle und teilweise utopische Positionen zu beziehen. 1962 eröffnete Werner Hofmann das Museum des 20. Jahrhunderts, das nach New Yorker Vorbild die gesamte Palette der Gegenwartskunst repräsentieren wollte. Monsignore Maurer lenkte bis zu seinem Tode 1973 die Geschicke der Galerie nächst St. Stephan, die sich nach wie vor der informellen Abstraktion, zunehmend aber auch den architektonischen Utopien öffnete. Die Korrelation verschiedener Kunstgattungen wurde in etlichen Werken thematisiert, etwa in Frederick Kieslers »Endless House« und Friedensreich Hundertwassers »Endloser Spirale« (beide 1959); Arnulf Rainers auf dem Papier vorgenommene »Übermalungen« verfremdeten die Symbolbauten Wiens. Das Zusammenspiel der Künste gipfelte in der skulpturalen »Kirche zur Hl. Dreifaltigkeit«, die der Bildhauer Fritz Wotruba ab 1965 entwarf und ausstattete.

Grenzüberschreitungen waren das Thema der Zeit: Ob nun die säuberlich gezogenen Trennlinien zwischen den Kunstgattungen negiert oder ge-

Karl Schwanzer
Philipshaus, 1962

Hans Hollein, »Traum und Wirklichkeit«, Ausstellungsdesign des Künstlerhauses am Karlsplatz 1985

sellschaftliche Tabus gebrochen wurden, der inzwischen legendäre Wiener Aktionismus der 60er Jahre setzte alles daran, herkömmliche Ordnungen zu zerschlagen: Mit ihren schockierenden Happenings, den psychischen wie physischen »Zerreißproben«, die nicht nur die Darstellenden sondern auch die Zuschauer an den Rand des Ertragbaren führten, suchten sie nach einem Ausweg aus der Enge der Gesellschaft wie aus der Beschränktheit des traditionellen Kunstbegriffes.

Grenzüberschreitungen charakterisierten auch die weniger agressiven unter den Künstlern. Friedrich Achleitner, Architekt, Architekturkritiker und Literat, veröffentlichte seinen »Quadratroman«, Gerhard Rühm, Schriftsteller, Graphiker und Musiker, trat mit einem ironischen W.I.E.N. - Projekt an die Öffentlichkeit, Peter Handke vertauschte Akteur und Publikum und alarmierte die Theaterwelt; neben ihm bewiesen Thomas Bernhard, Ernst Jandl und Ingeborg Bachmann die Lebendigkeit der jungen österreichischen Literatur.

Kabarett und Film begnügten sich mit liebevoller Ironie und dem Charme Peter Alexanders. Gleichzeitig verbreiteten die Wiener Liedermacher schwarzen Humor und Selbstmitleid, die Vertreter des »Magischen Realismus« verdienten an ihren schönlinigen, düsteren Visionen. Friedensreich Hundertwasser und André Heller inszenierten ein altbekanntes Wiener Thema – das Ego.

Die Wiener Idylle wurde Mitte der 70er Jahre durch mehrere Beben erschüttert: Die Ölkrise und die Nachwehen der Studentenrevolten setzten dem technizistischen Fortschrittsglauben der Nachkriegszeit ein Ende. In der Folge der allgemeinen Verunsicherung erstarkten Antisemitismus und Rassismus. Der Beschränktheit des Blickes konnten auch die zahlreichen internationalen Begegnungen und Kongresse, die unter der langen Regierung des Bundeskanzlers Bruno Kreisky in Wien stattfanden, nicht Einhalt gebieten. Eine Reihe von Terrorakten entsetzte die Stadt, 1975 der Anschlag auf das OPEC-Gebäude, Attentate auf jüdische Bürger und die Synagoge in den 80er Jahren. Bis in die jüngste Zeit läßt sich diese traurige Reihe fortsetzen, wie die Briefbomben schließen lassen, die prominente Liberale, darunter den Bürgermeister Helmut Zilk, verletzten. Wie wenig die braune Vergangenheit tatsächlich aufgearbeitet war, zeigte sich in der Affäre um den UNO-Generalsekretär und österreichischen Bundespräsidenten Kurt Waldheim. Wie verwurzelt rechtes Gedankengut bis heute ist, belegen die Erfolge der FPÖ unter ihrem Chef Jörg Haider. Dennoch kann Wien, mehr als 50 Jahre nach der Gründung der Zweiten Republik, eine glückliche Bilanz ziehen. Seit dem Fall des Eisernen Vorhanges und der Einbindung in die EU hat die Donaumetropole ihren Platz im Herzen Europas zurückerobert.

Nicht unwesentlich haben Kunst und Kultur zum neuen Renommee Wiens beigetragen. Hatten sich die experimentellen »Aufbrüche« der 60er und 70er Jahre im wesentlichen an ein avantgardistisches Publikum gewandt, so entdeckte man in den 80er Jahren die Breitenwirkung der Kunst und ihren ökonomischen Erfolg. Besonders die Malerei erlebte ein rauschendes Comeback. Eine Flut von Galerien und Kunstjournalen folgte dem Trend, großangelegte Ausstellungen (»Der Hang zum Gesamtkunstwerk« 1983, »Traum und Wirklichkeit« 1985, »Zauber der Medusa – Europäische Manierismen« 1987), sowie Festivals, erwiesen sich als Publikumsmagnete. Weniger glücklich entwickelten sich die Projekte der öffentlichen Hand: Das 1979 eröffnete Museum Moderner Kunst hat sich nicht in der gewünschten Weise profilieren können, den Ausbau eines Museumsquartiers rund um die ehemaligen Hofstallungen verzögern und verwässern seit mehr als einem Jahrzehnt politische Rangeleien. Zu den gescheiterten Projekten gehört übrigens auch die prestigeheischende Ausrichtung der Weltausstellung 1995, die durch einen Volksentscheid gekippt wurde. Noch unklar ist die Zukunft des geplanten Guggenheim-Museums, das innerhalb des für die Expo vorgesehenen Geländes jenseits der Donau errichtet werden sollte. So tragen neben den Galerien im wesentlichen die Ausstellungsräume privater Investoren und Vereine zur Lebendigkeit der Wiener Kunstszene bei.

Die Agiteure der Nachkriegszeit sind mittlerweile in die Jahre gekommen und teils nicht ganz unschuldig an einer gewissen Verkrustung des akademischen Kunstbetriebes. Starkult und Ignoranz gegenüber den neuen Medien und gegenüber zeitgenössischen Trends haben die Akademie der bildenden Künste ins Zwielicht geraten lassen; die Abwanderung der Avantgarde an die konkurrierende Hochschule für angewandte Kunst (Leitung Oswald Oberhuber) und in die Galerieszene ist die Folge. Die Künstler der mittleren und jüngeren Generation, etwa Franz West, Gerwald Rockenschaub, Brigitte Kowanz, Heimo Zobernig, Lois Weinberger oder Heinrich Georg Pichler, echte oder »Wahlwiener«, starten von dort aus ihre internationalen Karrieren. Den größten Erfolg kann jedoch die Baukunst verbuchen; sie ist zum größten Exportschlager der Wiener Gegenwartskunst avanciert. Mit Gustav Peichl, Hans Hollein und der Architekturkooperative Coop Himmelblau kann sie Persönlichkeiten vorweisen, deren Kreativität die internationale Szene auf Jahre hinaus bereichert. Seit kurzem liefert der Wiener Wohn- und Siedlungsbau Schlagzeilen für die internationale Architekturpresse.

Diesen Phänomenen und ihrer Vorgeschichte soll im folgenden nachgegangen werden.

Architektur zwecklos? Ein Überblick über die Baukunst der Nachkriegszeit

Die Geschichte der Nachkriegsarchitektur in Wien begann mit schmerzlichen Erinnerungen, mit der signalhaften Restaurierung und Rekonstruktion »kultureller Ikonen« (Friedrich Achleitner) wie Stephansdom, Burgtheater, Oper und Parlament. Auch der Wohnungsbau, der die dringlichere Aufgabe darstellte, lebte bis auf wenige Ausnahmen von Reminiszenzen – allerdings weniger an die fortschrittlichen Arbeiterburgen des »Roten Wien« als an den konservativen Siedlungsbau in der Folge der Heimatschutzbewegung. Persönlichkeiten wie Roland Rainer und Karl Schwanzer, die eine funktionalistische Linie vertraten, waren eher die Ausnahme. Roland Rainer setzte mit der 1958 fertiggestellten Stadthalle (die übrigens 1994 von ihm selbst ohne Stilbruch erweitert wurde) das klare Signal, daß Österreich den Anschluß an die Internationale Moderne wiedergefunden hatte; im selben Jahr vertrat Karl Schwanzer sein Land auf der Weltausstellung in Brüssel mit einer puristischen Stahl-Eternit-Konstruktion.

Erste Impulse zu einer Erneuerung der österreichischen Architektur kamen aus den Kreisen der Akademie der bildenden Künste am Schillerplatz. Hier formierte sich aus dem Kreis der Schüler von Clemens Holzmeister und Lois Welzenbacher die »Arbeitsgruppe 4« (Wilhelm Holzbauer, Friedrich Kurrent, Johannes Spalt), die aus heutiger Sicht eine Synthese zwischen Internationalem Stil und Österreichischer Moderne vertraten. Auch die Anfänge Gustav Peichls und Hans Holleins sind in diesem Umfeld zu lokalisieren. Anfang der 60er Jahre schuf Karl Schwanzer in Wien mit dem Museum des 20. Jahrhunderts und dem Philipshaus (Abb. S. 327) zwei Bauten auf der Höhe ihrer Zeit.

Erstaunlicherweise war es die Sakralarchitektur, die die progressivsten Lösungen hervorbrachte: Wegweisend wurden zwei Salzburger Bauten, die Pfarrkirche in Parsch und das St. Josefskolleg (1953–56 bzw. 1961–64, beide Arbeitsgruppe 4) sowie in Wien Rudolf Schwarzs St. Florian (1961). Ihr Kennzeichen sind die Verarbeitung moderner Materialien, Stahl und Beton, und die klare, ästhetisch reizvolle Konstruktion, die in ihrer Austerität meditativ wirkt. Der soziale und »moralische« Anspruch dieser Werke ist unverkennbar.

Wie bereits erwähnt, suchte die katholische Kirche den Schulterschluß mit der zeitgenössischen Kunst; in der Person des Monsignore Otto Maurer, der die Wiener Kunstszene der Nachkriegsjahre dominierte, war ein idealer Propagator gefunden. Maurers Einfluß dürfte so auch entscheidend zum Entstehen des wohl spektakulärsten Baus der Österreichischen Nachkriegsarchitektur beigetragen haben, der Dreifaltigkeitskirche auf dem Georgenberg am Stadtrand Wiens (1965–76). Der Bildhauer Fritz Wotruba, ein enger Freund Maurers, entwarf für sie eine Raumskulptur von archaischer Eindringlichkeit. Asymmetrische Betonkuben türmen sich scheinbar regellos zu einem felsartigen Gebilde, eine betretbare Plastik, in die durch zahlreiche Scharten mildes Licht eindringt. Nur Gottfried Böhm hat in der Wallfahrtskirche von Neviges ähnlich organisch-expressiv gearbeitet.

Bereits Ende der 50er Jahre bildete sich eine andere Strömung heraus, die in erster Linie die Kritik am Funktionalismus einte. »Architektur ist ohne Zweck. Zwecklos im Sinne einer vorherbestimmten materiellen Verwendung«, so lautete die provokante These, die Hans Hollein 1962, unmittelbar nach seiner Rückkehr aus den Vereinigten Staaten, verlauten ließ. Er, wie auch sein Kollege Walter Pichler, forderten eine universale Architektur, eine Architektur um ihrer selbst willen, zweckfrei und nicht konstruktionsgebunden: »Ihre Funktion sei eine rein geistige, magische«. Dem Kultischen, und damit auch dem Mythos, dem Symbol wie dem Ritual wurde nach Jahrzehnten des Rationalismus wieder eine Daseinsberechtigung zugesprochen. Die Zeitschrift BAU, herausgegeben u.a. von Gustav Peichl, Hans Hollein, Walter Pichler wurde zum Sprachrohr der Kritik am Funktionalismus. Einen weiteren Kristallisationspunkt für unbequeme Ideen bildeten die »Clubseminare« Günther Feuersteins. Aus ihnen gingen die utopistisch orientierten Gruppen Haus-Rucker-Co, Coop Himmelblau, Zünd-up und Missing Link hervor, deren Phantasien die Baukunst auf Jahrzehnte bereichern sollten. Ähnliche Tendenzen offenbarten sich in Graz, das sich nach Wien zum zweiten Zentrum avantgardistischer Architektur herausbildete. Auf diese »Grazer Schule« und ihre Anregungen kann an dieser Stelle nicht eingegangen werden.

Zurück nach Wien: Haus-Rucker-Co griffen Mitte der 60er Jahre die archaisierenden Ideale Holleins und Pichlers auf und bereicherten sie um eine futuristische Variante: Unter dem Eindruck der Weltraumtechnik entstanden Projekte wie das GELBE HERZ (1968) und »Ballon für zwei« (1969), Versuche, die Grenzen zwischen Architektur, Raum und Leben niederzureißen. Im bewußten Überschreiten der Gattungsgrenzen offenbarte sich die Nähe zum Wiener Aktionismus, aber auch zur Pop-Art mit ihrem Kult um Gebrauchsgegenstände. Fiktion und Wirklichkeit verschwammen, wenn etwa Haus-Rucker-Co vorschlugen, die Stadt Braunschweig mit Felsattrappen, Klüften und Steilhängen zu durchsetzen, um das Erhabene der Natur in den urbanen Alltag zu verpflanzen. »Alles ist Architektur«, lautete nun die Devise; Riesenbillards und Stadtfußbälle verblüfften das Wiener Publikum. Die Gruppe Coop Himmelblau (Wolf D. Prix und Helmut

Haus-Rucker-Co
GELBES HERZ, 1968

Hans Hollein
Mönchengladbach, Abteiberg-Museum, 1972–82

Haus-Rucker-Co.
(Klaus Pinter, Zamp Kelp und Laurids Ortner) mit Environment Transformern, 1968

Swiczinsky) fand sich 1968 im »Büro für experimentelle Architektur« zusammen; auch sie sah ihre Aufgabe zunächst in der Entwicklung visionärer Ideen. Es wundert nicht, daß diesen Gruppen – einschließlich Hans Hollein – lange die Ausführung ihrer Vorstellungen verweigert wurde. Dennoch haben ihre ephemeren Phantasien, ähnlich wie die der Londoner Gruppe Archigramm, die internationale Architekturszene gründlich durcheinandergewirbelt und wesentlich dazu beigetragen, daß der Umbruch von der Moderne zur Nach-Moderne vollzogen werden konnte. Die Postmoderne mit ihrem Abbildcharakter, wie auch die High-Tech-Architektur mit ihrer technoiden Ästhetik verdanken ihnen entscheidende Anregungen.

Hans Hollein erhielt Mitte der 60er Jahre erste Aufträge zur Umgestaltung von Wiener Läden und Boutiquen. Zwischen deren engen, schmalen Wänden erwies er sich nicht nur als geschickter Raumarrangeur, sondern auch als phantasievoller, eleganter Entwerfer: Das Kerzengeschäft Retti (1964), die Boutique CM (1966–67), vor allem aber die Juweliergeschäfte Schullin I (1972–74) und später Schullin II (1981) wurden mit ihrer exquisiten Austattung, ihren »sprechenden Fassaden« und nicht zuletzt ihrer Individualität zu Meilensteinen des modernen Design. Die Idee, die Front eines Schmuckladens durch eine Goldader durchbrechen zu lassen, in die gleichzeitig das Röhrenbündel der Klimaanlage integriert ist, dürfte in ihrer inhaltlichen und funktionalen Raffinesse wohl einmalig sein: Hollein erzählt, irritiert und läßt von den Kostbarkeiten träumen, die hinter der glitzernden Fassade dargeboten werden. Die Wiener Geschäftsräume begründeten Holleins internationales Renommee. Aufträge in den USA, vor allem aber in Deutschland folgten, wo er mit dem Abteiberg-Museum in Mönchengladbach (1972–82) einen Bau schuf, in dem sich die Architektur kongenial mit den Exponaten verbindet. Auch Coop Himmelblau glänzte zunächst ausschließlich mit kleindimensionierten Architekturen: Die Reiss-Bar (1977) durchzieht ein 48 cm breiter Spalt, im Projekt »Hot Flat« (1978/79) installierten sie ein flammenförmiges Glasdach.

Gustav Peichl, Schüler von Clemens Holzmeister und Arnulf Rainer, erhielt im Gegensatz zu Hollein und zu Coop Himmelblau früh bedeutendere Aufträge in Wien. Den internationalen Durchbruch verschafften ihm die sechs nach dem gleichen Konzept komponierten Landesstudios des ORF, die zwischen 1969 und 1982 vollendet wurden. Peichl variiert in ihnen eine an Funktions- und Produktionsabläufen orientierte Architektur, die sich der Ästhetik des Schiffsbaus bedient. Die aus Betonfertigteilen zusammengesetzten Gebäude werden selbst zu Maschinen, deren blitzende »Armaturen« reizvolle, zuweilen spielerische Akzente setzen. Türmchen, Kegelchen, Giebelchen, Brückchen: Peichl, der neben seiner Bau- und Lehrtätigkeit seit Jahrzehnten als Karikaturist hervortritt (»Ironimus«), greift dabei augenzwinkernd in die Kiste postmoderner Versatzstücke.

Doch die Wiener Architektur der 70er Jahre weist auch andere Gesichter auf: Im Zuge der Einrichtung des UNO-Standortes hatte die Stadtregierung den Ausbau eines Areals jenseits der Donau beschlossen; die dort zu errichtende Verwaltungs- und Konferenzstadt sollte der Metropole ein neues Profil verleihen. Leider verzichtete man darauf, den prämierten Entwurf der Amerikaner Cesar Pelli & Partner zu realisieren und entschied sich statt dessen für Johann Stabers Y-förmige Scheibenhochhäuser, die Wien so noch spät zu Monumenten des Internationalen Stils verhelfen sollten. Ganz eigene Wege ging dagegen der Grazer Günther Domenig, der einer bis dato eintönigen Einkaufsstraße im Bezirk Favoriten ein

Gustav Peichl
Bonn, Bundeskunsthalle »Tor« und Eingangsbereich 1986–92

– wenn auch nicht unumstrittenes – Glanzstück bescherte. Seine Zentralsparkasse ist ein glitzerndes, biomorphes Gebilde mit agressiver Gebärde und wucherndem Innenleben, das sich sichtlich sträubt, sich der leblosen Nachkriegsarchitektur einzufügen.

Kreativität und Individualität waren auch die Forderungen, die Friedensreich Hundertwasser 1958 in seinem »Verschimmelungsmanifest« erhoben hatte: »Die gerade Linie ist ein Verrat an der menschlichen Individualität«, »Sobald man die Fenster tanzen läßt, indem man jedes anders gestaltet, gibt man dem ganzen Bauwerk die Chance zur Gesundung«. Diese ambitiösen Worte haben seine Bauten (Hundertwasserhaus 1985 mit dem jüngst eröffneten »Erlebnis-Einkaufszenter«, Fernheizwerk Spittelau 1990) nicht einlösen können; sie sind weder technisch, ökologisch oder gestalterisch alternativ. Gleichwohl zieht ihre Fassadendekoration und -begrünung Touristen aus aller Welt an. Hundertwassers ursprünglich avantgardistische Ideen sind längst von anderen konsequenter verwirklicht worden; er selbst wandte sich mehrfach gegen die zeitgenössische Kunst, die er als »entartet« brandmarkt (Rede anläßlich der Verleihung des Großen Österreichischen Staatspreises 1981). Der Kult um seine Person und die Vermarktung seiner Erzeugnisse sind gleichwohl Bestandteil der Wiener Gegenwart.

Die 80er Jahre brachten erstaunliche Entdeckungen: Die Wiener Avantgarde-Architekten, die inzwischen außerhalb Wiens oder Österreichs für Furore gesorgt hatten, erhielten unter Bürgermeister Helmut Zilk (1984–94) Gelegenheit, sich daheim in größerem Rahmen zu präsentieren. Außer für Peichl, der durch die ORF-Studios ohnehin gegenwärtig war und sich inzwischen mit der Berliner Phosphat-Eliminierungsanlage weltweit Anerkennung verschafft hatte, gilt dies vor allem für Coop Himmelblau, die mehrere aufsehenerregende Werke realisieren konnten. Etwa gleichzeitig mit ihrem ersten großen Industriebau in Funder / Kärnten vollendeten sie 1988 den Dachumbau einer Anwaltskanzlei in der Falkestraße, der umgehend auf die Titelseiten der Architekturzeitschriften gelangte: Ein von Diagonalen, Schrägen und schiefen Ebenen durchstoßener Raum läßt an den Gesetzen der Schwerkraft zweifeln; ein schwingenartiger Bogen, der die Konstruktion überwölbt und trägt, verleiht der Statik gleichsam Flügel. Die historische Bausubstanz ist »im Aufbruch«; tradierte Sehgewohnheiten sind mit Poesie und Witz überlistet.

Im selben Jahr prägte eine New Yorker Ausstellung den Begriff für die neue »Unordnung« in der Architektur: »Deconstruktivist Architecture«, so im Rekurs auf ein Denkmodell des französischen Philosophen Jacques Derrida genannt, schlug wie ein Blitz in die postmoderne Architekturszene. Obwohl Coop Himmelblau ein entscheidender Anteil an der Formulierung des Trends zugestanden wurde, konnte man sich in Wien nicht auf die Vergabe eines Großprojektes an die Künstler verständigen. Ihr Entwurf für die Neugestaltung des Ronacher-Theaters scheiterte an Nutzungsproblemen.

Mehr Glück hatte Hans Hollein, dem eine schwierige und höchst verantwortungsvolle Aufgabe übertragen wurde, der Neubau des Haas-Hauses gegenüber dem Stephansdom. Hollein, durch seine Museumsbauten in Mönchengladbach und Frankfurt und die Entwürfe für Salzburg zum Stararchitekten avanciert, legte eine zunächst umstrittene, doch nach ihrer Ausführung zunehmend akzeptierte Planung für die schwer bespielbare Fläche im Herzen der Stadt vor. Collageartig fügt er verschiedene Baukörper an- und ineinander, so daß sie behutsam auf die jeweilige – sehr unterschiedliche – Nachbarschaft reagieren können. Im Detail zieht er alle Register postmoderner Inszenierung: Wie zuvor schon seine legendären (leider weitgehend zerstörten) Wiener

Abbildung oben:
Coop Himmelblau
UFA-Kinozentrum Dresden
1998

Abbildung unten:
Coop Himmelblau
Revitalisierungsprojekt Ronacher Theater, Modell, 1987

Reisebüros weist der Innenraum ein Feuerwerk an sinnlichen Reizen, Anspielungen und Fiktionen auf, die sich letztlich dem Kommerz unterordnen und eine eitle Scheinwelt suggerieren.

Zu Beginn der 90er Jahre legte sich der Wirbel um postmoderne und dekonstruktivistische Repräsentationsbauten. Nach dem Fall des Eisernen Vorhanges trat erneut der Wohnungsbau in den Vordergrund, man rechnete mit einem erheblichen Zuzug aus den Ostblockländern. Das Schlagwort von einer neuen »Gründerzeit« unter Berücksichtigung ökologischer und sozialer Faktoren ging um. In diesem Zusammenhang entstand eine Reihe von Zweckbauten, vor allem Schulen und Wohnsiedlungen, mit denen die Wiener Architektur auf breiter Basis ihre Qualität bewies. Zu nennen wären unter vielen anderen anspruchsvollen Werken Helmut Richters Schule am Kinkplatz (1992–95), die Siedlung in der Pilotengasse von Jacques Herzog & Pierre de Meuron, Otto Steidle und Adolf Krischanitz (1989–92) sowie die wegen ihrer metaphorischen Abschottung umstrittene Siedlung Traviatagasse (Masterplan Raimund Abraham, Ausführung Carl Pruscha u. a., 1991). Auch Boris Podrecca, Elsa und Rudolf Prohazka sowie Heinz Tesar verdienen hier Erwähnung. Diese sämtlich in den 40er und frühesten 50er Jahren geborenen Architekten sind kaum auf einen gemeinsamen Nenner zu bringen; was sie vereint ist ein kritischer, oft spielerischer Umgang mit der Moderne und eine – zumindest in den meisten Fällen – undogmatische, sensible Eingehensweise auf den städtischen und gesellschaftlichen Kontext.

Die Ausgestaltung und Einbindung der jenseits der Donau gelegenen Viertel, »Transdanubiens«, entwickelten sich zur medien- und architekturpolitischen Planungsfarce. Viele schöne Pläne zerplatzten wie Luftblasen, als die EXPO 95 mit dem Thema »Wien-Budapest« per Volksentscheid gestoppt wurde. Man muß dabei allerdings einräumen, daß die Zeitgeschichte die Brisanz des Zwillingsprojekts ohnehin überrollt hatte. Dennoch herrschte Katerstimmung, der man durch hochfliegende Vorhaben zu begegnen suchte. Nachdem die Stadt das für die EXPO vorgesehene Gelände an der Wagramer Straße zur Bebauung freigegeben hatte, entwarfen Hans Hollein / Coop Himmelblau den Flächenwidmungsplan und Adolf Krischanitz / Heinz Neumann den Masterplan der »Donau-City«. Diese war als zweiter, neuer Pol im Gefüge Wiens konzipiert und sollte der alten »Einseitigkeit« der Metropole ein Ende setzen. Gleichzeitig bemühte man sich, durch die Berufung internationaler Stararchitekten (neben den Österreichern u. a. Jean Nouvel, Zaha Hadid, Arata Isozaki) das Image Wiens als Architekturstadt aufzupolieren. Ein Wiener Ableger des Guggenheim-Museums sollte für die bildkünstlerische Garnierung sorgen. Ein Großteil der Entwürfe blieb aus Gründen, die hier unerörtert bleiben

ABBILDUNGEN LINKS:
Carl Pruscha
Siedlung Traviatagasse, 1991
»Hamam« (Türkisches Bad)
Außen- und Innenansicht

Boris Podrecca
Schule in der Dirmhirngasse, 1990
Außenansicht und Blick in die Eingangshalle

müssen, auf dem Papier. Realisiert wurden bis 1998 folgende Projekte, das elliptische Hochhaus Andromeda, gläserner Vorposten der UNO-City mit Appartments und Büros für Diplomaten, sowie die Wohntürme an der Wagramer Straße, die von Gustav Peichl, Coop Himmelblau und NFOG (Nigst, Fogatti, Ostertag, Gaisrucker) in jüngster Zeit aufgeführt wurden. Die drei Hochhäuser, die der Donaucity tatsächlich eine Skyline und eigene Identität verleihen, sind äußerst unterschiedlich gestaltet und konzipiert: Coop Himmelblaus mit Wintergärten und Klimafassaden versehener konischer Wolkenkratzer ist der in technischer und ökologischer Hinsicht aufwendigste; NFOG versahen ihren Turm in ungemein ästhetischer Weise mit metallenen Brises-soleil. Gustav Peichls zylinderförmiger Bau erhielt wegen seiner weiß-hellblauen Streifen den Namen »Obelix«. In nicht allzu weiter Entfernung der Wohnkomplexe konnten NFOG eine Volksschule vollenden.

Als Nagelprobe für den tatsächlichen Neuerungsdrang der Stadt Wien erweist sich die Diskussion um das Museumsquartier, die bis heute die Gemütererregt. Bereits zu Beginn der 80er Jahre war beschlossen worden, das baulich kaum profilierte Areal der »Hofstallungen«, das etwa seit 1920 als Messegelände genutzt wurde, »als Museumsinsel« auszugestalten. Den nach langen Debatten ausgeschriebenen Wettbewerb gewannen 1990 die Brüder Laurids und Manfred Ortner, deren Entwurf geschickt zwischen der »imperialen Struktur« der Hofburg und den biedermeierlichen Vierteln des angrenzenden 7. Bezirks vermittelten. In den Komplex sollten verschiedene Institutionen eingebunden werden, das Tabakmuseum, das Medienmuseum, das Museum für Moderne Kunst, die Kunsthalle sowie das Museum der Österreichischen Moderne. Ergänzt werden sollte das Quartier um Veranstaltungshallen und ein Medienforum mit signifikantem transparenten »Leseturm«. Vor Baubeginn erhob sich allerdings eine von der Boulevard-Presse geschürte Bürger-initiative, die gegen die modernen Bauten »im barocken Ensemble« – das an dieser Stelle allerdings nie vollendet worden war – polemisierte. Am Museumsquartier entzündete sich daraufhin eine Debatte, die jede moderne Architektur brandmarkte; diese sei als Experiment, nicht als Kultur zu werten. Inzwischen sind die Würfel gefallen: Realisiert wird eine fast bis zur Unkenntlichkeit zusammengestutzte Variante des ursprünglichen Ortner & Ortner-Projekts, die letztlich alle »zeitgenössischen Inhalte« (Medienzentrum, Kulturinformationszentrum im Leseturm, Film- und Photographieabteilungen) verbannt. Stattdessen erhält das Museum Leopold – eine Sammlung Österreichischer Kunst der Jahrhundertwende – nun die zentrale Stellung. Noch unklar ist die Einbindung zweier im Wildwuchs gegründeter Kulturinitiativen, des Kindermuseums und des Architektur Zentrums Wien.

Sicher wird Wien mit dieser Kompromißlösung leben können; die Chance für einen ernsthaften Dialog zwischen Alt und Neu scheint in der Donaumetropole allerdings vorerst vertan.

Rudolf Schwarz
Pfarrkirche St. Florian, 1961–63

Der Kirchenbau der Nachkriegszeit

Wesentliche Impulse für die Architektur der Nachkriegszeit gingen in Wien wie in ganz Österreich von einer Gattung aus, von der man es nicht unbedingt erwartet hätte, dem Sakralbau. Liberalen Klerikern wie Msgr. Otto Maurer und dem Jesuitenpater Dr. Herbert Muck war es zu verdanken, daß die katholische Kirche ein enges Verhältnis zur modernen Kunst suchte und dadurch in den Lauf der architektonischen Entwicklung eingriff. So wurde der Sakralbau in bedeutenderem Maßstab als der Wohnungsbau zum Experimentierfeld der 60er und 70er Jahre. Die architektonische Avantgarde umfaßte ein breites Spektrum, das zwischen traditionalistisch-romantischen Tendenzen, Funktionalismus und Utopie oszillierte.
Rudolf Schwarz, Meisterschüler Hans Poelzigs in Berlin und Professor für Städtebau an der Düsseldorfer Akademie, gehörte zu den Protagonisten des Kirchenbaus der Nachkriegszeit. St. Florian an der Wiedner Hauptstraße (1961–63) wurde allerdings heftig angegriffen, da Schwarz den barokken Vorgängerbau dazu abtragen ließ. An seine Stelle setzte er eine containerartige Kiste, die gleichwohl auf sensible Weise dekoriert ist: Feingliedrige Betongitter bilden kreuz- und zickzackförmige Bandmuster, die den Bau trotz seiner rigorosen Form filigran wirken lassen.

Ein anderes Konzept verfolgte Fritz Wotruba, der zwischen 1965 und 1976 in Zusammenarbeit mit Fritz G. Mayr die Kirche zur Heiligsten Dreifaltigkeit errichtete. Wotruba, Leiter der Bildhauerklasse an der Akademie der Bildenden Künste, realisierte auf dem Georgenberg ein Werk, das für die nahezu unbegrenzte schöpferische Freiheit innerhalb seiner Gattung steht. Der Bau ist eine begehbare Skulptur, eine scheinbar regellose Auftürmung unterschiedlicher Betonvolumina, die sich zu einer ungemein malerischen Figur zusammenschließen. »Harmonie durch die Überwindung von Gegensätzlichkeiten« war das Ziel ihres Schöpfers, der als sozialistischer Atheist eine eigene, fast chtonische Ästhetik offenbarte. Handgeformte Gipsmodelle lieferten die Ausgangsformen für die spätere Umsetzung in Beton. Die sakrale Bestimmung des Baus offenbart sich lediglich im Inneren, wo ein monumentales Kreuz des Künstlers christliche Inhalte signalisiert. Der Andachtsraum ist trotz der Schale aus kompakten, asymetrischen Betonblöcken leicht und stimmungsvoll; durch die Schlitze dringt helles Licht, Glasfenster öffnen den Blick in die Natur.
Wotruba erlebte die Fertigstellung seines Werkes nicht; er starb 1975 und mußte die Ausstattung der Kirche zur Heiligsten Dreifaltigkeit weitgehend seinen Mitarbeitern überlassen.

Fritz Wotruba
Kirche zur Heiligsten Dreifaltigkeit, 1965–76

Abbildungen gegenüber
Oben:
Karl Schwanzer
Museum des 20. Jahrhunderts
1959–62

Unten:
Roland Rainer
Stadthalle, 1952–58

Karl Schwanzer
Museum des 20. Jahrhunderts

Der puristische Stahlskelettbau im Schweizergarten gehört, zusammen mit Roland Rainers Stadthalle, zu den wenigen Bauten, mit denen Österreich Anschluß an die internationale Szene der Nachkriegsarchitektur suchte. Ursprünglich als Beitrag zur Weltausstellung in Brüssel 1958 konzipiert, wurde der über Pylonen errichtete, annähernd quadratische Kasten dort nach Veranstaltungsende abgebaut und zwischen 1959 und 1962 in der Donaustadt wiedererrichtet. Dabei wurden die offenen Partien, das Sockelgeschoß und das Atrium, geschlossen beziehungsweise überdacht, um den Komplex nun als Museum nutzen zu können.

Heute umschließen drei Skulpturenhöfe den zweckorientierten Bau. Der ehemalige Weltausstellungspavillon war in seinerzeit wegweisender Technik errichtet: Dem deutlich sichtbaren Stahlskelett aus DIN-genormten Profilen wurden Platten aus Eternit vorgehängt, einem Material, das in Österreich entwickelt worden war und das bald seinen Siegeszug um die Welt antreten sollte.

Unter Karl Schwanzers Ägide erlebte die bis zu diesem Zeitpunkt eher konservative Architekturabteilung der Technischen Hochschule eine radikale Umformung; er selbst trat mit weiteren Wiener Bauten, vor allem aber mit dem Münchner BMW-Gebäude und der Österreichischen Botschaft in Brasilia hervor.

Roland Rainer, Stadthalle

Die Stadthalle, eine weitläufige Veranstaltungs-, Sport- und Trainingsstätte in Wien-Rudolfsheim, wurde zum Aushängeschild der Wiener Moderne der zweiten Jahrhunderthälfte. Ihr Erbauer, der Leiter der Meisterschule für Architektur der Wiener Akademie, Roland Rainer, war sein Leben lang dem wegweisenden Bau verbunden: 1952–58 konstruierte er die großzügige Haupthalle mit ihrer charakteristischen, asymetrischen und zur Mitte durchhängenden Dachkonstruktion aus Stahlbeton. Diese war nicht nur ästhetisch auf der Höhe ihrer Zeit, sie konnte darüber hinaus eine vorzügliche Akustik, gute Wärmedämmung und optimale Sicht vorweisen. Bei einer Grundfläche von 100 x 100 Metern fanden 15 – 20 000 Besucher in ihr Platz. In den Jahren 1971–74 wurden Schwimmbecken und Saunaanlagen angefügt, 1994 Foyer und Haupthalle modernisiert sowie die neue, kleine Veranstaltungshalle E errichtet. Freiliegende Stahlträger und Lüftungsrohre, Lochziegel und Glasfronten bestimmen auch hier die klassisch-moderne Anlage.

Roland Rainer, der somit die Arbeiten an der Stadthalle über vier Jahrzehnte leitete, blieb seinem funktionalistischen Stil bis heute treu: Funktionalität und Sparsamkeit in der Konzeption, absolute Ehrlichkeit und »Durchschaubarkeit« in der Konstruktion sind seine Visitenkarten.

Gustav Peichls Wiener Bauten

Die Lust am Bauen bestimmt das Werk Gustav Peichls wie das kaum eines anderen Architekten. Seit seinem Studium unter Clemens Holzmeister an der Akademie der bildenden Künste in Wien hat sich Peichl einen sensiblen, emotionalen und zuweilen sogar ironischen Zugang zu seinem Metier bewahrt. Nicht umsonst begeistert er als Karikaturist »Ironimus« seit Jahren die Fachwelt. Trotz der spielerischen Leichtigkeit, die gerade seinen Skizzen anhaftet, ist Peichl durch und durch Rationalist: Wie seinem Vorbild und »Ahnherren« Otto Wagner gelten ihm der Gebrauchswert eines Bauwerks, seine technische Klarheit und Ordnung als unabdingbare Voraussetzungen für eine gelungene Architektur, ja letztlich auch für deren ästhetische Wirkung.

Gustav Peichl
Haus Peichl, 1960–62

Peichls erste Arbeiten in Wien und Umgebung waren Wohn- und Nutzbauten, die seine Verwurzelung in der »Klassischen Moderne« belegen. Sein eigenes Haus in Döbling (1960–62) bildet ein langgestreckter weißer Quader, den zur Straße lediglich ein schmales Fensterband durchbricht; zum Garten hin ist er jedoch großzügig durch Glaswände geöffnet. Für den frühen Schulbau sei exemplarisch die Atriumschule in der Krim (1961–64) erwähnt. Der klar gegliederte und in »sparsamen« Materialien (Sichtbeton, Putz und Holz) aufgeführte Komplex gruppiert sich um einen offenen Hof; dabei ist jedem der wie um einen Kreuzgang verteilten Klassenzimmer zusätzlich ein Freiraum vorgelagert. Ebenfalls in den 60er Jahren profilierte sich Peichl zusammen mit Oswald Oberhuber, Walter Pichler und Hans Hollein als Herausgeber der Zeitschrift »BAU«, die vehement für die moderne Architektur eintrat.

Peichls Durchbruch erfolgte mit dem Serienentwurf für sechs Landesstudios des Österreichischen Rundfunks (Dornbirn, Innsbruck, Salzburg, Linz, Graz und Eisenstadt, 1969–81). Charakteristisch und unverwechselbar spiegelt jede dieser aus dem Grundmuster entwickelten Anlagen den Funktionsablauf der Sendestationen wider und projiziert ihn nach »außen«, auf die Struktur und die Erscheinungsform des Baus. Kreisförmig sind verschiedene Sektoren des Funkhauses um eine zweigeschossige runde Halle angeordnet, die Wege werden dadurch auf ein Minimum reduziert. Der gesamte Komplex ist als gigantische Maschine begriffen, deren Mechanismen lückenlos ineinandergreifen. Der Dekor versinnbildlicht diese Metapher zusätzlich: Betonflächen sind metallisch-silbrig angestrichen, Konstruktionselemente und technische Installationen, etwa die Lüftungsrohre, ästhetisch inszeniert.

Gustav Peichl
Kunstforum der Österreichischen Länderbank, Portal, 1989

Gustav Peichl
Volksschule in der Krim, 1961–64

Eine ähnliche Ausgestaltung erfuhr auch die Erdfunkstelle in Aflenz (1976–80). Hier waren allerdings andere Voraussetzungen gegeben als in den Landesstudios: Da der optimale Standort der Satellitenstation in einem Naturschutzgebiet lag, mußten die Anlagen in den Boden eingegraben werden. Auch unter diesen Bedingungen wurden neue Maßstäbe in der Zweckarchitektur gesetzt: Die Anlage, kreisrund wie der Antennenspiegel, »versinkt« dekorativ im Grün des Erdhügels.

Aflenz und die ORF-Studios, die »silbernen Schreine der Kommunikation«, sicherten Peichl Architekturpreise und internationale Anerkennung. Es folgten bedeutende Aufträge aus dem Ausland, vor allem aus Deutschland und Italien. Von ihnen sollen hier nur der Bau der schiffsbugartigen Phosphat-Eliminationsanlage in Berlin-Tegel (1979–85), die Bundeskunsthalle in Bonn (1986–92) sowie die Erweiterung des Städelschen Kunstinstituts in Frankfurt am Main (1987–90) genannt werden.

Die Gestaltung von Ausstellungsräumen beschäftigte Peichl auch in Wien: 1989 entwarf er für das 1916 errichtete Gebäude des Kunstforums der Österreichischen Länderbank eine neue »Halle der Schönen Künste«. Ihr Aushängeschild ist das Portal zur Freyung, das dem historischen Ensemble einen neuen, exquisiten Akzent hinzufügt. Eine vergoldete Kugel von 2 m Durchmesser, die »Perle der Freyung«, bekrönt den an den Einlaß eines Arkanums erinnernden schmalen Zugang. Zwei freistehende Säulen aus Naturstein unterstreichen die noble Ausstrahlung und leiten den Besucher in die mit kostbaren Materialien ausgestatteten Schauräume. Peichls Installationen sind eine einzige Hommage an die Secessionskunst mit ihrem »Hang zum Gesamtkunstwerk« sowie an Josef Hoffmann und Joseph Maria Olbrich.

Gustav Peichl
Wohnturm an der Wagramer Straße, 1994

Gustav Peichl
Bühnenzentrum des Wiener Burgtheaters, 1990

In dem Konzept für das Bühnenzentrum des Wiener Burgtheaters (1990) griff Peichl die in den 60er Jahren formulierte Idee der Atriumsanlage wieder auf. Hier gruppieren sich drei Probebühnen (zwei für das Burgtheater, eine für das Akademietheater) um einen tiefergelegten Innenhof mit Grünflächen und Bäumen. Die jeweils 30 x 21 m messenden Hallen sind von flachen Segmentdächern überfangen, ein quergelagerter Trakt mit pyramidenförmigem Aufsatz schirmt den Atriums-trakt nach außen ab.

Das vorerst jüngste Werk des Wiener Architekten ist das Wohn-Hochhaus an der Wagramer Straße auf der Donauinsel. Den konstruktiv wie technologisch aufwendigen Türmen von Coop Himmelblau und NFOG setzte Peichl hier einen schlichten Zylinder entgegen, den »runden Wagramer«, der schnell zum neuen Wahrzeichen des Viertels avancierte. Seine in Himmelblau und Weiß erstrahlenden senkrechten Streifen brachten ihm den Spitznamen »Obelix« ein.

Johann Staber
UNO-City, 1973
Links im Vordergrund:
Wilhelm Holzbauer
Andromeda-Hochhaus, 1993

UNO-City und Andromeda-Hochhaus

Ein umstrittenes Kapitel der Wiener Architekturgeschichte repräsentiert das Internationale Zentrum der UNO-City, ein monumentaler Verwaltungskomplex, der seit den ersten Planungen 1970 in Nachbarschaft des Donauparks heranwächst. In der Tradition des International Style errichtet, sollte er, so seinerzeit Bundeskanzler Bruno Kreisky, Wien als dritte UNO-Stadt (neben New York und Genf) profilieren. 1983–87 wurde die Bürostadt um ein Konferenzzentrum erweitert, etwa gleichzeitig begannen auf dem Gelände der Donau-Insel die Planungen für die EXPO 95.

Mit dem Scheitern dieser Weltausstellung geriet auch das Folgekonzept einer »Donau-City« ins Schlingern, so daß die UNO-City bis heute nicht schlüssig in die Stadtlandschaft integriert werden konnte. Einzig das 1993 vollendete »Hochhaus Andromeda«, ein elliptischer Glaszylinder Wilhelm Holzbauers mit Wohn- und Arbeitsräumen für Diplomaten, setzte städtebauliche Akzente. Die Planung der UNO-City hatte sich schon im Vorfeld als schwierig erwiesen: Obwohl der erste Preis des internationalen Wettbewerbs von 1970 einem Entwurf der Amerikaner Cesar Pelli & Partner zuerkannt worden war, entschieden sich Stadt und Staat für das Projekt des Österreichers Johann Staber. Zu verstehen ist dieses Vorgehen als Suche nach einer nationalen Lösung, die gleichwohl Anschluß an die internationale, rationalistisch geprägte Architekturszene signalisieren sollte. Stabers Entwurf ist konventionell, wenn auch der Schwung der über Y-förmigen Grundriß aufgeführten Scheibenhochhäuser Eleganz und Dynamik verhieß; Pylonen und Fensterbänder sind ganz im Sinne Mies van der Rohes. Die Problematik der UNO-City liegt im funktionellen und urbanistischen Bereich: Als reine Verwaltungsstadt mit hohem Sicherheitsbedarf mag sich in ihren Mauern kein wirkliches Leben entwickeln.

NEBENSTEHEND UND RECHTS:
Wilhelm Holzbauer
Bürokomplex Lasallestraße, 1989

RECHTS UNTEN:
Wilhelm Holzbauer u.a.
Ringstraßengalerien, 1993

Wilhelm Holzbauer, Bürokomplex Lassallestraße und Ringstraßengalerien

Dem Architektenteam um Wilhelm Holzbauer stellten sich Ende der 80er Jahre außergewöhnliche städteplanerische Herausforderungen, die mit Bravour gelöst wurden: 1989 ging es um die Revitalisierung des Nordbahnhofsgeländes, für die mit dem Bürokomplex Lasallestraße ein Signal gesetzt werden sollte. Kompakte Bebauung und urbane Freiräume (Atrien, geschoßübergreifende Binnenräume) halten sich die Waage.

Der zweite Auftrag war ungleich prestigeträchtiger: Anstelle des ausgebrannten Verwaltungssitzes der Motorenwerke Steyr am Kärntner Ring sollten die »Ringstraßengalerien« entstehen. Dabei galt es, das historistische Ensemble der Prachtstraße zu respektieren und zugleich den ehrwürdigen gründerzeitlichen Fassaden einen zeitgemäßen Bau an die Seite zu stellen

In einem ersten Schritt wurde die Front des ehemaligen Palais Corso rekonstruiert und dahinter ein Luxushotel eingerichtet. Eine Stahlbrücke verbindet diesen Trakt mit dem anderen, vom Brand betroffenen Bau, der von Holzbauer umgestaltet wurde und nun Büro- und Penthouseetagen sowie Ladenpassagen aufnimmt. Seine Fassaden passen sich in Steinfarbe und Struktur der Umgebung an. Akzente setzt ein vorgeblendetes Fassadenraster, das einen flüchtigen Blick auf das moderne Innere freigibt. Dort sind mittels kühner Metallkonstruktionen, lichtem Glas und poliertem Marmor großzügige Atrien und Galerien entstanden, die zum Kaufen und Flanieren einladen.

Günther Domenig
Zentralsparkasse Favoriten

Es ist schon ein fremdartiges Wesen, das Günther Domenig in die bis dato eher langweilige Favoritenstraße plaziert hat: Ein schuppig glitzernder Bug, im unteren Teil aufgestülpt wie das Maul eines Karpfens, schiebt sich selbstbewußt zwischen die spannungslose Nachkriegsarchitektur. Seine Metallhaut ist an der Oberfläche vielfach geknickt, so daß sich – je nach Lichteinfall – reizvolle Reflektionen einstellen. Das »Ding«, wie es ratlos genannt wurde, scheint zu atmen, zu wuchern, droht schließlich sogar, seine Besucher zu verschlingen, wäre da nicht die beruhigende Ankündigung »Zentralsparkasse« und damit eine gewisse Aussicht auf Sicherheit.

Die zwischen 1975 und 1979 errichtete, zum Kulturzentrum bestimmte Bankfiliale bricht mit allen Konventionen der Wiener Baukultur: Sie ignoriert ihre Umgebung, akzeptiert keinen historischen Bezug, biedert sich nicht an, ist nicht einmal zweckmäßig. Stattdessen strotzt sie von Vitalität und Kreativität, ein Fakt, der gerade in der eintönigen Nachbarschaft der Fußgängerzone gar nicht hoch genug veranschlagt werden kann.

Vielleicht ist es kein Zufall, daß ihr Schöpfer, Günther Domenig, kein Wiener ist. 1934 in Klagenfurt geboren, studierte er in den 50er Jahren an der Technischen Hochschule Graz und verfolgte dort das Entstehen der sogenannten »Grazer Schule«. Die steirischen Architekten hatten sich zum Ziel gesetzt, der rationalistischen Architektur der Nachkriegszeit expressive, emotionale Formen entgegenzustellen; der Phantasie sollte wieder mehr Spielraum gelassen werden. Heute gilt Günther Domenig als einer ihrer zugkräftigen Motoren.

Domenigs Werke sind stark von diesen Forderungen geprägt: Sie wirken eher wie überdimensionale Skulpturen oder begehbare Plastiken denn wie funktionsorientierte Zweckbauten. Der Gedanke an ein »Gesamtkunstwerk« drängt sich auf. Tatsächlich verstärkt sich dieser Eindruck noch beim Betreten des Sparkassenraums: Dieser entblößt dem Besucher sein wucherndes technisch-futuristisches Innenleben. Ein Dickicht von Trägern, Fachwerken, Röhren und Metallbändern umschließt den Besucher und läßt ihn zweifeln, ob er nun in einen Maschinenraum oder einen Dschungel eingedrungen ist. Mit Unruhe wird er die Riesenhände und andere anthropomorphe Versatzstücke betrachten, die zwischen den technischen Elementen geisterhaft auftauchen. Dennoch wird er feststellen, daß diese schaurig-schöne Kunstwelt funktioniert und als surrealer Rahmen für Ausstellungen taugt.

Domenig lehrt seit 1980 als Professor an der Technischen Hochschule in Graz. Er errichtete zahlreiche Bauten in seinem expressiv-phantastischen Stil, darunter auch einen Pavillon auf dem Münchner Olympiagelände.

Günther Domenig
Zentralsparkasse Favoriten
1975–79
Innenansicht (gegenüber) und Front zur Favoritenstraße (rechts)

Coop Himmelblau und ihre Bauten

Wolf D. Prix und Helmut Swiczinsky, bekannter unter dem Namen Coop Himmelblau, sind mit Georg Peichl und Hans Hollein heute die Exportschlager Österreichischer Architektur. Absolventen der Technischen Hochschule Wien, repräsentierten sie zunächst wie Haus-Rucker-Co und Hans Hollein die Wiener Architekturszene der Nachkriegszeit, die sich ästhetisch militant gegen überkommene Traditionen und verkrustete Strukturen wandte.

»Als Wiener haben wir eine Beziehung zu Freud, der uns lehrte, daß die Unterdrückung von Gefühlen enorme Energie kostet. Diese verwenden wir auf unsere Projekte. Die unversehrte Welt der Architektur existiert nicht mehr. Sie kehrt nie wieder zurück.« Von lukrativen Aufträgen lange Zeit ausgeschlossen, lieferten sie in ihrem 1968 gegründeten »Büro für experimentelle Architektur« zunächst utopische Vorschläge, die vor allem in die Theorie einflossen. Die Kritik an der schal gewordenen Postmoderne verhalf Coop Himmelblau zum eigentlichen Durchbruch: Ihre auf unbewußte Schöpfungsprozesse vertrauende Kreativität ließ sie zu Mitbegründern des »Dekonstruktivismus« werden, der die Architektur der späten 80er Jahre prägte.

Ähnlich wie Hans Hollein traten auch Prix und Swiczinsky zuerst mit der Einrichtung kleinerer Räume, vor allem mit der Ausgestaltung von Szene-Bars, hervor. Phantasievolle Verfremdungen und agressive Brüche kennzeichnen ihre gestalterische Kriegserklärung an die traditionelle Architektur. Ein unkonventionelles Projekt zur Revitalisierung des Ronacher-Theaters scheiterte unter anderem an Stimmen, die die gefällige Wiederherstellung des alten Varietés forderten.

Für weltweite Irritation und gleichzeitig Anerkennung sorgte der Dachausbau einer Anwaltskanzlei in der Falkestraße. In der Tat verwirrend ist die statische Konzeption des verglasten Konferenzraumes, der sich inmitten der Innenstadt über gründerzeitlichen Kranzgesimsen erhebt. Ein vogelschwingenartiger Bogen überwölbt die L-förmige Raumflucht, die von vielerlei Diagonalen, Schrägen und schiefen Ebenen durchstoßen wird. Gesetze der Schwerkraft scheinen aufgehoben, einzig konstant wirkt die Dynamik der Linien und Flächen. Stabilität und suggerierte Instabilität, Geschlossenheit und inszenierter »Aufbruch« sind in poetische Beziehung getreten.

Coop Himmelblaus jüngster Coup ist der Wohnturm an der Wagramer Straße auf der Donauinsel. Der Wolkenkratzer in unmittelbarer Nachbarschaft der Türme Peichls und der Architektengemeinschaft NFOG besticht durch seine moderne Technologie (Klimafassade, Wärmespeicher, Wintergärten), vor allem aber durch sein elegantes Erscheinungsbild.

Coop Himmelblau
Hochhaus Wagramer Straße, 1994

ABBILDUNGEN GEGENÜBER UND UNTEN:
Coop Himmelblau
Dachausbau Falkestraße 6, 1987

Hans Hollein
Kerzengeschäft Retti, 1964

Hans Hollein, Geschäftsläden

Drei in ihrem Umfang eher bescheidene Geschäftsräume gaben der Architektur in den 60er und frühen 70er Jahren neue Impulse – und schufen einen Star: Hans Hollein. Der gebürtige Wiener, der nach einem längeren USA-Aufenthalt in seine Heimatstadt zurückgekehrt war und zunächst vor allem mit utopischen Projekten Furore machte, erhielt mit dem Kerzengeschäft Retti 1964 seinen ersten zu realisierenden Auftrag.

Im Gegensatz zum Trend der Zeit verzichtete er auf die übliche Glasfront. Stattdessen schottete er die Fassade durch eine schimmernde Aluminiumwand ab, in die lediglich ein kerzenartiger Schlitz als Zugang und abgerundete schmale Vitrinen eingelassen sind. Edelste Materialien und effektvolle Lichtregie verstärken noch den Eindruck, man stünde hier vor einem Arkanum, einem Allerheiligsten, der Geschäftswelt. Der kultische Charakter des Ladens wird auch in seinem Inneren beschworen: Hinter dem Zugang öffnet sich – fast wie im Sakralbau – ein Oktogon als Ausstellungsraum; seine geringe Größe ist durch Spiegel optisch erweitert. Erst dahinter liegt der rechteckige Lager- und Verkaufsraum.

Höhepunkt dieser exquisiten Ladenräume sind die Juweliergeschäfte Schullin I und Schullin II, die Hollein 1972–74 bzw. 1981 einrichtete. In der Fassade des früheren Baus geht ein messing-güldener Riß durch die braune, polierte Granitfassade und weitet sich über dem Portal zu einer drusenartigen Öffnung. Der Eingang von Schullin II wird von einer sanft geschwungenen Metallspange überfangen, die die im Inneren feilgebotenen Preziosen vorwegnimmt.

In den drei Reisebüros, die Hollein in den späten 70er und frühen 80er Jahren in Wien schuf, verstärkte sich noch der assoziative Charakter seiner Architektur. Metallene Palmen verweisen auf tropische Länder, Säulen- und Pyramidenfragmente auf die Welt des klassischen Altertums und Ägyptens, dazwischen signalisieren idealisierte Versatzstücke aus Schiffen, Flugzeugen und Eisenbahnen, sogar ein Kühlergrill, das Abenteuer Reise. Trompe-l'oeil-Malerei ergänzt die Fiktion von Ferne. Dennoch sind Holleins Interieurs kein Panoptikum, das die leibhaftige Erfahrung ersetzen will; Holleins Szenarien verweisen motivisch wohl kalkuliert, zuweilen sogar ironisch, auf ihren Gehalt und ihre Bestimmung, den Verkauf von Reisen, die Lüftung etc.; sie appellieren mit ihrer Bildhaftigkeit an die »Erinnerung«, das »Wiedererkennen« des Betrachters, der gefordert ist, seine Imaginationskraft schweifen zu lassen – und dabei Zielscheibe augenzwinkernden Spotts wird.

Holleins semiotische Architektur widersetzte sich dem Funktionalismus, dessen Kühle über Jahrzehnte die Baukunst bestimmt hatte. 1979 begründete er dies so: »Architektur ist kultisch, rituell, ein Medium der Kommunikation. Architektur ist ein Mittel zur Erhaltung der Körperwärme.«

Hans Hollein
Juweliergeschäft Schullin I
1972–74

Hans Hollein
Juweliergeschäft Schullin II
1981

Hans Hollein, Haas-Haus

Wenn es in Wien seit dem Michaeler-Haus wieder einen architektonischen »Paukenschlag« gegeben hat, dann mit dem Haas-Haus. »Konsumrakete«, »Kreuzung aus Sodafontänen und Wurlitzerorgeln«, »Grabmal der Postmoderne«, die Kritik überschlug sich mit markigen Sprüchen und eiligen Verurteilungen.

Tatsächlich stellt Hans Holleins 1990 fertiggestelltes Büro- und Geschäftshaus eine Herausforderung an den Wiener Traditionalismus dar: In unmittelbarer Nachbarschaft des Stephansdoms, an der prominenten Ecke zwischen Graben und Stock-im-Eisen-Platz gelegen, schiebt sich ein irritierender Glas- und Marmorkörper glitzernd und selbstbewußt ins Herz der Wiener Innenstadt. Gesetze mußten seinetwegen geändert werden, und er wagt es auch noch, dem ehrwürdigen Dom seinen Spiegel vorzuhalten.

Hans Hollein
Neues Haas-Haus, 1985
Fassade zum Stephansplatz

Inzwischen haben sich die lautstarken Proteste gelegt, und Holleins Werk – das erste monumentale des internationalen Stararchitekten in seiner Heimatstadt – wird differenzierter beurteilt. Tatsächlich schaffte es der Wiener Baumeister, eine prekäre Stelle im Stadtbild mutig neu zu definieren: Nach dem Abriß des gründerzeitlichen ersten Haas-Hauses, ein Werk der Architekten Eduard van der Nüll und August Sicardsburg, war es in der Nachkriegszeit nicht gelungen, das schwer zu bespielende Platzgefüge im Schatten des Doms angemessen zu gestalten; erschwerend trat der Bau der U-Bahn hinzu, der erhebliche statische Einschränkungen erzwang.

Hans Hollein fand eine extravagante, städtebaulich ungemein wirksame Lösung des Problems, indem er den Außenbau mehrfach abstufte, ja einzelne Partien sich geradezu auseinanderherausschälen ließ. So nimmt die marmorne Seitenfassade mit ihren geometrischen Fensterlöchern die Gliederung der Geschäftshäuser im Graben auf. Im Viertelkreis um die Ecke geführt (eine Reminiszenz an den Verlauf des römischen Castrums) scheint sie stufenweise ihren Kern freizugeben, einen schimmernden Glaskörper, der besonders nachts magische Anziehungskraft ausstrahlt. Diesem Zylinder ist in Richtung Dom ein gläserner Erker vorgelegt, der sich teleskopartig nach oben erweitert und dort von einem sprungbrettartigen Dachsegel (»Landeplatz für's Christkindl«, so ein Arbeiter) überragt wird. In seinem Obergeschoß ist eine Bar untergebracht, von der sich ein atemberaubender Blick auf den Stephansdom darbietet: Der avantgardistische Kaufhausbau erweist dem mittelalterlichen Gotteshaus seine Referenz.

Hollein bediente sich der Collage-Technik, um auf die unterschiedlichen Strukturen in der Nachbarschaft des neuen Haas-Hauses zu reagieren. Der Kleinteiligkeit und Vertikalität des Stephansdoms setzt er den aufragenden Erker gegen, welcher noch dazu das Spiegelbild des Gotteshauses mehrfach gebrochen reflektiert. Die abgestufte Wand zur Goldschmiedegasse bezeichnet der Architekt selbst als »gotisch«. Zum Graben hin wirkt die geometrisch gegliederte Fläche der Marmorfassade, während der architektonische »Aufbruch« das Knie zwischen Stock-im-Eisen-Platz und Graben optisch belebt. Hier öffnet sich die Marmorschale mit einer großzügigen Geste und präsentiert die Glitzerwelt ihres Inneren. Lichtinstallationen auf dem Stephansplatz wirken wie Reflektionen des funkelnden Konsumtempels. Trotz aller Kritik kann kein Zweifel bestehen, der eitle Klotz wirkt belebend auf die faden Nachkriegsbauten der Nachbarschaft.

Das Innere des Haas-Hauses wartet mit einem Feuerwerk an Motiven auf; nicht zu Unrecht erhob man den Vorwurf der Überfrachtung. Im Grunde wird ein sich nach oben erweiternder Kernraum durch eine flache Glaskuppel beleuchtet. Architektonisch ist dies kein Novum, doch schaffen die Roll- und Freitreppen, Galerien und Terrassen einen einzigartigen »Erlebnisraum«, der sich über fünf Geschosse sowohl horizontal wie vertikal ausdehnt und Läden wie Bars gleichermaßen umschließt.

Überall sind Installationen eingestreut, die auf Ort und Funktion des Baus verweisen; nicht immer ist Holleins postmoderne Metaphorik dabei so glücklich wie in den Österreichischen Verkehrsbüros. Oberste Maxime des als Kaufhaus und Bühne gleichermaßen funktionierenden Haas-Hauses ist jedoch, zu sehen und gesehen zu werden. Pate stand dabei das Atrium amerikanischer Wolkenkratzer, das – dort freilich meist klimabedingt – den urbanen Platz in das Innere eines Hochhauses verlegt. Bewegung, sichtbar gemacht durch das Gleiten der Rolltreppen, das ständige Kommen und Gehen in Boutiquen und Bars, wird zur Metapher modernen Lebens.

Abbildung gegenüber:
Hans Hollein
Neues Haas-Haus, 1985
Blick in den Innenraum

Hundertwasser als »Architekturdoktor«

Fritz Stowasser, alias Friedensreich Hundertwasser, Wiener Maler und Aktionist, war schon immer für Überraschungen gut. Bereits 1958 hatte er im »Verschimmelungsmanifest« seine Vorstellungen von humanem Bauen und Wohnen dargelegt: Die Streitschrift war ein Plädoyer für phantasievolles, naturnahes Bauen, zugleich eine vehemente Attacke gegen die rationalistische Architektur, deren gerade Linien er als »gottlos« verdammte. In der Folgezeit trat Hundertwasser mit immer neuen Vorschlägen, Bildern und Graphiken an die Öffentlichkeit, um für seine Ideen zu werben. Mit seinen Forderungen nach natürlichen Materialien und Techniken, nach Fassaden- und Dachbegrünungen sowie nach individueller Gestaltung wurde er zum Vorreiter einer »alternativen Architektur«.

Es sollte jedoch 24 Jahre dauern, bis Hundertwasser selbst Gelegenheit zur Verwirklichung seiner Träume erhielt: 1982 überantwortete ihm die Stadt ein Gemeindegrundstück im 3. Bezirk, an der Ecke zwischen Löwengasse und Kegelgasse. Hier entstanden im Zeitraum von drei Jahren 52 Wohnungen, die mit Stahlbeton, Ziegeln, Keramik und Holz aufgeführt wurden. Zur Touristenattraktion wurde das verspielte Äußere, an dem sich Architekturkritiker und Hundertwasserfans scheiden. Das an sich konventionelle Terrassenhaus über hakenförmigem Grundriß erhielt eine phantasievolle, »maskierende« Fassade: Ihre bunte Bemalung, ihre schiefen Winkel und krummen Linien unterlaufen die konstruktive Struktur, Kuppeln, Türmchen und Giebelchen suggerieren anheimelnd nostalgisches Ambiente. Die Norm-

ABBILDUNGEN GEGENÜBER UND RECHTS:
Friedensreich Hundertwasser
Hundertwasser-Haus, 1982–85
Gesamtansicht und Details der Fassaden

grundrisse der Wohnräume hinter der Front blieben jedoch unverändert.

Bei Bau und Anstrich wurden weitgehend natürliche Farben und ökologisch verträgliche Materialien verwandt. Einige Zugeständnisse mußte Hundertwasser jedoch an die Baubehörden machen: So konnten die geplanten Humustoiletten wie auch die Schafweide auf dem Flachdach aus administrativen Gründen nicht realisiert werden. Es blieb bei der »normalen« Begrünung der Dächer, die in den 80er Jahren allerdings längst zum Standard ökologischer Architektur gehörte. Auf Terrassen und Vorsprüngen nisten Grünpflanzen, sogenannte »Baummieter«. Als Verweis auf den Charakter des Viertels ließ Hundertwasser in der Kegelgasse ein Stück gründerzeitlicher Fassade nachbilden. Schräg gegenüber gestaltete er jüngst ein »Erlebnis-Einkaufszenter«.

Den Mietern wie den Bauarbeitern wurde gestattet, die öffentlichen Räume individuell zu »beschmieren« und, so weit der Arm aus dem Fenster reicht, die Fassade des jeweiligen »Wohnbereichs« individuell zu gestalten – »Fensterrecht« deklarierte der Künstler diese Art der persönlichen Entfaltung. Die flächendeckenden Innendekorationen mit Mosaiken aus zerbrochenen Fliesenscherben gehören zu Hundertwassers Markenzeichen, in immer neuen Mustern fügen sich die bunten Bruchstücke zusammen. Die Idee dazu ist allerdings nicht neu: Sie stammt von Antoni Gaudí, der diese ungewöhnliche Form der Dekoration im Barcelona der Jahrhundertwende populär machte. Dem katalanischen Baumeister steht Hundertwasser auch in seinem Bemühen um eine »organische« Architektur nahe.

Friedensreich Hundertwasser
KunstHausWien, 1991

In seinem phantasievollen Stil richtete Hundertwasser zu Beginn der neunziger Jahre in der Unteren Weißgerberstraße ein eigenes Museum ein. Dieses »KunstHausWien«, das ein Gebäude der ehemaligen Möbelfabrik Thonet nutzt, zeigt seine eigenen Arbeiten und präsentiert Ausstellungen anderer internationaler Künstler.

Vorläufig letztes unter den architekturbezogenen Projekten Hundertwassers ist die Bemalung des Fernheizkraftwerkes der Wiener Stadtwerke im Stadtteil Alsergrund (1990). Mit etwas Farbe und Bauplastik verwandelte er den nüchternen Klotz von Industriearchitektur in einen moscheeartigen Kultbau. Sein besonderes Augenmerk galt den Schornsteinen: Der eine, hohe, ist in ein Minarett umgedeutet, ein anderer trägt eine Schirmmütze.

Auch andere bildende Künstler und Nicht-Architekten, etwa Aric Brauer und Ernst Fuchs, beide Mitbegründer der »Wiener Schule des Phantastischen Realismus«, erhielten in der Ära des Bürgermeisters Zilk Gelegenheit, ihre Vorstellungen vom »Künstlerhaus« mit erheblichen finanziellen Beihilfen der Stadt zu realisieren.

ABBILDUNG GEGENÜBER:
Friedensreich Hundertwasser
Heizkraftwerk Fernwärme Wien
1990

Arik Brauer
Wohnhaus der Gemeinde Wien
»Brauer-Haus«, 1988–95

TEERAG-ASDAG

Neue Wiener Siedlungen

In den 80er und 90er Jahren erlangte der Wiener Siedlungsbau weltweites Ansehen. Nach dem Fall des Eisernen Vorhangs war die Donaumetropole erneut Ziel einer Zuwanderungswelle geworden, die erheblichen Bedarf an Wohnraum nachsichzog. Die Stadt, die mit den Arbeiterburgen des »Roten Wien« und selbst mit den biederen Blöcken der Nachkriegszeit bemerkenswerte Schritte gegen die Wohnungsnot unternommen hatte, war nun wiederum Experimentierfeld der Baupolitik. Unter Beteiligung namhafter in- und ausländischer Architekten wurden beispielhafte Lösungen, vor allem für das »Wohnen an der Peripherie«, gefunden. Zwei davon sollen im folgenden vorgestellt werden.

Radikale Abschottung nach außen, Konsequenz gegenüber einer unwirtlichen Vorstadtbrache, ist das Grundkonzept der 1991 fertiggestellten Siedlung Traviatagasse im Bezirk Liesing. Raimund Abraham, der den Masterplan erstellte, sowie vier weitere Architektenbüros, darunter Carl Pruscha (siehe Abb. S. 332), versuchten, der gesichtslosen Umgebung eine geordnete – geometrische – Alternative entgegenzusetzen. Schon der Grund-riß setzt sich aus strengen Quadratrastern zusammen, die lediglich durch eine innere Achsverschiebung einen Hauch von Zufälligkeit erhalten. Auch im Aufriß dominieren, trotz charakteristischer Unterschiede der vier beteiligten Büros, blockhaft geschlossene Formen, die der Siedlung den Aspekt einer maghrebinischen Kasbah verleihen. Ob Terrassenhaus, mehrgeschossiges Familien- oder Reihenhaus, hier ist dem Bewohner ein introvertiertes, von außen ungestörtes Wohnen garantiert, aber auch programmatisch vorgegeben. In den engen, verschatteten Atriumshöfen (5 x 5 m) dürfte sich kaum soziales Leben entwickeln; die kühlen Gassen und ihre kristallin-hartkantigen Hausfluchten laden ebensowenig zum Verweilen ein.

Auch die Siedlung Pilotengasse, die 1989–92 nach Plänen von Adolf Krischanitz, Herzog & de Meuron und Otto Steidle entstand, wird durch geometrische Grundelemente geprägt; dennoch ist ihr Charakter ein grundsätzlich anderer, offenerer, lebendigerer: Die 200 Wohnungen verteilen sich auf block- oder hakenförmige Einzel- und Doppelhäuser, die zu leicht gekrümmten Zeilen addiert sind. Ihnen sind jeweils kleine Gartenparzellen zugeordnet, die inzwischen deutlich die vielfältigen Nutzungsspuren ihrer Bewohner zeigen. Der kubischen Strenge der Architektur wirken die äußerst lebhaften Farben der Fassaden (Oskar Putz) sowie die unterschiedlichen Fensteranordnungen entgegen.

Besonderes Augenmerk erfuhren die Kopfbauten der acht Zeilen: Im Untergeschoß geöffnet und bewußt in die Umgebung vordringend, sind sie monumentale Aushängeschilder der Siedlung und ihrer jeweiligen Architekten.

Abbildungen gegenüber
Oben:
Raimund Abraham, Carl Pruscha u.a.
Siedlung Traviatagasse, 1991

Unten:
Adolf Krischanitz
Herzog & de Meuron
Otto Steidle
Siedlung Pilotengasse, 1989–92

Helmut Richter, Schule am Kinkplatz

»Ich wollte eine Schule machen, bei der nicht gleich das Unangenehme, das bei Schulen immer so auffällt, sich bemerkbar macht.« Helmut Richter gelang nicht nur das; mit der Schule am Kinkplatz (1992–95) schuf er ein international beachtetes Meisterstück, das ästhetisch wie technisch in Wien neue Maßstäbe setzte.

Transparenz, Helligkeit und Freundlichkeit sind die Werte, die man zunächst, ganz unbewußt, wahrnimmt, wenn man sich dem auf einer Anhöhe gelegenen eleganten Bau nähert. Geneigte und geschwungene Glasflächen, getragen von nur wenigen streichholzdünn erscheinenden Stützen, gewähren ungehinderten Einblick in die Erschließungs- und Gemeinschaftstrakte. Auch die in plakativen Farben, in leuchtendem Gelb, Rot und Blau gehaltenen technischen Installationen werden sichtbar gemacht und dabei in heiterer Weise inszeniert.

Der Grundriß ist originell und funktional: Wie Finger einer Hand schließen sich drei ungleiche Flügel an einen breiten Querriegel an; sie nehmen die Klassenräume auf. Die keilförmige Glashalle des Haupttrakts überspannt das Vestibül, die Treppenhäuser und eine dreifache Turnhalle. Erschließungswege und Flure sind mit Konsequenz und Logik in den Grundriß integriert.

Erst auf den zweiten Blick wird bewußt, welche Ingenieurleistung in dieser luftigen und zweckmäßigen Architektur verborgen ist: Da die Betonteile auf ein Minimum reduziert sind, müssen Stahlkonstruktionen von bis zu 25 m Spannweite die großformatigen Glasflächen tragen; auch sie bleiben trotz ihrer Last erstaunlich filigran. Selbst die Klimatechnik, in Glasbauten stets ein Problem, konnte optimal gelöst werden: Dreifach-Isoliergläser mit reflektierender Oberschicht verhindern eine übermäßige Erhitzung des Baus.

Helmut Richter hatte bereits 1984 mit dem sachlich-eleganten China-Restaurant Kiang Aufsehen erregt, 1986–91 folgte eine Wohnhausanlage in der Brunnenstraße in Liesing, in der er bereits mit High-Tech-Verglasungen und aufwendigen Schallschutzmaßnahmen experimentierte. Transparenz und Leichtigkeit bei gleichzeitiger optimaler Raumausnutzung weisen auf die Schule am Kinkplatz voraus.

Helmut Richter
Schule am Kinkplatz, 1992–95
Außenansicht und Blick in die Glashalle

Österreichisches Museum für angewandte Kunst (MAK) Ansichten der Neugestaltung zwischen 1986–93

LINKS OBEN:
Eher zurückhaltend sind die Eingriffe Günther Förgs in der Abteilung »Romanik, Gotik und Renaissance«. Der Künstler beschränkte sich auf eine kräftige kobaltblaue Fassung der Wände und eine Neugestaltung der Vitrinen, die die kostbaren mittelalterlichen Stickereien und Majoliken bewahren.

LINKS UNTEN:
Donald Judd umgab das »Dubsky-Zimmer«, ein barockes Porzellanzimmer aus dem Brünner Palais Dubsky, mit einem eigenen Haus in der Mitte des Ausstellungsraumes.

NEBENSTEHEND:
Walter Pichlers »Tor zum Garten«

MAK: Neue Räume für die Kunst

Lange tat sich die Stadt schwer mit einer zeitgemäßen Präsentation ihrer Kunstschätze. Vor allem die Werke der Avantgarde und die »neuen Medien« haben bis heute kein festes Domizil gefunden. Dennoch sind in den letzten Jahren einige Projekte realisiert worden, die frischen Wind in die Wiener Museumsszene bringen.

Zwischen 1986 und 1993 wurde unter der Leitung von Peter Noever das Österreichische Museum für angewandte Kunst erweitert und umgestaltet. Renommierte Künstler und Architekten, darunter Günther Förg, Donald Judd, Jenny Holzer, Heimo Zobernigg, SITE und Herrmann Czech, wurden eingeladen, die Räume des 1864 gegründeten Kunstgewerbemuseum künstlerisch zu inszenieren und darin mit eigenen Arbeiten ungewöhnliche Akzente zu setzen.

Am Außenbau des in Neorenaissance-Formen prunkenden Ziegelpalastes von 1871 nahm man wenige, aber plakative Eingriffe vor; sie »kommentieren« historische Substanz: Die Künstlergruppe SITE gestaltete den versatzstückhaften Torbogen zum Ring, Walter Pichler errichtete das theatralische »Tor zum Garten«; Peter Noever legte im Garten des MAK ein eindrucksvolles Terrassenplateau an.

Ein Gang durch die Sammlung offenbart, wie unterschiedlich die jeweiligen Künstler an die ihnen gestellte Aufgabe herangingen.

Adolf Krischanitz
Kunsthalle, 1992

Museumsquartier und Kunsthalle

Seit Beginn der 80er Jahre geht ein zähes Ringen um das »Museumsquartier«, das innerhalb des baulich kaum profilierten Areals der »Hofstallungen« entstehen soll. Einen ersten Wettbewerb gewannen 1990 die Brüder Laurids und Manfred Ortner mit einem Entwurf, der verschiedenartige, seit Jahren geforderte Kulturinstitutionen verband, das Tabakmuseum, das Medienmuseum, das Museum für Moderne Kunst, die Kunsthalle sowie das Museum der Österreichischen Moderne. Ergänzt werden sollte das Quartier um Veranstaltungshallen und ein Medienforum mit signifikantem transparenten »Leseturm«. Als eine von der Boulevard-Presse geschürte Bürgerinitiative gegen die modernen Bauten »im barocken Ensemble« polemisierte, entzündete sich eine heftige Debatte gegen jede moderne Architektur.

In der Folge wurde das Ortner & Ortner-Projekt fast zur Unkenntlichkeit zusammengestutzt und alle »zeitgenössischen Inhalte« (darunter das Medienzentrum, das Kulturinformationszentrum im Leseturm, die Film- und Photographieabteilungen) daraus verbannt. Stattdessen soll nun das Museum Leopold – eine Sammlung mit Werken Österreichischer Kunst der Jahrhundertwende – die beherrschende Stellung erhalten.

Als vorübergehender Präsentationsraum für zeitgenössische Kunst und neue Medien wurde 1992 die Kunsthalle am Karlsplatz von Adolf Krischanitz errichtet. Die gelbe, an 16 himmelblauen Stahlrahmen hängende Kiste birgt immerhin rund 1000 m² Ausstellungsfläche. Eine türkisfarbene Röhrenbrücke verbindet das ungeliebte Provisorium mit dem Girardipark. Dank souveräner Ausstellungspolitik ist es jedoch fester Bestandteil der Wiener Kunst-Szene geworden.

Laurids und Manfred Ortner
Projekt Museumsquartier
Stand 1994

ABBILDUNGEN LINKS OBEN UND UNTEN:
Coop Himmelblau
Roter-Engel-Bar, 1980–81

Wiener Bars

In der avantgardistischen Ausstattung von Innenräumen lag schon immer eine Stärke der Wiener Architekten: Die American Bar von Adolf Loos (1908, vgl. S. 312–13), ein winziger, jedoch mit seltener Konsequenz und Signalkraft gestalteter Raum, wurde zum »Ahnherren« Wiener Szene-Interieurs. Ihre Wiederentdeckung in den späten 60er Jahren – über Jahrzehnte war sie dem Verfall preisgegeben – führte auch zur Wiederbelebung der Innenarchitektur.

Das »Kleine Café« von Herrmann Czech, die »kleinste Großbaustelle«, an der von 1970 bis 1985 gearbeitet wurde, steht beispielhaft für die Dichte und Qualität der neuen Wiener Innenarchitektur. »Architektur ist Hintergrund« und »Architektur soll nicht belästigen ... es könnte immer so gewesen sein« sind Czechs Maximen, die er mit wirkungsvollen, jedoch scheinbar selbstverständlichen Eingriffen umsetzt.

Auch Hans Hollein, Luigi Blau sowie Wolf D. Prix und Helmut Swiczinsky, die später unter dem Namen Coop Himmelblau für Furore in der geradlinigen Architekturwelt sorgten, hatten sich bereits früh dem Raumdesign gewidmet. Letztere schufen 1977 mit der Reiss-Bar ein »sprechendes« Ambiente: Hier zieht sich ein tatsächlicher struktureller Riß durch das Innere. 1979 errichteten sie die erste von insgesamt drei Varianten der Liederbar »Roter Engel«. Aushängeschild und Signet der Lokale ist ein abstrahierter Engel aus Stahlschienen, der unter der Decke schwebt und sich an der Fassade in einer Art Flügel fortsetzt.

»Ron con Soda« heißt eine der jüngeren Attraktionen der Wiener Barszene. Sie liegt am Rabensteig, direkt neben Coop Himmelblaus »Rotem Engel«. Das Team Eichinger oder Knechtl (Gregor Eichinger und Christian Knechtl), das neben seinen architektonischen Projekten auch lange das Cover der Stadtzeitung »Falter« gestaltete und heute unter anderem Techno-Parties inszeniert, fand auch hier eine originelle Lösung: Der in Terrassen angelegte Innenraum ist mit sparsamen Materialien simpel-dekorativ eingerichtet; bei Salsa und Rum drängen sich sofort Assoziationen an die improvisierte Ausstattung kubanischer »Clubs« auf. Als besonderer Gag sind eine Reihe von Stuhl- und Tischbeinen abgesägt, so daß sie auf den verschieden hohen Podesten nunmehr gerade zu stehen kommen. Durchquert man Ron con Soda, gelangt man über eine Treppe ins Obergeschoß, in den »Ersten Stock«, die zweite von Eichinger oder Knechtl ausstaffierte Bar. Hier betritt man einen tunnelartigen Raum, der in erster Linie durch zwei große Aquarien beleuchtet wird. Verkleidet und möbliert ist der Schlauch mit Einrichtungsbeständen aus der legendären Mounier-Bar der 30er Jahre, die zu Beginn der 90er Jahre abgerissen wurde. Die nostalgischen Elemente schaffen zusammen mit modernen Details eine stil- und stimmungsvolle Atmosphäre.

Eichinger oder Knechtl
Ron-con-Soda-Bar, 1994

Eichinger oder Knechtl
First-Flor-Bar, 1994

Gabriele Bösch, Silvie Steiner

Malerei und Skulptur von der Jahrhundertwende bis zur Gegenwart

Koloman Moser
Titelblatt zu »Ver Sacrum«
Ver Sacrum II, 1899, Heft 4

Wege zur Moderne: Vom Secessionismus zum Expressionismus

Der Freiheitskampf der Kunst

Als sich im Frühjahr 1897 in Wien neunzehn Künstler zur »Vereinigung bildender Künstler Österreichs – Wiener Secession« zusammenschlossen, begann in der Metropole der Monarchie eine Kunstepoche, die sich durch außergewöhnliche schöpferische und intellektuelle Kraft auszeichnete. Zwei Jahrzehnte vor dem Untergang des Vielvölkerstaates fanden sich bildende Künstler, Architekten, Komponisten, Dichter und Philosophen zusammen und inszenierten sich als eine Art »Gesamtkunstwerk Wien«. Man verwarf Werte und Ordnungen der »Alten Welt« und setzte neue Maximen. Die Ablösung der Ringstrassenarchitektur durch die Bauten Otto Wagners, Joseph Maria Olbrichs und Adolf Loos', der Triumph der Komponisten Gustav Mahler, Arnold Schönberg und Alban Berg sind hier ebenso zu nennen wie die expressive Literatur von Karl Kraus, Oskar Kokoschka und Robert Musil. Nicht zu unterschätzen ist auch der Anteil, den die Psychoanalyse Sigmund Freuds an den Innovationen der Jahrhundertwende hatte. Der Blick in die tiefsten Gründe der menschlichen Seele ließ bis dahin Verborgenes zutage treten. Die sichtbare Welt mit ihrer verdrängenden Oberflächlichkeit schien kaum mehr zu ertragen, und, da das »Alte« die Menschen zu ersticken drohte, wurde der Schrei nach Erneuerung umso lauter. In einer Zeit, die nicht zu Unrecht als »Experiment Weltuntergang« bezeichnet wird, erklärten die Secessionisten die Kunst zu einer Menschen und Welt verbessernden Ersatzreligion, deren Ästhetik alles Schlechte und Häßliche verdrängen sollte.

Schon kurze Zeit später sahen die Gründer der »Wiener Werkstätte« genau darin das nächste Übel, denn nur wenige konnten an diesem schönen Schein teilhaben. So versuchten sie, die Kunst ihrer Heiligkeit wieder zu entheben und die Grenze zwischen Alltag und Kunst zu durchbrechen. Doch auch die Kunsthandwerker scheiterten in ihrem Glauben, das Leben in seiner Ganzheit einer neuen Ästhetik unterwerfen zu können; auch sie schufen ihre Produkte nur für einen kleinen, wohlhabenden Käuferkreis. Die Expressionisten schließlich hielten der Verlogenheit der secessionistischen Ästhetik einen Spiegel vor, indem sie radikal die menschliche Unvollkommenheit entblößten.

Am vehementesten verlangte die um 1860 geborene Generation der bildenden Künstler am Ende des 19. Jahrhunderts Befreiung und Modernisierung. Mit der Gründung der »Wiener Secession« vollzog eine kleine Gruppe von Malern den entscheidenden Schritt zur Revitalisierung einer erstarrten Kunstwelt. Allerdings hatte der Secessionismus mit vielen Widerständen kämpfen müssen, bevor er zu voller Blüte gelangte. Zehn Jahre vor der Jahrhundertwende war das reaktionäre Großbürgertum neben dem traditionsgebundenen Kaiserhaus in allen kulturellen Belangen tonangebend. Mit dem Tode der führenden Künstler Hans Makart, Hans Canon und Jakob Emil Schindler hatte die Wiener Kunst jegliche Innovationskraft verloren. Die auf Makart und seine Zeitgenossen folgende Generation war nicht in der Lage, das große Erbe ihrer Vorgänger zu übernehmen, stattdessen blieb sie dem allseits beliebten »Stimmungsimpressionismus« treu. Mit Hilfe der 1861 gegründeten »Genossenschaft bildender Künstler Österreichs« etablierte sich die künstlerische Tätigkeit als gewinnbringendes Gewerbe. Fast alle Maler oder Bildhauer waren Mitglied der Genossenschaft, dessen Präsidium über Erfolg oder Mißerfolg jedes einzelnen entschied. Kunstströmungen, die sich außerhalb Österreichs entwickelten, wurden dem Publikum bewußt vorenthalten; Künstler, die nach Auslandsreisen die Kunstszene mit ihren Erfahrungen bereichern wollten, wie zum Beispiel Theodor von Hörmann, der einige Jahre in Frankreich verbracht hatte, wurden abgelehnt. Die Werke all jener, die dem Vorstand »zu modern« erschienen, plazierte man in den Ausstellungen der Genossenschaft gezielt nachteilig.

Seit den frühen achtziger Jahren trafen sich die modern denkenden Künstler in zwei Stammtischrunden, denen unter anderen Gustav Klimt, Josef Hoffmann und Koloman Moser angehörten. In diesen Wirtshausrunden festigte sich die Idee zur Gründung einer Secession in Wien, die sich die schon 1892 gegründete Münchner Bewegung zum Vorbild nahm. Zu einer ersten offiziellen Auflehnung kam es 1895, als die sogenannten »Jungen« – gegen den Widerstand der Geschäftsleitung der Genossenschaft – eine Ausstellung des in diesem Jahr verstorbenen Theodor von Hörmann organisierten. Ausschlaggebend für den Austritt aus der Genossenschaft war schließlich die Verhinderung der Teilnahme einiger junger Künstler an einer Ausstellung in Dresden im Frühjahr 1897. Infolge dieser Bevormundung distanzierten sich einige Mitglieder von der Genossenschaft und gründeten die »Vereinigung bildender Künstler Österreichs – Wiener Secession«. Bei der konstituierenden Versammlung am 3. April 1897 wurde Gustav Klimt zum ersten Präsidenten gewählt.

Da das von der Genossenschaft genutzte Künstlerhaus – das auch heute noch ihr Sitz und Ausstellungsort ist – das einzige unabhängige Kunsthaus in Wien war, trafen die Secessionisten mit ihrer Abspaltung eine risikoreiche Entscheidung. Als ersten Schritt zu ihrer Eigenständigkeit mieteten die Künstler für ihre Antrittsausstellung Räume der »Gartenbaugesellschaft«. Zwar bestimmte die traditionelle Kunst auch weiterhin ungehindert die Wiener Kunstszene, doch zeigten die Secessionisten von der ersten Stunde an großes Selbstbewußtsein. Sie vertraten klar defi-

Joseph Maria Olbrich
Plakat für die II. Ausstellung der Secession, 1898
Lithographie, 86 x 51 cm
Privatsammlung

nierte Konzepte zur Befreiung und Erneuerung der Kunst und konnten mit ihren fortschrittlichen Ideen wichtige Vertreter der liberalen und intellektuellen Elite des finanzstarken Bürgertums für sich gewinnen. Die Realisierung der secessionistischen Ziele war nur durch deren ideelle und materielle Hilfestellung möglich. Der prominenteste Mäzen, der zukunftsorientierte Industrielle und Kunstsammler Karl Wittgenstein, förderte die junge Künstlergruppe unter anderem durch eine großzügige Geldspende, die es ermöglichte, das von Josef Maria Olbrich entworfene Secessionsgebäude zu errichten. Dieses neue Ausstellungshaus, das ab Herbst 1898 von der Vereinigung genutzt wurde und bis in die Gegenwart als Vereins- und Ausstellungsgebäude dient, festigte die Tätigkeit der Gruppe.

Zu den engagiertesten Verfechtern der secessionistischen Ideen gehörten die Kunstkritiker Ludwig Hevesi und Hermann Bahr. Hevesi, begierig das Neue erwartend, wurde bereits Monate vor dem Zusammenschluß der Secessionisten zu ihrem Chronisten. Seine 1906 zusammengefaßten Kritiken und Essays »Acht Jahre Sezession« geben Zeugnis von den wichtigsten Jahren des österreichischen Secessionismus. Bahr schuf den Leitgedanken der Vereinigung, der, für alle weit sichtbar, an der Secessionsfassade in goldenen Lettern angebracht wurde: »Der Zeit ihre Kunst, der Kunst ihre Freiheit«.

In ihren Anfängen ging es der Vereinigung weniger um eine stilistische Erneuerung im Sinn des »Jugendstils« als vielmehr um eine universelle Befreiung der Kunst und der Kunstschaffenden von äußeren Zwängen. So konzentrierten sich ihre Mitglieder am Anfang auf programmatische Ideen, die von sozialreformerischen und volksbildnerischen Ansprüchen nach dem Vorbild der englischen »Arts and Crafts«-Bewegung dominiert wurden. Die Secessionisten gingen davon aus, daß eine Ästhetisierung des Lebens zwangsläufig auch eine ethische Verbesserung des Menschen zur Folge hätte. Sie verstanden die Kunst als Religion, sich selbst als Priester und das Secessionsgebäude als Kunsttempel.

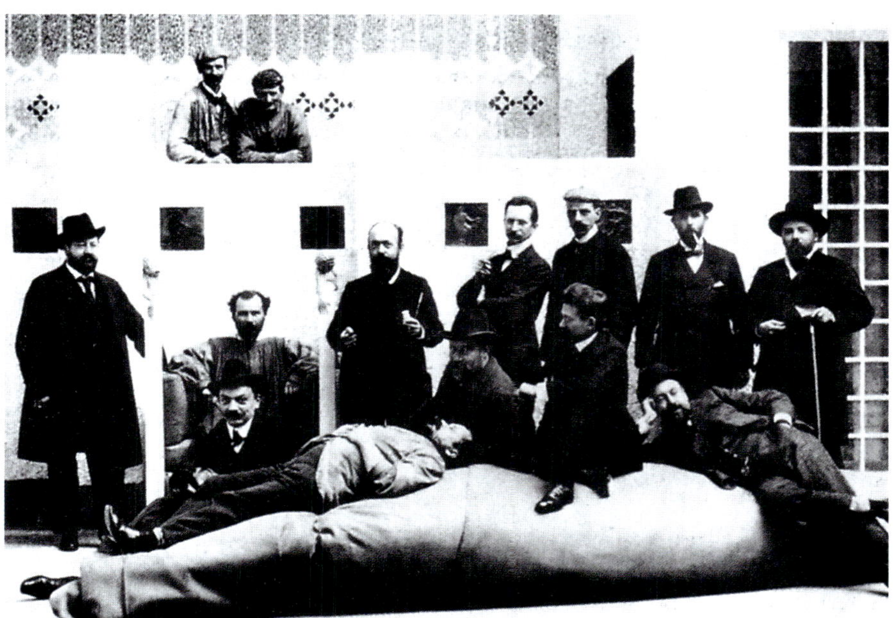

Mitglieder der Wiener Secession auf der Beethoven-Ausstellung
Von links nach rechts:
Anton Stark, Gustav Klimt, Kolo Moser (vor Klimt mit Hut), Adolf Böhm, Maximilian Lenz (liegend), Ernst Stöhr (mit Hut), Wilhelm List, Emil Orlik (sitzend), Maximilian Kurzweil (mit Kappe), Leopold Stolba, Carl Moll (halb liegend), Rudolf Bacher

Der »Heilige Frühling« in Wien

Mit Hilfe der Vereins-Zeitschrift »Ver Sacrum« (»Heiliger Frühling«), die von 1898 bis 1903 herausgegeben wurde, wollte die Secession ihre Ideen einem größeren Publikum näher bringen. Zugleich ist »Ver Sacrum« aber auch Baustein jenes »Gesamtkunstwerks«, das die Künstler als höchstes Ziel anstrebten. Die Zeitschrift bot, neben programmatischen Aufsätzen, viel Raum für Texte der modernen Geisteswelt Wiens. Gedichte von Rainer Maria Rilke und Hugo von Hofmannsthal belegen, ebenso wie Beiträge von Adolf Loos, welch engen Kontakt die Secessionisten zu den benachbarten Künsten pflegten. Die Hefte des »Ver Sacrum« dienten den Künstlern mit Vorliebe zu Experimenten mit graphischer Gestaltung. Die stilistische Entwicklung von arabesken Formen hin zu klaren Linien und zum Quadrat, dessen Einsatz als ästhetische Form eine der kreativsten Erfindungen der Secessionisten war, läßt sich an den formalen Veränderungen der Kunstzeitschrift besonders deutlich ablesen. Nach relativ kurzer Zeit mußte aber zugegeben werden, daß mit der Zeitschrift nur eine kleine elitäre Gruppe angesprochen werden konnte. Nach erfolglosen Diskussionen über eine Auflagenerhöhung wurde die Zeitschrift 1903 eingestellt.

Die Voraussetzungen für die Realisierung ihrer künstlerischen und ideellen Ziele sahen die Secessionisten nicht nur in einer demokratischen Organisation von Ausstellungen nach rein künstlerischen Kriterien, vielmehr suchten sie gleichzeitig nach verbindlichen neuen Normen und Maßstäben. Dazu war die Konfrontation mit aktuellen internationalen Kunstströmungen notwendig. Da die Wiener Secession, verglichen mit anderen europäischen Ländern, um einige Jahre verspätet gegründet worden war, konnten ihre Mitglieder die Erfahrungen der modernen deutschen, französischen und englischen Bewegungen in ihre Arbeiten miteinbeziehen. Sie setzten sich in gleicher Weise mit Jugendstil, Impressionismus, Naturalismus und Symbolismus auseinander. Den meisten Secessionisten gelang es allerdings zeitlebens nicht, sich von diesen Vorbildern zu lösen.

Die Heranbildung des charakteristisch österreichischen Secessionsstils ist dem Schaffen einiger weniger zu verdanken. So verband beispielsweise Klimt die dekorative Formensprache des Jugendstils derart mit der Aussagekraft des Symbolismus, daß der österreichischen Sehnsucht nach Ästhetisierung des Lebens ebenso Rechnung getragen wurde wie dem Wunsch nach tiefgründigen Bildaussagen. Mehr als alle anderen

Koloman Moser
Plakat für die XIII. Ausstellung der Secession, 1902
Lithographie, 177 x 60 cm
Privatsammlung

Anton Hanak
Der letzte Mensch (Ecce Homo)
1919–1924
Bronze
Die Skulptur steht vor dem Historisches Museum der Stadt Wien.

Kunstzentren beschäftigte sich das intellektuelle, zum Morbiden neigende Wien der Jahrhundertwende mit den elementarsten Erlebnissen des Menschen, mit Geburt, Tod und Trieb. Zu den internationalen Künstlern, deren Werke in den Ausstellungen der Secession wiederholt gezeigt wurden, gehörten daher die Symbolisten Fernand Khnopff, Jan Toroop, Giovanni Segantini, Arnold Böcklin und Ferdinand Hodler. Zahlreiche Werke dieser Künstler wurden von der österreichischen Staatsgalerie (heute Österreichische Galerie Belvedere) erworben. Durch Betreiben der Secessionisten war die Galerie mit der Aufgabe gegründet worden, eine Sammlung moderner Kunst anzulegen. Zu ihrem bedeutenden Bestand gehören Arbeiten von Monet, Klinger, Böcklin, Rodin, Segantini sowie von allen österreichischen Secessionisten und Expressionisten. Weitere Hauptwerke dieser Zeit finden sich im Historischen Museum der Stadt Wien und im Museum moderner Kunst, Stiftung Ludwig.

Beiwerk Skulptur

Obwohl mit Max Klinger, Auguste Rodin und Georg Minne die renommiertesten europäischen Bildhauer vorgestellt wurden, konnte sich die Bildhauerei in Österreich erst wieder nach dem ersten Weltkrieg als autonome Kunstform etablieren. Der größere Anteil der bildhauerischen Arbeiten der Secessionszeit diente als Schmuck der Architektur. Ausnahmen wie die Bronzeskulptur des *Marc Anton* von Arthur Strasser, die seit 1901 im Garten der Secession aufgestellt ist, überzeugen mehr durch symbolischen Gehalt als durch bildhauerische Qualität. In den Jahren ab 1910 genoß Anton Hanak größte Anerkennung, er schuf in seinen Anfängen Werke von großer Monumentalität, so zum Beispiel die Bauplastiken für das Gebäude des »Vorwärts«-Verlages. Hanak ist es zu verdanken, daß die Bildhauerei nach vielen Jahren der Zurückhaltung ab 1918 wieder eine selbstbewußte Position in Österreich einnehmen konnte. Ausschlaggebend für seinen Erfolg war, daß es ihm gelang, die expressionistische Formensprache in die Plastik umzusetzen. Zahlreiche Werke, die in Parkanlagen Wiens zu finden sind, entstammen seiner Hand, so auch die eindrucksvolle, vor dem Historischen Museum der Stadt Wien plazierte Skulptur des *Ecce Homo* aus dem Jahr 1916.

Arthur Strasser
Marc Anton, 1895/1900
Bronze
Besitz der Gemeinde Wien, seit 1901 neben der Secession plaziert

Stil, Fläche, Ornament

Die Entdeckung der asiatischen Kunst mit ihrer Betonung von Fläche und Ornament war für die Entwicklung des österreichischen Secessionsstils von essentieller Bedeutung. Mit der sechsten, der japanischen Kunst gewidmeten Ausstellung im Jahr 1900 kamen stilisierende Ausdrucksformen endgültig zum Durchbruch. Von diesem Zeitpunkt an bevorzugten die Künstler die Zweidimensionalität von Fläche und Linie als Ausdrucksträger. Damit wurden räumliche Elemente negiert und das Dekor zur schöpferischen Herausforderung. Der so ausgelöste, im Laufe der Jahre zunehmende Ästhetizismus verdrängte das Bewußtsein für gesellschaftliche Verantwortung, die die Vereinigung bei ihrer Gründung gefordert hatte.

Der ästhetische Gegenstand

Auf dem Gebiet des Kunsthandwerks, das ab 1900 auf zunehmendes Interesse stieß, war man dagegen weiterhin bemüht, volksbildnerischen Ansprüchen gerecht zu werden. Das große Vorbild war hier der Engländer Charles Rennie Mackintosh, der Begründer der »Glasgow School of Art«. Die Präsentation von internationalem Kunsthandwerk in der achten Ausstellung der Secession und die Berufung von Josef Hoffmann und Koloman Moser an die Kunstgewerbeschule verhalf dem österreichischen Kunsthandwerk zum Durchbruch. Unterstützung erfuhr dieses durch das 1864 gegründete Museum für Kunst und Industrie (heute Museum für angewandte Kunst); sein Ziel war es, das Industriedesign zu fördern und den Geschmack der Käufer zu bilden. Auch die Haupterzeuger der Möbel- und Glasindustrie waren einflußreich, die fortschrittlichen Firmen Thonet, Kohn und Lobmeyer ließen sich von der Einfachheit und Eleganz kunsthandwerklichen Designs überzeugen. 1903 erfolgte die Gründung der »Wiener Werkstätte« durch Hoffmann, Moser und den Industriellen Fritz Waerndorfer.

Schon bald darauf gingen große Ausstattungsaufträge ein: Eines der ersten bedeutenden Projekte ergab sich 1903 mit dem Bau der von Otto Wagner entworfenen Kirche St. Leopold auf dem Gelände der psychatrischen Klinik am Steinhof.

Die XIV. Ausstellung der Secession (»Beethoven-Ausstellung«), 1902
Mittelsaal mit der Beethoven-Statue von Max Klinger, dahinter das Wandgemälde »Die sinkende Nacht« von Alfred Roller
Raumgestaltung Josef Hoffmann

Gustav Klimt
Werkvorlage zum Stoclet-Fries
um 1905/09
Lebensbaum, rechter Teil mit Strauch, 194 x 118 cm
Tempera, Aquarell, Goldfarbe Silberbronze, Kreiden, Bleistift, Deckweiß auf Papier
Museum für angewandte Kunst

Besonders bemerkenswert sind hier die von Moser entworfenen monumentalen Fenster. Die Ausstattung des Sanatoriums Westend in Purkersdorf (1904) und des Palais Stoclet in Brüssel (1905–11), das Hoffmann gemeinsam mit Moser, Klimt und Jungnickel ausführte, zählen zu den herausragenden Leistungen der Wiener Werkstätte, die bis 1939 existierte. Der berühmte Fries von Klimt im Speisezimmer des Palais Stoclet fügt sich harmonisch in das Gesamtkonzept des Hauses und der Räume ein. Das Museum für angewandte Kunst beherbergt, neben zahlreichen anderen Erzeugnissen der Werkstätte, auch neun Entwürfe für diesen Fries.

Ganz zu Beginn ihrer Tätigkeit waren die kunsthandwerklichen Produkte parallel zur secessionistischen Formensprache von den floralen Linien des Jugendstils beeinflußt, doch schon sehr bald wurden für die Entwürfe der Wiener Werkstätte ornamentlose funktionale Formen bevorzugt. Der programmatische Versuch, mit den Produkten ein breites Publikum anzusprechen, erwies sich jedoch ebenso als Illusion wie mit den Schöpfungen der Secession. Nach außen hin wurde eine Rücknahme der Form zugunsten der Funktionalität gepredigt, doch ersetzten teure Materialien die Reduktion formaler Elemente. Nur ein elitäres Publikum konnte sich die Produkte leisten. Dieser Umstand war für Moser Anlaß, bereits 1906 wieder aus der Werkstätte auszutreten. Hoffmann, Moser, Otto Prutscher und später Dagobert Peche entwickelten eine sehr eigenständige Formensprache, die dem »Kubismus«, der »Neuen Sachlichkeit« und dem »Art Deco« nahestand.

Mit den Formen der Secession hatten ihre Gestaltungen hauptsächlich die Bevorzugung des Quadrats als Dekorationselement gemeinsam.

Als Konkurrenz zur Wiener Werkstätte etablierte sich die schon 1898 gegründete, äußerst erfolgreiche Metall-Werkstätte Hagenauer, die sich schnell dem Wiener Jugendstil zuwendete. In den 20er Jahren bearbeitete die Werkstatt Hagenauer Großaufträge für alle bedeutenden Architekten, allen voran für Clemens Holzmeister.

Der Raum ist die Kunst

Nach der Kunsthandwerks-Ausstellung, in der unter anderem das »schottische Zimmer« von Macintosh präsentiert wurde, erfolgte stufenweise eine »Minimalisierung« der Ausstellungsgestaltung. Sie hatte zum Ziel, Architektur und bildende Kunst harmonisch zu verbinden. 1902 fand diese Entwicklung ihren Höhepunkt in der »Beethoven-Ausstellung«, einem Gesamtkunstwerk aus Architektur, bildender Kunst und Musik. Das Projekt war auf die von Max Klinger geschaffene *Beethoven-Skulptur* ausgerichtet. Der von Klimt für die Ausstellung geschaffene *Beethoven-Fries*, der heute in der Secession ausgestellt ist, gehört zu den bekanntesten Werken der Epoche des Jugendstils.

Nach dem Ende der Ausstellung traten unter den Secessionisten immer heftigere Konflikte auf. Das Vorhaben der Wiener Werkstätte, Kunst auch in den Bereich der Alltagsgegenstände hineinwirken zu lassen, löste bei vielen Mitgliedern der Secession Unbehagen aus, da sie darin eine Entwürdigung der Kunst sahen. Zudem provozierten

Gustav Klimt
Beethoven-Fries, 1902
Mittlere Schmalwand
Detail: Unkeuschheit, Wollust und Unmäßigkeit
Kaseinfarbe auf Stuckgrundierung
H: 220 cm
Secession Wien, Dauerleihgabe der Österreichischen Galerie Belvedere

Oskar Kokoschka (1886–1980)

Oskar Kokoschka
Pietà – Plakat für »Mörder Hoffnung der Frauen«, 1909
Farblithographie
Salzburg, Rupertinum

stilistische Verzweigungen innerhalb der Gruppe den Verlust gemeinsamer Interessen. Als sich 1905 einige Mitglieder mit Verkaufsgalerien zusammenschlossen, war für die Secession der Zeitpunkt einer Spaltung gekommen. Mit dem Austritt der sogenannten »Klimt-Gruppe« verlor die Secession ihr wertvollstes schöpferisches Potential. Die verbleibenden Mitglieder führten die Geschäfte zwar in traditioneller Weise bis 1914 fort, doch blieben ihnen weiterere Erfolge versagt. Ein Jahr nach der Trennung gründeten Klimt und seine Gefolgsleute den »österreichischen Künstlerbund«, der jedoch nie eine herausragende Position in der österreichischen Kunstgeschichte einnehmen konnte. Ermüdet vom Vereinsalltag, konzentrierten sich die Mitglieder des Bundes zunächst auf ihr individuelles Wirken. Das erste gemeinsame Projekt verwirklichte man 1908 mit der berühmten »Kunstschau«, die in zwei Etappen angelegt war: Der erste, 1908 gezeigte Teil präsentierte ausschließlich österreichische Kunst, während 1909 internationale Tendenzen vorgestellt wurden.

Aufbruch in den Untergang

Durch das Wirken der Secession war das Wiener Kunstpublikum für Entwicklungen innerhalb der Kunst sensibilisiert. Das in die »Kunstschau« eingebrachte Neue stieß daher von Beginn an auf großes Interesse. Es wurde noch zusätzlich dadurch gefördert, daß Klimt als Freund einer jungen, unbekannten Generation auftrat. Mit der »Kunstschau«, die in einem von Hoffmann errichteten provisorischen Gebäude stattfand, wurde die Kunstepoche des Expressionismus in Österreich eingeleitet. Erstmals waren 1908 Werke Oskar Kokoschkas in einem größeren Rahmen zu sehen, und im nächsten Jahr stellte Egon Schiele seine Arbeiten dem Publikum vor. Durch die gleichzeitige Präsentation von Werken ehemaliger Secessionisten und junger Expressionisten war die Entwicklung von der überästhetisierten Flächenkunst zur radikalen Bildsprache des Expressionismus leicht nachvollziehbar. Die Expressionisten antworteten auf den Schönheitskult der Secessionisten mit einem erschreckend offenen Individualismus, mit dem sich auch Adolf Loos und Karl Kraus sowie die jungen Künstler Albert Paris Gütersloh und Anton Kolig identifizierten. Die Jungen verweigerten die Rolle des Boten »heilbringender« Verschönerung in dieser Zeit höchster politischer und gesellschaftlicher Anspannung.

Im Vergleich zum deutschen Expressionismus und zu den französischen »Fauves« hat der österreichische Expressionismus eine eigenständige Ausdruckssprache kreiert. Einen wesentlichen Faktor bildet, neben dem Beharren auf den Erscheinungsformen der Wirklichkeit, das Verhältnis von Innovation und Tradition. Die Wurzeln des Expressionismus liegen in der überwiegend von Klimt interpretierten pessimistischen Variante des Secessionsstils, in der morbide, abstoßende Inhalte transportiert wurden. Die von Schönheit weit entfernten Gestalten im Beethovenfries, gezeichnet von Krankheit, Tod und Wahnsinn, weisen bereits frühexpressionistische Züge auf. Hier, wie auch bei den frühen Arbeiten Schieles, wirkten die *Jünglingsfiguren* von Minne anregend. Man darf jedoch nicht vergessen, daß Klimts Darstellungen des Grauens als Kontrast zu einem verherrlichten, gereinigten Leben dienten. Die Bedrohungen des Alltags, die die Secessionisten zu verdrängen suchten, akzeptierten die Expressionisten als unabänderliche Realität. Die Untergangsstimmung der Monarchie, die drohende Kriegsgefahr sowie soziale Mißstände wurden in drastischer Weise verbildlicht. Die Expressionisten erhoben nicht nur Anklage gegen die Schönmalerei des Jugendstils und gegen soziale Ungerechtigkeiten, sie scheuten auch nicht den Blick in die dunkelsten Winkel der menschlichen Seele. Die Unzulänglichkeiten der Menschen wurden mit den Mitteln der Malerei schonungslos bloßgestellt. Freud hatte diesen Weg vorbereitet, und den jungen, sensiblen und visionären Künstlern war es aufgetragen, in die erschütternden Empfindungen mit all ihren Verletzungen einzudringen.

Kokoschka, der am meisten angefochten und von einem Kritiker als »Oberwildling« bezeichnet wurde, verwarf mit seiner Expressivität alle bisher gültigen Vorstellungen von Malerei. Schon vor der »Kunstschau« war er 1907 durch Arbeiten, die er in der Wiener Werkstätte gestaltet hatte, aufgefallen. Für Illustrationen zu der von ihm verfaßten Erzählung »Die träumenden Knaben« setzte er ausdrucksstarke Linien ein, deren scharfer, eckiger Duktus spannungsgeladene Rhythmen erzeugte. Bereits in diesen Werken dient die Linie, die ihren Ursprung unzweifelhaft in der

Bertold Löffler
Plakat für die Kunstschau Wien 1908
Lithographie, 68 x 96 cm
Privatsammlung

Kunst des Jugendstils hat, dem Ausdruck eines inneren Gehalts und nicht einer oberflächlichen Schönheit. 1909 setzte Kokoschka seine Laufbahn mit psychologisierenden Porträts, unter anderem von Loos und Kraus, fort. In zahlreichen Werken reflektierte er den morbiden Zustand der Gesellschaft, so zum Beispiel in dem Stilleben *Hammel und Hyazinthe*, das bei der Bevölkerung auf größte Ablehnung stieß. Heute gehört dieses Werk zu den Höhepunkten der Österreichischen Galerie im Oberen Belvedere. Während Kokoschka in seinen Kompositionen und in der Thematik seiner Bilder immer wieder an barocke und klassische Traditionen anschloß, war seine außergewöhnliche Farbauswahl und sein dynamischer Pinselstrich für viele Entwicklungen der Malerei des 20. Jahrhunderts vorbildhaft. Hier ist insbesondere die »Neue wilde Malerei« der achtziger Jahre zu nennen. Ein Künstler, der stilistisch Kokoschka sehr nahe stand, war Max Oppenheimer, der sich ab 1912 »MOPP« nannte. Oppenheimer stellte 1906 erstmals in der Secession aus, weilte danach aber selten in Wien, da er viel auf Reisen war. Bekannt wurde Oppenheimer hauptsächlich durch seine Porträts von Personen aus dem Künstler- und Schriftstellermillieu.

Im Schaffen von Schiele, das in seinen Anfängen noch sehr von der Ornamentalität Klimts geprägt war, brach der Expressionismus erst 1910 hervor. Die Bildsprache Klimts erschien ihm bald zu »gereinigt« und damit konträr zu seinen Bildinhalten. Was dann folgte, wird von der Beschäftigung mit der eigenen, aber auch mit der fremden Befindlichkeit beherrscht. Sexualität und Tod, die gleichzeitig Faszination und Entsetzen auslösen, durchziehen seine Bilder wie ein roter Faden. Die Orientierung an den expressiven Farbflächen Gauguins, an den Gesellschaftsstudien Henri de Toulouse-Lautrecs und an den dramatischen Gestalten von Munch, Minne und Rodin führte Schiele erstaunlich schnell zu einem unverwechselbaren Stil. Er entwickelte eine unruhige, gebrochene Linienführung, die von intensiver Farbigkeit unterstrichen wird. Durch die Freundschaft zu dem Kunstkritiker Arthur Roessler erlangte Schiele schnell große Bekanntheit. Der Kritiker ermutigte Schiele 1909 zur Gründung der »Neukunstgruppe«, stellte ihn zahlreichen Galeristen und Sammlern vor und organisierte Ausstellungen seiner Werke.

Der junge Richard Gerstl war unter den Expressionisten derjenige, der am wenigsten gebunden war und am radikalsten arbeitete. Im Gegensatz zu Kokoschka und Schiele ging Gerstl nie den Umweg über den dekorativen Secessionsstil. Seine Malerei war von Beginn an frei von Normen. Mit ungeheurer Wucht fand er zu den haptischen Qualitäten der Malerei und nutzte sie als erster zur Verbildlichung seiner ureigensten Empfindungen. In seinem Spätwerk geriet er sogar an die Grenze zur Abstraktion, von der die anderen Vertreter des österreichischen Expressionismus immer weit entfernt blieben. Er modellierte wie Kokoschka die Farbe pastos auf die Leinwand und gab Arnold Schönberg Malunterricht. 1908 beging Gerstl, nach einer unglücklichen Liebesbeziehung zu Mathilde Schönberg, der Frau des Komponisten, Selbstmord.

In kürzester Zeit hatte sich der Expressionismus einen Platz in der Wiener Kunstlandschaft erobert; aber auch über die Grenzen Österreichs hinaus fanden seine Vertreter große Anerkennung. So verließ Kokoschka Wien schon 1917 mit der Hoffnung auf eine Professur in Dresden, die er 1919 antreten konnte. Nach dem frühen Tod Gerstls konzentrierte sich das Interesse der Wiener Kunstwelt hauptsächlich auf Schiele, der 1918 mit einer Ausstellung seiner Werke in der Wiener Secession einen letzten Höhepunkt erlebte, bevor er kurz darauf an der Spanischen Grippe starb. Schiele blieb jedoch nicht der einzige, der Wien 1918 vorzeitig und für immer verließ, auch Klimt, Wagner und Moser starben in diesem schicksalshaften Jahr. Mit ihrem Tod fand die große Zeit künstlerischer Innovationen in Wien ein vorläufiges Ende.

Den großen Schritt zur abstrakten Kunst, die sich in ganz Europa bereits durchgesetzt hatte, wagten die österreichischen Künstler zu Beginn des 20. Jahrhunderts nicht. Sie zeigten nie ausreichend Verlangen, sich den radikalen Lösungen der internationalen Avantgarde anzuschließen. Dies gilt insbesondere für die abstrakten Formulierungen des Kubismus und Futurismus, die, wenn man von den zarten Annäherungen an diese Kunstrichtungen durch die Wiener Werkstätte absieht, in Österreich lange Zeit so gut wie gar nicht wahrgenommen wurden. Eine eindeutige Hinwendung zur Abstraktion vollzog sich in Österreich erst nach 1945.

Gustav Klimt im Garten seines Ateliers
Photographie, Graphische Sammlung Albertina

Egon Schiele
Plakat zur 49. Ausstellung der Secession, 1918
Lithographie, 68 x 53 cm
Historisches Museum der Stadt Wien

Egon Schiele (1890–1918)
Fotografie, Historisches Museum der Stadt Wien

Der frühe Klimt

Der für die internationale Kunst des ausgehenden 19. Jahrhunderts prägende Aufbruch in die Moderne fand in Wien nur zögernd und auch verhältnismäßig spät statt. Auch Gustav Klimt, einer der Initiatoren und Mitbegründer der Wiener Secession, entwickelte seine künstlerische Formensprache zunächst in der Tradition des Historismus, ehe er zur Symbolfigur eines neuen künstlerischen Aufbruchs wurde. Klimt wurde 1862 geboren; bereits in der Schule fiel seine außerordentliche Zeichenbegabung auf, und er erhielt ein Stipendium für die Kunstgewerbeschule in Wien. Einer seiner Mitstudenten war Franz Matsch sowie ein Jahr später auch sein Bruder Ernst Klimt. Prägend war das Studium an der Abteilung für Malerei und dekorative Kunst, in die Matsch und die Brüder Klimt nach drei Jahren aufgenommen wurden. Ihr Professor Ferdinand Laufberger gehörte damals zu den erfolgreichsten Dekorationsmalern der neu erbauten Ringstraße. Er erkannte die Begabung seiner drei Schüler und beteiligte sie bald an seinen öffentlichen Aufträgen, 1879 vermittelte er ihnen die Teilnahme an der Ausrichtung des sogenannten Makart-Festzuges anläßlich der Silberhochzeit des Kaiserpaares.

Wesentlich für die jungen Maler war die Empfehlung Laufbergers an die Theaterarchitekten Fellner und Helmer. Das äußerst erfolgreiche Architekturbüro baute zwischen 1872 und 1915 weit über vierzig neue Theater in den Ländern der Donaumonarchie sowie in Deutschland. Die Architekten wurden in den nächsten Jahren zu den wichtigsten Auftraggebern für Franz Matsch und die Klimt-Brüder. Ein Jahr nach Abschluß der Kunstgewerbeschule gründeten die jungen Maler 1881 eine Ateliergemeinschaft, um fortan als »Malercompagnie« zu reüssieren. Ihr Erfolg gründete sich auf ein leistungsstarkes Atelier, das über drei Maler verfügte und trotzdem eine Stileinheit garantierten konnte.

Ihr Selbstverständnis als reine Dekorationsmaler und ihre gemeinsame Ausbildung ließ sie zunächst auf die Entwicklung einer individuellen Formensprache verzichten. Über zehn Jahre hinweg, zunächst im Atelier in der Sandwirthgasse 8 im 6. Wiener Gemeindebezirk und ab 1892 in der Josefstädterstraße, das später das Atelier Klimts wurde, hatte die Malercompagnie wesentlichen Anteil an der Ausstattungsmalerei des Historismus. Die Bautätigkeit war enorm, und der Wunsch der Bauherren nach künstlerischer Ausschmückung dementsprechend. Nach lukrativen Aufträgen für Theater in Karlsbad, Brünn, Fiume und Bukarest bemühte sich die Ateliergemeinschaft um Aufträge in Wien. Die beiden großen Museen, das Burgtheater und die Universität standen kurz vor der Fertigstellung. 1886 erhielt der erst 24jährige Klimt gemeinsam mit seinem Bruder und Franz Matsch durch das »Hof-Bau-Comité« den Auftrag für zehn Deckenbilder in den

ABBILDUNG LINKS:
Gustav Klimt
Renaissance, 1890/91
Zwickel- und Interkolumnienbilder
Öl auf Stukkaturgrund, jedes Zwickelbild 230 x 230 cm, jedes Interkolumnienbild 230 x 80 cm
Kunsthistorisches Museum Wien

ABBILDUNG LINKS UNTEN:
Gustav Klimt
Zuschauerraum im alten Burgtheater, 1888
Gouache auf Papier, 82 x 92 cm
Historisches Museum der Stadt Wien

Gustav Klimt
Profil- und Rückenansicht eines Herren mit Theaterglas, Skizze der rechten Hand, 1888/89
Schwarze Kreide, weiß gehöht
43 x 28 cm
Graphische Sammlung Albertina

beiden Haupttreppenhäusern des neuen Wiener Burgtheaters. Das Thema »Die Entwicklungsgeschichte des Theaters« wurde vom damaligen Direktor Adolf von Willbrand festgelegt.

Um den Stil und die Kostümierung im jeweiligen historischen Kontext zu malen, standen oft Freunde, Verwandte oder Geschwister der Brüder Klimt Model. So verewigte Klimt für die Darstellung des »Theater Shakespeare« seinen Bruder als Romeo. In diesem Gemälde findet sich auch

Gustav Klimt
Hofburgschauspieler Josef Lewinsky als Carlos, 1895
Öl auf Leinwand, 64 x 44 cm
Österreichische Galerie, Belvedere

das einzige Porträt Klimts im Kreise seiner Malerkollegen. 1887 folgte der Auftrag, den Innenraum des alten Burgtheaters vor seinem Abriß zu dokumentieren und gleichzeitig 250 prominente Theaterbesucher in diesem Bild zu porträtieren. Dies brachte der Malercompagnie Erfolg und hochdotierte Preise. Schließlich folgte 1890 die Ausstattung der Zwickel- und Interkolumnienbilder im Treppenhaus des Kunsthistorischen Museums.

Die Arbeiten der jungen Malergemeinschaft stehen hier in direkter Nachbarschaft zur Malerei Makarts und zum Plafondgemälde Mihály Munkácsys. Das Programm umfaßte die Geschichte der Kunst und des Kunstgewerbes von ihren Anfängen bis zur Neuzeit. Klimt führte neben der »Ägyptischen« und der »Italienischen« Kunst auch die Antike aus; einzelne Figuren, wie etwa die Athena verweisen bereits auf seine weitere künstlerische Entwicklung. Im Jahr der Fertigstellung 1891 traten die Brüder Klimt und Franz Matsch der Künstlerhausgenossenschaft bei.

Gustav Klimt
Liebe, 1895
Öl auf Leinwand, 60 x 44 cm
Historisches Museum der Stadt Wien

Zwei frühe Tafelbilder

Die Stilwende im Werk Klimts wird allgemein um 1900 datiert, doch finden sich bereits in den strengen blockhaften Figuren im Treppenhaus des Kunsthistorischen Museums Ansätze zu einer symbolistischen Formensprache. Besonders deutlich wird die Hinwendung zum Jugendstil in dem *Porträt des Hofburgschauspielers Josef Lewinsky in der Rolle des Carlos in Goethes »Clavigo«* sowie in der Ölstudie *Liebe*, die beide 1895 entstanden. Ähnlich dem Porträt Lewinskys wird auch in *Liebe* ein dunkler Grund von einem hellen Streifen eingerahmt und so die Wirkung des diffusen Raumes verstärkt. In der unteren Bildhälfte umarmt sich das Liebespaar, darüber schweben Köpfe, die drei Lebensalter – Kindheit, Jugend, Alter – darstellen. Dieses Motiv sollte, wie der Tod, den Künstler immer wieder beschäftigen. Klimt übernahm hier Anregungen aus dem Münchner Jugendstil und verwendete für die Darstellung der Frau eine Vorlage Ferdinand Khnopffs.

Gustav Klimt
Schubert am Klavier, 1899
Supraportenbild im Musikzimmer des Palais Nikolaus Dumba am Parkring
Öl auf Leinwand, 150 x 200 cm
1945 im Schloß Immendorf verbrannt

Gustav Klimt
Die Musik I, 1895
Öl auf Leinwand, 37 x 44,5 cm
München, Bayerische Staatsgemäldesammlungen, Neue Pinakothek

Dekorative Flächenkunst im Palais Dumba

Als 1892 Ernst Klimt starb, sollte die Ateliergemeinschaft noch knapp zwei Jahre bestehen. 1893 beauftragte sie der Industrielle Nikolaus Dumba mit der Gestaltung des Musikzimmers und des Speisesalons in seinem Palais am Wiener Parkring. Klimt war für die gesamte Ausstattung des Musikzimmers verantwortlich, für die er kostbarste Materialien verwendete. Von dem wertvollen Interieur ist nichts mehr erhalten, da 1937 das gesamte Inventar veräußert wurde und die beiden Supraportenbilder 1945 verbrannten.

Klimt erhielt den Auftrag in der Zeit seines großen Erfolges als Dekorationsmaler. Die ersten Skizzen für die Ausstattung entstanden jedoch erst 1897, im Jahr der Secessionsgründung. Die Arbeiten selbst wurden 1899 abgeschlossen und zeigen daher bereits eine neue, moderne Formensprache. So verzichtet Klimt im Schubert-Bild auf historische Detailtreue, wie sie für den Historismus verbindlich war. Die Mode der Damen ist zeitgenössisch, der Stil des Gemäldes vom Neoimpressionismus geprägt. Unmittelbar nach der Fertigstellung wurde das Bild *Schubert am Klavier* in der IV. Ausstellung der Secession gezeigt und von Hermann Bahr als »das schönste Bild, das jemals ein Österreicher gemalt hat« gewürdigt. Es gab aber auch andere, polemische

Gustav Klimt
Detail aus Die Musik II, 1898
Supraportenbild im Musikzimmer des Palais Dumba, Öl auf Leinwand, 150 x 200 cm
1945 im Schloß Immendorf verbrannt

Kommentare. So schrieb Karl Kraus 1899 in der »Fackel«: »Er (Dumba) hatte die Bilder bei Klimt bestellt, als dieser noch in der braven Art der Laufberger Schule arbeitete. In der Zwischenzeit war aber dem Maler der Khnopff aufgegangen, und jetzt ist er, damit die Geschichte nicht ohne Pointe bleibt, Pointillist geworden. Und Herr Dumba ein Moderner«. Das Gemälde *Musik II* (Abb. S. 366 unten) zeigt eine Tendenz zum Symbolismus. Das Auflösen des Raumes in einen ornamentalen und flächig gestalteten Hintergrund verweist bereits auf Klimts weitere Entwicklung.

Gustav Klimt
Nuda Veritas, 1899
Öl auf Leinwand, 252 x 56 cm
Theatersammlung der Österreichischen Nationalbibliothek

Die Secession

Um 1900 entwickelte sich in städtischen Zentren Europas ein Stil, der impressionistische, symbolistische und dekorative Gestaltungselemente in sich aufnahm. Als Jugendstil formte er zwar zweifellos charakteristische nationale Besonderheiten aus, doch kann er allgemein als ein epochales, grenzüberschreitendes Phänomen angesehen werden. Die Gründung von Künstlergemeinschaften, »Secessionen«, in München, Berlin und Wien war eine zeitgleiche Parallelerscheinung.

Durch die Herausgabe von Zeitschriften wie »Ver Sacrum« in Wien und Ausstellungskatalogen setzte ein neuer Diskurs ein. Des weiteren war man bestrebt, ein modernes, gesamtheitliches Kunstgefühl in der Bevölkerung zu etablieren. Bereits ein Jahr nach der Gründung der Künstlergemeinschaft öffnete das von Joseph Maria Olbrich errichtete Ausstellungsgebäude der Wiener Secession seine Pforten. Es wurde als typisches Beispiel des Jugendstils gleichsam zum Symbol eines neuen Aufbruchs. Hier bot sich nun erstmals die Möglichkeit, auch internationale Kunst in Wien auszustellen.

Gustav Klimt galt allgemein als das stärkste Talent im Reigen der Wiener Avantgarde. Er wurde die unumstrittene Zentralgestalt der frühen Secession und 1897 ihr erster Präsident. Gemeinsam mit Josef Hofmann und Carl Moll als Vizepräsidenten und Sekretär zeichnete er für die Organisation der Ausstellungen der nächsten Jahre und somit für ihre sensationellen Erfolge verantwortlich.

Für die erste Kunstschau im März 1898 in den Räumen der Gartenbaugesellschaft am Ring gestaltete Klimt den Katalog und das durch Skandal und Zensur bekannt gewordene Plakat. Es zeigt anhand eines antiken Sujets, dem *Kampf des Theseus gegen den Minotaurus*, den Kampf der neuen Kunst gegen das Alte. Erst die zweite Fassung des Plakates konnte gedruckt werden. Die Ausstellung mit dem Titel »Europäische Kunst der Zeit« war ein durchschlagender Erfolg, Klimt wurde noch während der Ausstellung als Präsident wiedergewählt. Unter seiner Leitung entwickelte sich überdies ein florierender Kunsthandel, dessen Verkäufe im In- und Ausland auch einen beträchtlichen Teil des Ausstellungsbudgets ausmachten. Gemeinsam war den Mitgliedern der Secession der Wille, sich vom Historismus und der Eklektik ihrer Vorgänger zu befreien. So ist auch das 1899 entstandene Bild der *Nuda Veritas* als Ausdruck des neuen Selbstbewußtseins dieser jungen Künstlervereinigung zu sehen: Ähnlich dem Minotaurus-Plakat beweist es einen hohen kunstpolitischen Anspruch. Zugleich stellte Klimt mit der *Nuda Veritas* die Frau erstmals nicht nur als Trägerin einer allegorischen Aussage dar, sondern verwies darüber hinaus auf ihre Weiblichkeit und Erotik.

Gustav Klimt
Plakat für die I. Ausstellung der Secession (vor der Zensur), 1898
Lithographie, 62 x 43 cm
Privatsammlung

Auf der Suche nach neuen individuellen Wegen bot sich der jungen Generation nun auch die Möglichkeit, sich selbst zu präsentieren. Ihr ambitioniertes und weitblickendes Programm zeigte Weltkunst und machte Wiens Publikum und die Künstler selbst mit der internationalen zeitgenössischen Kunst bekannt. Dies blieb nicht ohne Einfluß auf ihre stilistische Entwicklung.

ABBILDUNG LINKS:
Detail aus Judith I

Pallas Athene und Judith

Klimts Allegorien der Frühzeit trugen nicht nur maßgeblich zur Entwicklung seiner individuellen Formensprache bei, sondern »transportierten« auch einen anderen Frauentypus als jenen, der in seinen Frauenporträts manifest wurde. Indem Klimt die Allegorie nicht mehr als historische Figur darstellt sondern als naturalistische Wiedergabe des Weiblichen, rückt er von den inhaltlichen und formalen Idealen des Historismus ab.

Dies wird bereits in den Monumentalmalereien deutlich und führt schließlich zu Bildern wie *Pallas Athene* (1898) und der ein Jahr späteren *Nuda Veritas* als verführerischer rothaariger *femme fatale*. Die quadratische Leinwand in dem von Georg Klimt gestalteten Metallrahmen wird vom Kopf und Oberkörper der Athene eingenommen. Sie trägt eine goldene Rüstung und hält in der Hand die kleine Figur der *Nuda Veritas*. Klimt setzt die Figur in frontaler Strenge an den vorderen Bildrand; ihr rechter Arm wird vom Rahmen überschnitten. Wie in dem im selben Jahr entstandenen *Porträt Sonja Knips* arbeitet der Künstler mit der Spannung von Leerraum und Figur. Doch scheint Pallas Athene hier Teil eines Gesamtornaments zu sein. Die naturalistische Stofflichkeit wird zurückgenommen und verweist auf spätere Bilder der sogenannten »Goldenen Periode«.

Das Gemälde, das den Sieg der wahren Kunst gegen die etablierte Gesellschaft thematisiert, wurde zum Symbol der Secession und fand als Titelblatt für »Ver Sacrum« sowie als Plakat weitere Verwendung. *Pallas Athene* wurde erstmals in der II. Ausstellung der Wiener Secession der Öffentlichkeit präsentiert und rief heftige Reaktionen hervor. Die Wiener Gesellschaft empfand besonders das fratzenhafte Medusenhaupt als Bedrohung. Dagegen verteidigte Ludwig Hevesi das Bild in seiner Ausstellungskritik: »Das große Bild der sitzenden rosa Dame wird sogar sehr gewürdigt. Aber gleich in der Nachbarschaft hängt die *bête noire* des großen Publikums, die berüchtigte Pallas Athene. Wie schön ist sie doch! Doch auch die Trägerin der Rüstung findet keinen Beifall. Das Publikum ist an Pallasse gewöhnt, denen man deutlich ansieht, daß sie eigentlich angestrichene Marmorstatuen sind. Klimt aber hat die seine als offenbare Sezessionistin von heute gebildet.«

Das Gemälde *Judith I* entstand 1901. Klimt übernimmt die frontale Haltung der Pallas Athene, verstärkt jedoch den Kontrast der naturalistischen Darstellung zum Ornament. Im Gegensatz zur historischen Auffassung wird Judith nicht als Kämpferin gezeigt, nicht im Augenblick der Tat, sondern als sinnlich-laszive Frau. Das Attribut der Judith, das Haupt des Holofernes, ist an den rechten unteren Bildrand gerückt und stark vom Rahmen überschnitten. Das Sujet der *femme fatale* war um die Jahrhundertwende weit verbreitet und beeinflußte die künstlerischen Darstellungsmöglichkeiten von Erotik und Sexualität.

Gustav Klimt
Judith I, 1901
Öl auf Leinwand, 84 x 42 cm
Österreichische Galerie, Belvedere

Gustav Klimt
Pallas Athene, 1898
Öl auf Leinwand, 75 x 75 cm
Historisches Museum der Stadt Wien

Die Fakultätsbilder

Als 1883 die neue Universität am heutigen Karl Lueger Ring eröffnet wurde, fehlte noch die dekorative Ausgestaltung der Aula, die aus Kostengründen hinausgeschoben wurde. Prächtige Deckenbilder sollten die vier Fakultäten Theologie, Philosophie, Medizin und Jurisprudenz darstellen. 1894 wurde der Auftrag an Franz Matsch und Gustav Klimt erteilt.

Klimts Arbeit an den *Fakultätsbildern* fiel in die Zeit seines künstlerischen Umbruchs. Bereits die ausgestellten Entwürfe lösten einen über Jahre andauernden Konflikt aus: Klimts Darstellung der im selben Jahr auf der Pariser Weltausstellung mit dem »Grand Prix« ausgezeichnet.

In Wien eskalierte jedoch im nächsten Jahr der Konflikt anläßlich der Ausstellung der *Medizin* in der Wiener Secession. Ihre Darstellung widersprach dem Selbstverständnis der Fakultät. Nichts deutet auf die Medizin als Heilkunst: Der Kreislauf des Lebens wird vor allem durch die weiblichen Figuren symbolisiert. Die hieratische Gestalt der Hygieia erscheint am Rand einer Menschengruppe. Im Zentrum derselben steht der Tod als Skelett der frei stehenden bzw. schwebenden Allegorie des Lebens gegenüber.

ABBILDUNG LINKS:
Gustav Klimt
Medizin, Endzustand, 1907
Öl auf Leinwand, 430 x 300 cm
1945 im Schloß Immendorf verbrannt

Philosophie hat keinen Zusammenhang mehr mit seiner früheren Dekorationsmalerei. So verzichtet er gänzlich auf eine Wiedergabe historischer Zusammenhänge sowie auf eine Verherrlichung der Fakultät. Seine rätselhafte, auch einer räumlichen Einordnung sich entziehende Allegorie illustriert vielmehr ein Leitmotiv des *fin de siècle*: das menschliche Leben, eingebunden in den Kreislauf der Natur. Durch die eindrucksvolle Darstellung des Greises am Beginn der Menschengruppe steigert Klimt das Thema zu höchster Theatralik. Das Bild der *Philosophie* wurde noch

Als auch die Darstellung der *Jurisprudenz* abgelehnt und die *Philosophie* 1904 nicht auf der Weltausstellung in St. Louis gezeigt wurde, zog Klimt die Bilder zurück. Alle drei gelangten durch die historischen Ereignisse schließlich in die Österreichische Galerie und wurden zusammen mit anderen Kunstwerken 1944 nach Schloß Immendorf ausgelagert, um vor Bombenangriffen geschützt zu sein. Am 8. Mai 1945 zündeten die abziehenden SS-Truppen das niederösterreichische Schloß an. Die Bilder verbrannten zusammen mit anderen Gemälden Gustav Klimts.

Gustav Klimt
Jurisprudenz, Endzustand, 1907
Öl auf Leinwand, 430 x 300 cm
1945 im Schloß Immendorf verbrannt

Gustav Klimt
Beethoven-Fries, 1902
Mittlere Schmalwand, Detail:
Die feindlichen Gewalten
Kaseinfarbe auf Stuckgrundierung
220 x 646 cm
Secession Wien, Dauerleihgabe
der Österreichischen Galerie

Der Beethoven-Fries

Der *Beethoven-Fries* stellt zusammen mit den *Fakultätsbildern* einen Wendepunkt in Klimts Œuvre da; er leitet die »Goldene Periode« ein, die mit dem Gemälde *Der Kuß* 1907/08 ihren Höhepunkt fand. Zugleich demonstriert er beispielhaft den Gedanken des Gesamtkunstwerkes, der für die Künstler der Secession maßgeblich war.

Der Fries war Teil der berühmten »Beethoven-Ausstellung« des Jahres 1902. Rund um die Beethoven-Skulptur Max Klingers wurde eine Weihestätte für den Komponisten in Form eines temporären Gesamtkunstwerkes geschaffen. Beethoven erfuhr um die Jahrhundertwende eine kultartige Verehrung, die vor allem durch Richard Wagner und Friedrich Nietzsche hervorgerufen worden war.

Klimt beschränkte sich nicht auf anekdotische Einzelszenen, sondern interpretierte Beethovens »Neunte Symphonie« mit der Ode Friedrich Schillers in einer sehr freien, persönlichen Form. Zentrales Thema ist die Erlösung der »schwachen Menschen« durch die Kunst und die Liebe. Die Allegorien der Sehnsüchte und Wünsche der Menschen führen schließlich zum Schlußbild der Erlösung an der Längswand, zur Umarmung von Mann und Frau, den Kuß der ganzen Welt symbolisierend, flankiert vom Chor der Paradiesengel, der die Ode Schillers intoniert. Die Frau wird fast zur Gänze durch den Rückenakt des Mannes verdeckt. Beide sind eingebunden in ein das ganze Bild umfassendes Ornament, das auch den Chor der Engel zur Bewegungslosigkeit erstarren läßt. Dazwischen, an der Schmalwand, sind die feindlichen Gewalten zu sehen. Die Sehnsüchte und Wünsche der Menschen fliegen darüber hinweg, dargestellt durch schwebende Figuren, die sich kaum vom hellen Grund des Frieses abheben. Sie bilden den Übergang zur Schlußgruppe.

Die Darstellung der Figuren geht weitgehend von einer naturalistischen Wiedergabe ab. Das Bestreben, Leerräume und Figur oder Figurengruppen in Kontrast zueinander zu stellen, deutete sich bereits in Bildern um 1898 an. Nun ver-

Gustav Klimt
Beethoven-Fries, 1902
Zweite Langwand, Detail:
Genien, Dieser Kuß der ganzen Welt, Paradiesengel
Kaseinfarben auf Stuckgrundierung
Secession Wien, Dauerleihgabe der Österreichischen Galerie

Gustav Klimt
Beethovenfries, 1902, Detail:
Sehnsucht nach Glück
Kaseinfarbe auf Stuckgrundierung
Secession Wien, Dauerleihgabe der Österreichischen Galerie

stärkt Klimt den Effekt durch den Verzicht auf räumliche Tiefenwirkung. Die Figuren sind größtenteils in starrer Bewegungslosigkeit wiedergegeben und ordnen sich einer übergreifenden dekorativen Ornamentik unter. Die malerische Wirkung wird zurückgedrängt und die Linie zum fortan beherrschenden Charakteristikum von Klimts Formensprache. Dieser flächige, zeichnerische Stil sowie das Einbeziehen der Materialiät des Bildträgers, in dem Klimt stellenweise freie, nahezu unbehandelte Putzflächen stehen läßt, zeigen die zunehmende Tendenz zur Abstraktion.

Von den Fresken, die für die Ausstellung gemalt wurden, blieb nur der Fries erhalten. Er wurde für die damals bereits geplante XVIII. Ausstellung der Secession, die dem Werk Klimts gewidmet war, stehengelassen. Nach der Klimt-Schau wurde er in acht Teile zerlegt und verkauft. In den 70er Jahren gelangte er in den Besitz der Österreichischen Galerie und wurde umfassend restauriert. Er gilt heute als eines der Hauptwerke der europäischen Kunst der Jahrhundertwende.

Gustav Klimt
Danae, 1907/08
Öl auf Leinwand, 77 x 83 cm
Wien, Sammlung Dichand

Danae

Ein weiteres Hauptwerk der Ausstellung war das Gemälde der *Danae*, welches zur selben Zeit wie *Der Kuß* entstand. Thema des Bildes ist die mythologische Geschichte der Danae, die von Zeus in Gestalt eines Goldregens geliebt wird. Bezeichnend für Klimt ist, daß er auf jegliche narrative Szenerie verzichtet, sich auf die Darstellung des Liebesaktes konzentriert und ihn, vergleichbar dem *Kuß*, zu einem zeitlosen Augenblick stilisiert.

Die rothaarige Frau war bereits in der Darstellung der *Nuda Veritas* für Klimt Sinnbild der Weiblichkeit. Hier unterstützen die kurvig konturierte Form, die fließenden Ströme des Ornaments und die Wahl des ungewöhnlichen Bildausschnittes die erotische Wirkung der Szene. Durch die Stilisierung des Bildes, in dem der nackte Körper selbst Teil der formalen Gestaltung wird, bezwang Klimt die moralischen Vorurteile des Publikums. Während Schiele später die Vereinigung von Mann und Frau in seiner Realität darstellen wird, weicht Klimt hier auf die symbolische Verschlüsselung des männlichen Elementes aus.

Für die inzwischen etablierten Künstler Klimt, Moser oder Hoffmann war die Kunstschau ein großer Erfolg. Kritik riefen jedoch die jungen Künstler hervor, die dank Klimt ebenfalls ausstellen konnten, Oskar Kokoschka und 1909 Egon Schiele. Im selben Jahr endete auch Klimts »Goldene Periode«; er wandte sich unter dem Eindruck der Kunst der jüngeren Generation vom Jugendstil ab und einem expressiveren Stil zu.

Gustav Klimt
Die Hoffnung I, 1903
Öl auf Leinwand, 189 x 67 cm
Ottawa, National Gallery of Canada

Die »Goldene Periode« Klimts und die Kunstschau 1908

1907/08 fand mit dem berühmten Gemälde *Der Kuß* (Abb. S. 374) die »Goldene Periode« Klimts ihren Höhepunkt. Bereits in Gemälden wie *Pallas Athene* (1898) oder *Judith I* (1901) spielte die goldene Farbe eine wesentliche Rolle. Klimt verstärkt nun diese Tendenz und verwendet Gold zusammen mit echtem Blattgold in viel ausgeprägterer Weise. Er erzielt dadurch eine auratische Wirkung und den Eindruck besonderer Kostbarkeit. Dieser Anschein verbindet sich zugleich auch mit dem Thema des Bildes und erzwingt eine Verschiebung der inhaltlichen Interpretation. Weitere Stilmerkmale sind die Gliederung der Fläche durch das Ornament sowie die Vermeidung von Tiefenräumlichkeit, ein Formelement, das Klimt bis zu seinen späten Bildern beibehält.

Auf einem Blumenstück, das in einen Abhang abbricht, sind Mann und Frau in inniger Umarmung ineinander versunken. Eine goldene Gloriole umfängt sie und distanziert sie zugleich von ihrer Umwelt. Innerhalb dieser geschlossenen Konfiguration trennt Klimt die Körper durch eine unterschiedliche Ornamentalisierung der Gewänder. Dem Mann sind dabei die rechteckigen weißen, grauen und schwarzen Formen zugeordnet, der Frau dagegen bunte, blumige, kreisförmige Motive. Die naturalistische Darstellung beschränkt sich auf die Wiedergabe der Gesichter und Arme, welche durch den Kontrast zum Ornament noch stärker in ihrem Ausdruck hervorgehoben werden.

Der Verzicht auf jeden Bezug zur historischen und gesellschaftlichen Wirklichkeit ist seit den *Fakultätsbildern* ein Charakteristikum der Kunst Klimts. Durch das Herausgreifen eines Augenblickes im Schicksal des Menschen isoliert Klimt die Szene zu einem in Zeitlosigkeit erstarrten Symbol unendlichen Glücks. Das Gemälde wurde erstmals in der Kunstschau von 1908 präsentiert und direkt von der Ausstellung für die Moderne Galerie erworben.

Im Gefolge der Feierlichkeiten anläßlich der 60. Wiederkehr der Thronbesteigung von Kaiser Franz Joseph organisierte die Gruppe um Klimt mit Hilfe von Subventionen die größte Ausstellung in Wien auf dem damals noch unverbauten Gelände des Wiener Konzerthauses am Heumarkt. Die Gruppe war übrigens 1905 aus der Secession ausgetreten. Als Präsident des Arbeitsausschusses hielt Klimt die Eröffnungsrede. Josef Hoffmann errichtete 54 Pavillons, die durch Gärten und Cafés miteinander verbunden waren.

Mittelpunkt war der von Koloman Moser gestaltete Raum 22, der allein Gustav Klimt gewidmet war. Der Wiener Literat Peter Altenberg beschrieb den Raum als »Gustav Klimt Kirche« und bedachte die 16 Gemälde Klimts, darunter auch Landschaften, mit überschwenglichem Lob.

Gustav Klimt
Tod und Leben, vollendet 1916
Öl auf Leinwand, 178 x 198 cm
Leopold-Museum Wien
Privatstiftung

Tod und Leben

Wesentliches Thema bleibt auch fortan Klimts Interpretation des Lebenskreislaufes, die in Bildern wie *Tod und Leben* oder in den beiden Gemälden *Hoffnung I* und *Hoffnung II* zur programmatischen Aussage gesteigert wird. Wenngleich Klimt die Sujets neu ordnet und progressivere Stilmittel verwendet, sind die Elemente selbst doch längst vertraut. Sie durchziehen sein Werk seit den *Fakultätsbildern* und dem *Beethoven-Fries*.

In dem 1916 vollendeten Bild *Tod und Leben* übernimmt Klimt die zusammengeballte Figurengruppe als Symbol der Menschheit aus dem Zyklus der *Fakultätsbilder* und stellt sie dem Tod gegenüber. Der Leerraum dazwischen steigert zusätzlich die spannungsvolle Anordnung. Das goldene Ornament wird nun zur Ansammlung bunten Dekors, aus dem die einzelnen Figuren mehr oder weniger stark hervortreten. Deutlich wird hier im Vergleich zu zeitgleichen Bildern Egon Schieles, daß Klimt zwar ähnliche Themen behandelt, die inhaltliche Intention jedoch hinter der Steigerung einer formalen Wirkung zurücktritt. So relativierte Klimt auch im 1903 vollendeten Bild *Hoffnung I* die Nacktheit der rothaarigen Frau durch Ornamentalisierung und durch die allegorischen Frauen im Hintergrund. Trotzdem war das Sujet für die damalige Zeit mehr als gewagt, und Klimt sah davon ab, das Bild, welches von Fritz Waerndorfer erworben wurde, öffentlich zu präsentieren; wohl auch, um den Skandal um die Fakultätsbilder nicht noch weiter zu verschärfen.

ABBILDUNG S. 374:
Gustav Klimt
Der Kuß, 1907/08, Öl auf Leinwand, 180 x 180 cm
Österreichische Galerie Belvedere

ABBILDUNG S. 375:
Gustav Klimt
Bildnis Adele Bloch-Bauer I
1907, Öl und Gold auf Leinwand
138 x 138 cm
Österreichische Galerie Belvedere

GUSTAV KLIMT

Frauenporträts

Seit dem Auftrag, den Innenraum des Alten Burgtheaters auszumalen und darin wesentliche Persönlichkeiten der Wiener Gesellschaft zu porträtieren, besaß Klimt den Ruf, Maler der schönen Wienerinnen zu sein. Dies brachte ihm bald eine Reihe von Porträtaufträgen ein. Die Darstellung der Frau, in vielfältigster Interpretation des Weiblichen oder Allegorischen, spielte in Klimts gesamtem Werk eine zentrale Rolle. Doch hat er von 1883 bis zu seinem Tod 1918 nur 26 tatsächliche Porträts gemalt. Dazu kommen einige Frauenbildnisse, die er ohne Auftrag ausführte und bei denen es sich wohl um Portraits seiner Modelle handelt.

Beispielhaft läßt sich anhand der Porträts die stilistische Entwicklung des Klimtschen Werkes dokumentieren. 1898 entstand mit dem *Bildnis Sonja Knips* eines seiner frühesten Porträts. Er wählte dafür das für ihn später so charakteristische quadratische Format. Dieses Porträt ist zugleich auch das einzige, in dem Klimt versuchte, die Person in eine illusionistische Gartenlandschaft einzubinden. 1902 porträtierte er seine Lebensgefährtin Emilie Flöge. Für ihre Darstellung wählte er ein hochrechteckiges Format. Emilie Flöge führte gemeinsam mit ihren Schwestern einen sehr erfolgreichen Modesalon an der Mariahilferstraße, kaufte Modelle von Coco Chanel aus Paris und entwarf die berühmten, vom Korsett befreiten Reformkleider, die auf einigen Porträts Klimts wiederzufinden sind. Das Porträt zeigt eine selbstbewußte Frau, die durch die frontale Gesichtshaltung in Beziehung zum Betrachter tritt. Die Familie und auch Emilie fanden an dem Bildnis keinen Gefallen, und Klimt verkaufte es 1908 an das Historische Museum der Stadt Wien. Er schrieb an Emilie an den Attersee: »Heute wirst Du verschachert, respective einkassiert – habe gestern von Mutter einen Putzer (Vorwurf) gekriegt. Mutter bestellte entrüstet schleunigst ein neues Portrait herzustellen.«

Das Porträt *Margaret Stonborough-Wittgenstein* entstand 1905 und ist beispielhaft für Klimts Sichtweise der zu porträtierenden Frauen: Außer bei Emilie ging er nie auf die Persönlichkeit ein. Durch eine extreme Untersicht erhöhte er die Personen und distanzierte sie gleichzeitig vom Betrachter. So fand sich auch die resolute und unkonventionelle Margaret Stonborough-Wittgenstein in ihrem Porträt nicht wieder und lehnte es ab.

Das Porträt der Frau des Großindustriellen Ferdinand Bloch, Adele Bloch-Bauer gilt als eines der Hauptwerke der »Goldenen Periode«. Die Figur geht nahezu vollkommen in einem Gefüge von zweidimensionalen Ornamentformen unter, Gesicht und Hände werden durch naturalistische Darstellung und unnatürliche Haltung akzentuiert. Der Stilwandel im Werk Klimts um 1909/10 läßt sich auch im *Porträt Adele Bloch-Bauer II* (Abb. S. 375), 1912, nachvollziehen, das eine buntere Farbigkeit und einen lockereren Pinselduktus zeigt.

Gustav Klimt
Bildnis Margaret Stonborough-Wittgenstein, 1905
Öl auf Leinwand, 180 x 90 cm
München, Bayerische Staatsgemäldesammlungen, Neue Pinakothek

Gustav Klimt
Bildnis Emilie Flöge, 1902
Öl auf Leinwand, 181 x 84 cm
Historisches Museum der Stadt Wien

Gustav Klimt
Bildnis Adele Bloch-Bauer II
1912
Öl auf Leinwand, 190 x 120 cm
Österreichische Galerie Belvedere

Landschaften

Die Landschaftsbilder Klimts stellen innerhalb seines Werkes einen eigenen Komplex dar. Die Tatsache, daß Klimt erst 1898 begann, Landschaften zu malen, erklärt sich aus seiner Ausbildung und Tätigkeit als Dekorationsmaler der Wiener Ringstraße. Ein anderer Grund mag darin liegen, daß Klimt erstmals 1897 seine Sommermonate außerhalb Wiens verbrachte. Frühere Reisen waren stets mit Auftragsarbeiten verbunden gewesen. Seit 1897 fuhr er jedoch fast jeden Sommer mit der Familie Flöge an den Attersee. Die meisten Landschaften sind dort entstanden oder zumindest dort begonnen und später im Wiener Atelier vollendet worden. Klimt scheint seine Landschaftsmalerei wohl auf die Sommermonate beschränkt zu haben, da die Gemälde ausschließlich sommerliche oder herbstliche Stimmungen wiedergeben. Obwohl die Landschaften ein Viertel seines Werkes einnehmen, sind nur drei Zeichnungen in Skizzenbüchern gefunden worden.

Dies hängt auch mit Klimts Arbeitsweise zusammen: Er malte die Landschaft direkt vor der Natur auf die Leinwand, wie dies ein Brief an Mizzi Zimmermann aus der Sommerfrische beschreibt: »Früh morgens, meist um 6 Uhr, ein wenig früher, ein wenig später – steh´ ich auf – ist das Wetter schön, geh´ ich in den Wald – ich male dort einen kleinen Buchenwald (bei Sonne), mit einigen Nadelbäumen untermischt, das dauert bis 8 Uhr, da wird gefrühstückt, danach kommt ein Seebad, mit aller Vorsicht genommen.« Ab 1900 verwendete er ausschließlich das quadratische Format und machte damit seine Landschaften zu Meditationsobjekten. Klimt verzichtet weitgehend auf erzählende Inhalte oder Figuren. Seine Natur ist unbewegt und in großer Nahsicht gegeben.

Bauernhaus mit Birken entstand im Jahr 1900 und ist beispielhaft für Klimts frühe Landschaften. Der Horizont ist extrem hoch angesetzt. Das Bauernhaus ist an den oberen Bildrand gerückt und liegt im Hintergrund hinter Bäumen versteckt. Dominiert wird das Bild von der hellgrünen Wiese und den schlanken Birkenstämmen, deren Laubkronen vom Bildrand überschnitten werden. Einen ähnlichen schwermütigen Charakter vermittelt auch das Bild *Buchenwald I.*

Erst nach der Jahrhundertwende verschwindet allmählich das Pathos und die Distanz. Klimts Blumenbilder werden zu Malmosaiken, die aus unzähligen Farbelementen zusammengesetzt sind. Vielfach wurde in der Literatur auf die Parallele zu Auflösungstendenzen in Klimts zeitgleichen Figurenbildern der »Goldenen Periode« hingewiesen, in denen alles bis auf das Gesicht und die Hände im Ornament aufgelöst wird. Gold verwendete Klimt nur in einem Landschaftsbild. Der *Goldene Apfelbaum* entstand 1903 und verbrannte ebenfalls 1945 in Schloß Immendorf. Seine späteren Landschaften stellen vorwiegend das Schloß Kammer am Attersee dar.

ABBILDUNG GEGENÜBER:
Gustav Klimt
Häuser in Unterach am Attersee
um 1916
Öl auf Leinwand, 110 x 110 cm
Österreichische Galerie Belvedere

Gustav Klimt
Bauernhaus mit Birken, 1900
Öl auf Leinwand, 80 x 80 cm
Österreichische Galerie Belvedere

Gustav Klimt
Bauerngarten mit Sonnenblumen
um 1905/06
Öl auf Leinwand, 110 x 110 cm
Österreichische Galerie Belvedere

Max Kurzweil
Dame in gelbem Kleid
(Martha Kurzweil), 1899
Öl auf Leinwand, 170 x 172 cm
Historisches Museum der Stadt Wien

Max Kurzweil

Max Kurzweil gehörte zur Gründungsgruppe der Wiener Secession und war Mitarbeiter der Zeitschrift »Ver Sacrum«. Der vielen Secessionskünstlern eigene Symbolismus blieb im Werk Kurzweils allerdings auf die lithographischen Arbeiten beschränkt. Seine Landschaftsbilder erscheinen im Vergleich zu Klimt gemäßigter, ohne dessen radikale Absage an den tradierten Bildillusionismus.

Entscheidend für Kurzweils Entwicklung waren Aufenthalte in Paris und in Concarneau in der Bretagne. Die Auseinandersetzung mit der Formensprache des Spätimpressionismus und dem dortigen Licht prägte ihn nachhaltig. Gegen 1900 entstanden zwei großformatige Bilder, Hauptwerke seines Œuvres. Eines davon, die *Dame in Gelb* (1899) bleibt trotz des großen Formates fern jedes monumentalen Pathos. Die Komposition wird durch das florale Kurvengefüge des hellgelben Kleides bestimmt und durch die ausgebreiteten Arme der *en face* gezeigten Frau abgeschlossen. 1916 schied Kurzweil nach einer Liebesaffäre mit einer Schülerin freiwillig aus dem Leben.

Richard Gerstl
Lachendes Selbstbildnis, 1908
Öl auf Leinwand, 39 x 30,4 cm
Österreichische Galerie Belvedere

Richard Gerstl

Der Großteil des Œuvres Richard Gerstls entstand zwischen 1904 und 1908. Während die Arbeiten Schieles und Kokoschkas in Kunstkreisen rasch vermerkt und auch gefördert wurden, nahmen die Zeitgenossen die Kunst Richard Gerstls kaum zur Kenntnis. Gerstls Werk wurde zu Lebzeiten nie ausgestellt, diesbezügliche Angebote schlug er aus. Die Gemälde, die seiner eigenen Zerstörung vor dem Selbstmord 1908 entgingen, wurden erst 1931 durch den Kunsthändler Otto Nierenstein wiederentdeckt und Richard Gerstl als der »unbekannte van Gogh« gefeiert. In seiner bewußten Abkehr vom dekorativen Lebensentwurf der Jahrhundertwende zählt Gerstl heute mit Schiele und Kokoschka zu den wichtigsten Exponenten der frühen Moderne in der österreichischen Malerei.

Gerstl begann zunächst ein Studium an der Wiener Akademie der bildenden Künste bei Professor Christian Griepenkerl. Da ihn das Verhältnis zu seinem Lehrer nicht befriedigte, verbrachte er auf der Suche nach alternativen Ausbildungsmöglichkeiten zwei Sommer an der ehemals ungarischen Malschule von Nagybánya. Hier kam Gerstl mit modernen künstlerischen Tendenzen, dem Impressionismus und dem Postimpressionismus, in Berührung. Im Winter 1905 schuf Gerstl mit dem *Bildnis der Schwestern Karoline und Pauline Fey* sein erstes bedeutendes Werk. Die Entkonkretisierung des Raumes und der psychische Ausdruck der Gesichter im Kontrast zu einer starren Körperhaltung stehen im größten Gegensatz zur dekorativen Kurvenlinearität des Jugendstils.

Frühe Gemälde entstanden in der Auseinandersetzung mit dem Pointilismus, etwa das *Doppelbildnis Mathilde und Gertrud Schönberg* (1906).

Richard Gerstl
Die Schwestern Karoline und Pauline Fey, 1905
Öl auf Leinwand, 175 x 150 cm
Österreichische Galerie Belvedere

Richard Gerstl
Die Familie Schönberg, 1907
Öl auf Leinwand
88,8 x 109,7 cm
Museum moderner Kunst
Stiftung Ludwig

Während Gerstl seinen Künstlerkollegen sehr reserviert gegenüberstand, schloß er sich dem Kreis um den Komponisten Arnold Schönberg an, dem er Malunterricht unterteilte und dessen Familie er in Gruppen- und Einzelbildnissen porträtierte. Später überwand Gerstl die Formstrenge des Pointilismus und entwickelte eine immer stärker gestische Pinselführung, die sich sowohl von der Wiedergabe einer Raumperspektive als auch von einer Beschreibung des Gegenständlichen entfernte. Die Linie wurde zum eigenständigen Ausdrucksträger seiner Aufgewühltheit.

In den Landschaften und Gruppenbildnissen, die im Sommer 1907 entstanden, stieß Gerstl an die Grenze der autonomen Malerei. 1908 zerbrach die Freundschaft zu Schönberg durch Gerstls Affäre mit Mathilde Schönberg. Das *Lachende Selbstbildnis*, eines seiner letzten Bilder, kann als Symbol der Verzweiflung über die gescheiterte Liebesbeziehung wie auch als Verweigerung gegenüber der etablierten Kunstästhetik gesehen werden. Gerstl war ein Einzelgänger, sein Werk blieb ohne Nachfolge.

Oskar Kokoschka
Kind mit den Händen der Eltern
1909
Öl auf Leinwand, 72 x 52 cm
Österreichische Galerie Belvedere

Die Wiener Jahre Oskar Kokoschkas

Der Expressionismus in Österreich nahm als sogenannter »Frühexpressionismus« in Wien ab dem ersten Jahrzehnt unseres Jahrhunderts seinen Ausgang. Es erscheint heute selbstverständlich, das Werk Gerstls, Schieles und Kokoschkas diesem Kunstterminus zuzuordnen, doch wurde die Bezeichnung »Expressionismus« erst um 1911 in der Kunstkritik geprägt. Deutsche Publikationen im Zusammenhang mit internationalen Ausstellungen gaben den Anstoß zur Einbeziehung österreichischer Künstler. Dabei entwickelte sich der Österreichische Expressionismus als individuelle Spielart einer europäischen Kunstströmung und bezeichnete nun die österreichische Moderne von Oskar Kokoschka bis Herbert Boeckl. Damit vereinte er die divergentesten kunstgeschichtlichen Aspekte.

1908 und 1909 fand mit der Kunstschau in Wien ein folgenreiches Ereignis statt. Die Ausstellung manifestierte den ersten öffentlichen Auftritt einer neuen Generation, die sich bewußt gegen die dekorative Flächenkunst der Wiener Jahrhundertwende stellte. Bezeichnenderweise war dies auch das letzte gemeinsame Auftreten der Klimt-Gruppe, die allerdings durch ihr Protektorat diese Präsentation der Moderne erst ermöglicht hatte.

Kokoschka war seit 1907 Mitarbeiter der Wiener Werkstätte, seine Ausbildung an der Kunstgewerbeschule war geprägt durch die Stilkunst der Wiener Secession. Seine frühesten Arbeiten stellten Graphiken und Postkartenentwürfe dar, für das 1907 von der Wiener Werkstätte gegründete »Cabaret Fledermaus« schrieb er seinen ersten Einakter »Sphinx und Strohmann«. Die immer radikaler werdende Formensprache der Kartenentwürfe leiten über zum ersten großen graphischen Werk Kokoschkas.

Die *Träumenden Knaben* entstanden 1907/08, ebenfalls im Auftrag der Wiener Werkstätte. Er widmete das kleine Buch seinem verehrten Vorbild Gustav Klimt. Die acht Lithographien wurden mit einzelnen Farben nur angedruckt und nachträglich von Kokoschka mit Aquarell- und Deckfarben koloriert. Ihre flächenbezogene Darstellungweise zeigt noch die Formvorstellung der Secession sowie auch Einflüsse George Minnes und Ferdinand Hodlers; doch stehen die Zeichnungen am Übergang vom Jugendstil zum Expressionismus. Die Linie ist nicht mehr kurvig und schönlinig, vielmehr wird die Kontur eckig und erhält eine neue Funktion: Sie umreißt die Figur und wird gleichzeitig zum Träger des inhaltlichen Ausdrucks.

Von nun an sollte für die junge Generation nicht mehr das Gesamtkunstwerk im Mittelpunkt stehen, sondern der Mensch als Individuum in seiner psychischen und existentiellen Beschaffenheit. 1908 erhielt Kokoschka erstmals die Gelegenheit, seine Arbeiten in der Kunstschau zu präsentieren. Seine Werke wurden weitgehend vom Publikum abgelehnt Ludwig Hevesi bezeichnete Kokoschka als »Oberwildling«. Kokoschka ließ sich den Schädel kahlrasieren und kennzeichnete sich selbst als »*Artiste maudit*«, als Außenseiter der

Oskar Kokoschka
Illustrationen zu »Die träumenden Knaben«, 1907/08

Oskar Kokoschka
Plakatentwurf
Historisches Museum der Stadt Wien

Oskar Kokoschka
Stilleben mit Hammel und Hyazinthe, 1910
Öl auf Leinwand, 87 x 114 cm
Österreichische Galerie Belvedere

Wiener Kunstszene. Sein auf der Kunstschau 1909 uraufgeführtes Drama »Mörder Hoffnung der Frauen« und das dafür gestaltete Plakat steigerte seinen Ruf als rebellischer junger Künstler.

Auf der Kunstschau lernte er auch den Architekten Adolf Loos kennen, der zu seinem wichtigsten Mentor der Wiener Jahre wurde. Er führte ihn in den Literatenkreis um Karl Kraus ein und verschaffte ihm viele Porträtaufträge. Unter seinem Einfluß verließ er 1909 die Kunstgewerbeschule und die Wiener Werkstätte. Mit Loos reiste Kokoschka in die verschiedenen Kurorte der Alpen, um dort Porträts der Aristokratie zu malen.

Kokoschka war wohl am wenigsten zum Genre des Gesellschaftsporträtisten disponiert, vielmehr wurde er innerhalb weniger Monate zum bedeutendsten Darsteller menschlicher Gesichter. Die Bildnisse, die zwischen 1909 und 1911 entstanden sind, zeigen prominente Wissenschaftler und Gelehrte bis zum Kreis der Wiener Intellektuellen. Nichts an Staffage ist zu sehen, Kokoschka trennt den Dargestellten von seiner weltlichen Umgebung. Vom Wesen hingegen zeigt er alles, offen und unverstellt. Er schuf um den Porträtierten eine Atmosphäre voll knisternder Spannung, die er durch schabende und kratzende Eingriffe in die Maloberfläche verstärkte.

1909 entstand ebenfalls durch die Vermittlung von Adolf Loos das Gemälde *Kind mit den Händen der Eltern* (Abb. S. 383 oben) für den Schneidermeister Goldmann. Ein Jahr später schuf Kokoschka mit dem *Stilleben mit Hammel und*

Oskar Kokoschka
Bildnis der Mutter Romana Kokoschka, 1917
Öl auf Leinwand, 112 x 75 cm
Österreichische Galerie Belvedere

Hyazinthe eines seiner Hauptwerke. Es wird allgemein als ein *memento mori*, als Sinnbild der Vergänglichkeit interpretiert. Darüber hinaus ist es jedoch eine bewußte Aufnahme eines traditionellen Bildgenres, das sich in seiner »Emanzipation der Dissonanz« (H. Giese) gegen die zeitgenössische Stilkunst stellte, die selbst den Tod einer dekorativen Gestaltung unterzog. Kokoschka durchbrach damit die Konventionen seiner Zeit. Die Farbe beginnt sich zunehmend von der Form des Gegenstandes zu lösen; damit wird eine Entwicklung eingeleitet, in der die Malerei Anspruch erhebt, *per se* Ausdruck zu sein.

1911 zeigte die Künstlervereinigung Hagenbund eine Kokoschka-Ausstellung. Die konservative Presse verurteilte die Werke, im Gegensatz dazu wurde Kokoschka im Ausland bekannt. Anders als Gerstl war jener jedoch auch in Wien alles andere als isoliert und erhielt durch die Vermittlung Wiener Intellektueller zahlreiche Aufträge. Seit 1910 arbeitete er für die Berliner Zeitschrift »Der Sturm«, sein *Porträt der Herzogin von Montesquiou* wurde von Karl Ernst Osthaus erworben, und der renommierte Kunsthändler Paul Cassirer zeigte eine umfangreiche Ausstellung.

Im April 1912 begegnete er erstmals Alma Mahler, der Witwe des Komponisten und Stieftochter des Malers Carl Moll. Das leidenschaftliche Verhältnis des Malers zu der um sieben Jahre älteren Alma wurde zum Thema einer Reihe von Gemälden. Die *Windsbraut* von 1914, die sich im Kunstmuseum in Basel befindet, ist eines der bedeutendsten dieser Serie; Kokoschka begann das Gemälde nach seiner Reise mit Alma Mahler durch Italien. Das Erlebnis der venezianischen Malerei, vor allem das Œuvre Tintorettos, hatte entscheidenden Einfluß auf sein Werk. Das Bild ist mehrfach überarbeitet und erhielt von Kokoschka ursprünglich den Titel *Tristan und Isolde*; erst Georg Trakl verlieh ihm den heute geläufigen Namen. Das Gemälde dokumentiert in seiner dynamischen Formensprache eindrücklich

Oskar Kokoschka
Die Windsbraut, 1914
Öl auf Leinwand, 181 x 221 cm
Basel, Kunstmuseum
Öffentliche Kunstsammlung

sein äußerst spannungsgeladenes Verhältnis zu Alma. Er selbst bezeichnete es als sein »Meisterstück aller expressionistischen Bestrebungen«.

Seine Beziehung Alma zerbrach, nachdem diese ihr gemeinsames Kind in einer Wiener Klinik abtreiben ließ. Wohl auch aus Verzweiflung darüber meldete sich Kokoschka als Freiwilliger zum Kriegseinsatz. Alma Mahler heiratete bereits ein Jahr später den angesehenen deutschen Architekten Walter Gropius.

Kokoschka wurde schwer verwundet und 1916 aus dem Armeedienst entlassen. Er reiste nach Berlin und schloß mit Paul Cassirer einen Galerievertrag ab, der ihm ein monatliches Einkommen sicherte. Kokoschka war mittlerweile durch Beteiligungen an internationalen Ausstellungen im Ausland zu einem der bekanntesten Künstler des Expressionismus geworden.

Sein literarisches Werk fand vor allem bei den Künstlern der DADA-Bewegung großen Anklang; so wurden seine Dramen unter anderem in Zürich und Dresden aufgeführt. 1919 erhielt er eine Professur an der Dresdner Akademie und verließ endgültig Österreich.

Max Oppenheimer
Mutter und Sohn (Frau Malvine Reichel mit Raimund), um 1910
Museum moderner Kunst Stiftung Ludwig

Max Oppenheimer

Unter den jungen Künstlern hatte Kokoschkas Weg zum Expressionismus vor allem auf Max Oppenheimer eine starke Wirkung. Oppenheimer, der sich selbst MOPP nannte und auch seine Bilder mit diesem Kürzel signierte, war der Sohn des Schriftstellers Ludwig Oppenheimer. Er studierte bis 1906 an der Akademie in Prag. Zur Wiener Kunstschau schickte er zwei Gemälde, die bereits einen deutlich expressiven Stil zeigten. Kurz darauf kehrte er nach Wien zurück und schloß sich dem Kreis um Egon Schiele und Albert Paris Gütersloh an.

In seiner Wiener Zeit entstanden hauptsächlich Porträts bekannter Literaten und Musiker. 1910 schuf er das Porträt Schieles und wurde selbst ebenfalls von diesem gezeichnet. Schiele und Oppenheimer waren befreundet und teilten sich sogar kurzzeitig ein Atelier. Im Bildnis Egon Schieles nimmt die Halbfigur des Künstlers das gesamte Bild ein. Die bewegte Konturierung und die eindringliche Körpersprache steigern den expressiven Ausdruck. Die in die frisch aufgetragene Farbe gekratzten Schraffuren erinnern an die Malweise Kokoschkas. Tatsächlich mußte sich Oppenheimer in seinen frühen Jahre oft von der zeitgenössischen Kritik den Vorwurf gefallen lassen, ein »Kokoschka-Imitator« zu sein.

Oppenheimer ist einer der wenigen österreichischen Künstler, die den Einfluß des Kubismus und des Futurismus in ihrer Malerei umsetzten, wenn auch zumeist nur als formales Zitat. Vor allem interessierte Oppenheimer der Futurismus mit seinem Versuch, dynamische Prozesse und Bewegung im Bild sichtbar zu machen. Er setzte diese Dynamik allerdings in ein für Wien bezeichnendes Thema um, indem er wiederholt Musiker während des Spiels darstellte.

1911 übersiedelte Oppenheimer, gefördert durch den Kunsthändler Paul Cassirer, nach Berlin; nach kurzen Aufenthalten in der Schweiz kehrte er 1924 nach Wien zurück, wo ihm der Hagenbund eine Einzelausstellung widmete. 1939 emigrierte er nach New York.

Max Oppenheimer
Porträt Egon Schiele, 1910
Öl auf Leinwand
Historisches Museum der Stadt Wien

Egon Schiele
Interieur (Blick in die Wohnung von Leopold und Marie Czihaczek)
1907
Öl auf Karton, 39,1 x 31,2 cm
Österreichische Galerie Belvedere

Egon Schiele: Die frühen Werke und der Beginn des expressionistischen Stils

Die künstlerischen Anfänge Egon Schieles lagen wie jene Kokoschkas im Bereich des Wiener Jugendstils. Schiele gehörte jener jungen Generation an, deren Eindrücke bereits von der Moderne geprägt waren. Die Stilmittel der Secession hatten sich durchgesetzt und bildeten die Basis für die Entwicklung von Schieles eindrucksvoller Formensprache.

Schiele wurde 1890 in Tulln an der Donau geboren, seine Ausbildung erhielt er an der Akademie der bildenden Künste in Wien in der Malklasse Christian Griepenkerls, eines konservativen, in der Tradition des Historismus verwurzelten Künstlers. Zunehmende Spannungen zwischen Schüler und Lehrer führten im April 1909 zum Austritt Schieles und noch im selben Jahr zur Gründung der »Neukunstgruppe« mit gleichgesinnten Akademiekollegen. Schieles künstlerische Anfänge waren geprägt von nachimpressionistischen Stiltendenzen, die vor allem in seinen bis 1908 entstandenen kleinformatigen Landschaften auf Karton zum Ausdruck kamen.

Das Bild *Interieur* entstand 1907 und zeigt einen Einblick in die Wohnung von Leopold und Marie Czihaczek, einer Tante Schieles. Die Studie ist eine der wenigen Interieurbilder Schieles und dokumentiert sein Interesse an Lichteffekten und deren Spiegelungen. Parallel beschäftigte Schiele sich bereits in seinem Frühwerk intensiv mit der menschlichen Gestalt, in der Schiele zunächst den flächig-ornamentalen Tendenzen der Stilkunst breiten Raum einräumte.

Ähnlich wie Kokoschka empfand auch Schiele Gustav Klimt als die alles überragende Figur der Wiener Kunstszene. Bereits 1907 suchte Schiele den persönlichen Kontakt zu Klimt, der zu seinem Mentor wurde und ihn mit wichtigen Kunstsammlern bekannt machte. Weitaus stärker als die Arbeiten Kokoschkas zeigen Schieles frühe figurative Werke eine direkte Auseinandersetzung mit der Formensprache Klimts. So schließt seine Komposition *Die Wassergeister* (1907) direkt an Klimts im selben Jahr vollendetes Gemälde *Die Wasserschlangen* an. Schiele wandelte jedoch den ornamentalen Reichtum in eine nüchternere, kantigere Formensprache um.

Bei der Kunstschau 1909 war Schiele mit vier Gemälden vertreten. Eines davon war das *Porträt des Malers Anton Peschka*, der ein Studienkollege Schieles war und später sein Schwager sowie Mitglied der Neukunstgruppe wurde. Der Dargestellte ist in Seitenansicht in einem gemusterten Fauteuil sitzend gezeigt. Der Porträttypus ist von Klimt übernommen, er wurde von Schiele um 1909 mehrmals verwendet. Neben solchen nachweisbaren Berührungspunkten zeigen andere Werke eine eigenständige, abstrahierende Formensprache, in der die Figurenumrisse von der Schönlinigkeit der Wiener Stilkunst deutlich abrücken. Wesentlich war dabei die neue Bedeutung des Plakates, das eine pointierte Darstellung des Inhaltes voraussetzte. Auch Schiele schuf in dieser Zeit etliche Plakate und Postkartenentwür-

Egon Schiele
Zwei Männer auf einem Postament stehend (Klimt und Schiele), 1909
Schwarze Tusche, laviert
15,5 x 9,9 cm
Graphische Sammlung Albertina

Bildnis des Malers Anton Peschka
1909
Öl, Silber und Goldbronze, Bleistift auf Leinwand
110,2 x 100 cm
Privatbesitz, Courtesy Galerie St. Etienne, New York

Egon Schiele
Sitzender männliche Akt, 1910
Öl und Deckfarben auf Leinwand
152,5 x 150 cm
Leopold-Museum Wien
Privatstiftung

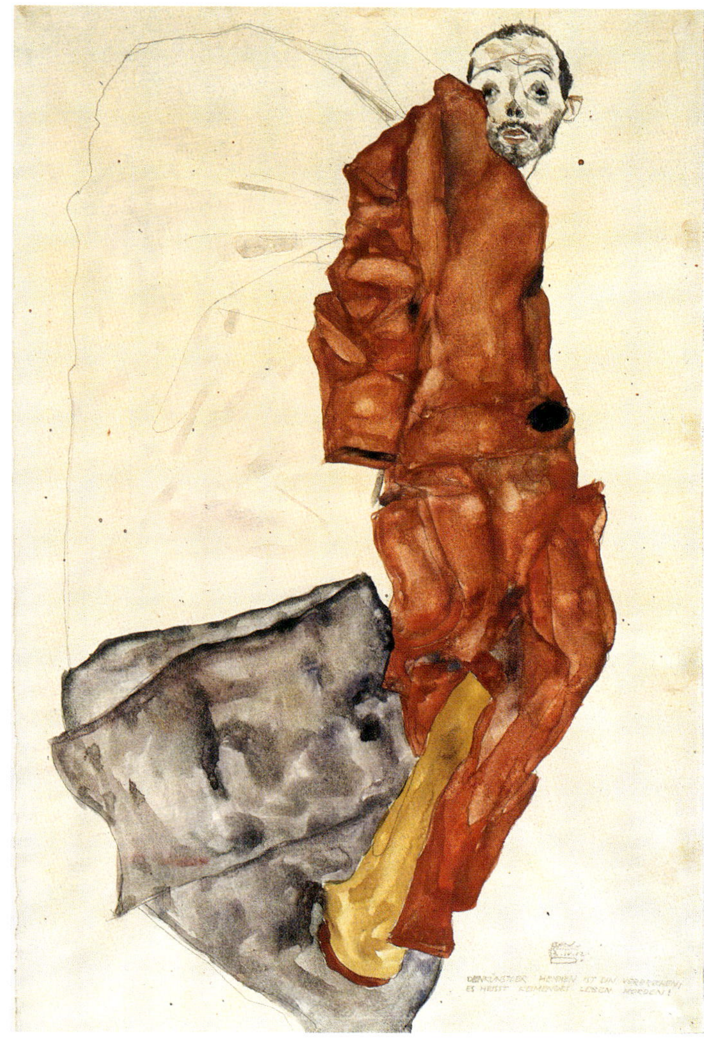

Egon Schiele
Selbstbildnis als Gefangener, 1912
Bez.: Den Künstler hemmen ist ein Verbrechen, es heißt keimendes Leben morden !
Bleistift, Aquarell, 31,7 x 48,7 cm
Graphische Sammlung Albertina

fe wie *Zwei Männer auf einem Postament stehend* (Abb. S. 386 oben rechts), das zu einer Reihe von vier stilistisch gleichartigen, jedoch nicht ausgeführten Entwürfen gehört und als Darstellung von Klimt und Schiele interpretiert wurde.

Im Winter 1909/10 stellte die »Neukunstgruppe« erstmals gemeinsam im Salon des Kunsthändlers Pisko am Schwarzenbergplatz aus. Während der Ausstellung lernte Schiele den Sammler Carl Reininghaus, den Verleger Eduard Kosmack und den Kunstschriftsteller Arthur Roessler kennen. Letzterer wurde zu einem engagierten Verfechter der Kunst Schieles und trug viel zur Anerkennung seines Werkes bei.

Das Jahr 1910 markierte für Schiele den endgültigen Durchbruch zum Expressionismus. Das Gemälde *Sitzender männlicher Akt* von 1910 aus der Sammlung Leopold ist eines der Hauptwerke dieser Zeit. Schiele verzichtete auf jegliche Requisiten und läßt die menschliche Figur allein durch Körperhaltung und Stellung sprechen. Der Akt scheint in einem völlig autonomen Raum zu schweben, aus dem er, akzentuiert durch krasse Konturen, hervortritt. Dieser bizarre Umriß wird unterstützt durch eine kontrastreiche, farbliche Akzentuierung einzelner Körperpartien.

Schiele »zertrümmerte« den für die Stilkunst Klimts noch zentralen Begriff der Schönheit. Die organische Einheit des Körpers wird aufgebrochen durch die extreme Haltung der Hände, das Hervortreten der Hüft-und Rippenknochen wie auch durch das abrupte Abbrechen der Beine. Der Körper wird zum Manifest einer kompromißlosen Selbstäußerung. Das eigentliche Medium dieser expressiven Gestik war der Ausdruckstanz, der keine unwesentliche Wirkung auf die bildende Kunst hatte. Unter anderem sei auf die Begeisterung Schieles für die Tänzerin Ruth Saint-Denis hingewiesen.

Frauenakte

Schiele war einer der großen Zeichner dieses Jahrhunderts: Mit großer Sicherheit gelang es ihm, mit wenigen präzisen Strichen den von ihm intendierten Ausdruck einer Figur wiederzugeben. Dies gilt im besonderen für seine Aktzeichnungen. Die Linie umreißt dabei nicht nur die Komplexität der Körperform, sondern fixiert diese gleichzeitig als Volumen im Raum des weißen Zeichenblattes.

Klimt und Schiele ist die zentrale Bedeutung der Aktdarstellung des weiblichen Körpers gemeinsam. In Schieles Œuvre stellen sie zahlenmäßig sogar den größten Anteil seines Schaffens dar. Durch verschiedene Formen der Stilisierung zähmte Klimt jedoch das Element der Sexualität und zielte in seinen Zeichnungen vielmehr auf einen sinnlichen, erotischen Ausdruck.

Schieles Schwerpunkt liegt hingegen auf einer offenen, kompromißlosen Darstellung der sexuellen Realität. Seine mit harter Linie umrissenen hageren Frauenkörper sind zum Teil in großer Verschränkung und Bewegtheit wiedergegeben und intendieren eine expressive Direktheit von starker formaler Kraft. Versatzstücke von Kleidung wie Strümpfe, zurückgeworfene Röcke und Schuhe unterstützen die Erotik der Darstellung, sind jedoch auch Anlaß für Kolorierung und Belebung des graphische Werkes.

Die Zeichnungen waren stets dem Vorwurf der Pornographie ausgesetzt, und 1912 mußte sich Schiele deshalb auch vor Gericht verantworten.

Egon Schiele
Akt gegen farbigen Stoff, 1911
Aquarell und Bleistift mit weißer Höhung, 46 x 31 cm
Privatbesitz

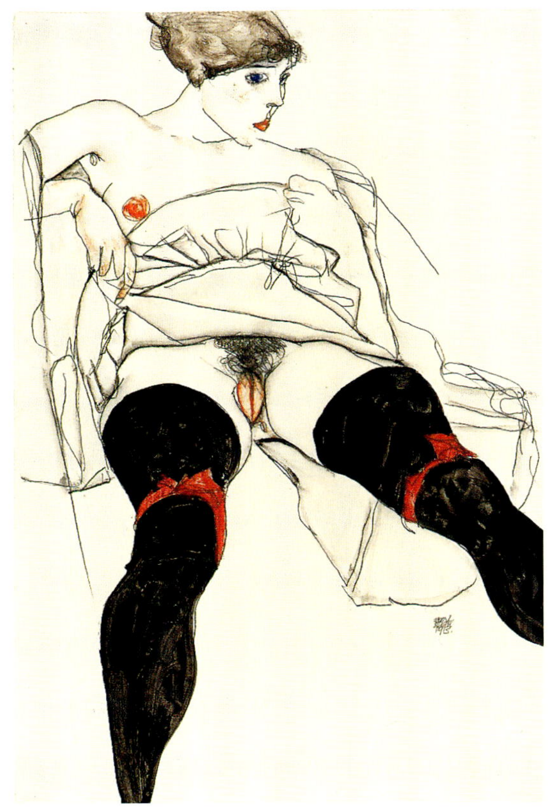

Egon Schiele
Frau mit schwarzen Strümpfen
1913
Gouache, Aquarell und Bleistift
48,3 x 31,8 cm
Privatbesitz, Courtesy Galerie St. Etienne, New York

Zunächst wurde Schiele vorgeworfen, eine Minderjährige verführt zu haben, was sich jedoch als haltlos erwies. Anläßlich der Veröffentlichung erotischer Zeichnungen Klimts in der Zeitschrift »Ver Sacrum« – es waren dies Studien zur Medizin – erhob die Staatsanwaltschaft Einspruch, setzte sich jedoch für den Künstler ein und forderte, daß die Freiheit der Kunst durch nichts ein geschränkt werden dürfe; dennoch verurteilte man Schiele wegen »Verbreitung unsittlicher Zeichnungen« zu drei Tagen Arrest. Dies geschah wohl vor allem deshalb, weil Kinder, die Schiele gelegentlich Modell standen, in seinem Atelier Aktstudien sehen konnten. Am Schluß der Verhandlung wurde im Gerichtssaal demonstrativ eine aquarellierte Zeichnung eines nackten Mädchens verbrannt.

Egon Schiele
Sitzendes Paar, 1915
Bleistift, Deckfarben, 52 x 41,1 cm
Graphische Sammlung Albertina

Das Liebespaar

Das Bild ist undatiert, wird jedoch durch seine stilistische Nähe zum Gemälde *Liegende Frau* allgemein dem Jahr 1917 zugeschrieben. Im März 1918 wurde es bei der großen Einzelausstellung Schieles in der Wiener Secession gezeigt und von dort direkt von einem privaten Sammler erworben. 1950 kam es in die Österreichische Galerie.

Bereits 1915 hatte Schiele in seinem Gemälde *Tod und Mädchen* das Thema eines sich umarmenden Paares behandelt, jedoch mit einem völlig anderen inhaltlichen Schwerpunkt. Erschienen 1915 Mann und Frau noch einem ausweglosen Schicksal ausgeliefert, so zeigt dieses Bild die ekstatische Umarmung eines Liebespaares, deren Körper sich in dynamischer Bewegtheit verschränken. Das helle Tuch umgibt sie wie eine Aura und hebt die Figurengruppe kontrastreich vom Malgrund ab. Das offene dunkle Haar der Frau nimmt die gesamte rechte obere Bildecke ein und findet seine formale Entsprechung in dem reich gefalteten Tuch in der linken Bildhälfte.

Dem Gemälde inhaltlich zugeordnet werden zwei Aquarelle der Wiener Albertina. Das *Liebespaar* aus dem Jahr 1914/15 trägt die Züge Schieles und seiner Geliebten, dem Modell Wally Neuzil. Wie im Gemälde *Tod und Mädchen* hält die Frau den Mann umklammert. Im Aquarell *Sitzendes Paar* (Abb. links) von 1915 erkennt der Sammler Rudolf Leopold die Frau Schieles, Edith Harms. Der wie leblos in den Armen der Frau hängende Körper des Mannes ist offensichtlich vom Motiv der *Pietà* beeinflußt. Schiele porträtiert sich hier wie in vielen Bildern stumm und mit leerem, in die Weite gerichteten Blick. Diese passive Teilnahmslosigkeit des Mannes steht im Gegensatz zu jenen Selbstporträts, in denen Schiele sich als Provokateur mit expressiver Gestik und Mimik dem Betrachter entgegenstellt.

Wohl aufgrund dieser Studien wurden auch die Liebenden des Ölgemäldes nicht als anonymes Paar angesehen, sondern als Darstellung Schieles in den Armen seiner Geliebten beschrieben, die einerseits als seine Frau Edith wie auch als Erinnerung an Wally interpretiert wurde.

Egon Schiele
Umarmung (Liebespaar II), 1917
Öl auf Leinwand, 100 x 170 cm
Österreichische Galerie Belvedere

Egon Schiele
Tote Mutter (I), 1910
Öl auf Holz, 32 x 25,7 cm
Leopold-Museum Wien
Privatstiftung

Tod und Leben

Eines der immer wiederkehrenden Sujets im Werk Schieles ist die Polarität von Tod und Leben. Das Interesse an dieser existentiellen Thematik kann zum Teil biographisch begründet werden, wenngleich Schiele hier zugleich auch an eine reiche kunsthistorische Tradition anknüpfen kann. Als Kind erlebte er den Tod der älteren Schwester, als Jugendlicher das Sterben seines seit Jahren von einer Geisteskrankheit gezeichneten Vaters. 1910 erhielt er durch die Bekanntschaft mit dem Frauenarzt Erwin Graff die Gelegenheit, in einer Wiener Frauenklinik zu zeichnen.

Die dort entstandenen Zeichnungen von schwangeren und kranken Frauen waren eine der Voraussetzungen für das 1910 entstandene Bild *Tote Mutter I*. Das Thema Mutterschaft und insbesondere die Gegenüberstellung des werdenden Lebens zum Leiden und zum Tod hat Schiele in der Folge immer wieder behandelt. Die gesamte Leinwand ist von der Darstellung ausgefüllt, die Komposition von großer Geschlossenheit. Der schräg gehaltene Kopf der Mutter sowie ihre parallel dazu angeordnete, knöchrige Hand, umschließen eine schwarze Kreisform, in der das Kind liegt. Thematische Vorbilder finden sich in der Malerei Edvard Munchs ebenso wie in dem zeitgleich entstanden Bild Klimts *Mutter mit Kindern*. Doch intendiert Schiele durch den drastischen Realismus des Bildes eine ungleich tragischere Thematik. Auch farblich ist die Komposition gänzlich auf den Kontrast von Leben und Tod abgestimmt. Schiele stellt den fahlen, aschgrauen Körper der Mutter dem in leuchtenden Tönen gemalten Körper des Kindes gegenüber. In einem von Arthur Roessler herausgegeben Brief von 1912 äußerte Schiele sich zur Bedeutung der Farbe in seinen Gemälden: »Das Bild muß von sich aus Licht geben, die Körper haben ihr eigenes Licht, das sie beim Leben verbrauchen; sie verbrennen, sie sind unbeleuchtet.«

1915 heiratete Schiele, nach der Trennung von seiner bisherigen Lebensgefährtin Wally Neuzil, Edith Harms. Im selben Jahr entstand das Bild *Tod und Mädchen*. In dem Bild stellt sich der Maler selbst gemeinsam mit Wally dar. Ziel ist allerdings nicht die Porträtähnlichkeit, sondern die Darstellung einer allgemeingültigen Thematik. Inhaltliche Zusammenhänge mit vergleichbaren Sujets in der Kunst Rodins und Munchs sind evident. Doch erscheint der Tod im Bild Schieles nicht mehr als Gerippe und rückt so aus dem Deckmantel der Anonymität. Die Geliebte umarmt einen in ein kuttenartiges Büßergewand gekleideten Mann. Das Paar kauert auf einem weißen Tuch vor einem ockerfarbenen Hintergrund. Die Symbolkraft der Farbe unterstützt den Eindruck von tiefer Verzweiflung und schicksalhafter Ausweglosigkeit.

Egon Schiele
Skizze zu Die Familie, 1918

Egon Schiele
Tod und Mädchen, 1915
Öl auf Leinwand, 150 x 180 cm
Österreichische Galerie Belvedere

Die Familie

1918 war das Gemälde erstmals unter dem Titel *Kauerndes Menschenpaar* in der Wiener Secession zu sehen. Der von Schiele selbst gewählte Titel deutet darauf hin, daß der Künstler nicht in erster Linie an eine Selbstdarstellung seiner Familie dachte, auch wenn die Züge des Mannes eindeutig jene von Schiele sind. Die Frau hingegen hat keinerlei Ähnlichkeit mit Edith, sondern läßt an jene Frauen denken, die Schiele für sein Gemälde *Hockendes Frauenpaar* (1918) Modell standen. Vor allem die Hinzufügung des kleinen Kindes zu Füßen der Mutter – davor befand sich an derselben Stelle ein Blumenstrauß – trug maßgeblich zu einer sentimental verbrämten Interpretation bei. Man vermutete, daß Schiele, nachdem er von der Schwangerschaft seiner Frau erfuhr, das Kind hinzufügte. Als Modell diente, wie bei den meisten Kinderporträts, Schieles Neffe Anton Peschka.

Formal bildet die Gruppe eine meisterhaft komponierte Einheit, sie verarbeitet Motive früherer Kompositionen. So findet sich die hockende Stellung des Mannes bereits in dem Gemälde *Blinde Mutter* von 1914 sowie im Selbstbildnis *Hockender* von 1912. Zurückzuführen ist das Motiv letztlich auf Rodins Skulptur *femme accroupie* (1882). Die Figuren sind hintereinander gestaffelt, eine Kommunikation unter ihnen existiert nicht. Ein größerer Zusammenhalt besteht zwischen Mutter und Kind er wird zusätzlich durch die Farbgebung unterstützt. Der Mann, der als einziger aus dem Bild herausblickt, wirkt davon eigenartig ausgeschlossen.

Egon Schiele
Die Familie (Kauerndes Menschenpaar), 1918
Öl auf Leinwand, 150 x 160 cm
Österreichische Galerie Belvedere

Egon Schiele
Selbstbildnis mit schwarzem Tongefäß, 1911
Öl auf Holz, 27,5 x 34 cm
Historisches Museum der Stadt Wien

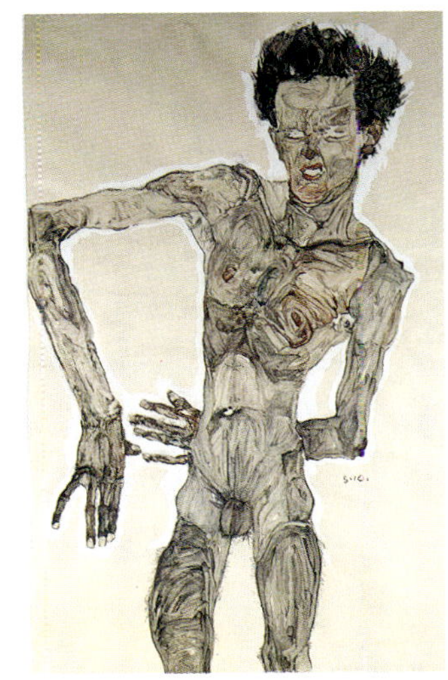

Egon Schiele
Stehender männlicher Akt (Selbstbildnis), 1910
Bleistift, Aquarell, Deckfarben, Syndetikon, Deckweiß
55,7 x 36,8 cm
Graphische Sammlung Albertina

Selbstporträts

»Von mir gibt es kein Selbstporträt. Ich interessiere mich nicht für die eigene Person als Gegenstand eines Bildes. Ich bin überzeugt davon, daß ich als Person nicht extra interessant bin«, begründete Klimt das Fehlen dieses Bildtyps in seinem Schaffen. Auch die nachfolgende Generation war an einer mimetischen Form der Selbstporträts nicht mehr interessiert, doch waren ihr Muster einer reflexiven Selbstdeutung gegeben.

Seit 1909 gehört das gemalte und gezeichnete Selbstporträt zu einem der wichtigsten Sujets im Werk Schieles. Die formalen Einflüsse, die zu Schieles unverwechselbaren habituellen Verzerrungen führen, sind vielfältig, und es sei hier nur auf Georges Minne oder Ferdinand Hodler verwiesen. 1910 und 1911 entstand eine Reihe visionärer Selbstporträts, in denen Schiele jeweils vom eigenen Bildnis ausgeht, sich selbst jedoch metaphorisch als Lyriker, Prophet oder Seher darstellt. Sie setzen mit der Interpretation von Weltschmerz und Melancholie neue inhaltliche Akzente.

Egon Schiele
Lyriker, 1911
Öl auf Leinwand, 80,5 x 80 cm
Leopold-Museum Wien
Privatstiftung

Egon Schiele
Bildnis Dr. Victor Ritter von Bauer, 1918
Öl auf Leinwand, 141 x 110 cm
Österreichische Galerie Belvedere

Porträts

Auf Anregung des Architekten Otto Wagner setzte sich Schiele 1910 erstmals intensiv mit dem Porträt auseinander. Es entstand eine Reihe großformatiger Bildnisse bekannter Wiener Persönlichkeiten. So porträtierte er unter anderem den Kunstkritiker Arthur Roessler und den Wiener Verleger Eduard Kosmack. Beide stehen in Zusammenhang mit dem sitzenden männlichen Akt der ersten Jahreshälfte. In seinen Porträts übernimmt Schiele die ausdruckstarke Körperhaltung seiner um 1910 entstandenen Selbstporträts.

Der Schwerpunkt der Komposition basiert zunächst vor allem auf formalen Überlegungen und führt zu einer konstruktiven Auffassung des Porträts. Die Person des Verlegers Eduard Kosmacks ist in großer Geschlossenheit in frontaler Haltung sitzend wiedergegeben, die Hände zwischen die Knie gepreßt. Schiele reduziert den formalen Bildaufbau zu Gunsten einer größeren Ausdrucksstärke des Dargestellten. Die Wirkung des Porträts *Eduard Kosmack* geht vor allem von der bannenden Kraft der Augen aus, die mit hypnotischer Starrheit den Blick aus dem Bild richten. Das ausdrucksstarke Gesicht wie auch die Körperhaltung vermitteln das Eindruck eines introvertierten, in sich zusammenfallenden Menschen. Schieles Hang zum Symbolismus dokumentiert sich hier erneut durch das dem Porträtierten beigelegte Attribut einer verdorrten Sonnenblume.

Auch Otto Wagner stellte sich für ein Bildnis zur Verfügung (Abb. S. 275), doch verlor er bald die Geduld und schlug vor, ein anderer solle an seiner Stelle sitzen, der Kopf sei ohnehin fertig. In der Albertina hat sich eine Aquarellstudie zum Bildnis Wagners erhalten, das Ölbild selbst blieb ein Fragment. Enttäuscht gab Schiele die geplante Bildnisreihe auf und widmete sich erst in seinem Spätwerk wieder verstärkt dem Porträt.

Vor allem in den beiden letzten Lebensjahren war Schiele als Porträtist anerkannt und erhielt große Gemäldeaufträge. Eingeleitet wurden diese durch Schieles Zeichnungen von russischen Gefangenen und österreichischen Offizieren während seiner Militärzeit. Diese brachten ihm breite öffentliche Anerkennung. In den späten Porträts ersetzte Schiele den hellen Hintergrund durch die Darstellung eines Innenraumes. In fast allen Bildnissen sitzt der Porträtierte auf einem quadratischen Atelierstuhl aus Holz, der im Gemälde *Bildnis Dr. Victor Ritter von Bauer* detailliert ausgeführt ist.

Insgesamt kennzeichnet die späten Porträts eine freie, malerische Auffasssung, die sich nicht nur auf die Binnenfläche innerhalb der Konturlinien beschränkt, sondern sich auf die gesamte Fläche der Leinwand ausdehnt. 1918 stellte Schiele mit großem Erfolg in der Wiener Secession aus. Das dort präsentierte Porträt seiner Frau Edith wurde direkt von der Ausstellung für die Österreichische Galerie erworben.

Egon Schiele
Bildnis Eduard Kosmack, 1910
Öl auf Leinwand, 100 x 100 cm
Österreichische Galerie Belvedere

Egon Schiele
Hauswand (Fenster), 1914
Öl auf Leinwand, 110 x 140 cm
Österreichische Galerie Belvedere

Egon Schiele
Vier Bäume, 1917
Öl auf Leinwand, 111 x 140 cm
Österreichische Galerie Belvedere

Landschaften

Die formale Entwicklung der Landschaften Schieles wurde ermöglicht durch die Naturdarstellungen der Secessionisten um 1900. Dabei hatten die Werke Ferdinand Khnopffs für die Begrenzung des Bildraumes ebensolchen Einfluß wie die Kenntnis japanischer Holzschnitte. Klimt schuf in sich ruhende, kontemplative Objekte, indem er den Bildausschnitt begrenzte, Natur in extremer Nahsicht zeigte und den Horizont an den oberen Bildrand rückte. Schieles Landschaften stehen dem Charakter seiner figurativen Bilder näher.

In einem Brief an Franz Hauer (1913) erläuterte Schiele seine Sicht der Natur: »Ich finde und weiß, daß das Abzeichnen der Natur für mich bedeutungslos ist, weil ich besser Bilder nach Erinnerungen male, als Vision von der Landschaft« und »Innigst und mit dem Wesen und Herz empfindet man einen herbstlichen Baum im Sommer; diese Wehmut möchte ich malen«.

Seine *Krumauer Stadtansichten* werden zu Allegorien menschlicher Vereinsamung. Wahrscheinlich ebenfalls nach Motiven in Krumau entstanden ist das Ölbild *Hauswand* (1914), welches sowohl inhaltlich als auch formal von Bildern wie *Tote Stadt* oder *Die kleine Stadt (II)* abweicht. Schiele selbst hat das Bild *Fenster* genannt. Die Hauswand nimmt fast die ganze Leinwand ein, nur ein kleines Stück der Straße ist zu sehen. Der dekorative Charakter des Bildes sowie die extreme Nahsicht stellen es in die Nähe zu Klimts Attersee-Landschaften. Mit dem Gemälde *Vier Bäume* schuf Schiele 1917 eines der schönsten Landschaftsbilder seines Spätwerks. Die Darstellung ist lyrischer geworden, ohne von der programmatischen Symbolik des Inhaltes abzugehen.

Plakat der Wiener Werkstätte

Ausstellungsraum der Wiener Werkstätte im Museum für angewandte Kunst in Wien Neugestaltung durch Heimo Zobernig zwischen 1986 und 1993

Die Wiener Werkstätte

Ende des 19. Jahrhunderts begann eine Streben nach neuen Ausdrucksformen, die dem Verfall der Geschmackskultur durch billige Materialimitationen und maschinelle Massenerzeugung entgegenwirken sollten. Die in England von William Morris entwickelten gesellschaftspolitischen Ideen waren für Wien richtungsweisend, vor allem die Forderung nach Einfachheit und Funktionalität der Gegenstände.

Neben der Rückbesinnung auf die Zeit des Biedermeiers, als in den mit edlen Materialien gestalteten Möbeln und Metallarbeiten formale Lösungen gefunden wurden, die aus den Forderungen des täglichen Lebens einer Bürgerschicht entstanden, übte auch die japanische Raumkunst und ihr Design einen großen Einfluß aus. Zugleich erfüllte sie das Bedürfnis nach exotischem Luxus und neuen Formen.

Voraussetzungen für die Wiederbelebung des Kunsthandwerkes waren die Aufnahme alter Handwerksstrukturen unter künstlerischer Führung sowie eine Aufwertung des Kunsthandwerkes gegenüber der Malerei und Bildhauerei. Für die weitere Entwicklung des modernen Kunsthandwerks und des Wiener Interieurs waren vor allem Josef Hoffmann und Koloman Moser sowie ihre Schüler an der Kunstgewerbeschule maßgeblich. Die frühen Möbel Hoffmanns bestimmte floraler Dekor, ihre konstruktive Bauart wies jedoch bereits in die Richtung eines modernen, funktionellen Möbels. Die 1900 in der Ausstellung der Secession gezeigten Möbel von Moser und Hoffmann, begründeten einen klaren Durchbruch zum ornamentlosen, funktionellen Design, das in Wien bereits von Adolf Loos vorweggenommen wurde. Wesentliche Anregungen gingen von der Architektur und den Möbeln des Schotten Charles Rennie Mackinthosh aus, die ebenfalls in der Secession präsentiert wurden. In der Folge wurden die Arbeiten der Wiener Werkstätte in englischen Publikationen begeistert aufgenommen und übten ihrerseits großen Einfluß aus.

Sowohl Hoffmann als auch Moser waren um 1900 bereits angesehene Künstler und wurden mit zahlreichen Inneneinrichtungen beauftragt. 1901 ließ Fritz Waerndorfer seine Villa von Moser und Hoffmann umbauen und von Mackintosh einrichten. Wohl aufgrund dieser engen Zusammenarbeit kam es 1903 zur Gründung der Wiener

Werkstätte durch Hoffmann, Moser und den Industriellen Fritz Waerndorfer. Ziel dieser »Produktionsgenossenschaft« war eine enge Zusammenarbeit mit dem Handwerker, um so das heimische Kunsthandwerk zu beleben, es nach den neuen Kunstkriterien zu reformieren und nicht zuletzt auch die Gebrauchsgegenstände den veränderten Ansprüchen einer neuen Zeit anzupassen. Die Objekte sollten ihren formalen Reichtum aus der Reduktion gewinnen und zu Markenzeichen einer schlichten Eleganz werden.

Zunächst richtete man Werkräume für Metallarbeiten, eine Buchbinderei, eine Tischlerei, eine Lackiererei und ein Baubüro ein. Das Arbeitsprogramm sah ein sinnvolles Einsetzen der Maschinen vor und propagierte die Handarbeit, um einer Massenproduktion qualitätsloser Erzeugnisse entgegenzuwirken. Charakteristisch für den frühen Stil der Wiener Werkstätte waren auf geometrischen Grundformen basierende Objekte. Die Schwere ihrer Stereometrie wurde durch Gitterdekor oder herausgestanzte Quadrate aufgehoben. Die Möbel waren geprägt von klaren Proportionen und wurden vielfach als Teil eines Ensembles geschaffen. Die Entwürfe von Moser und Hoffmann sind dabei stilistisch sehr ähnlich, so daß, sollte die Urheberschaft nicht dokumentiert sein, eine eindeutige Zuschreibung schwierig ist.

Um 1905 begann eine Auflockerung der strengen geometrischen Formen zugunsten einer freieren, schwingenden Linie. Die Tendenz setzte sich nach dem Ausscheiden Mosers durch und fand ihren Höhepunkt in den Arbeiten Dagobert Peches, der ab 1915 gemeinsam mit Hoffmann die Formensprache der Wiener Werkstätte prägte.

Koloman Moser
Vase, 1903/04
Messing, Citrine
Museum für angewandte Kunst

Koloman Moser
Schreibschrank für die Familie Waerndorfer, 1903/04
Makassar-Ebenholz, furniert, Marketerie aus Madagaskar-Ebenholz, Buchsbaumholz, Mahagoni, Elfenbein, Schildplatt, Messingbeschläge
Museum für angewandte Kunst

Josef Hoffmann
Zwei Armsessel, um 1905/10
mit Seide gepolstert, Füße versilbert, gehämmert.
Diese beiden Armsessel sind denen im Vestibül des Palais Stoclet in Brüssel ähnlich.

Bertold Löffler
Plakat für das Cabaret Fledermaus
1907, Lithographie
Historisches Museum der Stadt Wien

Das Cabaret Fledermaus

Auf Anregung Fritz Waerndorfers baute die Wiener Werkstätte 1907 eine Theater-Bar in der Kärntnerstraße 33. Das Cabaret Fledermaus stellte in seiner Ausstattung die Verwirklichung des niveauvollen, exklusiven Anspruchs der Wiener Werkstätte dar. Ganz im Sinne ihrer Kunst- und Lebensauffassung sollte sich ihre kulturelle Botschaft auch auf die darstellenden Künste ausweiten und damit das Cabaret zu einem Treffpunkt der Wiener Avantgarde machen.

Der Theatersaal im Keller hob durch seine architektonische Konzeption die Distanz von Zuschauer und Darsteller auf und schuf für alle Plätze eine ideale Entfernung zur Bühne. Der Raum, der sich auf Grund des großen Erfolges bald als zu klein erwies, wurde von Hoffmann mit grauem und weißem Marmor gestaltet und stand in seiner luxuriösen Wirkung in stilistischer Nähe zum Palais Stoclet. Insgesamt war die Architektur, die auf einfache Quadrat- und Rechteckformen setzte, aufs engste mit dem Brüsseler Palais verbunden. Die Bar hingegen zeigte einen wesentlich unkonventionelleren Stil: Ausgelegt mit einem quadratischen schwarz-weißen Fußboden, war sie bis in Kopfhöhe mit bunten, verschieden großen Keramikfließen verkleidet, die als grell verrücktes Muster die Wände überzogen und die Unterordnung der Dekoration gegenüber der Architektur aufhob. Diese Keramikplatten wurden von der Wiener Keramik gefertigt, die 1906 von Michael Powolny und Bertold Löffler, einem ehemaligen Schüler Mosers, gegründet worden war. Ihre Keramikarbeiten wurden in der Folge von der Wiener Werkstätte vertrieben, und Löffler wie Powolny wurden für alle bedeutenden Ausstattungsarbeiten der Wiener Werkstätte herangezogen. Löfflers Gesamtwerk umfaßte neben der Keramik auch Grafiken, Kostüme und Schmuck. Die Keramikarbeiten Powolnys, und hier vor allem sein Putto, wurden ein Markenzeichen der Wiener Werkstätte. Ein Putto Powolnys fand sich auch am Eingang zum Vorraum des Cabarets.

Das Cabaret bot wie das Palais Stoclet die Möglichkeit, ein formales Thema in allen Bereichen der Alltagsgegenstände vom Tischschmuck über die Lampen bis hin zum Eßbesteck konsequent durchzuhalten. Auch die Plakate, Eintrittskarten, Programme und Menükarten wurden von den Grafikern der Wiener Werkstätte in einem kontinuierlichen Stil gestaltet und so zu einem unverwechselbaren Kennzeichen ausgebildet.

Einer der Künstler, deren Dichtungen im »Fledermaus« gezeigt wurden, war Oskar Kokoschka. Bereits 1913 mußte das Cabaret Fledermaus schließen und wurde zu einem Revuetheater umgebaut. Dennoch gelten die meisten Objekte des Cabarets heute international als *die* Markenzeichen der Wiener Werkstätte. Ein Beispiel dafür ist der »Fledermaus-Stuhl« Josef Hoffmanns mit den charakteristischen Kugeln unter der Lehne. Neben seiner ursprünglichen schwarz-weißen Gestaltung wurde er später in mehreren Variationen ausgeführt.

Michael Powolny
Putto »Herbst«, um 1907
Porzellan, weißer Scherben, farbige Unterglasurmalerei
Aufgestellt auf dem Sockel neben dem Eingang zum Vorraum im Cabaret Fledermaus

Josef Hoffmann
Cabaret Fledermaus, 1907
Vor- und Barraum

Josef Hoffmann
Kaffeehausstuhl, auch »Fledermausstuhl«, um 1906
Bugholz bemalt, Polsterung in rotem Leder
Originalentwurf für das Cabaret Fledermaus

Josef Hoffmann
Teeservice, 1903
Silber, Korallen, Ebenholz
Museum für angewandte Kunst

Koloman Moser
Prunkkassette, 1906
Silber, Email, Halbedelsteine
Museum für angewandte Kunst

RECHTS AUSSEN:
Koloman Moser
Anhänger, 1903
Silber, Opal
Museum für angewandte Kunst

Glas

Die Zeit der Jahrhundertwende war eine Periode intensiver Glasproduktion. Die meisten traditionellen Glashütten befanden sich in Böhmen. Bis 1910 war die Firma Bakalowits Söhne der »Glasverleger« der Wiener Werkstätte, sie führte vor allem die Entwürfe Kolo Mosers und seiner Schüler aus. Diese Gläser sind vielfach mit Silber kombiniert und durch sparsamen Dekor geprägt.

Das eigentliche Glas der Wiener Werkstätte war jedoch das Bronzitglas der Firma Lobmeyer. Ludwig Lobmeyer suchte schon in der Zeit des Historismus den Kontakt mit Architekten und Künstlern der Wiener Ringstraße. Sein Neffe, der 1917 die Firma übernahm, begeisterte sich jedoch für die neuen Tendenzen von Jugendstil und Art Deco und zeichnete für die Glasproduktion der Wiener Werkstätte nach der großen Zeit der Wiener Secession verantwortlich. Zu ihren bis heute produzierten Klassikern zählt das von Hoffmann entworfene Service »Patrician« sowie ein um 1912 ebenfalls von Hoffmann gestaltetes Sortiment an Gläsern, Bechern und Karaffen aus mattiertem Glas mit einfachem Liniendekor, aus

Josef Hoffmann
Gefußte Vase, 1914
Glas, innen opalinfarbig, außen zinnoberrot überfangen, geätzter Dekor, verbliebene Oberfläche rauhreifartig strukturiert
Ausführung: Johann Loetz' Witwe, Klostermühle

Josef Hoffmann
Vase, 1911/12
Glas, innen weiß, außen schwarz überfangen, Dekor geätzt, verbliebene Oberfläche rauhreifartig strukturiert
Ausführung: Johann Loetz' Witwe, Klostermühle

schwarzem, eingebranntem Bronzit. Diese Dekortechnik wurde um 1910 entwickelt. Ihre metallisch scheinenden Motive entstehen durch das Überziehen des Glases mit der Bronzitmasse und einem folgenden Ätzvorgang mit Decklack. Bronzitgläser entstanden auch in Zusammenarbeit mit der Manufaktur Loetz'Witwe. Im Gegensatz zu den Gläsern der Firma Lobmeyer sind dies Überfanggläser von einem strengen, linearen Stil; sie sind mit leuchtenden Farben in Blau, Rot und Gelb geprägt und wurden unter anderem von Josef Hoffmann und Jutta Sika gestaltet. Michael Powolny blieb auch hier dem schwarz-weißen Streifendekor verpflichtet. Mit dem Eintritt Dagobert Peches fand auch in der Glasproduktion die Hinwendung zu einem dekorativeren Stil statt.

Glas, Keramik, Silber und Metall, Schmuck, Stoffe und Mode – die Künstler der Wiener Werkstätte lieferten Entwürfe für alle Bereiche des Kunsthandwerkes. Die Textilmanufaktur Backhausen produzierte Entwürfe Kolo Mosers und stellte die Teppiche für das Palais Stoclet her sowie eine reiche Palette an Textilmustern, die bis heute in der Firma erhältlich sind. Das erste Stadtgeschäft der Wiener Werkstätte eröffnete 1907 am Wiener Graben 15. 1910 wurde die sehr erfolgreiche Modeabteilung unter der Leitung von Eduard Wimmer-Wisgrill dem Geschäft angeschlossen. In der Folge entstanden weitere Filialen im In- und Ausland. Insgesamt aber gelang es der Wiener Werkstätte nie, einen breiten Kundenkreis aufzubauen.

Nach dem Rückzug Waerndorfers, er emigrierte 1914 nach Amerika, wurde die Wiener Werkstätte in eine Betriebsgesellschaft umgewandelt. Die Gesellschafter waren Kunden, Mäzene und Mitarbeiter. In dieser Form bestand die Wiener Werkstätte unter der Leitung Otto Primavesis bis in die 30er Jahre. Der strenge, einheitliche Stil der frühen Produktionen wandelte sich zugunsten eines Stilpluralismus. War zunächst die Formensprache Dagobert Peches dominant, so entwickelten in den 20er Jahren vor allem die Keramikerinnen der Wiener Werkstätte einen höchst individuellen und modernen Stil, in dem Einflüsse der bildenden Kunst dieser Zeit, wie Kubismus oder Expressionismus, aufgenommen wurden. Die Künstlerinnen schufen in hoher Materialqualität Einzelstücke oder Gebrauchsgegenstände in geringer Stückzahl.

Die letzte Ausstellung der Wiener Werkstätte 1932 war zugleich auch ihre Versteigerung. Sowohl die unprofessionelle Betriebsführung als auch die schlechte wirtschaftliche Lage führte zur Schließung des Unternehmens. Das Archiv der Wiener Werkstätte wurde während des zweiten Weltkrieges im Museum für angewandte Kunst gelagert und diesem 1955 geschenkt. Es umfaßt neben Entwurfszeichnungen auch Photos, Modellbücher, Stoffmuster und Gebrauchsgraphik.

Josef Hoffmann
Bucheinband, um 1914
Max Brod, Der Bräutigam
Mehrfarbiges Maroquinleder mit aufgelegtem Blumenstilleben und strengem Linienornament
Museum für angewandte Kunst

Dagobert Peche
Vase und Schale mit Deckel
um 1916
Emailliertes Überfangglas
Ausführung: Johann Loetz' Witwe, Klostermühle

Anton Hanak
Venus Vindobonensis, 1924–31, Laaser Marmor, H: 209 cm
Österreichische Galerie Belvedere

Anton Kolig
Familienbild, 1928, Öl auf Leinwand, 180 x 200 cm
Österreichische Galerie Belvedere

Aufbrüche: Acht Jahrzehnte österreichische Malerei und Skulptur

Nach dem Ende des Ersten Weltkrieges, als in der Donaumetropole Wirtschaftskrise und Hungersnot herrschten, verlagerte sich das Kunstgeschehen von Wien in die Bundesländer. Vor allem in der Steiermark, in Tirol und Kärnten entwickelte sich ein künstlerisches Potenzial, das wesentlich für die Kontinuität der österreichischen Kunst bis 1945 verantwortlich zeichnete. Unter den neuen Kunstzentren ist der expressionistisch orientierte »Nötscher Kreis« in Kärnten hervorzuheben, dessen bedeutendster Künstler Herbert Boeckl war. Auf ihn, der von Schiele und Kokoschka beinflußt wurde und der erstmals 1918 mit einer Ausstellung in Klagenfurt auffiel, ist in einem hohen Maß der energiegeladene Neubeginn der östereichischen Kunst nach 1945 zurückzuführen.

Die Wiener Kunstwelt litt noch einige Zeit nach 1918 unter dem Verlust ihrer herausragenden Künstler Klimt, Moser, Schiele, Wagner und Kokoschka. Diese hatten Wien derart in ihren Bann gezogen, daß nach ihrem Tod und Fortgang nur schwer an ein Weiterleben der Kunst zu glauben war, obwohl der 1900 gegründete »Hagenbund« neben der zur Bedeutungslosigkeit abgesunkenen Secession weiter agierte und eine Reihe talentierter Künstler in Wien ansässig waren. Ihr Bemühen um Eigenständigkeit, Anerkennung und Bewahrung künstlerischer Freiheit war jedoch ungemein härter als der ihrer Vorgänger: Von ihren Anfängen an waren sie permanent dem Vergleich mit den Leistungen des Secessionismus und des Expressionismus ausgesetzt; später, nach kurzem erfolgreichen Wirken, wurden viele von ihnen durch die Hitler-Diktatur verboten und vertrieben.

Hagenbund und Neue Sachlichkeit

Der Hagenbund hatte sein Dasein fast ein ganzes Jahrzehnt im Schatten der populäreren Secession gefristet. Eine eigenständige, »gemäßigtere« Linie, in der zunächst Stimmungswerte eine große Rolle spielten, entwickelten seine Mitglieder erst in den Jahren nach dem folgenschweren Austritt der Klimt-Gruppe aus der Secession. Nach 1918 wurde die Formensprache des Bundes aber tonangebend für die Wiener Kunstproduktion, in den zwanziger Jahren repräsentierte dieser das wichtigste Zentrum neuer Kunstströmungen. Seine Mitglieder, unter ihnen Carry Hauser, Georg Merkel, Sergius Pauser, der Bildhauer Franz Barwig, Oskar Laske, Otto Rudolf Schatz und Albin Egger-Lienz, distanzierten sich in essentiellen Fragen der Ästhetik von den Secessionisten wie auch von den Expressionisten. Der von letzteren gesuchte Realismus in der Themenwahl fand bei den Mitgliedern des Hagenbunds zwar Zustimmung, die expressiven formalen Lösungen widersprachen aber ihrem Kunstwollen. Besonders nach dem Krieg ist vielen Werke der Hagenbund-Künstler ein klarer, teils monumentaler Realismus eigen, der sie in der Nähe der »Neuen Sachlichkeit« ansiedelt. Auf die erschütternden Ereignisse des Krieges und dessen Folgen reagierten viele Künstler in Österreich mit Darstellungen einer scheinbar dauerhaften und geordneten Welt, meist ohne sozialkritischen Anspruch. Es dominierte ein magischer Realismus und eine verklärende Naturmalerei, gekoppelt mit volkstümlichen ikonographischen Motiven, die fast übergangslos zur programmatischen Kunst des Dritten Reiches avancierten. Die auf den Bildern von Egger-Lienz agierenden muskulösen Bauern und die moralbetonte Bürgerlichkeit in den Werken Pausers sind hier beispielhaft. Heute werden die Werke des Bundes, die lange Zeit in ihrer kunsthistorischen Bedeutung falsch eingeschätzt wurden, als österreichische Variante der Neuen Sachlichkeit neben den Werken der Secessionskünstler und der Expressionisten in der Österreichischen Galerie, im Historischen Museum der Stadt Wien und im Museum moderner Kunst Stiftung Ludwig gezeigt.

Außer dem Hagenbund, dem »Künstlerhaus« und der Secession belebten Einzelpersönlichkeiten wie Anton Kolig und Albert Paris Gütersloh die Wiener Kunstszene der Zwischenkriegszeit. Kolig, ein Mitglied des »Nötscher Kreises«, erhielt in den 20er Jahren große Ausstattungsaufträge, so zum Beispiel im Krematorium von Clemens Holzmeister. Der Schriftsteller, Regisseur, Schauspieler, Bühnenbildner und Maler Gütersloh, der, mehr noch als Boeckl, nach 1945 die Funktion einer Vermittlerfigur zwischen Tradition und Moderne einnahm, hatte seine frühexpressionistischen Arbeiten schon 1909 in der »Kunstschau« gezeigt – er wurde auch, ebenso wie Kolig, von Klimt gefördert –, und doch war ihr verhaltener Expressionismus gegen die von Schiele, Kokoschka und Gerstl ausgelösten Erregungen chancenlos. Einige Mitglieder des »Hagenbundes« und auch Gütersloh verließen daher Wien kurzzeitig. Sie kehrten erst zurück, als sich die von Emotionen gereinigten realistischen Tendenzen durchsetzten. Nur Gütersloh fiel weiterhin mit stimmungsvoll ironisch-sentimentalen Aquarellen und Gouachen aus dem Rahmen der »abgeklärten« Sachlichkeit.

In einer Zeit, da sich fast überall in Europa abstrakte und konstruktivistisch-geometrische Tendenzen durchsetzten, wendeten sich die Künstler in Österreich entweder einem kühlen Realismus zu oder verfolgten weiterhin einen expressiv-malerischen, von subjektiven Inhalten bestimmten Stil. Abstraktion, Konstruktivismus, Kubismus und Kinetismus wurden in Österreich, als sie aktuell waren, gar nicht oder nur in geringem Maße wahrgenommen. Hauser und Alfred Wickenburg zählten zu den Ausnahmen, die eine am Kubismus orientiere Malerei vertraten, sie standen dem tschechischen Kubismus, der dem Gegenstand als Bildmaxime treu blieb, aber näher als der in Frankreich entwickelten kubistischen Formauflösung. Außerordentlich empfänglich für die Formensprache von Kubismus und Kinetismus zeigte sich die Meisterklasse von Franz Cizek an der Kunstgewerbeschule. Die formalen Experimente seiner Studenten kulminierten in den frühen 20er Jahren im Wiener Kinetismus, der dem deutschen Bauhaus vergleichbar ist. Erika Giovanna Klien, eine der hervorragendsten VertreterInnen des Kinetismus, war Schülerin Cizeks. Ihre Emigration nach New York 1929 beendete die bescheidenen Ansätze des Wiener Kinetismus; die geometrische Formanalyse wirkte aber weiter bis in das Alltagsdesign der 50er Jahre hinein.

Mit der Besetzung Österreichs durch die Nationalsozialisten wurde das Gros der damaligen Künstler als »entartet« deklariert, der Hagenbund aufgelöst und die Secession dem »Künstlerhaus« angeschlossen. *De facto* entstand über mehrere Jahre ein kunstleerer Raum, der mit einer programmatisch-faschistischen Ästhetik gefüllt wurde

Fritz Wotruba
Torso, 1928/29
Kalkstein, H: 140 cm
Österreichische Galerie Belvedere

Fritz Wotruba
Große Sitzende, 1949
Kalkstein, H: 153 cm
Österreichische Galerie Belvedere

Wege in eine neue Kunstära

Nach Ende der Diktatur standen der Schock über das Vergangene, der Wunsch, Versäumtes nachzuholen, und die Fülle unterdrückter Kräfte Pate für den Aufbruch in eine neue Kunstära. Mit dem Jahr 1945 konzentrierte sich das kulturelle Geschehen schlagartig wieder in Wien, wo namhafte Künstler Lehrtätigkeiten an den Kunsthochschulen übernahmen. Die wichtigsten Leitfiguren waren, neben dem schon 1927 aus Kärnten zurückgekehrten Boeckl, Gütersloh und der Bildhauer Fritz Wotruba. Sie trafen auf eine Künstlerschaft, die durch den Terror des nationalsozialistischen Regimes kulturell ausgehungert war und nach neuen Aufgaben und Inhalten suchte. Ein Neubeginn setzte ein, doch galt es zunächst an die alten Traditionen anzuschließen und diese gleichzeitig offenen Sinnes zu überwinden. Zudem war man bestrebt, die Strömungen des Kubismus und des Surrealismus aufzuarbeiten, denen vor dem Krieg zu wenig Aufmerksamkeit geschenkt worden war. Aus der Befürchtung, mit dem internationalen Modernismus nicht mithalten zu können, und der Konsequenz, dem Provinzialismus preisgegeben zu sein, erwuchs die enorme Antriebskraft und der Optimismus all jener, die mit innovativen Kräften am neuen Kulturbetrieb mitwirkten.

Der mehr als schwierigen wirtschaftlichen Lage zum Trotz konnte Boeckl als Rektor der Akademie der bildenden Künste und als Leiter des berühmten »Abendaktes« die Kunstschule wieder in Gang setzen und viele Mitstreiter von den neuen Chancen überzeugen. Er selbst war ein Kolorist, der sich, auf der Suche nach dem Geistigen der Malerei, oft an der Grenze zur Abstraktion bewegte. So zeigte er auch viel Verständnis für die Jungen, die sich mit Feuereifer in die abstrakten Tendenzen stürzten. In mehr als dreißig Jahren Lehrtätigkeit prägte der freie Gestus seiner Malerei und die zuweilen symbolisch gesetzten Farben das Seh- und Darstellungsverhalten mehrerer Generationen. Wie Boeckl hatte auch Gütersloh in seiner Funktion als Akademieprofessor großen Einfluß auf die Kunstentwicklung. So ist beispielsweise aus seiner Klasse die »Wiener Schule des Phantastischen Realismus« mit ihren Hauptvertretern Arik Brauer, Wolfgang Hutter, Anton Lehmden und Ernst Fuchs hervorgegangen. Mehr jedoch denn als Lehrer beeinflußte Gütersloh die aktuellen künstlerischen Nachkriegsbewegungen als Präsident des 1946 gegründeten »Art Club«, dem ersten Ort freier Kunstäußerungen nach dem Krieg.

Auf Intervention von Boeckl übernahm 1945 Wotruba, einer der international anerkannten Bildhauer des 20. Jahrhunderts, eine Meisterklasse an der Akademie. Wotruba setzte zunächst die expressionistische Tradition seines Lehrers Hanak, dem richtungsweisenden Bildhauer der Jahre vor dem Krieg, fort, entwarf aber bald ein charakteristisches, auf strenge Geometrie aufbauendes Formenvokabular. Schon sein Frühwerk offenbart eine dem Kubismus entlehnte Analyse der menschlichen Figur, die dann für sein ganzes Schaffen verbindlich werden sollte: Er verstand den Körper als eine der Architektur vergleichbare Struktur; die kraftvolle Reduktion alles Überflüssigen führte ihn zu archaisch strengen Figuren. Werke dieses großen Bildhauers sind in Wien zwar nicht in einem eigenen Museum – das ihm zustehen würde – zu finden, doch im Skulpturengarten des Museums des 20. Jahrhunderts sind einige seiner Arbeiten ausgestellt. Zum Interessantesten zählt die von Wotruba entworfene Kirche Zur Heiligsten Dreifaltigkeit in Wien-Mauer, dessen Planung der Künstler 1965 begann, die

Albert Paris Gütersloh
Himmlische und Irdische Liebe
1924
Gouache auf Papier, 20 x 62 cm
Klosterneuburg, Sammlung Essl

Roland Goeschl
Figur in Bewegung, 1965
Holz, bemalt, H: 274 cm
Österreichische Galerie Belvedere

aber erst nach seinem Tod 1976 fertiggestellt wurde. Wotruba hat seinen Schülern nie einen Stil aufgezwungen, doch der männliche, stelenartige Torso, der sein Werk bestimmt, ist ein Grundelement, das sich auf fast alle Bildhauer seiner Schule übertrug. Das Œuvre von Joannis Avramidis, Rudolf Hoflehner, Josef Pillhofer, Wander Bertoni, Andreas Urteil, Roland Goeschl zeigen den Einfluß des Lehrers. Das Gleiche gilt für den unruhigen Alfred Hrdlicka, der, bevor er zu Wotruba in die Meisterklasse ging, ein Malerei-Studium abgeschlossen hatte.

Dennoch weisen alle seine Schüler ausgeprägt individuelle stilistische Entwicklungen auf. Hrdlicka, der von Anfang an als Exzentriker und Aufwiegler galt, schloß seine Arbeiten zunächst an die Werke Wotrubas aus den 30er Jahren an, wobei sein Werk, auch das zeichnerische und graphische, stets durch Übertreibungen und expressive Inhalte hervorstach. 1983 erteilte der österreichische Staat dem Bildhauer den Auftrag zur Errichtung des Mahnmals gegen Krieg und Faschismus bei der Albertina. Durch Wotruba und seine Schule etablierte sich in Österreich eine ausdruckstarke, selbstbewußte Bildhauerei, die international bestehen konnte. 1975 übernahm der Maler, Zeichner und Bildhauer Bruno Gironcoli die Meisterklasse für Bildhauerei von Wotruba. Künstler wie Manfred Walkolbinger, Hans Kupelwieser oder Karl Prantl, aber auch jene, die sich in schwer definierbaren Grenzbereichen der Skulptur bewegen, wie Franz West und Erwin Wurm, belegen die gegenwärtige Dynamik und Pluralität des plastischen Schaffens. Bei allen genannten und vielen weiteren Künstlern, deren Erwähnung den Rahmen dieses Beitrags sprengen würde, ist die Betonung von Materialsensibilität und Sinnlichkeit, oft begleitet von schwer vermittelbaren konzeptuellen oder meditativen Inhalten, ausschlaggebend.

Wege in eine neue Kunstära

Nach außen hin waren die Österreicher in den ersten Jahren nach Kriegsende bemüht, den Ruf des traditionsreichen Kulturlandes zu revitalisieren. Ausstellungen in Zürich, London, Brüssel und Paris präsentierten das historische Bild vom österreichischen Barock über Makart bis zu Klimt und Schiele. Diesem reaktionären Demonstrationsverhalten standen avantgardistische und internationalistische Bestrebungen einer prosperierenden Wiener Szene gegenüber, die überraschend schnell, bereits Anfang der 50er Jahre, selbstbewußt an die internationalen Kunstentwicklungen anschließen konnte. Bei der Überbrückung emotionaler und künstlerischer Hemmnisse erwies sich die Zusammenarbeit mit den Besatzungsmächten als hilfreich; ihre Aufgabe lag in der Etablierung eines positiven Gesamteindruckes ihrer Nationen, wobei die Kunst als Imageträger fungierte. Jedes Land stellte neben traditioneller auch aktuelle Kultur vor und förderte die österreichische Kunst.

1947 fand unter der Patronanz der Franzosen in Wien die erste Ausstellung moderner Kunst mit Werken unter anderem von Picasso und Braque statt. Die Ausstellung löste bei vielen einen Schock aus, einen positiven im Sinne einer Anregung zur Erforschung von Unbekanntem, einen negativen im Sinne einer totalen Ablehnung. Besonders viel bewirkte das französische Kulturinstitut in Innsbruck, das heute als eine Geburtsstätte informeller Malerei in Österreich gilt. Hier wurde der Tiroler Künstler und Wotruba-Schüler Oswald Oberhuber als einer der ersten mit dem Informellen konfrontiert; schon 1949 setzte er seine Erfahrungen in informelle Malerei und Plastik um. Oberhuber gehört durch seine auf permanente Veränderung bedachte Vielfältigkeit, seine Lehrtätigkeit an der Hochschule für angewandte Kunst in Wien (dessen Rektor er lange Jahre war) sowie aufgrund seiner Galerie- und Ausstellungsarbeit zu den schillerndsten Persönlichkeiten der Kunstszene der Zweiten Republik.

Der Art-Club

Eine Kategorisierung der unterschiedlichen Bewegungen der damaligen Jahre muß sich hauptsächlich auf zwei Gruppierungen konzentrieren: Auf der einen Seite agierte der von Gütersloh und dem Surrealisten Edgar Jené gegründete »Art-Club«, in dem sich etwa 70 Individualisten zusammenfanden. Unter ihnen waren viele der für die weitere Entwicklung der österreichischen Kunst verantwortlichen Künstler und Nicht-Künstler, wie der Kunstkritiker Alfred Schmeller, der spätere Direktor des Wiener Museums moderner Kunst. Maria Lassnig, eine Schülerin von Gütersloh, der Zeichner Kurt Moldovan, die späteren Hauptvertreter des »Phantastischen Realismus« Rudolf

Oswald Oberhuber
5 x ich, 1964
Mischtechnik auf Leinwand
150 x 125 cm
Klosterneuburg, Sammlung Essl

Abbildungen gegenüber
oben:
Friedensreich Hundertwasser
(224) Le grand chemin
Der große Weg
The big way
Mixed media, 162 x 160 cm
St Mandé/Seine, 1955
Österreichische Galerie Belvedere

Mitte:
Maler der Wiener Schule des Phantastischen Realismus, 1954
von links: Helmut Leherb, Anton Lehmden, Wolfgang Hutter und Rudolf Hausner

Unten:
Wolfgang Hutter
Kopf, vor 1964
Radierung, Linienätzung
53,5 x 75 cm
Graphische Sammlung Albertina

Hausner und Wolfgang Hutter, der Bildhauer Bertoni und Schmeller stehen für die unterschiedlichen Charaktere innerhalb des Clubs, dessen Einführungsausstellung 1948 die Österreicher erstmals mit der nationalen Gegenwartskunst konfrontierte. Es wurden, neben vielen anderen, Werke von Gütersloh, Fuchs, Hutter, Hausner, Bertoni und Wotruba gezeigt. Von 1950–51 hatte der Art-Club seinen Sitz im wieder errichteten Gebäude der Wiener Secession, danach in den mit Strohmattten ausgekleideten Kellerräumen der »Loos-Bar«; hier entstand der berühmte Begriff »Strohkoffer«, der jahrelang zum Synonym für das avantgardistische Treiben Wiens wurde. Während in den ersten Ausstellungen des Clubs noch die figurative Malerei vorherrschte, im wesentlichen vertreten durch die Werke der »Phantasten«, dominierten im »Strohkoffer« schon die Abstrakten.

Zu den eigenwilligsten Mitgliedern des Art-Clubs zählte seit 1951 der Autodidakt Friedensreich Hundertwasser, der bereits ab 1953 Konzepte einer menschengerechten Umweltgestaltung entwickelte und ökologische sowie kunst- und architekturkritische Manifeste formulierte. Erstes überregionales Aufsehen erregte Hundertwasser 1958 mit dem »Verschimmelungsmanifest gegen den Rationalismus in der Architektur«, in dem er provokant die reine Form und die funktionelle Architektur ablehnte. Die »modernen« Bauten verkörperten für ihn pure Sterilität. Die Werke dieser Jahre, in denen er sich mit der Philosophie eines nicht endenden Kreislaufs, symbolisiert durch die Spirale, beschäftigte, gehören zum Innovativsten der damaligen Zeit. Einen Höhepunkt dieser Schaffensphase stellte 1959 die Aktion *Endlose Linie* an der Hochschule für Bildende Künste in Hamburg dar, während der Hundertwasser eine endlose Linie durch die Räume der Hochschule zog. Die Aktion löste einen Skandal aus, der den Künstler dazu veranlaßte seine Dozentur niederzulegen. Die Umsetzung seiner alternativen Architekturentwürfe verwirklichte sich erst in den 80er und 90er Jahren mit dem Bau des »Hundertwasserhauses« und vom »KunstHausWien« sowie zahlreicher anderer Architekturprojekte.

Die phantastischen Realisten

Zur »Wiener Schule des Phantastischen Realismus« hatte Hundertwasser keinen direkten Bezug, wie oft fälschlich behauptet wird; es sei denn, man sieht davon ab, daß fast alle Mitglieder der »Phantasten« auch dem Art-Club angehörten. Die Vertreter der »Wiener Schule« verstanden sich selbst nie als Gruppe, wiesen aber immer wieder auf die für alle zutreffende Beeinflussung durch Gütersloh hin. Die Künstler sahen in der Verwendung des klassischen Tafelbildes und überlieferter malerischer Mittel eine wichtige Demonstration ihres Zugeständnisses an die Tradition. Hieronymus Bosch, dessen Hauptwerk, das *Weltgerichtstriptychon*, sich im Besitz der Galerie der Akademie der bildenden Künste in Wien befindet, galt vielen als Maß für ihr handwerkliches und »phantastisches« Können. Perfektes Handwerk war für alle »Phantasten« oberste Maxime, ja diese waren geradezu als »Technik-Fetischisten« bekannt. Ihrem künstlerischen Wollen entsprach die Idee des figurativen Surrealismus – hier waren Max Ernst und Paul Klee große Vorbilder –, den sie um eine dekorativ-psychologisierende, speziell österreichische Variante bereicherten.

Obwohl sie bildnerische Traditionen und handwerkliches Könnens bevorzugten, galten die »Phantasten« in Hinblick auf ihre Bildprogramme als progressiv. Die berühmtesten unter ihnen, Brauer, Fuchs, Hausner, Hutter und Lehmden, avancierten mit ihrer betonten Virtuosität nach schwierigen Anfängen außergewöhnlich schnell zu anerkannten Künstlern. Schon Anfang der 50er Jahre waren Hutter, Fuchs und Lehmden auf der Biennale von Venedig vertreten, und ab Mitte der sechziger Jahre entwickelten sich die Gruppe der »Phantastischen Realisten« zur international am stärksten beachteten Künstler-Vereinigung der Zweiten Republik.

Abstraktion im Vormarsch

Dem Surrealismus waren aber nicht nur die »Phantasten«, sondern nahezu die gesamte österreichische Künstlerschaft verpflichtet. Realistische Tendenzen, wie sie zum Beispiel Hrdlicka, Fritz Martinz und Georg Eisler, der in London bei Kokoschka gelernt hatte, vertraten, wurden ignoriert. Die Auseinandersetzung mit dem »automatischen« Surrealismus führte zum »Informel«, zum »Abstrakten Expressionismus« und zum »Action Painting«, den künstlerischen Dominanten der ersten Nachkriegsjahre. Die Etablierung dieser internationalen Strömungen oblag einer Gruppe von jungen, bis dato unbekannten Künstlern: Josef Mikl, Markus Prachensky, Wolfgang Hollegha, Arnulf Rainer und die Kärntner Malerin Maria Lassnig gehörten zu den vielen Ambitionierten, die in dieser Epoche am meisten bewegten und veränderten, zunächst im Art Club und dann in der 1954 gegründeten Galerie St. Stephan (ab 1963 auf Wunsch der Erzdiözese Wien »Galerie nächst St. Stephan«). In den 50er Jahren avancierte die Galerie unter der Leitung des fortschrittlichen Monsignore Mauer zum Forum vorwiegend abstrakter Gegenwartskünstler. Mauer war von der Existenz eines engen Bezuges zwischen Kultur und Religion überzeugt und vertrat die Ansicht, daß alle Kunsttendenzen mit dem Christlichen vereinbar seien, insbesondere die abstrakten und kontemplativen. Mit der Galerie im Griechenbeisl, die 1960 gegründet wurde, erhielt Mauers Galerie eine erste, dem Kunstmarkt wohltuende Konkurrenz und 1962 mit der Eröffnung des Museums des 20. Jahrhunderts ein institutionelles Regulativ.

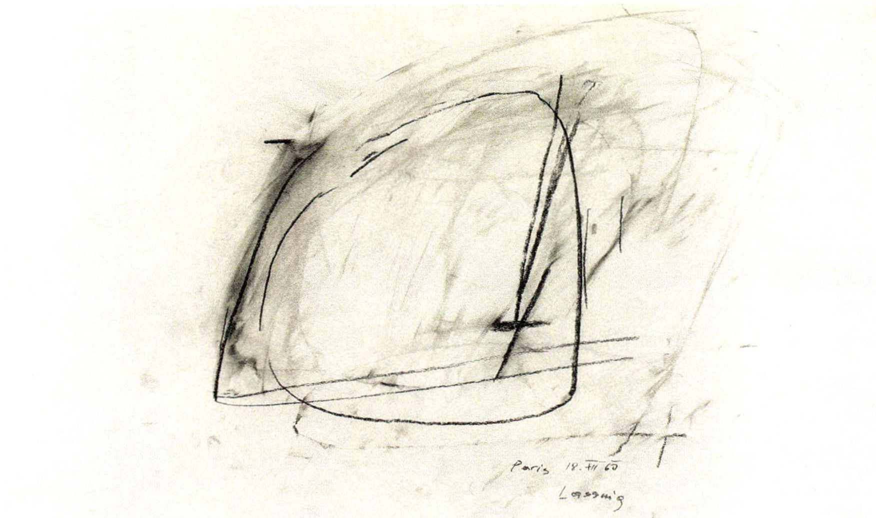

Maria Lassnig
O.T., 1960
Kohle auf Papier auf Untersatzkarton montiert
50 x 65 cm
Klosterneuburg, Sammlung Essl

Arnulf Rainer
Übermalung violett, 1961
Öl und Kreide auf Leinwand
201,5 x 81,5 cm
Museum moderner Kunst
Stiftung Ludwig

Mikl malte damals nahezu abstrakte, am kubistischen Formenvokabular orientierte »Maschinenfiguren«, die ihren Ursprung in ausgebrannten Autos, Motorrädern und Panzern hatten, sowie Akte aus stereometrischen Körpern. Hollegha zeigte, nach vergleichbar geometrisch-konstruktivistischen Anfängen, sehr bald mehr Interesse an Organisch-Vegetativem. Die Monumentalität seiner großformatigen Leinwände veranlaßt immer wieder, ihn als einen Nachfolger der Barockmaler zu sehen. Prachensky ist von allen der einzige wirkliche Tachist, der auch vor Publikum Malaktionen leistete, so 1959 im Zuge des Vorprogramms zu einer Aktion von George Mathieu. Lassnig und Rainer reisten 1950 nach Paris, mit der Absicht, die Surrealisten um André Breton zu treffen. Sie fühlten sich dort aber stärker von der informellen Malerei angezogen, deren extreme Subjektivität und antiautoritäre Funktion ihnen als Reaktion auf das totalitäre Hitler-Regime erschien.

Eine Einführung in das informelle Denken erfolgte, in Form eines Happenings, im März 1951 mit der ersten und gleichzeitig letzten Ausstellung der »Hundsgruppe«. Rainer und Fuchs hatten diese aus Protest gegen die ihrer Meinung nach bestehende Fadheit des Wiener Kunstlebens gegründet. Während der von Fuchs gehaltenen Eröffnungsrede sprang Rainer plötzlich hervor und schrie »Ich spucke auf Euer Hemd«. Das Publikum war empört, der alle Formen und Normen sprengende provokante Kunstgehalt der fünfziger und sechziger Jahre war geboren. Die Ausstellung selbst zeigte hauptsächlich kompositionslose Dezentralisationen von Rainer und Linienzusammenballungen von Lassnig.

Rainer sah in der Folge in der Negierung des traditionellen Bildes die einzig denkbare Antwort auf das Dritte Reich und die Entwicklungen der Kunstszene. Er begann seine berühmten »Übermalungen«. Gleichzeitig entstanden Lassnigs erste informelle Körpergefühlsäußerungen, die in weiterer Folge zu ihren charakteristischen *Body-Awareness-Bildern* mit starkem Ich-Bezug führten. Im November 1951 organisierten die Künstler eine weitere Ausstellung in Klagenfurt, die den Fortschritt, den die österreichische Kunst in wenigen Monaten gemacht hatte, verdeutlichte. Zu den in Klagenfurt vertretenen Künstlern gehörten auch Mikl und Hollegha, die kurze Zeit später als Wortführer der Galerie St. Stephan viele Entwicklungen mitbestimmten. Eine eigenständige Variante informeller Malerei verfolgte der aus Kärnten stammende Autodidakt Hans Staudacher, der einige Zeit in Paris verbracht hatte, wo er sich dem »Lyrischen Informel« näherte. Seine durch schnellen Malvorgang gekennzeichneten poetischen und teilrealistischen Collagen weisen bis heute Spuren von Schrift auf.

Der Wiener Aktionismus

Auf den subjektiven Entäußerungen eigener Befindlichkeiten in der informellen Malerei und den Aktionen des Tachismus baute Anfang der 60er Jahre der Wiener Aktionismus auf, die österreichische Variante von Happening und Fluxus. Die 1958 als Gegenpol zur »schwarzen« Galerie St. Stephan gegründete sozialistische Galerie »Junge Generation« startete den Aktionismus in Wien. Wurden noch 1960 in der Galerie Otto Mühl und Adolf Frohner mit analytischem Kubismus gezeigt, so präsentierte diese bereits 1961 wilde Müll-Skulpturen der beiden Künstler. Schon kurz darauf verfaßten Mühl, Frohner und Hermann Nitsch die *Blutorgel*, das erste Manifest des Wiener Aktionismus, in dem, als logische Fortsetzung der körperbezogenen und raumumfassenden Malerei, die Gleichsetzung von Leben und Kunst gefordert wurde. Aus Protest gegen den Wiener Festwochenbetrieb bereiteten Mühl, Frohner und Nitsch 1962 eine *Drei-Tage Aktion* vor, die zum ersten großen Aktionismus-Skandal auswuchs, unter anderem weil Nitsch ein geschlachtetes Lamm verwendete. Den Künstlern wurden perverse Handlungen vorgeworfen, und die Polizei beendete die Aktion vorzeitig.

Schockierende, tabubrechende Aktionen von Günter Brus, Mühl, Nitsch und Rudolf Schwarzkogler bestimmten, wenn man von der Marktpräsenz der Wiener Phantasten absieht, die österreichische Kunstszene der sechziger Jahre. Bescherte dieses Jahrzehnt den meisten Ländern Europas und den Vereinigten Staaten politische und soziale Unruhen, erregte in Österreich hauptsächlich die Kunst die Gemüter; dabei sollte man zum Verständnis hinzufügen, daß die Kunst durch den Wiener Aktionismus erstmals eine politische Dimension erreichte, wie man es bis dato nicht gekannt hatte. Die Aktionisten stellten, neben den traditionellen Kunstbegriffen, auch den österreichischen Staat mit seinen Obrigkeiten und seiner katholischen Prägung in Frage. Provokant wollten die Aktionisten sein, sie wollten aufrütteln und schockieren, doch war das Finden neuer künstlerischer Ausdrucksformen und das Über-

Günter Brus
Wiener Spaziergang, 1965
3 Fotos aus einer Mappe
mit 16 Arbeiten
Klosterneuburg, Sammlung Essl

Hermann Nitsch
4. Aktion, 1963
Dokumentation der Aktion
(8 Farbfotografien), 60 x 50 cm

schreiten gewohnter Grenzen ebenso eines ihrer wichtigen Anliegen.

Die Reaktionen auf die Aktionen offenbarten genau jene konservative und antidemokratische Haltung des österreichischen Staates, seiner Kulturpolitik und der Bevölkerung, gegen die die Aktionisten opponierten. Es wurde deutlich, wie sehr das Kunstklima der Zweiten Republik noch immer, trotz der Galerie St. Stephan und dem Anschluß an die internationale Avantgarde, mit Klischees und alten Wertvorstellungen behaftet war. Daß auch die Aktionisten ganz in der österreichischen Tradition standen, wurde übersehen. Der barocke Überschwang und die Expressivität ihrer Aktionen folgten der Kulturgeschichte des Landes ebenso, wie sich ihr Hang zur Selbstanalyse und Selbstzerstörung auf die Psychoanalyse Freuds bezog. In Aktionen wie *Blutorgel* und *Zock-Exercises* oder der folgenschwersten Aktion *Kunst und Revolution* im Juni 1968 an der Wiener Universität bemalten, beschütteten und verletzten die Aktionisten ihre Körper oder befreiten ihn vor Publikum von allen Körpersäften. Nach der als »Uni-Ferkelei« berühmt gewordenen Veranstaltung 1968, die als Diskussionsrunde geplant war und dann in Exzessen endete, wurden Brus und Mühl strafrechtlich wegen Staatsbeleidigung verfolgt, worauf Brus Österreich verließ. Etwa gleichzeitig zog auch Nitsch nach München. Der Wiener Aktionismus hatte damit als Gruppenphänomen sein Ende gefunden. Historisch gesehen gilt er heute als die wichtigste künstlerische Bewegung seit 1918. Intensiver und konsequenter als andere Tendenzen der sechziger Jahre hat der Wiener Aktionismus den künstlerischen Einsatz des Körpers als bildnerisches Ausdrucksmittel manifestiert.

Eine andere Wirklichkeit

Ende der sechziger Jahre, gleichzeitig mit dem Ausklingen des Aktionismus und dem künstlerischen Wertverlust der »Phantasten«, gab es in Wien wieder Spielraum für andere Kunstentwicklungen. Als Gegenreaktion auf die Abstraktion und die extremen Positionen des Aktionismus organisierte der Kunsthistoriker Otto Breicha 1968 eine Ausstellung mit sechs jungen KünstlerInnen zum Thema »Wirklichkeiten«. Mit ihren figurativen, teilweise sozialkritischen Tafelbildern demonstrierten Kurt »Kappa« Kocherscheidt, Franz Ringel, Peter Pongratz, Wolfgang Herzig, Robert Zeppel-Sperl und Martha Jungwirth einen starken Kontrast zum Aktionismus. Pongratz, Herzig und Zeppel-Sperl griffen mit überspitzten Interpretationen der Konsumgesellschaft auf die Gestal-

Peter Pongratz
Rock'n Roll Heart, 1992
Acryl auf Leinwand, 240 x 190 cm
Klosterneuburg, Sammlung Essl

tungsweisen der Pop-Art zurück und verwandten dabei kritisch dekorative Motive der siebziger Jahre. Die Aquarellmalerei Jungwirths entsprach ihrer hochsensiblen Sicht auf die Welt; immer an der Grenze zur Abstraktion, setzt sie bis heute Gesehenes in ihr subjektives Form- und Farbengefüge um und verbindet damit ihr Bemühen, das Objekt, den Ort als Fixum für ihre Stimmungen und Sehweisen zu definieren.

Am intensivsten wahrgenommen wurde das Œuvre von Ringel, das 1968 vorgestellt wurde. Ringel gehört noch heute zu den interessantesten Einzelpersönlichkeiten in Österreich; sein Werk ist von herausragender zeichnerischer und malerischer Qualität und zugleich auch reflexiv sozialkritisch. Ringels Thema war und ist die Radikalität sozialer Vereinsamung. Seine Arbeiten der sechziger und siebziger Jahre zeigen in transparente Häute eingeschlossene Menschen, die über Schläuche miteinander kommunizieren. Seit den achtziger Jahren, in denen malerisch-expressive Tendenzen wieder bestimmend wurden, ergänzt Ringel seine Buntstift- und Ölkreidearbeiten durch pastosen Farbauftrag. Kocherscheidt, der sich zu Beginn, ähnlich wie Pongratz, dem Trivialen oder Exotischen widmete, wechselte in den achtziger Jahren zu koloristisch ausgewogenen, abstrakten, in der Bildfläche frei schwebenden Formen.

Die Sicht der neuen Medien

Während die »Wirklichkeiten« ein regionales Phänomen blieben, schloß Österreich mittels der Medien- und Videokunst wieder an das internationale Kunstgeschehen an. VALIE EXPORT und Peter Weibel stehen für eine Künstlergeneration, zu der unter anderem auch Friederike Petzold, Richard Kriesche, Gottfried Bechthold und Margot Pilz gehören; sie sahen in den neuen Medien die Zukunft. Als ganz junge, vom Aktionismus angesprochene Künstler nahmen Weibel und EXPORT an einigen aktionistischen Veranstaltungen der sechziger Jahre teil, so zum Beispiel auch an der »Uni-Aktion«. Im Laufe ihres Schaffens wurden Performance, Video und Film die von ihnen bevorzugten Ausdrucksträger. VALIE EXPORT erlangte durch einen bewußt feministischen Standpunkt und ihren Kampf um die Gleichstellung der Frauen weltweiten Ruhm. Schon Ende der sechziger Jahre thematisierte sie das Verhältnis der Geschlechter und entwickelt eine feministische Aktionskunst. 1968 durften Passanten sekundenlang durch eine Schachtel langend die Brüste EXPORTS »begreifen«, die Künstlerin nannte dies *Tapp- und Tastkino*. In Wien führte sie ihren Kollegen Weibel an der Hundeleine über den Stephansplatz. Weibel beharrt bis heute auf dem von den Aktionisten angewendeten Prinzip der anarchischen Provokation und stellt Staatsstruktur, Kulturpolitik, Kunstinhalte und soziale Vernetzungen in Frage. Als Künstler, Hochschulprofessor und Kurator ist Weibel seit vielen Jahren über die Grenzen Österreichs hinaus anerkannt.

Die Renaissance der Malerei

Nach den nahezu »Malerei-freien«, von den Medien Fotografie und Video und von »Minimal-« und »Land-Art« bestimmten siebziger Jahren erfolgte in vielen Ländern Europas eine »Renaissance« der Malerei. In Deutschland waren es die »Neuen Wilden«, in Frankreich die »Nouveaux Fauves«, in Italien die »Transavangardia« und in Österreich die sogenannten »Neuen Wilden«, die sich mit den Mitteln der Malerei einer Diskussion über Malerei stellten. Ganze Heerscharen junger KünstlerInnen schlossen dort an, wo man vor vielen Jahren aufgehört hatte, beim Expressionismus von Kokoschka und Gerstl. Künstler und Künstlerinnen der älteren Generation, wie zum Beispiel Lassnig, Frohner, Hans Fronius und Eisler, die immer am Figurativen festgehalten hatten, erleichterten den Jungen den Schritt zur klassischen Malerei. Durch ihr kontinuierliches Schaffen hatte es in Österreich nie wirklich eine Unterbrechung in der Malkunst gegeben.

Auch der Tiroler Max Weiler, eine der ganz wichtigen Figuren der österreichischen Kunstgeschichte dieses Jahrhunderts, ermunterte als langjähriger Professor an der Akademie in Wien zahlreiche seiner Schüler zur Beschäftigung mit der Malerei. Der schon 1910 geborene Weiler kam aus der klassischen Tradition, hatte aber bereits in den vierziger Jahren seinen ureigenen abstrakten Stil gefunden. Immer am Vorbild »Natur« orientiert, schafft Weiler noch heute Bilder, die dem Schöpfungswillen der Natur nachempfunden sind, ohne diese dabei zu kopieren.

Hubert Schmalix, Siegfried Anzinger, Hubert Scheibl, Erwin Bohatsch und viele andere, deren Namen hier nicht aufgezählt werden können,

Max Weiler
Wie ein Falter, 1980
Eitempera auf Leinwand
200 x 100 cm
Klosterneuburg, Sammlung Essl

produzierten in den achtziger Jahren großformatige, narrative Bilder von überzeugender Spontaneität. Der Kunstmarkt und das Publikum saugten ihre Werke förmlich auf. Einige verweigerten sich darauf hin; Anzinger und Schmalix verließen Österreich nach ersten größeren Erfolgen. Andere, wie Scheibl und Bohatsch, wechselten von der figurativ-narrativen Bildsprache zu abstrakt-meditativen Positionen. Auch der Einzelgänger Johanes Zechner vertritt die kontemplative Position. Seine Arbeiten zeichnen sich durch den Einsatz von Textauszügen und Buchstaben aus, die zu mystischen Chiffren mutieren. Text überschreitet und steigert die Malerei ebenso wie er der Komposition Struktur verleiht. Zechner setzt hier die Geschichte der Verbindung von Literatur und bildender Kunst im 20. Jahrhundert fort.

Ein ausgeprägter Individualist unter den österreichischen Künstlern ist der Maler, Grafiker, Designer und Musiker Christian Ludwig Attersee, der schon 1977 auf der documenta VI Werke von großer malerischer Intensität zeigte. In den sechziger Jahren schuf Attersee eine österreichische »Pop-Art«-Variante. Abgesehen von der Kärntner Künstlerin Kiki Kogelnik, die bereits Anfang der sechziger Jahre nach Amerika ging, war Attersee einer der ganz wenigen, die die amerikanische »Pop-Art« reflektierten. Sein malerisches Werk der achtziger und neunziger Jahre sprüht vor Farbenpracht und sinnlichen Eindrücken; surreale Sujets sind mit expressiver Gestik vermischt. 1996 gestaltete der Künstler auf der Fassade eines großen Geschäftshauses auf der Mariahilferstraße in Wien ein mehrere Stockwerke überragendes Mosaik. Damit ist die Wiener Architektur nach den Bauten von Hundertwasser und Brauer um ein von einem Künstler dekoriertes Haus reicher.

Siegfried Anzinger
ML sitzend, 1993
Leimfarbe auf Leinwand
227 x 188 cm
Klosterneuburg, Sammlung Essl

Heinz Tesar
Modell des Museumsneubaus der Sammlung Essl in Klosterneuburg

Die umfangreichste Sammlung österreichischer Kunst des 20. Jahrhunderts befindet sich in Klosterneuburg bei Wien. Mit über 4000 Werken vermittelt sie einen umfassenden Überblick über die österreichische Malerei vor allem der Jahre nach 1945 und stellt diese in einen internationalen Kontext.

Pluralismus als Prinzip

Anfang der neunziger Jahre entwickelten sich in zunehmenden Maße Gegenpositionen zur malerischen Richtung. Gerwald Rockenschaub, Ernst Caramelle und Heimo Zobernig sind Namen, die hier zu nennen sind. In den neunziger Jahren zeigte sich, daß »Minimal-Art« und »Land-Art« geringe Spuren hinterlassen hatten, die zu einer Reduzierung und Minimalisierung der Formen führten; kennzeichnend sind konzeptuelle Arbeiten von großer Abgeklärtheit. Aber man kann nicht von einer dominierenden Tendenz sprechen, denn das Kunstgeschehen der vergangenen Jahre ist durch eine praktisch unüberschaubare stilistische und mediale Vielfalt geprägt. Die Schnellebigkeit unserer Zeit spiegelt sich in der Kunst, im raschen Wechsel von Aufgabenstellungen, Moden und Trends wider. Nach Jahren der Marktunsicherheit und der Bürgschaft durch bekannte Namen wagen sich heute viele Galeristen und Ausstellungshäuser wieder an Neues und Experimentelles. Die Wiener Kunstszene der Gegenwart ist immens spannend und vielfältig. Wien ist es gelungen, eine an internationalen Maßstäben orientierte Ausstellungs- und Galerielandschaft herauszubilden.

Albert Paris Gütersloh
Porträt Vera G., 1927
Öl auf Leinwand, 72 x 59 cm
Museum moderner Kunst
Stiftung Ludwig

Herbert Boeckl und Albert Paris Gütersloh

Innerhalb der österreichischen Kunstentwicklung nach 1918 kam Albrecht Paris Gütersloh und Herbert Boeckl eine besondere zeithistorische Bedeutung zu. Ihre Biographien wie auch ihre Kunst verbinden den Beginn der österreichischen Moderne mit der Wiener Kunstentwicklung nach 1945, die maßgeblich durch ihre Lehrtätigkeit an der Akademie der bildenden Künste beeinflußt wurde.

Gütersloh wurde zunächst als Schauspieler ausgebildet und arbeitete unter Max Reinhard am Deutschen Theater in Berlin. Gleichzeitig war er schriftstellerisch tätig und verkehrte unter anderem mit Robert Musil. Nach Wien zurückgekehrt, schloß er sich dem Kreis der »Neukünstler« um Egon Schiele an. 1911 erschien seine Schrift: »Egon Schiele – Versuch einer Vorrede«.

Seine Malerei stand zunächst dem Secessionsstil nahe, bezog sich jedoch bald auf surrealistische Tendenzen. Mitte der zwanziger Jahre kam es zu einer Vereinheitlichung der Formensprache und, beeinflußt durch die Malerei der Neuen Sachlichkeit, zur Akzentuierung der realistische Wiedergabe. An der Akademie versammelten sich rasch jene am Surrealismus interessierten Studenten um ihn, und Gütersloh wurde zum Wegbereiter der Wiener Schule des Phantastischen Realismus.

Der aus Kärnten stammende Herbert Boeckl war die charismatische Lehrerpersönlichkeit der Wiener Akademie. Sein »Abendakt« erlangte für die Nachkriegsgeneration eine fast legendäre Bedeutung. Boeckls Malerei ging zunächst vom Expressionismus Schieles und Kokoschkas aus. Eines seiner ersten großformatigen Gemälde ist das Porträt des Kunsthistorikers Bruno Grimschitz, das die Ästhetik der konstruktiven Linie Schieles aufnimmt. Seine weiteren Arbeiten um 1918 stehen jedoch dem Expressionismus Kokoschkas näher. Im Gegensatz zu Kokoschkas großflächigen summarischen Pinselstrichen besteht die Malerei Boeckls jedoch aus kleinteiligen, pastosen Farbelementen, die die Hinwendung zu einer abstrahierenden Formensprache vorwegnehmen.

Das dunkle, schwermütige Kolorit seiner frühen Bilder löste der Künstler erst um 1940 auf, als Boeckls künstlerische Entwicklung durch Reisen und durch die Kenntnis der Kunst Paul Cézannes geprägt wurde. Bilder wie *Gelber Steinbruch bei St. Margarethen* (1938) und die 1942 begonnene Serie der *Erzberg-Bilder* zeigen eine neue Leuchtkraft der Farben. Die Serien der *Erzberg* und *Dominikaner*-Bilder dokumentieren Boeckls Tendenz zur abstrakten Malerei. Kubistischen Formelementen kommt dabei eine bedeutende Rolle zu. Mit den Fresken in der Engelskapelle im Stift Seckau, die dem Thema der Apokalypse gewidmet sind, schuf Boeckl 1951/52 ein monumentales Hauptwerk, das seine Affinität zur Abstraktion veranschaulicht.

Herbert Boeckl
Gelber Steinbruch bei St. Margarethen, 1938
Öl auf Leinwand, 94 x 117 cm
Österreichische Galerie Belvedere

Herbert Boeckl
Dominikaner, 1948
Öl auf Leinwand
132 x 99 cm
Museum moderner Kunst
Stiftung Ludwig

Fritz Wotruba
Große Figur, 1966
Karstmarmor, Höhe: 220 cm
Museum moderner Kunst
Stiftung Ludwig

Bildhauerei und Objektkunst nach 1945

Österreich hatte zunächst an der internationalen Entwicklung der modernen Skulptur kaum Anteil. Erst nach 1945 konnte sich eine vielseitige Szene in der Bildhauerei etablieren, die von der Persönlichkeit Fritz Wotrubas geprägt wurde. Um 1930 feierte Wotruba mit seinen aus Kalkstein und Kalkmarmor gehauenen Torsi erste internationale Erfolge. Der Ankauf der Skulptur *Der junge Riese* durch die Stadt Wien ermöglichten ihm Reisen nach Deutschland, wo er sich von den Arbeiten Lehmbrucks und Maillols tief beeindruckt zeigte.

Das Frühwerk Wotrubas führte von einer naturnahen Auffassung der Figur zu einer stilstrengeren Gestaltung. Die Oberfläche des Steines war zunächst rauh und ungeglättet, in der Folge gelangte er zu einer Reduzierung der Details und zu einer größeren Stereometrie der direkt aus dem Block gehauenen Figur.

Die Februarunruhen 1938 zwangen Wotruba und seine jüdische Frau Marian ins Schweizer Exil. Sein Atelier in Zug wurde rasch zum Treffpunkt vieler Emigranten, wie Robert Musil oder Fritz Hochwälder. 1945 holte Herbert Boeckl den inzwischen international renommierten Künstler als Leiter der Meisterklasse für Bildhauerei an die Wiener Akademie zurück. Mit Säcken, vollgepackt mit Lebensmitteln, kam Wotruba am Westbahnhof an. Diese Heimkehr wurde vor allem durch die Schilderung von Wolfgang Kudrnofsky legendär: »Die verhungerten Wiener, die damals vor dem Westbahnhof standen, glaubten irgendeinen französischen General vor sich zu haben. Der Mann war jedoch weder General noch Franzose, sondern Fritz Wotruba, Bildhauer von Jugend an.«

Unter dem Eindruck des zerbombten Wiens schuf der Künstler 1946 die Skulptur *Weibliche Kathedrale* (auch *Große Stehende* genannt). Mit dieser Figur begann Wotruba sich von einer anatomischen Gestaltungsweise des Körpers zu lösen. Die Tendenz zur Tektonisierung fand in der 1949 entstandenen Skulptur *Große Sitzende* ihren ersten Höhepunkt. Der Künstler reagierte damit auf die Errungenschaften der internationalen Moderne und insbesondere auf die Lösungen des klassischen Kubismus. Seit den fünfziger Jahren entstanden seine aus kubischen und zylindrischen Elementen zusammengesetzten Blöcke. Die Verschiebung und Durchdringung der sich frei auftürmenden Teile steigerte sich bis hin zur abstrakten Ausformung. Doch thematischer Mittelpunkt blieb stets der Mensch, als »Gleichnis einer festgefügten Ordnung der universalen Dinge«.

Die Klasse Wotrubas hatte ihre Ateliers in der Böcklinstraße, nahe beim Prater. Unter seinen Studenten waren unter anderem Joannis Avramidis, Roland Goeschl, Rudolf Hoflehner, Wander Bertoni, Andreas Urteil und Alfred Hrdlicka. Die von Wotruba vertretene Priorität einer architektonischen Gliederung und die Tendenz zur Abstraktion wurde von vielen Schülern simplifiziert, so entwickelten einige Studenten ihre skulpturalen Konzepte in großer Anlehnung an die Kunst Wotrubas. Andere jedoch, wie Alfred Hrdlicka, suchten eine offene Gegenposition zu den formalen Lösungen ihres Lehrers.

Hrdlicka studierte zunächst bei Gütersloh und dann bei Dobrowksy Malerei. Nachdem er das Diplom als akademischer Maler hatte, ging er an die Bildhauerschule Wotrubas. Außerdem saß der fanatische Zeichner bei Herbert Boeckls »Abendakt«. So haben die Zeichnung und Druckgraphik seit jeher gewichtige Anteile an seinem Gesamtschaffen, doch in erster Linie ist Hrdlicka Bildhauer. Sein Bekenntnis zum Gegenständlichen stand im Gegensatz zur Abstraktion, der sich die österreichische Avantgarde der fünfziger Jahre zunehmend verpflichtet fühlte.

Kunst, die keinen Inhalt transportiert, lehnt Hrdlicka ab. »Mir fällt nichts ein, sondern etwas

ABBILDUNG GEGENÜBER:
Alfred Hrdlicka
Mahnmal gegen Krieg und Faschismus, 1991
Carrara-Marmor
Albertinaplatz

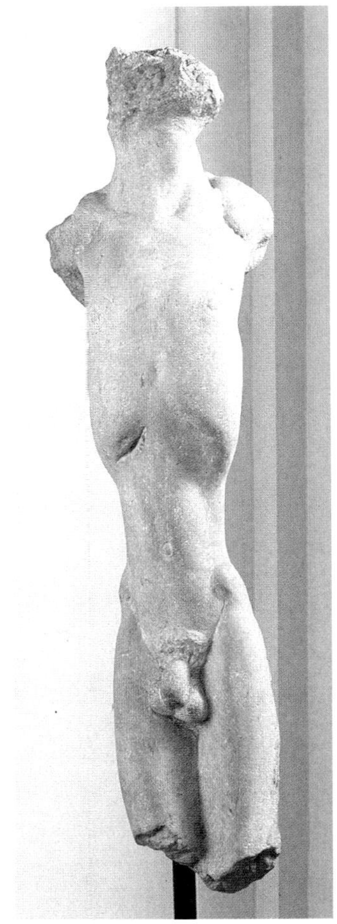

Alfred Hrdlicka
Gekreuzigter, 1959
Untersberger Marmor, H: 160 cm
Museum moderner Kunst
Stiftung Ludwig

auf«, formulierte er seinen künstlerischen Grundsatz. Seine Themen sind Gewalt, Leid, Macht und deren Mißbrauch in der Politik wie in der Beziehung zwischen Mann und Frau. In größeren Zusammenhängen und formal expressiver Manier setzt er sich mit dem Schicksal von Außenseitern der Gesellschaft auseinander, mit Massenmördern, Revolutionären, Geschändeten. Charakteristisch ist dabei die fragmentarische Behandlung des Steines. Wesentliche Figuren werden herausgearbeitet, andere werden im grob behauenen Stein nur angedeutet.

Seine Skulptur des *Gekreuzigten* (Abb. S. 412) entstand 1959 und ist gemeinsam mit den Figuren der beiden Schächer Teil einer Dreiergruppe. »1955 bekam ich von Wotruba ein prachtvolles Stück rosa Marmor. Behutsam ging ich daran, eine sich dem Stil der Schule anpassende kubistische Arbeit zu liefern«, erinnerte sich Hrdlicka 1993; »Kaum hatte ich mein Meisterstück loyaler Schülergesinnung in mein eigenes Atelier geschafft, bosselte ich daraus den *Gekreuzigten* 1959.« Sein expressiver Stil setzte sich zunehmend von der Klassizität der Wotruba-Schule ab. Seine Kunst entstand in Auseinandersetzung mit kunstgeschichtlichen Themen und der realen politischen Vergangenheit und Gegenwart. Seine öffentlichen Werke sorgten stets für Aufregung, sei es sein Salzburger *Orpheus*, der Porträtkopf Karl Renners an der Wiener Ringstraße oder sein Mahnmal gegen Krieg und Faschismus am Albertinaplatz (Abb. S. 413).

Der 1922 in Batum geborene Joannis Avramidis lebte seit 1943 in Wien. Auch er widmete sich der menschlichen Figur. Anders als Hrdlicka entwickelte er eine gänzlich auf Harmonie und Ordnung zielende abstrakte Bildhauerei, in der die formale Konzeption im Vordergrund stand. Gänzlich fehlen seinen Figuren jene für Hrdlicka bezeichnende theatralische Gestik und expressive Wucht. Ausgehend von den Gesetzmäßigkeiten von Kugel und Kegel schuf er säulenartige Figurengruppen. Um eine senkrechte Achse gruppieren sich Segmente, die die Körperteile konstituieren. Es sind »absolute Figuren« in kompakter, geschlossener Haltung.

Fritz Wotruba hielt stets am Stein als Ausgangspunkt der skulpturalen Gestaltung fest. Viele Studenten folgten seinem Beispiel, andere, wie Rudolf Hoflehner oder Roland Goeschl, entdeckten neue Materialien. Roland Goeschl gehörte als konstruktiv arbeitender Künstler zu den Einzelerscheinungen innerhalb der österreichischen Kunstszene, die allgemein keine große Tendenz zu einer geometri-

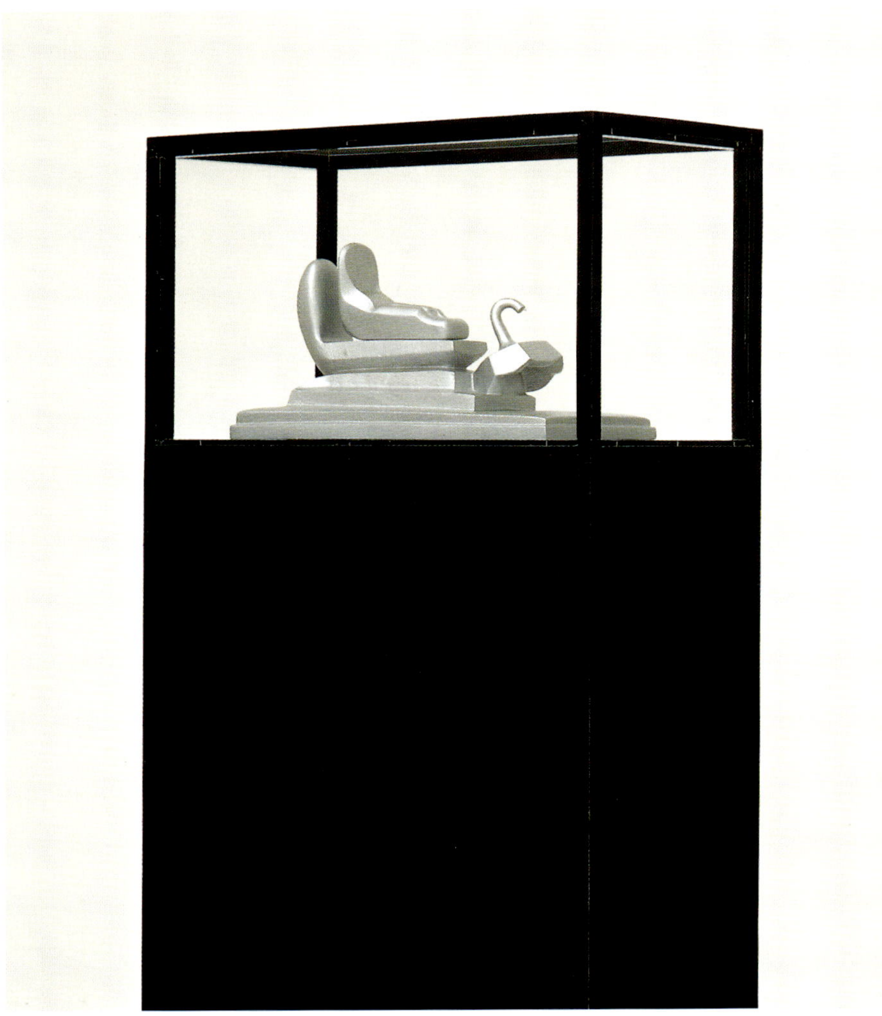

Bruno Gironcoli
Große Säule mit eingesetzten Augenprothesen, 1969
Aluguß, Eisen, Polyester, Glas, Kupfer, Kassettenrekorder
320 x 305 x 150 cm
Sammlung Generali Foundation

Joannis Avramidis
Große Dreierfigurengruppe, 1961
Bronze, H: 25 cm
Museum moderner Kunst
Stiftung Ludwig

Walter Pichler
Tragbarer Schrein, 1970
Holz, Gras, Metall
Museum moderner Kunst
Stiftung Ludwig

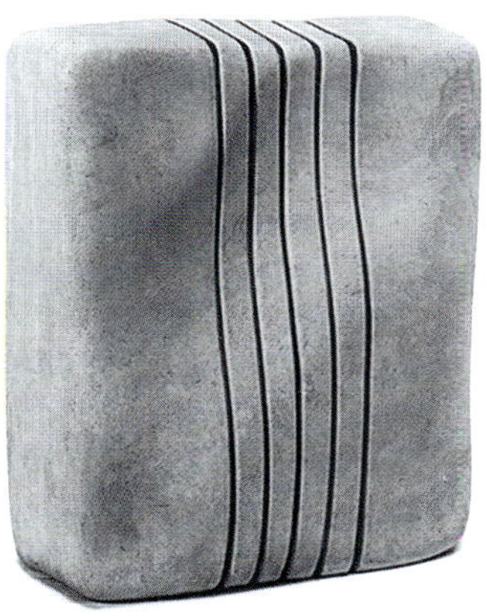

Karl Prantl
Parallelen, Meditationsstein, 1960
Kalkstein, H: 48 cm
Museum moderner Kunst
Stiftung Ludwig

Roland Goeschl
Säule, 1986
Eisen, lackiert, 230 x 10 x 10 cm
Sammlung Generali Foundation

schen konstruktiven Formensprache zeigte. Seit seinem Studienaufenthalt in London, wo er das Aufkommen neuer Kunstrichtungen wie Pop- und Op-Art miterlebte, wurde die Farbe ein wesentlicher Bestandteil seiner Skulpturen. Dabei beschränkte sich Goeschl auf die Verwendung der Grundfarben Rot, Blau und Gelb. Ferner brachte er ein neues Verständnis für die Skulptur allgemein auf: Nicht der isoliert stehende Block, sondern die Entwicklung der Figur in den Raum hinein wurde für seine weitere Kunstentwicklung entscheidend.

Innerhalb der Wiener Kunstszene kam es einem Sakrileg gleich, die Skulptur zu färben und aufzubrechen, Goeschl erinnert sich heute: »Wotruba sprach von einem Farbwahn, als er in mein Atelier kam...« Goeschl schuf viele Arbeiten im öffentlichen Raum, so die Stele am Dach der Technischen Universität Wien am Karlsplatz oder die heute noch das Straßenbild prägenden Fassadengestaltungen der Schuhfirma Humanic.

Diese vielfältigen neuen Ansätze wurden in den sechziger Jahren vorbereitet und später maßgeblich durch Bruno Gironcoli gefördert. Er, der kein Wotruba Schüler war, übernahm nach dessen Tod 1975 die Meisterklasse für Bildhauerei. Ebenso wie Walter Pichler vertritt Gironcoli eine konzeptuelle Auffassung. Seit 1960 verwendet er neue Materialien wie Eisen, Aluminium, Glas und Blech. Seine Drahtobjekte stehen, wie auch jene Walter Pichlers, in der Tradition der »Arte povera«.

Walter Pichler kombiniert in seinen teilweise monumentalen Arbeiten organische und technoide Elemente zu Skulpturen, deren Thematik verschlüsselt bleibt. In einer ersten Werkphase brachte Pichler massenmediale Geräte in Zusammenhang mit Alltagsgegenständen und gestaltete bedrohlich wirkende Stadtutopien. Um 1970 setzte eine zweite Phase ein, in deren Folge Pichler um seine Figuren kultisch-rituelle Räume schuf. Pichler verfolgte dabei einen sehr persönlichen Weg, der ihn letztlich zu dem Entschluß führte, keine Skulpturen mehr zu verkaufen.

In St. Martin im Burgenland errichtete er in der Folge für seine Skulpturen eigene Häuser, die wie Tempel anmuten. Es sind Gesamtkonzeptionen, die weit über die Beschäftigung mit der Skulptur hinausgehen. 1991 schuf er mit dem *Tor zum Garten* im Museum für angewandte Kunst eine Skulptur an der Grenze zum architektonischen Konzept. In seinem *Tragbaren Schrein* von 1970 stellt Pichler ein Gehäuse aus Zinn in ein Traggestell aus Holz und Weiden. Gleich einem Reliquiengefäß trägt das Zinnobjekt einen Spiegel. Der Inhalt des Schreins wird somit zum Spiegelbild des Betrachters, zwingt zur Innenschau, innerhalb einer kultbeladenen Atmosphäre.

Karl Prantls Steinblöcke reduzieren die sichtbaren Spuren eines bildhauerischen Eingriffes. Wie Teile der sie umgebenden Natur stehen sie monolithisch und kraftvoll in der Landschaft. Ihre Wirkung basiert auf der Gesteinsart, die Prantl von allen Teilen der Welt holt, sowie auf der Glätte der Oberfläche. Die Objekte werden kontemplative Zeitzeugen einer uralten Geschichte der Natur.

Ernst Fuchs
Psalm 69, 1949-60
Öl und Tempera auf Holz
75 x 53 cm
Museum moderner Kunst
Stiftung Ludwig
(Leihgabe der Ersten Österreichischen Sparkasse)

Die Wiener Schule des Phantastischen Realismus

»Die Phantasten waren die Avantgarde der ersten Stunde« kommentierte einst Alfred Hrdlicka die Künstlergruppe, die sich innerhalb des »Art Clubs« formiert hatte. In den sechziger und siebziger Jahren war der »Phantastische Realismus« ohne Zweifel die erfolgreichste Kunstrichtung, sowohl in Österreich wie auch im Ausland. Die Gruppe verstand sich als Gegenrichtung zum Vormarsch der Abstraktion und auch zum Wiener Aktionismus. Während jedoch der Wiener Aktionismus in die österreichische Kunstgeschichte einging, wird heute von der Kunstkritik der Wiener Schule des Phantastischen Realismus keine wesentliche Rolle mehr zugewiesen.

Die Gruppe schloß neben den Hauptprotagonisten in den fünfziger Jahren auch Künstler wie Arnulf Rainer oder Maria Lassnig mit ein, ohne daß diese tatsächlich zu den Phantasten gezählt werden könnten. Sie vereinte vor allem die legendäre Abspaltung vom Wiener »Art Club« und die darauf folgende Gründung der »Hundsgruppe«. Rainer und Lassnig hatten zu diesem Zeitpunkt die Trennung vom Surrealismus noch nicht vollzogen. Im engeren Sinn gehörten zur Gruppe der Phantasten die Maler Arik Brauer, Anton Lehmden, Ernst Fuchs, Wolfgang Hutter und Rudolf Hausner, die zunächst als die »Surrealisten« bezeichnet wurden.

Die Wiederaufnahme surrealistischer Tendenzen nach dem zweiten Weltkrieg war kein regionales Phänomen, sondern erfaßte den europäischen und amerikanischen Raum. Die signifikantesten Anregungen kamen aus dem französischen Künstlerkreis um André Breton. In Österreich waren es vor allem Gütersloh und der Maler Edgar Jené, die die Idee des Surrealismus in Wien etablierten. Trotz ihrer Begeisterung für den klassischen Surrealismus übernahmen die Wiener Phantasten nicht deren manifestierte Glaubenssätze vom Automatismus des Unbewußten als Ausdruck einer unmittelbaren bildnerischen Produktion. Vielmehr entdeckten sie für sich den Bereich der Märchen, Mythen und des Phantastischen. Die formalen Quellen fanden sich im Wiener Kunsthistorischen Museum und in der Sammlung der Akademie. Anhand der Gemälde von Brueghel und Bosch entwickelten sie eine altmeisterliche Maltechnik, die sie in zunehmende Distanz zu den zeitgenössischen Malern wie Rainer, Lassnig und auch Hundertwasser brachte.

Unter den Zeitgenossen wurde ihre Kunst jedoch weniger als traditionell oder eklektisch empfunden. Die Sprengung von Tabus in der Verschlüsselung absurder Metaphern galt als nicht weniger schockierend als die Auftritte der Wiener Aktionisten. Erst 1956 brachte der Wiener Kunstkritiker Johann Muschik die Bezeichnung »Wiener Schule des phantastischen Realismus« auf, die sich seither durchgesetzt hat.

Ernst Fuchs galt als das »Wunderkind« der Gruppe. 1930 in Wien geboren, begann er bereits mit dreizehn Jahren eine künstlerische Ausbildung. Später kam er dann an die Akademie zu Gütersloh. Seine irrealen Stadtlandschaften sind geprägt durch eine hohe zeichnerische Perfektion, die fortan charakteristisch für sein Werk wurde. Die Themen seiner Bilder kreisen um Sagen und Mythen und vor allem um die Religion des Alten Testamentes, die er zu einem persönlichen Weltbild umformte. Vorbilder waren ihm hier die Altarbilder der italienischen Quattrocentisten ebenso wie die altniederländischen Meister: In Gemälden wie *Psalm* (1949–60) stehen das Versehrte und das Heile nebeneinander.

Anton Lehmdens Malerei beschränkt sich thematisch fast ausschließlich auf die Landschaft. Sie zeichnet sich durch extreme Weiträumigkeit aus, ihre Idylle wird jedoch stets durch unerwartete

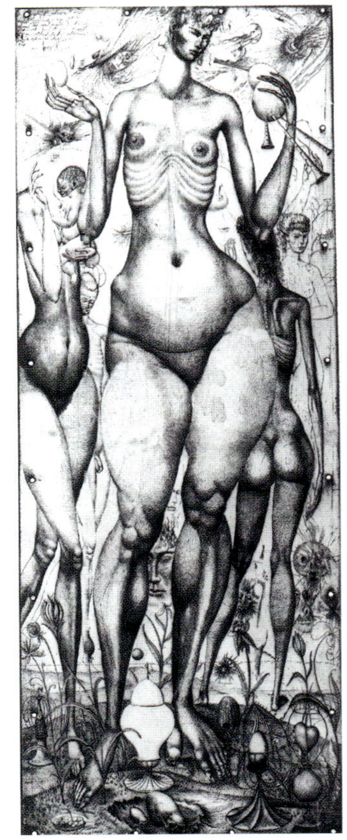

Ernst Fuchs
Maibild, 1949
Radierung, 75 x 52 cm
Graphische Sammlung Albertina

Ereignisse aufgerissen. Seine Malerei arbeitet mit transparenten Lasuren, die eine dahinter liegende Struktur durchscheinen lassen. Farbbahnen strukturieren die Landschaft und ballen sich zu bewegten Wirbeln, Wolken und Winden zusammen. Die Zeit ist stets präsent, als langsame Kraft der Veränderung und als plötzlicher Augenblick der Eruption und des gewaltsamen Einbruchs.

Arik Brauers Bilder hingegen sind Erzählungen. Erlebnisse seiner zahlreichen Reisen werden verwoben mit der Mystik des Orients und der Bibel. Realität und Traum, Unbewußtes und Bewußtes vermischen sich zu einer poetisch-phantastischen Malerei. Während Lehmden düstere Weltuntergänge imaginiert, zaubert Brauer irdische Paradiese kindlicher Vorstellung. 1954 ging Brauer nach Israel und arbeitete als Sänger und Tänzer, später nach Paris, wo seine erste erfolgreiche Einzelausstellung stattfand. In den siebziger Jahren gestaltete er Bühnenbilder für die Opernhäuser in Zürich und Wien. 1995 wurde das von ihm entworfene »Brauer-Haus« fertiggestellt (Abb. S. 350).

Anton Lehmden
Vor dem Sturm, 1966/67
Öl auf Holz, 25 x 39 cm
Klosterneuburg, Sammlung Essl

ABBILDUNG LINKS:
Arik Brauer
Brennende Frau als Blume, 1966
Öl auf Sperrholz, 63 x 70 cm
Klosterneuburg, Sammlung Essl

Abbildung gegenüber:
Rudolf Hausner
Adam vis à vis, 1970
Acryl, Tempera und Harzölfarben auf Novopanplatte, 85 x 85 cm
Österreichische Galerie Belvedere

Rudolf Hausner
Forum der einwärtsgewendeten Optik, 1948
Tempera und Harzölfarben auf Sperrholz, 64,5 x 121 cm
Historisches Museum der Stadt Wien

Rudolf Hausner

»Eigentlich ist meine Malerei eine gnostische Disziplin. Mit ihrer Hilfe kann alles untersucht und erforscht werden. Mich führt die Malerei zu Einsichten und Ansichten. Malend finde ich die Antworten auf meine Fragen«, beschrieb Hausner einmal seine Arbeit. Hausner war Gründungsmitglied des »Art Clubs« und gehörte später zur Gruppe der Wiener Phantastischen Realisten. Hausner galt jedoch stets als singuläre Erscheinung innerhalb der surrealistische Szene Wiens. In den 60 Jahren seines Schaffens entstand ein vergleichsweises kleines Œuvre von 160 Bildern, die er teilweise unmittelbar nach Fertigstellung mit der Rasierklinge zerstörte, um sie erneut dem künstlerischen Schöpfungsprozeß zu unterziehen.

Hausners Gemälde stellen eine Reihe ununterbrochener Selbstbefragungen dar, die 1948 mit den zwei großen Bildern *Forum der einwärtsgewendeten Optik* und *Ich bin Es* begann. Beide Bilder haben gleichermaßen enzyklopädischen Charakter, wie sie auch zugleich zutiefst persönlich sind. Das Gemälde *Forum der einwärtsgewendeten Optik* ist eine erste Lebensbilanz und Befragung seines Unbewußten: »Ich war damals, 1947 an einem Punkt angelangt, wo der Zwang das hinter mir Liegende aufzuarbeiten, übermächtig wurde. Ich konnte es nicht länger ertragen, nicht zu wissen, wer ich bin und wo ich bin.« Sein Bildraum gleicht einer Bühne, in der Phantastisches gleich einer Theaterinszenierung zum Ereignis wird. Hausner betreibt eine exzessive Selbstanalyse, die, anders als jene Selbstbildnisse des Expressionismus, mit den Stilmitteln und den Motiven des Surrealismus arbeitet.

Ende der fünfziger Jahre fand Hausner in der Kunstfigur des Adam sein *alter ego*. »Alle Adam-Bilder wurden mit Hilfe eines Spiegels gemalt, und wollen wie ein Spiegel benützt werden. Obwohl alle Adam-Bilder die Gesichtszüge Rudolf Hausners tragen, ist ihre Verwendbarkeit zur Selbsterfahrung nicht auf ihn allein beschränkt, vielmehr sind alle dargestellten Adam-Situationen durchaus allgemeiner Natur«, erläuterte er. Der Künstler benutzt Adam als Symbol seines eigenen Weltverständnisses und versetzt die Figur der Genesis herausfordernd in unsere Zeit. »Ich habe in mein Gesicht geschaut und darin die Welt gesehen. Alles was ich über die Welt und mich weiß, habe ich beim Malen erfahren.« Der Kopf des Adam ist nahezu ausschließlich frontal und in der Untersicht gemalt, zuweilen deformieren perspektivische Verzerrungen das Gesicht. Adam ist die männliche Komponente des Menschseins, die Gestalt der Anima wird zum weiblichen Gegenpart. Wiederkehrende Erinnerungen an die eigene Kindheit wirken wie Zitate einer fernen Welt. Die Nähnadel der Mutter, die Häuserzeile der Rögnergasse, wo Hausner seine Kindheit verbrachte, der Donaukanal. Alles ist beinahe akribisch wiedergegeben, Bezüge zu seinen eigenen Erlebnissen sind allgegenwärtig: Anima trägt die Züge seiner jeweiligen Frau.

Von 1974 bis zu seinem Tod 1995 arbeitete Hausner in seinem Atelier in der Hinterbrühl bei Wien, oft acht bis zehn Stunden am Tag. An vielen Bildern malte er jahrelang. Die inhaltliche und handwerkliche Komplexität seiner Malerei stellt den Betrachter vor immer neue überraschende Einblicke und scheint ihn rückblickend nur wenig mit seinen früheren Malergefährten zu verbinden.

Abstrakte Malerei nach 1945

Innerhalb der abstrakten Malerei nach 1945 nimmt Max Weiler eine Sonderstellung ein, er gilt heute als Doyen der österreichischen Malerei.

Weiler wurde 1910 in Hall in Tirol geboren und erhielt ab 1930 seine künstlerische Ausbildung an der Akademie der bildenden Künste in Wien. Bereits in seinem Frühwerk verwendete er die Farbe als vom Gegenstand losgelöstes Medium. Der endgültige Durchbruch zur Abstraktion gelang Weiler 1960 in der 29teiligen Bilderfolge *Als alle Dinge*. Dieser Zyklus ist eine freie, gestische Malerei, die sich ausschließlich auf die Wirkung der mit heftigen Pinselstrichen hingesetzten Farbe verläßt. Er schuf die Voraussetzung jener Malprozesse der Jahre 1961 bis 1967, für die später der verbindende Titel *Wie eine Landschaft* gefunden wurde. In diesen Bildern gelang Weiler der Durchbruch seines bisherigen Strebens, Naturprozesse in Malerei umzusetzen. »Diese Freiheit der Mittel – ich sah, daß ich gefunden hatte, was meiner inneren Figur entsprach«, schrieb er dazu 1975.

Die Natur ist stets der Richtwert seiner Malerei. Weiler möchte der Kraft und Entfaltung ihrer inneren Prozesse auf die Spur kommen, so verbindet seine Farbenwelt realistische Stimulierung mit formaler Erfindung. Landschaft ist für Weiler ein sich auf grünblauen Grund ausdehnendes Rosa-Violett, ein für einen kurzen Moment aufleuchtendes Rot oder das dunkle Schweigen der Gebirgsketten in der Dämmerung. Das Medium ist die Eitempera, die trotz dichtesten Farbauftrages Transparenz zuläßt. Charakteristische Zweideutigkeiten entstehen im labilen Moment des Farbüberganges.

Der Wille zur Abstraktion verbindet Weiler mit den in Wien zur Gruppe der Galerie nächst St. Stephan gehörenden jüngeren Künstlern Josef Mikl, Wolfgang Hollegha und dem ebenfalls aus Tirol stammenden Markus Prachensky. Doch fallen bei näherer Betrachtung sowohl in formaler Hinsicht als auch in der Behandlung der Farbe wesentliche Unterschiede auf. Auch Hollegha geht zunächst von der Landschaft aus und setzt ähnlich Themen in abstrakte Malerei um. Seine Farben sind jedoch stets monochrome Felder, die nebeneinander gestellt werden und durch ihre starke Verdünnung ineinander gerinnen. Oft wird auch die Farbe auf die Leinwand gegossen und dort mit einem Tuch verwischt. Hollegha arbeitet gerne mit Riesenformaten. Anders als Weiler, der mit Farbe in die Tiefe gehende Räume in der Leinwand schafft, setzt Hollegha seine leuchtenden Farben deutlich nach vorne. Die stets weiße Grundfläche wirkt wie eine abschließende Wand. 1959 reiste Hollegha nach New York und machte die Bekanntschaft von Künstlern wie Helen Frankenthaler oder Morris Louis, die Zuerkennung des Carnegie Preises ließ sein Werk international reüssieren.

Mit Markus Prachensky gründete Hollegha 1956 eine Ateliergemeinschaft in der Liechtenstein-

Max Weiler
Wie eine Landschaft, Nahe, 1962
Eitempera auf Leinwand
195 x 96 cm
Klosterneuburg, Sammlung Essl

Markus Prachensky
Rouge sur blanc – Sebastianplatz
1959
Lack auf Leinwand, 150 x 140 cm
Museum moderner Kunst
Stiftung Ludwig
(Leihgabe der Österreichischen Nationalbank)

Straße. Prachensky ist gewiß der radikalste unter den Malern der Gruppe nächst St. Stephan. Seine purifizierte totale Malerei ist kraftvoll und von hoher Prägnanz. Prachensky absolvierte ein Studium der Architektur und besuchte die Meisterklasse für Malerei an der Akademie. Die Begegnung mit Wotruba prägte eine Reihe von geometrischen Arbeiten der Frühzeit. Nach einem Parisaufenthalt entwickelte Prachensky seine charakteristische tachistische Formensprache. Aufrechte Farbbahnen und Balken, die spannungsvoll ins Bild gesetzt sind, bilden einen wesentlichen Teil des Vokabulars und setzen seine Malerei deutlich von jener lyrischen Auffassung Weilers und Holleghas ab. Die aufeinanderströmenden Farben suchen nicht Harmonie, sondern Spannung und Dynamik. Rot ist zunächst die bestimmende Farbe. Prachenskys Farbschüttungen weiteten sich zu Malaktionen aus. In der *Peinture liquide* (1959 gemeinsam mit Mathieu) kippte er zu musikalischen Rhythmen Kübel von Farbe auf eine übergroße Leinwand. Prachensky nannte diese Werkphase *Reise durch die Farbe Rot*. In den späten sechziger Jahren entstanden unter dem Eindruck der Wüsten und Salzseen rund um Palm Springs zweifarbige Bilderserien.

Bereits die ersten erhaltenen Arbeiten Josef Mikls aus den Jahren 1947–49 zeigen, daß sich der Künstler sehr individuell mit dem Kubismus auseinander setzte. Der Mensch als technische Maschine wird mittels stereometrischer Elemente in seinen Bildern ineinandergefügt. In den fünfziger Jahren verstärkte sich das gestische Element und führte letztlich zur Auflösung der mechanischen Formen und zu einem abstrakten Expressionismus, der sich bis heute auf orange-rote und blaue Töne beschränkt. 1994 erhielt er den Auftrag für die malerische Ausstattung des brandgeschädigten Redoutensaales in der Wiener Hofburg.

Wolfgang Hollegha
O.T.II, 1979
Öl auf Leinwand, 155 x 150 cm
Klosterneuburg, Sammlung Essl

Josef Mikl
Figur, 1952/53
Öl auf Hartfaserplatte
85 x 131 cm
Museum moderner Kunst
Stiftung Ludwig, Wien

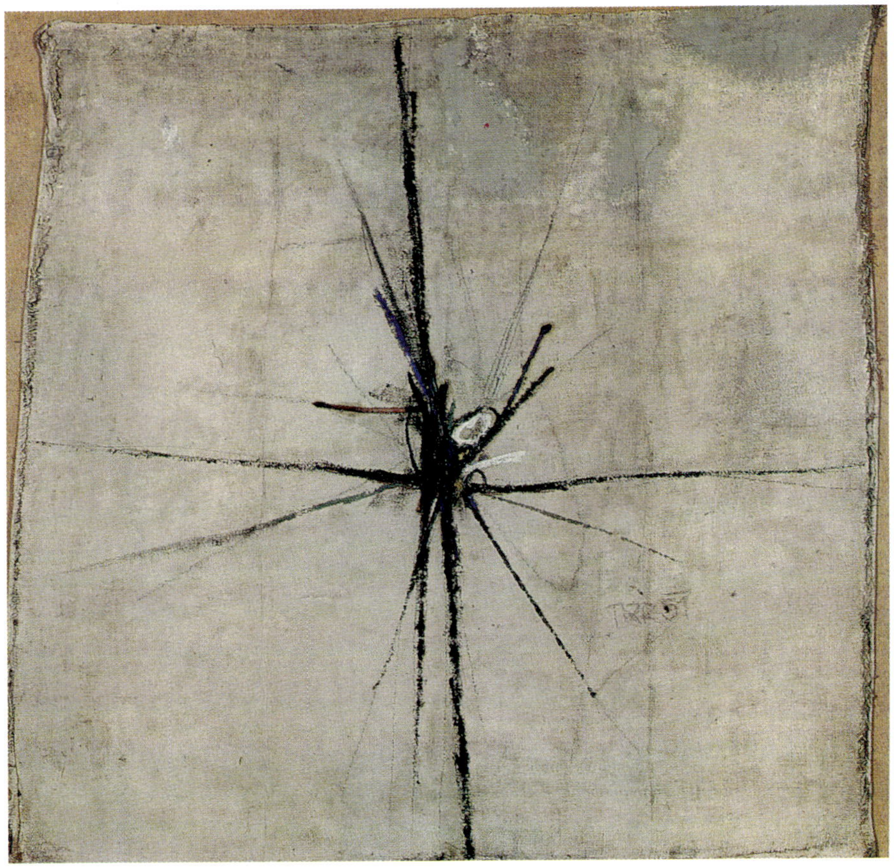

Arnulf Rainer

Der Autodidakt Arnulf Rainer – der Künstler verbrachte nur drei Tage an der Akademie der bildenden Künste in Wien und wurde ebendort später Professor für Malerei – beschäftigte sich Ende der vierziger Jahre mit surrealistischen Kunstformen. Doch bereits 1951 verstummte die »redselige Phantastik« zugunsten der Blindmalerei und den darauffolgenden Zentralgestaltungen, die stark von der Malerei des Informel geprägt wurden.

In seiner Suche nach dem von Merleau-Ponty beschriebenen »Nullpunkt der Malerei« ging Rainer weit über die Formensprache des Informel hinaus. Im elementaren Gestus und im expansiven Materialmix bemühte sich der Künstler in diesen Arbeiten um die homogene Fläche, die gleichsam alle früheren Gestaltungsphasen absorbierte. Seit 1953 entstanden monochrome Schwarzbilder, deren innerbildliche Spannung durch freie, die weiße Leinwand zeigende Felder und Ecken entstand – Reste des Sichtbaren, gegen die eine schwarze Farbsubstanz als aufgetürmte Masse vordrängt. Nur scheinbar tritt der expressive, handschriftliche Duktus der Malerei hinter die homogenen Flächen zurück, vielmehr wird die monochrome Farbe, ihr langsames Stauen und Gerinnen, zum eigentlichen Inhalt der Bilder. Die Malerei, abgelöst von aller Gegenständlichkeit, wird selbst zum Thema und tritt damit in jenen hermetischen Bereich ein, in dem keine Interpretation mehr möglich wird. »Malerei um Malerei zu verlassen«, dieser Anfang der 50er Jahre von Rainer selbst geprägte Satz wurde zur Standardformulierung für die Interpretation seiner Werke.

Anschließend an die monochromen Grundmalereien entstanden die ersten Übermalungen. Zunächst wurden eigene Arbeiten, später auch die anderer Künstler mit Farbschichten bedeckt. Rainer schuf damit eine neue Form des Dialoges mit der Kunstgeschichte. Indem er das Alte teilweise überdeckt, auslöscht, akzentuiert er zugleich signifikante Details des Verbliebenen.

1956 begann die Übermalung der großen Kreuze. Das Kreuz – ein traditionelles Motiv, jedoch für die moderne Kunst ungewöhnlich – wurde zum zentralen Element seines Œuvres, ebenso wie die Beschäftigung Rainers mit seinem eigenen Gesicht, welches als Grimasse fotografiert und mittels wild attackierenden Pinselhieben überarbeitet wurde. Diese Überarbeitungen sowie die direkte Bemalung seines eigenen Körpers gaben Anlaß, die innere Substanz des Seins durch die künstlerische Kommunikation mit dem eigenen Körper zu erforschen.

Rainers Selbstporträts, die er zu sogenannten *Face Farces* gestaltete, führten schließlich zu einer intensiven Beschäftigung mit der Todesthematik als Form der künstlerischen Selbstbefragung. Mumienporträts sowie Fotografien von Totenmasken berühmter Persönlichkeiten wurden als Vorlage genommen und von Rainer überarbeitet.

ABBILDUNG GEGENÜBER:
Arnulf Rainer
Kreuz I, 1988/89
Öl, Holz auf Karton
186 x 124 cm
Klosterneuburg, Sammlung Essl

LINKS OBEN:
Arnulf Rainer
Zentralisation, 1951
Öl auf Leinwand, 102 x 100 cm
Klosterneuburg, Sammlung Essl

LINKS UNTEN:
Arnulf Rainer
Die Engel umschwirren den Künstler, 1992
Öl, Applikationen auf Holz
200 x 122 cm
Klosterneuburg, Sammlung Essl

UNTEN:
Arnulf Rainer
Totenmaske des Hl. Joseph von Calasanz, 1978
Fotografie, Pastellkreide
59 x 45 cm
Museum moderner Kunst
Stiftung Ludwig

Maria Lassnig
Liegende, 1961/62
Öl auf Leinwand, 130 x 195 cm
Museum moderner Kunst
Stiftung Ludwig

Maria Lassnig

Lassnigs Werke aus den fünfziger Jahren werden allgemein dem Informel zugeordnet. Scheinen diese im Jahre 1952 in einer Einzelausstellung im »Art Club« gezeigten Arbeiten in ihren Formen noch jenen Arnulf Rainers verwandt, so waren deren künstlerische Bestrebungen und ihre existentielle Grundhaltung doch im Grunde genommen den informellen Bildern entgegengesetzt.

Bereits die *Statischen Meditationsbilder* beinhalteten assoziative Hinweise auf Körperformen. Mit Bildern wie *Etwas Masse im Raum* (1951) fand Lassnig bald zu ihrem individuellen Ausdruck: Masse als sinnliches Körpergefühl, übertragen in eine abstrakte Bildsprache. 1960 in Paris, wo Lassnig über ein Jahrzehnt blieb, rückte die Darstellung des eigenen Köperbewußtseins und der Körperwahrnehmung immer mehr in den Mittelpunkt. »Ich suchte nach einer Realität, die mehr in meinem Besitz wäre als die Außenwelt, und fand als solches das von mir bewohnte Körpergehäuse. Ich hatte ihrer mir gewahr zu werden, um ihren Abdruck in fixen Schwerpunkten auf die Bildebene projizieren zu können.«

Das Ölbild *Liegende* gehört zu der Serie der Pariser *Strichbilder* von 1961. Diese gingen nun direkt von einem authentischen Körpergefühl aus. Lassnig versuchte, den Druck einzelner Körperteile, auf die von außen eingewirkt wird, etwa durch eine bestimmte Körperhaltung, bewußt zu erfahren und diese Spannung in eine graphische Sprache zu übersetzen. Lassnig hatte damit ihr Thema gefunden: das Selbstporträt als komplexes Bild ihrer Beziehung zur Welt (H. Weskott). Der Farbe kam dabei neben der Bezeichnung der Form noch eine zusätzliche Bedeutung zu: Es gab in diesen Bildern, so Lassnig rückblickend, »Schmerzfarben, Qualfarben, Gedankenfarben, Quetsch- und Wölbungsfarben«. Die Körpergrenze war somit

Maria Lassnig
Doppelselbstporträt, 1974
Öl auf Leinwand, 180 x 180 cm
Österreichische Galerie Belvedere

nicht jene von außen sichtbare, sondern sie entwickelte sich als Kräftelinie zwischen Innen und Außen.

In den siebziger Jahren entstanden in Lassnigs New Yorker Atelier Arbeiten, die ihre Auseinandersetzung mit den formalen Lösungen der Pop-Art zeigten, ohne deren Inhalte zu übernehmen. Lassnig stellte sich darin in immer neuen Rollen und Gestalten dar. Es sind dies im Vergleich zur bisherigen abstrahierenden Formensprache realistische Bilder, in denen auch die weiße Leinwand durch einen flächig gestalteten Hintergrund ersetzt wurde. Lassnig schuf damit ausdrucksstarke Bilder mit statischen Figuren, die jeglicher Alltagsthematik enthoben sind und als Illustration semantischer Assoziationen herangezogen wurden. Damals erfand Lassnig auch den Begriff »body awarness« für ihre Werke. 1980 wurde sie gemeinsam mit VALIE EXPORT zur österreichischen Vertreterin der Biennale in Venedig ernannt.

Hans Staudacher

Hans Staudacher gilt als Einzelgänger innerhalb der Wiener Kunstszene. Er gehörte weder zu den Künstlern der Gruppe nächst St. Stephan noch zum »Art Club«. Was ihn mit Künstlern wie Mikl oder Hollegha verbindet, war sein Wille zur Abstraktion und seine Bewunderung für die Malerei eines Georges Mathieu oder Jackson Pollock. Staudacher ging dabei jedoch am konsequentesten den Weg des Informel und erweiterte ihre Bildsprache durch skripturale Elemente und lesbare Chiffren. Dabei entwickelte Staudacher eine »singuläre und subjektive Bildschrift, die in Österreich keine Parallelen besitzt und deren Ruf noch heute in Paris in den Künstlerkreisen hochgehalten wird« (W. Skreiner).

Bereits in den unmittelbaren Nachkriegsjahren zog es den Künstler immer wieder nach Paris. Seine damaligen Bilder zeigen noch deutliche Gegenstandsbezüge und sind formal großzügig gestaltet. Ende der fünfziger Jahre kam es zu einer Formverdichtung sowie, durch die Beschäftigung mit dem in Paris reüssierenden »Lettrismus«, zu einem Kontinuum abstrakter Zeichen. Staudacher entwickelte eine visuelle Schrift, die frei in eine dynamische, gestische Malerei gesetzt wurde. Hinzu kam bald die Technik der Collage, mit deren Hilfe Sätze, Buchstaben oder Schriftzüge in das Bild integriert wurden. Seine Gemälde sind schwebende Kompositionen in einem völlig offenen Bildraum. Trotz des Eindrucks eines spontan gesetzten Pinselstriches sind sie keine Zufallsprodukte, sondern vielmehr einem langfristigen Entstehungsprozeß unterworfen.

Staudachers Malerei wird seit den achtziger Jahre von einer reduzierten, beinahe zarten Farbigkeit bestimmt. Das lyrische Element steht dabei jedoch stets neben vitaler Gestik, der zarte Akkord einer handschriftlichen Notiz neben breiten ausladenden Buchstaben.

Hans Staudacher
Gemalte Gefühle, 1988
Öl auf Leinwand, 200 x 170 cm
Klosterneuburg, Sammlung Essl

Friedensreich Hundertwasser
(477) The three nose rivers
Die drei Nasen-Flüsse
Les fleuves aux trois nez
Mixed media, 46 x 53 cm
Nara, 1961
Klosterneuburg, Sammlung Essl

Friedensreich Hundertwasser
(176) Autobus
Öl auf Holz, Oil on plywood
49 x 91 cm
St Manddé/Seine, 1953
Klosterneuburg, Sammlung Essl

Friedensreich Hundertwasser
Innenansichten des KunstHauses Wien

Friedensreich Hundertwasser

Friedrich Stowasser führt seit 1949 den Namen Hundertwasser (in den slawischen Sprachen bedeutet das Wort »sto« = hundert), mit dem er weit über Wien hinaus bekannt geworden ist.

Zunächst sah man den Maler im Zusammenhang mit der Wiener Schule des Phantastischen Realismus, doch hatte Hundertwasser, außer daß er mit deren Vertretern verkehrte, rein künstlerisch nichts mit ihnen zu tun. Sein Frühwerk verarbeitete Eindrücke zahlreicher Reisen nach Tunis, Marokko und Italien. Seine Formensprache übernahm Elemente aus der Kunst der Secessionisten ebenso wie Anregungen aus den Bildern Paul Klees.

Früh schon war eines seiner Hauptthemen die urbane Umgebung der Stadt. Bilder wie *Der Autobus* aus dem Jahr 1953 sind dafür ein gutes Beispiel. Das Motiv wird zum Ausgangspunkt für die Gestaltung geometrischer Farbblöcke, die zu einem bunten zweidimensionalen Dekor zusammengefügt sind. Die Stilisierung enthebt den Autobus aus jedem alltäglichen Zusammenhang.

Mit Bildern dieser Art feierte Hundertwasser 1953 Erfolge in Paris. In diesem Jahr entstanden auch die ersten *Spiralbilder*. Die Spirale, Zitat der Bildsprache des Jugendstils, ging jedoch weit über einen rein formalen Einsatz hinaus. Sie wurde im Œuvre Hundertwassers zum Symbol für alles Organische, Vegetative und zugleich Ausdruck der Forderung nach einem neuen architektonischen Prinzip, welches die gerade Linie eliminiert.

Ebenso wie er für die Aufgabe der geraden Linie in der Kunst eintrat, kämpfte er mit flammenden Reden und Aktionen für seine Theorien zu Stadtplanung, Natur und Umwelt. Manifeste wie »Los von Loos« oder »Dein Fensterrecht – deine Baumpflicht«, veröffentlicht 1972, waren Offensiven für naturverbundenes Denken. Durch ein ökologisch ausgerichtetes Leben in Neuseeland setzt er seine eigene Lebensanschauung in die Tat um.

Hundertwassers Bilder dokumentieren eine intensive Auseinandersetzung mit dem Material der Farbe. Um die besondere Leuchtkraft seiner Bilder zu erreichen, verwendet er nie fertige Farbtuben, sondern greift zurück auf die Technik alter Meister: »Dieser Herstellungsprozeß ist für den Künstler überaus wichtig, denn es ist der Ausgangspunkt«, so Hundertwasser.

Ebenso wie in der Malerei setzte sich Hundertwasser auch in der Architektur für die Farbe ein und formulierte 1981 seine Grundsätze für das Bemalen von Gebäuden. Zu dieser Zeit arbeitete der Künstler bereits am Projekt des Hundertwasser-Hauses in der Wiener Löwengasse. Der Aufbau und die Details seiner Architekturen wurden durch seine Malerei vorweggenommen. Ganz in der Nähe des Wohnhauses baute der »Architekturdoktor« (Hundertwasser über sich) die ehemalige Thonet-Möbelfabrik in seinem unverwechselbaren Stil zu einem Museum um, das 1991 fertiggestellt wurde.

Wiener Aktionismus

Den Künstlern des Wiener Aktionismus und einigen Malern wie Arnulf Rainer oder Adolf Frohner, die ihnen in bestimmten Schaffensphasen nahestanden, war eine, wenngleich auch individuelle, Tendenz zur Abstraktion gemein. Ähnlich dem Postulat Rainers »Malerei um die Malerei zu verlassen«, suchten auch die Aktionisten die Grenze der Malerei, um gerade dadurch die vielfältigsten Möglichkeiten expressiver Ausdrucksmittel neu- oder wiederzubeleben. Diese Möglichkeiten schlossen von Beginn an den Körper des Künstlers mit ein und gaben dem Aktionismus innerhalb ähnlicher internationaler Bestrebungen eine originäre Position.

Vor allem in den Arbeiten von Hermann Nitsch, Günter Brus, Otto Mühl und Rudolf Schwarzkogler konzentrieren sich jene Vorstellungen, die heute mit dem Begriff »Wiener Aktionismus« in Verbindung gebracht werden. Von Anfang an basierten sie auf differenzierten konzeptuellen Überlegungen, die zur Grundlage höchst individueller künstlerischer Aussagen wurden und auch den Schritt von der Malerei zur Aktion ermöglichten. 1962 arbeitete Nitsch an einer Serie großformatiger Bilder. Die Farbe wurde durch das Ausdrücken eines Schwammes am oberen Bildrand oder mittels Schütten aus einem Kübel auf die liegende Leinwand aufgebracht, die Komposition entstand durch die performative Gestik.

Im selben Jahr noch vollzog Nitsch mit Mühl und Frohner den Schritt zur Aktion. Sie ließen sich in Mühls Kelleratelier drei Tage lang für eine gemeinsame Malaktion einschließen. In der Folge setzte Nitsch seinen eigenen Körper als Projektionsfläche ein, in dem er sich, mit einem weißen

ABBILDUNG GEGENÜBER:
Hermann Nitsch
Altar, 1975–1987
Installation, 220 x 250 cm
Museum moderner Kunst
Stiftung Ludwig

LINKS OBEN:
Herrmann Nitsch
80. Aktion, 1984
Dokumentationsfoto der
Aktion in Schloß Prinzendorf

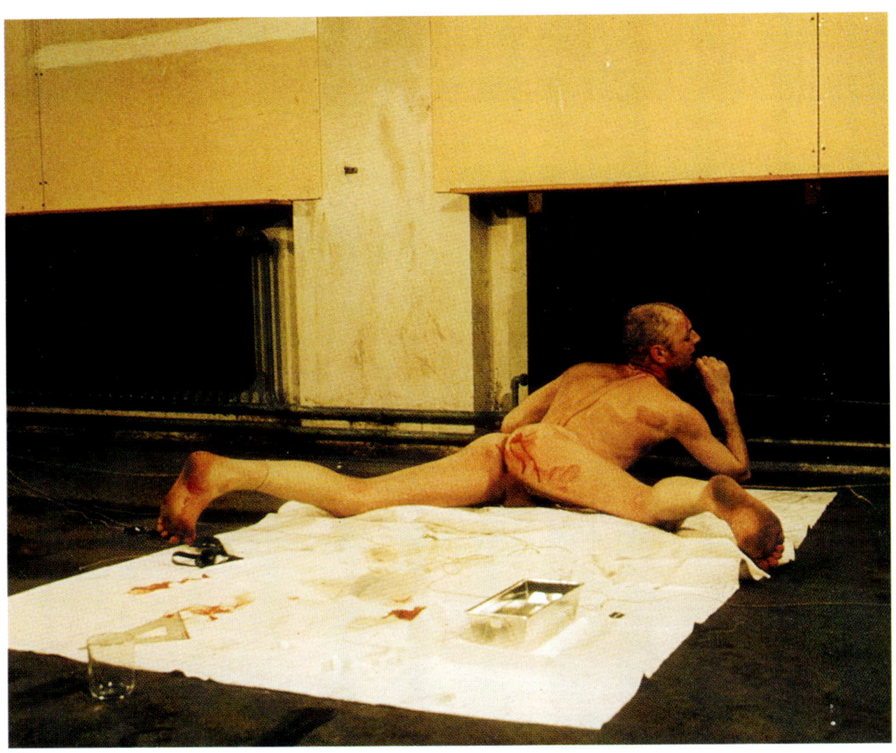

NEBENSTEHEND:
Otto Mühl
O.T., 1965, Aktionsfoto
64 x 49 cm
Museum moderner Kunst
Stiftung Ludwig

LINKS:
Günter Brus
Die Zerreißprobe, 1970/72
Farbfotografie auf Holzfaserplatte
aufgezogen, 99,5 x 113, 5 cm
Museum moderner Kunst
Stiftung Ludwig

Hemd bekleidet und angebunden an ein Kreuz, von Mühl mit Blut beschütten ließ. Dieses 1963 veranstaltete »fest des psycho-physischen naturalismus« gilt als erste, weil vor der Öffentlichkeit durchgeführte Aktion. Weitere Aktionen waren geplant, doch wurde bereits diese erste durch Polizeieinsatz frühzeitig beendet. Mühl wie Nitsch waren gezwungen, in der Folge alternative Ausführungsmodelle zu planen, in deren Verlauf die Fotografie als Medium der Dokumentation zentrale Bedeutung gewann. Dennoch blieb während der gesamten Phase des Aktionismus die Performance vor dem Publikum wichtigstes Anliegen.

Mühl entwickelte im Verlauf der sechziger Jahre seine Materialaktionen, indem er den menschlichen Körper als gleichwertiges Gestaltungsmedium neben andere Materialien stellte. Als einzigen der vier Aktionisten interessierten Mühl schon sehr früh die Möglichkeiten der Filmkamera als aktionistisches Ausdrucksmittel. Einige seiner Aktionen wurden von dem österreichischen Filmemacher Kurt Kren verfilmt. Im Gegensatz zu Nitsch trat Mühl bereits damals kaum mehr als Darsteller, sondern als Regisseur in Aktion. 1966 wurden die Wiener Aktionisten zum »Destruction in Art Symposium« nach London eingeladen und erstmals international innerhalb der Fluxus- und Happening-Bewegung wahrgenommen. Beflügelt durch den internationalen Durchbruch entstanden eine Reihe von Aktionen, die nun um die Komponente der Gesellschafts- und Systemkritik erweitert wurden. Dies fand seinen Höhepunkt 1968 in der Aktion *Kunst und Revolution* in der Universität Wien. Die Empörung der Bevölkerung führte zu Prozessen und Verurteilungen. Mühl blieb trotzdem in Wien. Mit dem Ziel der Weiterentwicklung seiner Materialaktionen gründete Mühl schließlich eine Kommune im burgenländischen Friedrichshof als Modell alternativen Zusammenlebens.

Anders als Mühl und Nitsch konnten Günter Brus und Rudolf Schwarzkogler ihre ersten Aktionen erst 1965, ohne Publikum, verwirklichen. Dem Medium der Fotografie wurde so von Anfang an eine größere Bedeutung beigemessen. Vor allem bei Schwarzkogler traf dies auf das gesamte aktionistische Œuvre zu. Er verarbeitete die schwarz-weißen Dokumentationsfotos zu arrangierten Fotomontagen und verband diese dadurch mit dem eigentlichen performativen Kunstwerk zu einer vollständigen Einheit. Vielfach entstanden seine Photoserien durch eigens für den Fotografen realisierte »Aktionssitzungen«. 1969 starb der Künstler durch einen Sturz aus dem Fenster seiner Wohnung.

Im Gegensatz zu Schwarzkogler, zu dessen künstlerischer Entwicklung es zunächst Parallelen gab, blieb für Brus der performative Gestaltungsakt trotz kalkulierter Einbeziehung der Fotografie immer wesentlich. Seine im Frühjahr 1965 realisierte Aktion *Selbstverstümmelung* stellte einen Höhepunkt des Aktionismus dar. Vergleichbar zu

Nitsch erweiterte Brus die Möglichkeiten des Bildträgers um den eigenen Körper, auf den er Reißnägel, Rasierklingen und andere spitze Alltagsgegenstände richtete. Auf diesen wird spachtelweise weiße Farbe aufgetragen, somit wandelt er sich zur weißen Leinwand. Im *Wiener Spaziergang*, ebenfalls 1965, durchbrach er den monochrom bemalten Körper mit einer zackigen schwarzen Linie und ging damit durch die Stadt, bis er von der Polizei verhaftet wurde.

Die Aktionen von Brus gingen über die Grenzen der Malerei hinaus und erweiterten den bisher geltenden Werkbegriff durch die Einbeziehung von Idee und Konzept. Nach seiner Verurteilung 1968 flüchtete Brus nach Berlin und schloß 1970 mit der Aktion *Zerreißprobe* in München die Phase des Aktionismus für sich ab. Es folgte die Wiederaufnahme des traditionellen Bildmediums der Zeichnung, die Brus zu den ihn bis heute beschäftigenden Bild-Dichtungen formt. Arbeiten wie *Selbstumkehrung* von 1988 sind Beispiel für seine Farbstiftzeichnungen, in denen sich surreale und dekorative Momente verbinden. »Die Bild-Dichtung«, so Brus, »ist für mich die ideale Form, weil der denkfreie Vorgang des Zeichnens vom denkerischen Schreiben unterbrochen oder konterkariert wird.«

Hermann Nitsch
Schüttbild, 1990
Öl auf Leinwand, 200 x 300 cm
Klosterneuburg, Sammlung Essl

Während sich Ende der sechziger Jahre bei Brus und Mühl eine Veränderung der aktionistischen Gestaltungsmöglichkeiten ankündigte, weitete Nitsch konsequent seine frühen, von einem umfassenden Symbolgehalt charakterisierten Aktionen zu seinem dramaturgisch aufgebauten Orgien-Mysterien-Theater aus. Seine seit 1973 im niederösterreichischen Schloß Prinzendorf stattfindenden Feste manifestieren auf Basis des mythologischen Dionysos-Themas eine dynamische Ästhetisierung des Lebens mit all seiner zerstörerischen und wiederaufbauenden Kraft.

Symbolen wie dem Malhemd wird auch nach der Aktion im Blutbild eine zentrale Bedeutung zuerkannt: »Meine große Verehrung für Klimt und meine Überzeugung, daß Kunstausübung der Tätigkeit eines Priesters gleichzusetzen ist, bewogen mich bereits 1960, ein kuttenartiges, einfach geschnittenes Malhemd während meiner Malaktion anzuziehen. Das Tragen des Hemdes wurde später noch vertieft durch die Auseinandersetzung mit den Relikten des O.M Theaters.« Das Hemd, so Nitsch weiter, wird als höchster Schmuck und Trophäe auf ein Bild gehängt, um dessen Farbgefüge zu bereichern.

1998 realisierte er seine bislang größte Aktion im Rahmen des Orgien-Mysterien-Theaters auf Schloß Prinzendorf.

Günter Brus
Selbstumkehrung, 1988
Pastell auf Karton
99,5 x 70,5 cm
Klosterneuburg, Sammlung Essl

Franz Ringel
Die Manipulierte, 1979
Mischtechnik auf Papier, auf Preßspanplatte kaschiert
150 x 120 cm
Österreichische Galerie Belvedere

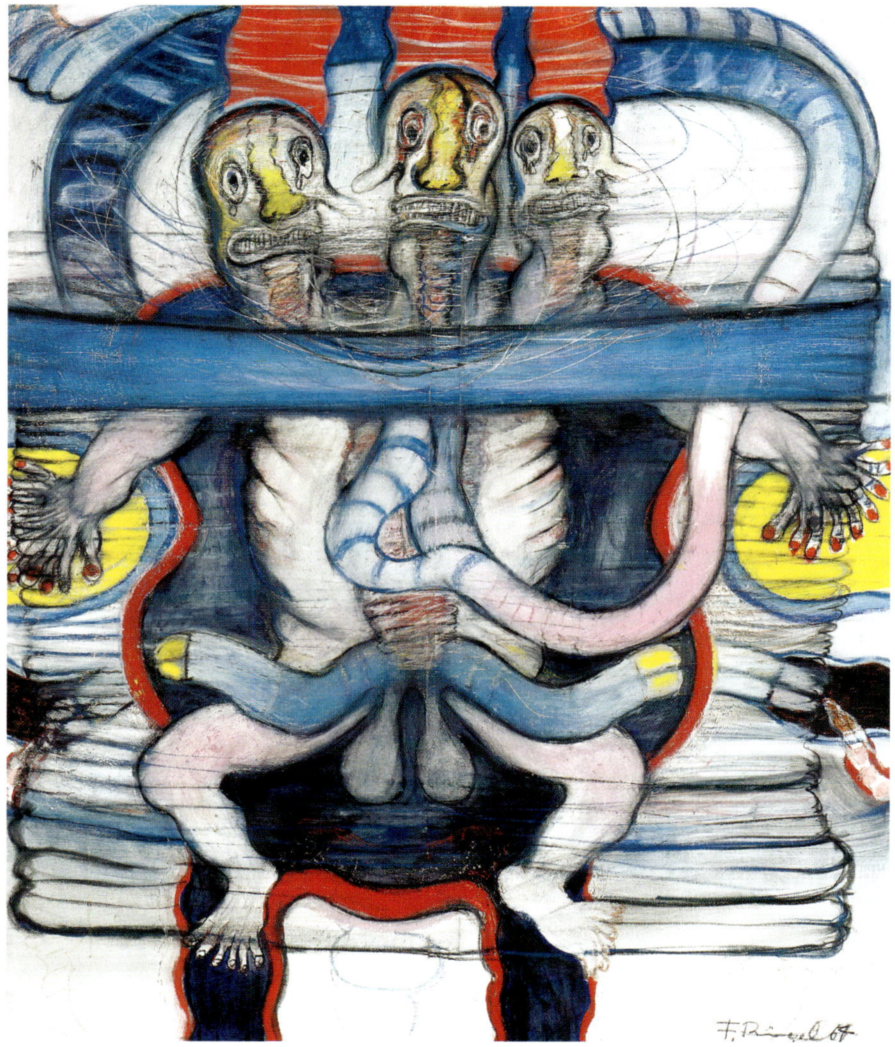

Franz Ringel
Drillinge, 1967
Öl auf Leinwand, 160 x 134 cm
Klosterneuburg, Sammlung Essl

Franz Ringel

Unter den Künstlern der Gruppe »Wirklichkeiten« ist Franz Ringel der wohl radikalste. Ausgebildet an der Akademie der bildenden Künste in der Meisterklasse Gütersloh, ist seine Malerei symptomatisch für jene Generation, die nach der ersten Welle des Tachismus und des Informel ihren künstlerischen Weg begann. Ringel hält am Tafelbild und an der Malerei fest und ist dennoch kein Traditionalist. »Ich bin ein anständiger Maler«, schrieb er 1969 um gleich darauf festzustellen: »Bei mir ist das Kunstwerk sicherlich ein Produkt einer totalen Enthemmung.«

So ist seine Malerei keine Suche nach einem schöngeistigen Konzept, das in langsamen Arbeitsschritten ein Thema entwickelt. Sein drastischer Realismus umschreibt die individuell interpretierte Wirklichkeit als einen gestischen und expressiven Malakt, charakterisiert durch eine intensive, beinahe euphorische Farbgebung. Seine Bilder sind von beklemmender Eindringlichkeit. Die bewußt »verhäßlichten« Wesen zwischen Kasperl, Wurm oder Mensch erscheinen vor der weißen Leinwand mit abnorm verlängerten Armen, mit Versorgungschläuchen und monströsen Köpfen. Otto Breicha schrieb damals über Ringels Bilder: »Stoffwechsel und Körperwege werden verfolgt, das Innerste nach außen gekehrt: Mündungsfeuer in Augenhöhe«, er bezog sich damit auf einen Bildtitel des Künstlers.

Im folgenden beschäftigten Ringel große Themen, etwa der Tod oder die Irrwege mythologischer Helden wie Orpheus oder Homers Odysseus. Intensiv setzte er sich mit der Dichtung »Masse und Macht« von Elias Canetti auseinander. Seine Bilder werden reflexiver: Die eruptiven Linienknäuel seiner frühen Bilder konsolidieren sich, und die Bewegung der Figuren wird in der Fläche stabilisiert. Die Schlauchwesen haben an Prallheit gewonnen. Auf massigen Körpern sitzen kleine, verzerrte Köpfe, teilweise mit schreckensweit aufgerissenen Augen. Der Kopf wird zum Zentrum des Ausdrucks, die Abnormität der Häßlichkeit steht dabei stets in Diskrepanz zum besonderen Kolorit der Malerei Ringels. Ringels ureigene Ängste und Befürchtungen werden zu Wesen auf der Leinwand. Er malt nicht, um etwas, das er wünscht, herbeizuziehen, sondern um etwas loszuwerden, beschrieb Breicha in den siebziger Jahren Ringels Malerei. Fingerbüschel vibrieren, medusenhaft ragen aus dem Körper drei Köpfe hervor. Doch nicht sie sind das angreifende Wesen, sondern sie selbst tragen den Schrecken der Welt in ihren verzerrten Gesichtern. Ein Balken vor ihrem Körper verurteilt sie zum Bleiben und drückt sie unerbittlich in den Sessel zurück.

VALIE EXPORT
Raumsprung, 1971
Konzeptuelle Fotografie
Sammlung Generali Foundation

Neue Medien

»Intermedia« bezeichnete in den sechziger Jahren eine Parallelbewegung zum Wiener Aktionismus. Sie verband eine Gruppe heterogener Künstler, etwa die Literaten um Oswald Wiener, die in der Folge als »Wiener Gruppe« bekannt wurden, sowie die Experimentalfilmer Kurt Kren und Peter Kubelka. Wenig später traten die jungen Medienkünstler VALIE EXPORT und Peter Weibel erstmals an die Öffentlichkeit. Gemeinsam war ihnen eine medientheoretische Reflexion ihrer Arbeiten. Sie waren eingebunden in die allgemeine Reaktion der europäischen Kunstszene auf die Frühformen der Medienkunst in den USA.

Eines ihrer wichtigsten Anliegen war es, interdisziplinär zu arbeiten, die verschiedenen Kunstrichtungen aus ihren statischen Haltungen zu befreien und in einen Dialog zueinander zu setzen, wie es VALIE EXPORT bezeichnete. Gab es zunächst noch Gemeinsamkeiten mit dem Wiener Aktionismus, so verschob sich rasch der inhaltliche Schwerpunkt von einem expressiven Vokabular mit scheinbaren Selbstverletzungen zu einem konzeptuellen Ansatz, der mit Hilfe neuer Technologien realisiert wurde.

VALIE EXPORT gehörte in den sechziger Jahren zu den Pionieren der Medienkunst. Fotografie, Film und Dia interessierten sie schon früh als eigenständige Ausdrucksmittel. In der Fotografie faszinierte sie vor allem der räumliche und zeitliche Ablauf und die Möglichkeit, dieses Medium mit der Semantik der Sprache zu verbinden. So nannte sie ihre Arbeiten »Fotoliteratur«. Dazu gehören vor allem die seriellen Fotoarbeiten, die, wie *Raumsprung* (1971), einen zeitlichen Ablauf mit einem sprachlichen Ausdruck verbinden. Eine Fassade mit Balkonen wird nicht, wie gewohnt, von der gegenüberliegenden Seite mittels frontaler Achse aufgenommen, sondern vertikal von oben.

Peter Weibel
Das gequälte Quadrat, 1976
Eisen, Glas, Gummi
Ausstellung im Museum Ludwig
Budapest, 1996

1972 entstand mit der Serie *Körperkonfigurationen* eine der wichtigsten frühen Fotoarbeiten. In diesen Bildern verband EXPORT geometrische Strukturen der Architektur mit den Formen des Körpers. EXPORT nannte die Arbeit auch »Sichtbare Externalisierung innerer Zustände« und meinte damit das Heraustreten aus sich selbst, etwa sich nicht als visuelles Gegenüber der Architektur zu sehen, sondern vielmehr deren Struktur auf den Körper zu übertragen.

VALIE EXPORT verband mit ihren Arbeiten stets eine politische Dimension. So waren auch ihre Performances Antworten auf das damalige kulturpolitische System in Österreich. In ihren Aktionen setzte sie den Körper als eigenständiges Ausdrucksmittel ein und prägte somit den Begriff des »Feministischen Aktionismus«. Einige ihrer Aktionen der sechziger Jahre realisierte sie gemeinsam mit Peter Weibel. Beide Künstler waren zunächst heftiger öffentlicher Kritik ausgesetzt, international konnten sie sich jedoch rasch etablieren. EXPORT hat in der Folge durch ihre internationale Lehrtätigkeit (heute ist sie Professorin an der Hochschule für Medien in Köln) sowie durch ihre kunsttheoretischen Schriften einen großen Einfluß auf die Entwicklung der Medienkunst ausgeübt. Der Film wurde für beide Künstler das früheste Medium ihrer experimentellen Arbeiten. 1998 erhielt VALIE EXPORT den österreichischen Würdigungspreis für künstlerische Fotografie. Peter Weibel wurde 1989 Direktor des Institutes für Neue Medien in Frankfurt am Main und ist seit 1993 Kommissär des Österreich-Pavillons der Biennale in Venedig.

VALIE EXPORT
Körperkonfiguration, 1982
Fotografie
Sammlung Generali Foundation

VALIE EXPORT, Selbstporträt
1970, Fotografie, Stiftung Ludwig

Gunter Damisch
Helles Weltenfeld, 1988
Öl auf Leinwand, 250 x 250 cm
Klosterneuburg, Sammlung Essl

Kiki Kogelnik
Display, 1989
Acryl, Öl auf Leinwand
112 x 102 cm
Klosterneuburg, Sammlung Essl

Malerei der 80er und 90er Jahre

»Im ersten Studienjahr in Wien 1954 ging ich heimlich zum Abendakt von Boeckl. Ich studierte zwar bei Gütersloh, aber beim Boeckl war ich zu Hause. Diesen Abendakt versuchte ich in meinen vier Studienjahren nie zu versäumen, er ersetzte Kino, Rendezvous, Abendessen.« Mit diesen Worten beschrieb die in Kärnten geborene Künstlerin Kiki Kogelnik ihre Zeit an der Akademie. Kogelnik kam aus einer Generation, in der die österreichischen Künstler abstrakte Tendenzen verfolgten. So begann auch sie zunächst mit großformatigen Bildern, in denen sie mit schwungvollen Pinselstrichen Kreise und Ringe setzte. Sie gehörte zur Gruppe um Prachensky und Mikl und war kurzzeitig mit Arnulf Rainer verlobt. Durch einen Aufenthalt in Paris lernte sie den amerikanischen Künstler Sam Francis kennen und zog Anfang der sechziger Jahre nach New York. In der Folge pendelte die Künstlerin zwischen Wien, Kärnten und New York.

Als Reaktion auf den in den USA allgegenwärtigen abstrakten Expressionismus entwickelte Kogelnik unter Einfluß der in New York aufkommenden Pop-Art ihre eigene Variante einer figurativen Bildsprache. Die Farbe ist grell und bunt, die Figuren sind in die Fläche gedrückt, vielfach arbeitete sie mit Körperschablonen. Reduktion und Stilisierung prägten fortan ihr Werk. Eines ihrer zentralen Motive wurde die Maske, der auf das Äußerste reduzierte Kopf, der sie ein Leben lang beschäftigte und zum Markenzeichen ihres Spätwerkes wurde. Sei es in Bildern wie *Display* von 1989 als auch in der Keramik und den berühmten *Venetian heads* aus Murano-Glas. Die Köpfe lassen sich einerseits als Selbstporträts interpretieren, gehen jedoch in ihrer expressiven Bandbreite, als allgemeine Symbole menschlichen Daseins, weit darüber hinaus.

Skulptur und Malerei waren stets in Kogelniks Arbeiten auf das Engste verbunden und führten durch den Perfektionsanspruch zu einer Wiederaufnahme traditioneller handwerklicher Techniken. Ende der achtziger Jahre wurden die Köpfe zu Symbolen eines tanzenden, lachenden Todes. 1997 starb die Künstlerin in Wien.

Die achtziger Jahre waren das Jahrzehnt einer Renaissance der Malerei. Unter dem Anspruch »einfach gute Malerei« zu machen, trat eine junge Generation an die Öffentlichkeit, deren Arbeiten durch einen freien Umgang mit malerischen Mitteln charakterisiert waren. Ihre großformatigen Leinwände postulierten ein Bekenntnis zum Tafelbild, ohne jedoch einem retardierenden Akademismus zu verfallen. Inhaltliche und ästhetische Konzepte wurden hinterfragt, harmonische Kompositionsgefüge erst gar nicht gesucht.

Die als »Neue Wilde« bezeichneten Maler wurden vor allem durch die Wiener Galerien Ariadne, Pakesch und Krinzinger gefördert und auf diversen Kunstmessen auch einem internationalen Publikum vorgestellt. Der in Oberösterreich geborene

Siegfried Anzinger
Pferde, 1982
Acryl auf Molino, 195 x 145 cm
Museum moderner Kunst
Stiftung Ludwig

Gunter Damisch studierte bei Arnulf Rainer an der Akademie in Wien. Gegenüber den buntfarbigen Bildern, die charakteristisch für sein frühes Werk sind, dominierten Ende der achtziger Jahre große Flächen, die durch die Reduktion von Form und Farbe bestimmt waren. Die Thematik verschob sich von einer narrativen, figuralen Gestaltung auf wenige, meist amöbenartige Gebilde, die von außen in das Bild hineinschweben. Titel wie *Weltenbilder* oder *Helles Weltenfeld* zielen unmittelbar auf eine mentale Ebene des Bildverständnisses. Die hellen Farbfelder sind durch zahlreiche Übermalungen dichter und dichter geworden und geben Partikel diverser Farbeinschlüsse frei. Gleich den geologischen Schichten setzt sich das Bild aus Ebenen zusammen, die letztlich nicht alle bis zur Oberfläche dringen. Gegenüber den schnell gesetzten Pinselstrichen der frühen achtziger Jahre ist nun das Bemühen um malerische Verdichtung der wesentliche Faktor.

Als der Hauptvertreter der neuen Malerei in Österreich gilt Siegfried Anzinger. Bis Mitte der achtziger Jahre dominierte die expressive Manier des gestischen Pinselstriches seine Bilder. Haupt-

Hubert Scheibl
O.T., 1983
Acryl auf Leinwand
251 x 200 cm
Klosterneuburg, Sammlung Essl

Gottfried Helnwein
Selbstbildnis, 1983
Aquarell und Acryl auf Papier
210 x 150 cm
Klosterneuburg, Sammlung Essl

ABBILDUNG GEGENÜBER:
Christian Ludwig Attersee
Wetterhändler, 1996
2 Millionen handgebrochene Glassteine aus Muranoglas
Größe 210 m^2
Mariahilfer Straße 78–80

motive waren tragische, isolierte Einzelpersonen, die mit großem Pathos behandelt wurden. Sein 1982 entstandenes *Rotes Bild* ist dafür ein gutes Beispiel. Die Malerei ist mit schnellem, breitem Pinselstrich gesetzt, Erstentwürfe werden dabei häufig übermalt, die Figur einer stark farbigen Fläche gegenüber gestellt. Das Figurative löst sich dabei noch nicht ganz im Malgrund auf. Es ist immer noch als Form gemeint. Motiv und Malerei stehen gleichgewichtig nebeneinander.

Während damals viele Maler in die Abstraktion oder in ein neues Medium gingen, entschied sich Anzinger für eine Gradwanderung zwischen Abstraktion und Figuration. Anzinger entwickelte von Bilderserie zu Bilderserie sein eigenes malerisches Vokabular, und dies vor einem zeitgenössischen Hintergrund, in dem so etwas wie »Herbststimmung« in der figurativen Malerei herrschte. Sie wurde nach ihren anfänglichen Triumphen nun plötzlich wieder in Frage gestellt und attackiert. »Man mußte«, so Anzinger, »schon genau wissen, worum es einem wirklich ging, wenn man auf diesem subjektiven Weg weitermachen wollte.« Sicher geht es Anzinger auch um körperliche und emotionale Aspekte in seiner Malerei, doch schließt er erzählerische Ausschweifungen aus. Denn, so Anzinger, figurative Malerei sei und müsse letztlich mehr sein als ein schönes Bild an der Wand.

In den *Madonnenbildern* sowie auch in seinen Porträts, die in der zweiten Hälfte der neunziger Jahre entstanden, wird das malerische Anliegen Anzingers mit aller Brisanz deutlich. Anzinger selbst prägte für seine Arbeiten den Terminus »versenkte Malerei«, das dargestellte Sujet verbindet sich dabei mit dem Malgrund. Wenige Details, wie die Sitzstellung des Porträtierten oder farbliche Andeutungen genügen, um räumliche Situationen zu fixieren.

Ebenso wie Anzingers Malerei war auch jene Hubert Scheibls in den frühen achtziger Jahren geprägt von einem gestischen breiten Farbauftrag, der in dichten Pinselschlägen, die sich beständig überlagern, den Malgrund überzieht. Der gegenständliche Ausgangspunkt ist dabei nur noch assoziativ faßbar. Seine Mitte der achtziger Jahre entstandenen Bilder zeigen eine deutliche Hinwendung zur Monochromie. In der Folge wurden seine Bilder, vergleichbar der künstlerischen Entwicklung seiner Malerkollegen Anzinger, Bohatsch oder Damisch, ruhiger. Den reliefartigen pastosen Oberflächen folgten großformatige Tafeln mit glattem Farbauftrag. Geblieben ist der originär malerische Zugang, das Zusammenwirken von Licht und Farbe. Hinzu kommt eine neue inhaltliche Intensität, die deutlich meditativen Tendenzen verpflichtet ist. Scheibl fügt seine Bilder zumeist zu Diptychen oder dreiteiligen Werkgruppen zusammen, wobei einerseits metallische Oberflächen mit Malerei kontrastieren, andererseits monochrome Tafeln mit einer

Brigitte Kowanz
O.T., 1987
Mischtechnik auf Molino
200 x 120 cm
Klosterneuburg, Sammlung Essl

bewegteren, expressiveren Malerei in Verbindung gebracht werden.

Die Malerei von Hubert Schmalix entsteht seit 1987 in seinen Ateliers in Los Angeles und Wien, seit 1986 ist Schmalix auch Professor an der Akademie der bildenden Künste in Wien. Seine Malerei ist ein Bekenntnis zur Figuration. Große Themenbereiche variieren und verbinden das Frühwerk mit den Arbeiten der neunziger Jahre, auch wenn Schmalix formal seine »wilden Anfänge« verlassen hat. Seine Malerei arbeitet mit dem Einsatz signalhafter Primärfarben, die er oft in Kontrast zu einem strengen architektonischen Bildaufbau stellt. In den neunziger Jahren dominiert in seiner Malerei die bereits 1987 begonnene Auseinandersetzung mit der Christusdarstellung, die in den *Alphaomega*-Bildern ihren vorläufigen Höhepunkt findet.

Herbert Brandl studierte in Wien bei Peter Weibel an der Hochschule für angewandte Kunst. Ähnlich wie Scheibl stellt auch er seine Bilder zumeist zu Werkgruppen aneinander. Sein Ausgangspunkt ist dabei die Landschaft, doch zielt das schwere Impasto seiner Farbzüge nicht auf ein Nachahmen gesehener Natur, sondern vor allem auf die Darstellung des Atmosphärischen, auf das Wirken der Naturkräfte, auf die Stimmungen, hervorgerufen durch Wind und Wetter, ohne dabei jedoch in eine lyrisch-poetische Bildsprache zu verfallen. Daß Landschaftsmalerei heute nur noch denkbar ist als Malerei, die die Landschaft negiert, weil sie ganz zu ihren immanenten Wesenszügen fand, bedingt eine Reduktion des Gegenstandes auf seine wesentlichen allgemeinen Grundformen.

In den späten achtziger Jahren entstanden Gemeinschaftsarbeiten mit Gerwald Rockenschaub und Franz West. West gehört heute zu den wichtigsten internationalen Objektkünstlern. Seine ersten Arbeiten in den siebziger Jahren sind Fotocollagen, in denen West verschiedene Versatzstücke auf einen zweidimensionalen Bildträger montiert. Aus Kritik am Wiener Aktionismus, in dem, so West, die Teilnehmer der Aktionen passive Zuschauer sind, entwickelte der Künstler seine Forderung nach der Benützbarkeit der Kunstwerke. Seine Objekte, für die später der Begriff »Paßstücke« gefunden wurde, waren zunächst aus gipsähnlichem Polyester gefertigt und später aus Aluminium. Sie boten die Möglichkeit, sich diese Skulpturen an den Körper anzupassen.

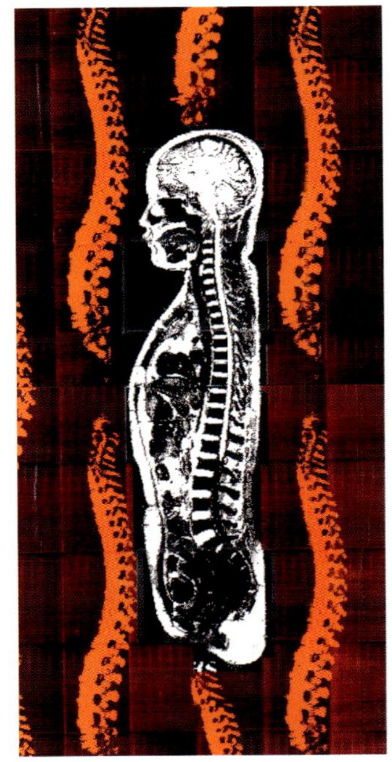

Peter Kogler
Anatomy orange, 1990
Farbkopie auf Leinwand
240 x 120 cm
Klosterneuburg, Sammlung Essl

Mit der Benützbarkeit überschritt West die Grenzen des klassischen Skulpturenbegriffes und wandte sich gegen eine »passive, auf klischierten Assoziationen basierende Perzeption« von Kunst. Die Skulpturen dienten dabei als Motor für Bewegungsabläufe, die es auch dem Rezipienten, und nicht nur dem Künstler, ermöglichen sollten, in eine andere Realität einzutauchen. Die Paßstücke wurden zur Voraussetzung für die Tische, Liege-und Sitzmöbel des Künstlers. Diese laden zum Benützen ein und bleiben doch auf Grund ihrer materialbedingten, sperrigen Beschaffenheit Objekte.

In den neunziger Jahren fügte West seine Möbel zu großen Installationen zusammen. Seien es seine Sitze, bespannt mit afrikanischen Stoffen auf der dokumenta X in Kassel, oder die *Telefonskulpturen* für das Carnegie Institute in Pittsburg.

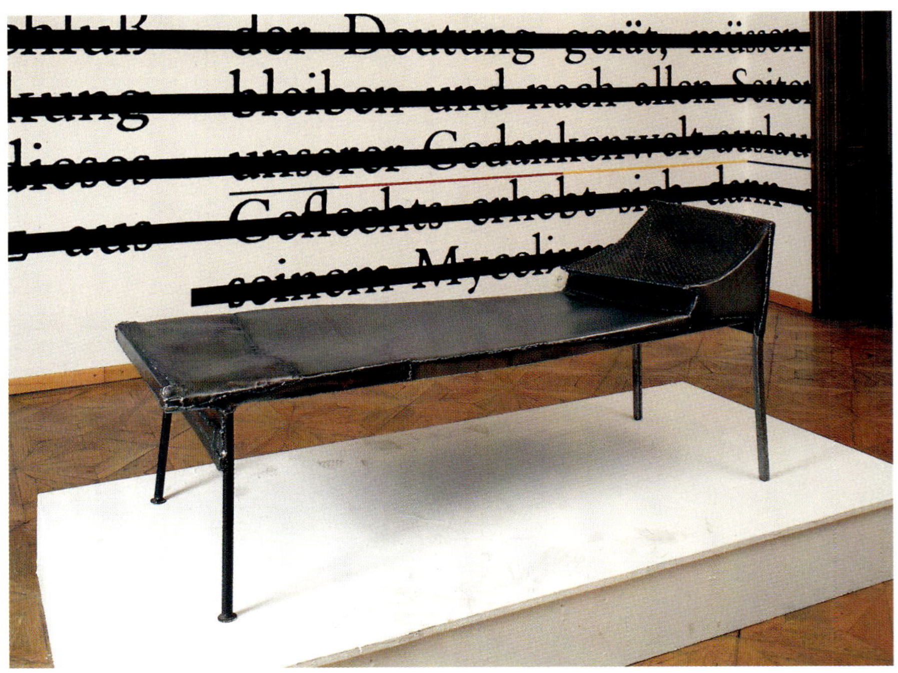

Franz West
Liege, 1989
Metall, 160 x 64 x 65 cm
Museum moderner Kunst
Stiftung Ludwig

Stets ist seine Kunst ein Angebot zur Benützbarkeit und bewegt sich in entsprechenden Arrangements, das heißt, im Grenzbereich zum Möbel. Dies wird erst in zweiter Linie vom Betrachter als Kunstwerk wahrgenommen, getreu der Feststellung des Künstlers: »Wenn sie sich hinsetzen, so sitzen sie mitten in der Kunst.«

Gleichzeitig zu West erweiterten auch andere Künstler wie Gerwald Rockenschaub, Franz Graf, Brigitte Kowanz, Ernst Caramelle oder Heimo Zobernig, um nur einige zu nennen, die klassische Skulptur und Malerei durch die Elemente Zeit, Raum, Klang, Licht und Sprache. Unter Einbeziehung der Neuen Medien wie Video und Computer führen sie jene Entwicklung weiter, die in den sechziger Jahren von Peter Weibel und VALIE EXPORT eingeleitet wurde.

In den Lichtinstallationen von Brigitte Kowanz ist das Kunstwerk als geformte Materie nicht mehr vorhanden. Die Arbeiten sind weder Skulptur im klassischen Sinn, noch Malerei auf zweidimensionalem Bildträger. Das Licht selbst wird zum Instrument einer künstlerischen Gestaltungstechnik, die den Raum durch die entstehenden Schattenkonfigurationen stets miteinbezieht. Die Lichtquelle wird selbst zum Objekt gestaltet und schafft andererseits durch gezielte Streuung eine immaterielle Raumsituation.

Peter Koglers Arbeiten bewegen sich im Bereich der Intermedialität. Nach grafischen und plastischen Arbeiten zu Anfang der achtziger Jahre wird sein Medium der Computer. Die solcherart erstellten digitalen Bildfindungen werden auf vielfältiger Medien gedruckt, sei es auf Papier als zum Teil großformatige Computergrafik oder mittels Siebdruckverfahren auf eine farbige Leinwand. Ausgehend von den binären Punktesystemen des Computers entwickelt Kogler neben figurativen Motiven auch abstrakte Zeichenformen. Die Elemente reichen von der bereits legendär gewordenen *Ameise* zu den technoiden Labyrinthen aus sich verzweigenden Röhrenformen oder Gehirnwindungen. Vielfach kombiniert werden sie auch auf Stoffe gedruckt. In seinen Vorhang- und Tapeteninstallationen nutzt Kogler räumliche Vorgaben und spielt mit traditionellen Austattungsschemata, um diese jedoch durch seine digitale Motivwelt als autonomes Kunstwerk zu gestalten und sie der Funktionalität und Dekorhaftigkeit zu entziehen.

Kogler gehört längst zur Elite der internationalen Kunstszene, seine großflächige Raumgestaltung mittels Tapetenmodulen auf der documenta X in Kassel zählte zu den am häufigsten publizierten Kunstwerken des Jahres 1997. Seine Module trägt Kogler auf definierte vorgefundene Raumsituationen oder auf eigens dafür konstruierte Umräume auf und bringt seine Arbeit damit in Verbindung mit der Idee des »Environment«.

Hubert Schmalix
Alphaomega V, 1993
Öl auf Leinwand, 172 x 132 cm
Klosterneuburg, Sammlung Essl

LINKS:
Herbert Brandl
O.T., 1992/93
Öl auf Leinwand, 160 x 160 cm
Klosterneuburg, Sammlung Essl

Moderne Skulptur im öffentlichen Raum

Die Idee der Übertragung des Kunstobjektes in den öffentlichen Raum wurde in den vierziger Jahren in England entwickelt. Kunst im Raum der Stadt war und ist stets ein Kompromiß zwischen dem gebauten Objekt und dem Wunsch nach einem modernen, autonomen Kunstwerk. In den fünfziger Jahren wurden im Wiener kommunalen Wohnbau in der Hauptsache verbindliche, retardierende Lösungen gefunden.

Die vor der Karlskirche aufgestellte Skulptur des englischen Bildhauers Henry Moore markierte den Aufbruch zu einer Reihe von Aufträgen an zeitgenössische internationale Künstler. Moore hat mit der Durchbrechung der geschlossenen Figur bewußt das Verhältnis von Plastik und Raum durch tektonische Strukturierung und Integration gestaltet. So setzt auch das *Wiener Trio* (Abb. S. 440), die im September 1998 aufgestellte Skulptur des amerikanischen Architekten Philip Johnson, einen modernen Akzent. Mit dem *Wiener Trio* gelangte ein ausdrucksvolles Spätwerk des international renommierten Architekten nach Wien. Es steht an der Grenze zwischen Architektur und Kunst und dokumentiert damit einmal mehr das Spannungsverhältnis des Kunstwerkes im öffentlichen Raum, das heraustritt aus seinem kunstimmanenten Dasein in eine gesellschaftlich bezogene, konkrete und alltägliche Praxis.

So ist die Skulptur einerseits architektonischer Akzent am Schottenring, am Abschluß der Wiener Ringstraße, andererseits Ausdruck des Kunstinteresses einer großen Wiener Versicherung vor deren Hauptsitz im Ringturm. Mit ihrer finanziellen Hilfe konnte das *Wiener Trio* in Zusammenarbeit mit dem Museum für angewandte Kunst errichtet werden. Formal markiert die Skulptur eine für das Œuvre des heute 91jährigen Architekten überraschende Hinwendung zu einem skulpturalen Ansatz. Johnson, der unter anderem mit dem Trump Tower und mit dem AT & T Gebäude das Stadtbild von New York prägte, reflektiert mit dem *Wiener Trio* seine langjährige Faszination für das Monumentale und für die Verbundenheit mit der bildenden Kunst.

Kunst im öffentlichen Raum ist in Wien stark von der Stadtgeschichte geprägt, wie Hrdlickas Mahnmal am Albertinaplatz oder das nach langen Diskussionen nun projektierte Denkmal von Rachel Whiteread am Judenplatz beweisen. Kunst im öffentlichen Raum wird zum Anlaß für Diskussionen, die weit über eine Auseinandersetzung um formale Fragen hinausgeht. Auch in den jüngsten Aufträgen der Stadt wird Kunst in die Architektur einbezogen. Vielfach bietet dies jungen Künstlern eine erste Möglichkeit, ihre Werke in größerem Zusammenhang zu präsentieren. Hier sind die *Nike* des 1958 geborenen Thomas Hoke zu nennen oder die Erweiterung der U-Bahn-Linie U3, in der die Stationen von zeitgenössischen österreichischen Künstlern ausgestaltet wurden.

Abbildungen gegenüber
Oben:
Hubert Schmalix
Der Vater weist dem Kind den Weg, 1996
Skulptur auf grauem Sichtbeton blauer Betonguß, H. 310 cm
Sockel 40 cm

Unten:
Donald Judd
Stage Set, 1991
Stahl, Stoff, 10 x 7,5 x 12,5 m
seit 1996 im Wiener Stadtpark aufgestellt

Abbildung rechts:
Thomas Hoke
Nike, 1995
Stahl, Grobwalzblech
max. H: 700 cm
Karlsplatz, vor der Kunsthalle

Abbildung S. 440:
Philip Johnson
Wiener Trio, 1996
max. Höhe 6 m
polyesterharz-beschichtete Holzkonstruktion, Fiberglas
Franz Josefs-Kai/Schottenring

UNION

Anhang

Bibliographie

EHRENFRIED KLUCKERT
Kunst und Architektur von der Antike bis zur Renaissance und Kunst und Architektur im 17. und 18. Jahrhundert. Barock und Rokoko

Alewyn, R./Sälzle, K.: Das große Welttheater. Die Epoche der höfischen Feste, München 1989
Aurenhammer, H.: Johann Bernhard Fischer von Erlach, London 1973
Baldass, P. von/Buchowiecki, W./Mrazek, W.: Romanische Kunst in Österreich, Wien 1962
Brucher, G.: Barockarchitektur in Österreich, Köln 1983
Coudenhove, G.: Die Wiener Pestsäule, Wien 1958
Czeike, F.: Geschichte der Stadt Wien, Wien 1983
Donin, R. K.: Venedig und die Baukunst von Wien und Niederösterreich, Wien 1983
Dworschak, F.:/Kühnel, H. (Hrsg.): Die Gotik in Niederösterreich, Wien 1963
Ernst, R./Garger, E.: Die früh- und hochgotische Plastik des Stephansdoms, München 1972
Feuchtmüller, R.: Der Wiener Stephansdom, Wien 1978
Fillitz, H.: Die Schatzkammer in Wien, Wien/München 1964
Georg Raphael Donner 1693–1741, Ausstellungskatalog: Österreichische Galerie Belvedere, Wien 1993
Ginhart, K.: Die Fürstenstatuen von St. Stephan in Wien und die Bildwerke aus Großlobming, Klagenfurt 1972
Grimschitz, B.: Johann Lukas von Hildebrandt, Wien 1959
Hajós, B.: Die Schönbrunner Schloßgärten, Wien/Köln/Weimar 1995
Hempel, E.: Baroque Art and Architecture in Central Europe, Bungay 1965
Kleiner, S.: Das Belvedere zu Wien, Dortmund 1980
Koepf, H.: Die gotischen Planrisse der Wiener Sammlungen, Wien 1986
Kraus, W.:/Müller, P.: Wiener Palais, München 1991
Leitisch, A. T.: Vienna Gloriosa. Weltstadt des Barock, Wien 1963
Loidl, F.: Geschichte des Erzbistums Wien, München 1983
Lorenz, H.: Johann Bernhard Fischer von Erlach, Zürich 1992
Ludwig, V. O.: Klosterneuburg, Wien 1951
Oettinger, K.: Das Werden Wiens, Wien 1951
Oppl, F.: Nachrichten aus dem mittelalterlichen Wien, Wien 1995
Polleroß, F. (Hrsg.): Fischer von Erlach und die Wiener Barocktradition, Wien 1995
Praschl-Bichler, G.: Wien. Architektur des Barock, Wien 1990
Rapf, P. C.: Das Wiener Schottenstift zur Babenberger Zeit. In: 1000 Jahre Babenberger in Österreich, Stift Lilienfeld, Wien 1976, 301–305
Raschauer, O.: Schönbrunn. Der Schloßbau Kaiser Josephs I., Wien 1960
Sedlmayr, H.: Johann Bernhard Fischer von Erlach, München 1956
Stephan, P.: »Ruinam praecedit superbia«. Der Sieg der Virtus über die Hybris in den Bildprogrammen des Prinzen Eugen von Savoyen. In: Belvedere 1, 97, 62–87
Tietze, H.: Alt-Wien in Wort und Bild. Vom Ausgang des Mittelalters bis zum Ende des 18. Jahrhunderts, Wien 1924
Timmermann, B.: Die Begräbnisstätten der Habsburger in Wien, Wien 1996
Zöllner, E.: Wien zur Zeit der Babenberger. In: 1000 Jahre Babenberger in Österreich, Stift Lilienfeld, Wien 1976, 296–300.

PETER PLAßMEYER
Architektur im 19. Jahrhundert. Vom Klassizismus bis zur Ringstraßenära

Architektur in Wien, Wien 1987
Bösel, R./Benedikt, C.: Der Michaelerplatz. Seine städtebauliche und architektonische Entwicklung, Wien 1991
Bürgersinn und Aufbegehren. Biedermeier und Vormärz in Wien. 1815–1848, Ausstellungskatalog, Wien 1987
Das Zeitalter Kaiser Franz Josephs, 1. Teil, 1848–1880, Von der Revolution zur Gründerzeit, Ausstellungskatalog Schloß Grafenegg, Wien 1984, 2 Bde.
Das Zeitalter Kaiser Franz Josephs, 2. Teil, 1880–1916, Glanz und Elend, Ausstellungskatalog Schloß Grafenegg, Wien 1987, 2 Bde.
Schmidt, J./Tietze, H.: Dehio-Handbuch. Die Kunstdenkmäler Österreichs: Wien, Wien/München 1973 (6. Auflage)
Der Traum vom Glück. Die Kunst des Historismus in Europa, Ausstellungskatalog, Wien 1997
Elisabeth von Oesterreich. Einsamkeit, Macht und Freiheit, Ausstellungskatalog, Wien 1987
Freiheit, Gleichheit, Brüderlichkeit auch in Österreich? Auswirkungen der Französischen Revolution auf Wien und Tirol, Ausstellungskatalog, Wien 1989
Hoffmann, H.-C.: Die Theaterbauten von Fellner und Helmer, München 1966
Im Schatten der Weilburg: Baden im Biedermeier, Ausstellungskatalog, Baden 1988
Jenni, U.: Theophil Hansen. Entwürfe zur Akademie der Bildenden Künste in Wien, Wien 1985
Keller, H.: Die Kunst des 18. Jahrhunderts (Propyläen Kunstgeschichte),Frankfurt/Main,/ Berlin 1990
Kräftner, J.: Joseph Kornhäusel. Ein vergessener Biedermeierarchitekt. In: Parnass 3, 1987, 48–67
Kraus, W./Müller, P.: Wiener Palais, Wien 1991
Kriller, B./Kugler, G.: Das Kunsthistorische Museum. Die Architektur und Ausstattung. Idee und Wirklichkeit des Gesamtkunstwerkes, Wien 1991
Olsen, D. J.: The City as a Work of Art– London, Paris, Vienna, New Haven 1986
Österreich zur Zeit Kaiser Josephs II., Mitregent Kaiserin Maria Theresias, Kaiser und Landesfürst, Ausstellungskatalog Stift Melk, Wien 1980
Plaßmeyer, P.: Die Wiener Fernbahnhöfe des 19. Jahrhunderts. Architektur zwischen ökonomischem Zwang und bürgerlicher Selbstdarstellung, phil. Diss., Marburg a.d. Lahn 1990
Revolutionsarchitektur. Ein Aspekt der europäischen Architektur um 1800, Ausstellungskatalog, München 1990
Roschitz, K.: Vom Glanz des Wiener Lebens. Die Wiener Weltausstellung 1973. In: Parnass 5, 1989, 52–58
Schild, E.: Zwischen Glaspalast und Palais des Illusions. Form und Konstruktion im 19. Jahrhundert, Braunschweig./ Wiesbaden 1983 (2. Auflage)
Traum und Wirklichkeit. Wien 1870–1930, (Ausstellungskatalog) Wien 1985
Wagner-Rieger, R.: Wiens Architektur im 19. Jahrhundert, Wien 1970
Wagner-Rieger, R.: Vom Klassizismus bis zur Sezession. In: Geschichte der bildenden Kunst in Wien, Band 7, Wien 1973
Wagner-Rieger, R./Reissberger, M.: Theophil Hansen, Wiesbaden 1980
Wien 1850–1930. Architektur, Photographien von Roberto Schezen, Text von Peter Haiko, Wien 1992
Wiribal, N./Mikula, R.: Heinrich von Ferstel, Wiesbaden 1974
Zeitler, R.: Die Kunst des 19. Jahrhunderts (Propyläen Kunstgeschichte), Frankfurt/Main/ Berlin 1990

SABINE GRABNER
Malerei und Skulptur des 19. Jahrhunderts 1790–1890

Aurenhammer, H.: Anton Dominik Fernkorn, Wien 1959
Braunegger, T./Hörmann-Weingartner, M.: Theodor von Hörmann, Wien 1979
Buchowiecki, W.: Geschichte der Malerei in Wien. In: Geschichte der bildenden Kunst in Wien, Wien 1955
Burg, H.: Der Bildhauer Franz Anton Zauner und seine Zeit. Ein Beitrag zum Klassizismus in Österreich, Wien 1915
Dreger, M.: Josef Führich, Wien, 1912
Feuchtmüller, R.: Leopold Kupelwieser und die Kunst der österreichischen Spätromantik, Wien 1970
Feuchtmüller, R.: Friedrich Gauermann, Wien 1962
Feuchtmüller, R.: Ferdinand Georg Waldmüller, Wien 1987
Frodl, G.: Hans Makart. Monographie und Werkverzeichnis. Mit einem Beitrag von Renata Mikula, Salzburg 1974
Frodel, D.: Wiener Malerei der Biedermeierzeit, Rosenheim 1987
Frodel-Schneemann, M.: Johann Peter-Krafft 1780–1856, Wien/München 1984
Fuchs, H.: Emil Jakob Schindler. Zeugnisse eines ungewöhnlichen Künstlerlebens, Wien 1970
Giese, H.: Franz von Matsch. Leben und Werk 1861–1942, ungedr. Diss. Wien 1976
Grimschitz, B.: Österreichische Maler vom Biedermeier zur Moderne, Wien 1963
Grimschitz, B.: Ferdinand Georg Waldmüller, Salzburg 1957
Gurlitt, C.: Die deutsche Kunst des Neunzehnten Jahrhunderts. Ihre Ziele und Thaten, Berlin 1899
Hevesi, L.: Österreichische Kunst im 19. Jahrhundert, Leipzig 1903
Hoffmann, H.-C./Krause, W./Kitlitschka, W.: Das Wiener Opernhaus, Wiesbaden 1972
Kapner, G.: Ringstraßendenkmäler, Wiesbaden 1973
Kitlitschka, W.: Die Malerei der Wiener Ringstraße, Wiesbaden 1981
Koschatzky, W.: Rudolf von Alt. 1812–1905, Salzburg 1975

Koschatzky, W.: Peter Fendi, Salzburg 1995
Krasa-Florian, S.: Johann Nepomuk Schaller, Wien 1977
Krause, W.: Die Plastik der Wiener Ringstraße von der Spätromantik bis zur Wende um 1900, Wiesbaden 1981
Kuhn, B.: Der Landschaftsmaler Michael Wutky (1739–1822). Leben und Werk, ungedr. Diss. Innsbruck 1980
Lutterotti, O.R.v.: Joseph Anton Koch (1768–1839). Leben und Werk, Wien/München 1985
Moll, C.: Emil Jakob Schindler 1842–1892. Eine Bildnisstudie, Wien 1930
Novotny, F.: Der Maler Anton Romako 1832–1889, Wien/München 1954
Novotny, F.: Painting and Sculpture in Europe 1780 to 1880, Harmondsworth, 1960
Otten, F.: Ludwig Michael Schwanthaler 1802–1848, München 1970
Poch-Kalous, M.: Wiener Plastik im 19. Jahrhundert. In: Geschichte der bildenden Kunst in Wien. Plastik in Wien, Wien 1970
Pötschner, P.: Wien und die Wiener Landschaft. Spätbarocke und biedermeierliche Landschaftskunst in Wien, Salzburg 1978
Probszt, G.: Friedrich von Amerling. Der Altmeister der Wiener Porträtmalerei, Zürich/Leipzig/Wien 1927
Rittinger, B.: Die Kreuzwegfresken Josef von Führichs in der Pfarrkirche St. Johann Nepomuk Wien II, Praterstraße, ungedr. Diss. Wien 1976
Strobl, A.: Das k.k. Waffenmuseum im Arsenal. Der Bau und seine künstlerische Ausschmückung, Graz/Köln 1961
Zemen, H.: Leopold Karl Müller 1834–1892. Briefe und Dokumente, Wien 1996
Zeitler, R.: Die Kunst des 19. Jahrhunderts, Berlin 1966
Zimmermann, H.: Das Alt-Wiener Sittenbild, Wien 1923
Zimmermann, W.: Anselm Feuerbach, Karlsruhe 1961

Ausstellungskataloge:
Romantik und Realismus in Österreich. Gemälde und Zeichnungen aus der Sammlung Schäfer Schweinfurt, Schloß Laxenburg 1968
Bisanz, H./Krapf, M.: Johann Evangelist Scheffer von Leonhardshoff, Österreichische Galerie Belvedere und Historisches Museum der Stadt Wien, Wien 1977
Bürgersinn und Aufbegehren. Biedermeier und Vormärz in Wien 1815–1848, Historisches Museum der Stadt Wien, Wien 1988
Bilder des Lebens. Johann Baptist Reiter und der Realismus des 19. Jahrhunderts, Museum Francisco Carolinum Linz 1990
Schröder, K. A.: Waldmüller, Kunstforum Wien , München 1990
Frodl, G.: Der Außenseiter Anton Romako 1832–1889. Ein Maler der Ringstraßenzeit, Österreichische Galerie Belvedere, Wien 1992
Wiener Biedermeier. Malerei zwischen Wiener Kongreß und Revolution, Kunstforum Wien, München 1993
Grabner, S.: Ferdinand Georg Waldmüller, Museum Carolino Augusteum Salzburg und Tiroler Landesmuseum Ferdinandeum, Salzburg 1993
Birke, V.: Josef Danhauser (1805–1845). Gemälde und Zeichnungen, Wien 1993
Fillitz, H. (Hrsg.): Der Traum vom Glück. Die Kunst des Historismus in Europa, Künstlerhaus und Akademie der bildenden Künste in Wien, Wien 1996
Becker, E./Grabner, S. (Hrsg.): Wien 1900. Der Blick nach innen, Van Gogh-Museum Amsterdam, Von der Heydt-Museum Wuppertal, Zwolle 1997
May-Oehring, E. (Hrsg.): Orient. Österreichische Malerei zwischen 1848 und 1914, Residenzgalerie Salzburg, Salzburg 1997
Holsten, S.: Moritz von Schwind. Meister der Spätromantik, Staatliche Kunsthalle Karlsruhe und Museum der bildenden KünsteLeipzig, Ostfildern-Ruit 1997

BARBARA BORNGÄSSER
Architektur von der Jahrhundertwende bis zur Gegenwart

Übersichtswerke mit weiterführender Literatur:
Achleitner, F.: Österreichische Architektur im 20. Jahrhundert, 4 Bde., Salzburg, Wien 1980–85
Achleitner, F.: Wiener Architektur. Zwischen typologischem Fatalismus und semantischem Schlamassel, Wien/Köln/Weimar 1996
Architektur im 20. Jahrhundert. Österreich, Ausstellungskatalog DAM Frankfurt 1995/96, München/New York 1995
Architektur Wien. 500 Bauten, Stadtplanung Wien (Hrsg.), Wien/New York 1997
Bode, P. M./Peichl, G.: Architektur aus Österreich seit 1960, Wien 1980
Borsi, F./Godoli, E.: Wiener Bauten der Jahrhundertwende. Die Architektur der Habsburgischen Metropole zwischen Historismus und Moderne, Stuttgart 1985
Feuerstein, G.: Visionäre Architektur Wien 1958/88, Berlin 1988
Frank, J. (Hrsg.): Die internationale Werkbundsiedlung Wien 1932, Wien 1932
Haiko, P.: Wien 1850–1930. Architektur, Wien 1992
Hautmann, H./Hautmann, R.: Die Gemeindebauten des Roten Wien, 1919–34, Wien 1980
Kapfinger, O./Kneissl, F. E.: Dichte Packung. Architektur aus Wien, Salzburg/Wien 1989
Kapfinger, O./Krischanitz, A.: Die Wiener Secession. Das Haus: Entstehung, Geschichte, Erneuerung, Wien/Köln/Graz 1986
Neuer Wiener Wohnbau, Ausstellungskatalog ,Bundesministerium für Auswärtige Angelegenheiten (Hrsg.), Wien 1991
Österreichische Architektur 1945–75, Österreichischen Gesellschaft für Architektur (Hrsg.), Wien 1976
Peichl, G./Steiner, D. (Hrsg.): Neuer Wiener Wohnbau, Wien 1986
Pozzetto, M.: Die Schule Otto Wagners. 1894–1912, Wien/München 1980
Swoboda, H. (Hrsg.): Wien. Identität und Stadtgestalt, Wien/Köln 1990
Tafuri, M.: Vienna Rossa. La politica residenziale nella Vienna socialista, 1919–1933, Mailand 1980
Varnedoe, K.: Wien 1900. Kunst. Architektur. Design, Köln 1987
Waissenberger, R.:(Hrsg.): Wien 1890–1920, Wien/Heidelberg 1984
Weihsmann, H.: Das Rote Wien. Sozialdemokratische Architektur und Kommunalpolitik 1919–1934, Wien 1985
Widder, E.: Zeichen des Heils. Kirchenkunst der Gegenwart in Österreich, Linz 1963
Wien. Architektur. Der Stand der Dinge. Stadtplanung (Hrsg.), Wien 1995

Zu einzelnen Künstlern und Themen:
Adolf Loos, Ausstellungskatalog der Graphischen Sammlung der Albertina Wien, Wien 1989
Blohmensacht, F.: Hans Hollein, Stuttgart 1989
Clemens Holzmeister, Ausstellungskatalog, Wien 1982
Clemens Holzmeister. Architekt in der Zeitenwende. Selbstbiographie, Werkverzeichnis, 3 Bde., Salzburg/Stuttgart/Zürich 1976
COOP Himmelblau: Architektur muß brennen, Graz 1980
Czech, H./Mistelbauer, W.: Das Looshaus, Wien 1976
Fonatti, F.: Gustav Peichl. Opere e progetti 1952–1987, Mailand 1987
Fritz Wotruba. Kirche zur Heiligsten Dreifaltigkeit, St. Gallen 1976
Geretsegger, H./Peintner, M.: Otto Wagner 1841–1918, Salzburg/Wien 1983
Graf, O.A.: Die vergessene Wagnerschule, Wien 1969
Graf, O.A.: Otto Wagner. Das Werk des Architekten, 2 Bde., Wien/Köln/Graz 1985
Günther Domenig. Werkbuch, Museum für Angewandte Kunst Wien (Hrsg.), Wien 1989
Gustav Peichl. Bauten und Projekte, Bundeskunsthalle Bonn (Hrsg), Stuttgart 1992
Hans Hollein. Ausstellungskatalog, Historischen Museum der Stadt Wien (Hrsg.), Wien 1995
Hans Hollein/ Walter Pichler. Architektur, Ausstellungskatalog, Wien 1963
Hübl, H.: Wilhelm Holzbauer. Porträt eines Architekten, Wien 1977
Hundertwasser, F. (Hrsg.): Das Hundertwasser-Haus, Wien 1985
Kamm, P. (Hrsg.): Roland Rainer. Bauten, Schriften, Projekte, Tübingen 1965
Karl Schwanzer. Architektur aus Leidenschaft, Wien/München 1974 (2. Auflage)
Kolb, G: Otto Wagner und die Wiener Stadtbahn, München 1989
Krecic, P.: Plecnik. The Complete Work, London 1993
Krimmel, B.: Joseph M. Olbrich, 1867–1908, Darmstadt 1983
Loos, A.: Ornament und Verbrechen, Wien 1908
Moneo, J. R. u.a.: Boris Podrecca. Architecture, Ausstellungskatalog, Madrid 1992
Münz, L.: Adolf Loos. Mit Verzeichnis der Werke und Schriften, Wien 1989
Oechslin, W.: Stilhülse und Kern. Otto Wagner, Adolf Loos und der evolutionäre Weg zur modernen Architektur, Zürich/Berlin 1994
Olbrich, J. M.: Architektur (vollständiger Nachdruck der drei Originalbände von 1914) Tübingen 1988
Peichl, G.: Architektur und Technik. Die Bauten des Österreichischen Rundfunks, Wien 1979
Pettena, G.: Hans Hollein, Mailand 1987
Podrecca, B. (Hrsg.): Max Fabiani. Bauten und Projekte in Wien, Ausstellungskatalog, Wien 1982
Pozzetto, M.: Max Fabiani. Ein Architekt der Monarchie, Wien 1983
Roland Rainer, Arbeiten aus 65 Jahren, Salzburg, Wien 1990
Rukschcio B./Schachel, R.: Adolf Loos. Leben und Werk, Salzburg/Wien 1982
Seiger, H. u. a. (Hrsg.): Im Reich der Kunst. Die Wiener Akademie der bildenden Künste und die faschistische Kunstpolitik, Wien 1990
Sekler, E. F.: Josef Hoffmann. Das architektonische Werk, Salzburg 1987 (2. Auflage)
Spalt, J.: Josef Frank 1885–1967, Wien 1981
Steiner, D. (Hrsg.): Gustav Peichl. A Viennese Architect, Berlin/Tübingen 1993
Wagner, O.: Die Großstadt, Wien 1911
Wagner, O.: Moderne Architektur, Wien 1895 (4. Auflage)
Wilhelm Holzbauer, Bauten und Projekte 1953–90, Hochschule für angewandte Kunst (Hrsg.) Wien 1990
Pehnt, W./Strohl, H: Rudolf Schwarz 1897–1961. Architekt einer anderen Moderne, Stuttgart 1997

Architekturzeitschriften mit laufender Berichterstattung zur zeitgenössischen Architektur in Wien
architektur aktuell
Architektur und Bauforum
Baumeister
Bauwelt
Perspektiven
UM BAU
Wettbewerbe

GABRIELE BÖSCH/SILVIE STEINER
Malerei und Skulptur von der Jahrhundertwende bis zur Gegenwart

Badura-Triska, E. (Hrsg.): Franz West, Ausstellungskatalog Museum moderner Kunst Stiftung Ludwig Wien, Wien 1996
Breicha, O. (Hrsg.): Gustav Klimt. Die goldene Pforte. Werk-Wesen-Wirkung. Bilder und Schriften zu Leben und Werk, Salzburg, 1985
Breicha, O. (Hrsg.): Herbert Boeckl. Das Spätwerk. Bilder nach 1945, Graz 1988
Breicha, O. (Hrsg.): Wirklichkeiten. Aspekte einer Gruppierung. Ausstellungskatalog Museum des 20. Jahrhunderts, Wien 1988
Das Jahrzehnt der Malerei, Österreich 1980–1990. Sammlung Essl, Ausstellungskatalog Kunstforum Wien, Wien 1991
Drechsler, W.: Ansichten. 40 Künstler aus Österreich im Gespräch, Salzburg/Wien 1992
Einfach gute Malerei, Ausstellungskatalog moderner Kunst, Wien 1982
Fahr-Becker, G.: Wiener Werkstätte 1903–1932, Köln 1994
Fleck, R./Smolik, N. (Hrsg.): Kunst in Österreich. Künstler, Galerien, Museen, Kunstmarkt, Kulturpolitik, Adressen, Köln 1995
Fliedl, G.: Gustav Klimt (1862–1918). Die Welt in weiblicher Gestalt, Köln, 1994
Fuchs, R.: Apologie und Diffamierung des »Österreichischen Expressionismus«. Begriffs- und Rezeptionsgeschichte der österreichischen Malerei 1908 bis 1938, Wien/Köln 1991
Gorsen, P.: Jugendstil und Symbolismus in Wien um 1900. In: Wien um 1900. Kunst und Kultur, Wien 1985

Habarta, G.: Frühe Verhältnisse, Kunst in Wien nach '45, Wien 1996
Hevesi, L.: Acht Jahre Secession (März 1897–Juni 1905). Kritik, Polemik, Chronik, 1906. Nachdruck Otto Breicha (Hrsg.), Klagenfurt 1984
Hoerschelmann, A./Weiermair, P. (Hrsg.): Von Schiele bis Wotruba. Arbeiten auf Papier 1908–1938, Wien/Frankfurt/Zürich, 1995
Jetztzeit. Ausstellungskatalog Kunsthalle Wien, 1994
Konfrontationen. Neuerwerbungen 1990–1993. Museum moderner Kunst, Stiftung Ludwig Wien, Wien 1993
Kunst aus Österreich 1896–1996, Kunst- und Ausstellungshalle der Bundesrepublik Deutschland, Bonn, 1996
Max Oppenheimer, Ausstellungskatalog Jüdisches Museum der Stadt Wien, Wien, 1994/95
Museum moderner Kunst (Hrsg.): The Austrian Vision, Positions of Contemporary Art, Ausstellungskatalog für das Denver Art Museum und das Museo Nacional de Bellas Artes Buenos Aires, Wien 1997
Neuwirth, W.: Wiener Werkstätte. Avantgarde. Art Déco. Industrial Design, Wien 1984
Noever, P. (Hrsg.): Die Überwindung der Utilität. Dagobert Peche und die Wiener Werkstätte, Ausstellungskatalog MAK–Österreichisches Museum für angewandte Kunst, Wien 1998
Oskar Kokoschka. Symposium der Hochschule für angewandte Kunst Wien, Salzburg/Wien 1986
Schimmel, P./Noever, P. (Hrsg.): Out of actions. Zwischen Performance und Objekt 1949–1979, MAK-Österreichisches Museum für angewandte Kunst Wien, Wien 1998
Schmied, W. (Hrsg.): Malerei in Österreich 1945–1995. Die Sammlung Essl, München/New York 1996
Schröder, K. A.: Richard Gerstl (1883–1908), Ausstellungskatalog Kunstforum Wien, Wien 1993
Siegfried Anzinger Ausstellungskatalog Museum moderner Kunst, Stiftung Ludwig Wien, Wien, 1998
Skreiner, W.: Österreichs Transavantgarde. In: Achille Bonito Oliva: Transavantgarde International, Mailand 1982
Smola, F./Rossi, A.: Österreichischer Expressionismus. Malerei und Graphik 1905–1925, Ausstellungskatalog der Österreichischen Galerie Belvedere, Wien 1998
Sotriffer, K. (Hrsg.): Der Kunst ihre Freiheit. Wege der österreichischen Moderne von 1880 bis zur Gegenwart, Wien 1984
Szeemann, H./Schröder, K. A. (Hrsg.): Egon Schiele und seine Zeit. Österreichische Malerei und Zeichnung von 1900 bis 1930 aus der Sammlung Leopold, München 1988.
Traum und Wirklichkeit. Wien 1870–1930, Ausst. Kat., Wien Historisches Museum der Stadt Wien, Wien 1985
Weber, S. C. (Hrsg.): Rudolf Hausner 1914–1995; Museum Würth, Künzelsau 1996
Weibel, P./Steinle, C.: Identität Differenz. Eine Topografie der Moderne, Wien 1992
Werkner, P. (Hrsg.): Kunst in Österreich 1945–1995, Wien 1996
Werkner, P.: Richard Gerstl. In: Physis und Psyche. Der österreichische Frühexpressionismus, Wien/München 1986
Wiener Secession (Hrsg.): Secession. Das Jahrhundert der künstlerischen Freiheit, München 1998

Personenregister

Abraham, Raimund 352, 332, 353
Achleitner, Friedrich 323, 327–329
Aichinger 279
Albert, Herzog von Sachsen-Teschen 128, 130, 148, 158, 159, 248
Albrecht I. von Habsburg, deutscher König 22, 24
Albrecht II, Herzog von Österreich 24
Albrecht III., Herzog von Österreich 27, 28
Albrecht V., Herzog von Österreich 30
Albrecht VI., Erzherzog 30
Albrecht, Conrad Adolph von 116
Albrecht, Erzherzog (1817–1895) 268
Alexander, Peter 328
Allard, Karl 55
Alt, Rudolf von 147, 217, 230
Altdorfer, Albrecht 36, 37
Alten Allen, Folbert van 53
Altenberg, Peter 178, 277, 373
Althan, Graf Michael 69
Altomonte, Andrea 85
Altomonte, Martino 110
Amalia Wilhelmina von Braunschweig-Lüneburg, Gemahlin Kaiser Josephs I. 40, 65
Aman, Johann 149, 152
Amerling, Friedrich 223–225
Andri, Ferdinand 302
Andrian, Leopold von 274
Anna, Gemahlin Kaiser Ferdinands I. 38
Anna, Gemahlin Kaiser Matthias' 62, 96
Anzinger, Siegfried 409, 434, 435
Arneth, Alfred Ritter von 268
Arthaber, Emilie von 224, 225
Arthaber, Gustav von 224, 225
Arthaber, Rudolf von 224, 225
Attersee, Christian Ludwig 409, 434, 435
Auerbach, Johann Gottfried 45
Avramidis, Joannis 404, 412, 414
Avrange, Jean Baptiste d' 150
Aynaci Süleyman Pascha 55
Bacher, Rudolf 359
Bachmann, Ingeborg 328
Baceni, Graf 272
Bahr, Hermann 359, 366
Bartolotti von Patenfeld, Johann Karl 89
Bartolotti von Patenfeld, Paul 89
Barwig, Franz 402
Basset, Walter 215
Batoni, Pompeo 136
Batthyány, Adam Graf 74
Bauer, Franz 256
Baumann, Ludwig 278
Bäumer, Wilhelm 163
Bayer, Hermann 132
Bayros, Franz von 274, 275
Beaumarchais, Pierre Augustin Caron de 147
Bechthold, Gottfried 408
Beduzzi, Antonio 87, 140, 141
Beethoven, Ludwig van 57, 147–149, 156, 268
Behrens, Peter 299
Bellini, Giovanni 222
Bellotto, Bernardo (Canaletto) 48, 49, 56, 61, 62, 69, 78, 81, 131
Bendl, Ignaz 62
Benk, Johannes 261, 262
Berg, Alban 274
Berg, Arnold 358
Berger, Julius, 237
Berggruen 267
Bernhard, Thomas 328
Bernini, Gianlorenzo 68, 69
Berteli, Anton 67
Bertoni, Wander 404, 405, 412
Beyer, Wilhelm 245
Bitterlich, Hans 271
Blaas, Carl 172, 174, 175, 233
Blau, Luigi 356
Blau, Tina 240, 243
Bloch, Ferdinand 376
Bloch-Bauer, Adele 376, 377
Böcklin, Arnold 360
Boeckl, Herbert 382, 402, 403, 412–410, 433
Bohacz, Theodor 132, 133
Bohatsch, Erwin 409, 435
Böhm, Adolf 281, 359
Böhm, Gottfried 329
Boos, Franz 142
Boos, Roman Anton 132
Bosch, Hieronymus 405, 416
Bouts, Dirk 18, 34
Brahms, Johannes 274
Brandl, Herbert 436, 437
Braque, Georges 404
Brauer, Arik 349, 350, 403–405, 409, 416, 417
Breicha, Otto 407, 431
Breton, André 406, 416
Breuer, Otto 326
Breuner, Friedrich Philipp Graf 46
Brod, Max 401
Brokoff, Ferdinand M. 99
Bronner, Gerhard 327
Bruckner, Anton 267, 274
Bruegel, Pieter d.Ä. 127, 128, 416
Brunner, Karl 327
Brus, Günter 406, 407, 428–430
Burnacini, Lodovico 50, 60, 63, 81
Bussi, Santino 60
Cagnola, Luigi 152
Canaletto vgl. Bellotto, Bernardo
Canetti, Elias 431
Canevale, Antonio 49
Canevale, Carlo 54
Canevale, Isidor 87, 136, 144–146, 148, 152–155, 215
Canon, Hans 217, 236–239, 358
Canova, Antonio 150, 153, 198, 200, 248, 251–253, 258, 266
Cantarini, Simone 127
Caramelle, Ernst 409, 437
Carducci, Alessandro 67
Carlone, Giovanni Battista 60
Carlone, Carl Martino 50, 51
Carlone, Carlo Antonio 48, 51, 110, 111
Carlone, Domenico 50, 51
Carlone, Silvestro 48
Caron, Hans 197
Carpio, Marchese del 69
Caruso, Enrico 327
Cassirer, Paul 384, 385
Cellini, Benvenuto 130
Cézanne, Paul 410
Chanel, Coco 376
Charlemont, Eduard 237
Chiarini, Marcantonio 109, 113, 114, 116
Christine, Herzogin von Sachsen-Teschen vgl. Marie Christine
Chruschtschow, Nikita 327
Cizek, Franz 403
Clemens XI., Papst 110
Coccapani, Giovanni 46, 47
Constable, John 240
Constanze, Gemahlin Kaiser Friedrichs II. 124
COOP Himmelblau (Prix, Wolf D. und Swiczinsky, Helmut) 328–333, 337, 342, 343
Cornelius, Peter 222
Correggio, Antonio (Allegri) 127, 265
Cortés, Hernán 130
Corvinius, J. A. 54, 88, 89
Cranach, Lukas d.Ä. 36, 37
Cuspinian, Johannes 36, 37
Czapka, Ignaz 256
Czech, Hermann 306, 354, 356
Czihaczek, Leopold 386
Czihaczek, Marie 386
Daffinger, Marie 224
Daffinger, Moritz Michael 224, 230
Damisch, Gunter 433–435
Danhauser, Josef 224,226, 229
Daum, Bonaventura 42, 43
Daun, Feldherr 268
David, Jacques-Louis 216, 218, 219, 231
David, Werner 264
Delacroix, Eugène 231, 233
Deloye, Gustave 264, 266
Delsenbach, J. A. 74, 78
Derrida, Jaques 331
Dézallier d'Argenville, Antoine Joseph 89
Dietrichstein, Graf Gundacker von 67
Dobrowsky 412
Dobyaschofsky, Franz 223, 234
Doderer, Heimito von 327
Dollfuß, Engelbert 326
Domenig, Günther 330, 340, 341
Donner, Georg Raphael 58, 62, 91, 100–103, 245
Donner, Matthäus 103
Dorigny, Louis 112, 113
Dumba, Nikolaus 366, 367
Dürer, Albrecht 36, 127, 128,130
Ederer, Carl 292–94
Egger-Lienz, Albin 402
Egner, Marie 243
Ehn, Karl 9, 278, 279, 322
Eichinger, Gregor 356, 357
Eiffel, Gustave 163
Eisenmenger, August 188, 191
Eisler, Georg 405, 408
Eitelberger, Rudolf von 166, 261
Eleonora, zweite Gemahlin Kaiser Ferdinands II. 96
Elisabeth Christina, Gemahlin Kaiser Karls VI. 96, 97, 139
Elisabeth von Böhmen, Gemahlin Herzog Albrechts III. 27
Elisabeth, österreichische Kaiserin 168, 238, 257, 271
Ender, Thomas 229
Enea Silvio Piccolomini vgl. Pius II.
Engelmann, Paul 316, 317
Engerth, Eduard 223, 234
Engerth, Wilhelm 204, 205
Ernst Ludwig, Großherzog von Hessen 299
Ernst, Bruder Kaiser Rudolfs II. 127
Ernst, Max 405
Eugen, Prinz von Savoyen 45, 58, 70–74, 76, 84, 89, 94, 99, 100, 107, 109, 110, 112, 113, 128
EXPORT, VALIE 408, 425, 432, 437
Eybl, Franz 224
Fabiani, Max 274, 277, 285, 302
Fanti, Gaetano 109
Fanzago, Cosimo 69
Fellner und Helmer 364
Fellner, Ferdinand vgl. Fellner und Helmer
Fendi, Peter 224, 227
Ferdinand I., deutsch-römischer Kaiser 36, 38, 39, 40, 42, 47, 127
Ferdinand I.,. österreichischer Kaiser 164, 168, 223, 255
Ferdinand II. von Tirol 130
Ferdinand II., deutsch-römischer Kaiser 44, 47, 51, 96
Ferdinand II., Erzherzog von Tirol 127

Ferdinand III. 126
Ferdinand IV., Bruder Kaiser Leopolds I. 96
Ferdinand Max, Erzherzog 171
Fernkorn, Anton Dominik 175, 178, 217, 231, 257, 258, 260 261
Ferrabosco, Pietro 40, 41
Ferstel, Heinrich von 165, 171, 176–179,183, 187, 192, 262, 278, 306
Feuerbach, Anselm 201, 217, 234–236
Feuerstein, Günther 329
Fey, Karoline 381
Fey, Pauline 381
Fischbach, Johann 229
Fischer, Johann Martin 246, 247, 253
Fischer von Erlach, Johann Bernhard 44, 56, 57–58, 61–65, 68–71, 74, 76–83, 88, 94–97, 99, 114, 117, 132, 133, 135, 142, 146, 261, 295
Fischer von Erlach, Joseph Emanuel 76–78, 82, 94, 116, 132, 133, 135
Flattich, Wilhelm 162
Flavius Draccus 12
Flöge, Emilie 376
Fohner, Adolf 406
Fontana, Domenico 61
Förg, Günther 354
Förster, Emil von 195, 196
Förster, Ludwig 148, 151, 164, 165, 172, 183, 202, 203
Forstner, Leopold 296, 305
France, Joseph Angelo de 121
Francis, Sam 433
Francolin, Hans von 38, 40
Frank, Josef 279, 316, 317, 323, 326
Frankenthaler, Helen 420
Franz Ferdinand, österreichischer Thronfolger 304, 314
Franz I., König von Frankreich 130
Franz I. Stephan, deutsch-römischer Kaiser 45, 94, 96, 104, 122, 124, 136, 144, 246
Franz I., österreichischer Kaiser = Franz II., deutsch-römischer Kaiser 40, 61, 128, 130, 147, 148, 149, 150, 153, 216, 220, 223, 231, 246, 251, 252, 253, 256
Franz II, deutsch-römischer Kaiser vgl. Franz I., österreichischer Kaiser
Franz Joseph I., österreichischer Kaiser 144,164, 168, 171, 183,207, 217, 237, 258, 262, 263, 266, 272, 273, 282, 291, 373
Franz Karl, Erzherzog 150
Freud, Sigmund 7, 178, 273, 343, 358, 362, 407
Friedl, Theodor 264–266
Friedrich der Streitbare, Markgraf 34
Friedrich II., Herzog von Österreich 22
Friedrich II., der Große, preußischer König 45, 132
Friedrich II., deutsch-römischer Kaiser 124
Friedrich III., deutsch-römischer Kaiser 30, 31, 33, 122
Friedrich, Bruder Herzog Rudolfs, 96
Friedrich, König von Böhmen 44
Fries, Johann Graf 245
Fries, Johann von 146
Fries, Josef Graf 245
Frohner 408, 428
Fronius, Hans 408
Frühwirt, Johann 62
Fuchs, Ernst 281, 349, 403, 405, 406, 416
Füger, Friedrich Heinrich 218, 245 246, 248
Führich, Josef 170, 222, 223, 234
Gabrieli, Gabriel de 56, 57 58, 59
Gainsborough, Thomas 219
Galli-Bibiena, Ferdinando 81
Garbor, Laslo 323
Gasser, Hans 256, 257, 262
Gasser, Josef 261, 262
Gaudí, Antoni 349
Gauermann, Friedrich 229
Gauguin, Paul 363
Gaul, Gustav 202
Gause, Wilhelm 272
Geffels, Franz 55, 56
Geibeling, Remigius 276
Geiger, Carl Joseph 234
Gérard, François 219, 224
Gerhaert, Nikolaus von Leyden 31, 33
Gerl, Matthias 85
Gerls, Josef 154
Gerstl, Richard 363, 381, 382, 384, 402, 408
Gessner, Hubert 279, 322
Geyler, Remigius 292, 293
Gigli, Benjamino 327
Giorgione 127
Giotto 28
Girard, Dominique 89
Girardon, François 99
Gironcoli, Bruno 404, 414, 415
Giuliani, Giovanni 58, 70
Gluck, Christoph Willibald 68
Goeschl, Roland 404, 412, 414, 415
Goethe, Johann Wolfgang von 216, 271
Goldmann, Schneidermeister 383
Graf, Franz 437
Graff, Erwin 390
Gran, Daniel 95, 96, 98, 116, 117, 139
Granvella, Kardinal 128
Grassi, Josef 219
Griepenkerl, Christian 188, 381, 386
Grillparzer, Franz 270
Grimschitz, Bruno 410
Gropius, Walter 385
Grosser, Johann Michael 124
Gruber, Franz Xaver 230
Grundaker Althann, Graf 124, 125
Guglielmi, Gregorio 134, 135
Guimard, Hector 285
Gunst, Matthias 62
Gütersloh, Albert Paris 362, 385, 402–405, 410, 412, 416, 431, 433
Hackert, Jakob Philipp 219
Hackhofer, Josef 306
Hadid, Zaha 332
Hähnel, Ernst Julius 261
Haider, Jörg 328
Halbig, Andreas 150
Hamilton, Johann Georg 131, 133
Hanak, Anton 311, 360, 402, 403
Handke, Peter 328
Hansch, Anton 240
Hansen, Theophil von 151, 164, 262 166, 172, 174, 175, 181, 186–189, 191, 192,196, 200–203, 206, 207
Hardtmuth, Josef 148
Häring, Hugo 279, 323
Harms, Edith, verheiratete Schiele 389, 390, 393
Hasch, Carl 240
Hasenauer, Karl von 168, 169, 194–200, 204, 205, 240, 264, 270
Hätzel, Josef 142
Hauer, Franz 394
Hauser, Carry 402
Hausner, Rudolf 404, 405, 416, 418, 419
Haus-Rucker-Co. (Klaus Pinter, Zamp Kelp und Laurids Ortner) 330, 343
Haydn, Josef 267
Haesler, Otto 279
Hegele, Max 278, 305
Heinrich der Zänker, bayrischer Herzog 14
Heinrich II. Jasomirgott, erster Herzog von Österreich 14, 15, 261
Heinrich VI., deutsch-römischer Kaiser 123
Heller, André 328
Hellmer, Edmund 262, 263, 265, 270, 271
Helmer & Fellner 169, 208, 209
Helmer, Hermann Gottlieb vgl. Helmer & Fellner
Helnwein, Gottfried 434
Henneberg, Hugo 310
Herold, Balthasar 62
Herzig, Wolfgang 407
Herzl, Theodor 273
Herzog, Jacques 332 352, 353
Hetzendorf von Hohenberg, Johann Ferdinand 142, 143, 146, 150
Heumann, G. D. 60
Hevesi, Ludwig 291, 359, 368, 382
Hichins, Ingenieur 215
Hildebrandt, Johann Lukas von 7, 13, 15, 44, 70, 71, 76, 77, 81, 84–92, 94, 96, 97, 139
Hitler, Adolf 326
Hochwälder, Fritz 412
Hodler, Ferdinand 360, 382
Hoefnagel, Jacob 46, 47
Hofer, G. 162
Hoffmann, Josef 8, 9, 274, 276–279, 308–311, 317, 323, 337, 358, 360, 361, 362, 372, 373, 396, 397–401
Hoffmann, Theodor 162
Hofkirchen, Georg Andreas Freiherr von 42
Hoflehner, Rudolf, 404, 412, 414
Hofmann, Werner 327
Hofmannsthal, Hugo von 274, 359
Hofthaler 38
Hogarth, William 103, 104
Hoke, Thomas 438, 439
Hollegha, Wolfgang 405, 406, 420, 421, 425
Hollein, Hans 8, 12, , 278, 318, 328–332, 336, 343–347, 356
Holzbauer, Wilhelm 318, 329, 338, 339
Holzer, Jenny 354
Holzmeister, Clemens 279, 318, 323, 326, 329, 330, 336, 361, 402
Homer 431
Hoogstraten, Samuel van 40
Hoppe, Emil 322, 323
Hörmann, Theodor von 243, 358
Hoy, Nicolaus von 66
Hrdlicka, Alfred 404, 405, 412–414, 416, 438
Huber, Carl Rudolf 240
Huber, Wolf 36
Hundertwasser, Friedensreich 327, 328, 331, 348–351, 404, 405, 409, 416, 426, 427
Hutter, Wolfgang 403–405, 416
Ibrahim Pascha 56
Innozenz III., Papst 29
Isabella von Parma, Gemahlin Kaiser Josephs II. 65, 66, 68, 146
Isabey, Jean Baptiste 224
Isozaki, Arata 332
Jacquin, Nikolaus Joseph von 230
Jadot de Ville-Issey, Nicolas 93, 97
Jäger, Franz 146
Jakobus von Paris 21
Jandl, Ernst 328
Jänggl, Franz 92
Janscha, Laurenz 142, 143
Jené, Edgar 404, 416
Jettel, Eugen 240, 434
Johann, König von Frankreich 26
Johnson, Philip 438–440
Jones, Owen 178
Joseph I., deutsch-römischer Kaiser 64, 65, 71, 74, 76, 133
Joseph II, deutsch-römischer Kaiser 45, 65, 66, 98, 127, 128, 144–148,150, 151, 154, 160, 168, 215, 245, 248, 253, 260, 268,
Judd, Donald 354, 438, 439
Jungnickel 361
Jungwirth, Martha 407, 408
Kähsmann, Franz 248, 252, 255
Kapfinger, Otto 323
Kara Mustafa Pascha 55, 56
Karajan, Herbert von 327
Karl Albert, Kurfürst von Bayern vgl. Karl VII.
Karl der Große, deutsch-römischer Kaiser 12, 13, 84
Karl der Kühne, Herzog von Burgund 37, 122
Karl I., österreichischer Kaiser 273
Karl II., König von Spanien 69
Karl V., deutsch-römischer Kaiser 38, 81, 130
Karl VI., deutsch-römischer Kaiser 26, 44, 45, 76, 81, 97, 98, 100, 101, 116, 121, 124–127, 131, 270
Karl VII., deutsch-römischer Kaiser (Kurfürst Karl Albert von Bayern) 45
Karl von Lothringen, Herzog 55, 56
Karl, Erzherzog 148, 158, 231, 253
Kastner, Eugen 324, 325
Katharina von Böhmen, Gemahlin Herzog Rudolfs IV. 26
Kaunitz, Graf Dominik Andreas 57, 61
Kaunitz, Kanzler 121
Kelp, Zamp vgl. Haus-Rucker-Co
Kennedy, John F. 327
Khevenhüller, Feldherr 268
Khnopff, Fernand 360, 365, 394
Kiesler, Frederick 327
Kiesling, Leopold 251
Kinsky, Franz Ferdinand Graf 117, 132
Klee, Paul 405, 427
Kleiner, Salomon 54, 60, 88, 89
Klerk, Michel de 279
Klesl, Melchior Kardinal 44, 47
Klieber, Josef , 160, 252, 253, 255
Klien, Erika Giovanna 403
Klimt, Ernst 197, 237, 364, 365, 366
Klimt, Gustav 197, 237–239, 276, 298, 299, 358, 359, 361–379, 382, 386–388, 390, 392, 394, 402, 404, 430
Klinger 360, 361, 370
Knab, Michael 17
Knapp, Johann 230
Knechtl, Christian 356, 357
Knips, Sonja, geb. Baronin Poitier des Echelles 310
Knobelsdorff, Georg Wenzeslaus von 68
Koch, Josef Anton 220, 221
Kocherscheidt, Kurt »Kappa« 407, 408
Kogelnik, Kiki 409, 433
Kogler, Peter 436, 437
Kokoschka, Oskar 358, 362, 363, 372, 381–386, 398, 402, 405, 408, 410
Kolig, Anton 362, 402
Kollnitsch, Siegmund Graf 47
Kollonitsch, Bischof Leopold Graf 261
Kolowrat, Graf 168
König, Karl 7, 306
Kornhäusel, Josef 8, 148, 149, 158, 159, 160, 161
Kosmack, Eduard 387, 393
Kowanz, Brigitte 436, 437, 328
Kracker, Tobias 62, 96, 97
Krafft, Barbara 219
Krafft, Johann Peter 218, 219, 231, 232, 260
Krämer, Johann Victor 240
Kramer, Piet 279
Kraus, Ulrich 66
Kraus, Karl 274, 358, 362, 363, 367, 383
Kreisky, Bruno 328, 338

Kreisler, Georg 327
Kremser, Wolfgang 34
Kren, Kurt 429, 432
Kreutzinger, Josef 219
Kriehuber, Josef 224
Kriesche, Richard 408
Krischanitz, Adolf 299, 323, 332, 352, 353, 355
Kubelka, Peter 432
Küchelbeckler, Johann Basilius 71
Kudrnofsky, Wolfgang 412
Kulka, Peter 323
Kundmann, Karl 261, 262, 264, 267, 270
Kupelwieser, Hans 404
Kupelwieser, Leopold 222–224, 232–234
Kurrent, Friedrich 329
Kurzweil, Martha
Kurzweil, Maximilian 359, 380
Lampi, Johann Baptist d.Ä. 218, 219
Lampi, Johann Baptist d.J. 219
Langl, Josef 204, 205
Lanner, Josef 147, 271
Laske, Oskar 402
Lassnig, Maria 404, 405, 406, 408, 416, 424, 425
Laudon (auch Loudon), Ernst Gideon Freiherr von 248, 249
Laudon, Feldherr 268
Laufberger, Ferdinand 364
Lavater, Johann Kaspar 104, 219
Lawrence, Thomas 223, 224
Le Corbusier 279, 316, 323
Lehár, Franz 274
Leherb, Helmut 404, 405
Lehmbruck, Wilhelm 412
Lehmden, Anton 403–405, 416, 417
Lenz, Maximilian 359
Leopold I., deutsch-römischer Kaiser 40, 44, 45, 50, 60, 62, 63, 67–69, 71 74, 84, 87, 96, 97, 107, 109, 110, 121, 127, 132,
Leopold II., deutsch-römischer Kaiser 147, 248, 249
Leopold III., Markgraf 14
Leopold IV., Markgraf 14
Leopold V., Herzog von Österreich 15
Leopold VI., Herzog von Österreich 15, 29, 261
Leopold Wilhelm, Erzherzog von Österreich 126, 127
Leopold, Rudolf 389
Lewinsky, Josef 365
Lichtblau, Ernst 323
Liechtenstein, Fürst von 45, 146
Liechtenstein, Fürst Anton Florian von 139
Liechtenstein, Fürst Johann Adam von 57, 61, 69
Liechtenstein, Fürst Joseph Wenzel von und zu 65
Lieselotte von der Pfalz, Gemahlin Philipps von Orléans 109
List, Wilhelm 359
Liszt, Franz 268
Lobkowitz, Franz Joseph Fürst von 56, 57
Lobmeyer, Ludwig 400
Löffler, Bertold 362, 398
Löhr, Moritz 163, 183, 196
Loos, Adolf 8, 9, 210 279 276, 277, 278, 312–314, 316, 317, 323, 356, 258, 359, 362, 363, 383, 396
Loos, Friedrich 229
Lorrain, Claude 219
Loudon vgl. Laudon
Louis, Morris 420
Lucchese, Filiperto 50, 51
Lux, Joseph 281
Ludwig I., König von Bayern 256
Ludwig II., König von Böhmen und Ungarn 38
Ludwig XIV., König von Frankreich 109, 110
Ludwig, Erzherzog 168
Wittgenstein, Ludwig, 273
Lueger, Karl 272, 273, 275, 292, 295, 305
Lurçat, André 278, 279, 323
Luther, Martin 38
Mack, Franz Edler von 248
Mackintosh, Charles Rennie 276, 310, 360, 396
Mackintosh, Margaret 310
Maderna, Stefano 222
Maderno, Carlo 50
Mahler, Alma 384, 385
Mahler, Gustav 358, 274
Maillol, Aristide 412
Makart, Hans 168, 169, 217, 236–239, 264, 266, 358, 365, 404
Marc Aurel, römischer Kaiser 12, 232, 246
Marchesi, Pompeo 254, 255
Maria Bianca Sforza, zweite Gemahlin Kaiser Maximilians I. 38
Maria Theresia, Erzherzogin von Österreich 40, 45, 61, 67, 74, 90, 91, 94, 96–98, 104, 118, 121, 124, 128, 131, 132, 135, 136, 139, 142, 144, 149, 172, 268
Maria von Burgund, erste Gemahlin Kaiser Maximilians I. 37, 122
Marie-Christine, Gemahlin Herzog Alberts von Sachsen-Teschen 128, 158, 159, 248
Marie Louise, Kaiserin der Franzosen, Gemahlin Napoleons I. 147, 252
Marik, Thomas 256
Mark, Graf Alexander von der 248
Markl, Karl 165
Marmorek, Oskar 300, 301
Martinelli, Anton Erhard 54
Martinelli, Domenico 56, 57, 60, 61, 69, 70
Martinz, Fritz 405
Mathieu, Georges 406, 421, 425
Matsch, Franz von 197, 237, 300, 364, 365, 369
Matthias, deutsch-römischer Kaiser 44, 60, 96, 132
Mattielli, Lorenzo 77, 139
Maulbertsch, Franz Anton 118, 119
Maurer, Monsignore Otto 327, 329,334, 405
Maximilian I., deutsch-römischer Kaiser 31, 36, 37. 38, 40, 121, 122, 231,
Maximilian II., deutsch-römischer Kaiser 41, 42
Maximilian III., Erzherzog von Österreich 122
Maximilian, Herzog von Bayern 44
Mayerhofer, A. 273
Mayr, Fritz G. 334
Meister des Wiener Schottenaltars (Schottenmeister) 18, 34, 35
Meister Nikolaus 29
Meister von Hohenfurt 28
Meixner, Johann 261
Melnitzky, Franz 261
Mendelsohn 302
Mengs, Anton Raphael 218, 245
Merkel, Georg 402
Merleau-Ponty 422
Merville, Karl Georg 106
Merz, Carl 327
Messerschmidt, Franz Xaver 62,90, 91, 103–105
Metastasio (Pietro Antonio Domenico Bonaventura Trapassi) 68
Metternich, Fürst Clemens Wenzel von 147, 164, 168, 223
Meuron, Pierre de 332, 352, 353
Meytens, Martin von 65, 66
Michelangelo 130, 236, 245
Mielich, Alphons Leopold 240
Mies van der Rohe, Ludwig 338
Migazzi, Kardinal 146
Mikl, Josef 405, 406, 420, 421, 425, 433
Mildorfer, Josef Ignaz 98
Millöckers, Carl 169
Minne, Georg 360, 362, 363, 382, 392
Moctezuma II., Kaiser der Azteken 130
Moldovan, Kurt 404
Moll, Balthasar Ferdinand 95, 96, 97, 98, 103, 246
Moll, Carl 243, 276, 310, 359, 367, 384
Moll, Johann Nikolaus 97, 103
Mollner, Peter 181
Monet, Claude 360
Montani, Gabriele 7, 84
Montfort, Graf 118
Montoyer, Louis von 148,156, 158, 159
Moore, Henry 438
MOPP vgl. Oppenheimer
Morau, Charles 148, 156
Morris, William 178, 310, 396
Moser, Hans 327
Moser, Koloman 237, 276, 286, 292, 293, 308–310, 327, 358–361, 363, 372, 373, 396–402
Mozart, Wolfgang Amadeus 146, 147, 234
Muck, Herbert 334
Mühl, Otto 406, 407, 428, 429, 430
Müller, Johann Georg 149, 164, 170
Müller, Leopold Carl 240, 241
Munch, Edvard 363, 390
Munkácsy, Michael bzw. Mihaly 197, 237, 365
Muschik, Johann 416
Musil, Robert 178, 274, 358, 410, 412
Mussolini, Benito 326
Nadel, Otto 320, 321
Napoleon I., Kaiser der Franzosen 57, 147, 148, 153, 183, 231, 258, 260,
Natter, Heinrich 267
Neder, Michael 224, 229
Nestroy, Johann Nepomuk 147
Neumann, Heinz 332
Neutra, Richard 323
Neuzil, Wally 389, 390
NFOG (Nigst, Fogatti, Ostertag, Gaisrucker) 333, 337, 343
Nierenstein, Otto 381
Nietzsche, Friedrich 274, 370
Nigelli, Gottlieb 146, 151
Nigg, Josef 230
Nikolaus von Verdun 28
Nitsch, Hermann 406, 407, 428, 429, 430
Nobile, Peter von 148,152, 153
Noever, Peter 354
Nouvel, Jean 332
Nüll, Eduard van der 165, 169,170, 172, 178, 183, 184, 193, 346
Oberhuber, Oswald 328, 336, 404
Oerley, Robert 271, 279
Offenbach, Jacques 169
Ohmann, Friedrich 271, 278, 306
Olbrich, Joseph Maria 274–277, 286, 287, 298, 299, 302, 310, 337, 358, 359, 367
Olivier, Ferdinand 221
Olivier, Friedrich 221
Oppenheimer, Ludwig 385
Oppenheimer, Max (MOPP) 363, 385
Orlik, Emil 359
Ortner, Laurids 333, 355
Ortner, Manfred 333, 355
Osthaus, Karl Ernst 384
Otto I., deutsch-römischer Kaiser 14, 123
Ottokar I., König von Böhmen 24, 39
Overbeck, Friedrich 221
Pacassi, Nikolaus von 66, 67, 89, 132, 133, 135. 139, 140, 146
Paleko, Franz Xaver 45
Palladio, Andrea 52, 187, 188, 281
Parmentier, Louise von 243
Parmentier, Marie von 243
Parmigianino 127
Pasetti, Carlo 66, 67
Pauser, Sergius 402
Paxton, Joseph 213
Peche, Dagobert 310, 361, 397, 401
Peichl, Gustav 318, 326, 328, 329 330, 331, 333, 336, 337, 343,
Pelli, Cesar 330, 338
Pendl, Erwin 167
Perco, Rudolf 279
Permoser, Balthasar 91, 99, 100, 101
Perret, Auguste 304
Perugino 222
Peschka, Anton 386, 391
Pettenkofen, August von 233, 240
Petter, Franz Xaver 230
Petzold, Friederike 408
Pforr, Franz 221
Philipp der Gute, Herzog von Burgund 122
Philipp der Schöne, Erzherzog von Österreich 38
Philipp II., König von Spanien 38, 127, 130
Philipp von Orléans 109
Philipp, Pfalzgraf 36
Piazzetta, Giovanni Battista 117
Picasso, Pablo 404
Picchiatti, Francesco Antonio 69
Pichl, Alois 152
Pichler, Heinrich Georg 328
Pichler, Johann Georg 95, 96, 97
Pichler, Walter 329, 336, 354, 415
Pilhal, Oberst 165
Piermanini, Giuseppe 146, 154
Pietro Antonio Domenico Bonaventura Trapassi vgl. Metastasio
Pilgram, Anton 33
Pillhofer, Josef 404
Pilz, Margot 408
Pilz, Vincenz 261–264
Pinter, Klaus vgl. Haus-Rucker-Co
Piranesi, Giovanni Battista 142
Pisko 387
Pius II., Papst (Enea Silvio Piccolomini) 36
Platon 9
Plecnik, Joseph 274, 277, 278, 302, 304
Plischke, Ernst A. 279, 323, 326
Pock, Johann Jakob 62
Podrecca 332, 333
Poelzig, Hans 334
Poitier des Echelles vgl. Knips
Pollock, Jackson 425
Polyklet 245, 252
Pölzer, Amalie 321
Pomis, Pietro de 47
Pongratz, Peter 407, 408
Ponte, Lorenzo da 147
Pöppelmann, Matthäus Daniel 68
Porta, Giacomo della 49
Poussin, Nicolas 218, 219
Powolny, Michael 398, 401
Pozzo, Andrea 48, 106–109, 116
Prachensky, Markus 405, 406, 420, 421, 433
Prantl, Karl 404, 415
Praxiteles 245
Preleuthner, Josef 255, 261
Primavesi, Otto 311, 401
Primavesi, Robert 311
Prix, Wolf D. vgl. COOP Himmelblau

Probus, römischer Kaiser 12
Prohazka, Elsa 332
Prohazka, Rudolf 332
Pruscha, Carl 332, 352, 353
Prutscher, Otto 361
Puchsbaum, Hans 30
Putsch, Anna 37
Putz, Oskar 352
Qualtinger, Helmut 327
Quarin, Joseph 154
Radetzky, Johann Josef Wenzel Graf 268
Raffalt, Gualbert 240
Rahl, Carl 172, 202, 234
Railton, William 264
Raimund, Ferdinand 147
Rainer, Arnulf 330, 405, 416, 406, 422–424, 428, 433, 434
Rainer, Roland 327, 329, 333, 334
Raitenau, Wolf Dietrich von 52
Rammelmayr, Adam 255
Raphael (Raffaelo Santi) 126, 127, 130, 218, 222, 255
Rasumofsky, Fürst Andreas Kyrillowitsch 148, 156
Rauch, Christian Daniel 255, 258, 268
Rauchmiller, Matthias 62, 63
Ravel, Maurice274
Rebell, Josef 220, 221
Reichel, Malvine 385
Reichel, Raimund 385
Reinhard, Max 274, 410
Reinighaus, Carl 387
Reinmar von Hagenau 15
Reiter, Johann Baptist 224, 233
Remy, Louis 152
Renner, Karl 414
Reynolds, Joshua 219
Ribarz, Rudolf 240, 243
Richard Löwenherz, englischer König 15
Richelieu, Kardinal 99
Richter, Benedikt 68
Richter, Helmut 332, 353
Richter, Ludwig 207
Rietveld, Gerrit 279, 322,323
Rigel, Antonius Pius von 172
Rilke, Rainer Maria 359
Ringel, Franz 407, 408, 431
Ritter von Bauer, Victor 393
Rockenschaub, Gerwald 328, 409, 435, 437
Rodin, Auguste 360, 363, 390, 391
Roessler, Arthur 363, 387, 390, 393
Rogier van der Weyden 18, 34
Roller, Alfred 361
Romako, Anton 233, 238–240
Romney, George 219
Rösner, Carl 172
Roth, Joseph 326
Rottmayr, Michael 95, 96, 97, 114, 115, 116
Rubens, Peter Paul 117, 127, 237, 265
Rudolf I. von Habsburg, deutscher König 22, 24, 39, 231
Rudolf II., deutsch-römischer Kaiser 40, 41, 44, 120, 121, 127, 128
Rudolf IV., der Stifter, Herzog von Österreich 24, 26, 27, 28, 29, 261
Rudolf VI., Herzog 96, 122
Rudolf, Erzherzog 168
Rühm, Gerhard 328
Ruppert, Carl 163
Russ, Franz d.Ä. 233
Saint-Denis, Ruth 387
Salm, Fürst, Oberhofmeister 71
Salm, Graf Niklas 36, 261
Sbarra, Francisco 67
Schachner, Friedrich 295
Schadow, Johann Gottfried 248
Schaljapin, Boris 327
Schaller, Johann Nepomuk 245, 251, 252, 255
Schatz, Otto Rudolf 402
Scheffer von Leonhardshoff, Johann Evangelist 222
Scheibl, Hubert 409, 434, 435
Schiele, Edith vgl. Harms, Edith
Schiele, Egon 275, 362, 363, 372, 373, 381, 382, 385–394, 402, 404, 410
Schiller, Friedrich 370
Schilling, Johannes 267
Schimka, Josef 327
Schimkowitz, Othmar 288, 305
Schindler, Carl 229
Schindler, Emil Jakob 242, 243, 358
Schinkel, Karl Friedrich 171, 274, 280
Schlegel, Friedrich 216, 221
Schlüter, Andreas 68
Schmalhofer, Karl 320, 321
Schmalix, Hubert 409, 435, 437
Schmeller, Alfred 404, 405
Schmid, Julius 237, 279
Schmidt, Friedrich von 166, 169, 171, 180, 181, 187, 190, 191
Schneider, Romy 327
Schnitzler, Arthur 178, 273, 274
Schnorr von Carolsfeld, Julius 222, 256, 257
Schnorr von Carolsfeld, Ludwig Ferdinand 221
Schönberg, Arnold 273, 274, 358, 363, 381,
Schönberg, Mathilde 363, 381
Schönborn, Friedrich Karl Graf von 74, 87
Schönborn, Lothar Franz von 92
Schongauer, Martin 36
Schönn, Alois 240
Schönthal, Otto 300
Schor, Johann Ferdinand 68
Schottenmeister vgl. Meister des Wiener Schottenaltars
Schubert, Franz 147, 267, 366
Schumann, Carl 163
Schuppen, Jacob van 114
Schussnigg, Kurt 326
Schuster, Franz 327
Schütte-Lihotzky, Margarethe 279, 323, 326
Schütz, Carl 146
Schwanthaler, Ludwig 256, 257
Schwanzer, Karl 329, 334, 335, 327
Schwarz, Rudolf 329, 334
Schwarzenberg, Karl Philipp Fürst 77, 268
Schwarzkogler, Rudolf 406, 428, 429
Schwind, Moritz von 184, 234, 267
Scott-Russel, John 204, 205
Segantini, Giovanni 360
Segenschmid, Franz Xaver von 212, 213
Seifert, Franz 271
Semper, Gottfried 172, 194, 195, 197–200, 217, 270, 275, 295
Sforza, Franceso 260
Sicardsburg, August von 165, 169, 172, 183, 184, 185, 193, 346
Sika, Jutta 401
Sitte, Camillo 278, 279, 295, 322
Sitte, Franz 170
Skywa, Josefine 311
Sobieski, Johann, polnischer König 55, 56
Solari, Santino 47
Solimena, Francesco 116, 117, 124, 125, 126
Sonnenfels, Josef Freiherr von 257, 261
Sophie, Erzherzogin 168
Soufflot, Jaques Germain 151
Sowinski, Ignaz 151
Spalt, Johannes 329
Spatz, Jakob 49
Spazio, Marco 48
Spitz, Victor 310
Sprenger, Paul 148, 149, 164, 165, 170
Staber, Johann 330, 339
Starhemberg, Ernst Rüdiger Graf von 55, 60, 261
Starhemberg, Konrad Balthasar Graf von 52
Stark, Anton 359
Statz, Vincenz 171
Staudacher, Hans 406, 425
Steidle, Otto32, 352, 353
Stein, Gabor 215
Steinfeld, Franz 229
Steinle, Eduard 223
Stephan von Sierndorf, Probst in Klosterneuburg 28
Stifter, Adalbert 229, 281
Stoclet, Adolphe 276
Stör, Ernst 359
Stolba, Leopold 359
Stonborough, Margarethe 317, 376
Stonborough-Wittgenstein vgl. Stonborough, Margarethe
Stowasser, Fritz vgl. Hundertwasser, Friedensreich
Strasser, Arhur 360
Strauß, Johann 147, 169, 271,272, 274, 275
Strauß, Richard 274
Streit, Andreas 210, 211
Strnad, Oskar 311, 323
Strudel, Paul 62–64
Stuck, Franz von 237
Sturany, Barbara 209
Sturany, Johann 209
Süleyman I., Sultan 36
Sullivan, Louis 277
Suppé, Franz von 169
Swiczinsky, Helmut vgl COOP Himelblau
Swieten, Gerard van 46, 104
Taaffe, Eduard 168
Tamms, Friedrich 324, 325
Taut, Bruno 279
Tegetthoff, Admiral Wilhelm 233, 264
Tencala, Giovanni Giacomo 49, 50, 51
Tencala, Giovanni Pietro 56, 57, 60, 81, 84
Teniers, David d.J. 126, 127
Tesar, Heinz 332, 409
Thomatis, Caroline 218, 219
Thomatis, Zoe 218, 219
Thorvaldsen, Bertel 252, 258
Thun, Graf Sigismund von 139
Thun, Graf, Erzbischof von Salzburg 69
Thurn, Graf, Feldherr 44
Tilgner, Victor 264, 266, 267
Tintoretto, Jacopo 384
Tizian 127
Todesco, Eduard 202
Toma, Rudolf Mathias 229
Torberg, Friedrich 327
Torrop, Jan 360
Torstenson, Lennart 44
Toulouse-Lautrec, Henri de 363
Trakl, Georg 384
Traun, Feldherr 268
Trautson, Leopold Donat Fürst 99, 114
Trehet, Jean 71, 133, 142
Troger, Paul 98, 117,118
Tudel von Giengen, Georg 36
Turner, William 240
Ungewitter, Georg 171
Urteil, Andreas 404, 412, 414
Veit, Johannes 222
Veit, Philipp 222
Veith, Gustav 166, 167
Velázquez, Diego 127
Veronese, Paolo 127
Vetter, Hans A. 322, 323
Victoria, Nichte Prinz Eugens von Savoyen 128
Vignola, Giacomo Barozzi da 49
Visscher, Johann Nicolaus 47
Vitruv 7
Völkel, Reinhold 273
Voysey, Charles F. A. 310
Waage, Fritz 324, 325
Waerndorfer, Fritz 360, 396, 397, 398, 401
Wagner, Anton Paul 257, 261, 264
Wagner, Otto 7, 8, 9, 168, 169, 210, 274, 275, 277– 282, 283, 285–298, 302, 305, 306, 322, 336, 358, 360, 363, 393, 402
Wagner, Richard 370
Waldheim, Kurt 328
Waldmüller , Ferdinand Georg 19, 223, 224, 228–230
Walkolbinger, Manfred 404
Walther von der Vogelweide 15
Waltmann, Johann 66
Webern, Anton von 274
Wegmayr, Sebastian 230
Wehle, Peter 327
Weibel, Peter 408, 432, 435, 437
Weiler, Max 408, 420, 421
Weinberger, Lois 328
Welles, Orson 327
Welzenbacher, Lois 329
Werfel, Franz 326
Wessely, Franz 218, 219
West, Franz 328, 404, 435, 436
Weyr, Rudolf 264, 265, 270, 271
Whiteread, Rachel 438
Wickenburg, Alfred 402
Wiener, Oswald 432
Willbrand, Adolf von 365
Wimmer-Wisgrill, Eduard 401
Winckelmann, Johann Joachim 117, 216
Winterhalter, Franz Xaver 164, 168
Wiser, Rosina 223
Wisinger-Florian, Olga 243
Wittgenstein, Karl 359
Wittgenstein, Ludwig 7, 273, 316, 317
Wlach, Oskar 316, 317, 326
Wolfrath, Anton 46
Wolter, Charlotte 266
Wotruba, Fritz 327, 329, 334, 403–405 412, 414, 421
Wotruba, Marian 412, 414, 415
Wright, Frank Lloyd 307
Würbe 146
Wurm, Erwin 404
Wutky, Michael 219–221
Zacherl, Johann Evangelist 302
Zand, Herbert 327
Zatzka, Hans 305
Zauner, Franz Anton 244–246, 248, 249, 251, 253, 255, 258
Zechner, Johannes 409
Zeppel-Sperl, Robert 407
Zerritsch, Franz 267
Ziegler, Anton 233
Ziegler, Josef 142, 143
Zilk, Helmut 328, 331, 349
Zimmermann, Mizzi 378
Zobernig, Heimo 328, 354, 396, 401, 409, 437
Zucalli, Enrico 70
Zuckerkandl, Berta 308
Zuckerkandl, Viktor 308
Zumbusch, Caspar von 217, 268, 269
Zweig, Stefan 274
Zach, Andreas 145

Orts- und Objektregister

Wien und Umgebung

Abgeordnetenhaus vgl. Parlament
Akademie der Bildenden Künste 183, 201, 234–236
Albertina 130, 148, 158, 159, 160, 252, 253, 326
Allgemeines Krankenhaus 146, 154
Altes Rathaus 103
Amalienburg vgl. Hofburg (Neue Burg) 40, 50, 89,
Amalienbad 320, 321
American Bar vgl. Kärntner Bar
Andromeda-Hochhaus 338
Anwaltkanzlei Falkestraße 6 331, 342, 343
Arbeitsamt in Liesing 279
Arsenal 162, 164, 168, 172–175, 200, 261, 262
Artaria-Haus 277
Atriumschule in der Krim 336
Augarten 152
Augartenportal 146, 152
Augustinerbastei 148
Augustinerbastion 57
Bar »Erster Stock« (First-Floor-Bar) 356, 357
Bar »Ron con Soda« 356, 357
Bebelhof 279
Börse 176, 183
Boutique CM 330
Bühnenzentrum des Burgtheaters 337
Bürgerspital 45
Burgtheater 147, 169, 237, 183, 193–195, 265, 326, 327, 329 364, 365
Bürokomplex Lassallestraße 339
Cabaret Fledermaus 398
Café Central 176, 178
Café Griensteidl 273, 274
Café Museum 277, 312
Carl-Theater 169
Central-Gaswerk 273
Chemisches Institut 193
China-Restaurant Kiang 353

Denkmäler und Brunnen
Ackerbaubrunnen , Am Hof 247
Andromeda-Brunnen im Hof des Alten Rathauses 103
Austriabrunnen, 256, 257
Beethoven-Denkmal, Beethovenplatz 268
Bruckner-Denkmal im Stadtpark 267
Brunnen »Die Treue der österreichischen Nation«, Am Hof 247
Denkmal am Judenplatz 438
Denkmal des Freiherrn von Sonnenfels, Rathausplatz 257
Denkmal für Kaiser Franz I. (Franzens-Monument) im Inneren Burghof 253–255
Denkmal für Kaiser Franz Stephan von Lothringen im Burggarten 246
Denkmal für Kaiser Josephs II., Josefsplatz
Donauweibchen-Brunnen im Stadtpark 257
Dreifaltigkeitssäule vgl. Pestsäule
Erzherzog Albrecht-Denkmal, Augustinerbastei 268
Erzherzog Carl-Denkmal auf dem Heldenplatz 258–260
Figuren der ehemaligen Elisabethbrücke, heute Rathausplatz 261
Gänsemädchenbrunnen, Mariahilferstraße 257
Goethe-Denkmal, Opernring , 270, 271
Grillparzer-Denkmal im Volksgarten 265, 270, 271
Haydn-Denkmal, Mariahilferstraße 267
Hygieia-Brunnen 246
Josephsbrunnen am Graben 247
Josephsbrunnen, Hoher Markt 74, 76,77, 82
Kaiser Joseph II.-Denkmal, Josefsplatz 268
Kaiserin Elisabeth-Denkmal im Volksgarten 271
Kneipp-Brunnen im Stadtpark 306
Leopoldbrunnen am Graben 247
Loreley-Brunnen in der Kärntnerstraße 257
Mahnmal gegen Krieg und Faschismus 413, 414
Margaretenbrunnen am Margaretenplatz 255
Maria Theresien-Denkmal, Maria-Theresien-Platz 268, 269
Mariensäule , Am Hof 62
Mehlmarktbrunnen vgl. Providentiabrunnen
Mosesbrunnen, Franziskanerplatz 246, 247
Mozart-Denkmal im Burggarten 266
Musikbrunnen in der Operngasse 257
Nike, Karlsplatz 438, 439
Pestsäule (Dreifaltigkeitssäule) 62, 63, 68, 69, 74
Prinz Eugen-Denkmal am Heldenplatz 260, 261
Providentia-Brunnen (Mehlmarktbrunnen), Neuer Markt 100–103, 245
Radetzky-Denkmal, Stubenring 268
Rebeccabrunnen 255
Roßbändiger am Maria-Theresien-Platz 266
Schiller-Denkmal, Schillerplatz 267
Schubert-Denkmal im Stadtpark 267
Schutzengel-Brunnen am Rilkeplatz 255
Schwarzenberg-Denkmal, Schwarzenbergplatz 261, 268
Skulptur »Ecce Homo« vor dem Historischen Museum 360
Skulptur »Marc Anton« im Garten des Secessionsgebäudes 360, 367
Stage Set im Stadtpark 438, 439
Strauß-Lanner-Denkmal im Rathauspark 271
Tegetthoff-Denkmal am Praterstern 264
Triton- und Najade-Brunnen im Volksgarten 266, 267
Wandbrunnen am Michaelertrakt der Hofburg 265, 271
Wiener Trio, Skulptur am Schottenring 438–440

Deutsches Volkstheater vgl. Volkstheater
Donaukanal 148, 164, 274, 282, 306
Elektrizitätswerk 273
Favorita 60
Feldherrnhalle vgl. Heeresgeschichtliches Museum
Fernheizwerk Spittelau (Heizkraftwerk Fernwärme Wien) 331, 349, 350, 351
Finanzlandesdirektion 149
Flaktürme 324, 325
Forum de Castrum Vindobona 12
Franz-Joseph-Kaserne 164, 165
Garnisonsspital vgl. Soldatenspital
Garten des Palais Schwarzenberg 266
Gasbehälter 214
Gebäude des Vorwärts-Verlages 360
Grabengasse 147
Grabmal der Freiherren von Laudon in Hadersdorf 248, 258
Grabmal für Erzherzogin Marie Christine von Sachsen-Teschen in der Augustinerkirche 248, 250, 251, 258
Grabmal Kaiser Leopolds II. in der Augustinerkirche 248, 249, 255
Großarmenhaus 154
Haas-Haus 8, 331, 346, 347
Hauptmünzamt 148, 149
Haus der Industrie, Schwarzenbergplatz 7
Haus der Israelitischen Kultusgemeinde 148, 149, 160
Heeresgeschichtliches Museum (Waffenmuseum) 164, 172–175, 200, 233, 260, 261
Herrenbekleidungshaus Goldman und Salatsch am Michaelerplatz (Michaelerhaus) 277, 312, 314–316, 345
Herrenbekleidungshaus Goldman und Salatsch, Vorgängerbau 277, 312
Herrenhaus vgl. Parlament
Hofburg 12, 30, 34, 38–41, 50–52, 54, 56, 57, 65, 66, 68, 78, 81, 82, 94, 121, 148, 156, 166, 167, 168, 183, 195, 230, 231, 260, 265, 270, 278, 306, 314, 333,
- Äußeres Burgtor 148, 152, 153
- Albertina 130, 148, 158, 159, 160, 252, 253, 326
- altes Burgtheater 365
- Augustinerkirche 66, 96, 98, 146, 150, 248, 258
- Hofbibliothek 57, 77, 82, 83, 116, 150, 245
- Hofburgkapelle, Maria Himmelfahrt 150
- Hofkanzlei 82, 89
- Hofstallungen 82
- Hoftafel-und Silberkammer 130
- Innerer Burgplatz 40
- Komödienhaus 54
- Leopoldinischer Trakt 50, 51, 52, 54, 68, 70, 93, 94
- Michaelertrakt 9, 82, 210
- Neue Burg 130, 167, 182, 183
- Redoutensaal 207, 421
- Reichskanzleitrakt 82, 232
- Schatzkammer 121, 128, 130
- Schweizerhof 40, 50, 82, 121
- Schweizertor 40
- Stallburg 15, 40, 50, 121, 124, 127
- Winterreitschule 82, 94, 207
Hofoperntheater vgl. Staatsoper
Hofpavillon der Stadtbahn 282, 283, 285, 286
Hoher Markt 12, 13
Hotel »Erzherzog Karl« 164
Hotel »Zur Kaiserin von Österreich« 148, 164
Josephinum 146, 154, 155
Justizpalast 187
Juweliergeschäft Schullin I 330, 331, 345
Juweliergeschäft Schullin II 330, 331, 345
Kaisergarten 148
Kaiser-Jubiläumstheater vgl. Volksoper
Kapuzinergruft 150
Karl-Marx-Hof 8 ,9 ,278, 279, 322
Karl-Seitz-Hof 322
Karlsplatz 295
Kärtner Bar (American Bar) 277, 312, 313,356, 405
Kärntnertor 36, 148, 164, 183, 184
Kärntnertortheater 147
Katterburg 132
Kerzengeschäft Retti 330, 344, 345

Kirchen und Klöster
Altlerchenfelder Kirche Zu den sieben Zufluchten 149, 164 165, 170, 171, 178, 222
Augustinerkirche 66, 96, 98, 146, 150, 248, 258
Augustinerkloster 57, 158, 159
Dominikanerkirche 49, 50, 255
Evangelisch-lutherische Kirche Augsburgischen Bekenntnisses (Gustav-Adolf-Kirche) 151, 165,
Evangelisch-reformierte Kirche Helvetischen Bekenntnisses 151

Franziskanerkirche Hl. Hieronymus 42, 43, 50
Fünfhauser Pfarrkirche Maria vom Siege 169, 180, 181
griechisch-nichtunierte Kirche Zur Heiligen Dreifaltigkeit 181
Heilig-Geist-Kirche auf der Schmelz
Hofburgkapelle, Maria Himmelfahrt 150
Jesuitenkirche vgl. Universitätskirche
Jesuitenkirche, ehemalige vgl. Kirche Zu den Neun Engelschören
Johann Nepomuk-Kirche 222
Josephskirche vgl. Karmeliterkirche
Kapuzinergruft 150
Kapuzinerkirche 57, 62, 96–98
Karl Lueger-Gedächtniskirche 278, 305
Karlskirche 69, 77, 114, 115, 78, 80–82, 116, 285, 438
Karmeliterkirche (Josephskirche) 50, 51
Karmeliterkloster, ehemaliges 42
Kirche Am Hof vgl. Kirche Zu den Neun Engelschören
Kirche am Steinhof, St. Leopold 7, 278, 292–294, 305, 360
Kirche Zu den Neun Engelschören (Am Hof) 51, 62
Kirche Zur Heiligsten Dreifaltigkeit 327, 329, 334 403
Klarissenkloster (mit Kirche St. Anna) 36
Königinnenkloster 146, 151
Melkerhofkapelle 13
Michaelerkirche 9, 16, 34, 47, 54, 99, 106, 150
Minoritenkirche Maria Schnee 20, 21, 34, 54, 146, 150
Peterskirche 7, 13, 34, 81, 84, 85, 114
Piaristenkirche Maria Treu 45, 84, 85, 87, 118, 119
Salesianerkirche 81
Salvatorkapelle 38, 39
Schottenfeldkirche 255
Schottenkirche 14, 15, 47–49, 54, 77
Schottenkloster 15, 148, 149, 158, 160, 253, 255
St. Anna 36
St. Florian 329, 334
St. Maria am Gestade 12, 17–19, 34, 256
St. Maria vom Siege (Arsenal) 172
St. Ruprecht 12, 13, 17
Stephansdom 8, 22–27, 30–34, 36, 46, 49, 51, 55, 62, 81, 98, 150, 171, 210, 326, 327, 329, 331, 345, 346
Universitätskirche (Jesuitenkirche) Mariä Himmelfahrt 47, 50, 106, 107, 171
Votivkirche 150, 165, 171, 176, 178, 183, 184, 192, 193, 261, 262, 278
Weißspanierkirche 150

Kleines Café von Hermann Czeck 356
Kohlmarkt 146
Konzerthaus am Heumarkt 373
Krematorium 279, 318, 319, 402
Kriegsministerium 278
Kulissendepot 195
Kunstforum der Österreichischen Länderbank 336, 337
Kunsthalle am Karlsplatz 355
KunstHausWien 349, 427
Kunsthistorisches Museum 128–130, 195, 198–200, 237, 364, 365
Länderbank, ehemalige 280 281, 286
Leopoldine-Glöckel-Hof 279
Albertinaplatz 413, 414, 438
Matteottihof 279
Michaelerhaus vgl. Herrenbekleidungshaus Goldman und Salatsch
Motorenwerke Steyr, Verwaltungssitz 339
Mounier-Bar 356
Museum des 20. Jahrhunderts 327, 329, 334, 335
Museum für Angewandte Kunst 183
Museum Leopold 333
Musikverein 183, 201, 206, 207
Mustersiedlung in Hietzing
Narrenturm 146, 154
Naschmarkt 306
Naturhistorisches Museum 195, 197, 236
Neue Favorita vgl. Theresianum
Neuer Wintergarten der Hofburg 306
Niederösterreichische Statthalterei 232
Nordbahnhof 162
Nordwestbahnhof 163
Nußdorfer Schleuse 274, 275
Opernhaus vgl. Staatsoper
ORF-Funkhaus vgl. RAVAG-Gebäude
Ostbahnhof vgl. Staatsbahnhof
Österreichische Galerie 266
Österreichisches Museum für angewandte Kunst 354
Österreichisch-Ungarische Bank vgl. Palais Ferstel

Palais und Schlösser

Deutschmeisterpalais 183
Deutschordenshaus 52, 54
Erzbischöfliches Palais 46, 52
Gartenbelvedere der Fürsten von Liechtenstein 61, 62
Gartenpalais Liechtenstein 60, 61, 62, 69, 78, 108, 109, 114
Gartenpalais Mansfeld-Fondi vgl. Palais Schwarzenberg
Gartenpalais Schönborn 86, 87, 89
Lusthaus am Prater 145, 215
Neugebäude 41, 318
Oberes Belvedere 70, 87–89, 92, 94, 110, 111, 128, 266
Palais Corso 339
Palais Daun-Kinsky 77, 87, 92
Palais der Grafen Dietrichstein vgl. Palais Lobkowitz
Palais Dumba 366
Palais Epstein 182
Palais Equitable 210, 211
Palais Ferstel (Österreichisch-Ungarische Bank) 176–179, 257
Palais Fürstenberg 87
Palais Liechtenstein 56, 58, 59, 61
Palais Lobkowitz 56, 57, 113, 114
Palais Ludwig Viktor 183
Palais Pallavicini 146, 245
Palais Porcia 42, 52, 53
Palais Rasumofsky 156
Palais Schwarzenberg 76, 77, 81
Palais Starhemberg 52, 57, 70, 145
Palais Taroucca 158, 159
Palais Todesco 202, 203
Palais Trautson 78, 79, 81, 114
Palais Württemberg 183
Schloß Belvedere vgl. Oberes und Unteres Bevedere
Schloß Hetzendorf 138-141
Schloß Schönbrunn 45, 65, 66, 68, 69, 71, 77, 131–137, 282, 286
- Palmenhaus 212, 213
- Gloriette 142, 143, 146
- Schloßpark 142, 143, 146
- Schloßtheater 66,67, 146, 245
Stadtpalais Batthyány-Schönborn 74, 75, 77
Stadtpalais des Grafen Johann Fries vgl. Palais Pallavicini
Stadtpalais des Prinzen Eugen 58, 70–74, 76, 88, 100, 112, 113
Stadtpalais Erzherzogs Carl vgl. Albertina
Stadtpalais Harrach 94
Stadtpalais Patenfeld 89
Unteres Belvedere 81, 87, 88, 89, 90, 91, 109, 110, 128

Parlament, 166, 167, 182, 183, 186-189, 192, 193, 201, 262–264, 271, 329
Pfalz Herzog Jasomirgotts, Am Hof 15
Philipshaus 327, 329
Portois&Fix-Haus 277, 302
Postsparkasse 7, 9 , 281, 288–292
Prater 152, 205, 215
Projekt Kaiser-Franz-Josef-Stadtmuseum, unausgeführtes 295
Rathaus 166, 167, 183, 187, 190, 191, 193, 201
Rathausplatz 182
RAVAG-Gebäude (ORF-Funkhaus) 326
Reichsratsgebäude vgl. Parlament
Reiss-Bar 330, 356
Riesenrad 215
Ringbahnstationen 274
Ringstraße 182, 183, 210, 217, 261, 279, 288, 306, 378
Ringstraßengalerien 339
Ringtheater 169
Roßauerkaserne 164, 165
Roter-Engel-Bar 356
Rotunde 205
Rüdigerhof 300, 301
Sanatorium Purkersdorf 276, 308, 309, 311, 361
Sandleiten-Hof 322, 323
Schottentor 54, 148
Schule am Kinkplatz 332, 353
Schwarzspanierhaus 148
Secessionsgebäude 276, 298, 299, 405
Siedlung in der Dirmhirngasse 333
Siedlung in der Pilotengasse 332, 352, 353
Siedlung Traviatagasse 332, 352, 353
Soldatenspital (Garnisonsspital) 154
Staatsbahnhof (Ostbahnhof) 162, 163
Staatsoper165, 167, 169,183–185, 202, 234, 326, 327, 329
Stadtbahn 282, 285, 306
Stadtbahnstation am Karlsplatz 285
Stadthalle 329, 334, 335
Stadtpark 306
Stadtparksteg 306
Stationen der U-Bahn-Linie U3 438
Staustufe Kaiserbad 275
Stock im Eisen-Platz 147
Strudelhofstiege 45
Südbahnhof 162, 163, 164
Synagoge 149, 160
Technische Universität 253, 255
Theater an der Wien 146
Theater in der Josephstadt 160
Theresianum 81
Theseustempel 148, 153
Thonet-Möbelfabrik, ehemalige 349, 427
Tierärztliche Hochschule 149
Trinkhalle im Stadtpark 306
Tuchlauben 13
Umspannwerk 324, 325
Universität 166, 167, 183, 187, 192, 193, 201, 364
UNO-City 338
Urania 277
Vergnügungsetablissement »Venedig in Wien« 215

Villen und Wohnhäuser

Brauer-Haus 350
Deyblhof 94
Gebäude Wienzeile 40 8
Haus »Zum blauen Karpfen« 253
Haus Bäckerstr. 7 42
Haus Beer 316, 317
Haus Horner 316
Haus Knips 310, 311
Haus Kundmanngasse 7
Haus Loos 277, 312
Haus Moller 316, 317
Haus Moll-Moser 276, 310, 311
Haus Peichl 336
Haus Scheu 277, 316
Haus Steiner 9, 277, 316
Haus Sturany 208, 209
Haus Wittgenstein 316, 317
Hermes-Villa 168, 169
Hochhaus Andromeda 333
Hundertwasserhaus 331, 348, 349, 427
Majolikahaus 286, 287, 302
Märkleinsches Haus 15, 94
Pawlatschenhaus in der Blutgasse 144, 145
Villa Skywa-Primavesi 9, 311
Villa Vojcsik 300
Villa Waerndorfer 396
Villa Wagner I. 281
Villa Wagner II. 281, 296, 297
Wohnhausanlage in der Brunnenstraße in Liesing 353
Wohntürme an der Wagramer Straße 333, 337, 343

Volksgarten 148
Volksoper (Kaiser-Jubiläumstheater) 169
Volkstheater (Deutsches Volkstheater) 169, 208, 209
Waffenmuseum vgl. Heeresgeschichtliches Museum
Weltausstellungsgelände 204, 205
Werkbundsiedlung 278, 323
Westbahnhof 162, 163, 257
Wienfluß 278, 286
Wienflußbauten 306
Wienflußkanal 306
Wienzeilenbrücke 274, 275
Wienzeilenhäuser 286–288
Zacherlhaus 277, 302, 303
Zentralfriedhof 279, 305, 318
Zentralsanatoriuum für Geisteskranke 292
Zentralsparkasse Favoriten 331, 340, 341
Zollamtsbrücke 306

Orte außerhalb Wiens

Adrianopel 55
Aflenz, Erdfunkstelle 337
Aggstein, Burg 15
Ambras, Schloß 127, 128, 130
Amiens 171
Amsterdam
- Siedlung Eigen Haard 279
- Siedlung De Dageraad 279
Antwerpen 127
Aspern, 231
- Kriegerdenkmal 258
Athen, Thesaion, 153
Baden bei Wien 148, 252
Bad Ischl 266
Bad Völsau
- Grabmal der Grafen Fries 245, 248
- Park 146

- Schloß 146
Barcelona 97, 349
Batum 414
Belgrad 45, 56, 97
Berlin, 191, 255, 272, 334, 367, 385, 410, 429
- Bauakademie 274
- Denkmal für Friedrich den Großen 268
- Invalidenfriedhof 258
- Nationalgalerie 248
- Phosphat-Eliminierungsanlage 331, 337
- Stadtschloß 68
Bonn, Bundeskunsthalle 330, 337
Brasilia, Österreichische Botschaft 335
Brünn 33, 162
- Theater 364
Brüssel 126, 127, 136, 329, 335, 404
- Palais Stoclet 276, 277, 309, 311, 361, 397, 398, 401
Budapest 36, 163
- Staatsbahnhof (Westbahnhof) 163
Bukarest, Theater 364
Carrara 245
Chatsworth, Gewächshaus 213
Chicago 215
Colmar 36
Concarneau 380
Darmstadt, 310
- Künstlerkolonie Mathildenhöhe 276, 299
Dornbirn, Landesstudio des Österreichischen Rundfunks 336
Dresden 277, 363, 385
- Hofoperntheater (Semper-Oper) 195
- UFA-Kinozentrum 331
- Zwinger 68
Eckartsau, Jagdschloß 117
Eisenstadt
- Esterházy-Schloß 148, 156
- Landesstudio des Österreichischen Rundfunks 336
Eno 187
Erdberg 15
Escorial 38
Ferrara 67
Fiume, Theater 364
Florenz, 67, 98
- Loggia dei Lanzi 178
- Medicikapelle 245
Fontainebleau 230
Frankfurt 98, 331, 432
- Städelsches Kunstinstitut 337
Friedrichshof im Burgenland 429
Funder in Kärnten 331
Genf 168, 338
Gent 38
Granatella bei Portici 220, 221
Graz 68, 69, 103, 329, 330, 341
- Denkmal für Kaiser Franz I. 255
- Katharinenkirche 47
- Landesstudio des Österreichischen Rundfunks 336
- Mausoleum Ferdinands II. 47, 49
Györ vgl. Raab
Hall in Tirol 420
Hamburg 208
Heilbronn, Kilianskirche 33
Heiligenkreuz, Kloster 14
Herculaneum 128
Immendorf, Schloß 366, 369, 378
Innsbruck, Denkmal für Andreas Hofer 255
- Grabmal Kaiser Maximilians 31
- Landesstudio des Österreichischen Rundfunks 336
Iona 14
Ivano-Frankivsk vgl. Stanislaw
Kairo 241
Kalksburg, Grabmal desFranz Edlen von Mack 248
Karlowitz 45, 107
Karlsbad 364
Karlsruhe 234
Klagenfurt 39, 341, 402, 406
Klosterneuburg 14, 28, 29, 34, 122
Königgrätz 168
Kolin 142
Köln 29, 171, 432
Konstantinopel (Istanbul), Hagia Sophia 292
Konstanz 62
Krems an der Donau 219
Kremsmünster, Kloster 12
Kronach 36
Krumau 384
Kunersdorf 132
Langenargen 118
Laxenburg, Franzensburg 256
Leipzig 231
Linz, Landesstudio des Österreichischen Rundfunks 336
Lissa 233, 264
London 103, 164, 205, 272, 404, 405, 415, 429
- Gedenksäule für Admiral Nelson 264
- Kew Gardens 213
- Kristallpalast 205, 213
Los Angeles 436
Lundenburg 162
Luzern 258
Madrid 128
Mailand 38, 176, 255
- Francesco Sforza-Denkmal 260
Marchfeld 100
Maser, Villa 187
Mönchengladbach, Abteiberg-Museum 330, 331
Mohács 36, 38
Mondsee, Kloster 12
München, 103, 234, 237, 256, 367, 407, 429
- BMW-Gebäude 335
- Olympiagelände 341
- Residenz 40
- Schloß Nymphenburg 89
- Schloß Schleißheim 89
- Wittelsbacher-Palais 163
Münster 44
Nagybánya 381
Nancy 122
Neapel 38, 69, 116, 176, 219, 220
Neviges, Wallfahrtskirche 329
New York 338, 420, 433
- AT&T-Gebäude 438
- Museum of Modern Art 327
- Trump Tower 438
Novara 233
Nürnberg 121
Nußdorf 56
Osnabrück 44
Padua, Arenakapelle 28
Palermo 124
Palm Springs 421
Paris, 64, 133, 136, 169, 176, 205, 217, 219, 230, 266, 272, 380, 404, 406, 417, 421, 424, 425, 427, 433
- Eiffelturm 205
- Louvre, 69, 192
- Maschinenhalle auf dem Marsfeld 205
- Metro 285
- Zentralspital 154
Parma 65
Passau 109
Peterwardein 110
Pittsburgh 436
Pommersfelden, Schloß 92
Portici 220, 221
Potsdam, Stadtschloß 68
Prag 28, 39, 41, 44, 45, 128, 130, 163, 304, 385
- Residenz 127
- Staatsbahnhof 163
- Veitsdom 98
Preßburg (Bratislava) 14, 38, 104, 266
Prinzendorf, Schloß 428, 430
Raab (Györ) 162
Radolfzell am Bodensee 62
Regensburg 14
Rom 49, 68, 69, 84, 103, 123, 124, 150, 216, 218–222, 239, 245, 246, 251–253, 256
- Denkmal für Marc Aurel auf dem Kapitol 246
- Il Gesù 48, 49, 51
- Kapitol 142
- Marc-Aurel-Säule 81
- Palazzo Farnese 192
- Petersdom 69
- S. Ignazio 107, 109
- Santa Cecilia in Trastevere 222
- Santa Susanna 50
- Trajans-Säule 81
Salzburg 52, 69, 100, 229, 240, 331
- Dom 47, 48
- Dreifaltigkeitskirche 81
- Kollegienkirche 81
- Landesstudio des Österreichischen Rundfunks 336
- Pfarrkirche in Parsch 329
- Residenz 52
- St. Josefskolleg 329
-Schloß Mirabell 100
St. Louis 369
St. Martin im Burgenland 415
St. Pölten 45
Sarajewo 272
Sarasdorf, Pfarrkirche 255
Sofia 208
Solferino 168
Speyer 236
Stanislaw (Ivano-Frankivsk), Denkmal für Kaiser Franz I. 255
Stift Seckau 410
Straßburg 31
Stuttgart, Weißenhofsiedlung 323
Szolnok 240
Tivoli 219
Trient 38
Trier 191
Triest 162, 163
Tulln an der Donau 386
Vácz
Versailles 89, 132
Vicenza, Teatro Olimpico, 188
Vaduz 61
Venedig 36, 58, 168, 222, 251, 432
- Markuskirche 292
Waitzen (Vácz) 146
Wartburg 234
Weilberg bei Baden 148
Wiener Neustadt 30, 31
Wiesbaden 208
Wiesensteig 103
Wittenberg 38
Weilburg, Schloß 148, 158
Zaragoza (Saragossa) 97
Zenta 45
Zürich 208, 385, 404, 417
Zug 412

Bildnachweis

Die überwiegende Zahl der Abbildungen sind Neuaufnahmen der Fotografen Gerald Zugmann und Achim Bednorz, die für diesen Band in Auftrag gegeben wurden.
Der Verlag und der Herausgeber danken den Museen, Archiven und Fotografen für die Bereitstellung zusätzlicher Abbildungsvorlagen und die erteilte Reproduktionsgenehmigung. Neben den bereits in den Bildlegenden erwähnten Institutionen seien hier im einzelnen genannt:

O. Anrather, Foto: Rupertinum, Salzburg: 362 l.u.

Archiv für Kunst und Geschichte, Berlin: 292

Achim Bednorz, Köln: S. 6, 8 o.l., 14 o.l., 22 o., u., 23, 24 o.l., u.l., 25, 26 o.l., o.r., u.l., u.r., 27 o.l., o.r., u.l., u.r., 28, 29 u.l., 30 o., 31 l., r., 32, 33 o.l, o.r., u., 47 o.l., o.r., u.m., u.r., 48 o.l., o.r., 49 o., u.l., 50 l., r., 51 o., u., 53, 56 l., r., 57 o., 58 o., u., 59, 60 o.l., u., 61 o., u., 62 u.l., u.r., 63 l., r., 65, 66 o., 67, 70 u.l., u.m., u.r., 71, 74 m.l., r., 75, 76 o., u., 77 o., u., 79 o., u.l., u.r., 80, 81, 82, 83, 84 l., r., 85 l., r., 86 o., u.l., u.r., 87 o., u., 88 o., 89, 90/91, 91 o., u., 92, 93, 94 o., u., 96 o.l., m.l., m.r., u.r., 97 o., u.l., u.r., 98, 99, 100 l., 101, 102, 103 o., 104 l., r., 105 o., u.l., u.r., 106, 107, 108,109, 110, 111, 112 o., u.l., u.r., 114 r., 115., 116., 119, 131 u, 134, 135, 136 l., r., 137, 138 /139, 139 o., 140, 141, 143 o., 171 r., 299 o., u., 330 o., 360 o.

Augustiner-Chorherrenstift, Klosterneuburg/Foto: H & A Pfeifer, Wien: S. 29 o.l.

Bildarchiv Foto Marburg: 162 o.l., u., 276 r.

Joachim Blauel/Artothek, Peissenberg: 366 u.l.

Blauel/Gnamm/Artothek, Peissenberg: 376 r.

Dr. Brandstätter/Artothek, Peissenberg: 373 r., 387 1, 388 l., 390 l., 392 u.

Angela Bröhan, Düsseldorf: 400 l.

Bundesdenkmalamt, Wien/Foto Beranek: S. 42 u., 54 u.l., 60 o.r.

Eva Choung-Fux/Museum moderner Kunst, Stiftung Ludwig: 415 m.l.

Marliese Darsow: 330

Direktion der Museen der Stadt Wien/Fotostudio Otto: S. 13 o.l., u.l., 24 o.r., 30 u., 46, 54 o., m.r., u.r., 55, 74 o.l., 78 o., 143 u.l., u.r., 146 o., 147 u.l., 148 u., 154 o.r., 163 o.r., m.r., 166, 167, 171 u.l., 182 u.l., u.r., 192 u.r., 205, 217 o., u., 228, 238 o., 267 o., 272, 273 o.r., m.l., 275 o.r., 277 u.l., 312 l., 363 o.r., u.r., 364 u.l., 365 r., 368 u.l., 376 l., 380, 382 u.r., 385 u., 392, 418

Rüdiger Ettl, Wien: 114 l.

VALIE EXPORT, Wien: 432 o.l.

Fotostudio Otto, Wien: 220 u.

H. Hendrich, Wien: 432 u.l.

Haus-, Hof- und Staatsarchiv, Wien/Fotostudio Otto: 197 u.

Franz Hubmann: 405 m.

Robert Kiermayer, Wien: 327

Inge Kitlitschka, Wien: S. 40 u.

Wolfgang Kraus, Wien: S. 42 o., 52

Kunsthistorisches Museum, Wien (betr. Abbildungen, wo das Kunsthistorische Museum nicht als Standort in den Bildlegenden genannt ist): 120, 121, 122, 123 l., r.

Landesbildstelle der Stadt Wien: S. 41 o., 182 o.

Museum im Schottenstift: S. 14 o.r, m.r., u.r., 34 l., r., 158 o., u.

Naturhistorisches Museum, Wien: 124

Öffentliche Kunstsammlung, Basel, Foto: Martin Bühler: 384 r.

Österreichische Nationalbibliothek, Bildarchiv: S. 15 u., 66 u.l., u.r., 70 o., 121 o., 132 u., 133 u. (Archiv Schönbrun), 147 o.r., m.r., 162 o.l., 204 o., u., 276 l., 298, 305 o.r., 361 o.

Österreichisches Staatsarchiv, Wien: 163 u.l.

Gustav Peichl, Archiv: 336 o.l., u., 337 u.

Rheinisches Bildarchiv, Köln: S. 29 u.r.

József Rosta/Museum Ludwig, Budapest: 432 o.r.

Schloß Schönbrun, Kultur- u. Betriebsges. mbH: 68 o., 132 o.

Sotheby's, London: 397 u., 398 u.l., 400 r., 401 u.

Margherita Spiluttini, Wien: 309 m.l, 436 u.

Tony Stone Images, München, Foto: Siegfried Layda: S. 10 /11

Verlag Galerie Welz, Salzburg: 366 o., 369 l., r.

Hans Wiesenhofer, MAXUM Bildarchiv, Wien: 133 o., 142 o., m., u., 168 u., 310 u.

Gertrud Wolfschwenger, Wien: 432 u.r.

Gerald Zugmann, Wien: S. 2, 7, 8 o.r, u., 9 o.l., o.r., m.r., u.r.,13 o.r., 16 o.l., o.r., u., 17 o.l., o.r., u.l., u.r.,18 l., r.,19, 20, 21, 38 o., 39 r., 43, 72/73, 73 o., u., 95 o., u., 103 u., 113, 128 u., 129, 145 o., u.l., u.r., 146 u., 149 l., r., 150 l., o.r., u.l., 151 o., u., 152 o., u., 153, 154 o.l., u., 155 o., u., 156 o., 156 /157, 159 o., u., 160 o., u., 161, 165, 169, 170 l., r., 171 o.l., 172, 173 o., u.l., u.r., 174, 175, 176 o., u., 177, 178, 179 o., u.l., u.m., u.r., 180, 181 l., r., 183, 184 o., u., 185 o., u.l., u.r., 186 o., u., 187, 188 o., 188 /189, 190, 191 o., u., 192 o., u.l., 193, 194 o., u., 195 o., u., 196, 197 o., 198, 199, 200, 201 o., u., 202, 203 o.,u., 206 o., u.l., u.r., 207, 208 o., u.l., u.r., 209, 210 o., u., 211, 212, 213, 214 o., u.l., u.r., 215 l., r., 222 u., 232, 234, 235, 236, 244, 246 o., u., 247 o., u., 248, 249 o., u., 250, 251 o., 252 o., u.r., 253 o., u.l., 254, 255 o., u., 257 u.l., u.r., 258 o., 258/259, 260, 261 o., u., 262, 263 o., u., 264, 265 o., u.r., 266, 267 u., 268 o.l., o.r., u., 269, 270 o., u., 271, 275 o.l., m.l., m.r., 277 r., 278 o., u., 279, 280, 281 o., u., 282 o., u., 283, 284, 285, 286 l., r., 287, 288 o.l., o.r., u., 289, 290 o., u.l., u.r., 291, 293 o., u.l., u.r., 294 l., o.r., u.r., 296, 297 o.l., o.r., u.l., u.r., 300 o., u., 301, 302 o.l., o.r., u., 303, 304 o., u., 305 o.l., u., 306, 307 o.l., o.r., u., 308, 310 o., 311 o.l., o.r., u., 312 r., 313, 314 o., u., 315, 316 l., r., 317 o., u., 318, 319, 320, 321 o., u., 322 o., u., 323 o.l., o.r., m.r., u.r., 324, 325 o., u., 326, 328, 329, 330 m.l., u., 331 o., u., 332 o., u., 333 l., r., 334 l., r., 335 o., u., 336 o.r., 337 o., 338, 339 o.l., o.r., u., 340, 341,342, 343 o., u., 344, 345 o., u., 346, 347, 348 l., r., 349 o., u., 350, 35l, 352 o., u., 353 l., r., 354 o.l., o.r., u., 355 o., u., 356 o., u., 357 o., u., 360 u., 364 o.l., 396, 397 o.l., o.r., 398 o.r., 399 o., u.l., u.r., 401 o., 409, 413, 438 o., u., 439, 440.

Copyrights

Der Verlag dankt der Sammlung Essl, Klosterneuburg, für die Bereitstellung zahlreicher Abbildungsvorlagen von Werken aus ihrem Besitz und die Reproduktionsgenehmigung für Kiki Kogelnik.

Folgenden Künstlern gilt unser Dank für die Reproduktionsgenehmigung ihrer Werke (ohne daß jedesmal ein © vor ihrem Namen erscheint): Siegfried Anzinger, Joannis Avramidis, Herbert Brandl, Arik Brauer, Günter Brus, Gunter Damisch, Bruno Gironcoli, Wolfgang Hollegha, Alfred Hrdlicka (vertreten durch die Galerie Hilger, Wien), Peter Kogelnik, Maria Lassnig, Josef Mikl, Anton Lehmden, Walter Pichler, Oswald Oberhuber, Franz Ringel, Peter Pongratz, Markus Prachensky, Karl Prantl, Arnulf Rainer, Hubert Scheibl, Hubert Schmalix, Hans Staudacher, Peter Weibel, Franz West.

VALIE EXPORT, Gottfried Helnwein, Brigitte Kowanz, Hermann Nitsch und Peter Pongratz, die normalerureise von der VG Bild-Kunst vertreten werden, haben für diesen Band persönlich ihr Einverständnis zur Reproduktion gegeben.

Die Reproduktion der Skulpturen von Hubert Schmalix, Donald Judd, Thomas Hoke und Philip Johnson auf den Seiten 438–40 erfolgt mit Genehmigung des Österreichischen Museums für angewandte Kunst, Wien; die Reproduktion der Werke von Fritz Wotruba mit Genehmigung des Museums moderner Kunst, dessen Leiter, Dr. Wilfried Seipel, den Nachlaß des Künstlers verwaltet.

Das Aktionsfoto von Otto Mühl wurde uns vom Museum moderner Kunst zum Abdruck überlassen; von der Galerie Charim und Klocker, Wien, wurde die Reproduktionsgenehmigung bestätigt.

Für die Reproduktion der Werke von Roland Goeschl, Anton Hanak, Rudolf Hausner, Anton Kolik, Bertold Löffler, Max Oppenheimer war unsere Recherche nach den zuständigen Rechteinhabern entweder erfolglos, oder es stand zum Zeitpunkt der Drucklegung eine Antwort noch aus.